常泰长江大桥效果图

四个首创

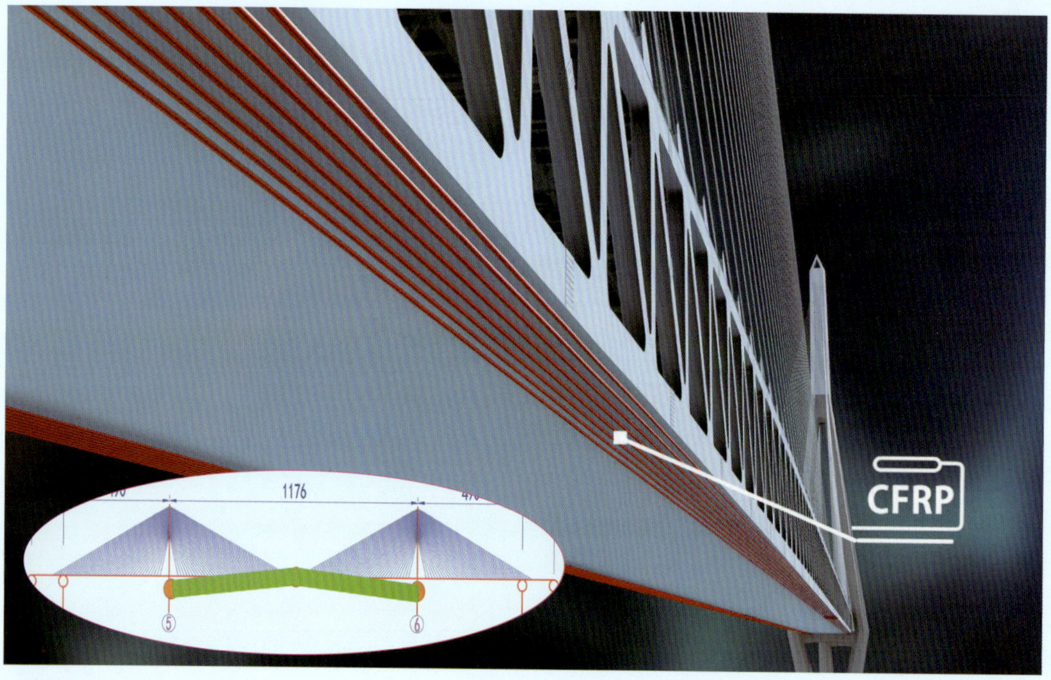

体系

温度自适应塔梁纵向约束体系

基础

台阶型减冲刷减自重沉井基础

主塔

“钢-混”混合结构空间钻石形桥塔

锚固

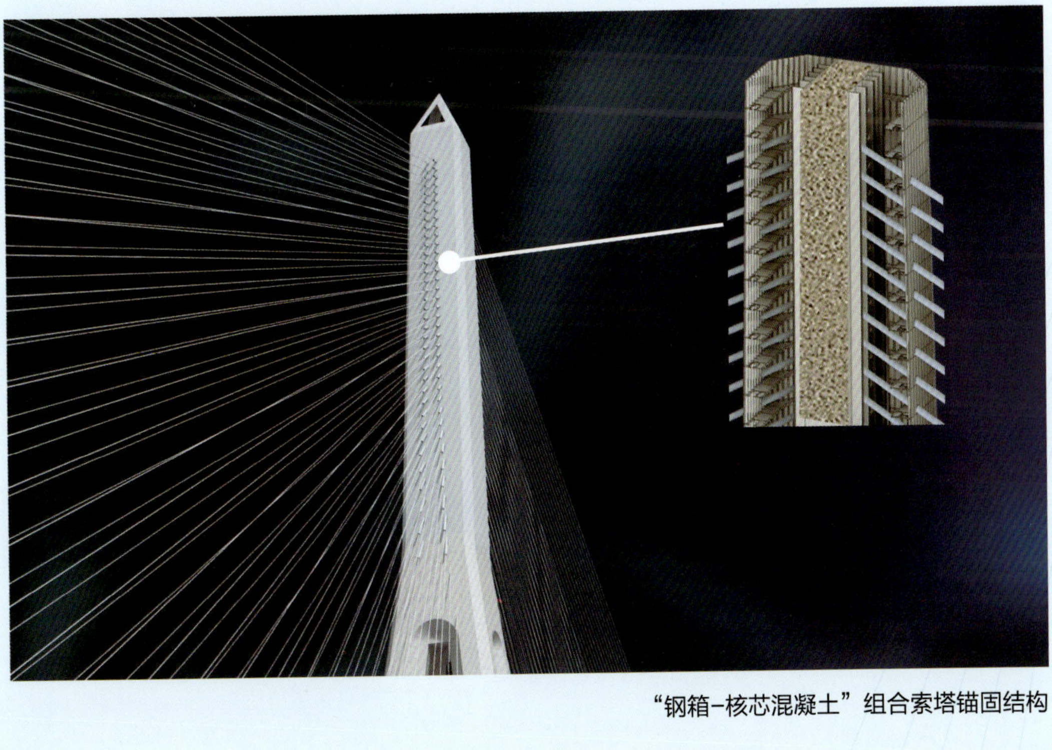

“钢箱-核芯混凝土”组合索塔锚固结构

六个之最

1	2	3
4	5	6

1. 最大规模多功能荷载非对称布置桥梁
2. 最大跨度斜拉桥
3. 最大连续长度钢桁梁
4. 最大尺度碳纤维复合材料拉索
5. 最大跨度公铁两用钢桁拱桥
6. 最高强度桥用平行钢丝斜拉索

1176米

4266米

388米

2100兆帕

主塔沉井基础

1	2	3	4
5	6	7	8

1. 船坞内拼装
2. 出坞浮运
3. 精准着床
4. 井壁混凝土浇筑
5. 取土下沉
6. 水上接高
7. 终沉到位（-65米）
8. 沉井封底

江苏省交建局

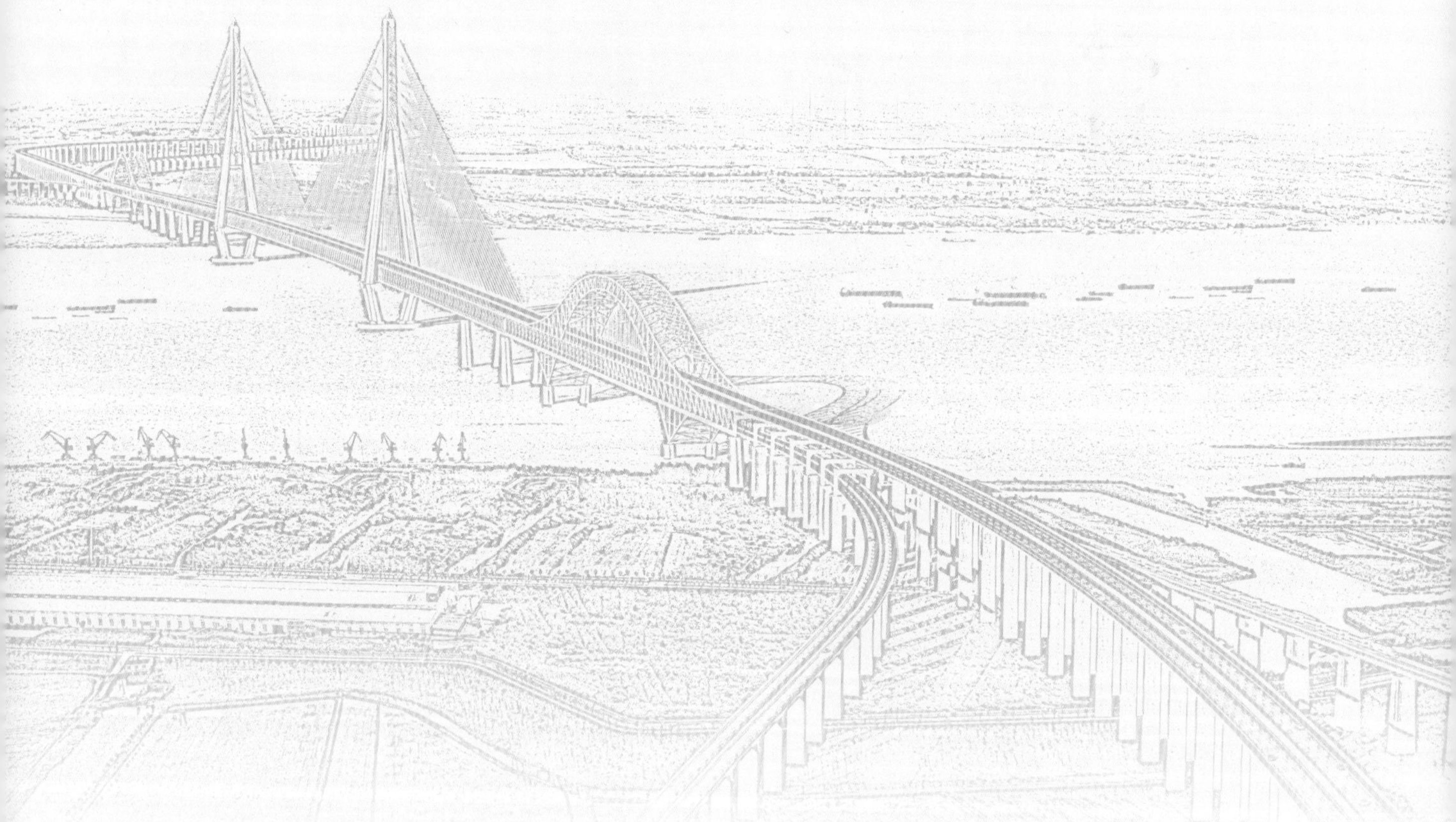

CHANGTAI YANGTZE RIVER BRIDGE
PROCEEDINGS

常泰长江大桥
论文集

第一卷

江苏省交通工程建设局　组织编写
蒋振雄　主　编

人民交通出版社股份有限公司
北京

内 容 提 要

本论文集由江苏省交通工程建设局组织编写，本书为第一卷，共收录论文 38 篇，主要总结正在建设中的千米级斜拉桥常泰长江大桥在设计、沉井基础施工和科研等方面的学术成果和建设成就。

本书可供广大桥梁建设从业人员参考，也可供高等院校相关师生学习。

图书在版编目(CIP)数据

常泰长江大桥论文集. 第一卷 / 江苏省交通工程建设局组织编写；蒋振雄主编. — 北京：人民交通出版社股份有限公司，2022.6

ISBN 978-7-114-17989-1

Ⅰ.①常… Ⅱ.①江…②蒋… Ⅲ.①铁路公路两用桥—江苏—文集 Ⅳ.①U448.12-53

中国版本图书馆 CIP 数据核字(2022)第 087095 号

Chang-Tai Changjiang Daqiao Lunwenji Di-yi Juan

书　　名：常泰长江大桥论文集　第一卷
著 作 者：江苏省交通工程建设局　蒋振雄
责任编辑：郭红蕊　郭晓旭
责任校对：席少楠
责任印制：刘高彤
出版发行：人民交通出版社股份有限公司
地　　址：(100011)北京市朝阳区安定门外外馆斜街 3 号
网　　址：http://www.ccpcl.com.cn
销售电话：(010)59757973
总 经 销：人民交通出版社股份有限公司发行部
经　　销：各地新华书店
印　　刷：北京印匠彩色印刷有限公司
开　　本：889×1194　1/16
印　　张：19.75
插　　页：6
字　　数：570 千
版　　次：2022 年 6 月　第 1 版
印　　次：2022 年 6 月　第 1 次印刷
书　　号：ISBN 978-7-114-17989-1
定　　价：100.00 元

《常泰长江大桥论文集　第一卷》
编　委　会

前　言

常泰长江大桥连接江苏省常州市与泰州市，在国务院发布的《长江干线过江通道布局规划（2020—2035年）》中为公铁共用过江通道，在《江苏省高速公路网规划（2017—2035年）》中为如常高速公路过江通道，在《江苏省沿江城市群城际轨道交通网规划（2012—2020年）》中为都市圈城际铁路泰兴到常州线。常泰长江大桥项目建设全面响应"一带一路"倡议、长江经济带发展和长江三角洲区域一体化发展等国家战略实施，对促进跨江融合发展和扬子江城市群建设、推动江苏省高质量发展等具有重要意义。

作为世界上首座集高速公路、城际铁路和普通公路为一体的过江通道，常泰长江大桥工程规模大、设计标准高、施工工艺难、技术特点多。自2019年11月大桥全面开工以来，建设团队秉承"匠心铸品、聚力筑梦"的新时代江苏省交通工程建设局精神，践行"建成一座世界级高质量里程碑工程、形成一套国际领先的桥梁建设技术、打造一支优秀的桥梁建设管理团队、培养一批桥梁建设中青年技术专家"的建设理念，密切跟踪桥隧发展新方向，深化科研攻关和科技成果应用，在新结构、新材料、新设备、新工艺等方面不断探索创新，提出了温度自适应塔梁纵向约束体系、台阶型减冲刷减自重沉井基础、"钢-混"混合结构空间钻石形桥塔、"钢箱-核芯混凝土"组合索塔锚固结构"四个首创"，形成了一系列具有推广应用价值的标准体系和科研成果。同时，坚持"高精尖缺"导向，搭建人才培养、学术交流、产业融合的"产学研用"一体化发展平台，汇聚工程建管养以及科研院校等单位众多优秀人才，集聚业内智力资源和技术力量，为现场施工"把脉问诊"，为工程管理"建言把关"，推动了工程设计、施工、科研、建设管理水平全面提升。建成后，常泰长江大桥将刷新六个"世界之最"：最大规模多功能荷载非对称布置桥梁、最大跨度斜拉桥（1176m）、最大连续长度钢桁梁（4266m）、最大尺度碳纤维复合材料拉索（559m）、最大跨度公铁两用钢桁拱桥（388m）、最高强度桥用平行钢丝斜拉索（上游侧2100MPa、下游侧2000MPa），将推动超千米多功能公铁斜拉桥跨越长江天堑成为现实。

为充分展示大桥科技创新成果和建设成就，我们将项目建设过程中撰写和发表的论文汇辑形成《常泰长江大桥论文集》。这是一部涵盖超大跨径斜拉桥沉井基础、空间钻石四肢型桥塔、双层钢桁梁、超长斜拉索、钢结构智能制造、节段预制混凝土梁、结构监测控制、智能交通等设计、科研、施工和建设管理方面的科技文献，将为桥梁业界同行和专家学者提供参考。首期出版的《常泰长江大桥论文集　第一卷》收录论文30余篇，涉及大桥设计、科研和沉井基础施工等方面学术成果，绝大部分已获得同行认可，部分成果达到了世界领先水平。

本论文集的第二卷、第三卷等随后也将陆续出版。

舟至中流催帆竞，乘风奋楫再远航。常泰长江大桥全体建设者将接续奋斗，破浪前行，努力突破关键共性技术和前沿引领技术，加强大跨径桥梁建设科技创新技术的系统集成，以一流的标准、一流的管理、一流的技术，把常泰长江大桥建成交通强国建设江苏样板标志性工程、中国超大跨度多功能桥梁里程碑工程、桥梁建设技术国际领先的经典工程，为推动江苏省过江通道建设高质量发展凝聚更多智慧、注入更强动力，为加快建设交通运输现代化示范区、谱写"强富美高"新江苏现代化建设新篇章作出新的更大贡献！

编　者

2022 年 4 月

目　　录

综　述　篇

设　计　篇

施　工　篇

科 研 篇

综 述 篇

江苏省跨江桥梁建设发展与创新

蒋振雄

（江苏省交通工程建设局，江苏南京 210004）

摘　要　高质量建设跨江通道是补齐过江通道短板、解决国家综合交通运输大通道突出堵点、构建现代综合交通运输体系的迫切需求。近几年来，江苏省迎来了新一轮的过江通道建设高潮。根据江苏省过江通道规划与建设情况调研，在跨江桥梁建设方面，江苏省已取得了较丰硕成果，开展了一系列创新；同时根据最新规划，到2035年，江苏省境内将建成44座过江通道，建设任务繁重。以常泰、龙潭长江大桥为例，江苏跨江桥梁在设计与施工技术方面进行了重要创新，集成了一批技术创新成果。加强桥梁建设的科技创新、管理创新以及技术创新成果集成，突破关键共性技术和前沿引领技术，是实现交通强国建设的重要途径。

关键词　跨江桥梁；规划发展；技术创新；江苏省

Development and Innovation of Yangtze River crossing Bridges Constuction in Jiangsu Province

JIANG Zhen-xiong

(Jiangsu Provincial Transportation Engineering Construction Bureau, Nanjing Jiangsu 210004 China)

Abstract　The high-quality construction of the Yangtze River-crossing channels is an urgent need to make up for the shortcomings of river-crossing channels, to solve the prominent blockage of the national comprehensive transportation channel, and to build a modern comprehensive transportation system. In recent years, Jiangsu Province has faced a new round of river-crossing channels construction. According to the survey of the planning and construction of the river-crossing channels, Jiangsu has achieved fruitful results in the construction of river-crossing bridges in the past, and carried out a series of innovations. At the same time, according to the latest plan, there will be 44 river-crossing bridges in Jiangsu by 2035. The construction task of river-crossing bridges is arduous. Taking Changtai and Longtan Yangtze River Bridges as examples, river-crossing bridges in Jiangsu have made important innovations in design and construction technology, integrating a number of technological innovative achievement. Strengthening the achievement integration of scientific and technological innovation, management innovation, and technological innovation in the construction of bridges, and breaking through key common technologies and cutting-edge leading technologies are important ways to realize the construction of a country with strong transportation network.

作者简介：蒋振雄（1963—），男，研究员级高级工程师，研究方向为重大项目建设管理。

Keywords Yangtze River crossing bridge; planning and development; technological innovation; Jiangsu province.

江苏省作为“一带一路”建设的重要节点和长江经济带发展、长江三角洲区域一体化发展两大国家战略的叠加区，经济开放程度高、城镇化程度高、社会文明程度高。习近平总书记2020年11月在江苏考察时强调，要着力在改革创新、推动高质量发展上争当表率，在服务全国构建新发展格局上争做示范，在率先实现社会主义现代化上走在前列。❶ 江苏省委省政府按此要求，将构建现代综合交通运输体系作为全局性重点工作和“最迫切”的任务加快推进，奋力打造交通强国建设先行区，争取率先建成交通强省，为推动江苏省高质量发展走在全国前列发挥支撑和引领作用。然而，过江通道是江苏省综合交通运输体系中的突出瓶颈，也是国家综合交通运输大通道的突出堵点，不仅制约了苏南、苏中、苏北的协调发展，还影响全国南北和区域之间的畅通。江苏省新一轮的过江通道规划与建设，将对加快补齐过江通道短板，加速构建现代综合交通运输体系，更好地促进南北联动、区域互补，有力推进“一带一路”建设、长江经济带发展和长三角地区更高质量一体化发展等发挥重要作用。

1 国家层面江苏省过江通道规划

2020年初，经国务院同意，国家发展和改革委员会正式印发《长江干线过江通道布局规划（2020—2035年）》[1]。规划指出，根据长江三角洲地区一体化发展要求，要加强过江通道研究论证，推进多种方式合并过江，且沿江人口、产业密集和港航活动繁忙地区主要采用隧道或一孔跨过通航水域的桥梁形式过江。

规划明确至2035年，江苏省境内规划建设44座过江通道，如表1和图1所示，其中跨越长江主江41条，另有崇海、沪崇（北沿江铁路）北支公铁两用通道以及崇启大桥3座，以全面推动跨江融合和都市圈发展，有力支撑长江经济带和长三角一体化高质量发展。规划到2025年，江苏省已建和在建的过江通道将达到35座[2]。

长江干线过江通道布局江苏段规划表

表1

序号	过江通道名称	建设进展	功能形式
1	大胜关铁路大桥	建成	铁路桥梁
2	南京长江第三大桥	建成	公路桥梁
3	南京地铁10号线过江隧道	建成	城市轨道隧道
4	南京长江隧道	建成	城市道路隧道
5	南京扬子江隧道	建成	城市道路隧道
6	南京长江大桥	建成	铁路、城市道路桥梁
7	南京地铁3号线过江隧道	建成	城市轨道隧道
8	南京长江第二大桥	建成	公路桥梁
9	南京长江第四大桥	建成	公路桥梁
10	润扬长江公路大桥	建成	公路桥梁
11	泰州长江公路大桥	建成	公路桥梁
12	江阴长江公路大桥	建成	公路桥梁
13	沪苏通长江大桥	建成	公路桥梁
14	苏通长江公路大桥	建成	公路桥梁
15	崇启大桥	建成	公路桥梁
16	南京长江第五大桥	在建	公路桥梁
17	南京建宁西路过江通道	在建	城市道路隧道
18	南京和燕路过江通道	在建	城市道路隧道
19	南京仙新路过江通道	在建	城市道路桥梁
20	龙潭长江大桥	在建	公路桥梁
21	五峰山长江大桥	在建	公铁两用桥梁
22	常泰长江大桥	在建	公铁两用桥梁
23	江阴靖江长江隧道	在建	公路隧道
24	锦文路过江通道	规划	公路通道
25	南京地铁17号线过江通道	规划	城市轨道隧道
26	汉中西路过江通道	规划	城市轨道隧道
27	南京地铁13号线过江通道	规划	城市轨道隧道
28	南京市域快速轨道过江通道	规划	铁路隧道
29	南京地铁4号线过江通道	规划	城市轨道隧道
30	南京上元门过江通道	规划	铁路隧道
31	南京地铁14号线过江通道	规划	城市轨道隧道
32	南京七乡河过江通道	规划	公铁两用通道
33	宁仪城际铁路过江通道	规划	铁路隧道
34	金山过江通道	规划	铁路通道
35	润扬第二过江通道	规划	公路通道
36	润扬第四过江通道	规划	公路通道
37	靖澄过江通道	规划	公路通道
38	江阴第三过江通道	规划	公铁两用通道
39	张靖过江通道	规划	公路通道
40	张靖皋长江大桥	规划	公路桥梁
41	苏通第二过江通道	规划	公路通道
42	海太过江通道	规划	公路铁路隧道
43	通沪过江通道	规划	公铁两用通道
44	崇海过江通道	规划	公路通道

❶ 习近平在江苏考察时强调贯彻新发展理念构建新发展格局推动经济社会高质量发展可持续发展[EB/OL]，新华社，南京2020.

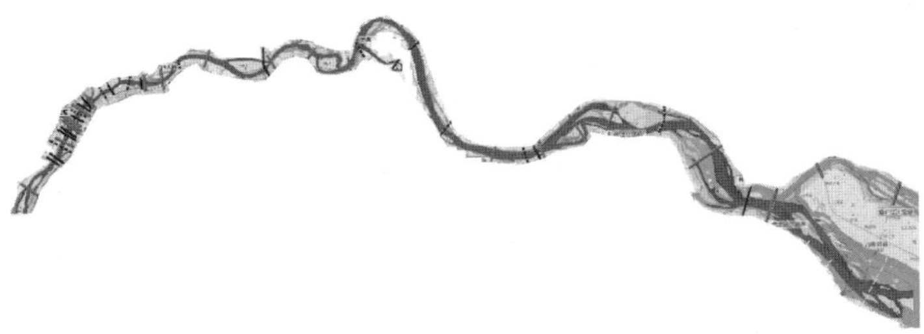

图 1 长江干线过江通道布局江苏段规划示意图

2 江苏省过江通道建设情况

目前,江苏省已建过江通道达到 17 座,包括以南京长江隧道为代表的隧道 4 座,以南京长江大桥为代表的桥梁 13 座,如图 2 所示。其中,沪苏通长江大桥、五峰山长江大桥、南京长江五桥于 2020 年刚通车。2018 年以来,长江下游江苏省过江通道全面提速,新开工过江通道 5 座(建宁西路过江通道、仙新路过江通道、常泰长江大桥、龙潭长江大桥、江阴靖江长江隧道),形成规模化开工、快速化推进态势。在建过江通道有 6 座,预计和燕路过江通道将于 2022 年建成,建宁西路、仙新路过江通道将于 2023 年建成,常泰、龙潭长江大桥将于 2024 年建成,江阴靖江长江隧道将于 2025 年建成。

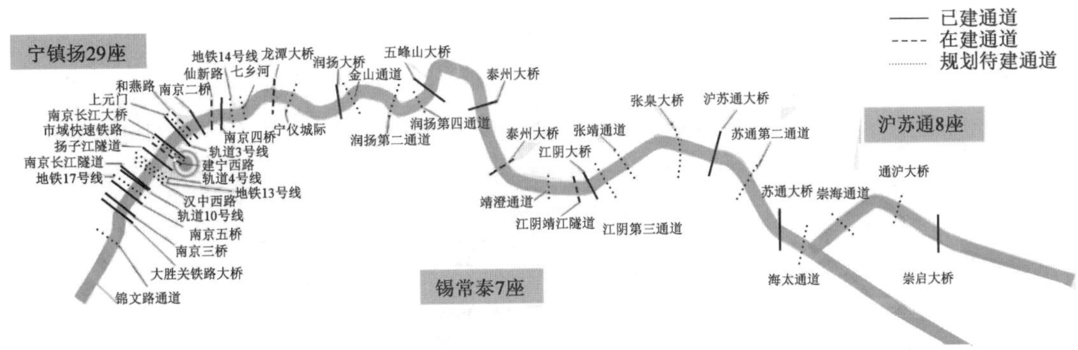

图 2 长江干线过江通道布局江苏段建设与规划

规划待建过江通道仍有 21 座,除部分规划新增的过江通道外,其他过江通道均已正式开展前期研究[3]。张靖皋长江大桥推荐采用 2300m 跨径悬索桥方案,正开展工程可行性研究工作。海太过江通道推荐采用公路隧道和铁路隧道并行的方案,正开展工可和预工可研究工作。苏通第二过江通道正在开展桥隧同深度比选工作。润扬第二过江通道初步推荐采用双塔两跨悬索桥方案,主跨将达到 1800m。

3 江苏省跨江桥梁建设发展历程

由表 2 可知,自 20 世纪 60 年代开始,江苏省跨江桥梁建设经历了从最大长度公铁两用桥南京长江大桥、中国第一座跨径超千米的特大桥江阴长江公路大桥、首座超千米公路斜拉桥苏通长江大桥,到首座超千米公铁两用斜拉桥沪苏通长江大桥以及首座超千米公铁两用悬索桥五峰山长江大桥,再到正在建设的世界最大跨径公铁两用斜拉桥常泰长江大桥,通过一代代桥梁人的不断创新和大胆探索,公路和铁路桥梁包括斜拉桥和悬索桥两种桥型均突破了千米跨度,江苏省的桥梁建设技术实现了跨越式发展。

江苏省跨江桥梁建设与技术创新 表 2

序号	桥梁名称	建成时间	桥梁形式(最大跨径)	功能形式	创新突破
1	南京长江大桥	1968 年	连续钢桁梁(160m)	铁路、城市道路桥梁	长江上第一座由中国自行设计和建造的“争气桥”,建成时为最大长度公铁两用桥(铁路桥 6772m)

续上表

序号	桥梁名称	建成时间	桥梁形式（最大跨径）	功能形式	创新突破
2	江阴长江公路大桥	1999 年	悬索桥（1385m）	公路桥梁	中国第一座跨径超千米的特大桥，建成时为国内第一、世界第四
3	南京八卦洲长江大桥（南京二桥）	2001 年	斜拉桥（628m）	公路桥梁	建成时为国内第一、世界第三大跨径斜拉桥，有“中华第一斜拉桥”的美誉
4	润扬长江公路大桥南汊桥	2005 年	悬索桥（1490m）	公路桥梁	建成时为中国第一、世界第三大跨径悬索桥
5	南京大胜关长江大桥（南京三桥）	2005 年	斜拉桥（648m）	公路桥梁	中国第一座钢塔斜拉桥，也是世界第一座弧线形钢塔斜拉桥
6	苏通长江公路大桥	2008 年	斜拉桥（1088m）	公路桥梁	建成时为国内第一大跨径斜拉桥，且苏通长江公路大桥关键技术研究作为中国工程领域第一个项目被列入国家科技支撑计划
7	大胜关铁路大桥	2011 年	连续钢桁拱桥（336m）	铁路桥梁	建成时是世界首座六线铁路大桥，是世界上跨度最大的高速铁路桥，也是世界上设计荷载最大的高速铁路桥
8	崇启大桥	2011 年	连续钢箱梁（185m）	公路桥梁	主桥为大跨度变截面连续钢箱梁，建成时为国内同类桥型跨径之最，首次在国内采用“整跨工厂无应力制造、整体架设”的先进施工技术
9	泰州长江公路大桥	2012 年	双主跨悬索桥（2×1080m）	公路桥梁	世界最大跨径多塔连跨悬索桥，创造性地提出千米级多塔连跨悬索桥设计新理念
10	南京栖霞山长江大桥（南京四桥）	2012 年	三跨吊悬索桥（1418m）	公路桥梁	中国首座三跨吊悬索桥，建成时为世界第三大跨径悬索桥，被誉为“中国的金门大桥”
11	沪苏通长江大桥	2020 年	斜拉桥（1092m）	公铁两用桥梁	建成时为中国国内最大跨度的斜拉桥，世界上首座跨度超千米的公铁两用斜拉桥
12	五峰山长江大桥	2020 年	悬索桥（1092m）	公铁两用桥梁	建成时为中国第一座公铁两用悬索桥，也是世界首座高速铁路悬索桥
13	南京江心洲长江大桥（南京五桥）	2020 年	三塔双跨组合梁斜拉桥（600m）	公路桥梁	世界首座轻型钢混结构斜拉桥，中国首个真正意义上的钢混组合索塔，也是世界首次采用钢-含粗集料活性粉末混凝土桥面板结构
14	南京仙新路过江通道	在建	悬索桥（1760m）	城市道路桥梁	国内第一、世界第二大跨径悬索桥
15	龙潭长江大桥	在建	悬索桥（1560m）	公路桥梁	全力打造“精心管理、精巧设计、精细作业、精准控制”的“四精”工程，注重悬索桥精细化和工程耐久性
16	常泰长江大桥	在建	斜拉桥（1176m）	公铁两用桥梁	世界最大跨径斜拉桥，首创温度自适应约束体系、台阶型沉井基础、“钢-混”混合结构四肢型桥塔、索塔锚固结构

4　斜拉桥建设技术创新——以常泰长江大桥为例

正在建设的世界最大跨度公铁两用斜拉桥常泰长江大桥在吸收借鉴既有桥梁建设经验的基础上，在设计、施工等方面进行了一系列创新，通过采用新结构、新材料、新设备和新工艺，形成超大跨径非对称荷载公铁斜拉桥建设成套关键技术，有力推动常泰长江大桥打造成为交通强国建设江苏样板标志性工程、中国超大跨度多功能桥梁里程碑工程、桥梁建设技术国际领先的经典工程。

4.1　项目概况

常泰长江大桥位于泰州大桥与江阴大桥之间，距离泰州大桥约 28.5km，距离江阴大桥约 30.2km（图 3）。

图 3　常泰长江大桥效果图

常泰大桥具有以下几个显著特点：

（1）公铁合建段长，工程规模大。项目全长 10.03km，其中 5.3km 的公铁合建段为桥梁工程，主要包含 1 座斜拉桥和 2 座钢桁拱桥（图 4）。初步设计概算超过 158 亿元。

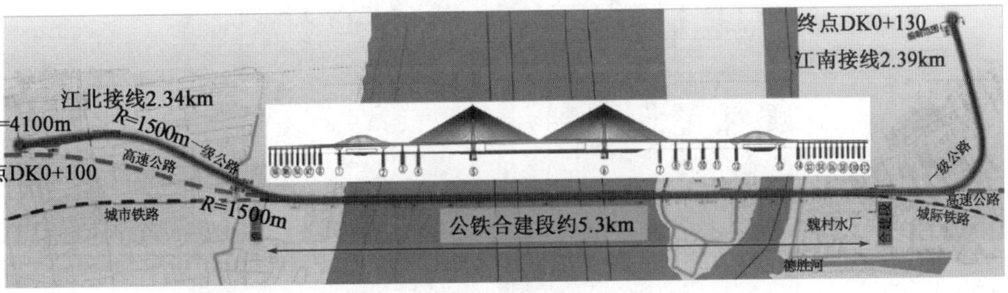

图 4　常泰长江大桥工程示意图

（2）通航条件要求高，桥梁跨度破纪录。主通航孔通航净空高度要求不小于 50m（表 3）；主航道桥主跨为 1176m，是世界上最大跨度公铁两用斜拉桥；专用航道桥主跨 388m，是世界上最大跨度的公铁两用钢拱桥（图 5）。

常泰长江大桥公铁合建段通航净空高度　　表 3

通　道	通航孔布置	通航净空宽度（m）	通航净空高度（m）
主通航孔	单孔双向	900	50
天星洲左汊通航孔	单孔单向	269	24
录安洲右汊通航孔	单孔单向	290	24

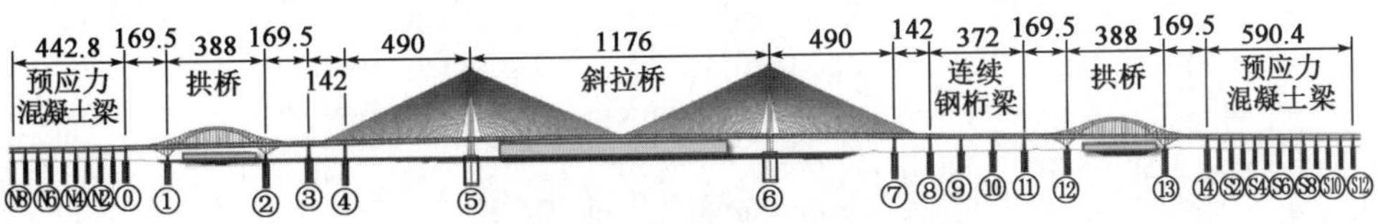

图 5　常泰长江大桥公铁合建段立面图（尺寸单位：m）

(3)综合运输功能强,集约化程度高。大桥同时搭载高速公路、城际铁路、普通公路三种交通方式过江,有效节约土地及岸线等宝贵资源(图6)。

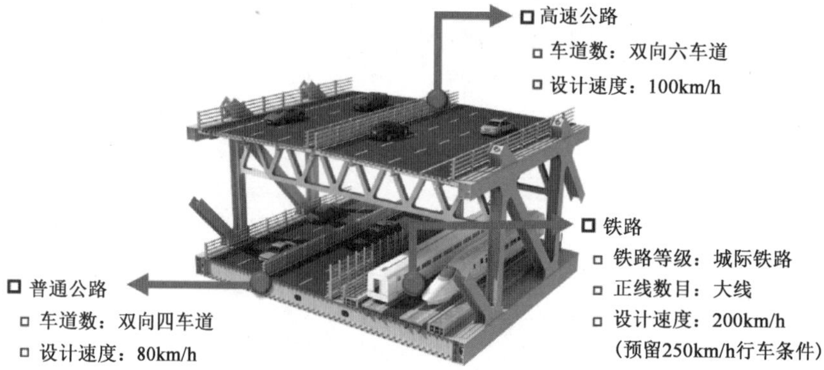

图6　常泰长江大桥三种交通方式过江

(4)铁路公路分别位于上下游,荷载非对称布置[4]。下层桥面上游侧布置城际铁路,下游侧布置普通公路,恒载与活载均非对称布置,工程设计与施工控制难度大。

如图7所示,对比两桁的非对称方案与三桁的对称方案可知,对称方案将增加夹心地660亩(约44万 m^2),总投资增加3.3亿元,而非对称方案接线线形好,更适合于常泰长江大桥项目。

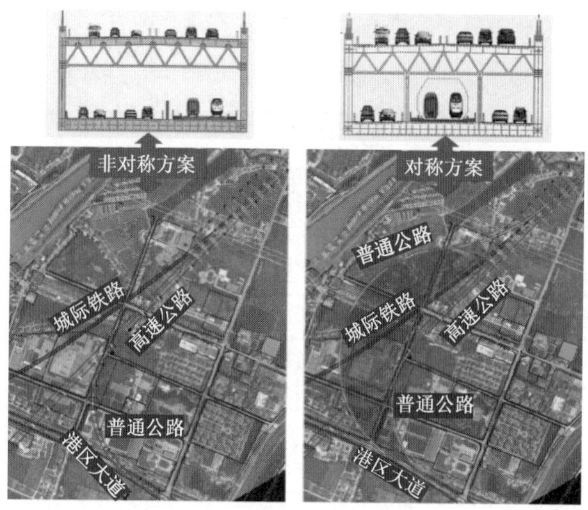

图7　两桁非对称方案与三桁对称方案对比

(5)主桥斜拉桥施工难度大。为实现1176m斜拉桥的跨越,需解决超大规模沉井基础、超高主塔、超大悬臂主梁施工和超长超重斜拉索挂设等施工难题,施工要求高(图8)。

4.2　设计创新

通过实施与应用交通运输部交通运输行业重点科技项目"超大跨径非对称荷载公铁斜拉桥建设关键技术研究及应用",常泰大桥在结构设计创新上进行了"四个首创",如图9所示。

一是首创"温度自适应塔梁纵向约束体系(TARS)+阻尼器"体系[5]。如图10所示,两个桥塔和主梁之间共设置16个阻尼器,主塔与跨中共设CFRP拉索28根,实现了塔梁之间释放温度位移、约束风载位移的目的,显著降低主塔内力和基础反力,节省工程投资,且施工风险可控。

二是首创台阶型减冲刷减自重沉井基础,采用"上小下大"的台阶式造型,不仅可以降低沉井重量,还可以有效阻挡下潜水流,减少冲刷,提高结构安全度(图11)。

图8　常泰长江大桥超大尺寸结构设计

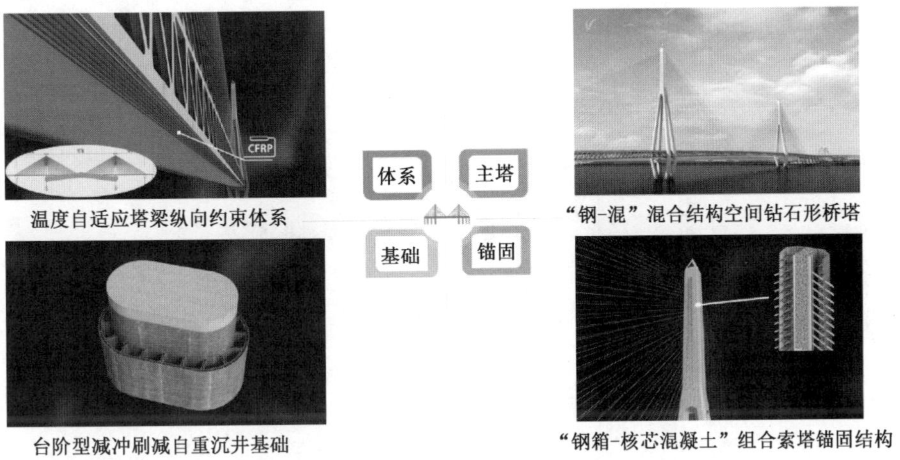

图9　常泰长江大桥结构创新设计

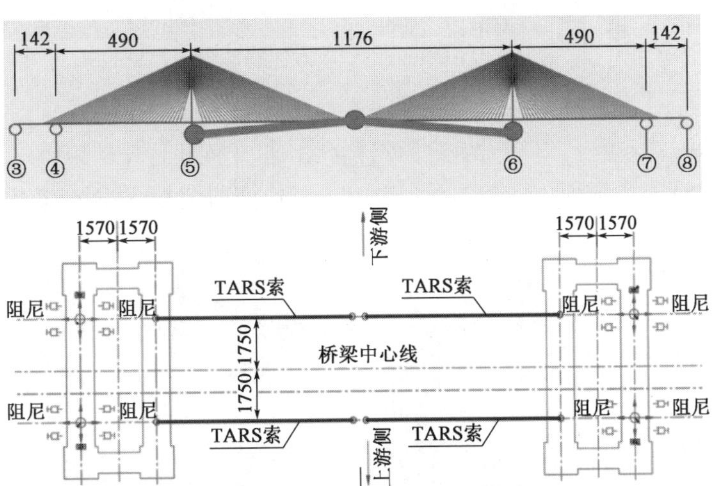

图10　常泰长江大桥“温度自适应塔梁纵向约束体系(TARS)＋阻尼器”体系(尺寸单位:cm)

三是首创“钢-混”混合结构空间钻石形桥塔(图12),不仅可以有效提高结构刚度,降低单个塔柱结构尺寸,还可有效避免大体积混凝土开裂问题,实现了景观与结构的统一。

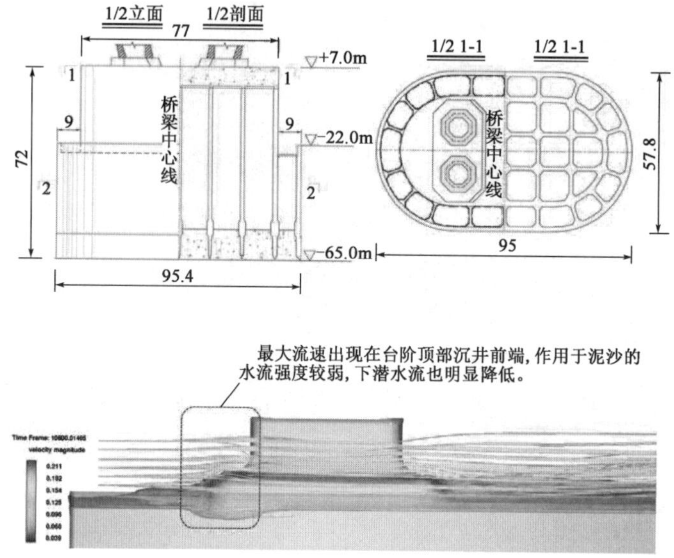

图 11　台阶型沉井基础减冲刷作用机理(尺寸单位:m)

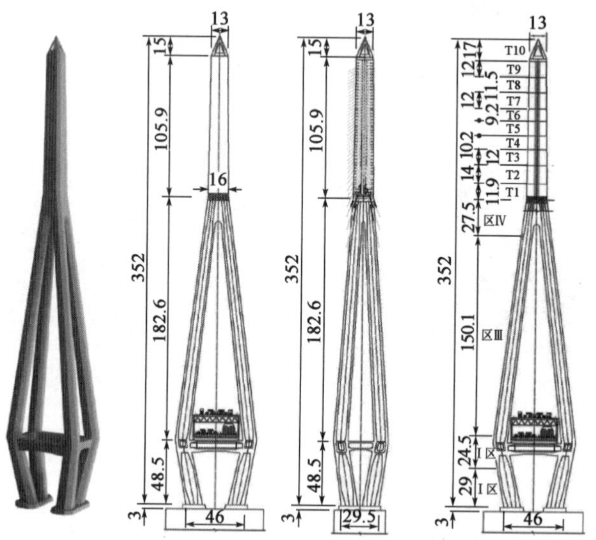

图 12　常泰长江大桥主塔结构设计(尺寸单位:m)

四是首创“钢箱-核芯混凝土”组合索塔锚固结构(图 13)，通过充分利用钢与混凝土两种不同材料的力学性能差异，来实现索塔锚固体系整体和局部受力的协调与统一，从而有效提高使用效率。

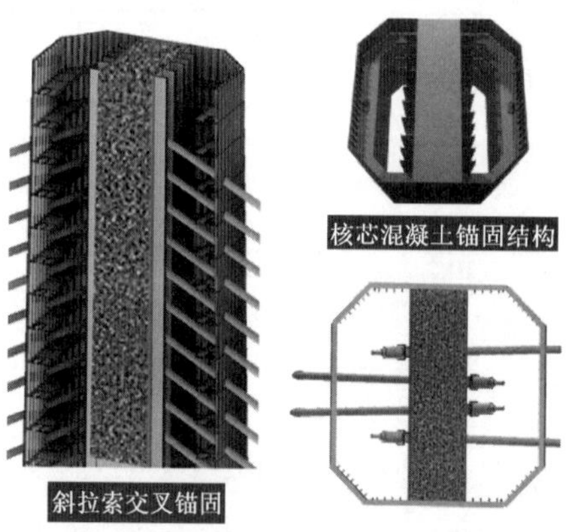

图 13　常泰长江大桥主塔锚固结构设计

大桥设计还刷新了六个“世界之最”(图14):最大规模多功能荷载非对称布置桥梁;最大跨度斜拉桥(1176m);最大连续长度钢桁梁(4266m);最大尺度碳纤维复合材料拉索(560m);最大跨度公铁两用钢桁拱桥(388m);最高强度桥用平行钢丝斜拉索(2100MPa)。

最大规模多功能荷载非对称布置桥梁　最大跨度斜拉桥　最大连续长度钢桁梁

最大尺度碳纤维复合材料拉索　最大跨度公铁两用钢桁拱桥　最高强度桥用平行钢丝斜拉索

图14　常泰长江大桥六个“世界之最”

4.3　施工创新

常泰长江大桥在沉井基础施工过程中进行了一系列创新:

(1)大桥采用沉井基础下沉施工新方法——土体破坏临界宽度控制法。超大型沉井下沉既要实现“主动下沉”,又要“安全可控”,必须实现盲区主动取土,同时严格控制井孔内超挖取土深度。采用“台阶型”取土工艺,分层分区、对称、均匀取土。

(2)大桥采用沉井基础施工新设备,包括气水混合冲射、高压旋喷钻机、机械臂水下机器人、步履式水下机器人等盲区取土设备以及应用智能化控制系统的智能空气吸泥机、电动绞刀吸泥机、液压双头绞吸机等井孔取土设备(图15)。研发的智能化取土新设备,在沉井基础取土下沉过程中得到了科学验证,并取得了良好效果,有效保证了沉井基础“安全、高效、精准”下沉。

液压双头绞吸机　电动绞刀吸泥机

a)盲区取土设备　b)井孔取土设备

图15　常泰长江大桥沉井基础智能取土设备

(3)大桥采用可靠有效的沉井基础施工监控方法。首次采用沉井下沉智能感知系统+全过程主动分析控制系统(图16),在沉井底部布置了119个土压力传感器,侧壁布置了72个侧向土压力传感器,沉井关键部位布置了77个应力传感器,建立了沉井下沉过程中智能感知系统;通过集成数据采集、分析、预警一体化控制系统,实现了沉井全过程主动分析控制,有效确保沉井“可测、可视、可控”下沉。

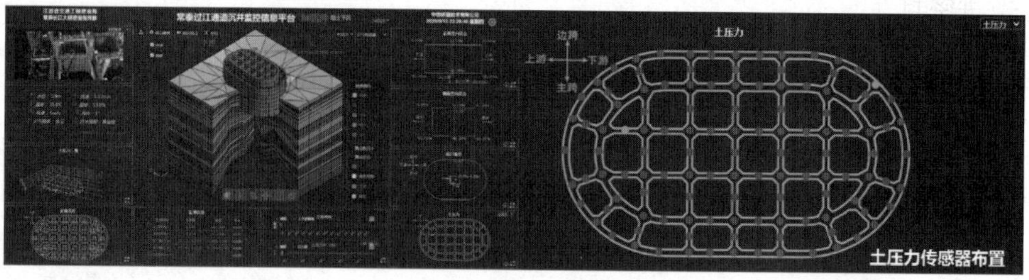

图 16　常泰长江大桥沉井监控信息平台示意

5　悬索桥建设技术创新——以龙潭长江大桥为例

正在建设的龙潭长江大桥位于南京长江第四大桥与润扬大桥之间，距离南京长江第四大桥约 16.8km，距离润扬大桥约 28.6km。项目全长 4.925km，跨江主桥采用 1560m 钢箱梁悬索桥（图 17），工期 5 年，初步设计概算约 62.54 亿元。大桥致力打造“精心管理、精巧设计、精细作业、精准控制”的“四精”工程，在悬索桥精细化和工程耐久性方面进行了创新性设计，特别是在主缆耐久性防护设计、索夹精细化设计等方面取得了突破，有效助力建设交通强国建设江苏样板标志性工程、大跨度悬索桥精细化建造示范工程、安全耐久绿色环保的百年品质示范工程。

图 17　龙潭长江大桥效果图

5.1　主缆除湿系统技术创新

大桥研发了主缆内部通干空气的新型除湿系统（图 18），解决了目前悬索桥主缆外部送气除湿系统送气效率低、除湿效果差的难题。研发了高强钢丝螺旋弹簧和连续成型波纹状金属管复合管道，解决了内部送气管道设计及主缆外干空气进气口局部构造设计两大技术难题。

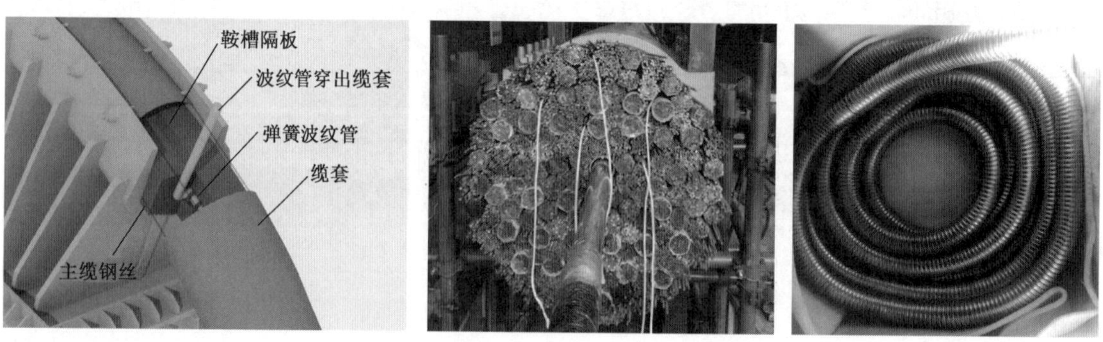

图 18　龙潭长江大桥主缆除湿系统

5.2　悬索桥索夹精细化设计

通过试验探明悬索桥索夹—主缆接触间作用机理（图 19），提出基于解析原理、库仑摩擦定律及滑移量限值极限抗滑状态判据的抗滑承载力计算方法，解决了大跨悬索桥运营期索夹滑移的技术难题。

同时,基于改进密封性能,对悬索桥索夹螺杆横向间距、索夹直缝和环缝构造、紧固件防水构造等细节进行了精细化设计。

图 19　索夹滑移试验

6　建设管理方法创新——过江通道建设 BIM 技术应用

江苏省交通工程建设局充分响应国家与行业关于新基建的宏观战略要求,积极引进以 BIM 技术为核心,融合物联网、第五代移动通信技术(5G)、云计算、大数据、人工智能的先进数字化技术,全面打造过江通道智慧建设 BIM 协同管理平台。以常泰长江大桥为例(图 20),项目核心目标立足于实现对工程建设全过程数据的 BIM 集成,达到信息共享、管理协同、形象展示、提质创优的效果,同时将设计、质量、费用等关键数据完整高效地向运维养护阶段进行传递,为建养一体化管理奠定基础。

图 20　过江通道智慧建设 BIM 协同管理平台

项目基于 BIM 模型,首次实现完整集成构件级与项目级造价信息,实现投资与项目进度动态监控管理;同时基于 BIM 模型单元,首次实现构件级生产单元的材料溯源管理,达到质量信息对于原材料业务终端的全业务链完整信息集成;最终本项目将在交竣工阶段实现当前国内最完整的数字移交成果。

7　结语

创新永不止步,匠心筑梦未来。只有加强桥隧建设的科技创新、管理创新,加强长大桥梁建设科技创新的系统集成,努力突破关键共性技术和前沿引领技术,抢占桥梁建设科技发展制高点,才能为打造交通强国江苏样板提供最直接、最有效的实现路径。桥梁人更要秉持“勇于创新、奋力拼搏、力争一流”的精神,为构建新发展格局、推动交通运输高质量发展走在前列作出更大贡献。

参 考 文 献

[1] 基础司. 长江干线过江通道布局规划(2020—2035 年)[R]. 中华人民共和国国家发展和改革委员会,2020.

[2] 李娜,徐红艳. 到 2035 年,江苏规划布局 44 座过江通道[N]. 现代快报,2020,7416:A5.

[3] 赵阳. 加快过江通道建设构建完善现代综合交通运输体系[J]. 现代江苏交通,2020,33:26-27.

[4] 秦顺全,徐伟,陆勤丰,等. 常泰长江大桥主航道桥总体设计与方案构思[J]. 桥梁建设,2020,50(03):1-10.

[5] 秦顺全,苑仁安,郑清刚,等. 超大跨度公铁两用斜拉桥结构体系研究[J]. 桥梁建设,2020,50(04):1-8.

设 计 篇

常泰长江大桥主航道桥设计创新

蒋振雄[1],秦顺全[2],黄　健[1],李　镇[1],郑清刚[2]

(1. 江苏省交通工程建设局,江苏南京　210004;
2. 中铁大桥勘测设计院集团有限公司,湖北武汉　430056)

摘　要　为尽量减少桥梁建设对长江航运的影响,常泰长江大桥采用主跨1176m的斜拉桥跨越长江主航道,并搭载六车道高速公路、双线城际铁路和四车道普通公路。由此,超大跨度、超大荷载给大桥设计建造带来了世界级的难题与挑战。为最大限度地节约资源、提升桥梁功能、减小建造难度和保障安全,大桥在设计方面开展了一系列创新工作。下层桥面采用非对称布置,公路、铁路界限分明,节约了两岸土地资源。设计了温度自适应塔梁纵向约束体系、台阶型减冲刷减自重沉井基础、"钢-混"混合结构空间钻石形桥塔、"钢箱-核芯混凝土"组合索塔锚固结构4个新型结构,实现了1200m级公铁两用斜拉桥设计的突破。

关键词　斜拉桥;设计;结构创新;常泰长江大桥

Design Innovation of Main Channel Bridge of Changtai Yangtze River Bridge

JIANG Zhen-xiong[1], Qin Shun-quan[2], Huang Jian[1], Li Zhen[1], Zheng Qing-gang[2]

(1. Jiangsu Provincial Transportation Engineering Construction Bureau, Nanjing Jiangsu 210004 China;
2. China Railway Major Bridge Reconnaissance & Design Group Co., Ltd., Wuhan Hubei 430056, China)

Abstract　In order to minimize the impact of bridge construction on the shipping of the Yangtze River, a cable-stayed bridge with a main span of 1176m is used to cross the main channel of the Yangtze River, and is equipped with a 6-lane expressway, a two-lane intercity railway and a 4-lane ordinary road. As a result, the super-long span and super-heavy load have brought world-class problems and challenges to the design and construction of the bridge. In order to save resources to the utmost extent, improve the function of the bridge, reduce the difficulty of construction and ensure safety, a series of innovative work has been carried out in the design of this bridge. The lower bridge deck is arranged asymmetrically, and the highway and railway are clearly demarcated, which saves land resources on both sides of the river. Four new structures, that is, temperature adaptive longitudinal restraint system of tower-beam, stepped caisson foundation with scour and deadweight reduction, spatial diamond "steel-concrete" mixed bridge tower, and "steel box-core concrete" composite anchoring structure in the tower, were perfectly designed to achieve a breakthrough in the design of 1200m-class cable-stayed bridge for road and railway.

作者简介:蒋振雄(1963—),男,研究员级高级工程师,研究方向为重大项目建设管理。

Keywords Cable-stayed bridge; design; structural innovation; Changtai Yangtze River Bridge.

常泰长江大桥位于长江下游扬中河段，连接江苏省泰兴市与常州市，是《长江经济带综合立体交通走廊规划》中的公铁共用过江通道，是《江苏省高速公路网规划（2017—2035 年）》中如（皋）常（州）高速公路的一部分，也是《江苏省沿江城市群城际轨道交通网规划（2012—2020 年）》中的都市圈城际铁路的一部分，这意味着常泰长江大桥将是一座集高速公路、城际铁路、普通公路三种交通运输方式于一体的大跨度桥梁。

常泰长江大桥搭载六车道高速公路、双线城际铁路和四车道普通公路，最大限度地节约桥位资源、保障安全、提升桥梁使用功能。同时，为尽量减少桥梁建设对长江航运的影响，采用主跨 1176m 的斜拉桥跨越长江主航道（图 1）。

图 1　主桥布置示意图

常泰长江大桥主航道桥世界级的超大跨度、超大荷载带来了世界级的难题与挑战，大桥的设计建造也是一个用创新迎接挑战的过程。

1　公铁荷载非对称布置

常泰长江大桥主梁采用上下层布置，上层桥面布置双向六车道高速公路，下层桥面上游侧布置两线城际铁路、下游侧布置四车道普通公路。下层桥面采用非对称布置，公路、铁路界限分明，便于交通疏解和管养。同时两岸接线线形指标较优，减少了夹心地块，节约了两岸土地资源。但由于普通公路和铁路恒载差异较大，结构恒载在横桥向不对称，结构设计中采用上下游不同强度等级的材料保证结构受力满足要求，施工控制中通过钢桁梁杆件工厂制造长度和斜拉索索力调整，实现良好的成桥线形（图 2、图 3）。

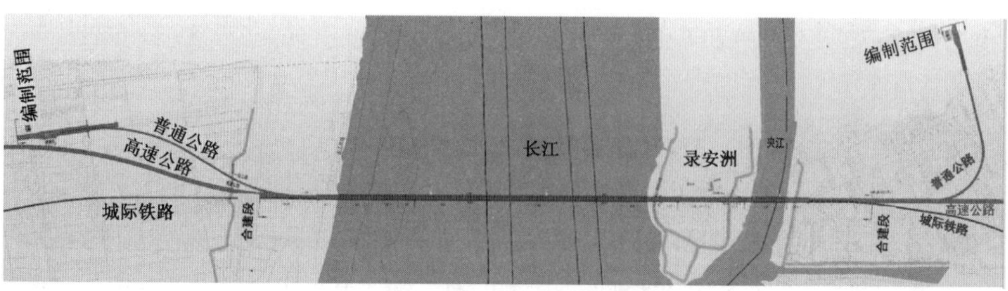

图 2　平面布置图

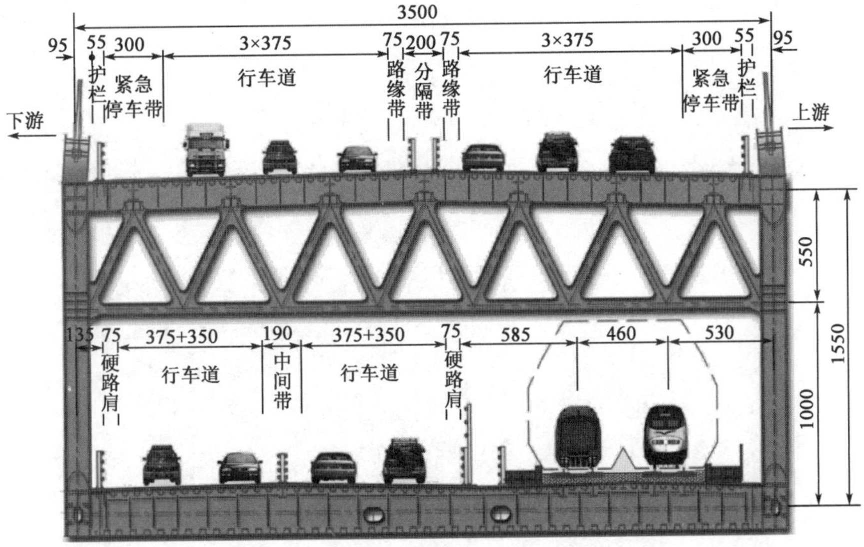

图3 非对称布置方案横断面图(尺寸单位:cm)

2 温度自适应塔梁纵向约束体系

常泰长江大桥作为超千米的超大跨度斜拉桥,如若继续采用传统的半漂浮体系,梁端位移幅值达2.8m,幅值过大,不利于伸缩装置的设计和运营期的维修养护。

设计中采用了"温度自适应塔梁约束体系"(图4),即将梁上约束点设在主梁温度不动点(*A* 点),采用温度敏感性极低的碳纤维复合材料(CFRP)连杆 *AB* 和 *AC* 作为纵向约束,改变了风荷载与活载的传力路径,降低了主塔弯矩,同时不增加温度荷载产生的内力,实现塔梁约束体系对温度的完全自适应。

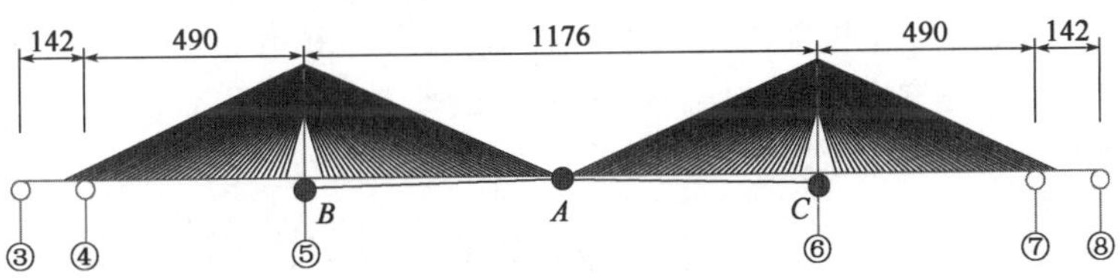

图4 温度自适应塔梁约束体系示意(尺寸单位:m)

3 台阶型减冲刷减自重沉井

为了承受桥梁上部结构的巨大荷载,经多方案比选,常泰长江大桥主塔采用沉井基础。如采用常规沉井结构,则沉井的平面尺寸和埋深均达到近百米。平面大尺度厚壁钢筋混凝土结构存在易开裂的难题;沉井埋深大又意味着工期的延长与施工风险的增大。由此催生了优化沉井基础结构形式的新思考。

设计中提出了台阶型减冲刷减自重沉井基础(图5),并进行了深入的专项研究。施工时,沉井台阶以上的外井壁作为可拆除临时结构,其自重可帮助沉井下沉,并具有挡沙作用;在下沉到位后,对临时外井壁进行拆除,形成台阶型沉井,减小了沉井入土深度,降低了施工风险,同时减轻了运营时的重量,减小了地基反力,改善了冲刷影响,保证了结构运营安全。

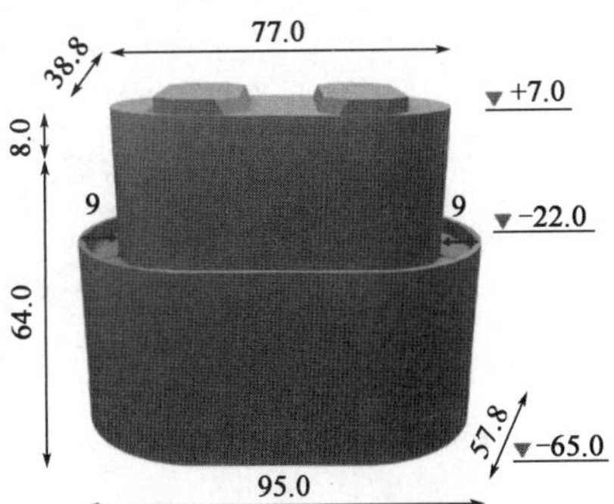

图5 台阶型沉井基础方案
(尺寸单位:m;高程单位:m)

4 节段内全焊接双层桥面钢桁梁

主航道桥钢桁梁总长2440m,根据受力分别采用了Q370qE、Q420qE、Q500qE三种不同强度级别的钢材,标准节段采用2个节间全焊接整体制造、运输、吊装。钢梁整体结构复杂、存在非对称恒载,且各位置节间受力不尽相同。为此,在设计过程中贯彻了精细化设计的方针,减少材料耗费的同时保证结构安全、耐久。

上下弦杆采用箱形截面,腹杆根据不同受力要求采用工字形或箱形截面。上层桥面采用横肋、节点桁架横梁和纵梁支撑的正交异性板整体桥面,下层桥面采用钢箱整体桥面(图6)。平行钢丝成品斜拉索直径7mm,上下游采用相同规格、不同强度级别,上游铁路侧斜拉索抗拉强度为2100MPa,下游公路侧抗拉强度为2000MPa。

图6　钢桁梁效果图

5　空间钻石形主塔

以往的分析研究及工程实践表明,斜拉桥跨度增大时,荷载效应增长最快的是桥塔弯矩。常泰长江大桥主航道桥的超千米级跨径与同时运营的不同种类荷载,将产生数值巨大的荷载效应,主塔如果采用材料为C60混凝土的平面钻石形桥塔,下塔柱底的顺桥向尺寸将达到21m,断面壁厚接近3m。为了控制由于结构尺寸增大造成大体积混凝土早期开裂的现象,将每个塔肢一分为二,形成空间钻石形桥塔(图7)。

图7　空间钻石形桥塔

上塔柱索塔锚固是斜拉桥的关键构造,设计中提出了"钢箱-核芯混凝土组合"新结构(图8)。核芯混凝土放置在截面中心位置,主要用于承受上塔柱的轴向压力,外围钢箱主要充分利用钢材抗压、抗拉强度都很高的材料优势,提供抗弯抗压能力,有效实现了材料分区受力的设计目的。

空间钻石形桥塔与锚固区钢箱-核芯混凝土组合结构,既优化了结构,使得桥塔的"内在"受力模式安全可靠,又缩减了结构尺寸,改善了全桥特别是公路桥面视角的"外在"景观效果。

图8 钢箱-核芯混凝土组合结构

6 结语

在中国桥梁迅速崛起并引领世界的今天,不断刷新世界纪录的桥梁跨度、结构尺寸、材料强度、建设速度等,彰显着中国桥梁无可比拟的"硬实力"。

同时,我们也理应思考,桥梁的建造如何最大限度地节约资源、保障安全、提升桥梁功能;如何利用创新来应对各种技术挑战,体现中国桥梁建设的"软实力"。

参考文献

[1] 秦顺全,徐伟,陆勤丰,等. 常泰长江大桥主航道桥总体设计与方案构思[J]. 桥梁建设,2020,50(03):1-10.

常泰长江大桥主航道桥总体设计与方案构思

秦顺全,徐 伟,陆勤丰,郑清刚,傅战工,苑仁安,孙建立

(中铁大桥勘测设计院集团有限公司,湖北武汉 430056)

摘 要 常泰长江大桥是一座集成高速公路、城际铁路、普通公路三种交通运输方式的大跨度桥梁。三种交通功能在桥上采用相对独立的方式布置,最大限度地节约资源、保障安全、提升桥梁使用功能。为尽量减少桥梁建设对长江航运的影响,主航道桥采用主跨1176m的斜拉桥跨越长江主航道。主跨1176m的超大跨度斜拉桥建造充满技术挑战,设计中对斜拉桥结构体系、新型基础形式、新型主塔结构及索塔锚固结构、恒载横向不对称结构行为等开展了系统研究,提出了温度自适应体系、台阶型沉井基础、空间钻石形桥塔、钢箱-核芯混凝土组合结构,较好地解决了超大跨度桥梁建设难题。

关键词 常泰长江大桥;大跨度斜拉桥;温度自适应体系;台阶型沉井基础;空间钻石形桥塔;钢箱-核芯混凝土组合结构;总体设计

Overall Design and Concept Development for Main Navigational Channel Bridge of Changtai Changjiang River Bridge

QIN Shun-quan, XU Wei, LU Qin-feng, ZHENG Qing-gang, FU Zhan-gong, YUAN Ren-an, SUN Jian-li

(China Railway Major Bridge Reconnaissance & Design Group Co., Ltd., Wuhan Hubei 430056, China)

Abstract Changtai Yangtze River Bridge is a long-span bridge that integrates three modes of transportation including expressway, intercity railway, and ordinary highway, which are arranged in an independent pattern on the bridge to conserve resources, ensure the safety and improve the functionality of the bridge. In order to eliminate the impact of bridge construction on the navigation of the Yangtze River, a cable-stayed bridge with a main span of 1176 m is adopted as the main navigation channel bridge to cross the main channel of the Yangtze River, of which the construction is fraught with technical challenges. In the design, the structural system of the cable-stayed bridge, novel type of the foundation, novel structural types of the bridge tower and the anchorage between cables and bridge tower, and the structural behavior under laterally asymmetric dead load, etc. are systematically studied. The temperature-adaptive system, stepped caisson foundation, spatial diamond-type bridge tower, and composite structure using steel box and core concrete are proposed to overcome the problems in the

作者简介:秦顺全,院士,教授级高工,研究方向为大跨度桥梁施工控制理论,现代桥式及桥梁结构设计理论。

construction of the super long-span bridge.

Keywords Changtai Yangtze River Bridge; long-span cable-stayed bridge; temperature-adaptive system; stepped caisson foundation; spatial diamond-type bridge tower; composite structure using steel box and core concrete; overall design.

1 工程概况

常泰长江大桥位于长江下游扬中河段[1]，连接江苏省泰兴市与常州市，距离上游泰州大桥约28.5 km，距离下游江阴大桥约30.2 km。桥位河道平面形态为微向南凹的弧形弯道，河道中间为长江主汊，已完成12.5 m深水航道整治，左侧为天星洲左汊，预留航道开通条件，右侧为录安洲右汊，为专用航道。研究论证和河工模型试验表明，工程河段河势总体稳定，具备建桥条件[2-3]。桥位河段河势如图1所示。

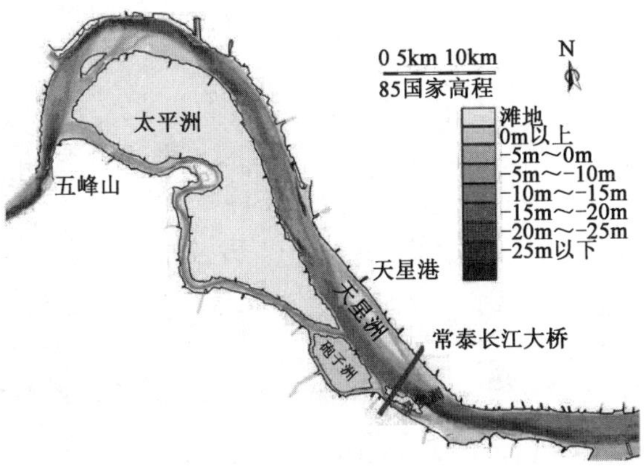

图1 桥位河段河势

工程位于江苏省经济最活跃的区域，长江两岸经济发展催生南北交流需求，而工程河段约60km范围没有桥梁，过江长期依靠轮渡或绕行。为集约利用宝贵的过江通道资源，常泰长江大桥搭载高速公路、城际铁路、普通公路三种交通运输方式合并过江。高速公路满足远途公路过江需求，城际铁路实现江南江北客运铁路路网衔接，普通公路方便两岸居民过江出行。

2 技术标准与总体布置

2.1 主要技术标准

(1)高速公路。设计速度:100km/h;车道数:双向六车道;桥梁汽车荷载:公路-Ⅰ级。

(2)普通公路。设计速度:80km/h;车道数:双向四车道;桥梁汽车荷载:公路-Ⅰ级。

(3)城际铁路。正线数目:双线;速度目标值:200km/h(预留250km/h条件);桥梁列车活载:ZK活载。

2.2 正桥立面布置

工程区域长江主航道为12.5m深水航道，定线制航道宽度为900m，桥梁主跨跨度如果采用980m可满足一跨跨过定线制航道的基本要求。但基于通航安全考虑，南主墩(6号墩)应布置在习惯性航线外侧与常州港一期码头前沿线后方，北主墩(5号墩)应布置在历年12.5m线变化范围外，方可最大限度减少桥梁建设对长江航运的影响。根据通航条件影响评价专题研究[4]，主航道桥主跨跨度确定为1176m，孔跨布置为(142+490+1176+490+142)m=2440m。天星洲左汊及录安洲右汊专用航道桥根据通航要求，采用跨度布置(169.5+388+169.5)m的中承式钢桁拱桥。录安洲基于环保要求应尽量减少布墩，同时考虑全桥景观协调，布置一联(3×124)m连续钢桁梁桥。正桥立面布置如图2所示。

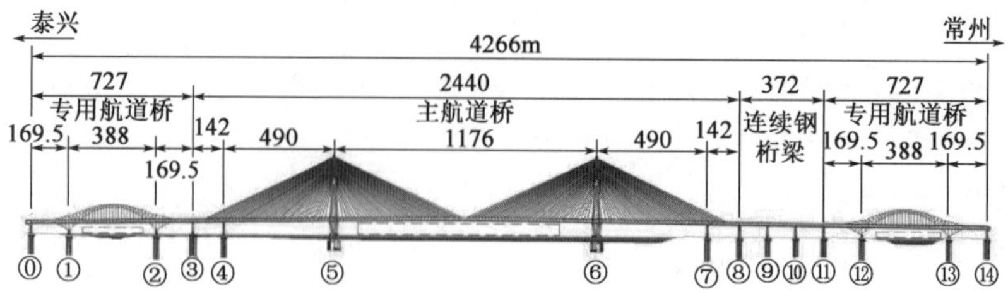

图2　正桥立面布置(尺寸单位:m)

2.3　正桥平面布置

常泰长江大桥为高速公路、城际铁路、普通公路的共用通道,平面上公铁合建段为直线,上岸后高速公路、城际铁路与普通公路分离。其中高速公路北接宁通高速,南接江宜高速;城际铁路起点位于泰兴侧盐泰锡常宜铁路泰兴站,越长江经常州西接入苏南沿江铁路武进站;普通公路过江后就近接入周边路网。正桥平面布置如图3所示。

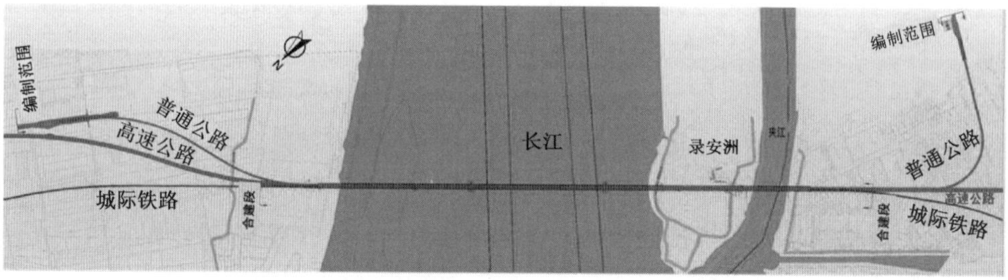

图3　正桥平面布置

2.4　正桥断面布置

常泰长江大桥搭载六车道高速公路、双线城际铁路、四车道普通公路,是一座多功能复合桥梁。如采用平层布置的钢箱梁,桥面宽度将达到70m左右;而采用钢桁梁上下层布置,断面布置紧凑,结构整体受力好,节约工程投资,故该桥采用此种布置方式。钢桁梁上层布置高速公路,下层布置城际铁路与普通公路。针对下层城际铁路与普通公路的布置方式研究了两种方案,即普通公路分幅布置于城际铁路两侧的对称布置方案[图4a)]和上、下游分别布置普通公路与城际铁路的非对称布置方案[图4b)]。

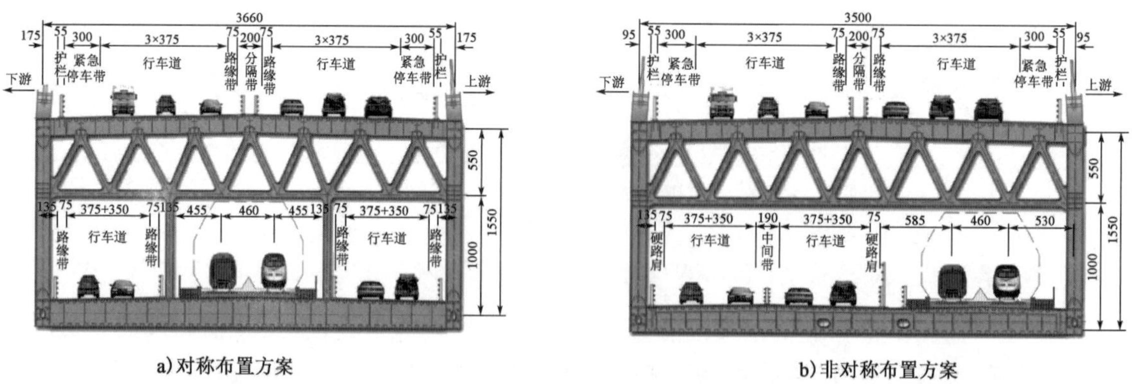

a)对称布置方案　　b)非对称布置方案

图4　主梁横断面布置方案(尺寸单位:cm)

对称布置方案结构受力简单,设计和施工控制难度小,但就占用两岸土地和桥梁使用功能而言有以下不足:①引桥右幅接线需分别下穿高速公路引桥、铁路引桥与左幅接线合并后方能接入两岸既有道路[图5a)],增加夹心地660亩(约44万m^2);②下层桥面公路布置在铁路两侧,如遇交通事故,疏解与相互救援困难;③受引桥框架墩结构构造影响,主桥与引桥宽度不一致,下层公路需设置4处S弯过渡,平曲线半径较小,接线线形指标较差,行车舒适性、安全性差。

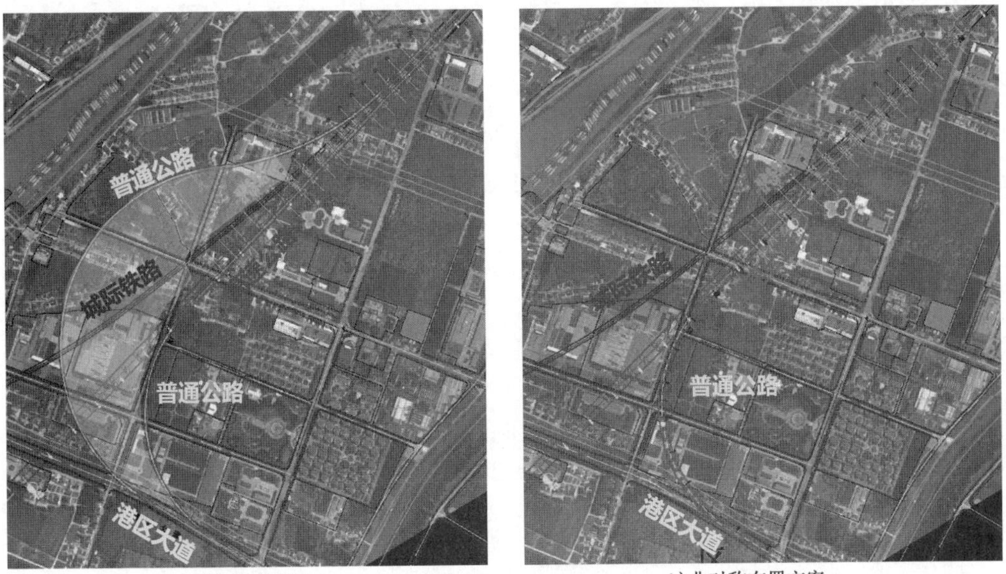

a)对称布置方案　　b)非对称布置方案

图5　两岸接线

与对称布置方案相比,下层桥面铁路和公路分上下游独立布置的非对称布置方案减少了两岸土地占用,提升了桥梁使用功能。但由于普通公路和铁路恒载差异较大,结构恒载作用下桥梁横桥向的变形和受力不一致,需要研究针对性的结构设计和施工控制技术措施。

桥梁建造从结构层面考虑,需要同时满足成桥状态的结构应力(结构安全性指标)和桥梁线形(行车舒适性指标)两个方面的要求。就结构安全性而言,由横桥向荷载差引起的结构内力差异可通过采用不同断面的结构构件或不同强度等级的材料较容易地解决,最大的挑战是如何使成桥状态的桥梁线形在横桥向没有高差,符合行车舒适性要求。依据无应力状态法理论,分阶段成形结构通过主动控制构件单元的无应力状态量,可以实现在满足最终成桥状态内力要求前提下的任何结构线形,内力和线形可以完全相互独立[5-7]。所以,上下游采用不同强度等级的材料保证结构受力满足要求、通过钢桁梁杆件工厂制造长度调整控制桥梁线形,可以保证恒载作用下横向不对称结构的内力和线形同时满足要求。

综合考虑,该桥采用下层桥面铁路和公路分上、下游相对独立布置的非对称布置方案。

3　主航道桥方案研究

长江是黄金水道,江苏段航运尤其繁忙。根据航评报告及主管部门意见,主通航孔跨度确定为1176m。对于千米级跨度桥梁,适合的桥型有斜拉桥和悬索桥。桥址处江面宽阔,若采用悬索桥,锚碇则必须放置于江中,工程量巨大,同时大体量的锚碇对防洪也有较大影响。综合比选,主航道桥采用斜拉桥方案(图6),其孔跨布置为:(142 + 490 + 1176 + 490 + 142) m = 2440m。

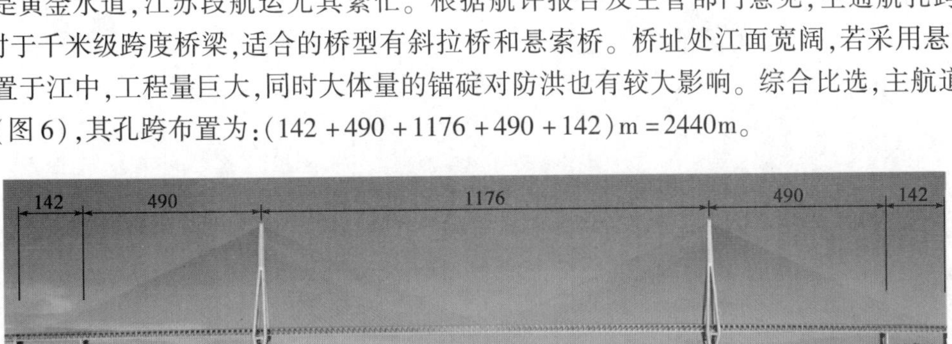

图6　主航道桥桥式立面(尺寸单位:m)

主航道桥主跨1176m,为目前世界上跨度最大的斜拉桥。超大跨度的斜拉桥必然意味着桥梁主要结构,如基础、桥塔、钢桁梁、斜拉索、梁端伸缩装置等的结构尺度都是超常规的。超常规尺度结构的力学行为与现行设计规范有许多不适应，采用传统工法实现超大型结构施工也存在许多困难和风险。如何通过结构体系的创新尽量减小荷载效应，以及如何采用创新和可靠的方法来解决设计、施工中的不适应，是该桥设计阶段必须系统研究解决的问题[8]。

3.1 温度自适应塔梁约束体系(TARS)研究

双塔斜拉桥通常采用半漂浮体系，即主梁在桥塔处设置竖向支座，静力作用下塔梁之间无纵向约束。常泰长江大桥如采用半漂浮体系，计算表明：①梁端位移幅度达2.8m(其中在有车风作用下梁端位移0.9m)，远远超过已建成的大跨度桥梁。梁端位移量大，公路伸缩缝和铁路伸缩调节器设计制造以及后期养护维修困难。②塔底弯矩达 10.3×10^6kN·m，在有车风作用下塔底弯矩占总弯矩的37%。据此设计桥塔的断面体量巨大。

出现以上问题的主要原因为：常泰长江大桥主跨跨度大，随着主梁长度和桥塔高度的增加，风荷载效应急剧增大。

半漂浮体系和塔梁纵向约束体系在纵向风作用下结构的纵向变位分别如图7a)、图7b)所示。分析表明：顺桥向风荷载作用下，如果塔梁之间设置纵向约束，则大部分的风荷载从桥面位置的塔梁纵向约束处传递给桥塔，荷载的作用力臂仅是下塔柱高度，风荷载产生的桥塔弯矩和梁端位移量大幅减少。但是塔梁纵向约束限制了体系温度变化时中跨钢梁温度变形的释放，产生巨大的温度附加力。这也是大跨度双塔斜拉桥不在两个桥塔处同时设置塔梁纵向约束的原因。

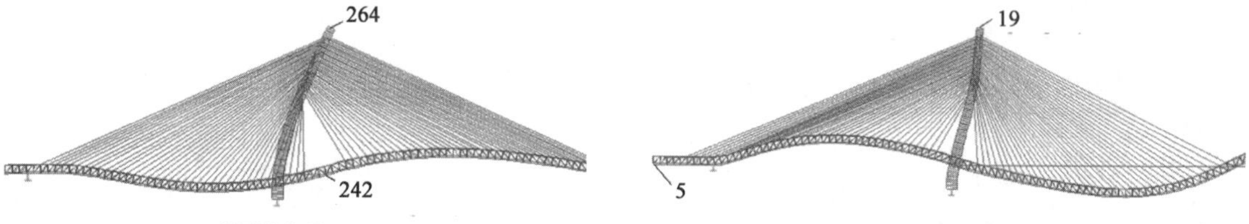

图7 纵向风作用下结构的纵向变位(尺寸单位：mm)

为此，提出温度自适应塔梁纵向约束体系的构思，如图8所示。对称布置的半漂浮体系斜拉桥在体系温度升降时跨中 A 点为不动点。因此，约束 A 点纵向位移，不会限制结构体系温度升降时的变形释放。体系温度升降时，结构温度变形特性和半漂浮体系斜拉桥没有差别。如果将主梁跨中 A 点与桥塔的 B 点和 C 点连接起来，则既实现了塔梁的纵向约束，也不影响温度变形释放。但前提是连接主梁跨中点与桥塔的连杆 AB 和 AC 自身具有温度变形惰性，不会产生温度附加力。

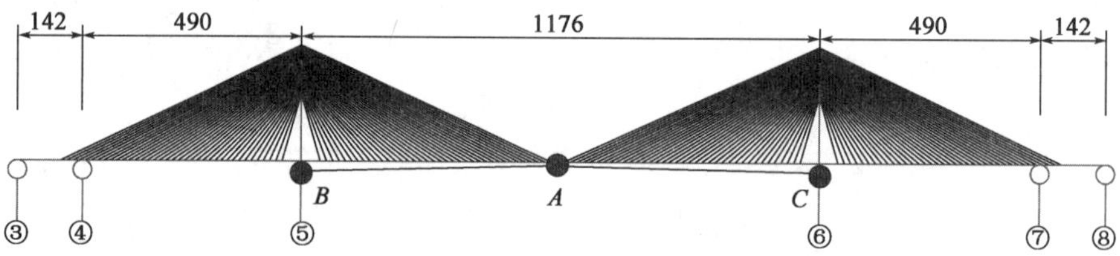

图8 温度自适应塔梁纵向约束体系示意(尺寸单位：m)

传统的建桥材料均具有热胀冷缩性能，要实现连杆的温度变形惰性，一种方案为采用类似悬索桥主缆恒温除湿系统的原理，通过恒温系统使连杆的温度不随环境温度变化；另一种方案为利用新材料，这种新材料必须具有其变形对温度变化不敏感的特性，碳纤维复合材料(CFRP)就是很好的选择。

CFRP在很多领域都得到了广泛的应用，与传统材料相比具有很多优点，其中以强度高、自重轻最为突出。实际上CFRP还有优越的第三性能，温度线膨胀系数仅为钢材的1/20，具有很好的温度变形惰性，是塔梁连杆的理想材料。

为了满足常泰长江大桥工程的使用要求，该项目系统开展了CFRP拉索的静载、疲劳试验和制索工艺试验(图9)。

图9　CFRP 拉索试验

将主梁变温不动点与桥塔之间采用温度变形惰性的 CFRP 连杆建立纵向约束的结构体系称为温度自适应体系(Thermal-Adapting Tower-Deck Restraint System,简称 TARS)。常泰长江大桥设计计算表明,采用 TARS 与半漂浮体系相比,梁端纵向位移量降低 23%,活载作用下桥塔弯矩降低 19%,风荷载作用下桥塔弯矩降低 39%。同时,对常泰长江大桥的结构动力体系研究表明:TARS 配合设置黏滞阻尼器后,综合抗震性也非常优越。

3.2　新型台阶型沉井基础(SRCF)研究

常泰长江大桥设计前期,针对 2 个桥塔墩基础重点研究了钻孔桩、打入钢管桩和沉井三种方案。由于桥塔基础需承担上部结构巨大的荷载,钻孔桩基础需要 ϕ2.5m 的钻孔桩 227 根,桩长 123m,承台平面尺寸需达到 99m × 81.6m。承台平面尺度达到近百米的量级,在桥梁运营中,一旦河床冲刷与设计预估出现偏差或河床防护局部失效,则承台下河床的实际冲刷深度将具有随机性和不确定性,且难以检测和恢复。河床的冲刷影响 227 根桩的实际埋深,对单桩承载力和群桩受力分配带来风险。而打入钢管桩基础对沉桩设备要求高。综合技术、经济多方面考虑,该桥宜采用沉井方案。

若采用常规的沉井基础,沉井平面尺寸需达到 92.9m × 54.2m,5 号北主墩沉井总高 89.0m,6 号南主墩沉井总高 97.0m。沉井埋深大意味着沉井下沉工期长,风险高[9]。平面尺寸大意味着沉井露出水面与桥塔连接处的承台是一个平面大尺度厚壁钢筋混凝土结构。而大量的工程实践和研究表明,平面大尺度厚壁钢筋混凝土结构极易开裂,且开裂成因复杂,影响因素多,抑制开裂最有效的方法为减小结构的平面尺度。

为了减少沉井下沉深度,缩小承台平面尺度,降低沉井工程规模,有必要对沉井结构的形式进行研究。经研究,提出台阶型减冲刷减自重沉井基础(Scour-Reducing stepped Caisson Foundation with Removable,简称 SRCF),其方案如图 10 所示。

沉井本质上是一种大埋深的扩大基础,其基底平面尺寸由地基承载能力决定。而沉井顶面尺寸仅需满足桥塔布置和上部结构传力的需要,对于超大型沉井,实际需要的顶面承台尺寸往往比沉井基底平面尺寸小很多。

沉井埋深主要由局部冲刷深度和合适的持力层两因素决定。研究发现,水流遇障碍物产生的下切水流是产生沉井冲刷的主要因素(图 11)。因此,如果在沉井适当高程设置结构台阶,形成 SRCF,则可有效控制下切水流对河床的淘刷,减小河床局部冲刷深度。

为检验台阶型沉井的减冲效果,研究确定合适的沉井台阶宽度、台阶高程和台阶形状,开展了系列数值计算和水槽试验[10-11]。分析相对冲刷深度(定义为局部冲刷深度 h/台阶型沉井上层截面的阻水宽度 D)随各因素的变化,冲刷时间为根据缩尺关系换算得出的实际冲刷天数。

(1)台阶宽度。分别取沉井台阶宽度为 6m、9m、12m 的模型开展水槽试验。不同台阶宽度的最大相对冲刷深度对比如图 12a)所示。由图 12a)可知:台阶宽度与减冲效果正相关,且台阶宽度与减冲效果存在最佳对应值,实际台阶宽度从 6m 增加至 9m,减冲效率非常明显,但从 9m 增加至 12m,减冲效率趋于平缓。

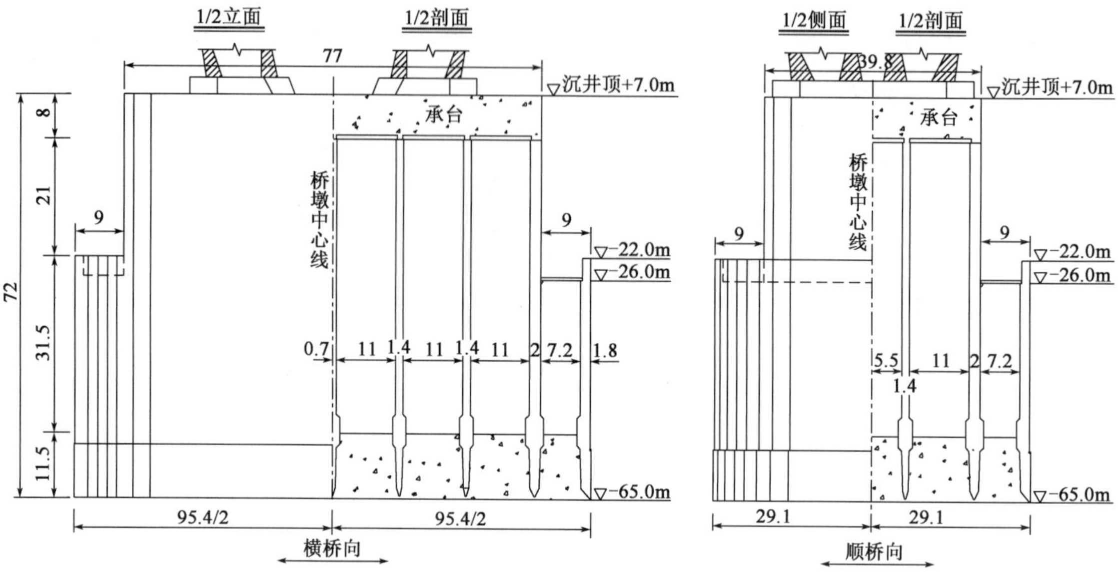

图10 台阶型沉井基础方案(尺寸单位:m)

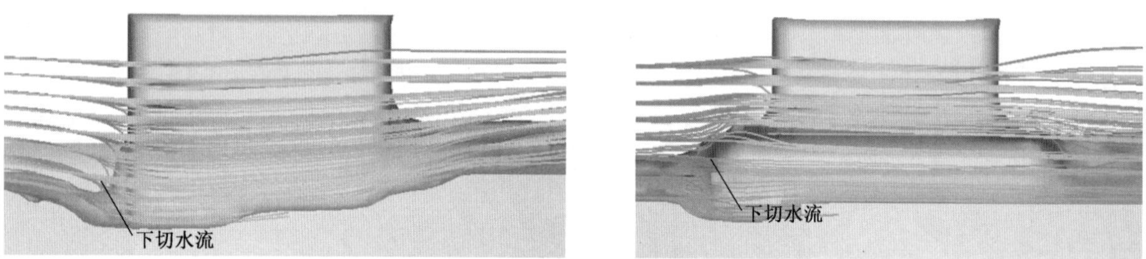

a)无台阶沉井

b)有台阶沉井

图11 沉井周围水流流场分布

(2)台阶高程。为确定台阶的合适的高程位置,在设定台阶宽度为9m的基础上,对台阶高度分别设置于河床面之上6m、与河床面齐平、河床面之下10m和20m四种模型进行水槽试验。不同台阶高程的最大相对冲刷深度对比如图12b)所示。

(3)台阶形状。分别对平台阶、直角挡墙台阶、无顶盖台阶、+45°斜坡台阶、-45°斜坡台阶、-60°斜坡台阶和-60°梯形台阶七种模型进行水槽试验。不同台阶形状的最大相对冲刷深度对比如图12c)所示。由图12c)可知:无顶盖台阶以及直角挡墙台阶对减小冲刷贡献较明显;-45°斜坡形状台阶的冲刷效果接近平台阶;+45°斜坡、-60°斜坡、-60°梯形的台阶对台阶型沉井的减冲作用不明显。

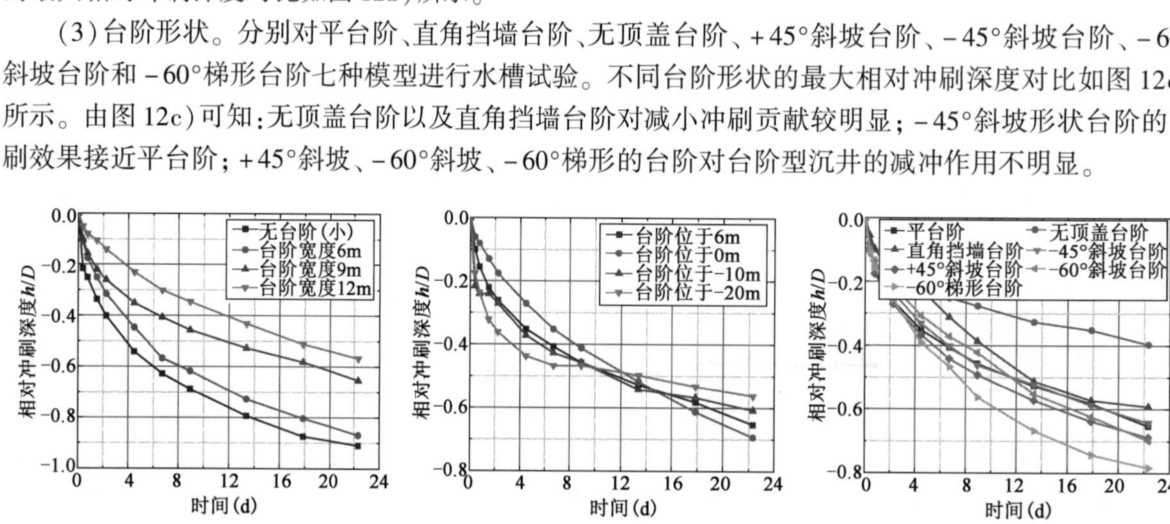

a)台阶宽度

b)台阶高程

c)台阶形状

图12 相对冲刷深度随各因素的变化

通过上述研究,结合沉井结构和施工的可实施性,南、北主墩台阶宽度确定为9m,台阶形状采用4m直角挡墙,台阶设置在-22m高程处。采用台阶型沉井,由于冲刷减小、自重减轻,沉井总高由97m

(89m)调整为72m,大大降低了工程规模和施工难度。

系统的试验研究和沉井的结构设计表明,SRCF用于深水桥梁基础具有巨大的优势,但施工中如何实现SRCF的台阶是必须解决的问题。为此,设计阶段进行了专项研究。总体思路是,沉井施工时为常规的沉井结构,台阶以上的外井壁设计为可拆除临时结构,沉井下沉施工时临时外井壁起挡沙作用,下沉到位后台阶之上外井壁拆除[8]。沉井 -22m高程以上外井壁为双壁钢结构,平面上分为多个单元,单元之间采用锁扣连接。外井壁下方与台阶顶面采用销轴连接。内支撑为桁架式,与相邻的外井壁单元连成整体,与内侧的沉井壁板采用扣板连接。沉井下沉到位后,利用远程控制油压系统解除临时外井壁底部的销轴,借助浮吊拔除不带内支撑的外井壁,后依次拔除相邻的外井壁单元,最终形成SRCF。

沉井设计计算还表明,桥梁运营阶段沉井基底土体承载力50%用以承担沉井本身自重,SRCF临时外井壁的重量施工期可以帮助沉井下沉,沉井下沉到位拆除后又减轻了桥梁运营阶段沉井的重量,使得沉井规模进一步减小,更加合理。

3.3 空间钻石形桥塔与钢箱-核芯混凝土组合结构(SCAS)研究

随着斜拉桥跨度的增加,在斜拉桥梁、索、塔三类结构中,荷载效应增长最快的是桥塔的弯矩。武汉长江二桥[12]为主跨400m的混凝土公路斜拉桥,控制荷载组合下的塔根弯矩约0.5×10^6kN·m;芜湖长江大桥[13]为主跨312m的双线铁路公铁两用斜拉桥,控制荷载组合下的塔根弯矩约1.2×10^6kN·m;武汉天兴洲长江大桥[14-15]为主跨504m的四线铁路公铁两用斜拉桥,控制荷载组合下的塔根弯矩约3.0×10^6kN·m。

常泰长江大桥设计计算表明[8],其控制荷载组合下的塔根弯矩超过10×10^6kN·m。对于数值如此巨大的荷载效应,桥塔如果采用C60混凝土的平面钻石形桥塔,下塔柱底的顺桥向尺寸将达到21m,断面壁厚接近3m。大量的工程实践表明,对于边长超过15m的平面大尺度厚壁混凝土桥塔结构,控制非主要受力方向(桥塔断面横向)的开裂,还未有非常有效的办法。

从工程角度出发,采用结构措施而非增加单一断面抗力的方法抵抗荷载效应,应该是一种选择。可将一个塔肢拆分成两个塔肢,形成空间钻石形桥塔(图13)。

针对上塔柱索塔锚固结构,研究了钢锚梁方案,其结构特点为:①斜拉索恒载作用下的水平分力由钢锚梁承担,活载作用下的不平衡水平分力由塔壁承担;②钢锚梁竖向最小构造间距为2.8m,则上塔柱拉索锚固区高度达到120m,占桥塔高度比例偏大,景观效果稍差;③钢锚梁不参与桥塔整体受力导致塔柱截面增大,且对不平衡索力要求高,施工过程中需严格控制边中跨不平衡荷载。

考虑到上塔柱断面应力超过50%来自竖向轴力,兼顾混凝土的开裂控制难题,研究提出"钢箱-核芯混凝土组合(Steel-box Core-concrete Anchorage System,简称SCAS)"结构,如图14所示。相比钢锚梁结构,该结构特点为:①核芯混凝土既是斜拉索的锚固结构又是桥塔整体受力的一部分;②边、中跨索的水平分力相互挤压,符合拉-压杆受力模式,受力可靠;③施工期不平衡荷载不控制核芯混凝土厚度。

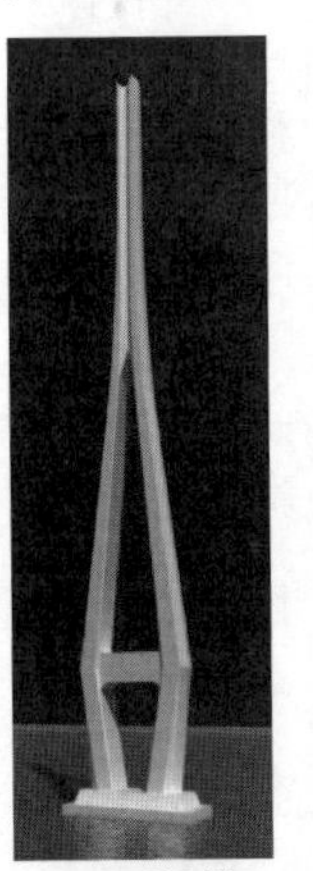
a)平面桥塔

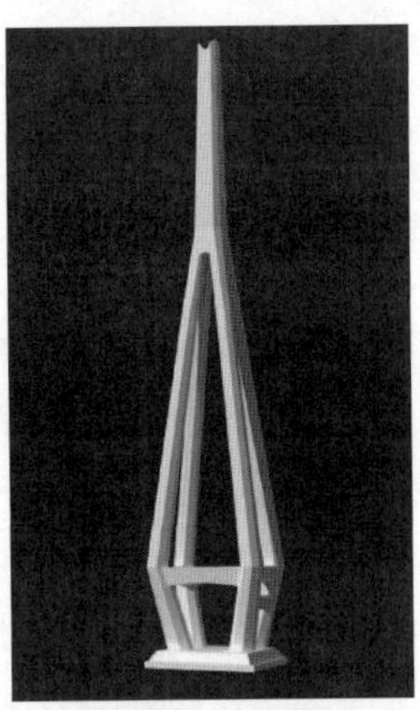
b)空间钻石形桥塔

图13 平面与空间钻石形桥塔

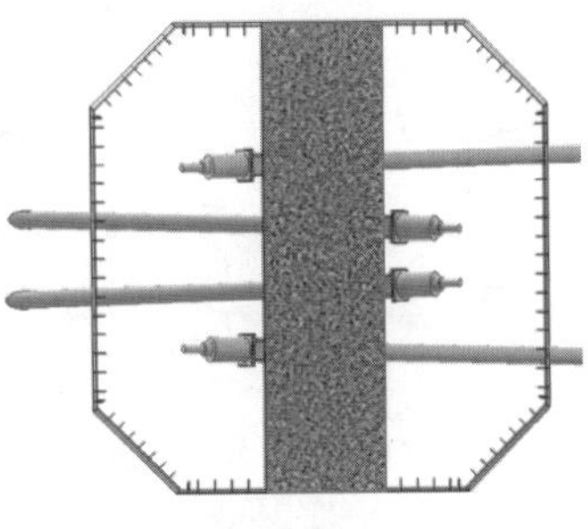
a)断面示意

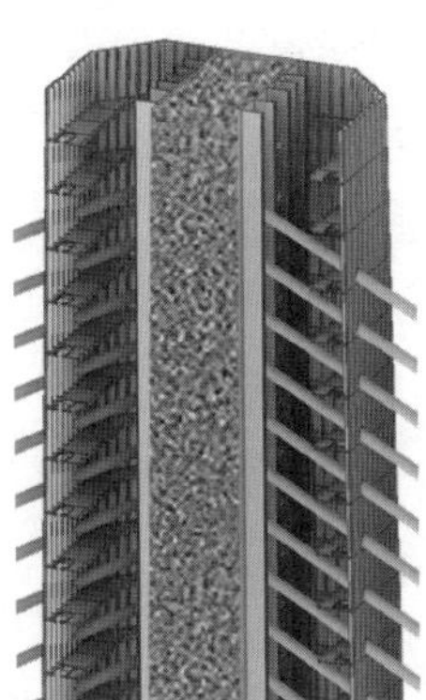
b)轴测图

图14 钢箱-核芯混凝土组合结构

结构设计表明,SCAS 结构降低了工程造价,拉索锚固区最小构造间距降低到 2.2m,上塔柱拉索锚固区全高由 120m 减少至 92m,改善了全桥特别是公路桥面视角的景观效果。

3.4 斜拉索与主梁结构

主航道桥钢桁梁总长 2440m,标准节间长度 14m,桁宽 35m,桁高 15.5m,标准节段采用 2 个节间全焊接整体制造、运输、吊装。根据受力不同,分别采用了 Q370qE、Q420qE、Q500qE 三种不同强度级别的钢材,同一节间内所有构件采用统一材质,其中辅助墩和主塔墩支点范围共 26 个节间采用 Q500qE,相邻的 36 个节间采用 Q420qE,其余 112 个节间采用 Q370qE。上、下弦杆采用箱形截面,杆件内宽 1.2m,腹杆采用工字形或箱形截面。上层桥面采用横肋、节点桁架横梁和纵梁支撑的正交异性板整体桥面,下层桥面采用钢箱整体桥面,上、下层桥面均采用 U 肋加劲。索梁锚固采用双幅锚拉板之间设置钢锚箱的方案。钢桁梁效果图如图 15 所示。

图 15　钢桁梁效果图

斜拉索采用 7mm 直径平行钢丝成品索,上、下游采用相同规格、不同强度级别,上游铁路侧斜拉索抗拉强度为 2100MPa,下游公路侧抗拉强度为 2000MPa。斜拉索的最大规格为 PESC7-499,单根最大长度 633m。

4 结语

桥梁的建造必须最大限度地节约资源、保障安全、提升桥梁功能。节约资源就是要充分利用宝贵的过江通道资源实现多功能共建,也要通过精细化的设计减少建筑材料耗费和土地占用,同时还要考虑桥梁建设期和运营期对环境的影响;保障安全就是要研究合理的结构方案和施工组织保证施工安全和运营中结构的安全耐久;提升桥梁功能就是要站在不同使用者的角度最大限度地优化满足功能需求,并兼顾桥梁景观。

桥梁的孔跨布置必须适应航道需求、无碍行洪。长江是黄金水道,中下游江段航运尤其繁忙,桥梁大多需以超大的主跨跨越长江主航道。常泰长江大桥主航道桥在方案研究过程中,对斜拉桥结构体系、新型基础形式、新型主塔结构及索塔锚固结构、恒载横向不对称结构行为等开展了系统研究,提出了温度自适应塔梁纵向约束体系、台阶型沉井基础、空间钻石形桥塔、钢箱-核芯混凝土组合结构,较好地解决了超大跨度桥梁建设难题,可为今后桥梁建设提供设计参考。

常泰长江大桥主体结构施工图已经完成,初步设计和施工图阶段对主要结构的施工方法同步也进行了研究。大桥工程 2019 年已开工建设,预计 2025 年初建成通车。常泰长江大桥效果图如图 16 所示。

图16　常泰长江大桥效果图

参考文献

[1] 常泰过江通道工程可行性研究报告[R].武汉:中铁大桥勘测设计院集团有限公司,2018.

[2] 常泰过江通道洪水影响评价报告[R].南京:长江水利委员会水文局长江下游水文资源勘测局,2018.

[3] 常泰过江通道工程地质勘察报告[R].武汉:中铁大桥勘测设计院集团有限公司,2018.

[4] 常泰过江通道航道条件影响评价报告[R].武汉:中铁武汉勘察设计研究院有限公司,2019.

[5] 秦顺全.桥梁施工控制——无应力状态法理论与实践[M].北京:人民交通出版社,2007.

[6] 但启联,秦顺全,魏凯,等.基于平面梁单元的分阶段成形结构线形控制方程[J].桥梁建设,2017,47(04):42-47.

[7] Qin Shunquan, Wei Kai , Qin Jingxi, et al. Stress-free-state Based Structural Analysis and Construction Control Theory for Staged Construction Bridges[J]. Advances in Bridge Engineering. 2020.

[8] 常泰长江大桥初步设计文件[R].武汉:中铁大桥勘测设计院集团有限公司,2019.

[9] 南京长江大桥技术总结[R].武汉:铁道部大桥工程局,1983.

[10] Wang Shunyi, Wei Kai, Xiang Qiqi, et al. Experimental Investigation of Local Scour Protection at the Cylindrical Bridge Pier with Anti-Scour Collar[J]. Water. 2019, 11(7), 1515.

[11] Xiang Qiqi, Wei Kai, Qiu Fang, et al. Experimental study of local scour around caissons under unidirectional and tidal currents[J]. Water. 2020, 12 (3), 640.

[12] 铁道部大桥工程局.武汉长江二桥技术总结[M].北京:科学出版社,1998.

[13] 秦顺全.芜湖长江大桥板桁组合结构斜拉桥建造技术[J].土木工程学报,2005(09):94-98.

[14] 胡汉舟.武汉天兴洲公铁两用长江大桥斜拉桥技术总结[M].北京:中国铁道出版社,2009.

[15] 秦顺全.武汉天兴洲公铁两用长江大桥关键技术研究[M].北京:人民交通出版社,2009.

超大跨度公铁两用斜拉桥结构体系研究

秦顺全,苑仁安,郑清刚,傅战工,马润平,许磊平

(中铁大桥勘测设计院集团有限公司,湖北武汉　430056)

摘　要　为了研究超大跨度公铁两用斜拉桥结构受力最优的结构体系,以常泰长江大桥主跨1176m公铁两用斜拉桥为工程背景,在设计中研究了常用结构体系在纵向风荷载、温度荷载、活载、制动力及地震等作用下的结构力学行为。针对超大跨度斜拉桥梁端位移大和桥塔弯矩大等主要问题,基于结构温度变形特征优化纵向荷载传力途径,提出了"温度自适应塔梁约束体系(TARS)"。采用CFRP水平索连接桥塔和主梁上的温度不动点,主梁受到纵向约束同时不会因温度变化产生较大结构内力,大幅降低梁端位移和塔底弯矩。并与常用结构体系对比,结果表明:TARS结构静动力性能优越。

关键词　常泰长江大桥;斜拉桥;公铁两用;结构体系;温度自适应塔梁约束体系;CFRP水平索

Research on Structure Systems for Very Long-Span Rail-cum-Road Cable-stayed Bridge

QIN Shun-quan, YUAN Ren-an, ZHENG Qing-gang,
FU Zhan-gong, MA Run-ping, XU Lei-ping

(China Railway Major Bridge Reconnaissance & Design Group Co., Ltd., Wuhan Hubei 430056, China)

Abstract　In search of the optimal structural system of long-span cable-stayed bridges for highway and railway transit, researches were conducted during the design of the Changtai Yangtze River Bridge with emphasis on structural behaviors of different structural systems under longitudinal wind load, thermal load, live load, braking load, and seismic load. In order to address major structural challenges in design and construction of long-span cable-stayed bridges such as significant girder-end displacements and tower-base bending moments, the Thermal-adapting Tower-Deck Restraint System (TARS) is proposed. The TARS system connects bridge towers and center-span with horizontal CFRP cables, providing longitudinal restraint for bridge girders while reducing thermal-induced structural internal loads, and subsequently lowers girder-end displacements and tower-base bending moments. In comparison with common structural systems, the TARS system exhibits superior static and dynamic performance.

Keywords　Changtai Yangtze River Bridge; cable-stayed bridge; bridge for highway and railway transit; structural system; thermal-adapting tower-deck restraint system (TARS); CFRP cable.

作者简介:秦顺全,院士,教授级高工,研究方向为大跨度桥梁施工控制理论,现代桥式及桥梁结构设计理论。

1 引言

随着通航条件对桥梁跨越能力的需求越来越高以及科学技术的进步,桥梁跨度纪录不断被刷新[1]。斜拉桥是超大跨度桥梁的主要桥型,随着跨度的增加,梁更长、塔更高、索更多。斜拉桥结构体系是指墩、塔、梁和拉索等结构的约束条件和相互间的连接关系。在纵向风荷载、温度荷载、活载、制动力及地震等静、动力作用下,斜拉桥主梁梁端纵向位移和桥塔纵向弯矩等荷载效应随跨度增加迅速增大。结构体系是影响斜拉桥结构静、动力响应的主要因素,合理的结构体系可实现结构荷载效应总体最小的目标,是结构安全、耐久、经济的关键。

世界上已建成的大跨度斜拉桥结构体系各有不同,既有漂浮体系,又有塔梁固结体系,还有在常用的结构体系上增加了特殊的约束装置[2-3]。法国诺曼底大桥(Normandy Bridge)采用塔梁墩固结体系,日本多多罗大桥(Tatara Bridge)采用半漂浮体系并在塔梁之间设置纵向弹性索,限制主梁位移[3];韩国仁川大桥(SouthKorea Incheon Bridge)采用半漂浮体系,且边墩和辅助墩分别设2根预应力拉索以抵抗负反力[4]。国内大跨度公路斜拉桥采用纵向漂浮体系居多,之后发展为增加纵向弹性索,如汕头礐石大桥,再发展为“纵向漂浮+阻尼器”的结构体系,如青山长江公路大桥[5];铁路和公铁两用斜拉桥方面,芜湖长江大桥采用“半漂浮+纵向弹性索”的结构体系,武汉天兴洲长江大桥研究采用了“半漂浮+阻尼器”的结构体系[6-7],之后大部分公铁两用斜拉桥均采用该结构体系,如沪通长江大桥[8-9]。

本文以常泰长江大桥主航道桥——主跨1176m公铁两用斜拉桥为背景,在设计中研究了常用结构体系在纵向风荷载、温度荷载、活载、制动力及地震等作用下的结构力学行为。基于结构体系温度变形特征,从改变纵向荷载传力途径入手,以实现大幅度减小桥塔弯矩和梁端位移量为目的,提出了纵向设置碳纤维复合材料(Carban Fiber Reiforced Plastics,简称CFRD)水平索的温度自适应塔梁约束体系(Thermal-Adapting Tower-Deck Restraint System,简称TARS)[12]。最后,对TARS进行相应参数研究,提出合理参数取值。

2 工程概括

常泰长江大桥位于泰州大桥与江阴大桥之间,连接江苏省泰兴市与常州市,分别距离上游泰州大桥约28.5km、下游江阴大桥约30.2km[10]。桥址处于长江下游的北亚热带季风气候区,最高气温40.5℃、最低气温-12.5℃,年平均温度15.6℃,设计基本风速$U_{s10}=32.4m/s$,桥面有车风速25m/s。主航道桥采用主跨1176m斜拉桥,孔跨布置为(142+490+1176+490+142)m,全桥总长2440m。主梁采用双层桥面钢桁梁,上层布置双向六车道高速公路,下层布置双向四车道普通公路和双线城际铁路,桁宽35m,桁高15.5m[11]。桥塔采用空间钻石形结构,塔柱总高(塔座顶至塔顶)340m。常泰长江大桥主航道桥桥塔、主梁结构如图1所示。

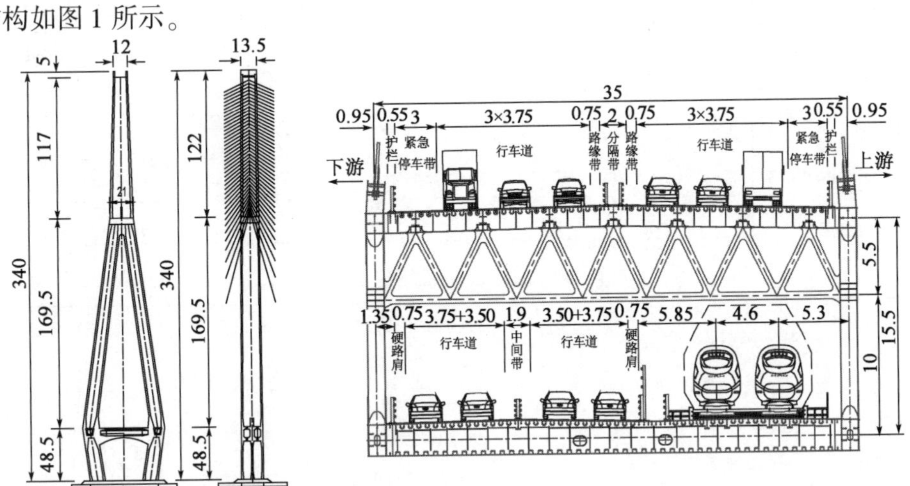

图1 常泰长江大桥主航道桥桥塔、主梁结构(尺寸单位:m)

3 结构体系研究

3.1 常用结构体系方案

选择合理的结构体系，可以减小静、动力荷载作用下的结构内力、基础反力和梁端位移。在该桥结构体系方案设计时，首先研究了常用体系：半漂浮体系和塔梁约束体系。为最大限度地改善结构动力性能，体系中均设纵向阻尼器[11]，单个阻尼器的参数为：速度指数 $\alpha=0.15$，阻尼系数 $C_\alpha=3400\text{kN}\cdot(\text{s/m})^{-0.15}$。

半漂浮体系方案（方案1），桥塔、边墩和辅助墩上、下游侧均设纵向活动支座，上游侧支座同时约束横向位移。5号、6号2个桥塔和主梁之间分别设置8个纵向阻尼器。

塔梁约束体系方案（方案2），5号桥塔处上、下游侧均设纵向固定支座；6号桥塔与其余边墩和辅助墩上、下游侧均设纵向活动支座，上游侧支座同时约束横向位移。6号桥塔和主梁之间设置8个纵向阻尼器。

两种体系方案如图2所示。

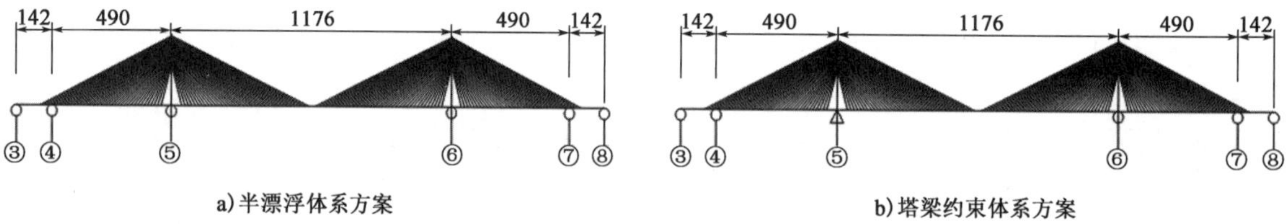

图2　常用结构体系方案示意（尺寸单位：m）

3.2 结构体系方案比较

由于设计阶段研究了平面钻石形桥塔和空间钻石形桥塔两种结构方案，为叙述方便，本文以平面钻石形桥塔为例进行说明。

两种结构体系方案在活载、温度、纵向有车风、制动力及地震等荷载作用下的桥塔塔底纵向弯矩（两塔肢底弯矩之和，即承台顶弯矩）、梁端位移分析结果分别如表1和表2所示。

两种结构体系的塔底纵向弯矩（$\times10^4$kN·m）　　表1

荷载	各荷载作用下的塔底纵向弯矩		
	方案1（主梁纵向活动）	方案2	
		5号塔（固定支座）	6号塔（活动支座）
制动力	59.8	14.8	2.1
公路活载	165.4	162.1	172.5
铁路活载	350.3	313.1	390.8
温度荷载	105.4	105.6	340.7
纵向有车风荷载	310.2	110.8	66.7
主+附组合最大值	991.1	706.3	973.0
E2地震作用	1124.5	1755.5	1201.6

两种结构体系的梁端位移（m）　　表2

荷载	各荷载作用下的梁端位移					
	方案1		方案2			
			5号塔侧梁端		6号塔侧梁端	
	最小值	最大值	最小值	最大值	最小值	最大值
制动力	-0.103	0.103	-0.001	0.001	-0.003	0.003
公路活载	-0.291	0.317	-0.010	0.034	-0.004	0.051

续上表

<table>
<tr><td rowspan="3">荷　　载</td><td colspan="6">各荷载作用下的梁端位移</td></tr>
<tr><td colspan="2" rowspan="2">方案 1</td><td colspan="4">方案 2</td></tr>
<tr><td colspan="2">5 号塔侧梁端</td><td colspan="2">6 号塔侧梁端</td></tr>
<tr><td></td><td>最小值</td><td>最大值</td><td>最小值</td><td>最大值</td><td>最小值</td><td>最大值</td></tr>
<tr><td>铁路活载</td><td>-0.212</td><td>0.245</td><td>-0.008</td><td>0.026</td><td>-0.002</td><td>0.034</td></tr>
<tr><td>温度荷载</td><td>-0.434</td><td>0.434</td><td>-0.229</td><td>0.229</td><td>-0.650</td><td>0.650</td></tr>
<tr><td>纵向有车风荷载</td><td>-0.373</td><td>0.373</td><td>-0.006</td><td>0.006</td><td>-0.015</td><td>0.015</td></tr>
<tr><td>活载 + 温度 + 纵向有车风荷载</td><td>-1.413</td><td>1.472</td><td>-0.254</td><td>0.296</td><td>-0.674</td><td>0.753</td></tr>
<tr><td>E2 地震作用</td><td>0.527</td><td>0.527</td><td>0.151</td><td>0.151</td><td>0.262</td><td>0.262</td></tr>
</table>

注:位移为“ + ”表示主梁向跨中方向移动。

由表 1、表 2 可知:

(1)梁端位移。①由于方案 2 设置了塔梁间纵向约束,纵向有车风和制动力引起的梁端位移比方案 1 大幅降低。②约束条件不同导致 2 个方案主梁温度不动点位置不同(图 3),方案 1 半漂浮体系温度不动点位于中跨跨中;方案 2 塔梁约束体系温度不动点位于 5 号塔侧,相应 5 号塔侧(固定侧)梁端位移降低了 47%,相应 6 号塔侧(活动侧)梁端位移增加了 50%。

a)半漂浮体系方案　　b)塔梁约束体系方案

图 3　温度荷载作用下两种结构体系方案变形示意

(2)静力荷载下塔底纵向弯矩。①方案 1 纵向有车风荷载产生的弯矩大,方案 2 温度荷载产生的弯矩大,两种方案塔底纵向弯矩最大值相当。②方案 1 中梁、索上的纵向有车风荷载及制动力通过斜拉索在上塔柱的锚点传递至桥塔,由于力臂较大,塔底弯矩较大;方案 2 中 5 号塔设置纵向固定支座,梁、索上的纵向有车风荷载及制动力可通过塔梁之间的固定支座传递至桥塔,与方案 1 相比,由于传力路径改变,缩短了力臂长度,塔底弯矩分别降低 64%、75%。③由于方案 2 中 6 号塔侧梁端与温度不动点之间的主梁长度比方案 1 大,温度荷载引起梁端变形带动桥塔变位产生的塔底弯矩,方案 2 比方案 1 增加了近 2 倍。

(3)地震作用。方案 1 纵向一阶周期 15.12s,方案 2 纵向一阶周期 4.28s。由于塔梁约束体系刚度大,加速度反应较半漂浮体系增加 1 倍以上,使得方案 2 的 5 号塔底弯矩比方案 1 增加了 56%,成为桥塔设计控制弯矩,方案 2 动力性能较差。

基于上述分析可知:①动力作用下,方案 2 塔底弯矩过大,该方案不可取;静力作用下,两种体系塔底弯矩基本相当,塔底所需截面尺度约 21m,根据以往大跨度桥梁的建造经验,这样的尺寸不利于桥塔断面横向裂缝控制。②超大位移量铁路伸缩调节器是控制行车性能的薄弱环节,方案 1 梁端位移幅值达 2.8m,对铁路轨道伸缩调节器和公路伸缩缝提出更高的要求,伸缩装置的设计、制造和养护都有很大的难度。

前述研究表明:①塔梁约束体系承受纵向荷载能力强。②半漂浮体系温度不动点在主梁中点,两侧温度跨度相等,温度荷载作用下塔底弯矩最优。因此,有必要将这两者的优点结合起来,构思一种既能在塔梁之间传递纵向力,又能适应体系温度变化而不增加结构内力的结构体系。

4 温度自适应塔梁约束体系

4.1 结构体系构思

对于常泰长江大桥主航道桥结构(图4),若要使温度不动点位于中跨跨中(A 点),塔梁约束关系就需要纵向对称设置,即5号、6号塔处塔梁均被约束。如果在2个桥塔处均设纵向固定支座作为约束,主梁纵向变形将受到严格约束,体系温度变化时桥塔会产生比方案1和方案2更大的塔底弯矩。如果采用纵向弹性索作为纵向约束,通过选择合适的弹性索刚度调节塔底弯矩,则塔梁约束点之间的变形只能释放一部分,结构强度和刚度对弹性索而言是相互矛盾,对于常泰长江大桥这样的超大跨度公铁两用斜拉桥,难以找到合适的弹性索刚度同时满足结构强度和刚度要求。

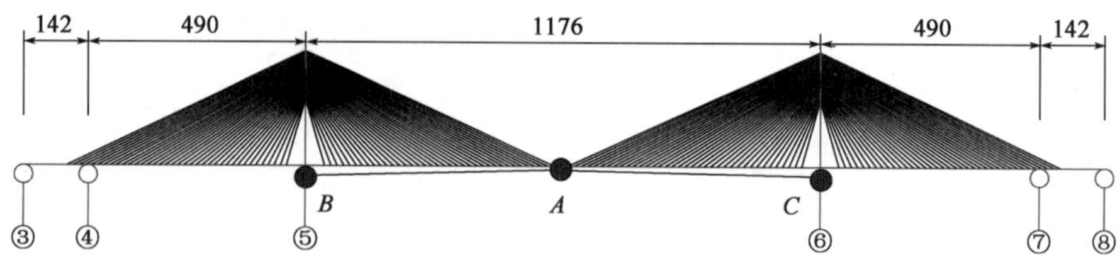

图4 温度自适应塔梁约束体系示意(尺寸单位:m)

为解决梁与塔的约束点之间的相对纵向位移问题,将梁上约束点设在主梁温度不动点(A 点),采用连杆 AB 和 AC 作为纵向约束,可消除主梁温度变形对结构内力的影响。

若采用钢丝水平索作为连杆建立主梁温度不动点与桥塔之间的纵向约束,该约束体系下,除连杆自身因温度变化会产生附加力外,其余结构可实现温度变形自适应,称为"部分温度自适应塔梁约束体系"。常泰长江大桥主航道桥若采用该结构体系,因温度变化产生的钢丝水平索索力变化约2622kN(单组水平索面积按0.039m^2计算),为了保证升温组合工况下钢丝水平索能起到约束连杆的作用,水平索恒载初张力需要增加温度变化值,从而会加大结构初始恒载理想状态的调整难度,同时由于水平索的温度效应将产生21.8×10^4kN·m的塔底弯矩。

为解决连杆因自身温度变形产生的附加力问题,一种方法是采用恒温空调系统使连杆的承力结构部分温度不随环境温度变化,但此方法长期维护的可靠性和能耗是较难解决的问题;另一种方法是连杆采用变形对温度变化不敏感的材料。CFRP与钢材相比具有诸多优点,除强度高、自重轻外,还有优越的第三性能,即变形对温度极不敏感(其线膨胀系数仅为钢材的1/20),因此CFRP是TARS连杆的理想材料。采用CFRP水平索作为连杆建立主梁温度不动点与桥塔的纵向约束,可实现塔梁约束体系对温度的完全自适应,该体系即为"温度自适应塔梁约束体系"(TARS)。TARS自动适应结构因体系温度变化引起变形,同时又提供了结构纵向刚度,不仅实现了温度作用下的结构最优,而且改善了纵向荷载下的结构效应。

4.2 CFRP水平索参数研究

CFRP水平索作为温度自适应纵向约束体系的重要构件,其相关参数的选用是结构体系设计中的关键。常泰长江大桥主航道桥主梁上、下游均设置1组水平索,水平索规格选用127ϕ7mm,弹性模量为160GPa。分别取单组水平索根数为2根、4根、6根、8根、10根进行计算,得到桥塔在活载、纵向有车风等荷载作用下的塔底纵向弯矩,如图5所示。由图5可知:①当水平索面积增大时,塔底弯矩逐渐减小;②当单侧CFRP水平索根数取为8根时,曲线逐渐平缓,之后随着水平索面积继续增大,塔底弯矩降低不明显。因此,最终确定常泰长江大桥主航道桥主梁上、下游每侧布置8根CFRP水平索,每个桥塔与跨中均设16根,全桥共32根。布置在主桁下弦杆件底面,一端锚固于跨中主梁下弦节点上,另一端锚固在桥塔横梁上,张拉端设置在桥塔横梁侧。阻尼器布置与半漂浮体系一致。

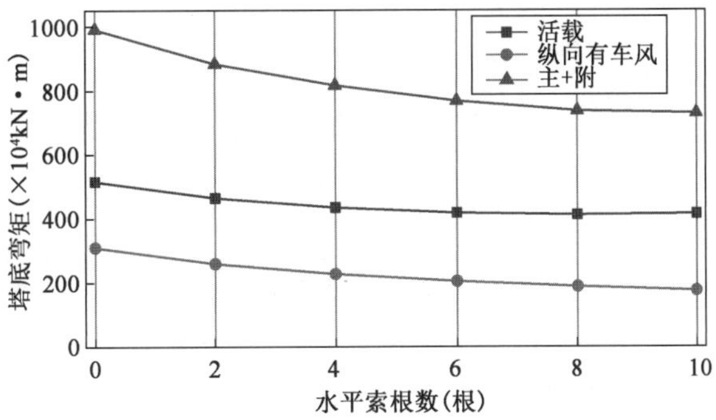

图5　水平索根数对塔底纵向弯矩的影响

4.3　TARS 静、动力性能分析

水平索根数确定后,进行 TARS 静、动力分析。

首先开展了 CFRP 水平索性能研究,结果表明:单根 CFRP 水平索在主 + 附作用下最大拉力为 1875kN,应力为 383MPa;地震力作用下,最大拉力为 1487kN,应力为 304MPa;疲劳荷载工况下,疲劳应力幅为 81.9MPa。另外开展了 CFRP 成品索锚固和工业化制索研究,进行了 $19\phi7$mm、$37\phi7$mm、$127\phi7$mm 三种规格 CFRP 成品索的力学性能和制索工艺试验并取得了阶段性成果,研究表明:强度和疲劳均不控制 CFRP 水平索设计;CFRP 水平索的数量由结构体系需要的刚度决定;宜采用高弹性模量的碳纤维材料。

4.4　TARS 静力性能

各荷载作用下 TARS 的塔底纵向弯矩及梁端位移如表 3 所示。

各荷载作用下 TARS 塔底纵向弯矩及梁端位移　　表 3

荷　载	TARS 塔底纵向弯矩($\times10^4$kN·m)	TARS 梁端位移(m)	
		最小值	最大值
制动力	32.1	-0.048	0.048
公路活载	158.8	-0.134	0.213
铁路活载	252.9	-0.093	0.125
温度荷载	105.4	-0.434	0.434
纵向有车风荷载	187.1	-0.177	0.177
主 + 附组合最大值	736.3	-0.885	0.997

注:位移为“+”表示主梁向跨中方向移动。

由表 3 可知:

(1)塔底纵向弯矩:相比方案 1 半漂浮体系和方案 2 塔梁约束体系,TARS 塔底纵向总弯矩分别降低 26% 和 24%,具体为:①纵向有车风荷载:TARS 在纵向有车风荷载作用下引起的桥塔塔底弯矩比方案 1 半漂浮体系降低了 40%,主要由于 TARS 下水平索将主梁受到的纵向有车风荷载直接传递到桥塔的下横梁处,改变了荷载的传力路径,降低了桥塔弯矩和梁端位移。②温度荷载:TARS 在温度荷载下的桥塔塔底弯矩比方案 2 塔梁约束体系降低了 70%,与方案 1 半漂浮体系相同。这是由于 TARS 可自动适应结构体系温度的变化,温度作用力学行为与半漂浮体系一致。③活载:半漂浮体系和 TARS 下 5 号塔塔底弯矩中跨影响线如图 6 所示。由图 6 可知:半漂浮体系下 5 号塔弯矩影响线最大值位于 $0.75L$ 处(L 为主跨长度),且影响线图形较陡;TARS 下 5 号塔弯矩影响线最大值位置在跨中附近,且形状均匀。中跨满布加载时,两种结构体系跨中均无水平变位,塔底弯矩相同。两种结构体系塔底弯矩的影响线在中跨范围面积一致。由此可知:公路活载作用下两种结构体系桥塔弯矩基本一致;而铁路活载为 550m 定长加载,相比公路荷载,TARS 对铁路荷载产生的结构内力改善更为明显。

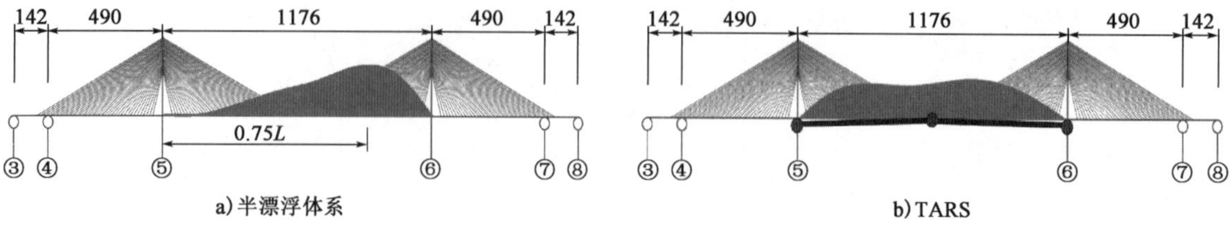

图6 5号塔塔底弯矩中跨影响线示意(尺寸单位:m)

(2)梁端位移:TARS 由于对称设置了纵向水平索,结构纵向刚度增大,梁体纵向位移小。相比方案1半漂浮体系,梁端位移幅值从2.81m降为1.88m,降幅35%,效果明显。梁端位移降低有利于梁端伸缩装置的设置。

综上所述,TARS 方案既能有效减小桥塔塔底弯矩,减小工程规模,又能有效降低了梁端位移,有利于伸缩装置的设计制造和养护维修。结构静力性能优越。

4.5 TARS 动力性能

在 E2 地震作用下,半漂浮体系和 TARS 的动力计算结果如表4所示,E2 地震作用水平设计加速度反应谱如图7所示。由表4和图7可知:半漂浮体系纵向一阶周期为15.12s,TARS 纵向一阶周期为10.73s,两种结构体系的纵向振动周期均位于长周期平稳段;两种结构体系的桥塔塔底弯矩基本一致;由于设置了水平索,TARS 的梁端纵向位移较半飘浮体系减少了约16%,动力性能优越。

E2 地震作用下不同结构体系的动力计算结果 表4

结构体系	E2 地震作用下的动力计算结果				
	塔底纵向弯矩($\times 10^4$kN·m)	单个阻尼器阻尼力(kN)	一组水平索轴力(kN)	梁端纵向位移幅值(m)	纵向一阶周期(s)
半漂浮体系	1124.5	3075	—	1.054	15.12
TARS	1140.6	3066	4401	0.890	10.73

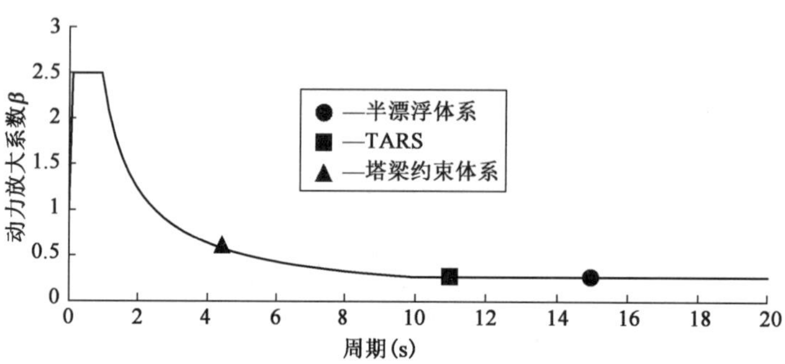

图7 E2 地震作用水平设计加速度反应谱

5 结语

本文以常泰长江大桥主航道桥为工程背景,研究了半漂浮体系、塔梁约束体系在静动力荷载作用下结构力学行为,结合半漂浮体系温度荷载受力最优和塔梁约束体系纵向荷载受力最优,提出 TARS,并对 TARS 进行静动力性能研究。得出如下结论:

(1)就静力性能而言,半漂浮体系可最大限度释放体系温度变形,但抵抗纵向荷载能力差;塔梁纵向约束体系抵抗纵向荷载能力强,但不能有效释放体系温度变形,增大了桥塔因温度作用产生的纵向弯矩。就动力性能而言,半塔梁纵向约束体系较半漂浮体系纵向刚度大,纵向振动周期处于加速度反应谱下降段,塔底弯矩增加56%,动力性能差。

(2)在静力方面:纵向设置 CFRP 水平索的 TARS 不但可以有效降低桥塔内力和基础反力,减小工程规模,还可有效降低梁端位移,有利于伸缩装置的设计制造和养护维修,静力性能优越。在动力方面:TARS 与半漂浮体系塔底弯矩一致,但可有效降低梁端位移,动力性能优越。

(3)CFRP 水平索静、动力作用下的应力水平、疲劳幅值均较低,刚度是体系设计的关键,宜采用高弹性模量的碳纤维材料。

参考文献

[1] 秦顺全,高宗余. 中国大跨度高速铁路桥梁技术的发展与前景[J]. Engineering,2017,3(06):23-38.

[2] 严国敏. 现代斜拉桥[M]. 成都:西南交通大学出版社,1996.

[3] 徐利平. 超大跨径斜拉桥的结构体系分析[J]. 同济大学学报(自然科学版),2003,31(04):400-403.

[4] 刘健新,赵国辉,张煜敏. 韩国仁川大桥的设计[C]//2010 年全国桥梁学术会议论文集. 北京:人民交通出版社,2010.

[5] 胡辉跃,徐恭义,张燕飞. 武汉青山长江公路大桥主桥主梁设计关键技术[J]. 桥梁建设,2018,48(05):81-85.

[6] 秦顺全,高宗余,潘东发. 武汉天兴洲公铁两用长江大桥关键技术研究[J]. 桥梁建设,2007(01):1-4.

[7] 秦顺全. 武汉天兴洲公铁两用长江大桥关键技术研究[M]. 北京:人民交通出版社,2009.

[8] 高宗余,梅新咏,徐伟,等. 沪通长江大桥总体设计[J]. 桥梁建设,2015,45(06):1-6.

[9] 李军堂,潘东发. 沪通长江大桥主航道桥施工关键技术[J]. 桥梁建设,2019,49(05):9-14.

[10] 常泰过江通道工程可行性研究报告[R]. 武汉:中铁大桥勘测设计院集团有限公司,2018.

[11] 常泰长江大桥初步设计文件[R]. 武汉:中铁大桥勘测设计院集团有限公司,2019.

[12] 秦顺全,徐伟,陆勤丰,等. 常泰长江大桥主航道桥总体设计与方案构思[J]. 桥梁建设,2020,50(03):1-10.

常泰长江大桥专用航道桥设计

徐 伟,王 恒,李少骏

(中铁大桥勘测设计院集团有限公司,湖北武汉 430056)

摘 要 常泰长江大桥天星洲和录安洲2座专用航道桥均为刚性梁钢桁拱桥,跨度布置均为(168+388+168)m。桥梁采用双层桥面,上层布置双向六车道高速公路,下层下游侧布置四车道普通公路、上游侧布置双线城际铁路。主梁采用2片主桁双层板桁组合结构,N形桁,焊接整体节点构造。由于恒载在横断面上分布不对称,为减少结构的非对称变形,主梁采用非对称截面。上、下层桥面均采用纵横梁体系的正交异性板整体钢桥面。主拱采用与主梁反向的N形桁,拱肋为抛物线形,跨中下弦矢高55m、拱高11m。拱肋下弦与主梁上弦间采用柔性平行钢丝吊索连接。主墩基础采用钻孔桩基础,墩身采用八边形实心墩结构。专用航道桥采用从边跨向中跨悬臂拼装、拱梁并进架设、跨中合龙的总体施工方案。

关键词 公路铁路两用桥;钢桁拱桥;双层板桁组合结构;非对称截面;正交异性钢桥面;钻孔桩基础;桥梁设计

Design of Special Ship Channel Bridge of Changtai Yangtze River Bridge

XU Wei, WANG Heng, LI Shao-jun

(China Railway Major Bridge Reconnaissance & Design Group Co., Ltd., Wuhan Hubei 430056, China)

Abstract The Tianxing Islet and Lu'an Islet special ship channel bridges of the Changtai Yangtze River Bridge, which are steel truss arch bridge with rigid main girder and have three spans of 168, 388 and 168m, accommodate two levels of decks, with the upper one carrying six lanes of highway and the lower one taking four common carriageways on the downstream side and two intercity rail tracks on the upstream side. The main girder consists of two N-Shaped trusses that are welded structures with integral joints. As the dead loads are not symmetrically distributed, the main girder adopts asymmetrical cross section to reduce uneven deformation of structure. Both the upper and lower decks are formed of orthotropic steel plates with supporting longitudinal and cross beams. The parabolic arch ribs measure 11m in height, which comprise the N-shaped trusses that are the inverse type of the main girder N truss, in the midspan, the vertical height from the base of the lower chords to the deck surface is 55 m. The lower chords of arch ribs and the upper chords of the main girder are linked by flexible hangers formed of parallel steel wires. The main piers that are octagonal solid structures are supported

作者简介:徐伟(1964—),男,教授级高工,研究方向为公路、铁路大跨度桥梁设计,钢结构设计。

by bored pile foundations. The specail ship channel bridges are assembled in cantilevers from side spans towards the central span, the cantilever assembly and the installation of the main girder are carried out simultaneously, and the arch and the main girder are all closed in midspan.

Keywords Rail-cum-road bridge; steel truss arch bridge; steel truss structure accommodating two levels of orthotropic steel plate decks; asymmertrical cross section; orthotropic steel deck; bored pile foundation; bridge design.

1 工程概况

常泰长江大桥是如常高速公路和常泰城际铁路上的控制性节点工程。大桥线位距离上游泰州长江大桥约28.5km，下游江阴长江大桥约30.2km。大桥北岸为泰兴市，南岸为常州市。项目路线起自泰兴市六圩港大道，依次跨越天星洲预留航道、长江主航道，经录安洲，跨录安洲航道，止于常州市港区大道。大桥为公铁合建，合建段长5.299km，跨江正桥长4.266km，采用双层钢桁梁结构，上层布置六车道高速公路，下层下游侧布置四车道普通公路、上游侧布置双线城际铁路[1]。根据通航论证结论，天星洲通航孔设计最小通航净宽为329m，录安洲通航水域需一孔跨越。因此，跨天星洲预留航道和录安洲航道桥均采用跨度布置为(168+388+168)m的钢拱桥，2座桥结构构造相同[2]。

2 桥型结构及支承体系

专用航道桥采用双层桥面钢拱桥，技术上刚性梁柔性拱[3]、柔性梁刚性拱[4]和刚性梁刚性拱3种桥型结构方案均可行[5]，3种方案的经济性差异也有限。从全桥的整体景观考虑，主桥斜拉桥高耸挺拔，桁拱刚劲有力、层次感丰富，两者搭配效果更佳；梁体采用桁梁结构，全桥景观协调统一，更具规律感[6]。因此，刚性梁刚性拱方案在整体景观上更具优势，被选为最终实施方案。其主桁采用与主桥相同的两桁结构，桁间距为35m。常泰长江大桥专用航道桥总体立面布置如图1所示。

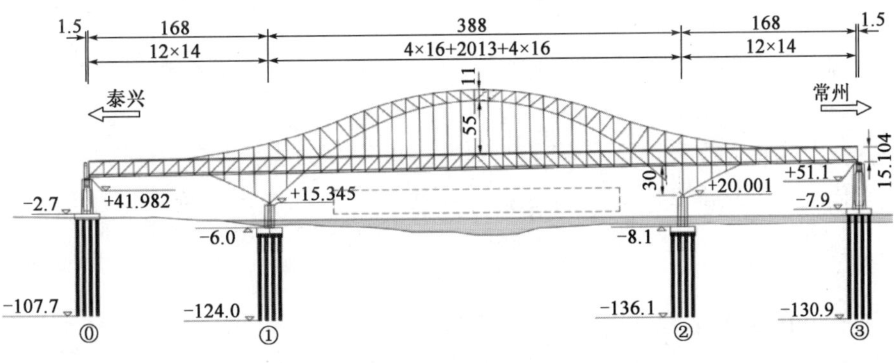

图1　常泰长江大桥专用航道桥总体立面布置(尺寸单位:m)

桥跨结构在各墩均设置竖向约束，其中上游侧支座约束横向位移，靠近主桥的主墩支座约束纵向位移，远离主桥的主墩设置阻尼器，改善地震作用下结构的动力响应。

3 结构设计

3.1 上部结构

主梁采用板桁组合结构，桁式采用与主桥一致的N形桁[7]，桁高15.104m。为适应拱肋杆件角度变化的构造及景观需要，全桥节间使用13m、14m、16m三种长度。主拱采用与主梁反向的N形桁，拱肋线形为抛物线，综合考虑最大杆件内力、用钢量、景观等因素，跨中下弦矢高55m、拱高11m。中墩附近6个节间设置加劲弦，弦高30m[8]。

主桁各杆件依据受力大小使用不同强度级别的钢材。大部分拱肋和加劲弦杆件以及少部分平弦受力较大的腹杆采用 Q500qE 钢，大部分平弦腹杆和拱肋上受力较大的腹杆采用 Q420qE 钢，其余杆件采用 Q370qE 钢。竖腹杆采用 Q500qE、Q420qE 钢主要是满足桁片面外弯矩的受力需求。

专用航道桥主梁标准横断面布置如图 2 所示。由于大桥下层桥面下游侧为公路，上游侧为铁路，构筑结构不同使恒载在横断面上分布不对称，铁路侧二期恒载较公路侧多 63kN/m。为使上、下游杆件应力、应变水平基本相同，降低恒载作用下的结构非对称变形，拱肋、加劲弦杆件上、下游根据受力不同采用轮廓尺寸相同、板厚不同的非对称截面设计，上、下游吊杆也对应使用不同的规格。按上述方案设计后，公路侧主桁用钢量较铁路侧少 15%，且结构应力和变形趋于一致，成桥线形上、下游最大挠度差为 10mm，桥梁轴线最大横弯为 8mm，对运营没有不利影响；同时，施工期最大悬臂状态上、下游挠度差 3mm，拱肋横弯 50mm，主梁横弯 17mm，不会增加为满足合龙精度要求的现场调整工作量。

3.1.1 弦杆

杆件节点为焊接整体节点。主梁弦杆采用的基本截面形式为带伸出肢的箱形截面，内高 1200mm，内宽 1000 ~ 1200mm。上弦顶板为平坡，下弦顶板为适应桁外排水设置 2% 横坡。杆件现场连接，在节点外上翼缘板采用焊接，其余三面采用高强度螺栓对拼。伸出肢标准宽度为 650mm，与整体桥面板现场焊接。主桁典型杆件构造如图 3 所示。

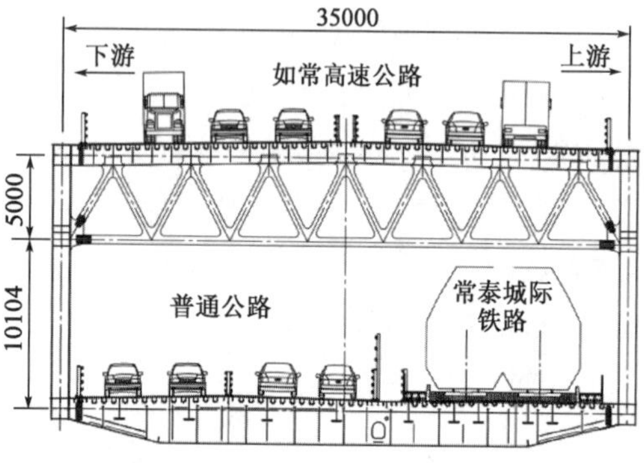

图 2 专用航道桥主梁标准横断面（尺寸单位：mm）

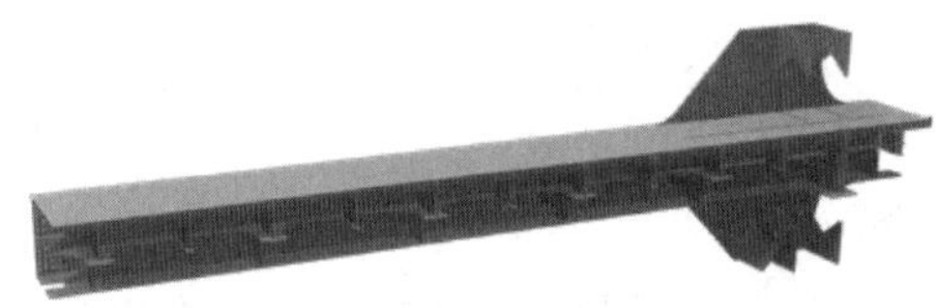

图 3 主桁典型杆件构造

3.1.2 拱肋和加劲弦

拱肋杆件的基本截面形式为带肋箱形截面，内宽 1000 ~ 1400mm，内高 1000 ~ 2200mm，对于受力大的部分杆件采用内高 2300mm、2400mm 的带肋“日”形截面。杆件现场连接采用全断面高强度螺栓对拼。

3.1.3 腹杆

腹杆采用箱形和 H 形 2 种截面形式。箱形截面腹杆与节点板及节点内的连接板四面对拼连接；H 形截面腹杆除个别杆件与节点板对拼连接外，大部分采用插入节点板双面高强度螺栓拼接。

3.1.4 桥面

上、下层桥面均采用正交异性板桥面结构。桥面板厚 16mm，板下沿纵向焊接 U 形肋加劲，肋高 280mm、间距 600mm。

上、下层桥面均采用纵横梁体系，但具体构造形式有所不同。上层桥面节点处设置带桁架结构的组合横梁，由节点横肋与肋下的三角形桁架组成。节点横肋与弦杆同高，采用腹板栓接、顶底板焊接的方式与弦杆连接。肋下桁架桁高 5m，与节点横肋整体全焊，两端与主桁竖杆进行栓接。每节间间隔 2.6 ~ 2.8m设置 1 道横肋，横肋高 800mm。横桥向设置 7 道倒 T 形纵梁。上部荷载通过桥面—纵肋—横肋—纵梁—节点横梁的路径传给主桁。上层桥面构造如图 4 所示。

下层桥面节点横梁采用变高度箱形截面，中间部分梁高 2.6m，与主桁连接处同主桁下弦杆件等高。下层桥面与主桁采用腹板和底板栓接，顶板焊接的方式连接。每节间间隔 2.6 ~ 2.92m 设置 1 道横肋，横肋高 800mm。横桥向设置 9 道倒 T 形纵梁，高 1200mm。为改善轨道在梁端处的平顺性，在下层桥面端横梁轨道范围下方设置 1 个竖向局部承压支座，在主体结构施工完毕后再安装。下层桥面构造如图 5 所示。

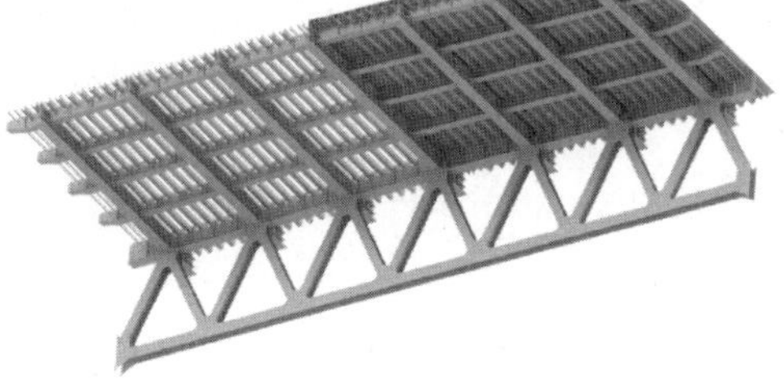

图 4　上层桥面构造

图 5　下层桥面构造

与多横梁体系的桥面相比，采用纵横梁体系支撑的桥面系，不仅纵梁可以分担一部分主桁的内力，而且桥面传给主桁杆件的节间剪力和附加弯矩也相对较小，因此轴力占比大，材料强度利用率高，主梁部分钢材用量可节省 10% 左右。

3.1.5　吊杆和锚固系统

吊杆可采用刚性和柔性两种，考虑到该桥部分吊杆长度较长，若采用刚性吊杆，为满足杆件长细比的要求，吊杆截面比较粗壮，用钢量大，且需采取措施抑制风致震动；柔性吊杆虽自身刚度稍差，但本桥主梁刚度较大，总体桥面刚度可满足规范要求，因此采用柔性吊杆更为合理。吊杆采用平行钢丝成品索，全桥共设 42 根。吊杆与主梁上弦节点及拱下弦节点均采用锚拉板进行连接。吊杆的张拉端设在上层桥面上，以便于张拉操作。为减小锚拉板尺寸，锚后空间按具有二段张拉牵引能力的设备预留。

3.1.6　联结系

加劲弦及拱肋平面设置纵向联结系，加劲弦之间设交叉形平联，拱肋之间设 K 形平联，平联均采用箱形截面杆件，平面布置如图 6 所示。为避免横撑因承担主桁共同作用而出现过大的面内旁弯变形，K 形平联斜杆设计的无应力尺寸采用对应主桁杆件恒载作用变形后的尺寸。此外，通过设置独立的系统线，使平联与主桁的连接节点板弯折 1 次，仅须设置 1 道隔板，优化了细节构造，如图 7 所示。

a) 拱上弦平联　　b) 拱下弦及加劲弦平联

图 6　拱上平联布置

a) 优化前　　b) 优化后

图 7　采用独立系统线优化的典型平联节点构造

拱上共设置 6 道横联，横联采用交叉形或双交叉形。在中支点处拱肋竖杆位置设置桁式桥门架。加劲弦竖杆之间设倒 V 形和双倒 V 形横向联结系。

3.2　下部结构

主墩采用双柱式实心墩结构，高 7.4 ~ 21.3m，墩身单个墩柱为八边形截面。主墩承台顶位于河床面以下，承台为矩形，平面尺寸 55m（横桥向）×23.5m（顺桥向），厚度为 6m。承台下设 32 根 ϕ2.5m 钻孔摩擦桩，桩长 104 ~ 122m，行列式布置，桩底持力层为细中砂或砾砂。主墩和基础结构如图 8 所示。

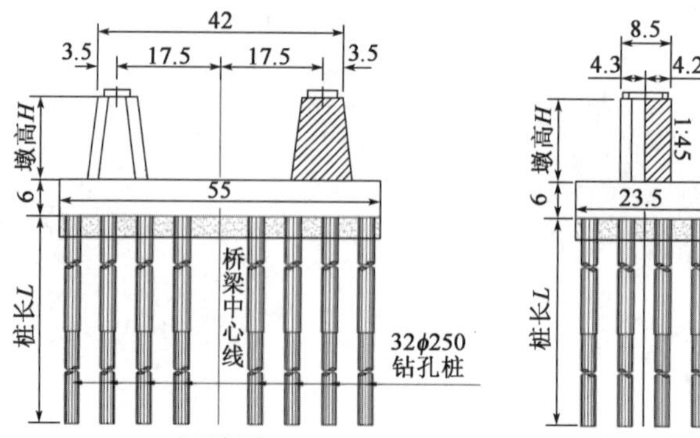

a) 正立面　b) 侧立面

图8　主墩和基础结构(尺寸单位:m)

过渡墩采用门式空心墩结构,墩高 34.9 ~ 45.4m,单个墩柱为八边形截面。过渡墩承台顶位于地面或河床面以下,承台为矩形,平面尺寸 17.2m(横桥向) × 23.5m(顺桥向),厚度为 6m。承台下设 12 根 ϕ2.5m 的钻孔灌注桩,桩长 99 ~ 106m,行列式布置,桩底持力层为细中砂或砾砂。接混凝土梁一侧过渡墩顶设置上层公路框架墩,框架墩总高 16.5m。

4　施工方案

4.1　下部结构

天星洲航道桥各墩为水中基础,采用搭设栈桥、钢平台反循环回转钻施工桩基。引桥侧边墩承台采用钢板桩围堰施工,其余墩承台采用双壁钢套箱围堰施工。墩身采用翻模法施工。

录安洲航道桥引桥侧边墩为岸上墩,其余 3 个墩为水中墩。岸上墩可采用钻机直接钻孔施工桩基,钢板桩支护施工承台;水中墩桩基施工方案与天星洲航道桥相同,并采用钢板桩围堰施工承台。所有墩身同样采用翻模法施工。

4.2　上部结构

上部钢梁架设采用从边墩向中跨悬臂拼装,主跨拱、梁并进,跨中合龙的总体步骤[9-10]。首先在边跨搭设钢梁拼装支架和架梁吊机,利用架梁吊机逐步向中跨拼装钢梁;主跨 6 个节间钢梁拼装完成后,在中墩处拱肋上弦安装扣索塔架;继续向中跨跨中同步拼装主拱和主梁,并初张吊索;随中跨悬臂长度增加适时安装并初张扣索,初张后索力不需调整;为保证继续拼装中跨结构过程中的倾覆稳定,边跨端部 5 个节间范围内的上、下层桥面逐步堆载压重,每端最终总量为 7000t。通过边支点顶、落梁,靠岸侧钢梁整体纵移,边支点横桥向顶拉,辅助张拉吊杆、对拉对顶等措施,实现合龙口状态精调[11]。先进行拱肋合龙,后进行主梁合龙。然后拆除所有压重和临时支架,进行桥面附属施工,最后将吊索索力张拉至成桥索力。正常悬臂安装钢梁阶段,构件通过驳船等运输至待架位置下方,由拱上吊机进行吊装。随悬臂端长度增加,后端临时拼装支架逐步脱空,脱空后即可解除支架的约束。钢梁架设方案如图 9 所示。

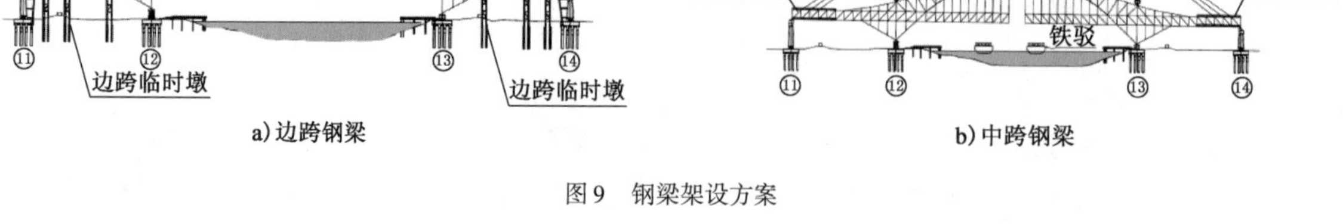

a) 边跨钢梁　b) 中跨钢梁

图9　钢梁架设方案

5 结语

常泰长江大桥天星洲专用航道桥和录安洲专用航道桥采用刚性梁刚性拱结构，整体造型虽轮廓宏大，但桁架通透，不会使人产生压抑感。大桥主桁的非对称截面设计，既有良好的经济性，又大幅减少了结构的非对称变形，对施工架设和运营功能影响甚微。2 座专用航道桥已于 2020 年 8 月开工建设，建成后将成为世界最大跨度公铁两用钢拱桥。

参考文献

[1] 秦顺全，徐伟，陆勤丰，等．常泰长江大桥主航道桥总体设计与方案构思[J]．桥梁建设，2020，50(3)：1-10.

[2] 中铁大桥勘测设计院集团有限公司．常泰长江大桥施工图[Z]．武汉：2020.

[3] 侯健，彭振华，张燕飞．沪通长江大桥天生港专用航道桥设计[J]．桥梁建设，2015，45(6)：53-57.

[4] 段雪炜，徐伟．重庆朝天门长江大桥主桥设计与技术特点[J]．桥梁建设，2010(2)：37-40.

[5] 夏鹏飞，李少骏．常泰过江通道专用航道桥方案比选[J]．桥梁建设，2018，48(6)：104-109.

[6] 余璐．常泰长江大桥景观设计[J]．桥梁建设，2020，50(5)：96-100.

[7] 肖海珠，易伦雄．南京大胜关长江大桥主桥上部结构设计[J]．桥梁建设，2010(1)：1-4.

[8] 夏正春，严爱国，刘振标，等．南沙港铁路洪奇沥特大桥主桥设计[J]．世界桥梁，2019，47(4)：1-5.

[9] 周仁忠，田唯，苗东亮，等．横琴二桥主桥钢桁拱架设施工关键技术[J]．桥梁建设，2016，46(6)：100-105.

[10] 朱强，卿仁杰，李先进．广州明珠湾大桥边跨钢梁施工技术[J]．世界桥梁，2020，48(5)：32-36.

[11] 游斌，黄灿，项梁．沪通长江大桥专用航道桥上部结构架设关键技术[J]．公路工程，2019，44(6)：28-32.

常泰长江大桥景观设计

余　璐

（中铁大桥勘测设计院集团有限公司，湖北武汉　430056）

摘　要　常泰长江大桥为高速公路、普通公路、铁路“三位一体”的公铁两用跨江大桥，连接常州、泰兴两座城市。综合考虑区域环境、文化背景、相关桥梁等因素，确定了该桥“平安如意，常享通泰”的景观主题。通过塔形比选，推荐采用空间钻石形桥塔。对桥塔细部构造进行景观造型设计，综合比较结构受力和景观效果，中、下塔柱采用正八边形截面，上塔柱采用非正八边形截面；塔顶采用镂空尖顶造型；中、上塔柱合拢处采用卯榫结构造型。桥墩采用直墩身和弧形元素的横梁与桥塔造型相呼应。通过综合比较，专用航道桥拱高与矢高组合推荐采用最为适中的11m + 55m。桥梁色彩选用珍珠白、珍珠灰、纯白色和混凝土本色，淡雅醒目而又融入环境。

关键词　常泰长江大桥；文化背景；景观主题；空间钻石形桥塔；细部构造；色彩涂装；景观设计

Landscape Design of Changtai Yangtze River Bridge

Yu Lu

(China Railway Bridge Survey and Design Institute Group Co., Ltd., Wuhan Hubei 430056 China)

Abstract　Changtai Yangtze River Bridge is a highway railway dual-purpose river crossing bridge of expressway, ordinary highway and railway, connecting Changzhou and Taixing. Considering the factors of regional environment, cultural background and related bridges, the landscape theme of “peace and happiness, enjoying Tongtai often” is determined. Through the comparison and selection of tower types, it is recommended to adopt the space diamond type bridge tower. The landscape modeling design is carried out for the detail structure of the bridge tower, and the structural stress and landscape effect are comprehensively compared. The middle and lower tower columns adopt regular octagonal section, the upper tower column adopts non regular octagonal section, the tower top adopts the hollow pointed shape, and the middle and upper tower column closure adopts mortise and tenon structure modeling. The bridge pier adopts the straight pier body and the beam with arc-shaped elements to correspond with the shape of the bridge tower. Through comprehensive comparison, the most appropriate combination of arch height and rise height of special channel bridge is recommended to be 11 m + 55 m. The bridge colors are pearl white, pearl gray, pure white and concrete natural color, elegant and eye-catching and integrated into the environment.

Keywords　Changtai Yangtze River Bridge; cultural background; landscape theme; space diamond bridge tower; detail structure; color painting; landscape design.

作者简介：余璐（1978—），女，高级工程师，研究方向为桥梁景观。

1 工程概况

常泰长江大桥是集高速公路、普通公路、铁路“三位一体”的公铁两用跨江大桥。该桥的建设不仅增加了常州、泰兴城市空间的连接，更为常州打造江苏中轴主枢纽提供有力支撑。该桥位于江阴长江大桥和泰州长江大桥之间[1]，不仅缓解了这两座大桥的交通压力，均衡了过江通道的布局，更极大地推进了长江经济带立体走廊的构建。

常泰长江大桥起自泰兴市六圩港大道，止于常州市新北区港区大道，公铁合建的跨长江大桥长约5.3km，常州段接线长约10.54km。横跨长江的主航道桥主跨长达1176m[2-3]，建成后将成为世界最大跨度斜拉桥；两侧的两座拱桥建成后也将成为世界上最大跨度的公铁两用钢拱桥。项目总投资144.56亿元，规模宏大。

由于该桥规模大、造价高、建设意义重大、世界影响力大、人民期望值高，所以对景观提出了更高、更新的要求。

2 桥梁造型景观设计

2.1 周边桥梁分析

常泰长江大桥桥址处上下游桥梁众多，通过调查周边桥梁所处地域、环境的差异，分析周边桥梁的桥型与桥塔景观，以考虑适宜该项目的桥梁造型景观方案，避免对现有桥梁景观的重复，从而达到突显该项目桥梁地标性建筑的目标。

周边主要桥梁情况为：润扬长江公路大桥采用H形桥塔悬索桥和钻石形桥塔斜拉桥；泰州长江大桥采用门形桥塔悬索桥；江阴长江大桥采用H形桥塔悬索桥；沪苏通长江公铁大桥采用钻石形桥塔斜拉桥；苏通长江大桥采用A形桥塔斜拉桥。

通过对周边桥梁桥型与桥塔景观的分析可知：由于跨长江的桥梁桥跨较长，体量较大，因此采用常规桥型，桥塔以H形和钻石形居多。

2.2 国内外著名桥梁分析

为保证桥梁景观的原创性和独特性，对国内外著名桥梁跨径及桥塔造型进行了研究，如表1所示。由表1可知：出于对桥梁整体结构与施工难度的考虑，世界著名的大跨径跨海桥梁和国内知名的大跨径跨长江桥梁均采用技术成熟、结构稳定的H形、门形、钻石形及倒Y形桥塔。

国内外著名桥梁跨径及桥塔造型 表1

桥　　名	主跨长度(m)	桥塔造型
瑞典厄勒海峡大桥	490	H形
日本多多罗大桥	890	钻石形
法国诺曼底大桥	856	倒Y形
武汉天兴洲长江大桥	504	钻石形
沪苏通长江公铁大桥	1092	钻石形

2.3 区域文化背景及桥梁景观主题

大桥景观设计是在结合工程使用功能的前提下，以审美为标准来开展的。而审美必须置于一定的历史文化背景中。因此必须深入了解桥址区域丰富的自然景观资源与人文资源、特有的风俗文化、历史传统等，将当地独具特色的元素融入大桥的景观设计中[4]。

常州是一座有3200多年历史的文化名城，是吴文化的发源地之一[5]；泰兴其名寓意“国泰民安，百业兴旺”[6]。为在常泰长江大桥景观中体现区域文化背景，其景观应具有我国东南吴越一带的优雅、素净特点，并且要蕴含吉祥、平安的深意。

考虑上述因素，对常泰长江大桥全线景观进行总体设计，主通航孔桥与两个专用通航孔桥遥相呼应，一高一低，一仰一合，一奔放一内敛，江心直指蓝天如宝剑出鞘，两侧横卧江面似蛟龙入水，如图 1 所示。通过对全线景观的精心设计，常泰长江大桥景观体现出“平安如意，常享通泰”的主题。主通航孔桥塔整体造型如宝瓶，意为“常保平安”，造型舒展顺畅、高耸挺拔，有直冲云霄之感，巨大的建筑饱含着深邃宁静的主题。专用通航孔桥为拱桥造型，形似“如意”，表达出“保平安，求如意，祈通泰，愿恒久”的寓意。

图 1　常泰长江大桥全景效果图

2.4　桥梁具体景观设计

2.4.1　主桥桥塔造型方案比选

塔、梁、索 3 个基本构件组成了斜拉桥结构体系。桥塔是斜拉桥最重要的景观要素。参照桥梁美学要素[7]，确定常泰长江大桥桥塔造型设计应遵循以下原则：①比例协调，匀称和谐，符合大众审美要求；②立足整体，删繁就简，没有赘余构件；③创新思路，力求突破，造型有别于长江上已建的桥梁，体现景观标志性与唯一性。

斜拉桥的结构特点决定桥塔的基本造型不外乎 H 形、A 形、门形、倒 Y 形、钻石形及独柱式几种。借鉴国内外桥梁的建设经验，根据常泰长江大桥设计原则、桥梁结构特征、建筑尺度及环境关系，综合考虑结构合理性、施工便利性及景观效果后，选取平面 H 形桥塔、平面钻石形桥塔以及打破常规桥梁二维特征将空间建筑形态融入其中的空间钻石形桥塔方案（图 2）进行比选。

a）平面H形桥塔方案　　b）平面钻石形桥塔方案　　c）空间钻石形桥塔方案

图 2　常泰长江大桥桥塔方案

（1）平面 H 形桥塔方案。该方案笔直挺拔，桥塔横梁采用桁架的形式，建筑形态虚实相间。但该方案桥塔高 336m，桥面以上结构近 286m，桥面以下仅 46m，高度比例约为 6∶1。且 H 形桥塔直上直下，未进行任何收分，容易让人产生头重脚轻的视觉感受。

（2）平面钻石形桥塔方案。该方案塔体敦实，展示了雄浑的力量美。但桥梁整体景观视觉平淡，视觉冲击力不强。且长江中下游地区已有多座桥梁采用相似塔形，缺乏景观标志性。

（3）空间钻石形桥塔方案。该方案采用四塔肢空间桥塔，上塔柱为单肢结构，至中塔柱顶分为四肢结构[8]。桥面以上自下而上合龙，桥面以下内收形成空间钻石造型，突破了单纯的平面造型，形成全新的立体印象，极具地标性。桥塔整体线条明快，形成向上的动势，给人一种简单而强烈的震撼。全塔贯穿极简思想，采用最简洁纯粹的建筑造型，删繁就简，舍弃一切多余烦琐的装饰，最大限度地展现结构本质的美感，造型轻盈、简洁流畅。

综合分析 3 种桥塔方案，由于空间钻石形桥塔造型新颖、线条明快、空间感强，具有强烈的地标性，故推荐采用该方案。

2.4.2　主桥桥塔细部景观造型设计

桥塔细部构造的景观造型处理是体现大桥近景美学的重要因素，细部处理得当，将会产生锦上添花的效果。为此选取3种塔柱截面方案（图3）进行比选。方案1：中、下塔柱采用钻石形截面，至上塔柱合龙为八边形截面；方案2：下塔柱采用八边形截面，自横梁处开始到中、上塔柱合龙处，由八边形截面变为钻石形截面；方案3：中、下塔柱采用正八边形截面，上塔柱采用非正八边形截面。综合比较3种塔柱截面方案的结构受力和景观效果，由于方案3结构受力明确、施工便利且整体造型线条明快、空间感更加强烈，削减了桥塔庞大的体量感，视觉感受更加轻盈灵动，故推荐采用方案3。

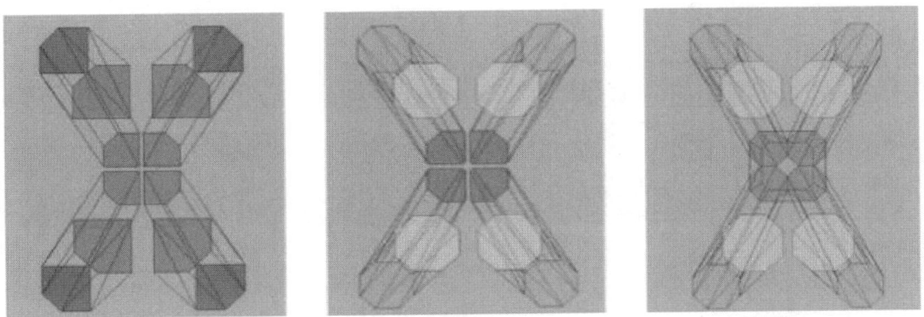

a）方案1　　b）方案2　　c）方案3

图3　塔柱截面方案

根据常泰长江大桥桥塔结构特点，上塔柱采用带有核芯混凝土的钢-混组合结构，中、下塔柱采用钢筋混凝土结构，上塔柱的钢材质感与钢桁梁形成呼应，同时体现了结构的设计理念与建筑美学的和谐统一，造型非常突出，极富现代感。

塔顶装饰也选取3种方案（图4）进行比选。方案①：镂空尖顶造型，上塔柱八边形向上汇聚为尖顶形成完美收势，展现出桥塔向上的气势，塔顶四面为三角形镂空，延续全塔轻盈通透的造型特点；方案②：塔顶设置深浅两对弧形凹槽，与中塔柱顶端向上的弧形形成呼应；方案③：在方案②的基础上，设置正八边钻石形灯塔构筑物，与桥塔的整体空间钻石造型形成呼应，中、上塔柱合拢部位形成的凹洞内，亦放置与塔顶呼应的钻石形明灯构筑物。经研究，由于方案①整体造型简洁完整，呼应了桥塔整体造型的立体空间元素，故推荐采用方案①。

中、上塔柱合龙处采用中国古建筑常用的卯榫结构造型（图5），打破生硬的界限，使钢与混凝土两种材质完美契合，有变化而不突兀，体现了结构的设计理念与建筑美学的和谐统一。四肢塔柱交接处设计成圆弧状，既降低了施工难度，又使其在视觉上自然顺接。

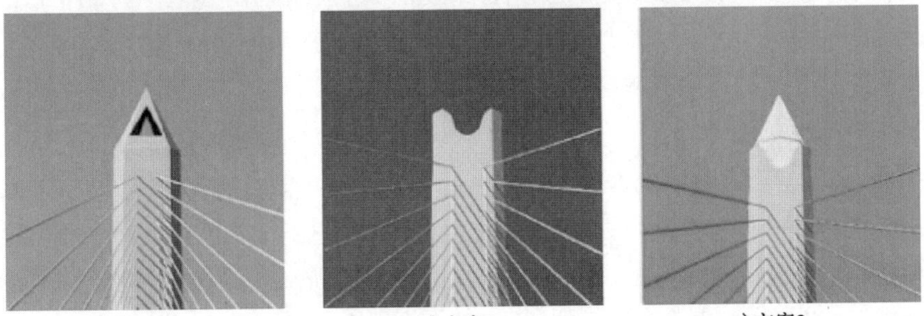

a）方案1　　b）方案2　　c）方案3

图4　塔顶装饰方案

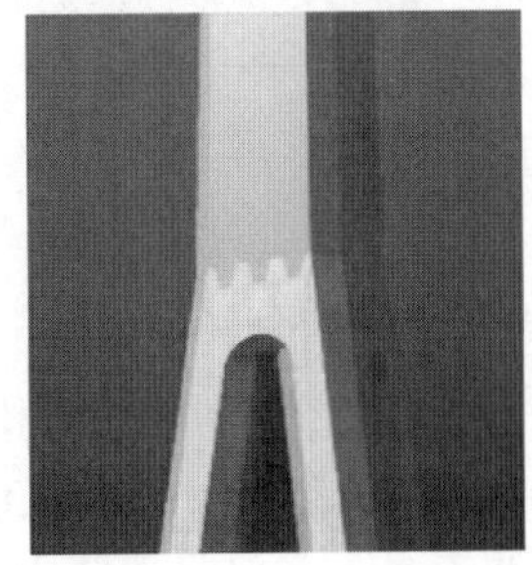

图5　中、上塔柱合拢处卯榫结构造型

对桥塔横梁也进行了精心设计。横梁造型考虑2种形式，一种与八边形塔柱外沿齐平，使横梁与塔柱形成一个整体平面；另一种内收进塔柱，保留塔柱完整形态。考虑到后者空间感强、线条明确、视觉效果更加纤细、结构受力更佳，故推荐采用后者。

2.4.3　主桥桥墩景观造型设计

常泰长江大桥跨江段桥墩大致分为桥塔墩、交界墩与合建段墩3种。3种桥墩在外形、体量上均有较大的差别，为保证全桥的整体性，必须使3种桥墩彼此呼应，前后贯通。设计中对3种墩型均采用直墩身和弧形元素的横梁加以统一。主桥桥墩采用了与桥塔一致的造型元素和处理手法[9]（图6），是桥塔造型的延续，同时也是与合建段的过渡。墩身采用八边形截面，自上而下稍稍内收，墩身中留有空间使其具有开放感，同时尽量不妨碍视野。

a）主桥桥墩与合建段桥墩造型　　b）主桥下部效果图

图6　主桥桥墩景观造型

2.4.4　专用航道桥景观造型设计

常泰长江大桥专用航道桥采用钢桁拱桥（图7），由不同形式的钢制杆件组合而成，体现了一种均衡稳定的整体美。巨大的弧形钢拱造型在环境中能体现大气雄厚的建筑气势，景观异质性较为突出，从而能达到桥梁在该区域的景观标志性。

图7　专用航道桥效果图

钢桁拱曲线采用最为流畅的抛物线，力线优美绵延，使得桥梁在两岸之间勾画出和谐灵秀的景观轮廓。拱形曲线相互映衬，构成一虚一实、开合有度的视觉空间。简洁的造型中蕴含着高超的结构技术。

对专用航道桥进行了多种矢跨比研究，结合结构受力和景观效果综合比较，推荐采用比例最为适中的11m＋55m方案。

2.5　桥梁色彩涂装

大桥的色彩设计既要融入周边自然环境，又要考虑到与城市的发展相协调。通过对桥址周围环境色彩的调查发现：天空及江面占景观大部分，天空色彩偏蓝灰色；大桥江面宽阔，江水偏黄灰色；录安洲洲头由于有夹江汇入水质偏青色；两岸及附近天星洲多为滩涂及农田，整个环境色彩偏黄绿色，环境整体主色调以蓝灰色和灰绿色为主。

常泰长江大桥连接的常州、泰兴是具有丰富历史文化遗产的两座城市，其中又以常州的古建居多，古建筑色彩稳重，多以灰色、黑色出现。两座城市经济发展迅速，现代建筑多以白色、米色为主，色彩简洁明快。结合现代与传统的建筑色彩形式，选取城市的色彩进行空混色彩分析，得出城市标准色为蓝灰色和灰白色。

在此环境中沿用城市标准色[10]对桥梁进行色彩涂装设计。桥梁色彩以简单、淡雅为宜，既醒目又融入环境,用同色系的色块作对比来突破总体的单调,起到补充、强化空间的作用。

根据桥塔的结构特点,上塔柱采用带有核芯混凝土的钢-混组合结构,中、下塔柱为钢筋混凝土结构,因此推荐中、下塔柱保留混凝土原色不涂装,上塔柱采用具有钢材质感的珍珠灰色进行涂装,上、下塔柱色彩有变化而不冲突。

由于工程体量庞大,远视方可看出大桥的整体形象,因此推荐主桥钢梁部分整体涂装,突显大桥的整体性。通过对钢梁涂装色彩进行比选,最终确定全桥钢梁采用珍珠白色进行涂装,该色彩与桥梁桥塔的钢-混结构本色相辅相成,能更完整地呈现出常泰长江大桥的整体色彩风貌和建筑景观格局。同时展现了常州与泰兴两地江南建筑中素雅、恬静的南方色彩。

斜拉索色彩推荐采用纯白色,纯净的色彩能将大桥轮廓清晰干练的勾画出来,使之突出与环境但并不显张扬。白色的斜拉索与桥塔、钢梁在色彩层次上相互呼应,互为衬托。

3 结语

常泰长江大桥作为国家重点工程,建筑规模宏大,大桥本身便是一个巨大的文化符号,承载着与时俱进的人文精神与勇于创新的城市理念。在保证桥梁功能性的前提下,通过对项目特点、区域环境、文化背景进行深入调查研究,对桥梁的造型景观进行合乎实际的、有创造性的设计,确保全桥景观整体性与协调性,以使该桥建成后成为当地又一标志性建筑,同时成为长三角一体化综合交通体系中一颗耀眼的明珠。

参考文献

[1] 中铁勘测设计院集团有限公司.常泰过江通道工程可行性研究报告[R].武汉:2018.

[2] 中铁勘测设计院集团有限公司.常泰长江大桥初步设计文件[R].武汉:2019.

[3] 秦顺全,徐伟,陆勤丰,等.常泰长江大桥主航道桥总体设计与方案构思[J].桥梁建设,2020,50(3):1-10.

[4] 秦顺全,苑仁安,郑清刚,等.超大跨度公铁两用斜拉桥结构体系研究[J].桥梁建设,2020,50(4):1-8.

[5] 徐利平.城市桥梁美学创作[M].上海:同济大学出版社,2017.

[6] 泰兴市党史方志办公室,泰兴市年鉴编纂委员会.2019 泰兴年鉴[M].南京:江苏人民出版社,2019.

[7] 常州地方志编委会.常州市志[M].北京:方志出版社,2011.

[8] 赖亚平,张志勇,邓宇.重庆红岩村嘉陵江大桥景观设计[J].世界桥梁,2018,46(5):21-26.

[9] 罗晓瑜,陈艾荣,刘海波.洞庭湖二桥造型设计[J].世界桥梁,2019,47(6):16-20.

[10] 万敏.我国桥梁景观设计的现状与发展[J].桥梁建设,2002,6:66-68.

常泰长江大桥桥跨布置方案研究

胡　勇，赵维阳

（中铁大桥勘测设计院集团有限公司，湖北武汉　430050）

摘　要　为确定常泰长江大桥合理的桥跨布置方案，对桥位处的河床演变进行分析与预测，综合考虑工程河段河道条件、航道条件及通航环境等因素，分析论证大桥的通航孔布置及墩位布设方案。经分析论证，最终桥位跨长江主航道采用主跨1176m、边跨490m的桥型方案；天星洲左汊及录安洲右汊采用主跨388m、边跨168m的桥型方案。所采用的方案通航孔均基本覆盖了历年航道变化及通航水域范围，对12.5m深水航道及专用航道布置，以及对船舶通航、相邻码头运行、岸坡及天星洲尾部低滩稳定的影响均相对较小；且失控船舶碰撞桥墩的概率较小，危险程度较低。

关键词　常泰长江大桥；桥位；建设条件；通航孔；墩位；桥跨布置

Study of Span Arrangement Options for Changtai Yangtze River Bridge

Hu Yong，ZHAO Wei-yang

（China Zhongtie Major Bridge Reconnaissance& Design Institute Co. ，Ltd，Wuhan Hubei 430050，China）

Abstract　In order to reasonably determine the layout scheme of Changtai Yangtze River Bridge Span，the same depth of several layout schemes of bridge span proposed in the design were studied，and the river bed evolution was analyzed and predicted，combined with the river channel conditions，channel conditions and navigation environment of the Project River section，this paper makes a comprehensive analysis and demonstration on the navigation hole layout and pier position layout of several bridge-type schemes provided by the design，it is recommended that the layout schemes of the main span 1176m of the main channel crossing the Yangtze River，the layout schemes of the main span 388m of the left branch of Tianxingzhou and the right branch of Lu-anzhou are adopted，the influence on the navigation of ships，the operation of adjacent piers，the bank slope and the stability of the low beach at the tail of Tianxingzhou Island are relatively small. From the perspective of navigation safety，the optimized layout of the main span 1176m of the main channel across the Yangtze River and the layout of the main span 388m of the left branch of Tianxingzhou and the right branch of Lu-anzhou are reasonable and feasible.

Keywords　Changtai Yangtze River Bridge；bridge site；construction condition；navigable span；pier location；span arrangement.

本文由中国中铁股份有限公司科技研究开发计划项目（2020-重点-10）资助。

作者简介：胡勇（1966—），男，教授级高工，研究方向为桥渡设计。

1 工程概况

常泰过江通道是《长江经济带综合立体交通走廊规划(2014—2020 年)》《江苏省高速公路网规划(2017—2035 年)》《江苏城镇体系规划(2015—2030 年)》和《江苏省"十三五"铁路发展规划》中规划的过江通道。

受城市规划及港口规划等相关因素的限制,过江通道的选址具有唯一性。线位位于长江下游扬中河段泰兴水道下段,距上游泰州长江大桥约 28.5km,距下游江阴长江大桥约 30.2km,从北向南依次跨越天星洲左汊夹江、长江主航道、录安洲右汊夹江。工程河段局部微弯,且汊道众多(图 1),经航道及河道整治工程相继实施后,工程局部河段岸线、深泓走向及深槽平面位置变化相对较小,滩槽格局和航道条件总体趋于稳定。

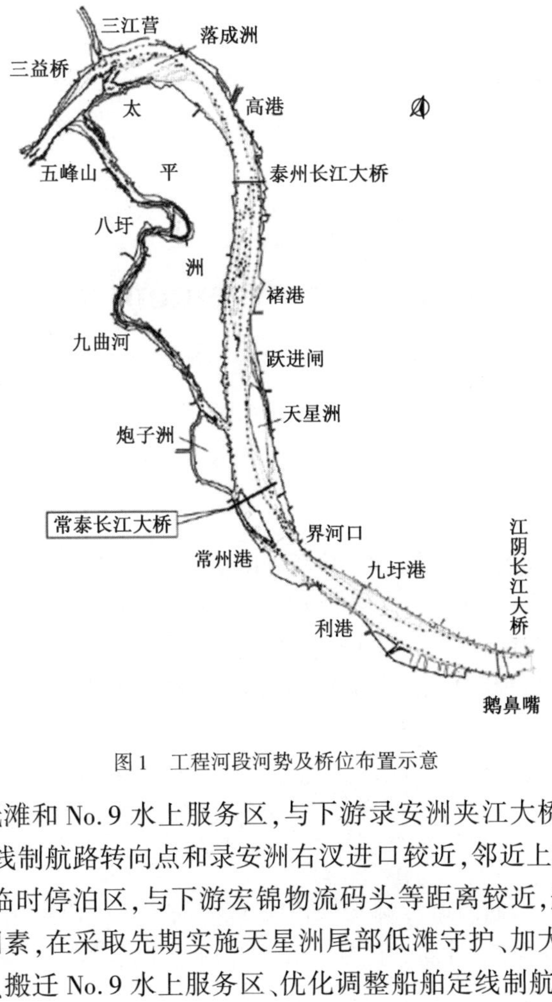

图 1 工程河段河势及桥位布置示意

线位横穿天星洲尾部低滩和 No.9 水上服务区,与下游录安洲夹江大桥的间距不满足相关通航标准的要求,距离上游船舶定线制航路转向点和录安洲右汊进口较近,邻近上游常州危险品锚地和"危临停 2"小型危险化学品船舶临时停泊区,与下游宏锦物流码头等距离较近,航道条件与通航环境复杂。综合考虑通道选址的相关因素,在采取先期实施天星洲尾部低滩守护、加大水上过河建筑物通航孔跨度、合理布置通航孔与桥墩、搬迁 No.9 水上服务区、优化调整船舶定线制航路转向点等措施的前提下,工程选址方案满足通航要求。

2 桥梁建设条件

2.1 河道条件

大桥位于长江扬中河段泰兴水道下段,横跨右岸侧录安洲,紧邻上游左岸侧天星洲。随着长江南京以下 12.5m 深水航道整治工程及天星洲汊道综合整治工程的相继实施,工程所在的扬中河段河势格局将不会发生较大变化,滩槽格局趋于稳定发展,因此,在保持天星洲尾部低滩稳定、该河段现有护岸及堤防工程良好的情况下,具备桥梁建设的总体河势条件。

桥位处于微弯河段,历史上该断面变化较大,受弯道凸岸的演变特性及天星洲洲尾的上提下挫、展宽缩窄、频繁冲淤的共同影响,天星洲洲尾附近与长江主航道之间常年存在不足5m的较大面积浅滩。近年来,随着航道及河道整治工程的实施,长江主航道及天星洲左汊航道条件得到进一步改善,尤其是2011年后,河道平面形态变化不大,河床总体呈微冲微淤态势(图2),且左侧区域发生大幅度冲淤变化的可能性很小,总体上趋于稳定状态,满足《内河通航标准》[1](GB 50139—2014)和《长江干线通航标准》(JTS 180-4—2020)[2]等相关通航标准中有关水上过河建筑物选址相关规定和要求。

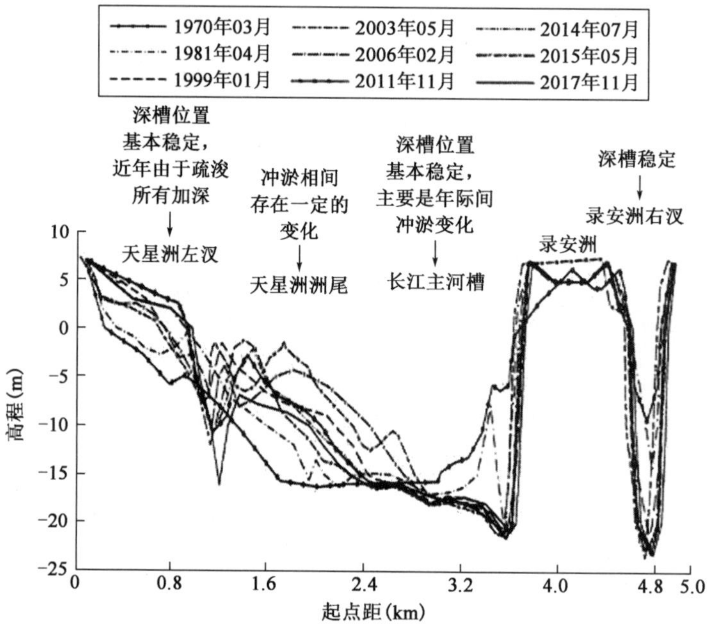

图2 拟选桥位处河床横断面年际变化

2.2 航道条件

桥位从北向南依次跨越天星洲左汊航道、长江主航道、录安洲右汊航道。

长江主航道航道等级为I-(1)级,航道维护尺度标准为12.5m×500m×1500m,保证率98%。

天星洲左汊暂未开通航道,结合天星洲左汊开发利用、七圩作业区专用航道确定的设计代表船型及航道维护尺度,参照《内河通航标准》(GB 50139—2014)中航道尺度要求,天星洲左汊可按I-(3)级航道对待。

录安洲右汊已被开辟为公用航道,目前为小轮航道,维护水深4m,不规定航宽。结合常州港夹江港区进港专用航道确定的设计代表船型及航道维护尺度,录安洲右汊可按I-(3)级航道对待。

2.3 通航水流条件

桥位处于微弯弯道处,受弯曲河型影响,桥轴线法线方向与水流流向交角在7°左右,最大横向流速为0.29m/s,进入桥轴线附近,交角呈减小趋势。随着水位的增加,桥区河段主流区表面流速呈增大趋势,在相同的水位下,主流区表面流速分布较均匀,主航槽内流速变化不是太大。从空间上看,表面流速具有中间大,两边小的特点,且天星洲左汊和录安洲右汊范围内水流流向与桥轴线法向交角分别达17°、19°,最大横向流速分别为0.57m/s、0.64m/s,交角及横向流速均相对较大[3]。

3 通航孔布置

3.1 通航孔布置原则

(1)为确保船舶通航安全并不限制今后通航能力的增长,拟建桥梁主通航孔至少应按双向通航考虑,并应考虑多线通航要求。

(2)为不限制由于航槽摆动而引起的航道调整,主通航孔应尽量覆盖现行及规划航道水域,并尽量覆盖深泓、深槽摆动范围。

(3)为了降低桥梁建设对通航安全的影响,在实施船舶定线制河段的通航水域不宜设置桥墩。

(4)通航孔设置须考虑天星洲左汊与专用航道贯通后的船舶通航要求。

(5)通航孔设置需满足录安洲右汊的船舶通航需求。

3.2 通航净宽

通航净宽值应在基于桥梁选址符合规范相关规定和要求的前提下计算,在实际确定时还应考虑河道条件、深泓摆动幅度、通航条件等因素的影响。

(1)深泓线摆幅。受上游洲滩冲淤变化及主流摆动影响,20 世纪 90 年代以前工程局部河段深泓摆幅较大,1970—1999 年主流摆动幅度达 1030m;20 世纪 90 年代以来,随着河道治理、航道整治及护岸工程实施后,边界条件得到较好控制,深泓贴右岸,1999—2003 年主流摆动幅度约 340m;2003 年后,深泓小幅变化,但变化幅度仅 140m,处于基本稳定状态。

(2)12.5m 深槽摆动范围。20 世纪 90 年代以前,受江中洲滩冲刷后退变化等影响,主航道 12.5m 深槽摆幅较大。90 年代末至 2003 年,12.5m 深槽右侧等深线变化较小,但左侧发生淤积,导致 12.5m 深槽宽度减小。2003—2011 年,右侧 12.5m 等深线保持稳定,左侧向左摆动。2011—2017 年右侧 12.5m等深线保持稳定,左侧 12.5m 等深线受来水来沙影响,呈小幅冲淤变化[4]。自 20 世纪 90 年代以来,桥位附近上、下游 2km 范围内 12.5m 深槽宽度为 1.0 ~ 1.5km,水深条件良好。目前,拟选桥位处长江主航道 12.5m 深槽水域宽度基本可保持在 1000m 左右(图 3)。

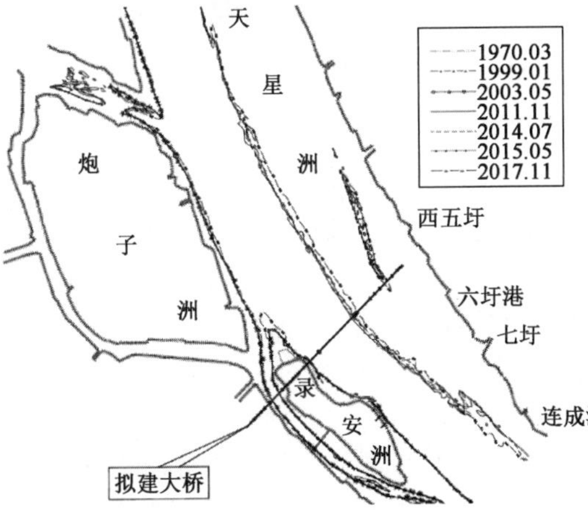

图 3 工程局部河段 12.5m 深槽年际变化

(3)实测航迹线及 AIS 线。从船舶航迹线观测成果看,不同水位期,桥位处船舶航迹线均较为集中,上、下行航线分明,各水位期船舶航迹线水域范围宽度在 1100 ~ 1150m,航迹线水域宽度变化不大。下行船舶均沿略偏河心的水域下行,与岸边保持一定距离,且随着水位的升高,上、下行船舶航迹线更为集中。对比分析船舶航迹线和 AIS 资料(图 4),上、下行船舶航线均较为分明,但也存在一定的差异,AIS 资料显示船舶航线各自靠右,且下行船舶偏靠河心航行,上、下行航迹线宽度也相对较大[5]。

(4)通航净宽确定。为保证船舶通航安全,适应长江南京以下 12.5m 深水航道和船舶定线制航路设置要求,以及天星洲左汊和录安洲右汊航道规划情况,拟建大桥通航孔布置应覆盖船舶定线制航路设置范围及规划航道水域范围[6-7]。结合跨长江主航道、天星洲左汊和录安洲右汊桥梁设计代表船型并兼顾船型、桥区水流条件,船舶定线制航路设置要求等,按照《内河通航标准》(GB 50139—2014)、《长江干线通航标准》(JTS 180-4—2020)等相关通航标准中有关水上过河建筑物通航净空宽度计算公式计算确定拟建大桥最小通航净空尺度,见表 1。

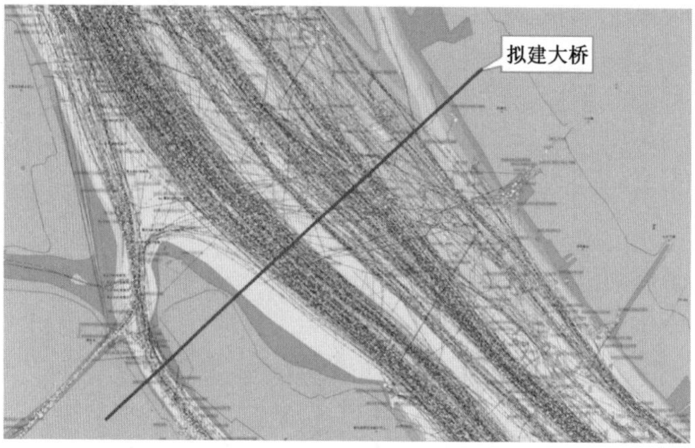

图4　工程局部河段船舶 AIS 航迹图

拟建大桥最小通航净空尺度(单位:m)　　表1

航　道	计算选取的代表船型	净　高	单向通航净宽	双向通航净宽
长江主航道	4.8 万 t 级船队 兼顾 10 万 t 级散货船	50	400	900
天星洲左汊	1.2 万 t 级船队 兼顾 1 万 t 级船舶	24	185	317
录安洲右汊	1.2 万 t 级船队 5000t 级杂货船	24	207	290

3.3　通航孔布置与墩位布设

3.3.1　主航道桥

南主墩:桥位处为微弯弯道的弯顶,南主墩设置要考虑对下行船舶通航安全及下游录安洲港区一期码头船舶靠离泊作业的影响,并扣除桥墩紊流宽度的影响,因此,将南主墩布置在下行船舶推荐航路以外约 40m 处,与下行船舶推荐航路保持了一定的安全距离,且处于下游录安洲港区一期码头前沿线后方[8]。

北主墩:长江南京以下 12.5m 深水航道二期工程已经建设完成,桥梁建设不应影响和限制桥区航道的通过能力,因此,桥梁通航孔布置及墩位布设时还需适应桥址处 12.5m 深槽变化范围[9]。

南、北主墩均位于现状船舶定线制航路范围外,且距航道边线有一定的安全距离,北主墩位于历年 12.5m 等深线变化范围边缘,南主墩以南水域由于下游录安洲矶头和录安洲港区一期码头的存在,不宜作为船舶通航水域使用,采用主跨 1120m 桥型方案可满足设计代表船型、船队单孔双向通航净宽要求,辅助通航孔可满足设计代表船型、船队单孔单向通航净宽要求,主通航孔完全覆盖了历年 12.5m 深水航道变化范围,对深水航道的影响较小,通航孔布置(1120 + 420)m 对可能发生航道变化及实测船舶航迹线的适应性相对较好[10]。主航道桥通航孔与航道布置关系见图 5。

主航道桥与天星洲左汊航道桥之间,由于桥墩阻水作用及局部冲刷,对天星洲洲尾的冲淤有一定影响,因此,需尽量减少水中设墩,同时结合相应的整治措施,降低桥墩局部冲刷对天星洲尾部的冲淤变化影响,保障天星洲尾部浅滩和进港航道的稳定。

3.3.2　天星洲左汊航道桥

天星洲左汊桥轴线法向与水流流向交角较大(10° ~ 17°),按照《内河通航标准》(GB 50139—2014)规定,需加大通航孔跨度;拟选桥位处于天星洲洲尾浅滩处,天星洲尾部建有隔流堤,堤尾距离桥位约 550m。目前,天星洲尾部下段低滩河床尚未得到守护,存在变化的可能,有必要将上游已建的护滩工程下延至桥位处以稳定天星洲左汊出口河势和航道条件。因此,南主墩布置于隔流堤延长线上,北主墩布置于宏锦物流码头前沿线延长线后方,结合规划的进港航道情况,并考虑有利于桥梁方案与天星洲护滩工程方案的衔接,采用主跨 360m 的桥型方案,主通航孔一孔跨过规划的进港航道,并保持一定的安全距离，以满足通航安全的要求。

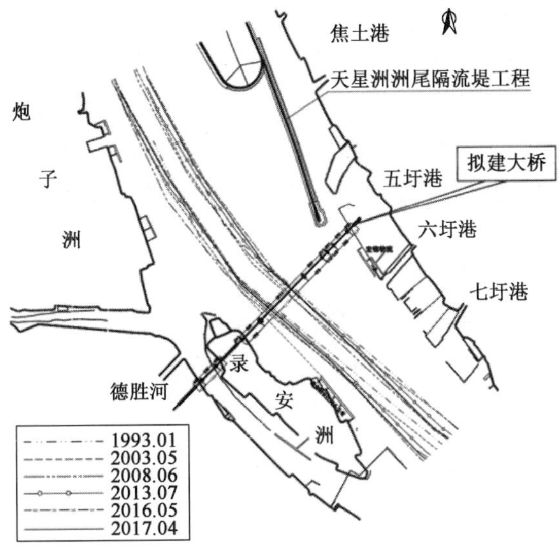

图5　主航道桥通航孔与航道布置关系（主跨1120m）

根据咨询意见，考虑到桥墩设置应尽量减小对河势、通航的影响，将主跨调整为388m，边跨减小至168m，桥跨布置为（168＋388＋168）m（图6），其中，北主墩布置在宏锦物流码头前沿线后方约55m处，南主墩布置于天星洲洲尾守护工程范围内[11]。

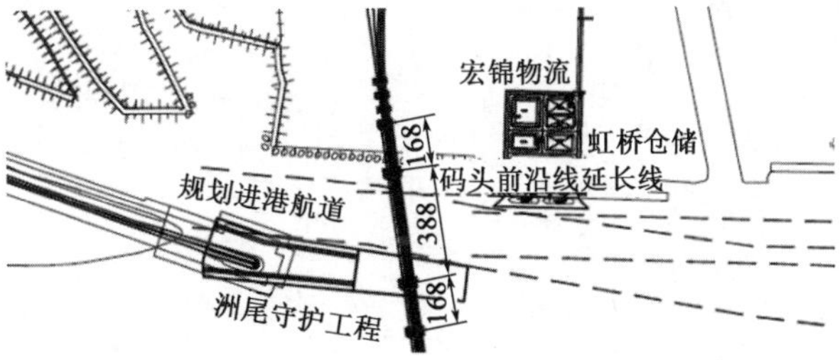

图6　天星洲左汊航道桥通航孔平面布置（尺寸单位：m）

3.3.3　录安州右汊航道桥

录安洲右汊桥轴线法向与水流流向交角较大（10°～19°），按照《内河通航标准》（GB 50139—2014）规定，需加大通航孔跨度；拟选桥位距离下游已建的录安洲大桥约1360m，不满足相关标准要求，需一孔跨过通航水域。因此，南主墩布置于永兴港废弃码头处，北主墩布置于防汛演练基地，采用主跨360m桥型方案可基本满足通航要求，且边跨避开了录安洲大堤。

根据咨询意见，考虑到桥墩设置应尽量减小对河势、通航的影响，将主跨调整为388m，边跨减小至168m，桥跨布置为（168＋388＋168）m（图7），南、北主墩均布置于临近码头前沿线后方，主通航孔一孔跨过通航水域范围。

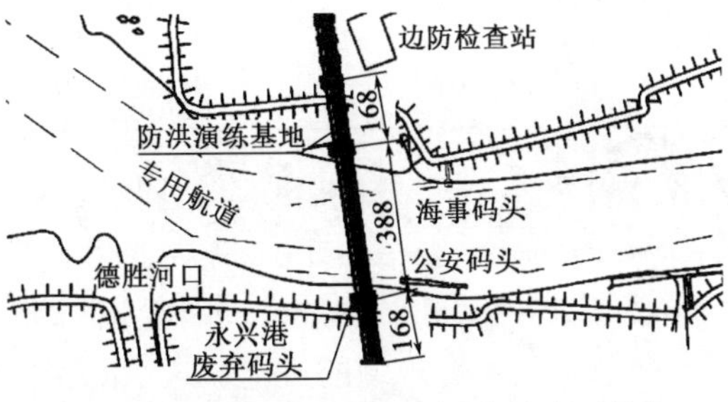

图7　录安州右汊航道桥通航孔平面布置（尺寸单位：m）

3.4 主航道桥墩位布设优化

工程河段为微弯河段，南主墩临近下行推荐航路边缘，受水流顶冲影响，南主墩对沿现行航路航行的下行船舶通航会有一定的影响。为此，对主跨1120m桥型方案进行了优化调整，提出了主跨1148m双塔斜拉桥方案，即保持北主墩位置不变，主跨跨度增加28m，跨越天星洲左汊和录安洲右汊桥梁主跨跨度保持不变。该方案对深水航道变化、实测船舶航迹线及船舶定线制航路设置的适应性均略优，尤其是对下行推荐航路设置的影响相对较小，桥墩设置对录安洲岸坡及天星洲尾部低滩稳定的影响较小，失控船舶与南主墩的碰撞概率将更低，危险程度更低，该桥跨布置方案可满足通航要求[12-13]。

由于过江通道上游约736m处设置有74号红浮航道转向点，大桥建设对下行船舶通航会有一定的影响，需对航道转向点做适当调整，即加大顺直段长度，减小主航道航线与桥轴线法线方向的交角，与上、下游航路布置相互衔接，并考虑南辅助墩对录安洲岸坡及大堤的影响，因此，在调整航道转向点及局部航路的基础上，对主跨1148m桥型方案进一步优化，保持北主墩位置不变，将主跨跨度又增加28m，南辅助墩布置于大堤背水坡，天星洲尾部低滩处墩柱数量仍为3个，主跨跨度调整为1176m，边跨调整为490m。

结合航路调整方案，南主墩距离下行航路113m，北主墩距离上行航路77m。调整后的航路布置与南、北桥墩均有一定的距离，且航路相对略平顺，桥梁建设对船舶通航及航路设置的影响较小[14-15]，见图8。

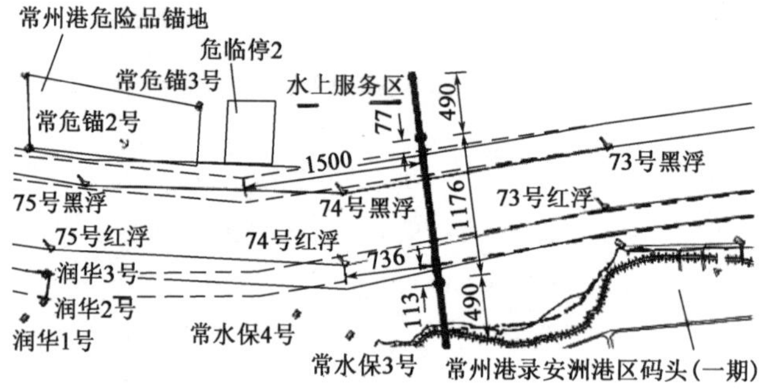

图8 主航道桥通航孔与调整后的航路布置关系(尺寸单位:m)

4 结语

结合工程河段河道条件、航道条件及通航环境等情况综合论证分析，推荐桥位跨长江主航道主跨1176m桥型方案、天星洲左汊及录安洲右汊主跨388m桥型方案通航孔均基本覆盖了历年航道变化及通航水域范围，对12.5m深水航道及专用航道布置，以及对船舶通航、相邻码头运行、岸坡及天星洲尾部低滩稳定的影响均相对较小；且失控船舶碰撞桥墩的概率较小，危险程度较低，因此，从通航安全角度考虑，推荐的桥跨布置方案可行。该方案最终得以实施，大桥桥式方案总体布置[16]见图9。

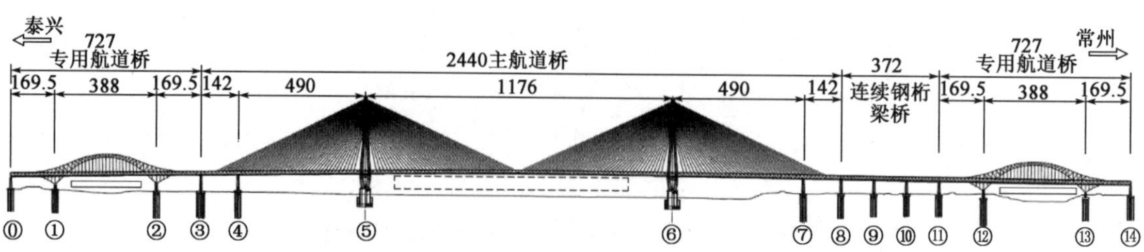

图9 大桥桥式方案总体布置(尺寸单位:m)

参考文献

[1] 中华人民共和国建设部. 内河通航标准:GB 50139—2014[S]. 北京:中国计划出版社,2014.

[2] 中华人民共和国运输部. 长江干线通航标准:JTS 180-4—2020[S]. 北京:人民交通出版社股份有限公司,2020.

[3] 南京水利科学研究院. 常泰过江通道工程定、动床河工模型试验研究报告[R]. 2018.

[4] 南京水利科学研究院. 常泰过江通道工程可行性研究阶段河势演变分析报告[R]. 2018

[5] 武汉理工大学. 常泰过江通道通航仿真模拟试验研究报告[R]. 2018.

[6] 陈野鹰,李兴亮,刘志敏. 库区连续急弯段的通航水流条件研究[J]. 水道港口,2016,37(5):520-523.

[7] 陈述,张世钊,赵维阳,等. 商合杭铁路芜湖长江大桥通航条件及水动力影响试验研究[J]. 水道港口,2018(2):49-54.

[8] 武汉理工大学. 常泰过江通道工程建桥与常州危险品锚地安全间距研究专题报告[R]. 2018.

[9] 董敏,查雅平,颜扬翰,等. 船舶大型化对通航桥梁净空高度影响研究[J]. 公路,2019(4):180-184.

[10] 中铁武汉勘察设计研究院有限公司. 常泰过江通道工程航道通航条件影响评价报告[R]. 2019.

[11] 长江勘测规划设计研究有限责任公司. 常泰过江通道天星洲尾防护工程专项设计报告[R]. 2018.

[12] 吴畏,王昭轩,黄子丹,等. 跨江大桥通航净空尺度设计的优化方案分析[J]. 市政技术,2016(1):65-67.

[13] 何侃. 航道整治前后大桥通航条件影响的双重评价[J]. 中国水运,2020(10):117-119.

[14] 刘质伟. 桥梁通航孔通航净宽设计分析[J]. 中国水运,2019(3):169-170.

[15] 史卿. 南京长江大桥第六孔航道布置优化研究[J]. 水道港口,2018(8):445-450.

[16] 余平,杜永春,庄怀博. 桥梁通航净空尺度动态监测预报系统探讨[J]. 科技创新与应用,2019(32):54-55.

常泰长江大桥主航道桥桥塔基础选型研究

胡　勇

（中铁大桥勘测设计院集团有限公司，湖北武汉　430056）

摘　要　常泰长江大桥主航道桥为主跨1176m公铁合建斜拉桥，桥塔基础采用沉井方案。为降低沉井自重和减少桥墩局部冲刷，采用理论分析、数值模拟与水槽冲刷试验相结合的方式对沉井基础型式进行研究。实验结果表明：圆端形、梭形及矩形3种截面中，圆端形截面水流阻力系数最小；台阶型沉井相比传统沉井可以削弱墩前向下旋辐及减小墩侧高流速区的范围；台阶型沉井台阶宽9.0～10.0m、台阶顶埋深位于0.6*H*（*H*为沉井周边水深）处、挡墙高度为0.15*H*时，可以起到较好的减冲刷防护效果。根据研究结果最终确定该桥采用圆端形截面台阶型沉井基础，其底面尺寸为95.0m×57.8m（横桥向×顺桥向），圆端半径28.9m，台阶宽9.0m，埋置在床面以下0.6*H*（水深）处，台阶顶构造采用直角挡墙方案（挡墙高约4m）。

关键词　常泰长江大桥；斜拉桥；台阶型沉井；冲刷防护；大涡模拟技术；物理模型试验

Research on Pylon Foundation Types for Main Navigational Channel Bridge of Changtai Yangtze River Bridge

HU Yong

(China Railway Major Bridge Reconnaissance &. Design Institute Co., Ltd., Wuhan Hubei 430056, China)

Abstract　The main navigational channel bridge of Changtai Yangtze River Bridge is a rail-cum-road cable-stayed bridge with a main span of 1176m. Caisson Foundation was determined for the pylons. Theoretical analysis, numerical simulation and flume scour tests were conducted to figure out the proper type of caisson foundation that would have the minimum self weight and be able to reduce the local scour of piers. The scour protection performance of the round-cornered, shuttle-shaped and rectangular caissons was analyzed and compared. The results show that the round-cornered caisson has the smallest water flow resistance coefficient, and the stepped caisson can mitigate the downward swirling and reduce the scope of pier-side high flow speed region, compared with the conventional type of caisson. It is shown that the stepped caisson exhibits good scour reduction and protection effect when the width of the step is set at 9 to 10 m, the top of the step is roughly parallel with 0.6*H* (*H* refers to the depth of water around the caisson) and the retaining wall is 0.15*H* in height.

本文由中国中铁股份有限公司科技研究开发计划项目（2018-专项-Ⅱ类-01）；中国中铁股份有限公司科技研究开发计划项目（2020-重点-10）；中国中铁股份有限公司科技研究开发计划项目（2019-重点-07）资助。

作者简介：胡勇（1966—），男，教授级高工，研究方向为桥渡设计。

As per the research findings, the round-cornered caisson with step was finally chosen for the bridge. The stepis buried into the riverbed, at the location of 0.6H (water depth). Right-angle retaining walls with height of about 4m are added on the top of the step.

Keywords Changtai Yangtze River Bridge; cable-stayed bridge; scour protection; flume scour test; large eddy simulation; physical model test.

1 引言

常泰长江大桥位于泰州大桥和江阴大桥之间，上距泰州大桥约 28.5 km，下距江阴大桥约 30.2 km，在泰兴天星洲洲尾、常州市禄安洲洲头附近跨越长江，采用双层公铁合建的桥梁方案，主航道桥采用双塔斜拉桥布置，主跨跨度 1176m（图 1）[1]。该桥上部结构荷载巨大，经从结构受力特点、施工、工程造价等方面考虑，选择沉井作为 5 号和 6 号桥塔基础的结构形式。

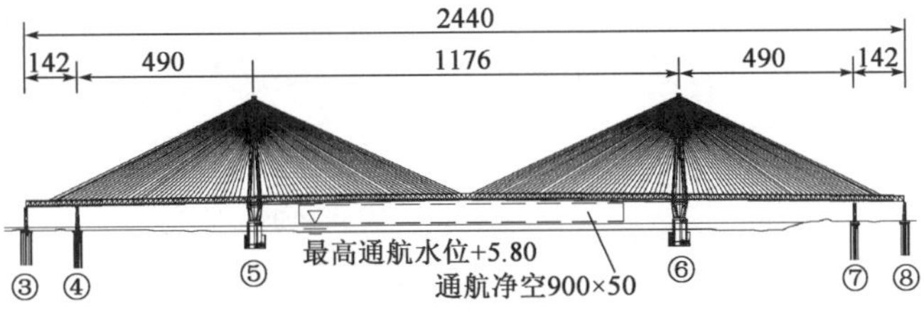

图 1　常泰长江大桥主航道桥立面布置（尺寸单位：m）

沉井是特大型桥梁常采用的基础形式[2-4]，其基底平面尺寸主要由地基承载能力决定。常规沉井的顶、底面形状及尺寸基本相同，但从结构构造上考虑，沉井顶面尺寸仅满足桥塔塔柱布置及上部结构传力的需要即可，无须和沉井底面保持相同。对于超大跨度斜拉桥，沉井基础承受巨大的竖向力和弯矩，基底平面尺寸较常规沉井增加较大，导致沉井自重急剧增大。从减小沉井自重的角度考虑，可以适当减少其顶面尺寸，以降低沉井自重。如何确保沉井基础既能满足地基承载能力要求，又能满足与桥塔衔接传力的需求，还能减少桥墩局部冲刷，继而减轻因桥墩冲刷而引起对下游航槽淤塞的影响，需要对沉井基础形式开展研究。因此，本文采用理论分析、数值模拟与水槽冲刷试验相结合的方式，从墩型对冲刷的影响分析入手，考虑截面水流阻力系数，选取沉井合理的截面形式，达到减少自重与桥墩局部冲刷的目的，提出了台阶型沉井，采用大涡模拟技术及物理模型试验对台阶型沉井的台阶埋深、台阶宽度以及挡墙高度进行研究。

2 沉井基础的截面形式研究

桥墩局部冲刷是桥渡设计的重要依据之一，其影响因素按性质大致可分为：水流特征参数、河床质特性和桥墩特征。从 20 世纪 50 年代到 70 年代，国内外学者对小尺度墩型进行了大量的局部冲刷试验研究，分析了影响冲刷的各种因素。在研究墩型对冲刷的影响时，一般以圆墩为基础，将其他墩形（圆端墩、矩形墩、椭圆墩以及双透镜墩）的冲刷深度与之相比较，以确定墩型对冲刷影响程度的大小。在水流斜交角为 0°时，国外学者[5]给出了各墩型相对于圆墩的冲刷深度，结果见表 1。

墩型对冲刷深度的影响（单位：m）　　表 1

研究者	长宽比	相对于圆墩冲刷深度				
		圆墩	圆端墩	矩形墩	椭圆墩	双透镜墩
Laursen、Toch（1956）	2	1.0	1.0	—	0.91	0.91
	3	1.0	1.0	—	0.83	0.76
Varzeliotis（1960）	—	1.0	—	1.76	—	0.79
Larras（1963）	—	1.0	1.0	1.1～1.4	0.85	0.75
Dietz（1972）	1～5	1.0	0.95	1.1～1.4	0.72～0.9	—

由表1可知:墩型对冲刷的影响是比较大的。在水流斜交角为0°时,墩宽相同的流线型墩(圆端墩、椭圆墩、双透镜墩)与圆墩相比,冲刷减小,矩形墩则冲刷加大;当矩形墩长宽比为1时,冲刷深度是圆墩的1.4倍甚至更大。如以圆墩为参考,流线型墩在冲刷深度上最大可减少25%,矩形墩则增大20%~40%。

国内学者在墩型对冲刷的影响方面也作了大量的试验分析工作,建立了一套完整的墩形系数[6]。国内学者仍以圆墩墩形系数为1.0计,在水流正交时,同等宽度的圆端墩墩形系数为0.98,矩形墩墩形系数为1.2,可以看出流线型墩相对矩形墩有明显的减冲刷优势。

鉴于流线型墩对冲刷深度的减少作用,对于常泰长江大桥沉井基础,可考虑采用流线型墩的截面形式,结合沉井构造及施工工艺[7],选取圆端形、梭形与矩形截面形式(图2)进行冲刷与阻力系数研究[8]。采用水槽试验进行了3组不同水流流速下的阻力系数试验与1组冲刷试验,得到3种截面沉井基础(相同的阻水宽度D)的冲刷深度及阻力系数变化规律,结果见图3。由图3可知:截面形式对于沉井结构的阻力系数会产生显著影响,阻水宽度D相同的条件下,矩形截面沉井的水流阻力系数最大,梭形截面沉井的水流阻力系数次之,圆端形截面沉井的水流阻力系数最小;就相对冲刷深度来看,相比矩形截面沉井,圆端形截面沉井可以有效减小局部冲刷深度。综合冲刷与阻力系数研究成果,建议该桥沉井采用圆端形截面。

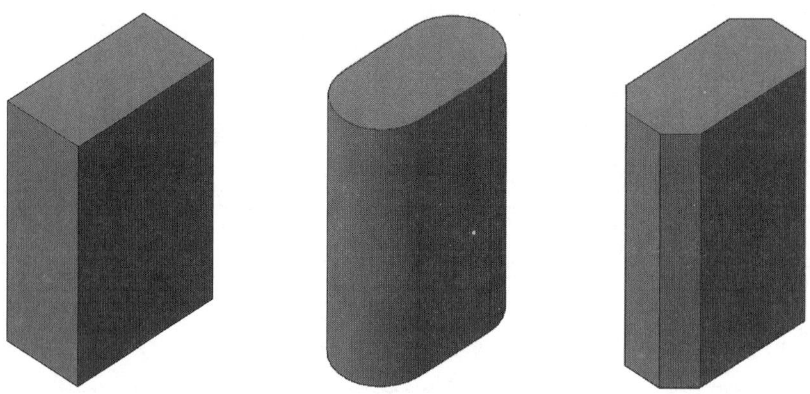

a)矩形截面　b)圆端形截面　c)梭形截面

图2　沉井截面示意

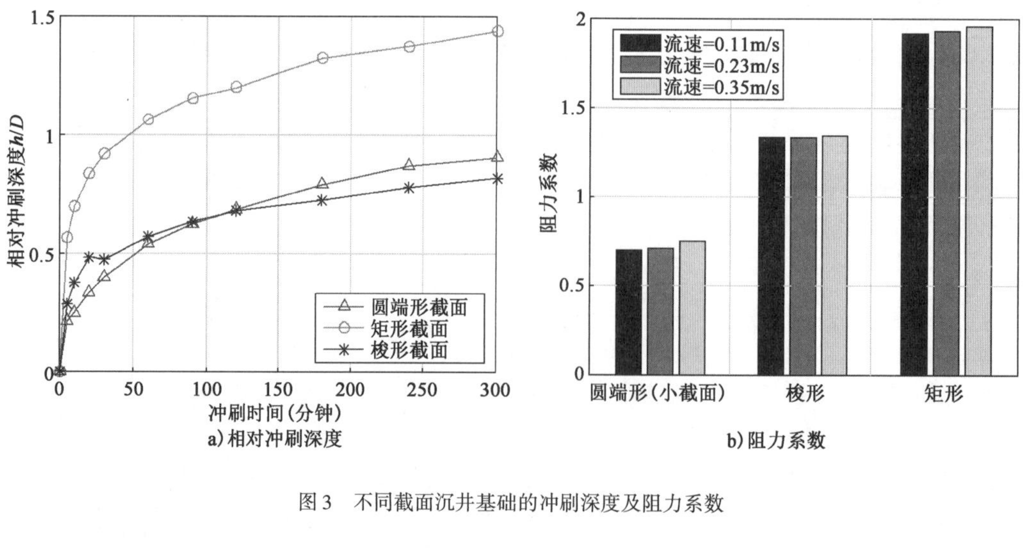

a)相对冲刷深度　b)阻力系数

图3　不同截面沉井基础的冲刷深度及阻力系数

3 新型沉井结构形式研究

由前文研究中可知：圆端形沉井可以起到减冲刷效果，但上、下一致的沉井结构形式仍带来了较大的阻水面积与沉井自重。因此，进一步对沉井形式展开研究。针对圆端形沉井周边水流结构，从破坏冲刷水流结构的角度提出了台阶型沉井结构形式，并从水动力角度对其减冲刷效果进行了研究。

由于圆端形沉井基础与圆柱形桥墩类似，因此，基于大涡模拟技术[9]对圆柱形桥墩和圆端形桥墩周边水流结构展开了研究，结果见图4。由图4及相关结果可知：

(1)圆端形沉井与圆柱形桥墩周边三维水流结构总体上类似[10-11]。沉井前端受墩壁阻水作用，一部分行近水流顺壁向下形成下潜流，受到床面阻水作用，转而汇入行近水流，形成椭圆形的主涡；底部向下旋辊是沉井前端冲刷的主要动力；在墩头近壁面和底层，下沉流速较大，最大流速出现在沉井前端，约为行进流速的0.3倍。

(2)墩前两侧，即圆端约±90°(以墩头对称面为0°，顺时针旋转为正，逆时针旋转为负)的范围，是马蹄涡的主要作用区。由于圆端形沉井阻水宽深比(D/h，D为沉井迎水面宽，h为沉井周边水深)较大，使得阻水墩体对两侧水流的加速效应超过了边界层分离带来的旋转效应，墩侧的项链马蹄涡并不十分显著，旋辊强度有限。

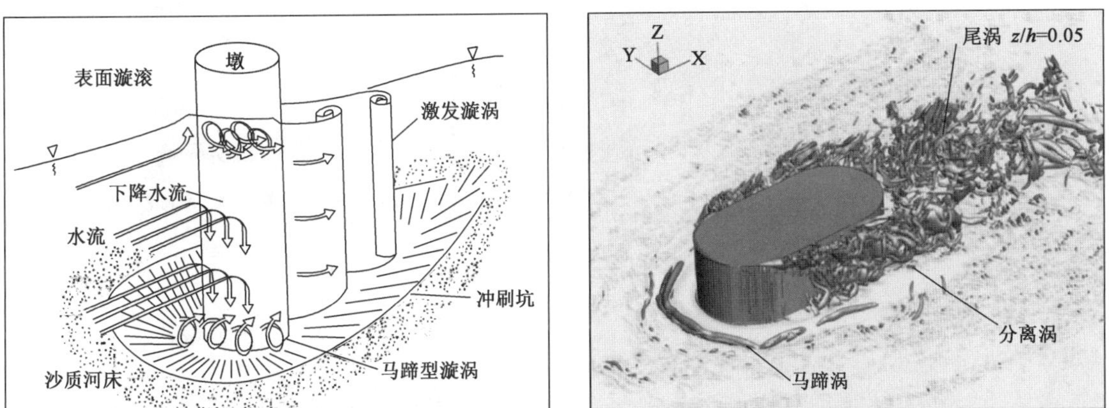

a)圆柱形桥墩周边水流结构　　b)圆端形沉井周边水流结构

图4 圆柱形桥墩和圆端形沉井周边水流结构

但圆端形沉井两侧旋辊强度相对较弱，并不代表其水流冲刷能力弱。有研究表明[12-13]：当$0.7 < D/h < 5$时，主涡的作用随阻水宽深比的增大而减弱，而墩侧高流速区的冲刷作用却随着阻水宽深比的增大而增强，在墩前两侧最大流速可达行进流速的1.6倍，局部冲刷主要发生在墩前两侧约70°附近。

根据上述关于墩前水流状况及局部冲刷形成机理的认识可知：消除或削弱墩前向下旋辊，可以减小墩前向下旋辊所产生的局部冲刷。国内学者在研究沉井基础局部冲刷墩形系数时[6]，针对墩身(上部桥墩)和沉井(下部沉井或承台，承台厚度无限大)两部分，进行了不同的形状组合的试验。试验结果表明：沉井顶面至一般冲刷线高度由0增至全水深时，局部冲刷深度逐渐增加，但沉井顶面在1/10水深附近时，冲刷深度接近墩身的局部冲刷深度；当沉井顶面至小于1/10水深时，沉井基础的局部冲刷深度小于墩身的冲刷深度，这是因为沉井挡墙对墩身阻水造成的冲刷起了防护作用。在研究扩大基础桥墩时[6,8]，将扩大基础顶面设在一般冲刷线附近，向下分几层台阶。通过试验同样发现：扩大基础桥墩局部冲刷深度比墩身均有所减少，主要是基础的扩展部分对墩身的冲刷起了防护作用。因此，初步认为，对于一切旨在削弱墩前局部冲刷的水流动能的消能措施，其标高设置越低(越接近于一般冲刷线)，消能效果越好。

对于大型沉井基础，其墩侧冲刷往往大于墩前，主要是D/h越大，意味着墩侧高流速区范围越大，

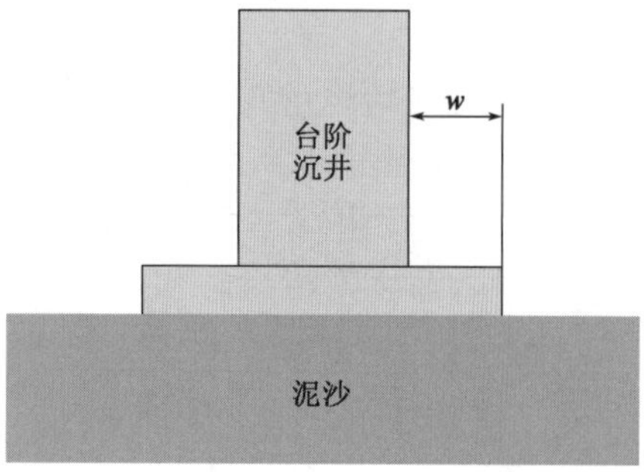

图5　台阶型沉井基础示意

冲刷越大。所以，尽可能减少阻水宽深比 D/h 也是新型沉井设计所需考虑的因素。基于以上认知，在圆端形截面沉井基础上，提出了一种上部截面尺寸小、下部结构尺寸大的台阶型沉井基础，其结构见图 5（w 为台阶宽度）。沉井底面尺寸由地基承载能力控制，顶面尺寸只需满足桥塔塔柱布置及上部结构传力的需要即可。

为研究台阶型沉井对向下旋辊的削弱作用，根据上述台阶型沉井基础型式，进行了有、无台阶沉井的物理模型水动力试验，其中台阶型沉井下部尺寸与无台阶沉井一致，上部截面尺寸按 0.69 等截面缩小，试验结果见图 6。由图 6 可知：台阶型沉井近底平均流速总体略小于无台阶沉井，但 x、y、z 方向的紊动流速、紊动能明显小于无台阶沉井，尤其是沉井偏靠上游侧端部附近。研究结果表明：台阶型沉井对下潜水流紊动有一定的抑制作用，可以起到破坏旋辊结构，削弱下潜水流的作用。

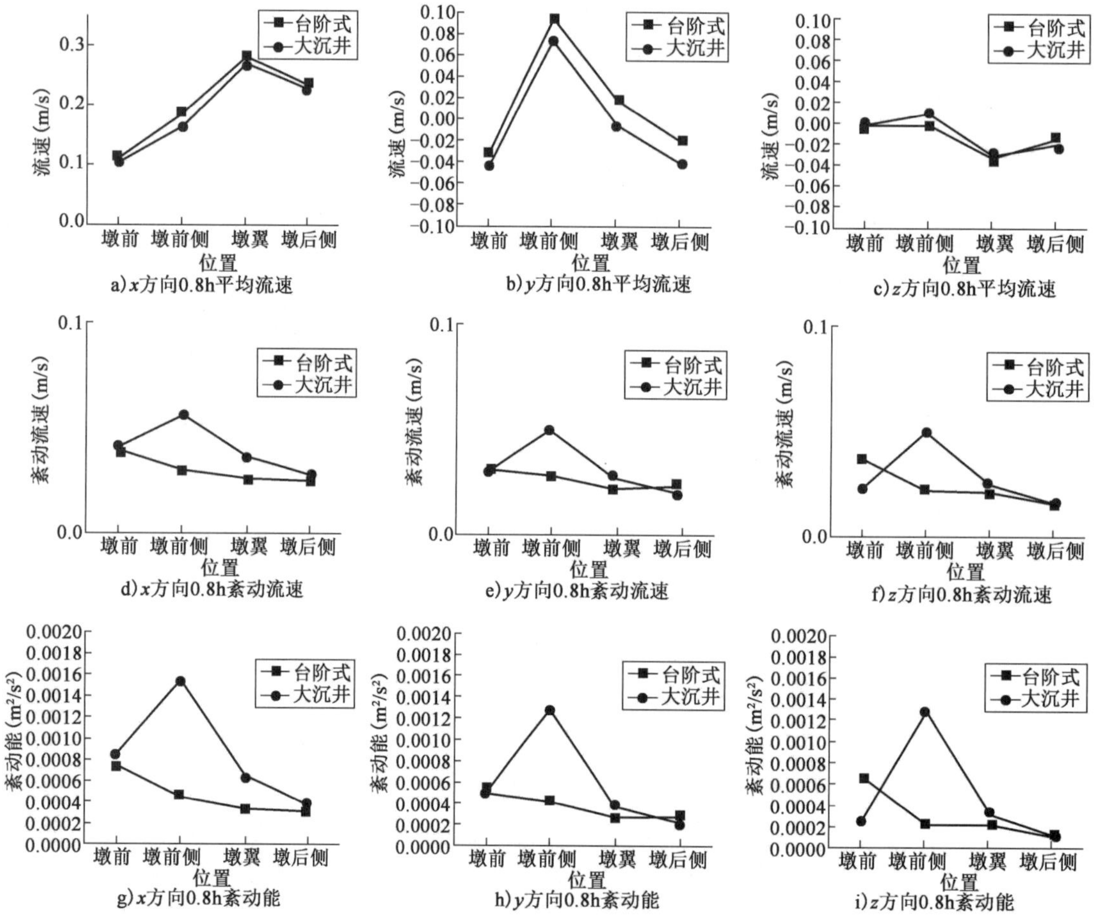

图6　有、无台阶沉井附近近底测点流速变化

同时，进行了不同宽深比（$D/h=1.3,2,4$）台阶型沉井的数学模型计算，以沉井周围切应力与无沉井条件下切应力的增幅比值为指标（比值越大，水流冲刷能力增幅越大），分析不同切应力增幅的等值线位置。其中墩侧切应力增幅为 1.2 和 2 的等值线位置见图 7，图 7 中以迎水面圆端圆心为 0 点，x 方向为顺水流方向距圆心的距离，y 方向为垂直水流方向距圆心的距离。由图 7 可知：减小沉井上部截面尺寸可以减少沉井周边切应力增加范围。台阶型沉井可以起到削弱墩前旋辊，降低墩周流速高速区范围的作用。

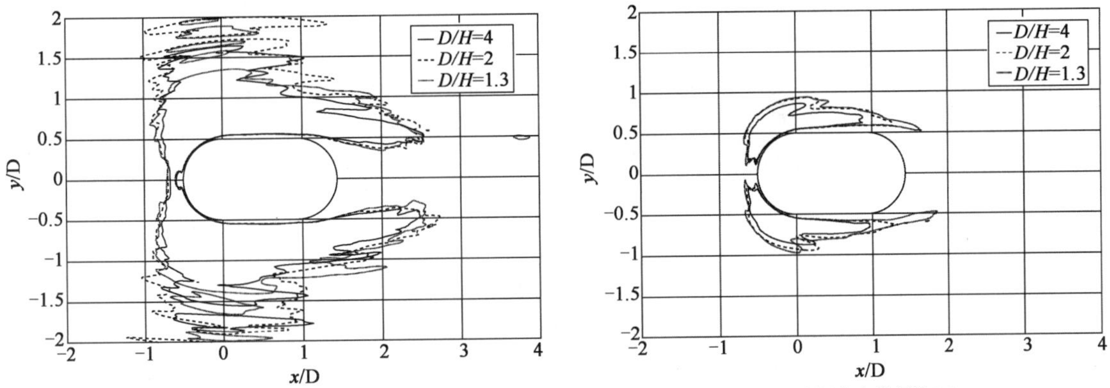

a) 切应力增幅为1.2　　b) 切应力增幅为2.0

图7　床面不同切应力增幅等值线位置

4　台阶型沉井基础方案研究

由前述分析可知：为消除或削弱墩前向下旋辊及减少墩侧高流速区的范围，该桥可采用截面形式为圆端形的台阶型沉井。若施工条件允许，考虑经济合理性，台阶的顶面高程可考虑设在一般冲刷线附近。为选择合理的台阶型沉井基础，同时需从合理的台阶宽度、合理的埋深、台阶的挡墙高度 3 个方面进行研究。因此，开展了 8 组正态模型试验工况进行对比研究，试验工况见表 2。

试验验工况(原型数据)　　表2

工况	沉井布置方案	上截面宽度 d(m)	下截面宽度 D(m)	D/d
1	台阶型，平台低于床面 8m(一般冲刷线)	39.9	58.1	1.45
2	台阶型，平台与床面齐平	39.9	58.1	1.45
3	台阶型，平台低于床面 15m	39.9	58.1	1.45
4	台阶型，平台低于床面 11m	39.9	58.1	1.45
5	无台阶沉井	58.1	58.1	1.00
6	台阶型，平台低于床面 8m(一般冲刷线)	39.9	81.9	2.06
7	台阶型，平台低于床面 8m(一般冲刷线)，有挡墙(高 5m)	39.9	58.1	1.45
8	台阶型，平台低于床面 8m(一般冲刷线)，有挡墙(高 2m)	39.9	58.1	1.45

注：8 组工况下，水深均为 18.9m，流速均为 2.44m/s。

4.1　台阶的合理宽度

根据常泰长江大桥台阶型沉井初步计算结果，在沉井顶截面满足桥塔布置及底截面承载能力要求的前提下，沉井底面尺寸为 95.0m×57.8m(横桥向×顺桥向)，圆端半径 28.9m。在此基础上，为确定台阶的合理宽度，开展了工况 1、工况 5、工况 6 三组试验，对台阶宽度进行研究[8]。试验中，台阶顶面设置在一般冲刷线附近，下部大截面和上部小截面宽度比范围为 1～2。试验结果表明：沉井平台附近测点垂线平均流速总体略小于无台阶沉井，但近底 x、y 和 z 方向的紊动流速、紊动能明显小于无台阶沉井，尤其是沉井偏靠上游侧端部附近。台阶型沉井平台宽度对下潜水流紊动有一定的抑制作用，相比于无台阶模型的冲刷，采用台阶后，其冲刷深度减小比较明显。随着平台截面宽度比的增大，沉井周围局部最大冲刷深度呈逐步减小的变化规律，并逐步趋于稳定(图 8)。当 $D/d>1.45$ 后，虽然继续增大台阶宽度，对冲刷有帮助，但结合沉井顶、底面受力、构造、经济性等因素综合判断，初步确定台阶宽度可采用 9.0～10.0m。

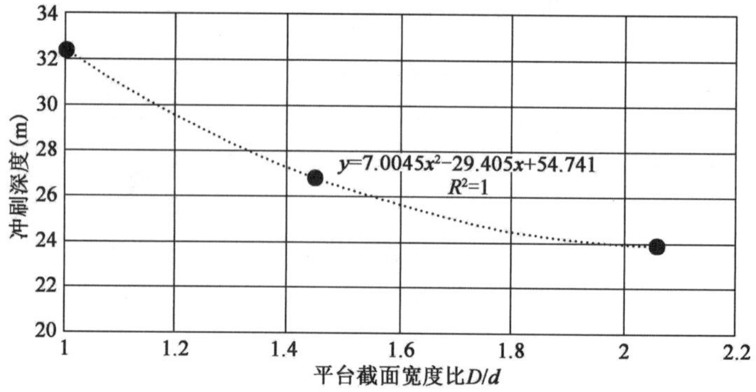

图8　台阶型沉井平台截面宽度比与冲刷深度关系

4.2　台阶顶面高程的设置

为实现台阶型沉井下沉,必须在台阶处设置临时围堰(起到挡土的作用),当沉井下沉到位后,再予以拆除。因此,台阶的埋深应考虑围堰拆除问题,当埋太深时,围堰承受较大的土压力,将给拆除带来困难和风险[14]。台阶埋深应综合分析地层特性、沉井下沉[15-16]、台阶施工难度等问题。而且,根据前述研究成果,此深度还应基本覆盖河床一般冲刷深度线。

为了确定常泰长江大桥沉井台阶的合理埋深,对顶面尺寸为 77.0m × 39.8m(横桥向 × 顺桥向)、圆端半径 19.9m、台阶宽 9.0m 的沉,开展了工况 1 ~ 4 的 3 组试验研究[8,11]。结果表明:随着台阶埋深增加,减冲刷效果也越好,沉井周围局部最大冲刷深度呈逐步减小的变化规律,并逐步趋于稳定。在目前试验工况条件下,沉井平台埋置于床面以下 0.6H(水深)附近减冲刷效果较为理想(图 9)。从施工安全、经济角度考虑,台阶高度不宜太深。

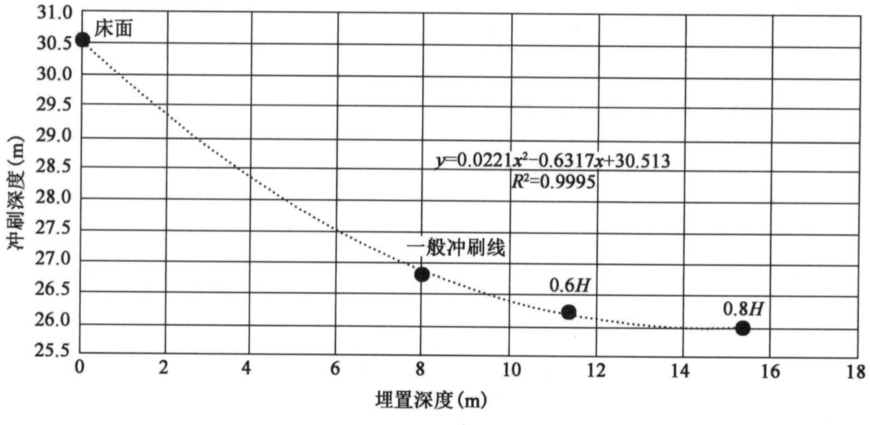

图9　台阶型沉井埋置深度与冲刷深度关系

4.3　台阶挡墙高度

4.3.1　大涡模拟技术研究

因台阶的埋深要考虑施工围堰拆除问题,涉及安全风险和经济,可考虑将围堰挡墙作为台阶型沉井的一部分。为了进一步研究挡墙的减冲刷刷机理,采用大涡模拟技术的浸没边界法(IBM)模拟有挡墙沉井(图 10)。在建立了有挡墙沉井的大涡模型后,模拟了有挡墙沉井周边的三维水流结构及涡旋体系,重点分析了有挡墙沉井周边的床面切应力变化[11];并进行了 2 组有挡墙(挡墙高度分别为 5m 和 2.5m)和 1 组无挡墙沉井的数值试验。结果表明:有挡墙沉井近底面水平流速分布与无挡墙沉井较为不同;有挡墙沉井墩前两侧高流速区面积较小,且多局限在挡墙守护范围以内,而挡墙外侧的流速小于内侧,这说明挡墙对墩前两侧局部冲刷的防护起到了较好作用。通过对有挡墙和无挡墙工况近底紊动能分布比较可知:挡墙以内区域的紊动能较大,挡墙以外墩头区域的紊动能明显减小,墩前两侧紊动能变化较小,略有所增大。

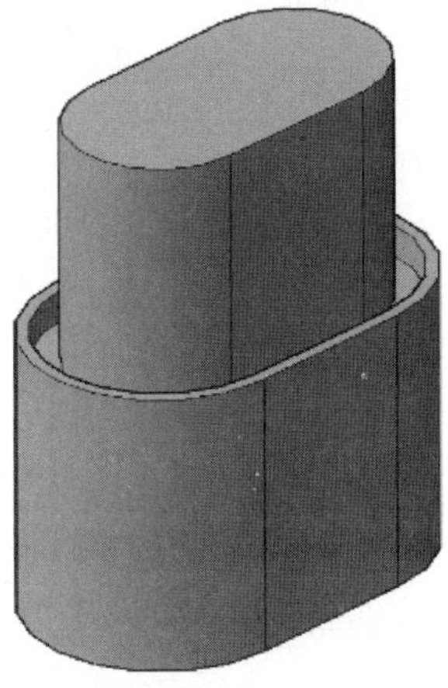

图10 有挡墙沉井模型

若下部沉井顶面与河床面平齐,适当高度的挡墙可以减小挡墙外沿根部区域的切应力,但挡墙高度并非越高越好,超过一定高度的挡墙外围可形成新的马蹄涡,反而使水流切应力及紊动强度增大,不利于减小冲刷深度,低挡墙(挡墙高度2.5m)比高挡墙(挡墙高度5m)减小切应力的效果略优;若下部沉井顶面高出床面,再加一定高度的挡墙,数值模拟结果表明近底面墩侧流速略有减小,墩前紊动有所增大,挡墙的减冲刷效果不明显,也说明下部沉井顶面不应高出床面。

4.3.2 正态模型试验研究

由数值模拟试验中可知:挡墙存在正、反两方面的效应,一方面是挡墙对下潜涡流有一定的抑制作用,引起近底紊动流速有所减小,另一方面是挡墙对行进水流有阻碍作用,进而会引起沉井附近近底平均和紊动流速增加。挡墙高度设置需慎重,如果高度过大,可能不利于减小局部冲刷深度。为了进一步确定该桥桥台阶型沉井的合理挡墙高度,开展了工况1、工况7、工况8三组对照试验。试验结果表明:有挡墙沉井局部冲刷深度略小于无挡墙沉井,低挡墙减冲刷效果好于高挡墙;平台处设置较低挡墙对于改善沉井周围局部冲刷有一定的效果,高2m(即0.15h)左右的挡墙较好(图11)。

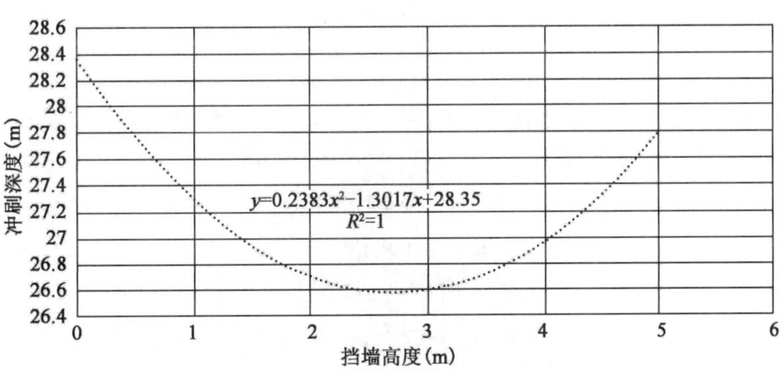

图11 台阶型沉井挡墙高度与冲刷深度关系

根据以上研究,最终确定常泰长江大桥沉井采用圆端形台阶型沉井方案,底面尺寸为95.0m×57.8m(横桥向×顺桥向),台阶宽9.0m,圆端半径28.9m,台阶顶构造采用直角挡墙方案,在内、外井壁的井孔上设置防淤积盖板,根据外井壁挡墙承载能力,确定挡墙高度在4m左右,见图12。根据最终确定的沉井方案进行了物理模型试验[17],并与无台阶沉井进行对比试验,得到台阶型沉井减冲刷幅度,结果见表3。由表3可知:与无台阶沉井相比较,台阶型沉井结构具有一定的减冲刷防护效果,最大冲刷深度减幅约19.5%。

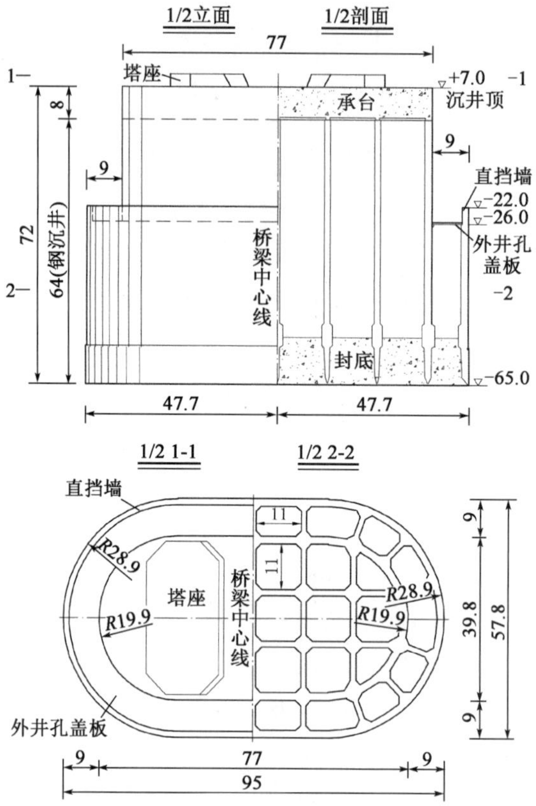

图 12　桥塔沉井基础结构(尺寸单位:m)

台阶型沉井减冲刷幅度　　表 3

桥 墩 编 号	冲刷深度(m)		无台阶沉井台阶型减冲刷幅度(%)
	台阶型	无台阶沉井	
6 号南主墩	29.4	36.5	19.5
5 号北主墩	32.2	39.7	18.9

5　结语

常泰长江大桥主航道桥桥塔基础采用沉井方案,从降低沉井自重和减少桥墩局部冲刷两个方面对沉井基础形式进行研究可知:圆端形截面沉井具有减少冲刷及降低结构水流力的优势;设置台阶可以起到破坏旋辊结构,削弱下潜水流的目的,缩小上部结构尺寸可以有效减少沉井阻水宽深比,以减小墩侧高流速区范围;随着沉井底、顶面宽度比的增大,沉井周围局部最大冲刷深度呈逐步减小的变化规律。因此,该桥采用圆端形台阶型沉井。通过对台阶构造进行研究可知:台阶型沉井随着埋深增加,减冲刷效果有所增强,底面沉井高程设置在一般冲刷线以下,埋置在床面以下 0.6H 处减冲刷效果最为理想;平台外侧设置低挡墙对改善沉井周围局部冲刷有一定效果,挡墙高度以 0.15H 左右为宜。该桥沉井已于 2020 年 1 月开工建设,预计 2025 年初建成。

参 考 文 献

[1] 秦顺全,徐伟,陆勤丰,等. 常泰长江大桥主航道桥总体设计与方案构思[J]. 桥梁建设,2020,50(3):1-10.

[2] 毛伟琦,胡雄伟. 中国大跨度桥梁最新进展与展望[J]. 桥梁建设,2020,50(1):13-19.

[3] 李军堂,秦顺全,张瑞霞.桥梁深水基础的发展和展望[J].桥梁建设,2020,50(3):17-24.

[4] 龚维明,王正振,戴国亮,等.长江大桥基础的应用与发展[J].桥梁建设,2019,49(6):13-23.

[5] H. N. C. Breusers, G. Nicollet, H. W. Shen, Local Scour Around Cylindrical Piers[J]. Journal of Hydraulic Research, 1977, 15(3):211-252.

[6] 铁道部科学研究院.桥墩局部冲刷墩形系数[R].北京:1978.

[7] 秦顺全,谭国宏,陆勤丰,等.超大沉井基础设计及下沉方法研究[J].桥梁建设,2020,50(5):1-9.

[8] 西南交通大学土木工程学院.新型基础结构形式及设计施工方法研究[R].成都:2019.

[9] 张曙光,尹进步,张根广.基于 Flow-3D 的圆柱形桥墩局部冲刷大涡模拟[J].泥沙研究,2020,45(1):67-73.

[10] 薛小华.桥墩冲刷的试验研究(硕士学位论文)[D].武汉:武汉大学,2005.

[11] 中铁大桥勘测设计院集团有限公司.新特大型深水桥梁基础局部冲刷及预防护技术研究[R].武汉:2020.

[12] Robert Ettema, George Constantinescu, Bruce W. Melville. Flow-Field Complexity and Design Estimation of Pier-Scour Depth: Sixty Years since Laursen and Toch[J]. Journal of Hydraulic Engineering, 2017, 143(9).:03117006.1-03117006.14.

[13] 向琪芪,李亚东,魏凯,等.桥梁基础冲刷研究综述[J].西南交通大学学报,2019,54(2):235-248.

[14] 中铁大桥勘测设计院集团有限公司.常泰长江大桥初步设计文件[R].武汉:2019.

[15] 刘彦峰,刘少成,黄锐.深厚淤泥土层大型沉井基础下沉阻力研究[J].世界桥梁,2020,48(03):58-62.

[16] 林聪,刘彦峰,黄锐.温州瓯江北口大桥中塔钢沉井定位着床技术[J].世界桥梁,2020,48(02):25-29.

[17] 徐华,张胡,夏云峰,等.常泰长江大桥桥墩局部冲刷及防护试验研究[R].南京:南京水利科学研究院,2019.

常泰长江大桥主航道桥桥塔方案研究

秦顺全，张金涛，陆勤丰，傅战工，张　锐

（中铁大桥勘测设计院集团有限公司，湖北武汉　430050）

摘　要　常泰长江大桥主航道桥为主跨 1176m 的公铁合建双塔斜拉桥，由于跨度和主梁自重均较大，该桥桥塔具有塔高高、体量大、索力大、塔端锚固构造及施工较为复杂的特点。根据桥塔结构特点，开展桥塔方案、索塔锚固方案等一系列研究，创造性地提出采用钢-混混合空间钻石形桥塔（简称 SCDT）和钢箱-核芯混凝土组合索塔锚固结构（简称 SCAS）。空间钻石型桥塔将平面钻石形桥塔方案的中、下塔柱沿纵向分解形成框架结构，能大幅提高桥塔纵向刚度及斜拉索利用效率、极大地减小桥塔在施工和使用期可能出现的非受力方向开裂风险。钢箱-核芯混凝土组合索塔锚固结构将核芯混凝土布置在截面中性轴位置，主要用于承受上塔柱的轴向压力，外围钢箱结构承受弯矩，该锚固结构能大幅减轻上塔柱自重、节约工程造价，且景观效果好、传力途径明确、受力合理。

关键词　斜拉桥；桥塔；空间钻石形桥塔；钢箱-核芯混凝土组合结构；索塔锚固；受力机理；结构设计；施工方案

Research on Pylon Types for Main Navigational Channel Bridge of Changtai Changjiang River Bridge

QIN Shun-quan，ZHANG Jin-tao，LU Qin-feng，FU Zhan-gong，ZHANG Rui

（China Railway Major Bridge Reconnaissance & Design institute Co.，Ltd.，Wuhan Hubei 430050，China）

Abstract　The main navigational channel bridge of Changtai Changjiang River Bridge is a two-pylon cable-stayed bridge with a main span of 1176 m. The bridge is a multi-purpose river crossing which has two levels of decks. To match the span lengths and self-weight of the superstructure，the pylons are lofty structures revealing an engineering challenge. The tensioning forces of the stay cables are colossal，demanding capable anchorage structure in the pylons，correspondingly，the construction is a daunting task. A series of studies have been carried out to find the optimal pylon type and cable-to-pylon anchorage structure. The final decision is to use the steel-concrete hybrid spatial diamond-shaped pylon（SCDT）and the steel box-core concrete composite anchorage structure（SCAS）to fix the stay cables in the pylons. The intermediate and lower columns of the plan diamond-shaped pylon are spread apart longitudinally to be a frame structure，which allows the plan pylon to be transformed to a spatial diamond-shaped pylon. As a result，the longitudinal stiffness and utilisation effectiveness of the stay cables will be greatly improved，and the potential cracking along the norrloading

作者简介：秦顺全，院士，教授级高工，研究方向为大跨度桥梁施工控制理论，现代桥式及桥梁结构设计理论。

direction in the pylon construction and service stages can be remarkably alleviated. In the steel box-core concrete composite anchorage structure, the core concrete is filled along the neutral axis of the cross section, mainly carrying the axial compression of the upper pylon column, while the steel enclosure box bears bending moment. The proposed anchorage structure enables the steel and concrete materials to give full play to their mechanical property. Besides better aesthetic effect, the load transfer path is clear and the load bearing behavior is rational.

Keywords Cable-stayed bridge; pylon; spatial diamond-shaped pylon; steel box-core concrete anchorage system; cable-to-pylon anchorage; load bearing mechanism; structural design; construction scheme.

1 概述

常泰长江大桥连接泰州与常州两个城市，是江苏省内重要的跨长江通道。该桥主航道桥采用(142 + 490 + 1176 + 490 + 142)m 双塔斜拉桥，结构体系采用温度自适应塔梁纵向约束体系[1-3]，主梁采用两片主桁钢桁梁，斜拉索采用平行钢丝拉索。常泰长江大桥主航道桥立面布置如图 1 所示。为满足高速公路、普通公路、城际铁路“三位一体”合并过江[4-6]的交通需求，该桥主梁采用双层桥面布置，上层桥面布置双向六车道高速公路，设计速度 100km/h；下层桥面为横向非对称布置，上游侧布置两线城际铁路，设计速度 200km/h，下游侧布置四车道普通公路，设计速度 80km/h。主梁自重达758.7kN/m。

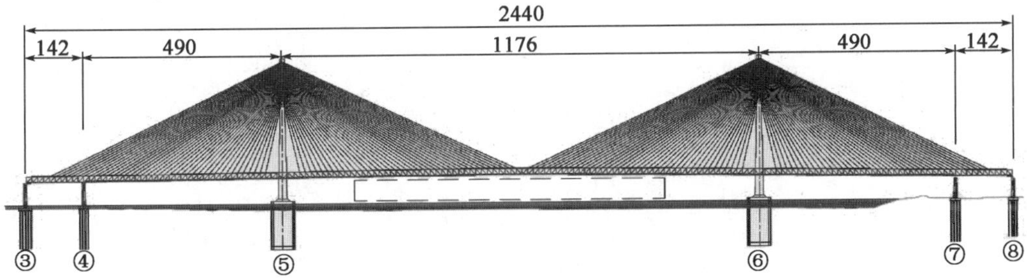

图 1 常泰长江大桥主航道桥立面布置(尺寸单位:m)

由于常泰长江大桥主航道桥的跨度和主梁自重均较大，对桥塔的设计提出了更高的要求。该桥桥塔具有塔高高、体量大、索力大、塔端锚固构造及施工较为复杂的特点，针对以上特点，在设计过程中开展了桥塔方案、索塔锚固方案等一系列研究以确定桥塔结构。

2 桥塔方案研究

2.1 常规桥塔方案

在进行桥塔总体方案设计时，首先考虑了常规的平面桥塔方案，比较适宜于该桥的有平面 H 形桥塔和平面钻石形(中上塔柱倒 Y 形)桥塔[7-10]，因此对这两种平面桥塔方案进行了研究。

平面 H 形和平面钻石形桥塔方案均采用钢筋混凝土结构，桥塔总高(塔座顶至塔顶)均为 340m。两种平面桥塔方案中、上塔柱均采用单箱单室截面[11-12]，下塔柱均采用单箱双室截面；上塔柱索塔锚固区均采用钢锚梁。平面 H 形桥塔方案设置 3 道横梁，平面钻石形桥塔方案设置 1 道横梁。两种平面桥塔方案下横梁均采用预应力混凝土结构，单箱双室截面，宽 14m、高 10m。平面 H 形桥塔方案中、上横梁均采用钢结构。两种平面桥塔方案结构布置如图 2 所示。根据计算分析结果，两种平面桥塔方案的结构尺寸、材料用量及基础规模对比分别如表 1、表 2 所示。

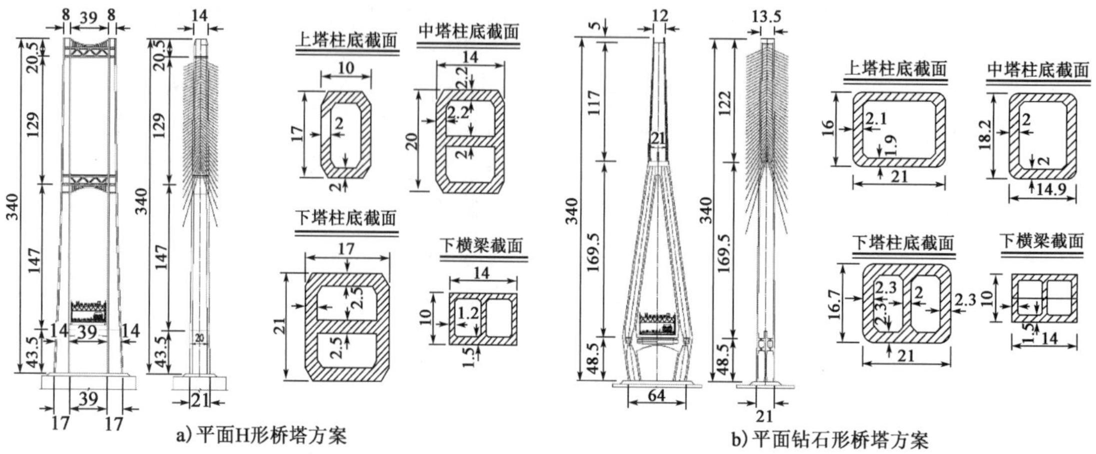

图 2　两种平面桥塔方案结构布置(尺寸单位:m)

两种平面桥塔方案结构尺寸对比(单位:m)　　表 1

位　置	平面 H 形桥塔方案			平面钻石形桥塔方案		
	塔柱高	塔柱底截面尺寸	壁厚	塔柱高	塔柱底截面尺寸	壁厚
上塔柱	149.5	17×10	2.0	122	21×16	2.1
中塔柱	147	20×14	2.2	169.5	18.2×14.9	2.0
下塔柱	43.5	21×17	2.5	48.5	21×16.7	2.3

两种平面桥塔方案材料用量及基础规模对比　　表 2

平面桥塔方案	材料用量				基础平面尺寸(m)
	单塔混凝土($\times10^4m^3$)	单塔钢材($\times10^4t$)	主梁钢材($\times10^4t$)	斜拉索钢材($\times10^4t$)	
平面 H 形桥塔方案	8.1	0.35	14.1	1.98	98.0×54.2
平面钻石形桥塔方案	7.5	0.28	13.9	1.97	92.9×54.2

由表 1 和表 2 可知:两种平面桥塔方案的控制截面尺寸相近;平面钻石形桥塔方案的全桥混凝土及钢材用量均较少,经济性更好,平面 H 形桥塔方案的工程造价约为平面钻石形桥塔方案的 1.06 倍。

对比两方案的力学性能,平面 H 形和平面钻石形桥塔方案的主梁挠跨比分别为 1/542、1/554,横向稳定系数分别为 11、14,可见平面钻石形桥塔方案的结构刚度及稳定性均优于平面 H 形桥塔方案。

综上所述,平面钻石形桥塔方案的力学性能和经济性能均优于平面 H 形桥塔方案,因此平面桥塔方案推荐平面钻石形桥塔。

2.2　空间桥塔方案

随着斜拉桥跨度的增加,塔高亦增加,在斜拉桥梁、索、塔 3 类结构中,荷载效应增长最快的是桥塔的弯矩[2]。常泰长江大桥主航道桥桥塔在控制荷载组合下的塔底弯矩超过 10×10^6 kN·m。对于如此巨大的荷载效应,为满足桥塔纵向刚度及塔肢受力的要求,塔肢需要采用较大的截面尺寸和壁厚。为提高桥塔纵向刚度,须大幅增加塔肢的截面尺寸,尤其是沿纵向的尺寸。由表 1 可知,无论是平面 H 形还是平面钻石形桥塔方案,其下塔柱底截面的最大尺寸均达到 21m,属于典型的大体积混凝土结构。根据工程经验,对于大体积混凝土结构,由于前期收缩和后期徐变的快速发展,非受力方向的开裂风险随结构尺寸的增大而逐渐增加[13-15]。此外,在长期的使用过程中,大尺寸塔柱在日照、寒潮的影响下面临严重的温致开裂风险。为降低混凝土结构的开裂风险,从工程角度出发,应考虑采用结构措施而非单一增加塔肢截面尺寸的方法抵抗荷载效应。经分析,最有效的结构措施是将平面钻石形桥塔方案的中塔柱与下塔柱沿纵向分解形成框架结构,即形成空间钻石形桥塔方案,如图3所示。空间钻石形桥塔方案结构尺寸如表3所示。由图3和表3可知:空间钻石形桥塔方案总塔高为340m,分为上、中、下塔柱3个部分;与平面钻石形桥塔方案相比,空间钻石型桥塔方案上塔柱截面尺寸变化不大,但中、下塔柱控制截面最大尺寸仅为11m、13m,下降比例达38%以上,结构尺寸大大减小。

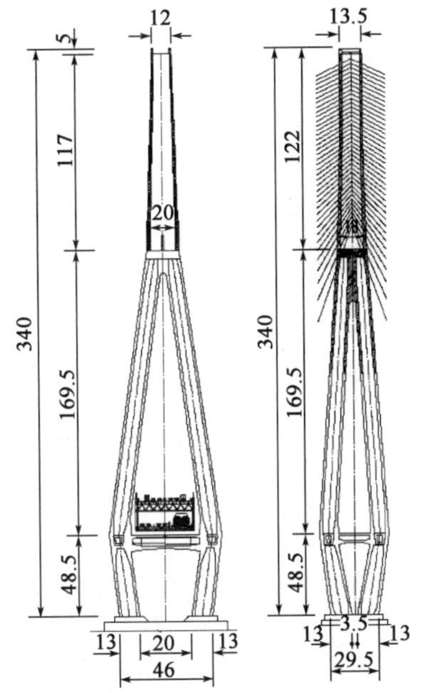

图3　空间钻石形桥塔方案结构布置(尺寸单位:m)

经分析,所提出的空间钻石形桥塔方案具有以下特点:①塔肢的截面尺寸大大减小,从而降低了非受力方向混凝土开裂控制的难度。②塔肢的弯矩作用将大部分转变为框架柱的轴力作用,提高了结构的抗推刚度。③该方案的挠跨比为1/688,相较于平面钻石形桥塔方案(挠跨比为1/588),该方案的桥塔刚度大大提高,同时有利于提升桥塔纵向的稳定性及斜拉索的利用效率。

根据以上研究成果,最终确定常泰长江大桥主航道桥采用空间钻石形桥塔方案。

空间钻石形桥塔方案结构尺寸　　表3

位　置	塔柱高(m)	塔柱底截面尺寸(m)	壁厚(m)	最大尺寸下降比例(%)
上塔柱	122	20×18	1.9	4.76
中塔柱	169.5	11×11	1.9	39.56
下塔柱	48.5	13×13	2.3	38.10

3　上塔柱索塔锚固方案研究

空间钻石形桥塔方案虽然对中、下塔柱的截面尺寸有较大改善,但上塔柱索塔锚固区尺寸仍然很大,因此需对上塔柱索塔锚固方案开展进一步研究。

3.1　钢锚梁锚固方案

上塔柱的结构尺寸与索塔锚固结构形式密切相关,由表3可知,空间钻石形桥塔方案上塔柱索塔锚固区若采用钢锚梁方案,上塔柱底截面尺寸为20m×18m,尺寸依然较大,上塔柱开裂风险仍然不易控制。为寻求较为合理的索塔锚固构造形式,对钢锚梁方案的结构特点进行研究,主要有以下几方面特点:①斜拉索恒载作用下的水平分力由钢锚梁自身平衡,塔壁仅承受活载及附加力作用下的不平衡水平分力。②钢锚梁考虑张拉空间后竖向最小构造间距为2.8m,依此上塔柱拉索锚固区高度达到122m,占桥塔总高度比例偏大,景观效果稍差。③钢锚梁不参与桥塔整体结构受力,导致塔柱截面增大,且施工时对不平衡索力要求高,施工过程中需严格控制边、中跨不平衡荷载。

3.2　全钢及钢-混组合结构锚固方案

针对钢锚梁方案存在的问题,结合锚固区受力机理,提出了2种可行的替代方案:上塔柱全钢结构方案及上塔柱钢-混组合结构方案,如图4所示。

(1)上塔柱全钢结构方案。该方案塔柱顶、底面尺寸分别为12m×12m、16m×16m,采用Q420qD钢,钢结构总重量约24150t。该方案索塔锚固区既用于索塔锚固,又作为塔柱总体受力的一部分,可充分利用材料,但造价较为昂贵。

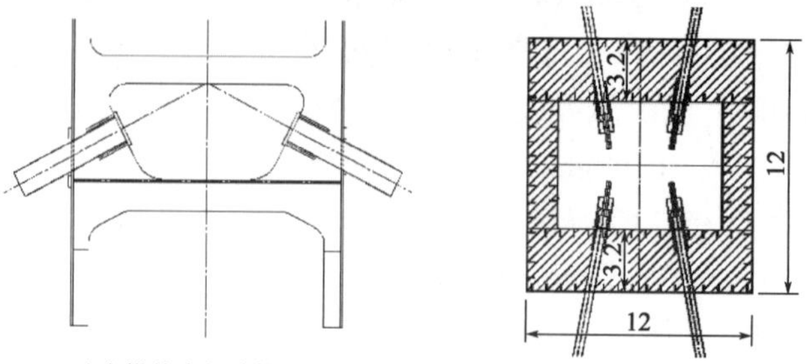

a) 上塔柱全钢结构方案　　b) 上塔柱钢-混组合结构方案

图4　上塔柱全钢及钢-混组合结构方案(尺寸单位:m)

(2)上塔柱钢-混组合结构方案。该方案采用四周双层隔墙结构,隔墙间浇筑混凝土,隔墙内设剪力钉及竖肋,形成组合结构共同受力,斜拉索直接锚固于隔墙上。该方案索塔锚固区也作为塔柱总体受力的一部分,可充分利用材料,缺点为:塔壁壁厚由抗剪及抗弯强度控制设计,造成斜拉索锚固隔墙壁厚较厚;竖向钢筋对接精度及混凝土密实性难以保证。

3.3　钢箱-核芯混凝土组合结构锚固方案

由于上塔柱全钢及钢-混组合结构方案均存在一定弊端,因此上塔柱设计尚需新的构思。主要考虑到:①上塔柱的主要功能是承受斜拉索的竖向分力和水平分力,前者将产生轴向压力,后者则转化为弯矩,上塔柱截面应力50%以上由竖向轴力产生。②从材料角度而言,混凝土是抗压性能良好的材料,但抵抗弯矩产生的拉应力能力较弱,因此上塔柱若能以混凝土承受轴力作用,以钢结构承受弯矩作用,将充分发挥2种材料的优势。要实现上述目的,受压混凝土的位置十分关键,只有将混凝土布置在上塔柱中性轴附近、钢结构布置在远离中性轴的外围,才能实现以混凝土受压、钢结构受弯的功能。根据这一思路,在常泰长江大桥主航道桥设计中提出了上塔柱采用钢箱-核芯混凝土组合索塔锚固结构(Steel-Box Core-Concrete Anchorage System,简称SCAS),钢箱-核芯混凝土组合索塔锚固结构包含直接锚固斜拉索的钢锚箱、核芯混凝土钢壁板、剪力钉及核芯混凝土,如图5所示。该方案将核芯混凝土放置在截面中性轴位置,主要用于承受上塔柱的轴向压力,其在纵向截面高度较小,核芯混凝土在斜拉索荷载下几乎不承受弯矩作用,可以有效避免混凝土的开裂风险;外围钢箱主要为上塔柱提供良好的抗弯能力,可充分利用钢材抗压、抗拉强度都很高的材料优势。由有限元模型计算分析可知:外围钢箱截面仅承受约30%的轴向压力,外围钢箱的主要作用是为上塔柱提供充足的抗弯承载力,有效实现了材料分区受力的设计目的。

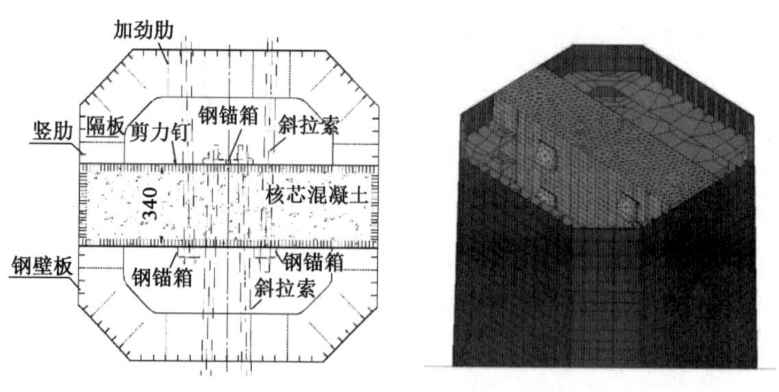

图5　上塔柱钢箱-核芯混凝土组合结构方案

3.4　索塔锚固方案综合比选

由于钢锚梁方案未有效降低上塔柱结构尺寸,以下仅对上塔柱全钢结构、钢-混组合结构以及钢箱-核芯混凝土组合结构方案进行比选。通过计算分析,3种索塔锚固方案结构尺寸及材料用量对比如

表4所示。由表4可知:相对于钢锚梁方案,以上3种索塔锚固方案均可降低上塔柱尺寸,上塔柱底截面尺寸均可降低至16m×16m。

索塔锚固方案结构尺寸及材料用量对比 表4

索塔锚固方案	上塔柱结构尺寸			材料用量		
	塔柱高(m)	塔柱顶截面尺寸(m)	塔柱底截面尺寸(m)	混凝土($\times10^4m^3$)	Q370qD钢材($\times10^4t$)	Q420qD钢材($\times10^4t$)
全钢结构方案	120	12×12	16×16	—	—	1.03
钢-混组合结构方案	108.9	12×12	16×16	1.15	0.67	—
钢箱-核芯混凝土组合结构方案	108.9	13×13	16×16	0.52	—	0.47

对3种方案的力学性能、景观及经济性进行比较可知:①钢-混组合结构方案壁厚较厚,受力不合理,且钢筋对接精度及混凝土密实性难以保证;全钢结构方案既作为锚固结构又是整体受力的一部分,受力性能好;钢箱-核芯混凝土组合结构方案能充分利用混凝土和钢材各自的材料性能优势,力学性能明显较优,且该方案对非对称架梁适应性较好,能承受较大的不平衡荷载,降低了架梁过程对边、中跨斜拉索不平衡荷载的要求,提高了施工便捷性。②全钢结构方案上塔柱总高达到120m,景观效果稍差;钢-混组合结构和钢箱-核芯混凝土组合结构方案斜拉索间距由2.8m变为2.2m,上塔柱斜拉索锚固区总高度降低至108.9m,桥面到中上塔柱合龙段高度与桥面到塔顶高度比例为0.6186,接近黄金分割点,景观整体效果好。③全钢结构方案和钢-混组合结构方案的工程造价分别为钢箱-核芯混凝土组合结构方案的1.8倍和1.56倍,可见钢箱-核芯混凝土组合结构方案经济性最优。综合考虑力学性能、景观及经济性等因素,钢箱-核芯混凝土组合结构方案最优,但需要对方案的受力机理进一步研究。

3.5 钢箱-核芯混凝土组合结构方案受力机理

钢箱-核芯混凝土组合结构的传力路径为:斜拉索索力经钢锚箱分解为竖向分力和水平分力,水平分力以核芯混凝土受压的形式承受,竖向分力由钢锚箱传递至钢壁板,再通过剪力钉传递至核芯混凝土。为验证钢锚箱及剪力钉竖向传力的可靠性,开展了剪力钉模型试验(图6)及有限元分析。试验与有限元分析结果表明,该构造可有效传递斜拉索的竖向分力,多个试件的安全系数均大于2,具有较高的安全储备。

采用有限元分析核芯混凝土水平方向的受力模式(图7)可知,在4根斜拉索拉力作用下结构形成拉-压杆受力模式,即核芯混凝土在斜拉索作用下,内部形成斜压及水平压杆,拉杆由核芯混凝土壁板及核芯混凝土内钢筋共同构成,拉-压杆受力模式可充分利用混凝土的抗压性能及钢结构的抗拉性能。为验证拉-压杆的受力性能,开展了缩尺模型试验(图8),试验结果表明:结构受力性能符合拉-压杆受力模式,核芯混凝土极限承载力富余系数达8.46,满足受力要求。

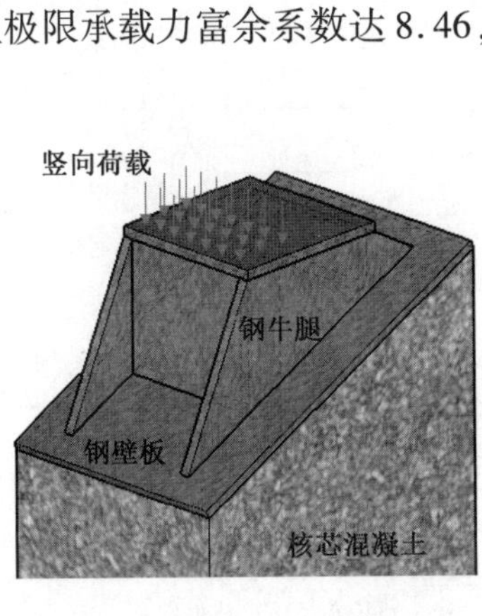

图6 剪力钉模型试验示意

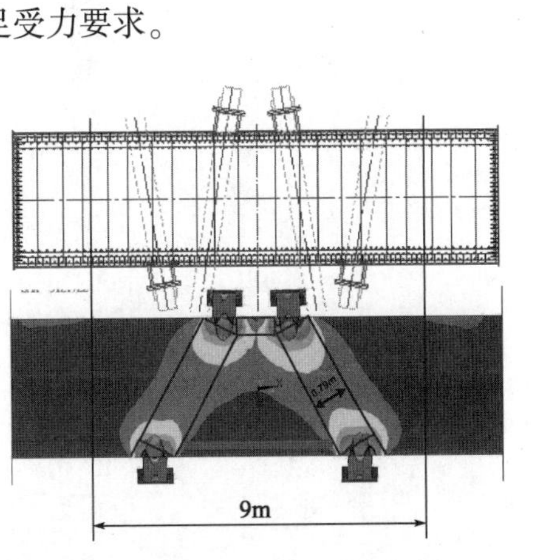

图7 核芯混凝土水平受力有限元分析

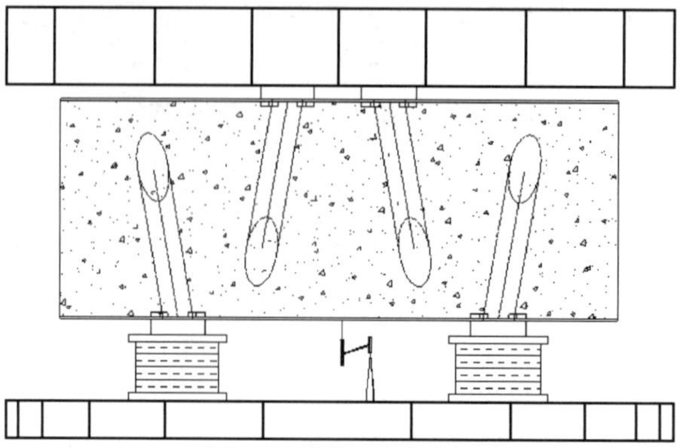

图8　缩尺模型试验示意

4　桥塔构造及施工方案

4.1　桥塔构造

通过前述桥塔方案研究,最终确定常泰长江大桥主航道桥采用钢-混混合空间钻石形桥塔(Steel-Concrete Composite Diamond Tower,简称 SCDT),上塔柱采用钢箱-核芯混凝土组合索塔锚固结构(Steel-Box Core-Concrete Anchorage System,简称 SCAS)。在施工图设计阶段对桥塔塔顶造型和中塔柱高度进行优化设计,优化后桥塔总高 352m,上、中、下塔柱分别高 120.9m、182.6m、48.5m。上塔柱截面为八边形,外轮廓尺寸为 13m×13m~16m×16m,核芯混凝土厚 3.4m。中塔柱顶分为四塔肢结构,中、下塔柱单塔肢均为正八边形截面,下塔柱最大尺寸 13m×13m。中塔柱与下塔柱交界处设置下横梁,为达到景观效果,下横梁设计为单箱单室四边形截面,纵、横梁均为预应力混凝土构件。桥塔构造如图 9 所示,下横梁纵、横梁断面及预应力布置如图 10 所示。

4.2　桥塔施工方案

中、下混凝土塔柱采用液压爬模分节浇筑施工;下横梁采用支架现浇施工[16-17],高度方向不分层,纵、横梁均设置 2m 宽后浇段,预留下横梁对顶措施调整下塔柱线形。为确保塔座与下塔柱连接处混凝土质量,下塔柱底部 3m 高度与塔座共同浇筑。下塔柱底节施工完成后,安装液压爬模,逐层施工下塔柱。中塔柱标准节段施工高度 6m,设置 8 道横撑(图 11),横撑高度间距 18m,横撑须为统一整体、能实现主动对顶,以便调整塔肢线形。

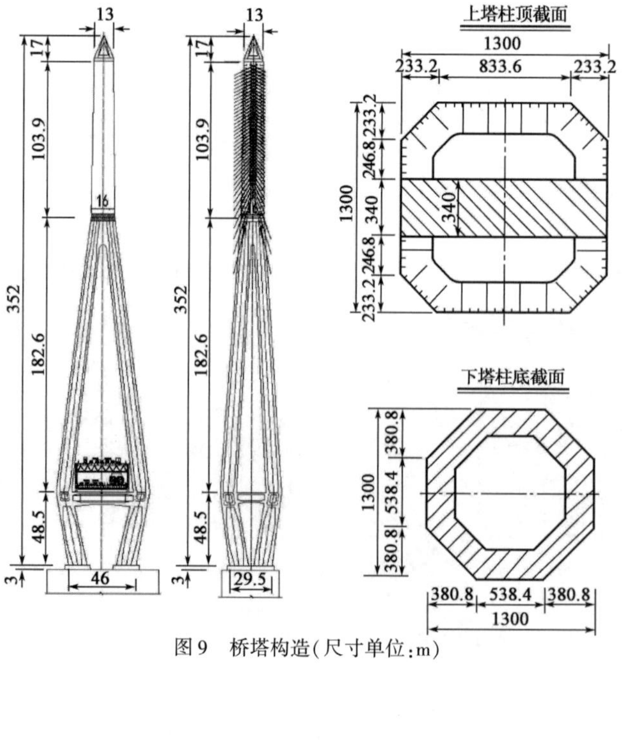

图9　桥塔构造(尺寸单位:m)

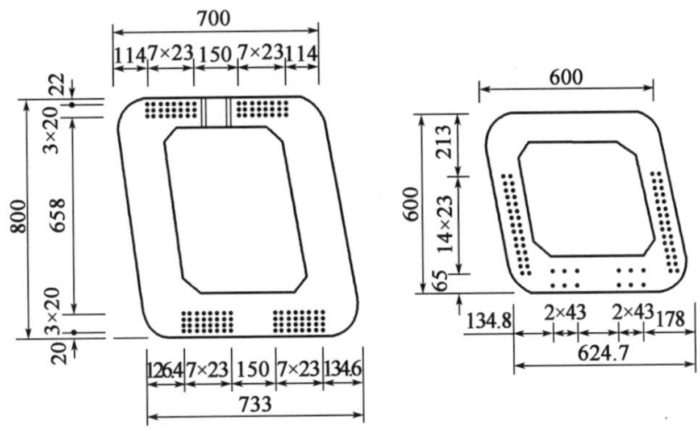

图 10　下横梁纵、横梁断面及预应力布置(尺寸单位:cm)

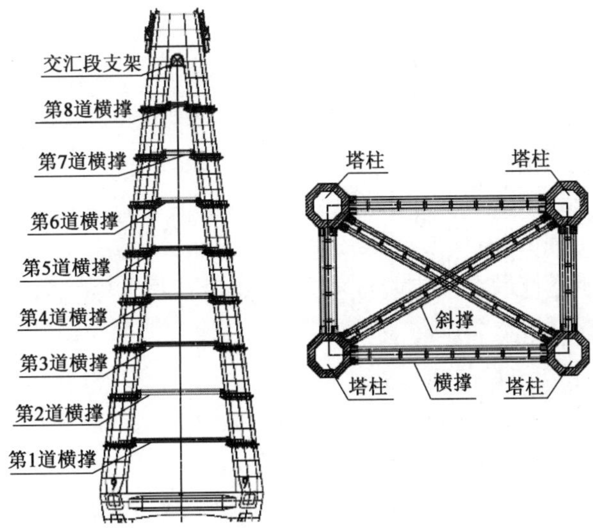

图 11　桥塔中塔柱横撑平面布置

上塔柱核芯混凝土外围钢结构部分平面分为 3 块,立面根据最大吊重进行分节。施工时首先吊装核芯混凝土区外围钢结构分块,核芯区钢筋和钢结构整体吊装,然后安装边、中跨钢结构分块,边、中跨分块始终滞后核芯混凝土区分块安装,边、中跨分块安装完成后,安装核芯混凝土临时横撑,随后浇筑核芯混凝土,再分层吊装下一节段,浇筑核芯混凝土,逐节完成上塔柱施工。上塔柱平面分块、吊装定位示意如图 12 所示。

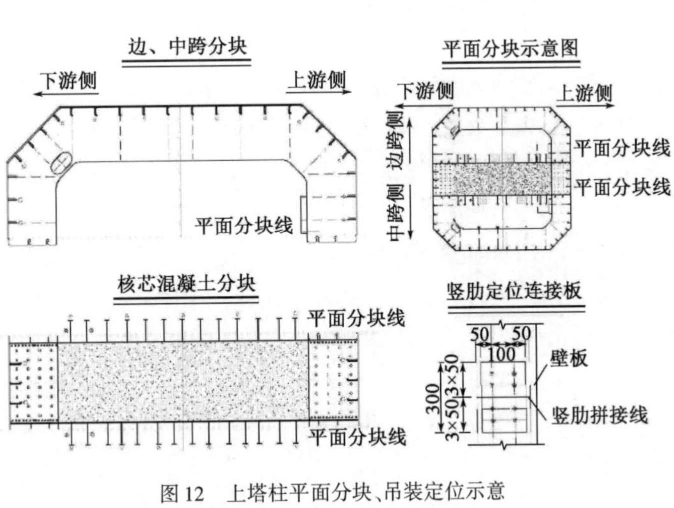

图 12　上塔柱平面分块、吊装定位示意

5 结语

针对常泰长江大桥主航道桥桥塔的结构特性，开展了桥塔方案、索塔锚固方案等一系列研究，创造性地提出了钢-混混合空间钻石形桥塔和钢箱-核芯混凝土组合索塔锚固结构。与平面桥塔相比，钢-混混合空间钻石形桥塔一方面能有效控制塔肢截面尺寸，极大地减小桥塔在施工和使用期可能出现的非受力方向开裂风险；另一方面大幅提高了桥塔纵向刚度及斜拉索利用效率。采用钢箱-核芯混凝土组合索塔锚固结构的优点为：①以布置在截面中性轴处的核芯混凝土承受轴向压力，以外围钢箱结构承受弯矩，充分发挥混凝土与钢材的材料性能，大幅减轻上塔柱自重，节约了工程造价。②斜拉索间距由 2.8m 变为 2.2m，减小了上塔柱高度，从而使桥面到中上塔柱合龙段高度与桥面到塔顶高度的比例为0.6186，接近黄金分割点，景观效果好。③利用斜拉索的交叉锚固构造，将斜拉索索力转化为拉-压杆受力模式，以混凝土作为压杆，钢结构及钢筋作为拉杆，该锚固结构传力途径明确，受力合理，同时为斜拉索张拉提供了充裕的空间。④可提升非对称架梁的施工便捷性。该桥桥塔方案研究成果可为今后大跨度桥梁的建设提供参考。

参考文献

[1] 秦顺全，徐伟，陆勤丰，等. 常泰长江大桥主航道桥总体设计与方案构思[J]. 桥梁建设，2020，50(3)：1-10.

[2] 秦顺全，苑仁安，郑清刚，等. 超大跨度公铁两用斜拉桥结构体系研究[J]. 桥梁建设，2020，50(4)：1-8.

[3] 傅战工，张金涛，张锐. 基于 Inventor 的常泰长江大桥主塔 BIM 正向设计[J]. 铁道标准设计，2020，64(S1)：190-194.

[4] 傅战工，郭衡，张锐，等. BIM 技术在常泰长江大桥主航道桥设计阶段的应用[J]. 桥梁建设，2020，50(5)：90-95.

[5] 余璐. 常泰长江大桥景观设计[J]. 桥梁建设，2020，50(5)：96-100.

[6] 胡骏，郑清刚，张文明. 常泰长江大桥风与温度荷载组合效应研究[J]. 桥梁建设，2020，50(4)：42-47.

[7] 刘鹏，王军，孙虎平，等. 格构式钢塔斜拉桥设计[J]. 世界桥梁，2020，48(6)：6-10.

[8] 徐文，闫志刚，张士山，等. 沪通长江大桥主航道桥桥塔温度场与膨胀调控抗裂技术[J]. 桥梁建设，2020，50(1)：44-49.

[9] 罗晓瑜，陈艾荣，刘海波. 洞庭湖二桥造型设计[J]. 世界桥梁，2019，47(6)：16-20.

[10] 阮家顺，陈家菊，向晋华，等. 港珠澳大桥 138 号钢桥塔整体段翻身技术[J]. 世界桥梁，2019，47(2)：6-10.

[11] 徐伟，苑仁安，王强，等. 常泰长江大桥主航道桥结构体系及钢梁设计[J]. 桥梁建设，2021，51(3)：1-8.

[12] 唐贺强，徐恭义，刘汉顺. 五峰山长江大桥主桥总体设计[J]. 桥梁建设，2020，50(6)：1-7.

[13] 常大宝. 独柱型钢塔分离式钢箱梁斜拉桥塔梁施工关键技术[J]. 桥梁建设，2020，50(S2)：121-126.

[14] 刘鹏，王军，孙虎平，等. 格构式钢塔斜拉桥设计[J]. 世界桥梁，2020，48(6)：6-10.

[15] 张巨生，宁伯伟. 新建安九铁路长江大桥主航道桥设计[J]. 桥梁建设，2018，48(2)：77-82.

[16] 杜修力，金浏，李冬. 混凝土与混凝土结构尺寸效应述评(Ⅱ)：构件层次[J]. 土木工程学报，2017，50(11)：24-44.

[17] 杜修力，金浏，李冬. 混凝土与混凝土结构尺寸效应述评(Ⅰ)：材料层次[J]. 土木工程学报，2017，50(9)：28-45.

常泰长江大桥主航道桥结构体系及钢梁设计

徐　伟,苑仁安,郑清刚,傅战工

(中铁大桥勘测设计院集团有限公司,湖北武汉　430056)

摘　要　常泰长江大桥主航道桥为主跨1176m的公铁两用斜拉桥,上层为高速公路,下层为城际铁路与普通公路(采用非对称布置)。该桥首次采用温度自适应塔梁纵向约束体系,该体系采用塔梁分离、塔墩固结形式,塔梁之间设置支座和纵向阻尼器,有利于降低梁端位移和桥塔内力;辅助墩采用压重+锚索方案,以消除活载负反力。主梁采用N形桁式两主桁钢桁梁结构,桁宽35m,主桁及桥面系构件采用Q500qE、Q420qE、Q370qE钢;主桁上、下弦杆件采用箱形截面,腹杆采用箱形、H形或王字形截面;主桁节点处设置组合式横梁;上层桥面采用纵横梁体系正交异性桥面板,与主桁形成板桁组合结构;下层桥面采用整体钢箱桥面,与主桁形成箱桁组合结构;索梁锚固采用双腹拉板式钢锚箱结构。整体结构及桥面系局部分析结果表明,结构设计满足规范要求。

关键词　常泰长江大桥;斜拉桥;温度自适应塔梁纵向约束体系;钢桁梁;组合式横梁;钢锚箱;结构分析;结构设计

Design of Structural System and Steel Girder for Main Navigational Channel Bridge of Changtai Yangtze River Bridge

XU Wei, YUAN Ren-an, ZHENG Qing-gang, FU Zhan-gong

(China Railway Major Bridge Reconnaissance & Design Institute Co., Ltd., Wuhan Hubei 430056, China)

Abstract　The main navigation channel bridge of Changtai Yangtze River Bridge is a rail-cum-road cable-stayed bridge with a main span of 1176m. The upper deck carries expressway, and the lower deck carries intercity railway and urban road(asymmetric arrangement). The thermal-adaptive tower-deck restraint system are used for the first time. The system adopts the form of tower-beam separation and tower-pier consolidation, and the support and longitudinal damper are set between the tower and beam, which is beneficial to reduce the displacement of the beam end and the internal force of the bridge tower. Counterweight boxes and anchor cable are used in auxiliary pier to eliminate uplift force of live load. The main beam consists of two N-shaped steel trusses with 35m in truss width, which is conducive to controlling the influence of partial load on the structural alignment. Q500qE, Q420qE and Q370qE steel are used in main truss and deck. box-shaped sections are used

---

作者简介:徐伟,教授级高工,研究方向为公路、铁路大跨度桥梁设计,钢结构设计。

in upper and lower chords, box-shaped, H-shaped are used in web members. Composite beams are set at the main truss joint. The upper deck adopts orthotropic deck of longitudinal and transverse beam system, which is formed plate-truss composite structure with main truss. The lower deck adopts integral steel box deck and forms box truss composite structure with main truss. Double-web plate steel anchor box structure are used in cable-beam anchorage. The analysis results show that the structural design meets the specification requirements.

Keywords Changtai Yangtze River Bridge; cable-stayed bridge; thermal-adaptive tower-deck restraint system; steel truss girder; composite beam; steel anchor box; structure analysis; structure design.

1 工程概况

常泰长江大桥位于泰州长江大桥与江阴长江大桥之间，距离泰州长江大桥约 28.5 km，距离江阴长江大桥约 30.2 km[1]。大桥采取高速公路、普通公路、城际铁路三种交通功能共通道建设方式。常泰长江大桥主航道桥采用双塔斜拉桥方案，主跨跨度 1176m，位于 3 ~ 8 号墩间，孔跨布置为（142 + 490 + 1176 + 490 + 142）m，如图 1 所示，全桥总长 2440m[2-4]。主航道桥处于竖曲线上的主梁以主跨跨中为对称点设置 12‰人字坡，竖曲线半径为 25000m。各控制点铁路桥面轨顶高程：主跨跨中 +69.222m，桥塔中心线处 +63.966m，辅助墩中线处 +58.086m，边墩中线处 +56.382m。该桥采用温度自适应塔梁纵向约束体系，塔梁之间设置纵向阻尼器[5-6]。斜拉索采用平行钢丝成品索，扇形索面布置。主梁采用两主桁板桁（上层桥面）、箱桁（下层桥面）组合结构。桥塔采用空间钻石型桥塔（钢-混混合结构），主墩采用台阶型沉井基础（减冲刷、减自重），边墩、辅助墩采用钻孔桩基础[7]。

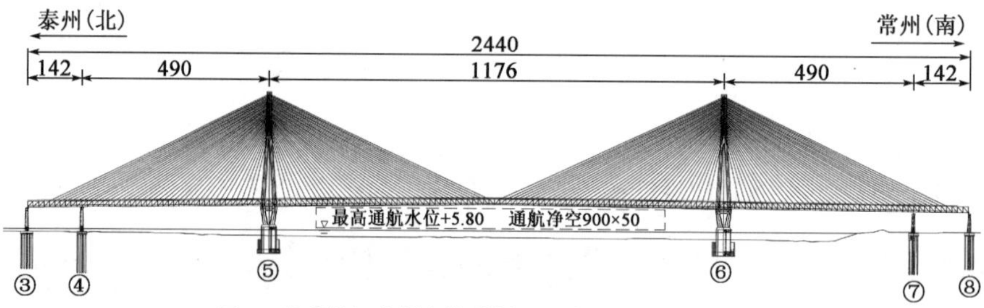

图 1 常泰长江大桥主航道桥立面布置（尺寸单位：m）

该桥主要技术标准：城际铁路双线，速度目标值≤250km/h，正线间距 4.6m，到发线长度 650m，设计荷载为 ZK 荷载，加载长度 550m；高速公路为双向 6 车道，设计荷载为公路- Ⅰ 级，设计速度 100km/h，路面宽 33.1m；普通公路为双向 4 车道，设计荷载为公路-I 级，设计速度 80km/h，路面宽 19m[2]。

2 结构体系设计

2.1 总体设计

基于温度变形特性和纵向风荷载传力特点，并利用碳纤维复合材料（CFRP）温度惰性性能，首次提出了温度自适应塔梁纵向约束体系（TARS），该体系能够自动适应结构升降温变形，不增加温度附加内力，同时改变了纵向水平荷载的传力路径，有效降低了桥塔内力、塔底反力和梁端位移。该体系采用塔梁分离、塔墩固结形式，塔梁之间设置支座和纵向阻尼器，具体布置（图 2）如下：

（1）竖向。各墩均设置支座，边墩上、下游侧分别设置 25000kN、20000kN 球形支座。辅助墩上、下游分别设置 82500kN、64000kN 球形支座，两个主墩上、下游分别设置 56000kN、41000kN 球形支座。

（2）横向。辅助墩、边墩上游侧主桁支座设置为横向固定，下游侧主桁支座设置为横向活动。每个桥塔墩设置 2 个 60000kN 横向支座，位于主梁下弦箱两侧，承担横向风力和地震力。

（3）纵向阻尼。5 号、6 号主墩桥塔边跨横梁上方设置纵向阻尼器。阻尼器一端连接支座上摆，另外一端利用钢结构支架固定在桥塔边跨侧横梁，设置球铰适应转角变形。2 个桥塔和主梁之间分别设置 8 个阻尼器。单个阻尼器的参数为：非线性指数 $\alpha = 0.15$，阻尼系数 $C_{\alpha} = 3400\text{kN} \cdot (\text{s/m})^{-0.15}$，阻尼力 3000kN，阻尼行程 ±800mm。

(4)纵向水平索。在主梁跨中上、下游侧分别设置 7 根 127 - φ7mmCFRP 成品索。成品索的技术要求为：弹性模量≥165GPa；轴向热膨胀系数≤(0.65 ±0.1) ×10^{-6}/℃；疲劳应力幅≤300MPa。

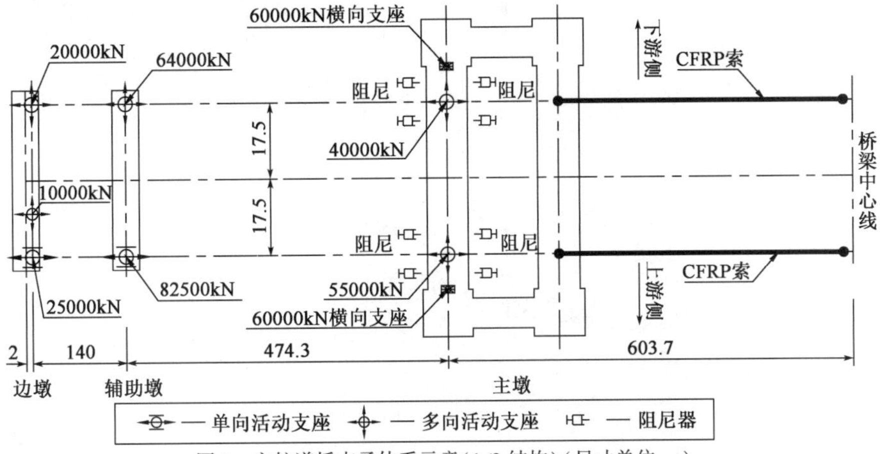

图 2　主航道桥支承体系示意(1/2 结构)(尺寸单位：m)

CFRP 水平索一端连接 E86 节点下层桥面，另一端与桥塔中跨侧横梁相连，见图 3。主梁侧采用钢锚箱结构，桥塔侧采用混凝土锚固结构。CFRP 水平索由桥塔向跨中牵引安装，梁端锚固，塔端张拉，单索张拉力 920kN。为支撑 CFRP 水平索，在下层桥面底部布置支撑结构 A(带滚轴)，间距 42m。在支撑结构 A 之间布置 4 道支撑结构 B，间距 8.4m。支撑结构下方、侧方设置纵梁，纵梁之间设置铝合金格栅板，起到保护 CFRP 水平索及润色景观的作用。

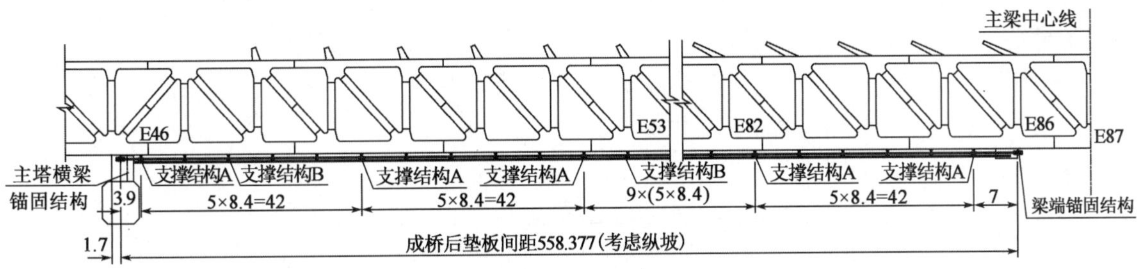

图 3　CFRP 水平索及锚固、支撑结构立面布置(尺寸单位：m)

2.2　辅助墩负反力处理设计

在运营荷载作用下，辅助墩处产生约 44000kN 负反力。为消除负反力，采用“压重 + 锚索”组合方案，压重、锚索各分担 50% 的负反力[8]。

在辅助墩两侧长 36.4m 范围内的下层桥面设置压重段，压重荷载为 660kN/m。钢箱底板和侧板通过纵向加劲肋进行加劲，见图 4。为降低由压重引起的横梁弯矩及腹杆面外弯矩，应尽量在靠近主桁位置处设置压重箱，压重箱内侧边缘离主桁中心线 0.65m，压重箱宽 7.4m、高 1.1m。通过在钢箱内灌注铁砂混凝土(重度 50kN/m^3)实现压重，在桥面顶板开铁砂混凝土灌注用孔，铁砂混凝土灌注后焊接、封闭施工用孔，使钢箱内部达到气密防腐的效果。

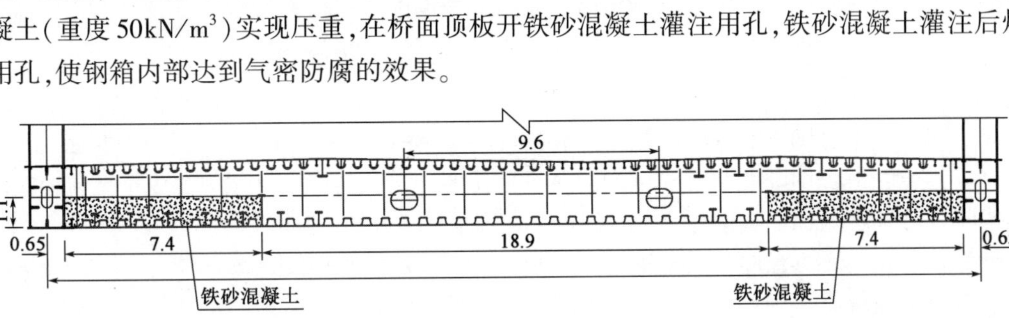

图 4　下层桥面压重区示意(尺寸单位：m)

在辅助墩下弦支承节点 E10 外侧横向设置牛腿,每侧布置 2 根锚索,单个辅助墩顶设 4 根,全桥共 8 根,见图 5。锚索钢丝标准抗拉强度 2000MPa,直径为 7mm,规格为 PESC7-337。采用下端锚固、上端张拉的方案,单根锚索张拉力为 6500kN。2 根锚索横向距下弦中心距离分别为 2.4m 和 3.15m。牛腿为钢锚箱结构,高度与主桁节点相同,主桁顶、底板外伸形成牛腿的顶、底板。钢锚箱为双腹板结构,板厚 44mm,腹板中心距 900mm。

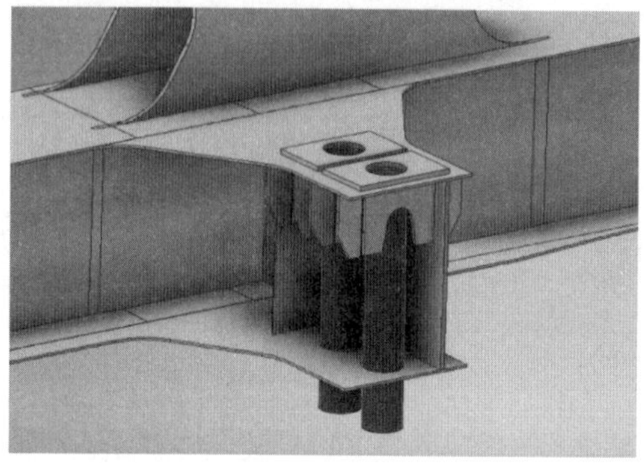

图 5　钢锚箱结构示意

3　主梁结构设计

3.1　总体设计

主梁采用 2 片主桁结构,主桁桁高 15.5m、宽 35m,N 形桁式,见图 6。主梁上层桥面采用正交异性整体钢桥面板,纵横梁体系,在节点处设置组合式横梁,组合式横梁由节点横肋与桁架式杆件组成,上层桥面与主桁结构形成板桁组合结构[9]。下层桥面采用钢箱整体桥面,下层桥面与主桁结构形成箱桁组合结构。上层桥面设 2% 双向横坡,下层桥面普通公路、城际铁路分别设 2% 双向横坡。主梁采用 BIM 技术进行正向结构设计,提高了设计质量和效率[10]。

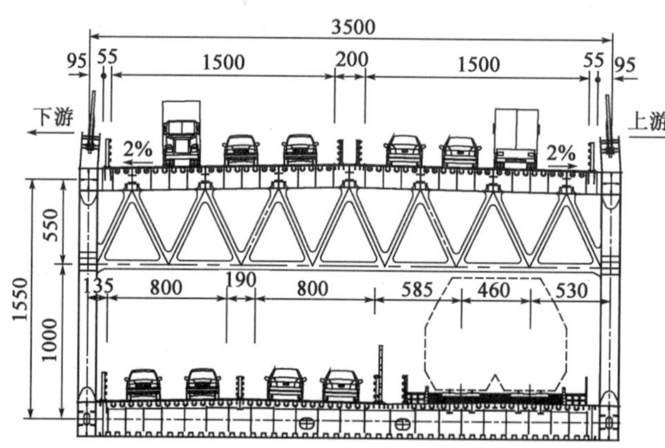

图 6　标准主梁断面(尺寸单位:cm)

主桁及桥面系构件采用 Q500qE、Q420qE、Q370qE 三种强度级别的钢材,索梁锚固区弦杆顶板、主桁内侧节点板均采用具有 Z 向性能的 Z35 钢。全桥共 26 个节间采用 Q500qE 钢:桥塔处 12 个节间(E40 ~ E48、E40' ~ E48')、辅助墩墩顶 10 个节间(E8 ~ E13、E8' ~ E13');全桥共 36 个节间采用 Q420qE 钢:桥塔相邻的边跨侧 12 个节间(E34 ~ E40、E34' ~ E40')、中跨侧 12 个节间(E48 ~ E54、E48' ~ E54'),辅助墩相邻的边墩侧 8 个节间(E4 ~ E8、E4' ~ E8')、桥塔侧 4 个节间(E13 ~ E15、E13' ~ E15');其余 112 个节间采用 Q370qE 钢。同一节间弦杆、桥面材质等级相同,腹杆由于受疲劳性能控制,材质等级≤节间材质。

主梁标准梁段采用两节间,长 28m,分 3 段(7m + 14m + 7m)全焊整体制造,同一节段内所有板件、节段间的上(下)层桥面、节段间的上弦杆顶板与下弦杆顶(底)板的连接方式均采用焊接;节段间的上弦杆竖板和底板、下弦杆竖板、斜腹杆的连接方式采用栓接[11]。

3.2 主桁结构

主桁上、下弦杆件均采用箱形截面,见图7。弦杆控制内部尺寸,内宽1.2m,上弦杆中心内高1.4m、下弦杆中心内高2.2m。上弦杆横向在距离弦杆中心0.95m处与钢桥面板连接,下弦杆横向在距离弦杆中心1.12m处与钢桥面板连接。上弦杆水平板厚26~48mm,腹板厚26~50mm,腹板高度中心处设1道板肋。下弦杆水平板厚为6~30mm,腹板厚26~48mm,设置2道板肋。

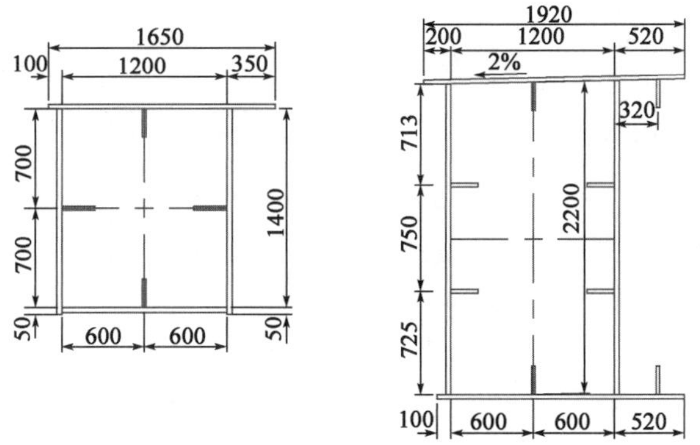

a)上弦杆　　b)下弦杆

图7　弦杆断面(尺寸单位:mm)

腹杆采用箱形、H形或王字形(腹板带肋H形)截面,见图8。箱形截面控制内部尺寸,内高1000~1100mm,内宽1200mm;水平板宽1056~1180mm,板厚36~48mm,竖板厚28~40mm。H形截面杆件翼缘宽1100~1500mm,板厚46~56mm;腹板厚28~46mm。王字形(腹板带肋H形)截面翼缘宽900~1400mm,板厚40~68mm,腹板厚28~68mm,中部两侧各设1道加劲板肋。

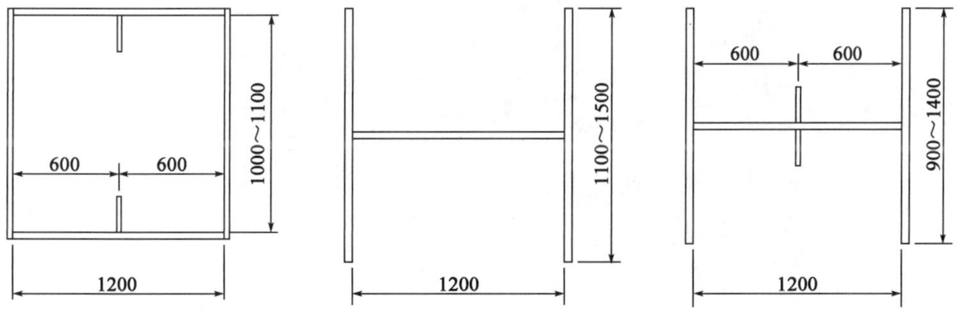

a)箱形杆　　b)H形杆　　c)王字形杆

图8　腹杆断面(尺寸单位:mm)

3.3 上层桥面

上层桥面采用与弦杆焊接的正交异性板桥面结构,纵横梁结构体系,见图9。上层桥面总宽33.1m,标准节段长28m,分为3段(7.7m+14m+6.3m),每个节点处设置1道节点横肋,节点横肋腹板高度和上弦杆高度一致,为1.4m。标准节段2个节点之间每隔2.8m设置1道节间横肋,节间横肋腹板高0.9mm。上层桥面横桥向共设置7道T形纵梁,T形纵梁高1.4m。依据截面受力的不同,上层桥面顶板厚度分为16mm、20mm、24mm三种规格;T形纵梁腹板厚度分为18mm、20mm两种规格,下翼缘板设置厚24mm、宽480mm和厚28mm、宽560mm两种规格。顶板布置U形肋加劲(宽300mm、高280mm、厚8mm),U形肋横向间距600mm。

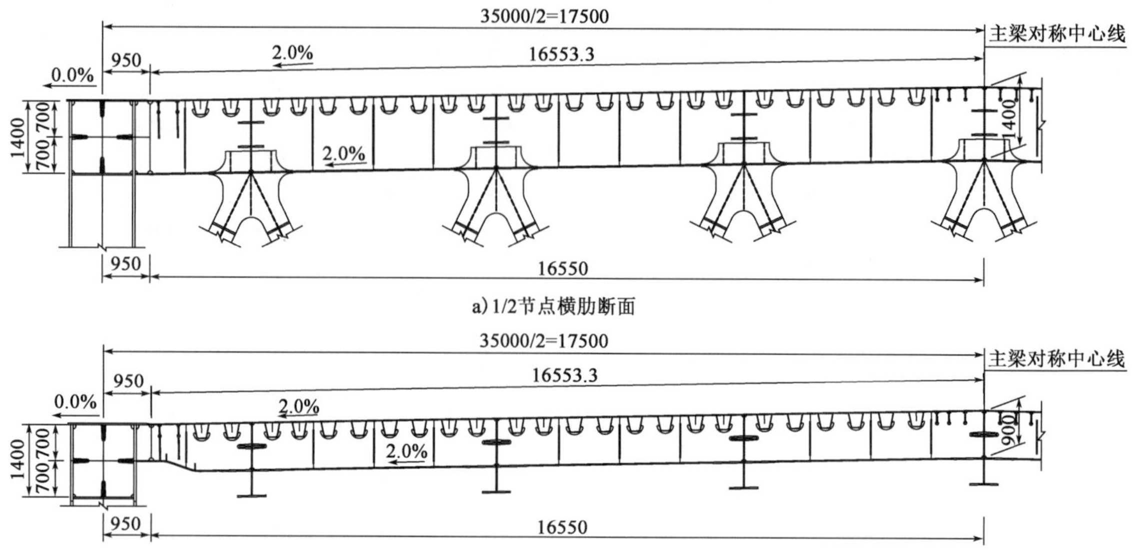

a) 1/2节点横肋断面

b) 1/2节间横肋断面

图9　上层桥面断面结构(尺寸单位:mm)

3.4　组合式横梁

全主桁节点处均设置组合式横梁,包含桁架式横梁和节点横肋,见图10。桁架式横梁采用三角形桁架结构,上端与上层桥面节点横肋连接,下端两侧分别与主桁上、下游竖杆连接,连接节点均采用全焊接结构。桁架式横梁杆件均为工字形截面,工字形截面腹板高0.5m,翼缘宽0.5m。部分桁架式横梁杆件截面根据受力需要予以加强,加强位置为上、下游最外侧2根斜杆以及最外侧水平杆件。

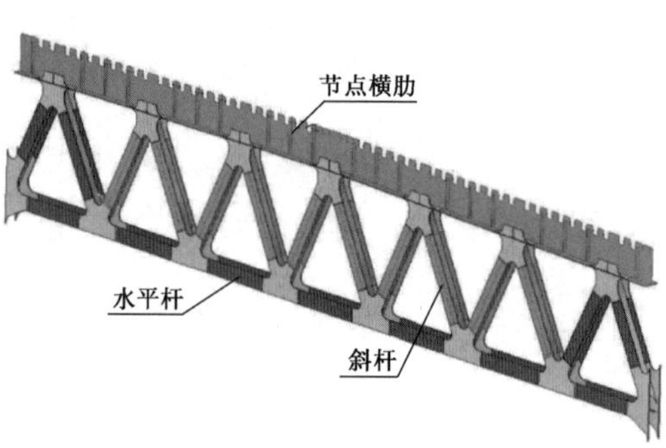

图10　组合式横梁结构

3.5　下层桥面

下层桥面采用与弦杆焊接的整体钢箱桥面结构,与弦杆相接处内高2.222m,截面最高处内高2.406m。下层桥面钢箱总宽33.1m,上游侧布置双线城际铁路,铁路中心线距上游侧弦杆中心线横向距离7.6m,且铁路中心线向两侧设置2%人字坡;下游侧布置4车道普通公路,公路中心线距下游侧弦杆中心线横向距离10.3m。依据截面受力不同,下层桥面钢箱顶、底板厚度分为16mm、20mm、24mm三种规格。下层桥面钢箱顶板采用宽300mm、高280mm、厚8mm的U形肋加劲。在对应每道钢轨位置设置倒T形轨道纵梁,纵梁高600mm,腹板厚20mm,下翼板宽300mm、厚16mm。下层桥面钢箱底板采用宽350mm、高250mm、厚8mm的U形肋加劲。下层桥面钢箱标准节段每隔2.8m设置1道隔板,隔板中部设2个0.7m×1.0m的长圆形人孔,供日常检修使用。

3.6　索梁锚固结构

斜拉索采用梁端锚固、塔端张拉的方案。索梁锚固采用双腹拉板式钢锚箱结构(设在上弦节点顶面),两侧拉板的水平间距与上弦节点板间距相同,见图11。节点索梁锚固结构与主梁节段一起在工厂制作、吊装,锚拉板之间焊接2片承压板,承压板端部设置锚垫板。锚箱材质与主桁材质相同,根据受力确定锚拉板厚40～48mm。端部预留ϕ33mm螺栓孔,辅助斜拉索安装,采用M32.5的精制螺栓(强度不得低于8.8级)。斜拉索锚圈与垫板接触面制作成半径2.8m的球面,以适应斜拉索安装时期的转动。

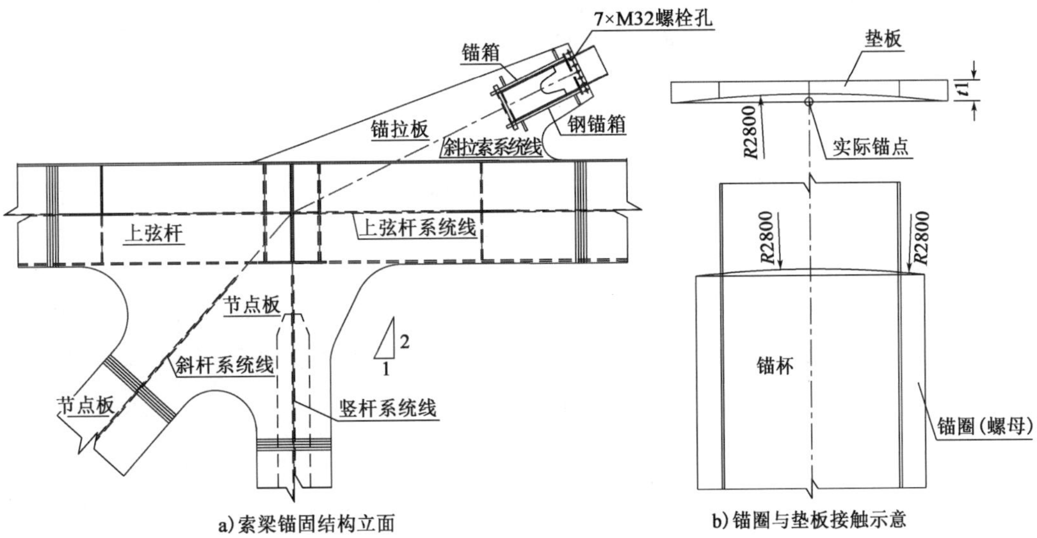

图11　索梁锚固结构

3.7　横桥向恒载不对称结构设计

下层桥面城际铁路和普通公路采用上、下游非对称布置方案,有利于下层公路的落地接线,相比对称方案减少了两岸土地占用和S弯数量,提升了桥梁使用功能[5]。但由于普通公路和城际铁路恒载差异较大,结构恒载作用下桥梁横桥向的变形和受力不一致,需要采取有针对性的结构设计以改善结构受力。为改善横桥向恒载不对称对结构线形和内力的影响,采取了以下技术措施和结构设计:通过采用聚氨酯固化道床降低城际铁路、普通公路侧不平衡荷载;通过快速调索技术控制主梁扭转和横弯[12];主梁采用两主桁结构,通过上、下游结构通过采用不同强度等级的材料实现偏载结构等强设计,通过钢桁梁杆件工厂制造长度的调整和施工控制使桥梁线形满足行车要求,有利于控制偏载对结构线形的影响[13-15]。

4　结构分析

4.1　整体结构分析

整体结构分析采用桥梁空间软件3D Bridge建模计算。根据桥梁结构各部位施工顺序模拟施工阶段,在成桥状态上施加风荷载、温度荷载、活载、制动力、支座沉降、地震等荷载,按照主力组合、主力+附加力等组合检算结构受力。结果表明:

(1)运营期间,支座承受最大轴力、剪力均在允许范围内。

(2)单根CFRP水平索最大轴拉力为1660kN,最小轴拉力为118kN,满足使用要求。

(3)主力组合工况下,上弦杆、下弦杆、竖杆、斜杆的最大轴压力分别为45426kN、43924kN、27287kN、37526kN;主+附组合工况下,上弦杆、下弦杆、竖杆、斜杆的最大轴压力分别为51448kN、55255kN、26762kN、41223kN。按照《铁路桥梁钢结构设计规范》(TB 10091—2017)进行主桁杆件强度、稳定、疲劳检算,结果均满足要求。

4.2　上层桥面纵梁局部受力分析

上层桥面采用纵横梁体系的正交异性板结构,纵梁承受整体荷载作用和局部车轮荷载作用,受力复杂。纵梁局部计算按多跨连续梁分析,纵梁跨度 14m,活载按照 1 辆纵车、2 辆纵车及车道荷载 3 种工况计算。计算结果表明:跨中弯矩由车道荷载工况控制,跨中最不利弯矩为 1321kN·m;支点弯矩由 2 辆纵车工况控制,支点最不利弯矩为 -1147kN·m。

纵梁在整体模型计算时,需将活载按杠杆原理横向分布施加在主桁上,其目的是过滤掉活载对纵梁的局部作用,这样求得的纵梁内力便为第一体系受力。在主力组合作用下纵梁第一体系最大压应力为 190MPa,位于主墩位置。依据欧洲规范,整体作用和局部作用组合工况,检算应力按容许应力提高 15%。组合工况下纵梁最大应力为 282MPa,小于允许值 330MPa。

5 结语

常泰长江大桥主航道桥结构体系采用温度自适应塔梁纵向约束体系,不但可以有效改善结构受力、减小工程规模,还可有效降低梁端位移、提高伸缩装置使用寿命。主梁采用 N 形桁式钢桁梁结构,桁宽 35m、桁高 15.5m,节点处设置组合式横梁。标准节段主梁采用两节间全焊接整体制造、运输、吊装。上层桥面采用纵横梁体系正交异性桥面板,与主桁形成板桁组合结构;下层桥面采用整体钢箱桥面,与主桁形成箱桁组合结构。索梁锚固采用双腹拉板式钢锚箱结构,两侧拉板的水平间距与上弦节点板间距相同。常泰长江大桥主航道桥主墩沉井基础已顺利完成,正在进行桥塔施工,预计 2025 年初建成通车。

参考文献

[1] 中铁大桥勘测设计院集团有限公司. 常泰过江通道工程可行性研究报告[R]. 武汉,2018.

[2] 中铁大桥勘测设计院集团有限公司. 常泰长江大桥初步设计文件[R]. 武汉,2019.

[3] 中铁大桥勘测设计院集团有限公司. 常泰过江通道航道条件影响评价报告[R]. 武汉,2019.

[4] 胡勇,赵维阳. 常泰长江大桥桥跨布置方案研究[J]. 桥梁建设,2021,51(1):1-7.

[5] 秦顺全,徐伟,陆勤丰,等. 常泰长江大桥主航道桥总体设计与方案构思[J]. 桥梁建设,2020,50(3):1-10.

[6] 秦顺全,苑仁安,郑清刚,等. 超大跨度公铁两用斜拉桥结构体系研究[J]. 桥梁建设,2020,50(4):1-8.

[7] 秦顺全,谭国宏,陆勤丰,等. 超大沉井基础设计及下沉方法研究[J]. 桥梁建设,2020,50(5):1-9.

[8] 胡骏,郑清刚,张文明. 常泰长江大桥风与温度荷载组合效应研究[J]. 桥梁建设,2020,50(4):42-47.

[9] 余璐. 常泰长江大桥景观设计[J]. 桥梁建设,2020,50(5):96-100.

[10] 傅战工,郭衡,张锐,等. BIM 技术在常泰长江大桥主航道桥设计阶段的应用[J]. 桥梁建设,2020,50(5):90-95.

[11] 徐伟,郑清刚,彭振华. 沪通长江大桥主航道桥主梁结构设计[J]. 桥梁建设,2015,45(6):47-52.

[12] 苑仁安,秦顺全,肖海珠. 一种斜拉桥目标状态索力快速精准确定的方法[J]. 桥梁建设,2020,50(2):25-30.

[13] 苑仁安,秦顺全,王帆,等. 基于平面梁单元的几何非线性分阶段成形平衡方程[J]. 桥梁建设,2014,44(4):45-49.

[14] 苑仁安,秦顺全,王帆. 分阶段成形杆系结构几何非线性平衡方程[J]. 桥梁建设,2014,44(2):50-55.

[15] 但启联,秦顺全,魏凯,等. 基于平面梁单元的分阶段成形结构线形控制方程[J]. 桥梁建设,2017,47(4):42-47.

常泰长江大桥主塔沉井结构 BIM 正向设计应用

郭　衡,傅战工,谭国宏,杜　勋,唐　超

(中铁大桥勘测设计院集团有限公司,湖北武汉　430050)

摘　要　BIM 技术在大型特殊结构桥梁设计上应用处于起步阶段。如何运用 BIM 技术自身特点进行 BIM 正向设计、模型建立、图纸绘制还需进一步的深入研究。本文以常泰长江大桥项目主塔沉井结构设计为背景,进行 BIM 全程正向设计的应用研究。项目结合"自底向上"和"自顶向下"两种 BIM 设计理念,研究总结出一套适用于大型复杂钢结构沉井的建模思路;研究采用 BIM 软件出图,得到满足设计要求的施工图纸,同时提出了全新的沉井施工图表达方式;结合 BIM 技术特点,研究得出参数化建模的新方法,结构计算、沉井建模的并行工作方式,设计人员的协同工作模式。通过以上研究,项目实现了 BIM 全程正向设计,全新的建模思路可为后续 BIM 设计项目提供指导性的参考与借鉴,新的 BIM 出图方式增强了图纸的识图性,参数化设计、并行设计、协同工作的方式,缩短了设计周期,达到了提高 BIM 设计效率的目的。

关键词　公铁两用桥;斜拉桥;BIM 正向设计;沉井结构建模思路;BIM 出图;参数化设计;并行设计;协同工作

The Application of BIM Forward Design Technology in the Changtai Yangtze River Bridge

GUO Heng, FU Zhan-gong, TAN Guo-hong, DU Xun, TANG Chao

(China Railway Major Bridge Reconnaissance & Design Institute Co., Ltd., Wuhan Hubei 430050, China)

Abstract　The application of BIM technology in the design of large special structural bridges is in the initial stage. How to use the characteristics of BIM Technology for BIM forward design, model building and engineering drawing needs further research. The project combines two BIM design concepts of "bottom-up" and "top-down", and summarizes a set of modeling ideas suitable for large and complex steel structure caisson; This project studies the BIM software drawing, obtains the construction drawings that meet the design requirements, and puts forward a new expression of caisson construction drawings; This project, combined with the characteristics of BIM Technology,

本文由中国中铁股份有限公司科技研究开发计划项目(2020-重点-10);中铁大桥勘测设计院集团有限公司自立科研项目计划(2020-10)基金资助。

作者简介:郭衡(1990—),男,工程师,研究方向为桥梁设计。

studies the new method of parametric modeling, the parallel working mode of structural calculation and caisson modeling, and the collaborative working mode of designers. Through the above research, the whole process forward design of BIM is realized, and the new modeling idea can provide guidance and reference for subsequent BIM design projects. The new BIM drawing method enhances the identifiability of the drawings. The parametric design, concurrent design and collaborative work methods shorten the design cycle and achieve the purpose of improving the efficiency of BIM design.

Keywords Combined bridge ; cable-stayed bridge; BIM forward design; idea of caisson structure modeling; BIM drawing; parametric design; concurrent design; collaborative work.

1 引言

BIM 进入中国工程行业已有十余年时间,近年来成为整个土木工程领域发展的热门。尤其在建筑设计行业应用发展极为迅猛[1]。但是对于桥梁工程[2],BIM 的应用才刚刚走上探索的道路。BIM 技术开始应用于桥梁建设方面,检测钢筋碰撞、三维可视化辅助施工、施工组织管理、钢结构加工、三维算量等。而在桥梁设计方面,其应用仅是局限于标准梁型、标准墩台结构设计,对于大型特殊结构桥梁设计还仅是处于后期翻模的技术阶段[3],使用 BIM 建模进行检查纠错、工程数量核算、指导施工。

对于大型复杂结构桥梁的 BIM 正向设计,潭江特大桥设计对钢箱梁进行了正向设计参数化建模[4],南京浦仪公路西段跨江大桥设计提出了“生长的模型”理念[5],合川渠江景观大桥、白沙长江大桥设计上提出的 R + GH + ARQ 协同设计理念[6-7]等。BIM 正向设计的研究正处于刚刚起步阶段,如何运用 BIM 自身参数化、三维可视、信息集成的优势,高效地进行方案设计、模型建立、图纸绘制还需进一步的深入研究。

因此,本文以常泰长江大桥主航道桥主塔沉井结构的设计为背景,进行 BIM 技术全过程正向设计的应用研究。设计重点研究了建立复杂钢结构模型的思路、BIM 模型出图、BIM 参数化设计以及实现正向设计的工作流程等方面问题。

2 工程概况

常泰长江大桥主航道桥方案采用双塔公铁两用斜拉桥,主桥孔跨布置为(142 + 490 + 1176 + 490 + 142)m,全长 2440m(图 1)。大桥采用双层桥面,上层布置双向六车道高速公路,下层为非对称布置,下游侧为双向四车道一级公路,上游侧为两线城际铁路[8]。主塔采用“钢-混凝土”混合空间四肢塔结构,两个主塔基础采用沉井式基础。为了减少冲刷深度,降低沉井自重,基础采用了上部结构尺寸小,下部结构尺寸大的台阶型沉井基础,截面为圆端形[9-10]。

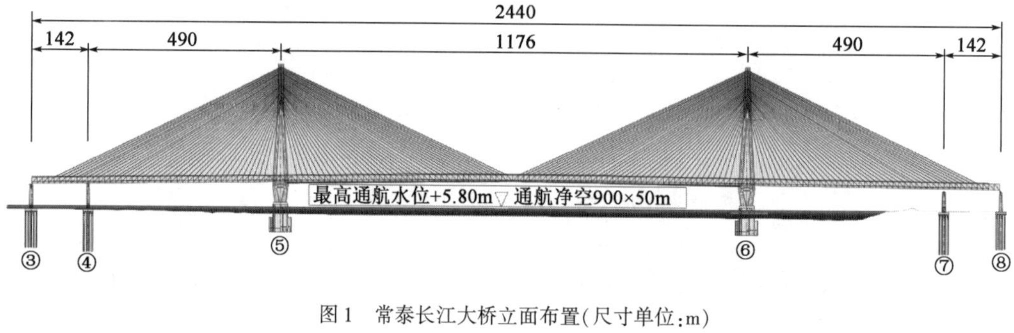

图 1 常泰长江大桥立面布置(尺寸单位:m)

沉井总高 72.0m,其中混凝土承台厚 8.0m,沉井钢壳高 64m。沉井钢壳竖向共分 10 个节段(图 2),每个节段切分为若干个分块,底节段共切分 10 种类型分块,合计共 46 个块段[11](图 3)。

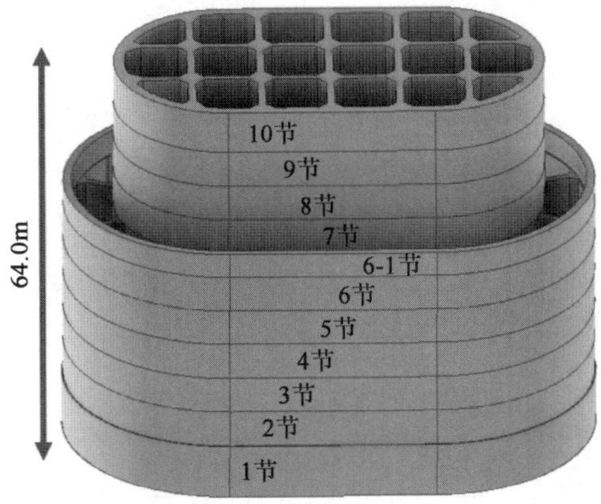

图2　沉井钢壳立面布置

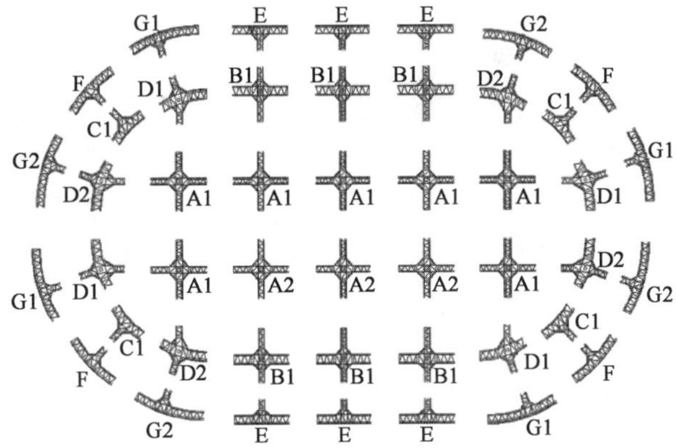

图3　沉井钢壳底节段平面布置

3　建模思路

3.1　指导思路

常泰长江大桥主航道桥全桥均采用BIM正向设计,结合运用“自底向上”(bottom-up)和“自顶向下”(top-down)两种BIM建模方法[12],总结出一套适用于大型复杂结构桥梁的建模思路。

“自底向上”建模指首先进行基本构件设计,然后根据各个构件之间的位置关系组装成基本结构,最后将多个基本结构组装成总体结构。“自顶向下”建模指首先进行总体结构设计,然后将总体结构划分为多个基本结构,再将基本结构划分为多个基本构件并进行细化设计,最终回拼组装出总体结构[13]。

3.2　总体建模思路

总体建模思路如下:

(1)进行沉井结构总体模型建立。

(2)将总体模型划分成若干水平节段模型。

(3)将水平节段模型划分成若干分块,衍生出分块进行构件细节设计。

(4)提取分块实体模型的外立面作为参照面,建立沉井分块模型的外侧钢面板。

(5)以参照面,绘制水平支撑型钢中心线,绘制水平环板、水平节点板草图。

(6)绘制竖向支撑型钢中心线,绘制面板竖向加劲肋中心线,竖向节点板绘制草图。

(7)以型钢中心线为基线插入型钢结构构件,建立节点板,环板。

(8)完成支撑桁架建模,检查结构碰撞,构件调整,完成沉井钢壳模型建模。

整个沉井钢壳的建模思路是“自底向上”和“自顶向下”方式的结合,如图4所示。图4中,步骤1～6是“自顶向下”的建模思路,在步骤7～8中则采用“自底向上”的建模思路。

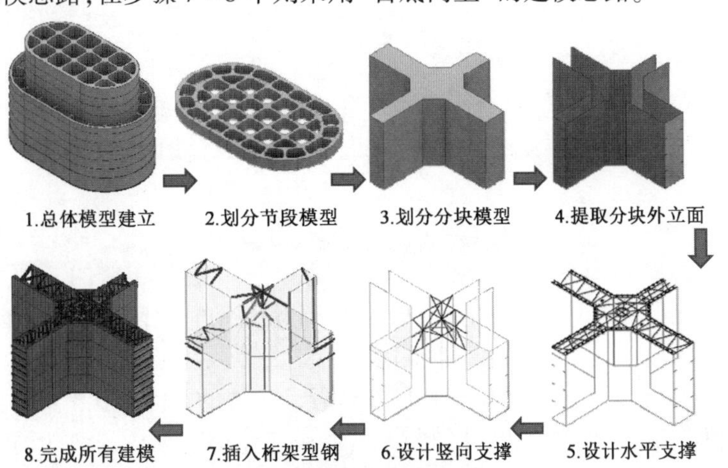

图4　沉井钢壳总体建模思路

3.3 具体建模思路

(1)总体模型建立

以完工阶段沉井结构为目标建立总体模型,即考虑在钢结构井壁内已全部填充混凝土,形成一个封闭的钢混实体结构,见图4步骤1所示。初拟模型几何参数,将沉井平面尺寸、井孔尺寸、井壁壁厚、井壁倒角等重要驱动尺寸进行参数化定义。基于模型进行沉井总体计算,在模型中快速提取结构数据用于计算。根据计算结果,确定结构尺寸,调整参数以驱动模型修改[14]。沉井总体模型为粗精度模型,模型主要为体现结构总体布置及尺寸情况,故不考虑榫头、刃脚等复杂细部结构。

(2)节段、分块模型划分

将总体模型根据设计在竖向划分成若干水平节段模型,如图4步骤2所示。对榫头、刃脚等节段进行细部构造建模,定义细部尺寸。以模型为依据,进行沉井节段浮运下沉计算,根据计算结果反馈修改构件细部尺寸。完成节段划分后,在节段模型基础上进行分块模型划分,得到沉井分块模型,如图4步骤3所示。将需要精细设计的分块模型进行衍生操作,提取分块。

(3)以分块外立面进行支撑结构设计

对精细设计的分块模型进行外立面提取作为钢结构建模的参照面。由参照面建立分块外侧钢面板、隔舱板等,如图4步骤4所示,生成分块板件模型。由参照面定位水平支撑型钢所在平面,绘制水平型钢中心线设计,同时绘制水平节点板及水平环板草图,在水平环板上对外面板竖向加劲肋进行定位,如图4步骤5所示。重复上述操作绘制竖向支撑型钢中心线、竖向节点板草图以及外面板竖向加劲肋中心线。根据沉井施工阶段受力要求进行沉井支撑钢结构计算,调整型钢布置、确定型钢规格及长度。

(4)插入型钢构件

以上的建模流程都是按照"自顶向下"方式完成,如继续按照此思路建模,应是对每一根型钢进行独立建模、端头处理。但通常沉井内部的型钢多为工厂定型产品,为便于工厂制造,设计中会尽量合并规格、长度相近的构件。重复对相同型钢建模的思路势必会极大降低建模效率。因此在桁架建模步骤中采用了自底向上的建模思路,先对所有需要使用的钢构件进行单独建模,形成一个标准型钢构件库[15]。在桁架建模过程中,从构件库中挑选相应型号的型钢,依据设计中心线组装回结构模型之中,即完成型钢构件插入,如图4步骤6和步骤7所示。为满足型钢构件焊接空间、构件碰撞情况,在构件库中对标准型钢构件统一进行端头切角、拉伸等处理。

(5)完成桁架建模,检查模型碰撞

进行节点板建立,通过阵列、镜像命令完成所有钢桁架结构建模,生成分块桁架模型。最后与分块板件模型组装在一起得到完整钢结构分块模型。对模型进行碰撞检查,调整问题构件,最终得到满足设计要求的沉井钢结构分块三维模型。

4 BIM研究要点

4.1 BIM模型出图

根据设计出图标准,在BIM软件中进行图框的绘制及标注样式的设置。将含有标注样式信息的图框作为绘制工程图模板发放给设计人员,统一所有人员的图面标注风格,达到出具统一风格工程图的目的。

对于复杂的沉井结构,以往绘制的图纸具有很强的专业性,对识图人员的空间识别能力要求很高,对结构不甚了解的人员无法快速理解图纸所表达的信息。项目结合BIM的三维可视性及出图随意剖切的功能[16],总结出一套"自顶向下"的图面摆放方式,能够帮助非设计人员快速读懂图纸。

在图纸总起页分别放入沉井总体三维图、节段图、节段平面划分图,分块的三维图及分块的立面图、俯视图。识图人员通过总起页可快速了解分块所在位置及分块的总体布置情况。在立面图和俯视图中分别标识出后面绘图所有剖切面的位置,让识图人员能快速地理解结构剖切面的信息。在剖面图的表达页面辅佐局部复杂结构的三维视图,以帮助识图人员理解,见图5所示。

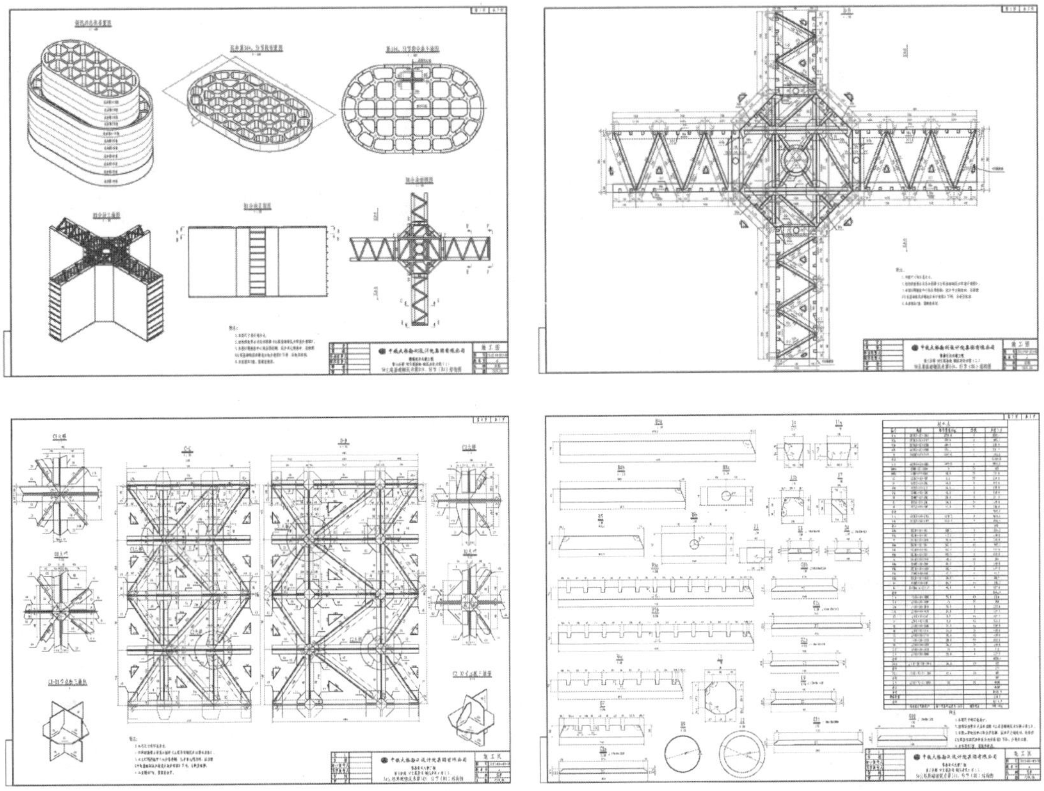

图5 沉井 BIM 出图

4.2 参数化设计

合理应用 BIM 技术参数化的特点可大幅提升 BIM 设计效率。通过 BIM 软件可实现建模参数与 Excel 文件交互的功能[17],在建模初期,在 Excel 中定义所有模型的重要参数。开始建模所输入的参数值并不代表最终设计参数值,在通过总体结构计算、沉井下沉计算后,对总体参数修改可直接驱动整体模型修改,并且联动修改由总体模型衍生而成的节段、分块模型及图纸。同理,在通过细部结构计算、钢结构计算之后,修改相关构件参数,驱动修改构件库中的型钢杆件,并在模型中自动更新杆件信息。

4.3 并行设计与协同工作

为提高设计效率、缩短设计周期,结合 BIM 参数化、信息集成的特点,本项目在设计过程采用设计计算、模型建立的并行设计方式。在进行沉井整体和局部计算的同时开展详细的建模及出图工作。在完成所有计算后,对定义的参数进行更新,驱动模型以及图纸的同步更新,达到缩短设计周期的效果[18]。

在多人配合设计过程中,协同信息的传递及更新尤为重要[19]。由顶至底的信息传递以及底层设计信息的实时性直接关系到最终设计成果的精度情况。此次设计项目通过研究 BIM 软件的模型衍生及修改联动的特点,实现了设计人员协同工作。总体负责人进行整体模型建立、总体计算,模型节段及分块的划分,将需要详细设计的分块单元衍生成为下一级模型,分发给具体设计人员,同时将Excel参数表、型钢构件库进行分发。设计人员无法修改衍生的模型文件,只能在衍生模型上进行后续的详细设计。此方式既保证了模型的正确性又保证了所有设计工作的一致性。同时,下级模型蕴含了分块的位置信息,完成分块详细建模后可回拼到整体模型之中,最终可生成完整钢结构沉井。在设计过程中,总体负责人修改整体模型、参数表及构件库,下一级的衍生模型会自动进行更新,这样就省去了设计人员统一配合修改,避免了信息传递不畅带来的隐患,具体见图 6 所示。

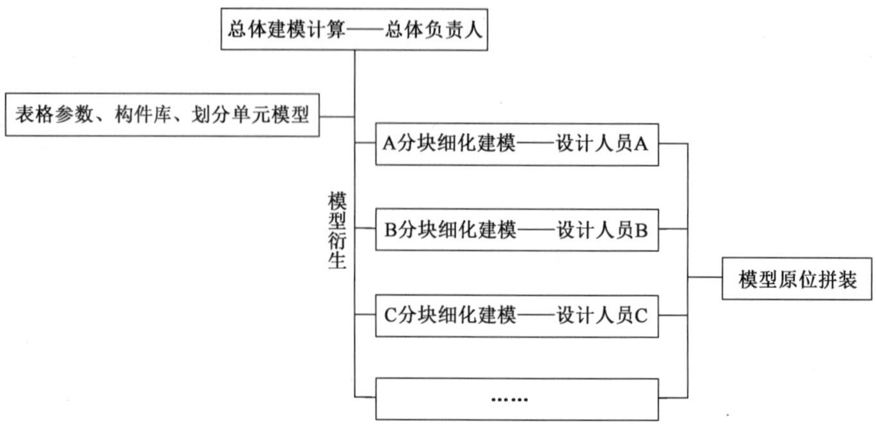

图6　设计人员协同工作示意

4.4　工程数量表

BIM软件中的BOM表功能可以快速统计所有构件的工程数量,但是BOM表的工作方式是基于机械行业来设计的,只能提供构件的净体积或是净重,也无法得到构件的尺寸信息,这种统计方式与桥梁钢结构设计有很大不同[20]。所以在常泰长江大桥主塔沉井设计中,仅是填芯混凝土、承台等混凝土结构采用了软件统计的工程数量,而沉井钢结构的工程数量表格还是人工计算统计,BIM软件提供的净重结果作校核之用。

5　结语

本文详细介绍了在常泰长江大桥主塔沉井基础设计中采用BIM技术进行全程正向设计的研究应用情况,研究取得了以下成果:

(1)本文提出了一种全新的“自顶向下”与“自底向上”相结合的BIM建模思路并应用于设计生产中,建模思路符合设计流程,总体驱动零部件,型钢单独设计用于桁架结构快速建模,可为后续BIM设计项目提供指导性的参考与借鉴。

(2)项目进行BIM出图,采用统一标注样式的工程图模板进行绘制,满足设计出图标准;同时总结出一种“自顶向下”的图面摆放方式,达到增强图纸识图性的目的,可在以后项目出图中推广使用。

(3)项目研究出一套高效的参数化设计流程,通过Excel输入重要结构参数导入模型中,建立参数、模型、图纸相互驱动的联动机制,极大地提高设计效率。

(4)在设计过程中,项目提出了计算与建模并行工作的设计方式,大幅度地缩短了设计周期;同时提出了设计人员协同设计的工作模式,优化了BIM信息传递及设计人员管理。

(5)未来在应用BIM技术统计工程数量上还需进一步深入研究,进一步拓展BIM桥梁构件库以提高BIM设计的效率[21]。

参考文献

[1] 陈洪春,黄武,陈航. BIM技术在宁淮铁路桥梁设计中的应用[J]. 铁道标准设计,2020,64(S1):187-190.

[2] 刘智敏,王英,孙静,等. BIM技术在桥梁工程设计阶段的应用研究[J]. 北京交通大学学报,2015,39(06):80-84.

[3] 刘彦明,许兴旺. 西安至十堰高速铁路BIM正向设计应用实践及创新[J/OL]. 铁道标准设计:1-7[2021-07-13]. https://doi. org/10. 13238/j. issn. 1004-2954. 202010040002.

[4] 傅萌萌,曾敏,黄卫,等.深茂铁路潭江特大桥 BIM 设计研究[J].铁路技术创新,2016(03):58-61.

[5] 金红亮,华新,韩大章.BIM 技术在南京浦仪公路西段跨江大桥设计中的应用[J].低温建筑技术,2018,40(12):68-72.

[6] 肖奎,陈家勇,赖亚平,等.合川渠江景观大桥 BIM 技术应用[J].土木建筑工程信息技术,2018,10(4):48-55.

[7] 陈家勇,赖亚平,吴后伟,等.白沙长江大桥 BIM 正向设计应用[J].土木建筑工程信息技术,2019,11(06):19-26.

[8] 徐伟,苑仁安,王强,等.常泰长江大桥主航道桥结构体系及钢梁设计[J].桥梁建设,2021,51(03):1-8.

[9] 秦顺全,苑仁安,郑清刚,等.超大跨度公铁两用斜拉桥结构体系研究[J].桥梁建设,2020,50(4):1-8.

[10] 秦顺全,徐伟,陆勤丰,等.常泰长江大桥主航道桥总体设计与方案构思[J].桥梁建设,2020,50(3):1-10.

[11] 秦顺全,谭国宏,陆勤丰,等.超大沉井基础设计及下沉方法研究[J].桥梁建设,2020,50(5):1-9.

[12] 傅战工,郭衡,张锐,等.BIM 技术在常泰长江大桥主航道桥设计阶段的应用[J].桥梁建设,2020,50(5):90-95.

[13]傅战工,张金涛,张锐.基于 Inventor 的常泰长江大桥主塔 BIM 正向设计[J].铁道标准设计,2020,64(S1):190-194.

[14] 苗永抗.BIM 技术在铁路预应力混凝土简支梁设计中的应用研究[J].铁道标准设计,2019,63(03):71-75.

[15] 张秋信,刘天成.BIM 技术在平塘特大桥设计中的应用[J].公路,2019,64(09):27-31.

[16] 钱枫.桥梁工程 BIM 技术应用研究[J].铁道标准设计,2015,59(12):50-52.

[17] 张皓清,苑仁安,傅战工.基于参数驱动的常泰长江大桥钢桁正向设计思路[J].铁路技术创新,2020(4):63-67.

[18] 杜一丛,王亮.基于 BIM 参数化在桥梁工程设计阶段应用初探[J].建筑结构,2019,49(S2):972-978.

[19] 闫立忠.基于青连铁路四电工程 BIM 技术的应用研究[J].铁道标准设计,2019,63(04):141-147.

[20] 徐博.基于 BIM 技术的铁路工程正向设计方法研究[J].铁道标准设计,2018,62(04):35-40.

[21] 马润平,刘杰.BIM 技术在桥梁工程全生命周期的实施路径研究[J].交通科技,2018(06):79-82.

基于 Inventor 的常泰长江大桥主塔 BIM 正向设计

傅战工，张金涛，张　锐

（中铁大桥勘测设计院集团有限公司，湖北武汉　430050）

摘　要　为提升特大跨桥梁设计效率，提高工程设计质量，应用 BIM 技术对常泰长江大桥主塔进行正向设计。基于 Inventor 软件，"自顶向下"建立主塔参数化模型，建立主塔轴线，生成控制参数；确定塔肢截面，生成主塔整体模型；将上级模型分割、衍生，生成联动模型组，进一步细化下级模型。"自底向上"建立锚固结构参数化模型，通过模型重用快速生成全塔锚固结构模型；利用模型绘制图纸与相关成果应用。提出了一种桥塔 BIM 正向设计思路，根据结构特点合理选用建模方法，为桥塔 BIM 正向设计提供参考；将 BIM 成果应用于计算分析和成果汇报中，实现 BIM 正向设计全过程应用。

关键词　公铁两用桥；斜拉桥；BIM 正向设计；桥塔；参数化设计；自顶向下；自底向上

Forward Design of Main Tower of Changtai Yangtze River Bridge based on Inventor

Fu Zhan-gong，Zhang Ji-tao，Zhang Rui

（China Railway Maior Bridge Reconnaissance & Design Institute Co.，Ltd.，Wuhan Hubei 430050，China）

Abstract　In order to improve the design efficiency of the super-large span bridge and the quality of engineering design，the BIM technology was applied to the forward design of the main tower of Changtai Yangtze River Bridge. Based on Inventor software，"top-down" establishes the parametric model of the main tower，establishes the main tower axis，and generates control parameters；determines the tower section and generates the overall model of the main tower；divides and derivates the superior model to generate the linkage model group，further Refine subordinate models. "Bottom-up" establishes a paramete rized model of anchoring structure，quickly generates a full-tower anchoring structure model through model reuse；uses the model to draw drawings and apply related results. A kind of bridge BIM forward design idea is proposed，and the modeling method is selected reasonably according to the structural characteristics to provide a reference for the tower BIM forward design；the BIM results are used in calculation analysis and achievement report to realize the entire process of BIM forward design application.

作者简介：傅战工（1974—），男，教授级高工，研究方向为大跨度桥梁工程设计。

Keywords Combinad bridge; cable-stayed bridge; BIM forward design; Bridge tower; Parametric design; top-down; bottom-up.

1 引言

BIM 通过建立参数化的 BIM 三维模型,涵盖与项目相关的大量信息,服务于建设项目的设计、建造安装、运营等整个生命周期,为提高生产效率、保证生产质量、节约成本、缩短工期等发挥出巨大的优势作用[1]。

在特大跨桥梁中,BIM 的应用不多。现有的应用中建模方法复杂,整个建模过程与设计过程分离,大多属于"施工图翻模"[2]。从初步设计阶段到施工图设计阶段,结构总体和细节改动多,修改工作量巨大,这也对三维模型修改的便利性提出了高要求[3]。常泰长江大桥主航道桥主塔采用钻石形空间四肢塔,锚固结构为"钢-核芯混凝土"新型锚固结构,空间关系复杂,常规二维设计难以满足对设计精度和效率要求。

为此,本文结合常泰长江大桥主航道桥工程,基于 Inventor 软件开展斜拉桥主塔正向设计过程建模方法研究,其中重点开展了建模方法研究、参数化建模研究、模型联动控制研究、模型重复利用研究等工作,涵盖初步设计、施工图设计全周期,实现设计-建模-出图一体化。

2 工程概况

常泰长江大桥主航道桥方案采用双塔公铁两用斜拉桥,主塔两侧各设辅助墩及边墩,主桥孔跨布置为(142+490+1176+490+142)m,全长2440m,如图1所示。主塔采用"钢-混凝土"混合空间四肢塔,中下塔柱为混凝土结构;上塔柱为"钢-混凝土"组合结构。锚固结构为"钢-核芯混凝土"新型锚固结构[4-5]。

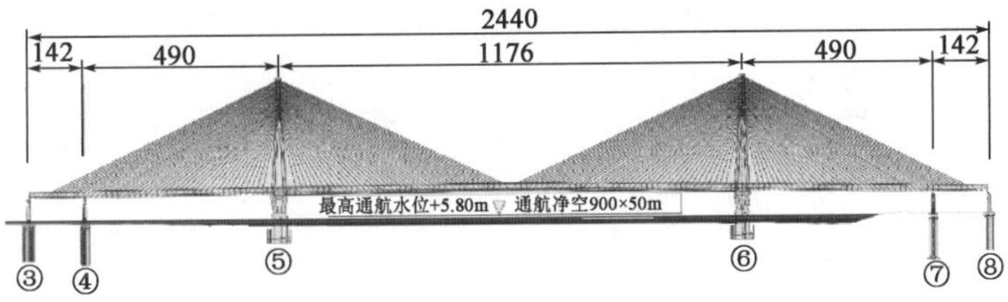

图1 常泰长江大桥立面布置图(尺寸单位:m)

3 BIM 建模方法

常用的 BIM 建模方法有"自底向上"和"自顶向下"两种[6]。"自底向上"建模指先做好基本构件(零部件),利用各个基本构件之间的配合关系来建立基本结构,再将多个基本结构按设计方案组成总体结构。"自顶向下"建模指先根据需求和设计意图绘制结构的总体方案,由总体方案的控制数据初定各个构件的尺寸进行检算,根据检算结果调整结构尺寸并对构件进行细化设计[7-8]。

4 整体结构模型建立

4.1 建模方法

初步设计阶段,需要对结构的整体方案进行设计和必选,并进行初步的细部设计。在施工图设计阶段,需要对结构进行精细化设计,以达到制造和施工的要求。根据主塔设计特点,对于主塔的主体结构,采用"自顶向下"的建模方法,即先建立主塔整体结构模型,再对结构进行细化,以整体控制局部[9]。

4.2 建立主塔轴线

根据景观和结构受力需求,本桥主塔选用钻石形空间四肢塔。绘制主塔轴线并建立尺寸约束,即对几何图元的尺寸、距离、角度等创建尺寸约束,由尺寸约束自动生成参数,即主塔的控制高程和轴线控制尺寸等参数,通过修改参数可对几何图元进行修改。

4.3 放样整体模型

在轴线的控制点处建立控制平面,在控制平面绘制控制截面;
放样生成主塔整体模型,如图2所示。整体模型生成后,后期可根据设计需求,通过修改高程、间距、尺寸等参数,对整体模型进行快速调整。

4.4 截面比选

常泰长江大桥主塔为钻石形空间四肢塔,中上塔柱结合处将四肢合并为一个塔柱,实现匀顺过渡尤为重要。初步确定正八边形截面和矩形大切角截面方案,分别进行放样,如图3和图4所示。根据放样结果进行景观效果对比,选择正八边形截面。

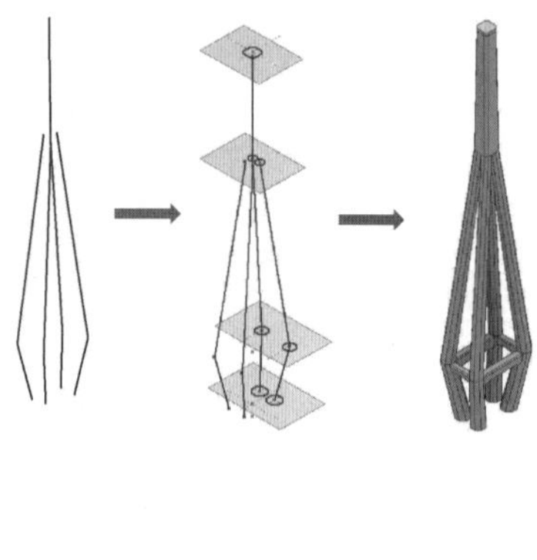

图2 主塔建模过程

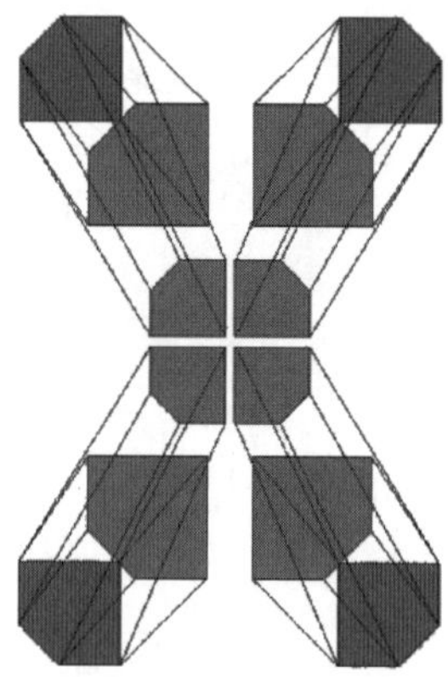

图3 矩形大切角截面方案(俯视图)

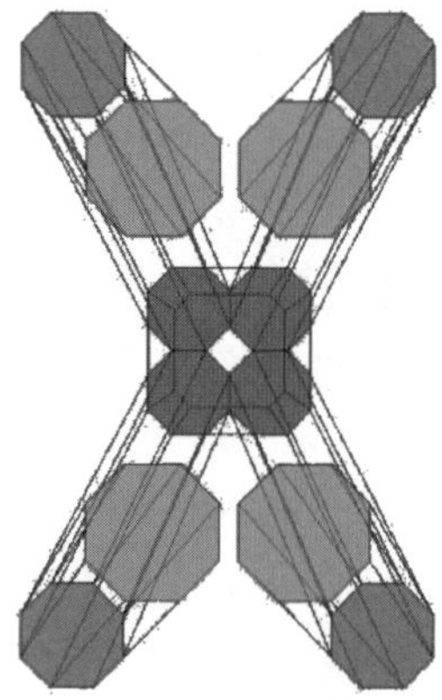

图4 正八边形截面方案(俯视图)

4.5 模型衍生与联动

桥塔整体模型基于方案设计需求和模型的宏观把控,在建模过程中省去了细部构造。在施工图设计阶段,设计工作将进一步深化。要达到施工图出图精度要求,还需对模型进行细化[10]。

为减小模型文件大小,节省计算空间,同时便于修改,分别衍生混凝土细化模型和钢结构细化模型,作为主塔整体模型下级文件[11]。衍生出的节段模型与整体模型具有一致性,为联动关系,修改上级整体模型,则下级节段模型随之更新。由此实现上级模型整体控制,下级模型深入细化,上、下级模型保持联动,形成联动模型组,如图5所示。

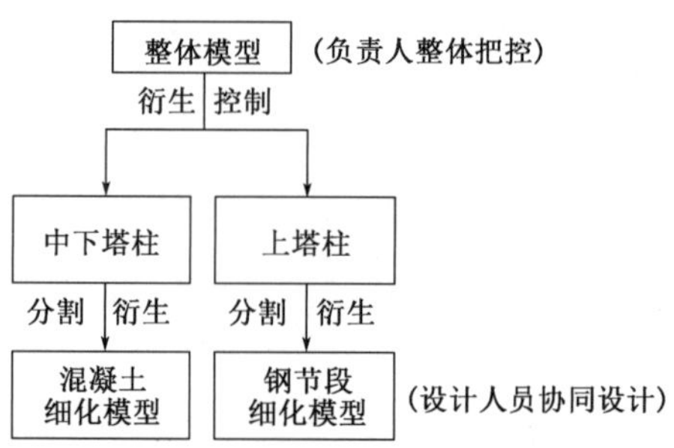

图5 模型衍生关系

设计过程中,通常需要多人协同设计。以往的二维设计,若整体方案调整,则需要多方协调配合完成调整。在BIM正向设计中,通过上级整体模型衍生下级节段模型将节段模型分配给各设计人员,只需修改整体模型,下级节段模型则联动更新,既实现了负责人对设计模型的整体把控,又实现了多人协同参与设计工作,避免因沟通不当而导致设计冲突。

4.6 模型细化

(1)混凝土塔柱细化

本桥塔肢为单室截面,通过几何约束与尺寸约束相结合方式,几何约束即在草图几何图元上应用约束来固定草图的形状或位置,如垂直、共线、平行等,绘制箱室截面,放样生成箱室形状,通过布尔运算细化空心部分。其余细化部分通过放样、倒角、修剪等操作实现。

(2)钢塔柱细化

钢结构部分构造复杂,细节较多。为提高设计效率,按吊装节段对上塔柱进行划分,以整体模型衍生模型为控制轮廓;采用几何关系约束原则,作出加劲肋、隔板等板件轮廓,以节段轮廓控制板件尺寸、定位;放样隔板、加劲肋等细部构造实体,建立节段详细模型,如图 6 所示。

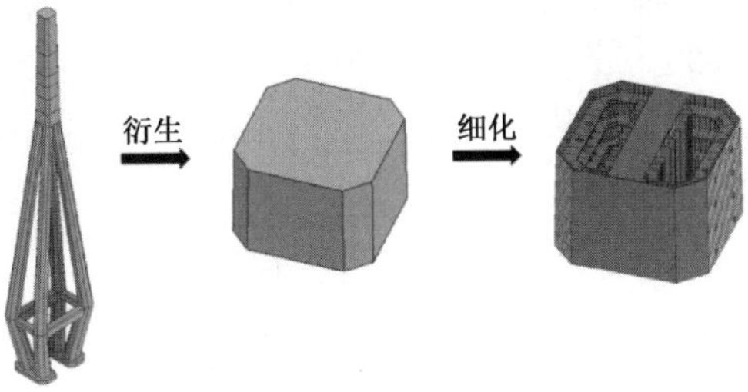

图 6　钢塔柱细化

在设计中,当上塔柱截面尺寸发生变化,只需修改整体模型中上塔柱尺寸,其余衍生节段模型自动更新为修改后的尺寸。因加劲肋、隔板等板件草图通过几何关系与节段轮廓约束,板件位置、尺寸自动适应截面的变化,无须进行其他修改。

5　锚固结构模型建立与模型重用

5.1　建模方法

本桥锚固结构采用新型"钢-核芯混凝土"锚固,外壁为钢结构桥塔,中间为核芯混凝土,斜拉索通过钢锚箱交叉锚固于核芯混凝土上[5]。

本桥单个塔共 78 对斜拉索,每根斜拉索对应一个锚固结构。锚固结构的尺寸、位置与斜拉索空间角度、斜拉索规格等息息相关,在整个设计周期内随着拉索参数的变化而变化,其中涉及参数多、空间结构复杂。采用 BIM 进行参数化建模,能有效适应设计过程中的拉索调整和空间碰撞问题。

若采用"自顶向下"的建模方式,所有锚固结构均在一个模型中建立,该模型中需要设置大量参数,对建模过程和后期修改极为不便[12]。同时,锚固结构与主塔整体模型关联不大,无须通过"自顶向下"来进行整体控制。为减少单个模型参数设置,提高建模效率,将同一编号的 4 根斜拉索分为一组,建立单组锚固结构模型,再将单组锚固结构模型组合生成全塔锚固结构模型,即采用"自底向上"方法建模,如图 7 所示。参数设定与建模如下:

(1)参数设置

利用尺寸约束生成锚固结构的控制参数,由于斜拉索角度在设计过程中随着索力、锚固点、索规格的变化而变化,变动次数多。若直接在模型内修改参数,工作量大且容易出错。通过 Inventor 软件中自带的 Excel 接口,将生成的控制参数与 Excel 表格形成联动,以 Excel 表格控制 BIM 模型的参数修改[13],同时,将计算文件与参数表格链接,可快速实现对大量参数的一次性修改。

(2)模型建立

根据相关计算结果设计出锚固构造板件及细节,进行建模放样,生成单组锚固结构模型,如图 8 所示。

图 7　锚固结构建模流程

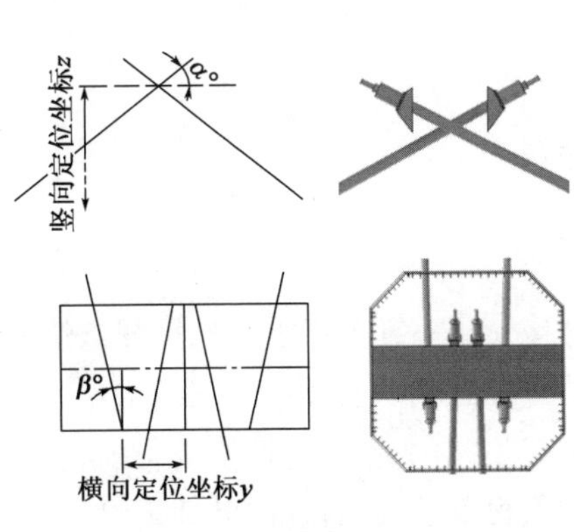

图 8　斜拉索参数设置

5.2 锚固结构模型重用

本桥每个主塔共78对斜拉索,需建立39组锚固结构模型。逐个建模工作量大,效率低。考虑到钢锚箱结构相同,参数驱动,仅需改变参数即可得到下一组模型。将单组斜拉索锚固结构进行建模,复制后通过修改参数生成下一组编号的锚固结构模型。将所有锚固结构模型组装,得到全塔锚固结构模型,模型重用流程如图9所示。

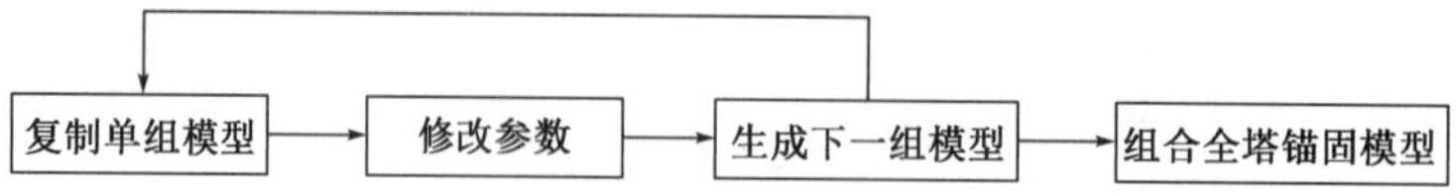

图9　模型重用流程图

5.3 索导管放样与碰撞检查

本桥"钢-核芯混凝土"锚固结构中,索导管穿过三道钢板,与钢板相交处均需设置开孔,如图10所示。在以往的二维设计中,需要对正立面,侧立面和平面三个视图进行放样,才能定位出索导管在空间中的位置[14]。要得到钢板开孔形状、尺寸则需要利用几何公式进行计算,而对于碰撞检查更为困难,如表1所示。在BIM三维模型中,通过布尔运算直接完成钢板开孔,通过软件自带碰撞检查功能避免空间碰撞,如图10所示。

常规二维设计和BIM三维设计对比　　表1

项　　目	常规二维设计	BIM三维设计
索导管定位	正、侧立面、平面分别放样	空间三维一次放样
钢板开孔	几何公式计算	三维模型布尔运算
碰撞检查	二维放样三个视图分别检查	软件自带碰撞检查功能
修改	根据计算结果重新放样	根据计算结果更新参数

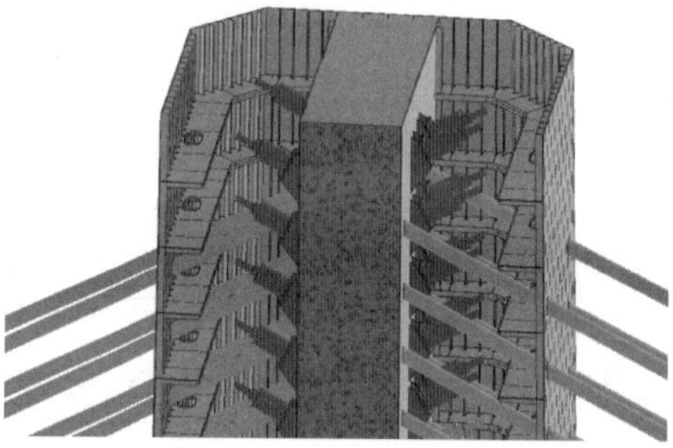

图10　索导管三维放样

6　出图与成果应用

6.1 图纸绘制

Inventor软件可直接使用三维模型进行二维图纸绘制,可放置不同的立面、平面视角,也可以对模型进行剖切和绘制局部大样图,减少了人工绘图的错误[15],如图11所示。同时,Inventor中图纸与模型联动,模型修改与图纸更新一体化,省去重复修改,提高设计效率。同时对结构进行可视化展示,并通过三维轴测图深化图纸,使工程表达更加直观、详细。目前,Inventor在数量统计方面功能尚未完善,需进一步开发。

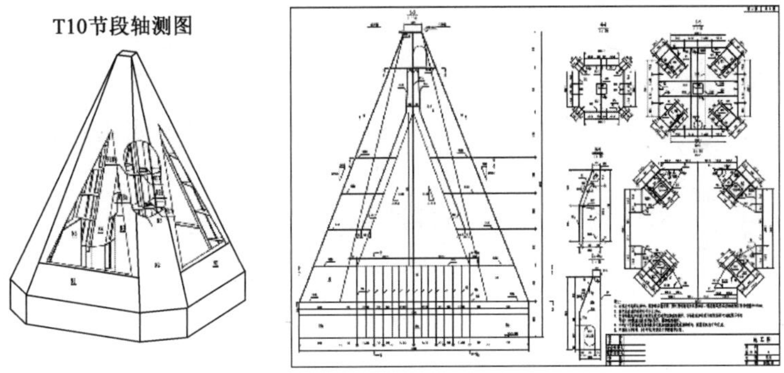

a)塔冠三维轴测图　　b)塔冠二维图纸

图11　图纸绘制

6.2　局部计算

在设计过程中,通常需要对结构局部构造进行有限元分析。主塔空间结构、钢结构细部构造复杂,常用有限元软件建模方法复杂,难以提高效率[16]。借助已建立BIM三维模型,导入hypermesh软件进行网格划分,完成相关设置,使用常用有限元软件进行计算。BIM-hypermesh-有限元软件联合计算,计算模型与设计模型一致,模型精准度高,避免重复劳动,提高设计效率。

6.3　成果展示

以往的二维设计中,成果展示通常为平面二维图纸。若要三维展示,则需另外建模,工作量大。利用现有BIM三维模型,可对设计成果进行精确展示,包括对整体方案和局部复杂构造的展示[17]。也可将三维模型导入PowerPoint、Word等办公软件,实现设计—汇报一体化,视觉表达更为直观。

7　结语

本文详细介绍了BIM正向设计在常泰长江大桥主塔的应用,提出了一种桥塔BIM正向设计思路,为桥塔BIM正向设计提供参考。同时将BIM成果应用于计算分析和成果汇报中,实现BIM正向设计全过程应用。

(1)主塔整体结构模型采用“自顶向下”建模方式,符合常规设计流程和设计习惯。通过整体模型分割、衍生,上下级模型联动,实现上级模型整体控制,下级模型深入细化,形成联动模型组。整体模型修改后,设计变更能自动传递到相关节段,实现整个模型组自动更新。

(2)采用“自底向上”的建模方法建立索塔锚固结构模型,思路简单,单个模型参数少。通过模型重用能快速生成大量同类模型。“自底向上”方法适用于控制参数多,多采用尺寸约束的结构。同时结构定位相对容易,轮廓尺寸与整体关联不大,无须通过整体控制的结构。

(3)通过参数化建模,实现整个设计过程参数化驱动,采用几何约束与尺寸约束项结合的方式建模,便于设计周期内快速准确进行方案调整与模型修改。

(4)建模出图一体化,减少了人工绘图的错误。图纸与模型联动,模型修改与图纸更新一体化,省去重复修改,提高设计效率。在数量统计方面功能尚未完善,需进一步开发。

(5)多软件协同工作,实现“BIM + hypermesh + 有限元软件”协同计算一体化和“BIM + 办公软件”设计—汇报一体化。

参考文献

[1] 张建平,李丁,林佳瑞,等.BIM在工程施工中的应用[J].施工技术,2012,41(16):10-17.

[2] 张建平,余芳强,李丁.面向建筑全生命期的集成BIM建模技术研究[J].土木建筑工程信息技术,

2012,4(01):6-14.

[3] 钱枫. 桥梁工程 BIM 技术应用研究[J]. 铁道标准设计,2015,59(12):50-52.

[4] 常泰长江大桥初步设计文件[R]. 武汉：中铁大桥勘测设计院集团有限公司,2019.

[5] 秦顺全,徐伟,陆勤丰,等. 常泰长江大桥主航道桥总体设计与方案构思[J]. 桥梁建设,2020,50(03):1-10.

[6] 刘照球,张吉. 结构分析 BIM 模型框架和数据转换应用[J]. 工业建筑,2015,45(02):178-183.

[7] 徐博. 基于 BIM 技术的铁路工程正向设计方法研究[J]. 铁道标准设计,2018,62(04):35-40.

[8] 苗永抗. BIM 技术在铁路预应力混凝土简支梁设计中的应用研究[J]. 铁道标准设计,2019,63(03):71-75.

[9] 徐兴炯. inventor"自底而上"和"自顶向下"两种设计分析[J]. 南方农机,2019,50(04):132-133.

[10] 夏昕. 墩台结构的参数化 BIM 模型设计[J]. 铁道勘测与设计,2020(01):38-42.

[11] 李善群. BIM 技术在大跨径桥梁设计中的应用研究[J]. 智能城市,2020,6(10):23-24.

[12] 钟建华. BIM 应用于市政桥梁设计的实践分析[J]. 建材与装饰,2020(17):282-283.

[13] 张恒. 基于 CATIA 的斜拱塔斜拉桥设计[J]. 福建交通科技,2020(03):159-162.

[14] 郑万成. BIM 技术在桥梁设计阶段的应用研究分析[J]. 黑龙江交通科技,2019,42(11):142-143+145.

[15] 于鹏. 公路桥梁项目设计阶段 BIM 技术实践分析[J]. 工程建设与设计,2020(09):173-174.

[16] 崔振宇. 基于 BENTLEY 平台的铁路箱涵设计应用研究[J/OL]. 铁道标准设计:1-7[2020-07-14]. https://doi.org/10.13238/j.issn.1004-2954.201912260003.

[17] 赵亚宁,王浩,郜辉,等. 基于 BIM 的高铁连续梁施工应力监控方案设计及应用[J/OL]. 铁道标准设计:1-7[2020-07-14]. https://doi.org/10.13238/j.issn.1004-2954.201910070002.

基于参数驱动的常泰长江大桥钢桁正向设计思路

张皓清,苑仁安,傅战工

(中铁大桥勘测设计院集团有限公司,湖北武汉 430050)

摘 要 常泰长江大桥钢桁梁设计采用参数驱动正向设计思路。该设计思路包含全桥系统线、节段三维模型和自动生成施工图三大部分,采用参数驱动。全桥系统线即是钢桁梁骨架线,节段模型控制点定位于系统线,并采用控制点移动的方式更新节段内各杆件的位置参数、制造长度参数、倾角参数;节段三维模型的建立考虑常泰长江大桥钢桁特点提出相应建模思路;对三维几何模型进行投影、剖切获取平面施工图,施工图中标注尺寸与几何参数链接,可实现自动更新。对设计参数采用分类管理并存在关联,使参数管理系统化,应用 VBA 开发功能提高参数调用效率。应用此正向设计思路,实现了钢桁梁批量出图,提高了数据标注准确率,降低了核图工作量。

关键词 常泰长江大桥;BIM;正向设计;参数驱动;钢桁

Forward design idea of steel truss of Changtai Yangtze River Bridge Based on parameter driven

ZHANG Hao-qing, Yuan Ren-an, FU Zhan-gong

(China Railway Major Bridge Reconnaissance & Design institute Co., Ltd., Wuhan Hubei 430050, China)

Abstract The design of steel truss girder of Changtai Yangtze River bridge adopts parameter driven forward design. The design idea includes three parts: the whole bridge system line, the segment three-dimensional model and the automatic generation of construction drawings, which are driven by parameters. The system line of the whole bridge is the skeleton line of the steel truss beam. The control points of the segment model are located on the system line, and the position parameters, manufacturing length parameters and inclination parameters of each member in the segment are updated by moving the control points; Considering the characteristics of the steel truss of Changtai bridge, for example, there are three section forms of all welded joints and web members, the corresponding modeling ideas are put forward; The plane construction drawing is obtained by projecting and cutting the three-dimensional geometric model. The dimension marked in the construction drawing is linked with the geometric parameters, which can be updated automatically. The design parameters are classified and divided into three categories: system line parameters,

作者简介:张皓清(1992—),男,助理工程师,硕士研究生,研究方向为桥梁结构分析。

member outline size parameters and member detail size parameters. The three types of parameters are related to systematize the parameter management, and improve the parameter calling efficiency by using the VBA development function. Using this forward design idea, the batch drawing of steel truss beam is realized, the accuracy of data annotation is improved, and the workload of drawing verification is reduced.

Keywords Changtai Yangtze River Bridge; Building Information Modeling; forward design; parameter driven; steel truss.

1 概述

建筑信息模型(Building Information Modeling,BIM)技术目前在桥梁工程建设领域应用广泛,应用范围涉及设计、施工、后期运营、养护维修等,覆盖了桥梁的全生命周期[1-2]。沪通长江大桥将BIM技术应用于钢桁梁焊接数据管理、虚拟拼装、三维设计与加工一体化、构件二维码物联应用等方面[3-5]。BIM技术在设计领域的应用热点之一,便是正向设计。郝蕊[6]将桥梁基础数据与计算机生成的体系结构(Computer Generated Architecture,CGA)规则相结合,形成参数化驱动的铁路桥梁三维模型快速构建方法。张兴华[7]自主开发一款具有二维交互设计及三维显示功能的铁路桥梁BIM设计程序。BIM技术的先进性和可扩展性决定了从传统CAD二维设计向BIM设计转变是大势所趋,堪称勘察设计行业的又一次技术革命[8]。

目前尚未有针对钢桁梁进行系统化正向设计研究,包含三维模型迅速生成、工程图纸输出和材料数量表快速生成等。基于此,依托常泰长江大桥钢桁设计背景,本文介绍一种基于参数化驱动的钢桁正向设计思路。

2 工程概况

常泰长江大桥位于泰州大桥与江阴大桥之间,连接江苏省泰兴市与常州市。主航道桥采用主跨1176m斜拉桥,孔跨布置为(142+490+1176+490+142)m=2440m,主梁采用双层桥面,上层为密纵梁结构体系,下层为箱桁组合结构体系。桁架采用N形桁,桁宽35.0m,桁高15.5m,全桥共174个节间,标准节段为两节间,长28m。桥梁为三合一功能过江通道,上层为双向六车道高速公路,下层上游侧为双线城际铁路,下层下游侧为双向四车道一级公路,断面荷载非对称布置(图1、图2)[9]。

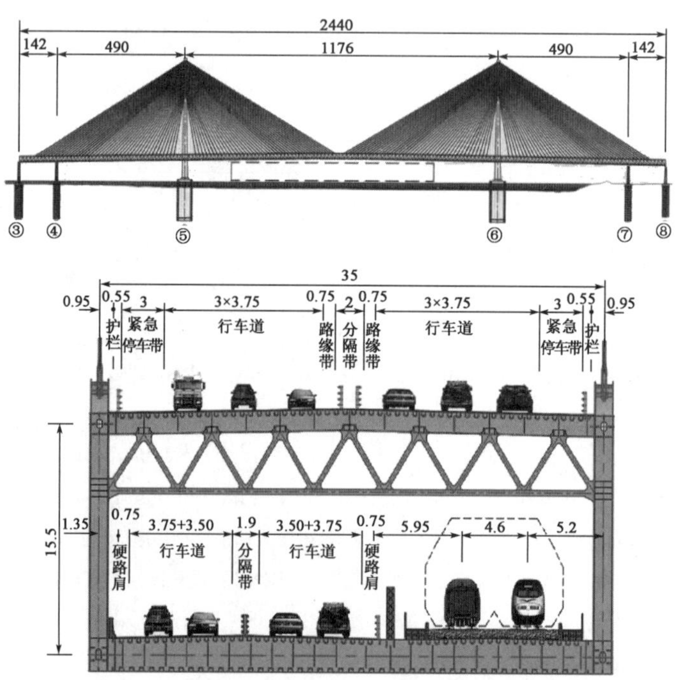

图1 常泰长江大桥主航道桥立面、断面图(尺寸单位:m)

常泰长江大桥因其主跨跨度1176m，在公铁两用斜拉桥中居世界第一。因此在钢桁梁设计中采用了诸多设计考虑。首先，钢桁采用Q370qE、Q420qE与Q500qE共3种强度型号的钢材，其中Q420qE与Q500qE高强钢材用于桥塔、辅助墩处主梁受力较大区域；其次，由于桥梁横断面非对称布置，导致钢桁梁空间受力效应显著，上、下游桁片受力存在差异；最后，由于横向跨度很大，桁宽35.0m，导致主桁采用较大内宽1.2m，因此腹杆根据受力需要采用3类断面形式：H形、王字形（带肋H形）和箱形（带肋）。

图2 钢桁28m标准节段模型

基于以上考虑，若采用传统设计方法存在以下问题：

（1）结构计算与绘图无法同步进行。传统绘图方式为减少后期修改，需等计算结果稳定后才可开展绘图。

（2）绘图参数数据量大，人工读取效率低，需投入大量人力核图。

（3）无法迅速得到结构三维模型，方案讨论、成果展示不直观，工程用量统计不精准。

因此，常泰长江大桥钢桁采用正向设计。

3 钢桁正向设计思路

钢桁正向设计思路大体为：从总体“骨架”系统线到局部节段建模再回到总体“骨架”系统线，移动控制点至下一节段更新模型，如此循环，直至所有标准节段设计完成（图3）。设计过程采用参数驱动，可实现批量设计出图。

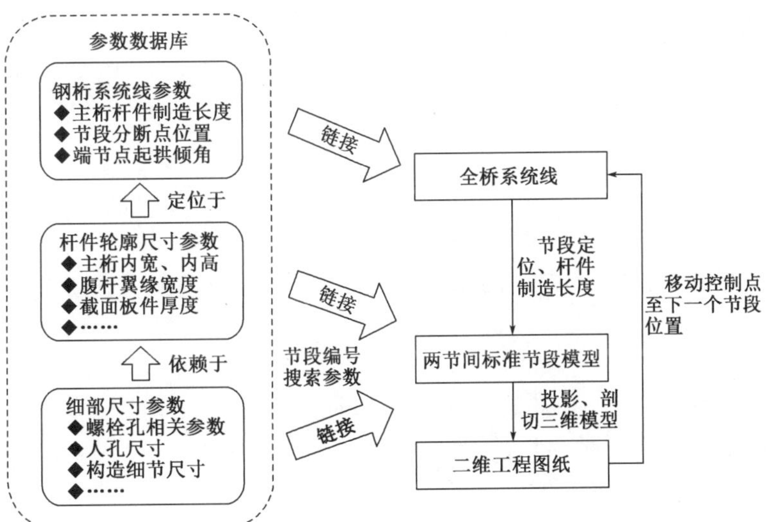

图3 参数化驱动钢桁梁设计思路

参数化驱动钢桁梁设计具体思路如下：

（1）获取全桥系统线。全桥主桁系统线即是全桥钢桁的“骨架线”，由杆件制造长度、角度等参数确定。系统线驱动参数由总体线形计算人员确定，钢桁细部设计人员仅能读取调用建模所需参数，无权限修改，可确保数据交接的准确性。此外，由于几何模型和系统线参数存在驱动链接，若全桥系统线发生改动，模型也会自动更新。

（2）建立标准节段模型。节段模型由控制点定位，控制点依附于全桥主桁系统线。模型建立的过程实质上是将参数与几何尺寸链接的过程。每进行几步可尝试改变参数，观察模型是否正常驱动，方便及时查找问题、调整建模方式。

需要说明的是，由于建模过程步骤繁多，设计者很难在建模之前将所有参数定义全面。因此，建议先建立模型，然后在建模过程中根据需要定义参数。为了减少参数数量，优化建模流程，应尽可能采用几何关系约束建模。例如,2 个板件镜像对称,采用镜像约束;2 个板件开孔位置相同,采用投影孔洞的方式定位。

常泰长江大桥钢桁采用整体焊接节点,节点位置处的杆件连接构造复杂。若采用先建立杆件后生成节点的方式较难实现,因此建议先建立节点板后生成杆件。节点板控制参数除倒圆半径、坡度斜率外还有与其相连各杆件的轮廓尺寸,可通过几何约束关系建立节点板与各连接杆件的几何关系。

根据受力需要,常泰长江大桥主桁腹杆截面有 3 种类型:H 形、王字形和箱形,分别对应不同的腹杆类型参数(0 表示 H 形、1 表示王字形、2 表示箱形)。为使标准节段模型具有广泛适用性,建模时需包含所有可能出现的板件,并设定软件根据腹杆类型参数判断,将不需要的板件隐藏。建模时腹杆的通用断面见图 4,若程序判断本节段腹杆为工字形则隐藏板件①、②和③;若腹杆为王字形,则隐藏①和②;若腹杆为箱形则隐藏③和④(箱形板肋②依据计算确定是否保留)。

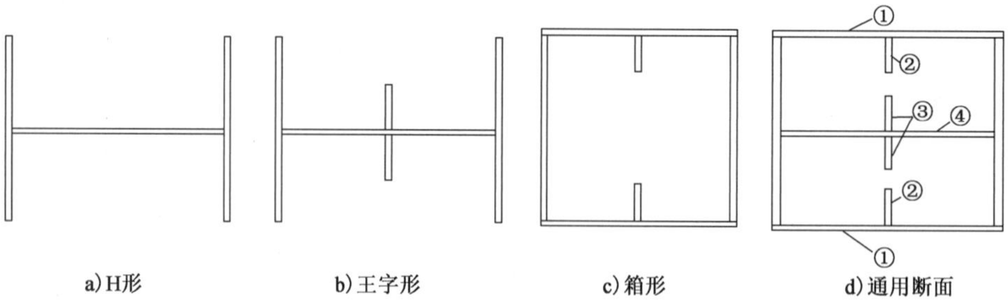

图 4　腹杆截面类型

节段模型的建模参数由参数表批量输入,参数表中参数可依据节段编号从数据库中自动搜索得到,避免人工输入效率低、易出错。

(3)将建好的模型从不同方向投影、剖切获取视图,视图标注后得到二维平面工程图。图面注释参数也与参数库建立好链接,如节点编号、系统线尺寸、倾角标记尺寸等。图纸的材料数量表也可由参数自动生成。可使设计人员从烦琐的数据标注、材料统计中解放出来,并减少人为粗心错误与核图工作量。

因为二维工程图纸是由三维模型剖切、投影得到,所以图纸中不会出现几何逻辑错误。复核人员可直接对三维模型进行校核,检查板件之间的连接关系及是否存在碰撞,这种复核工作相对于平面图纸更为直观。

(4)生成下个节段模型与图纸。将本节段模型控制点迁移至下个节段位置(图 5),本节段定位控制点为 1 ~ 10(图 5 中圆圈所示),分别对应移动到下个节段控制点位置 1' ~ 10'(图 5 中正方形所示),使得节段内各杆件的位置参数、制造长度参数、倾角参数实现更新。

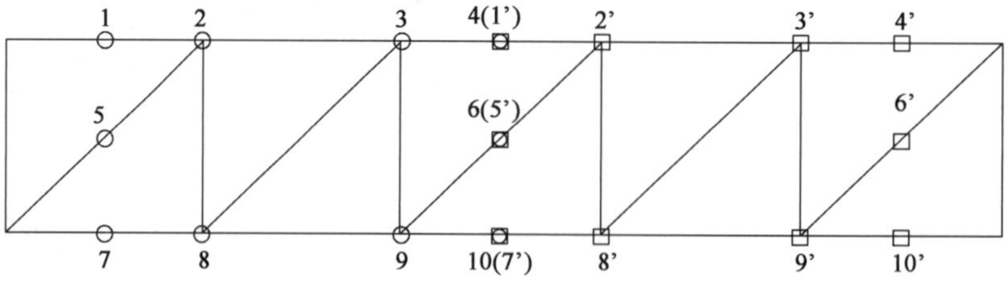

图 5　控制点在主桁系统线上移动

各杆件的位置参数、制造长度参数、倾角参数也可采用数据库调用的方式输入,但常泰长江大桥采用的控制点移动方式具有以下优势:①方便调整全桥线形。单根杆件制造参数改变会使全桥杆件系统线发生调整,若采用参数数据库则需更新全部参数数据,包含各杆件夹角参数,工作量较大;而有全桥系统线的存在,仅需改变杆件制造长度参数,便可迅速更新各杆件夹角参数。②节段间分段点位置明确。在全桥系统线上可方便移动节段分段点(图 5 中 1、5、7 点位置),迅速实现分段点相邻杆件长度的调整。

更新节段控制点位置后，在参数数据库中输入新的节段编号，由节段编号可自动搜寻得到新节段的模型参数。模型参数会以参数表的形式批量导入建模软件，使得模型的尺寸信息、板厚信息及时更新。

(5)三维模型驱动二维工程图纸自动更新，便捷实现施工图出图。

以上流程在常泰长江大桥钢桁梁设计中得以应用。目前很多商业软件(如 Inventor、Revit、Tekla、Bentley)都可实现模型参数化驱动，钢桁参数驱动正向设计流程可由以上软件实现。

4 参数管理与调用

参数化(Parametric)这个概念最早起源于数学，其含义是由若干变量构成一个表达式，通过修改这些变量能够改变表达式的值。在数字化设计环境中，参数化表现为通过改变设计对象的内在变量来管理和控制设计对象的形态和相互关系。

参数化三维建模技术的根本思想是用参数定义模型的各种几何特性，通过一定的公式和数学法则相互关联，调整相关参数，从而批量、快速构建三维模型[10]。常泰长江大桥主航道桥钢桁共 46 类节段，一个节段由近 400 个参数驱动，合计约 18400 个参数。因此如何实现高效的参数管理调用十分重要。为了便于管理，将钢桁设计参数分为 3 类：系统线参数、杆件轮廓尺寸参数、杆件细部尺寸参数。

(1)系统线参数。系统线为钢桁的“骨架线”，可作为节段建模定位的基准。系统线数据库中包含以下信息：各主桁杆件制造长度参数，节段间分断点位置参数，端节点起拱倾角参数。这些参数由总体线形计算人员确定。

(2)杆件轮廓尺寸参数。杆件轮廓尺寸参数包含各杆件的几何轮廓尺寸，如上、下弦杆内宽与内高尺寸，腹杆翼缘宽高尺寸，截面板件厚度尺寸，腹杆类型参数(H 形、王字形、箱形)等。从节段模型建立的流程来看，这些参数独立存在，不依赖其他参数取值。但这些参数仅可建立节段轮廓，粗略估算工程用量。

(3)杆件细部尺寸参数。为使模型细部更精确，能生成满足加工制造精度的二维施工图，定义了杆件细部尺寸参数。这类参数包含杆件上开孔定位尺寸(螺栓孔、人孔等)、钢结构构造细部尺寸(过焊孔、倒角等)和腹杆燕尾槽尺寸等。这些尺寸的应用依赖于杆件轮廓尺寸参数，且部分是由轮廓尺寸运算后得到。

3 类参数存在如下关联：首先，系统线参数驱动系统线为建模起到定位作用，没有系统线，便无法应用杆件轮廓尺寸建模；其次杆件细部尺寸依赖于杆件轮廓尺寸，其取值受轮廓尺寸限制或由轮廓尺寸计算得到。

常泰长江大桥在实际应用中参数管理采用电子表格的 VBA 开发功能，对钢桁 3 类设计参数分别建立数据库，所有参数可直接或间接通过节段编号搜寻。最终实现仅输入节段编号便可自动生成导入模型的参数文件，极大提高了设计效率。

5 结语

参数化驱动设计包含于 BIM 技术中，且是其重要组成部分。提出的钢桁梁主桁正向设计思路，通过对设计参数的系统化管理与高效调用，实现了迅速、批量得到节段三维模型与工程图纸。通过在常泰长江大桥主航道桥钢桁梁中的应用，与传统 CAD 绘图相比，该技术优势体现在如下几方面：

(1)结构三维呈现，几何关系清晰，对于复杂的钢结构细节展示优势明显。

(2)图纸由三维模型投影、剖切得到，不会出现几何逻辑上的明显错误。

(3)工程量统计便捷、精准，为施工吊装提供准确依据。

(4)人员分工管理明晰，工作交接界面清楚，不会出现由于总体线形调整，设计人员沟通不及时造成的图面错误。

(5)标准节段模型建立后，后续生成图纸批量化、效率高，设计计算与绘图可同步进行，并通过参数库更新迅速实现图纸修改更新。

参考文献

[1] 王可飞,郝蕊,卢文龙,等.智能建造技术在铁路工程建设中的研究与应用[J].中国铁路,2019(11):45-50.

[2] 潘永杰,刘晓光,蔡德钩,等.面向运维的铁路桥梁BIM模型及全生命周期信息关联研究[J].中国铁路,2020(5):73-80.

[3] 张贵忠.沪通长江大桥BIM技术应用的总结与思考[J].中国铁路,2018(11):95-100.

[4] 陈涛,王钦国.BIM技术在大节段钢桁梁拼装中的应用[J].交通科技,2018(6):36-38,42.

[5] 岳长勇.基于BIM技术的钢桥制造应用[J].铁路技术创新,2017(1):15-19.

[6] 郝蕊,张敬涵,王辉麟,等.参数化的铁路桥梁三维快速建模方法[J].铁道建筑,2017,57(8):33-35.

[7] 张兴华.铁路桥梁BIM程序的设计与实现[J].铁路计算机应用,2019,28(6):25-29.

[8] 钱枫.桥梁工程BIM技术应用研究[J].铁道标准设计,2015,59(12):50-52.

[9] 秦顺全,徐伟,陆勤丰,等.常泰长江大桥主航道桥总体设计与方案构思[J].桥梁建设,2020,50(3):1-10.

[10] 肖丽.Scut Wangxun参数化建模[EB/OL].[2017-06-29](2020-06-18).http://baike.baidu.com/view/4692993.htm.

BIM 技术在常泰长江大桥主航道桥设计阶段的应用

傅战工,郭　衡,张　锐,张皓清

(中铁大桥勘测设计院集团有限公司,湖北武汉　430050)

摘　要　常泰长江大桥集高速公路、普通公路、铁路三种交通功能于一体,其主航道桥为主跨1176m 的公铁合建斜拉桥,采用了多种创新结构。该桥在设计阶段全面采用 BIM 技术进行正向参数化设计,为结构创新提供助力,缩短设计时间,保证设计质量。通过对沉井、桥塔、主梁进行建模方法研究,比较自顶向下和自底向上两种方式的适用场景,提出减少重复建模工作量和提高参数传递自动化的思路并成功应用。沉井采用自顶向下与自底向上相结合的方法设计;桥塔采用自顶向下的方法设计;钢桁梁创新地采用基于面向对象法自底向上的方法设计。BIM 技术在该桥设计阶段的应用,对多种复杂的桥梁结构 BIM 建模均有参考意义。

关键词　桥梁工程;BIM 技术;沉井;桥塔;钢桁梁;面向对象;参数化设计

Application of BIM Technology in Design Stage of Main Navigational Channel Bride of Changtai Yangtze River Bridge

FU Zhan-gong, GUO Heng, ZHANG Rui, ZHANG Hao-qing

(China Railway Major Bridge Reconnaissance & Design institute Co., Ltd., Wuhan Hubei 430050, China)

Abstract　BIM Technology can improve the work efficiency and management level of engineering design, construction and operation and maintenance management. Changtai Yangtze River Bridge is the largest span cable-stayed bridge in the world, which integrates three functions, A variety of innovative structures have been adopted. In the design stage, the BIM Technology is fully used and parametric design is carried out to provide assistance for structural innovation, shorten the design stage time and ensure the design quality. The modeling methods of caisson, main tower and main girder are studied, The applicable scenarios of "top-down" and "bottom-up" are compared. How to reduce the workload of repeated modeling and improve the automation of parameter transfer is put forward and applied successfully. The bridge tower adopts the "top-down" design method, the open caisson adopts the combination of "top-down" and "bottom-up" design method, and the steel

作者简介:傅战工,教授级高工,研究方向为大跨度桥梁工程设计。

truss beam adopts the innovative "bottom-up" design method with object-oriented method. It has reference significance for all kinds of complex bridge structure BIM modeling.

Keywords Bridge engineering; BIM technology; caisson; pylon; steel truss girder; object-orienteed program.

1 工程概况

常泰长江大桥集高速公路、一级公路、城际铁路三种交通功能于一体。大桥采用双层桥面布置形式,上层桥面布置双向六车道高速公路,设计速度 100km/h;下层桥面上游侧布置 2 线城际铁路,设计速度 200km/h,下游侧布置四车道一级公路,设计速度 200km/h。

主航道桥采用(142 + 490 + 1176 + 490 + 142) m 双塔斜拉桥,桥塔两侧各设辅助墩及边墩,主航道桥总体布置见图 1。

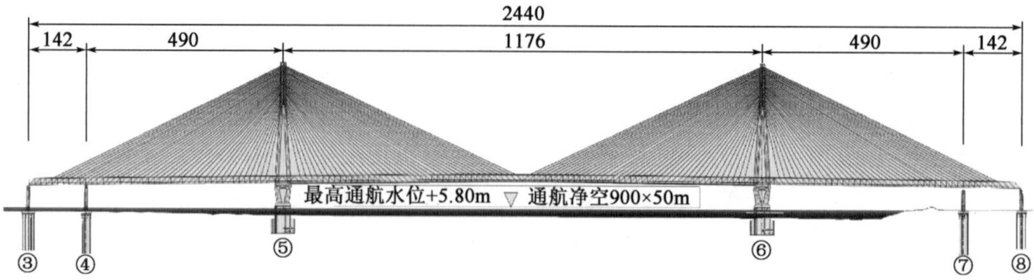

图 1 常泰长江大桥主航道桥总体布置(尺寸单位:m)

2 设计阶段应用 BIM 技术的优点

传统的计算机辅助绘图(Computer Aided Drawing, CAD)软件是通过各种方向投影制成二维平面图,图中存储的主要信息为人工将三维结构转换成的线条及尺寸标注。设计人员不仅要能构思出结构三维形状,还要能够准确地转换成二维工程图;现场人员则要通过二维工程图构想出结构三维形状。

BIM 技术对于桥梁设计的应用主要表现在模型建立、方案检查、出具施工图纸、模拟施工以及数据监测等多个方面[1]。设计流程为先构建三维模型,可以直观地显示出结构形状,设计人员能够及时发现设计方案中存在的问题,及时调整[2],经复核确认无误后再由计算机将三维模型转换成二维工程图,保证了二维图形的准确性。BIM 技术,采用参数化建模,在各信息之间建立相关性,能够做到一次创建、多次利用,一处修改、智能联动[3],是 BIM 得以真正成为生产力的不可或缺的基础。

利用 BIM 对桥梁进行设计是必然趋势,可使设计效率得到提升[4]。而且运用 BIM 技术的工程可以给业主、施工单位提供可视化的精细模型和相应的标准工程图文档,模型中有完整的信息。模型随施工过程实时调整,存档模型的数据与实际工程一致,从而可进一步提高工程设计、施工和运维管理的工作效率和管理水平。

3 BIM 模型建立

3.1 建模方法比较

参考参数化建模程度很高的机械行业的思路,BIM 建模方法总体上有自顶向下和自底向上两种方式。

自底向上的建模方法为先建好基本构件(零部件),然后利用各个基本构件之间的配合关系来建立基本结构,再将多个基本结构按设计方案组成总体结构。这种建模方法的优点为:思路简单,由于零部件单独设计,彼此之间相互独立,不易出错。缺点为:①不符合设计者的思路,设计者往往先考虑整体形状和特点,因此不适合新产品研发;②局限性强,设计修改局限单个零部件,不能纵览全局进行设计和修改,修改单个零部件相关零部件不能自动更新。这种建模方法更适用于标准化程度较高的预制装配式结构或者已完成设计后再建模的情况。

自顶向下的建模方法为先根据需求和设计意图绘制结构的总体方案,然后根据总体方案的控制数据初定各个构件的尺寸进行检算,根据检算结果调整结构尺寸并对构件进行细化设计。这种建模方法的优点为:①符合产品开发流程,从设计流程可以看出思路与产品研发流程基本吻合,符合设计者的设计习惯,完全融合到产品开发中去;②全局性强,总图修改后,设计变更能自动传递到相关零部件,从而保证设计一致;③效率高,一处修改全局变化。缺点为:对设计者要求高,由于各个零部件关联参考,要求设计者能够熟练操作软件,熟悉产品设计的流程和变化特点,如果一开始布局不合理,修改量大[5]。这种方法更适用于特殊结构。

桥梁 BIM 模型先完成各单体模型创建,再利用软件的装配功能按照统一的全局坐标系组装成一个整体[6],桥塔沉井基础、桥塔和主梁(钢桁梁)3 个主要部分各有其结构特点,因此建模流程也有所不同。

3.2 桥塔沉井基础建模

常泰长江大桥主航道桥桥塔采用新型台阶型沉井。根据沉井的特点,建模流程为:①构建沉井的整体实体模型(与浇完井壁混凝土后一致);②根据制造分块需要将整体模型分成块单元实体模型;③将块单元实体模型的外表面提取出来形成沉井的钢面板;④依据钢面板画出各支撑型钢中心线(空间位置);⑤根据结构计算成果对型钢中心线赋截面,并根据空间位置碰撞情况对型钢端部进行缩短、切角等处理。桥塔沉井基础模型见图 2。

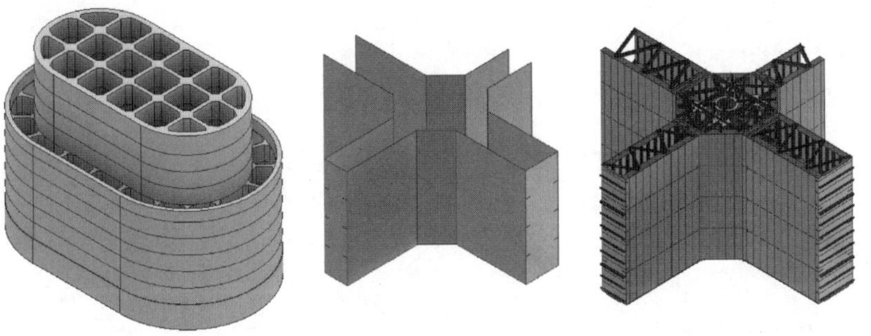

a)整体实体模型　　b)单元钢面板　　c)单元详细模型

图 2　桥塔沉井基础模型

虽然沉井结构整体是创新形式,但沉井钢结构中主要采用的是型钢,而且多数型钢构件长度近似,为便于制造采用了相同尺寸,如果完全按自顶向下的顺序建模,在步骤⑤会造成同类型钢多次重复建模的问题,这对建模效率有很大的影响。因此,在钢沉井的建模过程中,进行到步骤④(即定出型钢中心线)后,不逐根建型钢构件,改为自顶向上的模式,先建标准型钢构件系列,再分别将型钢构件按型钢中心线装配,组合成块单元中的桁架结构。该流程可以在总体层面调整沉井的整体尺寸时大多数单元尺寸相应自动调整,结合人工调整型钢长度,从而兼顾沉井钢结构建模的参数关联化与建模效率。

3.3 桥塔建模

常泰长江大桥主航道桥桥塔采用新型的四肢结构,锚固区采用首创的核芯混凝土结构。桥塔的建模流程(图 3)为:①根据斜拉索布置、主梁位置和景观比例因素定出塔柱及横梁中心线;②根据总体分析成果对横梁中心线赋截面,用塔柱各控制点截面放样(上塔柱采用核芯混凝土结构,截面复杂,只用外轮廓生成实体模型),形成桥塔总体造型;③分离出上塔柱实体模型,提取外表面形成钢面板,然后补充加劲板、索锚管等细节,由于剪力钉数量过多将造成模型文件过大影响软件运行效率,因此在模型中仅做定位设计,未生成剪力钉构件,在工程图中采用二维图常用的符号代替,以有效提高工作效率,不影响工程图的表达。

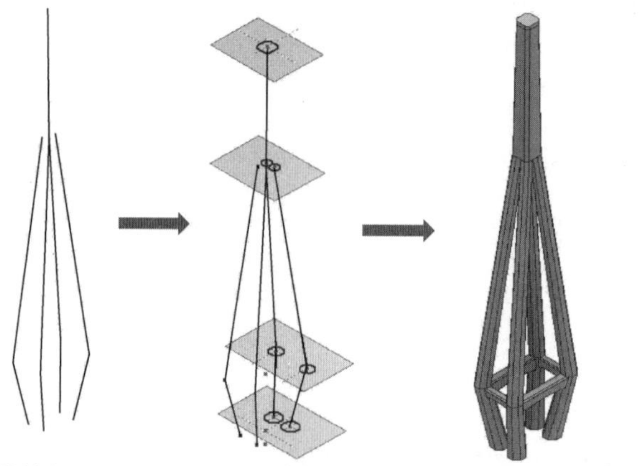

a）放样中心线　　b）赋予截面　　c）生成总体实体模型

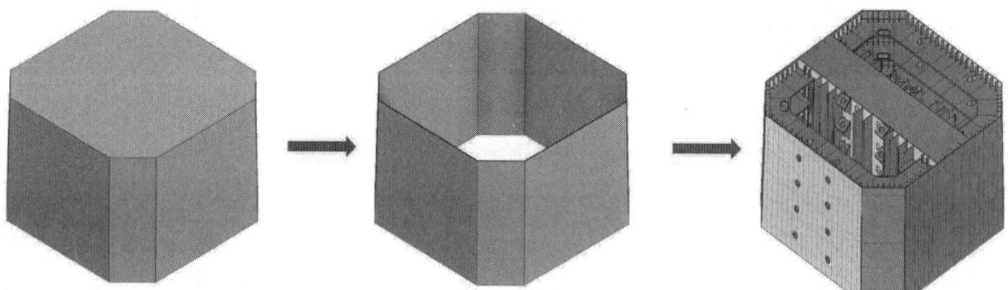

d）上塔柱节段实体模型　　e）上塔柱节段钢面板　　f）上塔柱节段详细模型

图3　桥塔建模流程

由于建模始于桥塔总体布置，因此斜拉索导管布置相关参数需从全桥总体布置图中手工提取，再输入到上塔柱模型中。一个桥塔上有78对斜拉索导管，每根导管有高程z、横向距离y、竖向偏角α、横向偏角β共4个参数，手工输入工作量较大，也易出错，故通过采用Excel表格从总体布置文件中批量提取参数导入到结构模型中的方式，提高建模效率。如果有条件宜从含有斜拉索信息的全桥总体布置开始向下建模，进一步提高各梁、塔、索之间的关联性。

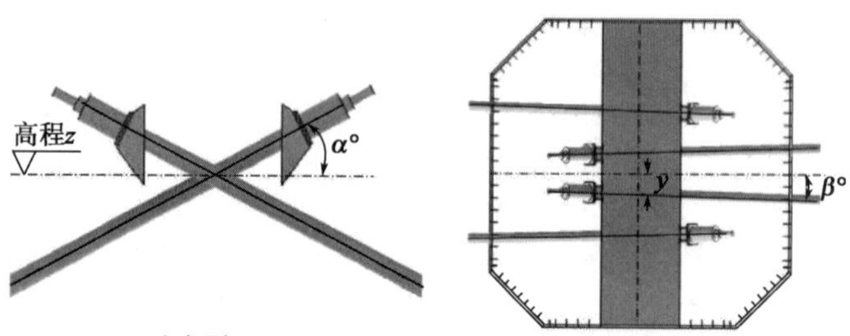

a）立面　　b）平面

图4　单根斜拉索参数设置

3.4　主梁建模

常泰长江大桥主航道桥主梁采用两片主桁钢桁梁结构，上、下游侧结构尺寸相同，标准段采用两节间整体制造与吊装。根据某BIM软件平台的桁架建模指南，推荐的流程是先建桁架框架布局，再逐一沿布局线创建各杆件模型的自顶向下的建模方法（图5）。

示例的桁架结构比较简单，主要用于建筑领域。而桥梁钢桁结构更加复杂，每一段桁梁的结构复杂，各根杆件截面不一样，且每根杆件也是变截面，但各段桁梁的构造又非常相似。如果采用自顶向下的建模方式就会有大量重复的建模过程，如果采用常规的自底向上的建模方法，每个节段有超过200个参数需要修改，工作量都很大。

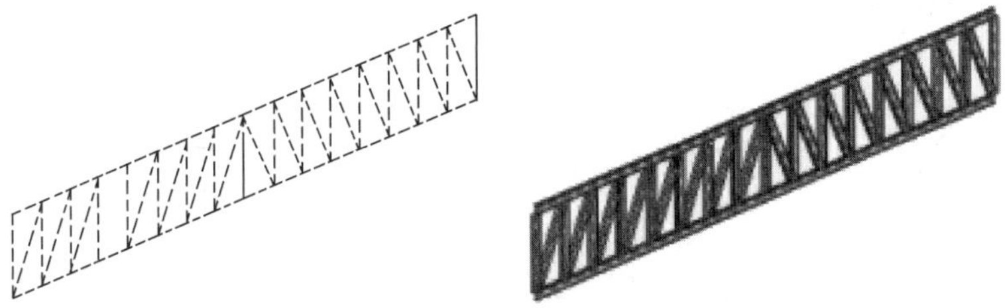

图5　简单桁架的建模方法

有工程实例通过某软件内部调用参数、公式、反应、检查、规则等知识工程对象智能生成几何模型，这种类似于面向对象的操作，适用于有规律的几何图形及零部件的创建，可避免设计人员的重复劳动[7]。但这种智能建模方法需要针对各个工程对象编写专用代码，对于结构工程师而言，掌握代码编写方法难度较大，需要软件工程师的配合，在设计方案不确定时专业协调工作量较大。

在常泰长江大桥主航道桥的设计中，参考面向对象编程的思路，采用了一种新的方法构建钢桁梁的模型，建模流程为：①画出所有杆件的系统线总图；②任取标准节段形式建模作为模板（相当于面向对象编程方法中定义类），位置控制点（图6）暂不约束；③构建节段时，将模板复制一个副本，引用系统线总图，将各位置控制点约束到设计节段对应点位置上，这样就将模板固定到了设计位置，按设计节段的尺寸修改副本中的参数，完成构件截面的匹配，形成一个节段（相当于面向对象编程方法中实例化对象并赋值）。节段模型见图7。

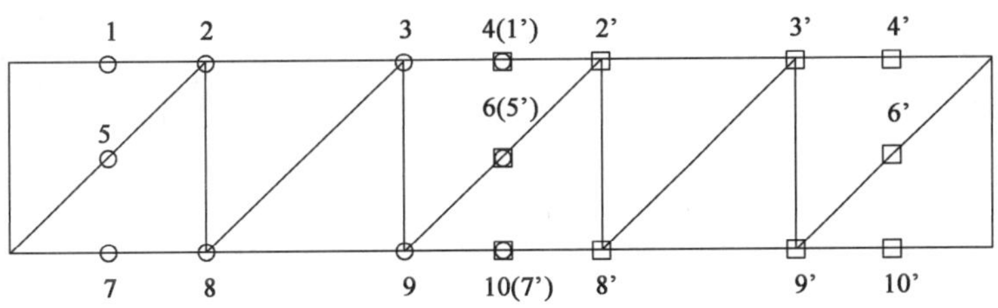

图6　位置控制点示意

该钢桁梁建模方法利用了节段之间的相似性，生成一个节段时不用从头建模，杆件之间关联度不高的截面参数直接人工修改（或采用Excel批量修改），而杆件之间关联度很高的位置信息用几何关系匹配的方式，由系统线总图驱动杆件位置与空间参数变化，系统线总图修改参数造成的所有参数变化都可以自动传递到每个节段中。该建模方法只用到了建模软件的基本操作，不需编写代码，结构工程师容易上手掌握，模板不仅适用于本工程，对同桁式的桁梁也同样适用，可作为标准库。

图7　节段模型

4　成果提交

4.1　工程图

作为设计单位，不管采用什么方式设计，设计成果均应以规范的工程图为基本方式。因此，设计单位采用BIM技术建模，要以能完成工程图为目标。生成工程图是BIM软件的基本功能之一。桥梁结构的三维信息模型完成之后，软件会自动得其平面、立面、剖面的图形[8]，可以对于桥梁的几何特征全部进行精准的立体展示[9]。常泰长江大桥设计阶段的BIM建模，大部分构造细节都是在三维模型中建好，用软件自动生成各种视图。除了常规的正视图能准确规范表达外，工程制图较为困难的轴测图（任意方向，图8）、组装图等用BIM模型均能很方便快速地生成，可以给用图者更好的识图体验，减小了表达错误或识图错误造成的风险。

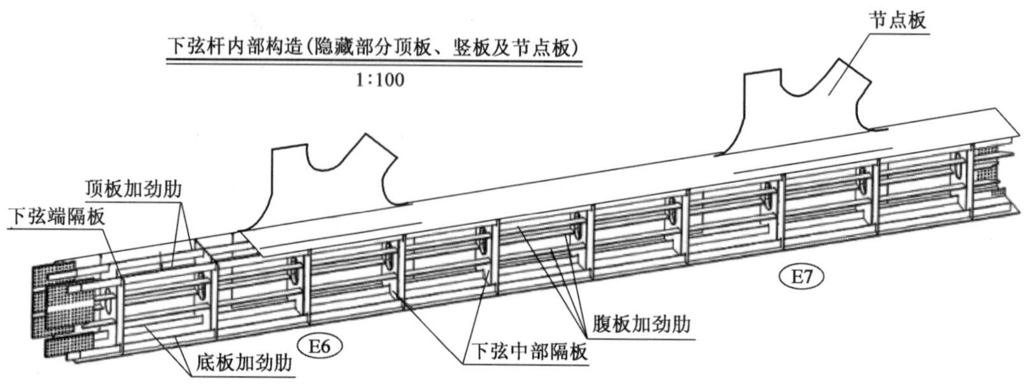

图 8 钢桁梁图纸中的轴测图

BIM 正向参数化设计比常规设计多了建模的过程,但出图效率比直接绘制二维工程图更高。以常泰长江大桥主航道桥钢桁梁为例:一个非常熟练的钢梁技术人员绘制同类型节段标准图约 5d,在标准图基础上编辑修改成另一个节段约 1d;一个非常熟练的钢梁技术人员建一个钢桁梁节段 BIM 模型的模板约为 7d,一个初步学会 BIM 软件应用并掌握 Excel 操作的助理工程师用 BIM 模板改成另一个其他节段约为 1/4d。

除了效率提高之外,BIM 正向参数化设计出图还有其他优点:建模制图不用等到分析计算完成以后,可以提前进行,缩短了设计总时间;设计继续优化时图纸变更工作量少,而传统的低参数设计模型受到的影响无异于推翻重做[10];工程图纸中全部尺寸与实物尺寸比例一致,图纸更规范,参数如果有错误更容易发现。

4.2 工程数量表

计算工程数量也是 BIM 软件的基本功能,甚至一些非 BIM 三维建模软件也具有算量功能。但这个功能对于常泰长江大桥工程数量计算的效率提升帮助不大,主要原因在于所用的 BIM 软件只能提供构件的净体积或净重,与桥梁钢结构的工程量计算方式不一致。设计中仅有混凝土结构直接采用了 BIM 软件提供的体积,钢结构规格及重量仍为手工计算,BIM 软件给出的工程量作为复核参考用。

5 结语

常泰长江大桥首次在大型桥梁工程中全面应用 BIM 技术完成正向参数化设计,针对不同结构的特点采用了不同的建模方式,不仅提高了设计效率,而且利用 BIM 模型对设计进行了多次优化。文中述及的 BIM 建模思路使用参数化 BIM 建模软件(如 Inventor、Catia、Solidworks 等)均可以实现。

常泰长江大桥主航道桥 BIM 建模并未全桥一体,为简化建模分成了多个独立部分,团队协作靠成员之间的文件复制来实现。在将来的项目应用中有望实现全桥统一、用服务器共享方式协作等目标,进一步提高效率。

参考文献

[1] 闫振业. BIM 技术在桥梁工程设计阶段的应用探讨[J]. 中国设备工程,2020(14):236-237.
[2] 刘哲哲. 基于 BIM 技术的市政道路桥梁设计探究[J]. 科技创新与应用,2020(23):102-103.
[3] 肖文. BIM 技术在桥梁设计中的应用分析[J]. 江西建材,2020(7):66-67.
[4] 王吉文,夏枫. BIM 技术在桥梁设计中的应用研究[J]. 城市道桥与防洪,2017(10):78-80+12.
[5] 徐兴炯. Inventor"自底而上"和"自顶向下"两种设计分析[J]. 南方农机,2019(4):132-133.

[6] 刘宏刚,张海华,甘一鸣. BIM 技术在新白沙沱长江大桥钢梁架设中的应用[J]. 高速铁路技术 2019,10(1):39-45.
[7] 王继红,卢禹. BIM 技术在钢桁架梁桥设计阶段的应用[J]. 土木建筑工程信息技术,2017,9-4:106-110.
[8] 郑万成. BIM 技术在桥梁设计阶段的应用研究分析[J]. 黑龙江交通科技,2019(11):142-143+145.
[9] 肖小铃. BIM 技术在桥梁工程设计阶段的应用[J]. 智能建筑与智慧城市,2020(4):65-66.
[10] 张恒. 基于 CATIA 的斜拱塔斜拉桥设计[J]. 福建交通科技,2020(3):159-162.

超大沉井基础设计及下沉方法研究

秦顺全[1],谭国宏[1],陆勤丰[1],傅战工[1],郭明伟[2],魏　凯[3]

(1. 中铁大桥勘测设计院集团有限公司,湖北武汉　430050;
2. 中国科学院武汉岩土力学研究所,湖北武汉　430071;
3. 西南交通大学桥梁工程系,四川成都　610031)

摘　要　常泰长江大桥主航道桥为主跨1176m公铁合建斜拉桥,通过技术经济综合比选,桥塔基础采用沉井方案。针对超大型沉井基础截面尺寸大、自重重、入土深等问题,提出了减自重、减冲刷的新型台阶型沉井基础方案,通过模型试验及数值分析确定了沉井相关设计参数,并基于地基中土体的三维应力状态和摩尔-库伦强度破坏准则,建立了深大基础三维地基承载力计算表达式。沉井基础成功实施的关键是可控的取土下沉措施,研究了超大型沉井下沉机理,探明随着沉井平面尺度的不断增大,端阻力与井壁侧摩阻力相比逐渐成为控制因素,沉井下沉施工必须进行盲区取土。通过对沉井刃脚下土体破坏形态的研究,提出土体破坏的临界宽度控制法和台阶式取土法,可为沉井下沉施工提供指导。

关键词　常泰长江大桥;台阶型沉井;下沉措施;盲区取土;临界宽度控制法;台阶式取土法

Research on Design and Sinking Methods for Super-Large Caisson Foundation

QIN Shun-quan[1], TAN Guo-hong[1], LU Qin-feng[1], FU Zhan-gong[1], GUO Ming-wei[2], WEI Kai[3]

(1. China Railway Major Bridge Reconnaissance & Design institute Co., Ltd., Wuhan Hubei 430050, China;
2. Institute of Rock and Soil Mechanics, Chinese Academy of Sciences, Wuhan Hubei 430071, China;
3. Department of Bridge Engineering, Southwest Jiaotong University, Chengdu Sichuan 610031, China)

Abstract　The main navigational channel bridge of Changtai Yangtze River Bridge is a raid cum-road cable-stayed bridge with a main span of 1176 m. To balance technology and economy, caisson foundations are chosen for the pylons. However, super-large caisson foundation also means large cross-section dimension, hefty body, and great depth in soil. To address these issues, a novel type of scour-reducing stepped caisson foundation (SRCF) is proposed, which has the advantages of reduced self-weight and enhanced scour resistant capacity. Model tests and numerical analysis were conducted to determine the related design parameters of the SRCF. And based on the three-dimensional stress state of the soil and the Mohr-Coulomb failure criterion, the formulas to calculate the three-dimensional load bearing capacity of the deep and large foundation were established. The controllable soil excavation

作者简介:秦顺全,院士,教授级高工,研究方向为大跨度桥梁施工控制理论,现代桥式及桥梁结构设计理论。

and sinking measures dictate the success of the caisson construction. The sinking mechanism of the super-large caisson was studied, and the results reveal that as the plan dimension of the caisson increases, the resistance of caisson ends gradually surpasses the skin friction of the caisson and becomes the dominant factor, thus, soil in the blind area should be excavated to ensure the smooth sinking of the caisson. The failure modes of soil under the cutting edges of the caisson were studied, on the basis of which the threshold width control method and stepped excavation method that can prevent the soil failure are proposed. The methods can be used to guide the sinking construction of the caisson.

Keywords Changtai Yangtze River Bridge; stepped caisson; sinking measure; soil excavation in blind area; threshold width control method; stepped soil excavation method.

1 工程概况

常泰长江大桥位于泰州长江大桥与江阴长江大桥之间，主航道桥为公铁合建双塔双索面斜拉桥[1-2]，孔跨布置为(142 + 490 + 1176 + 490 + 142)m(图1)，5号、6号墩为桥塔墩。

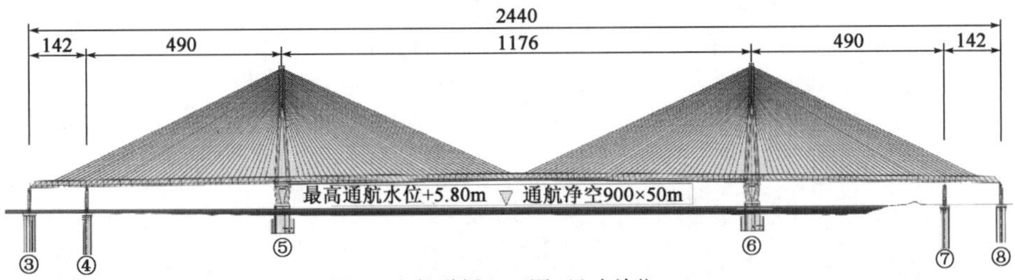

图1 主航道桥立面图(尺寸单位：m)

桥址处河道受径潮流共同作用，潮汐为非正规半日浅海潮，每日两涨两落，最高潮位 +5.28m，最低潮位 -1.14m，平均潮差 1.69m。工程场区第四系覆盖层广泛分布，由于历史上经历数次海侵，土层变化有序而复杂，主要为冲洪积的黏性土、砂性土，下伏基岩主要为新近系粉砂岩。桥位处第四系松散沉积物厚度达 160m 以上，地层为黏土层与砂层的互层地层，表层分布 4 ~ 6m 厚的硬塑粉质黏土层，中部分布松散粉细砂、粉土、软塑状粉质黏土，中下部密实的中粗砂层可作为桥梁基础的持力层[3]。5号、6号墩地质分层见图2。

5号墩河床面高程：-15.0m

土层编号	土层名	土层厚度(m)	柱状图
①$_3$	松散粉砂	2.71	
②$_1$	硬塑粉质黏土	5.52	
②$_3$	中密粉砂	2.17	
②$_{1-1}$	软塑粉质黏土	2.34	
②$_4$	中密细砂	4.22	
②$_{1-1}$	软塑粉质黏土	2.18	
②$_3$	中密粉砂	6.25	
②$_4$	密实细砂	8.57	
②$_{1-1}$	软塑粉质黏土	1.87	
②$_5$	密实中砂	6.50	
②$_7$	密实粗砂	15.8	
③$_3$	密实粉细砂	18.4	
③$_1$	粉质黏土	3.6	
③$_2$	密实粉砂	~	

a)5号墩

6号墩河床面高程：-18.0m

土层编号	土层名	土层厚度(m)	柱状图
①$_3$	粉砂	0.5	
②$_1$	硬塑粉质黏土	4.5	
②$_3$	粉砂	5.6	
②$_{1-1}$	软塑粉质黏土	3.6	
②$_3$	粉砂	2.8	
②$_{1-1}$	软塑粉质黏土	10.3	
②$_3$	粉砂	9.1	
②$_{1-1}$	软塑粉质黏土	9.1	
②$_5$	中粗砂	7.3	
③$_1$	粉质黏土	12.9	
③$_2$	砂类土	~	

b)6号墩

图2 桥塔墩地质分层

2　桥塔基础方案研究

主航道桥跨度大、荷载重,主力组合工况下桥塔底竖向力 2.8×106kN,顺桥向弯矩 1.5×107kN · m。在设计前期针对桥塔基础进行了钻孔灌注桩、钢管打入桩和沉井 3 种方案的研究[2]。

2.1　钻孔灌注桩方案

大桥所处地层覆盖层深厚,钻孔灌注桩方案采用 227ϕ2.5m 桩基础, 5 号桥塔基础桩长 116m,6 号桥塔基础桩长 123m,桩底持力层为密实砂层,按摩擦桩设计。承台平面尺寸 99m×81.6m(图 3)。

2.2　打入钢管桩方案

打入钢管桩基础方案采用 136ϕ3.0m 钢管桩,钢管壁厚 50mm,行列式布置, 5 号桥塔基础桩长 105m,6 号桥塔基础桩长 117m,桩底持力层为密实砂层。承台平面尺寸 85m×61m(图 4)。

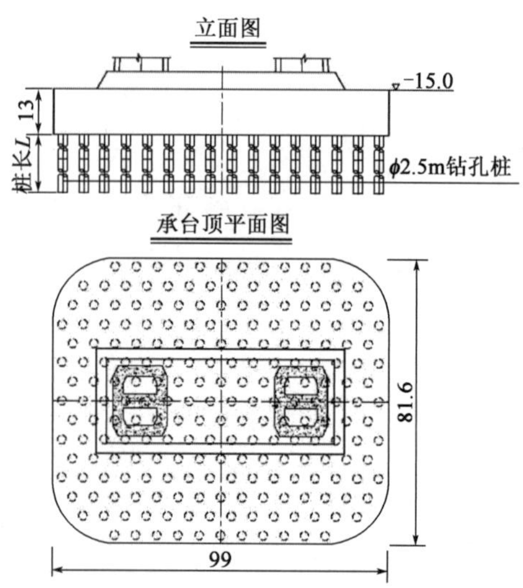

图 3　钻孔灌注桩方案(尺寸单位:m)

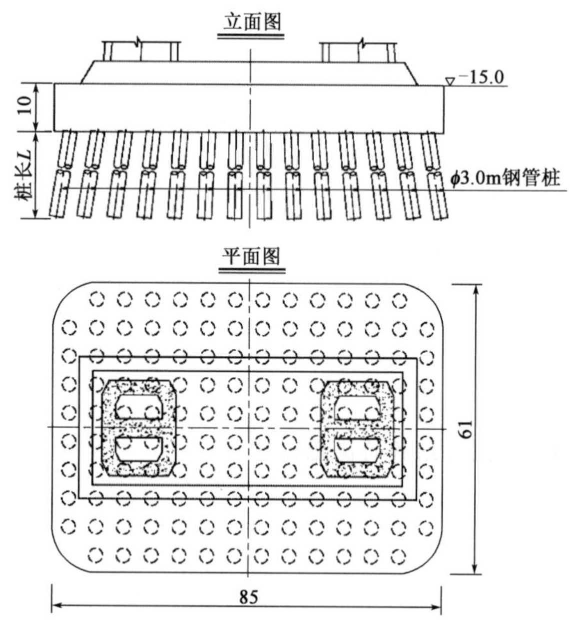

图 4　打入钢管桩方案(尺寸单位:m)

2.3　沉井方案

沉井方案采用倒角矩形截面,平面尺寸 92.9m×54.2m。沉井顶高程 +7.0m,为了确保沉井基础满足地基承载能力及局部冲刷要求, 5 号桥塔沉井底高程为 -82.0m,沉井总高 89.0m;6 号桥塔沉井底高程 -92.0m,沉井高 97.0m(图 5)。

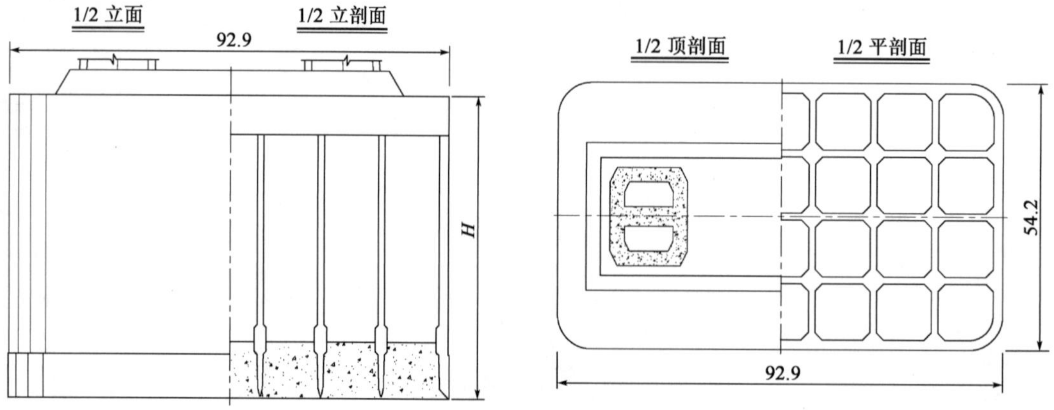

图 5　沉井基础方案(尺寸单位:m)

2.4 方案比选

对3种桥塔基础方案重点从结构受力特点、施工、工程造价方面进行比选,见表1。由表1可知:综合技术、经济等多方面考虑,沉井方案更优。因此,该桥桥塔基础采用沉井方案。

桥塔基础方案比选 表1

比选指标	钻孔灌注桩方案	打入钢管桩方案	沉井方案
规模	227根,直径ϕ2.5m,桩长116m/123m	136根,ϕ3.0m,桩长105m/117m	长92.9m,宽54.2m,高89m/97m
结构受力特点	承台平面尺度达到百米量级,桥梁运营阶段,若承台下河床冲刷与预估出现偏差,难以检测和防护;单根桩受冲刷影响,其实际埋深具有随机性和不确定性,对桩群受力分配影响大;超长桩的桩侧、桩端阻力分布仍需研究	斜桩可提供较大的水平承载能力,布置紧凑,承台尺度较钻孔灌注桩方案小	结构刚度大,承载能力高,传力简洁明确;整体性好,有较强的水平荷载承载能力
施工特点	钻孔灌注桩施工工艺成熟	钢管桩直径大,桩长超百米,对打桩设备要求高	沉井基础施工技术总体成熟,但当缺少针对性装备时,取土下沉效率低,工艺方法选择不当时,有突沉等安全质量风险
经济指标	1.32	1.22	1.0

注:经济指标为各方案工程造价与沉井方案工程造价的比值。

3 沉井基础设计

3.1 沉井结构的优化构思

沉井的受力特性接近深埋扩大基础,其底平面尺寸主要由地基承载能力控制。为承受超大跨度桥梁上部结构传给沉井的巨大竖向力和弯矩,需要相应巨大的基底平面尺寸,造成沉井自重非常重。统计表明,超大型沉井约1/2的荷载是沉井的自身重量,处理好地基承载力和下沉施工对重量的不同要求之间的矛盾,是沉井设计成功的关键。

随着沉井截面尺寸增大,基础周围河床冲刷加剧,冲刷深度增大,沉井必须下沉至稳定土层以确保刃脚的埋深要求,而过大的沉井下沉深度又增加了沉井下沉的施工风险。研究表明:水流遇到桥梁基础产生的下切水流是产生冲刷的主要因素,如果在沉井适当高度设置结构台阶,则可有效控制下切水流对河床的掏刷,减小基础周围河床局部冲刷深度[4]。常规沉井因施工挡土的需要,顶、底面尺寸相同,但从结构构造上考虑,沉井顶面尺寸只需满足塔柱布置及上部结构传力的需要,对于超大型沉井,实际需要的沉井顶面尺寸往往比沉井基底平面尺寸小很多,这为沉井在合适位置设置结构台阶提供了条件。

基于此,提出台阶型减冲刷、减自重沉井基础SRCF(Scour-Reducing Stepped Caisson Foundation)[5]。沉井底面尺寸由地基承载能力控制,沉井顶面尺寸由桥塔塔座构造确定。沉井下沉施工时,台阶挡墙顶部之上设置临时挡土外接钢围堰,为外周井孔取土提供支撑平台及静水环境,同时保证沉井下沉施工时有足够的重量。外接钢围堰采用分块单元式制造、组拼安装,沉井施工完成后分块拆除,减小运营阶段沉井的重量(图6)。

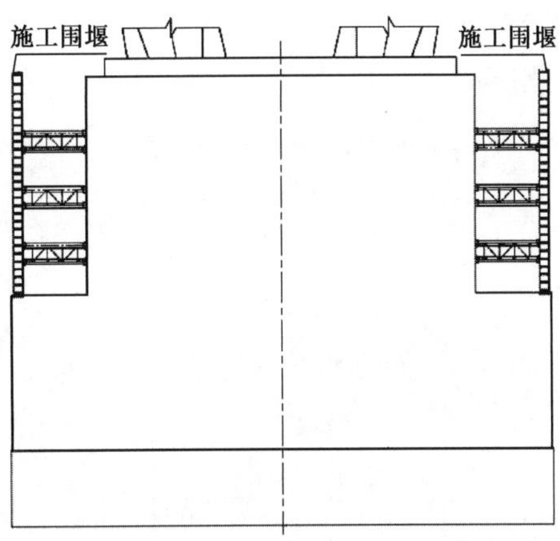

图6 台阶型沉井及其施工临时围堰

3.2 台阶型沉井设计

3.2.1 台阶型沉井结构

为了研究合适的台阶设置高度、台阶宽度和台阶形状,开展了系统的数模分析和中型水槽模型试验[4-5],综合考虑地质、水文、施工等因素,通过对矩形、圆倒角矩形和圆端形截面进行比选,最终采用了性能最优的圆端形截面台阶型沉井基础(图7)。沉井底面尺寸 95.0m × 57.8m(横桥向 × 纵桥向),圆端半径 28.9m;沉井顶面尺寸 77.0m × 39.8m(横桥向 × 纵桥向),圆端半径 19.9m;台阶宽度 9.0m。沉井总高 72.0m,顶高程 +7.0m,底高程 −65.0m;台阶挡墙顶高程 −22.0m,基础持力层为密实中细砂;沉井为钢壳内填充混凝土结构,钢沉井高 64.0m,顶高程 −1.0m,底高程-65.0m。台阶处井孔盖板为预制混凝土结构,板厚 0.5m,盖板为防砂不防水设计。封底混凝土厚 11.5m。

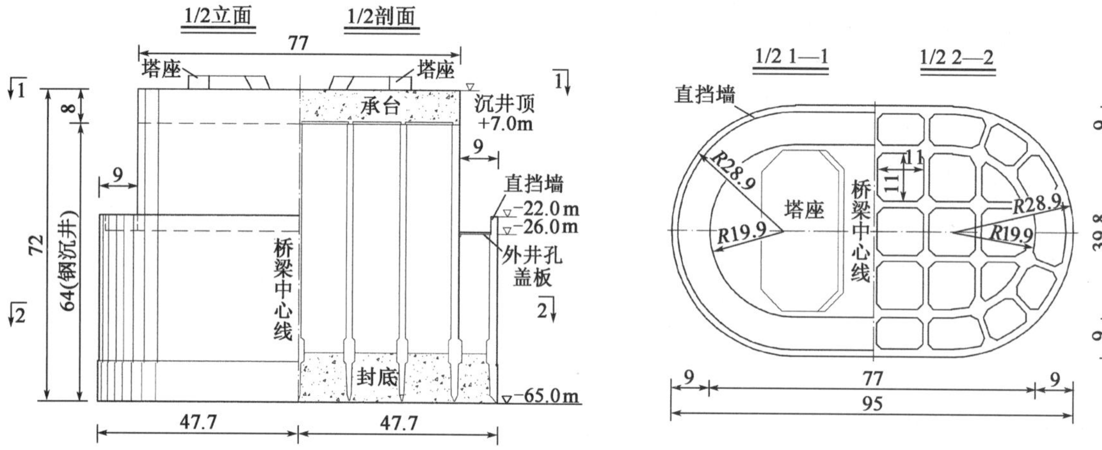

图7　桥塔沉井基础(尺寸单位:m)

3.2.2 台阶型沉井减冲刷试验验证

为了进一步验证设计确定的台阶型沉井的减冲刷效果,并提供设计参数,进行了台阶型沉井和等截面沉井大型水槽局部冲刷实体模型试验。试验水槽长 35m、宽 7m、高 1.2m,采用 1∶70 正态模型比尺,300 年一遇水文条件,原型来流流速 3.0m/s。

试验结果(图8)表明:从冲刷范围来看,等截面沉井冲刷范围比台阶型沉井大,沉井前端迎水面处尤为明显,台阶型沉井最大冲深出现在底节大截面沉井外侧较小的区域,说明台阶型沉井有效限制了下切水流对沉井前缘土体的侵蚀;台阶型沉井的侧后方冲刷减弱,而等截面沉井在相同的部位冲刷依然较明显,说明由直挡墙和台阶形成的凹槽耗散了冲刷水流的能量。从局部最大冲刷深度来看,台阶型沉井较等截面沉井减小近 20%(表2)。综合考虑台阶型沉井基础的地基承载能力以及减自重、减冲刷效果,沉井底高程最终确定为 −65.0m。

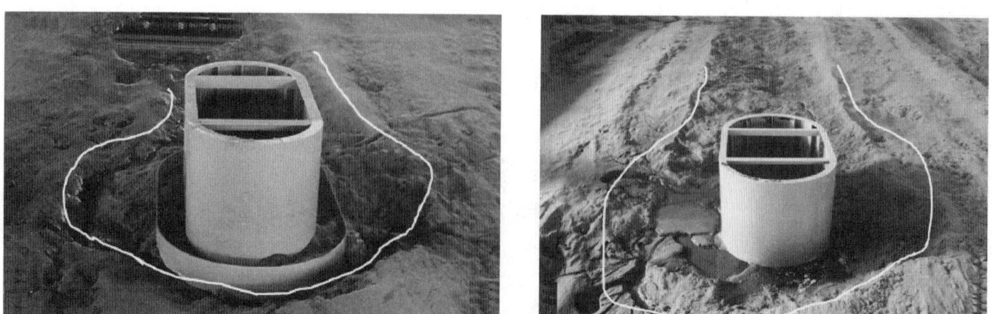

a) 台阶型沉井试验结果　　b) 等截面沉井试验结果

图8　大型水槽局部冲刷实体模型试验

局部最大冲刷深度 表2

位置	局部最大冲刷深度(m)		减冲效率(%)
	台阶型沉井	等截面沉井	
5号桥塔沉井	32.2	39.7	18.9
6号桥塔沉井	29.4	36.5	19.5

4 超大超深基础地基承载能力研究

4.1 三维地基承载能力

我国桥梁基础规范中地基承载力计算公式是基于浅基础理论建立起来的，直接用于超大超深沉井基础会因基础破坏机理不同产生偏差。为此开展了超大超深基础地基承载能力研究[6]。

《建筑地基基础设计规范》(GB 50007—2011)推荐采用限制塑性区范围的条形基础承载力理论公式[7]作为地基承载力的特征值(也称为界限承载力)：

$$f_a = M_b\gamma b + M_d\gamma_m d + M_c c_k \tag{1}$$

而对于大型桥梁基础，矩形、圆端形、圆形的独立基础更为常见，这些基础形式表现为明显的三维特征，直接采用条形基础承载力的理论公式虽然偏安全但差异较大，按照三维形态确定其地基承载力更为合适。

按照弹性力学计算圆形基础地基土体中单元体的空间应力，采用摩尔库伦强度屈服准则，求解得到最大塑性区深度达到1/4基础直径时对应的地基承载力，参照条形基础计算表达式，通过基础底面积等效并修正形状系数，形成适用于各种形状的三维地基承载力简化公式：

$$P_{1/4}' = \gamma(2r)M_b' + \gamma_0 dM_d' + cM_c' \tag{2}$$

式中，$P'_{1/4}$为塑性区深度达到1/4基础直径时对应的地基承载力，γ为基础底面以下土的重度(kN/m^3)，地下水位以下取浮重度；γ_0为基础底面以上土的加权平均重度(kN/m^3)，位于地下水位以下的土层取有效重度；$r=\sqrt{\frac{F}{\pi}}$，F为实际基础底面积；M_b'、M_d'和M_c'分别为三维应力状态下的承载力系数，$M_b' = S_r \times M_b$、$M_d' = S_q \times M_d$、$M_c' = S_c \times M_c$，其中M_b、M_d、M_c为式(1)中的承载力系数，S_r、S_q、S_c分别为宽度比例系数、深度比例系数、黏聚力比例系数。

4.2 离心机模型试验

为了进一步验证三维应力状态下地基承载力理论表达式，以6号桥塔沉井基础及其代表地层为研究对象，进行了离心机模型试验(图9)，重点关注6号桥塔沉井基础地基的承载能力及基础沉降。结合沉井基础实际尺寸、模型箱的净空尺寸(1.5m×1.4m×1.5m)，相似比为1∶150。

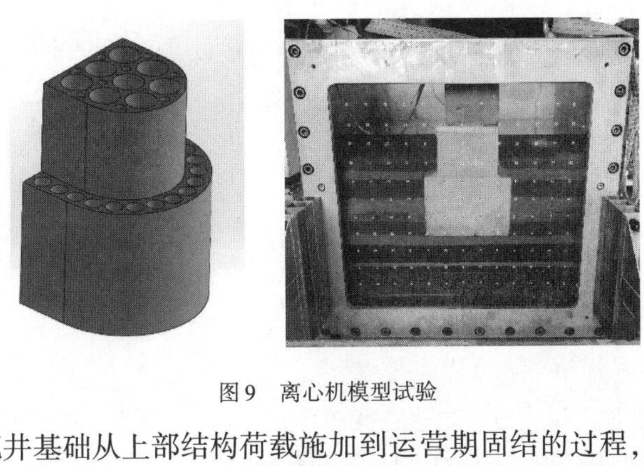

图9 离心机模型试验

试验加载完全模拟沉井基础从上部结构荷载施加到运营期固结的过程，固结完成后继续加载研究地基的极限承载能力。试验结果(图10)表明：当6号桥塔沉井上部实际恒载(2.8×10^6kN)施加完毕后，原型地基土体沉降量为 205mm；试验过程持荷 150 分钟，模拟基础工后固结沉降期 78 个月，见图 10b），原型地基土体沉降趋于稳定，沉降量为 155mm，原型地基总沉降量可达到 360mm；持荷后继续加载，研究地基土体极限承载能力，当极限加载值达到 19.0×10^6kN 时，荷载沉降曲线仍没有出现明显的拐点图 10c）。

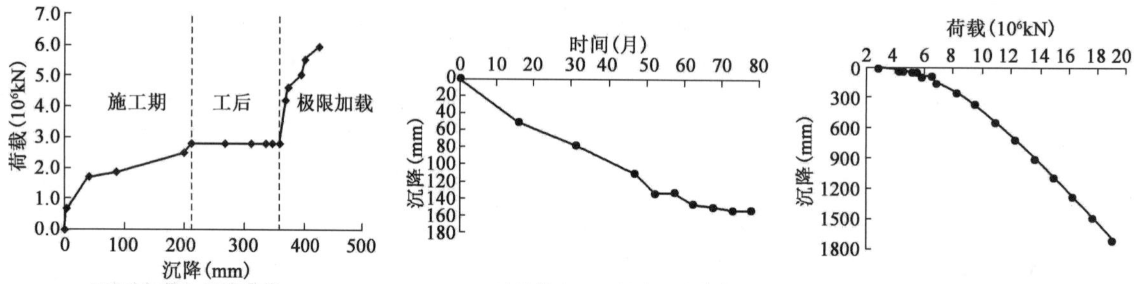

a) 试验加载与沉降曲线　　b) 地基土工后固结沉降曲线　　c) 极限加载阶段荷载沉降曲线

图 10　6 号桥塔沉井试验结果

综合研究表明：超大超深基础地基土体的破坏特征为，土体塑性区从基础底部边缘应力集中区开始出现，随后向基底土体深处发展，塑性区范围逐渐增大，塑性区演变过程不同于传统浅基础土体的剪切破坏、塑性区贯穿至土体表面形成大范围的滑移现象。对于超大超深基础采用三维地基来评估地基的承载力更为合理。

5　沉井下沉方法研究

5.1　沉井下沉机理

现代沉井基础 18 世纪 40 年代起源于欧洲，比 20 世纪 40 年代才开始在美国大规模应用的钻孔灌注桩整整早了 200 年[8]，我国使用钢材和混凝土修筑沉井也有近 100 年的历史。沉井基础因其整体性好、承载力大、施工时不需搭设额外施工平台等优点，一直是桥梁深水基础的主要形式，技术成熟[9]。但是，沉井基础的最大难点是下沉施工，如果施工中缺乏针对性取土装备，下沉效率低；若工艺方法选择不当，则有突沉等安全质量风险。

20 世纪 80 年代我国援建缅甸的丁茵桥为主跨 112m 钢桁梁桥，主墩沉井基础外径 16m；2011 年通车的泰州长江大桥为双主跨 1080m 公路悬索桥，主墩沉井平面尺寸 58.4m×44.4m；常泰长江大桥为主跨 1176m 公铁两用斜拉桥，桥塔沉井平面尺寸 95.0m×57.8m。3 座桥梁的沉井基础平面布置见图 11。可以看出，随着桥梁跨度的加大，沉井平面尺寸快速增加。

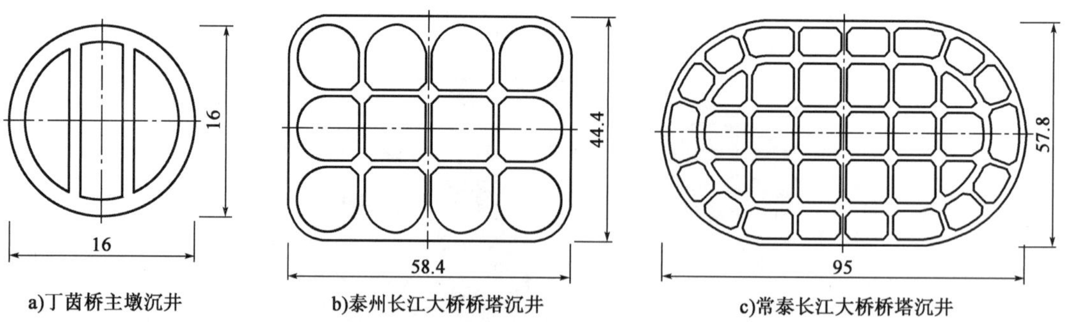

a) 丁茵桥主墩沉井　　b) 泰州长江大桥桥塔沉井　　c) 常泰长江大桥桥塔沉井

图 11　3 座桥梁的沉井基础平面布置（尺寸单位：m）

沉井要实现取土下沉，必须依靠自身的有效重量克服沉井井壁外土体的摩阻力和沉井底部的端阻力。3 个典型沉井下沉参数对比见表 3。由表 3 可知：随着沉井尺度的增加，侧摩阻力在沉井下沉阻力中的占比降低，端阻力在沉井下沉阻力中的占比大幅上升。

3个典型沉井下沉参数对比 表3

典型沉井	平面尺寸（m）	外壁周长/井壁面积	侧壁摩阻力/沉井有效重量	端阻力/沉井有效重量
丁茵桥主墩沉井	$\phi16$	0.58	0.86	0.14
泰州长江大桥桥塔沉井	58.4×44.4	0.24	0.59	0.41
常泰长江大桥桥塔沉井	95×57.8	0.16	0.37	0.63

沉井井壁摩阻力与沉井外侧平面周长相关，端阻力与沉井平面面积直接关联。随着桥梁上部结构传递至基础的荷载不断增加，沉井平面尺度需要不断增加，平面尺度的增加对沉井周长的影响为线性关系，但对沉井平面面积的增加为二次方的指数关系。由表3统计数据也可以看出，沉井端阻力占下沉总阻力的比值从常规小沉井的0.14，到大型沉井的0.41，再到超大型沉井的0.63，已从量变发展到质变。或者说，对于超大型沉井，沿用中小沉井的施工方法，如果没有沉井端部阻力的可靠可控解除手段，就难以实现超大型沉井的安全可控下沉。

5.2 临界宽度控制法

沉井必须取土解除端阻力才能实现下沉，但常规的吸泥设备只能垂直取土。由于封底混凝土受力需要，井壁设置有剪力键，井壁及剪力键范围内垂直取土设备无法直接取土，形成取土盲区。由于盲区的存在，端阻力无法主动解除，施工时常采用井内超深取土的方式，刃脚下形成一道道“土墙”（图12），“土墙”在沉井重量或其他外力（如沉井排水）作用下被动破坏。计算表明，常泰长江大桥主航道桥6号桥塔沉井在黏土层 -57m 高程，盲区宽度3.2m时，超取土深度需达5.0m“土墙”才会破坏，如果由于吸泥平台布置的原因盲区宽度达到4.2m时，则“土墙”破坏的超取土深度需达7.0m。

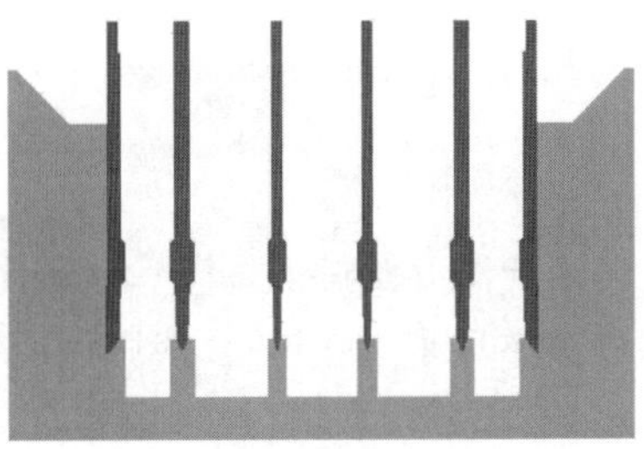

图12 井孔内超取土示意

对于正面阻力占比不大的中小沉井，当“土墙”发生非可控失效时，由于沉井稳定由侧摩阻力主导，沉井容易达到新的平衡。但对于正面阻力已起控制作用的超大型沉井，被动不可控解除正面阻力则必然面临突沉等巨大的安全质量风险，必须研究采用有针对性的工艺方法。

刃脚盲区取土原理示意见图13，按照摩尔库伦破坏准则，增大 σ_1 或减小 σ_3 都可以使土单元体发生剪切破坏。当沉井有效重量一定时，减小盲区土体宽度 B，既能有效增加刃脚下土体的正应力 σ_1，又能减少 σ_3。

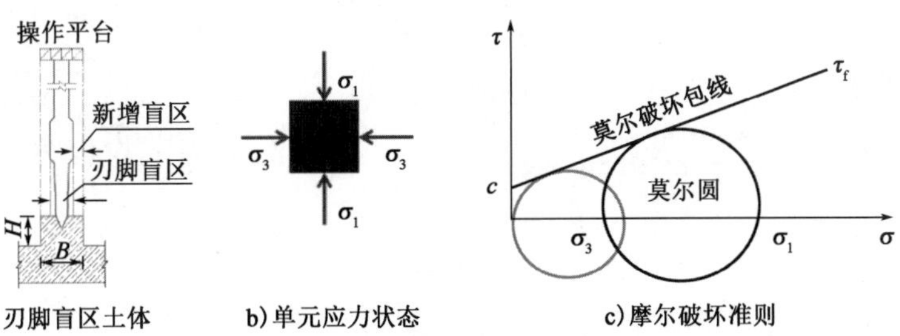

图13 刃脚盲区取土原理示意

为了控制沉井突沉风险，必须严格限制最大超取土深度。当规定超取土深度 $H=2.0\text{m}$ 时，对中隔墙刃脚下土体进行有限元分析，土体极限状态等效塑性应变结果见图14。由图14可知：只有刃脚下土体宽度减小至2.0m时，土体发生整体剪切破坏。盲区土体宽度 B 逐渐减小到土体破坏时的宽度称之为临界破坏宽度。

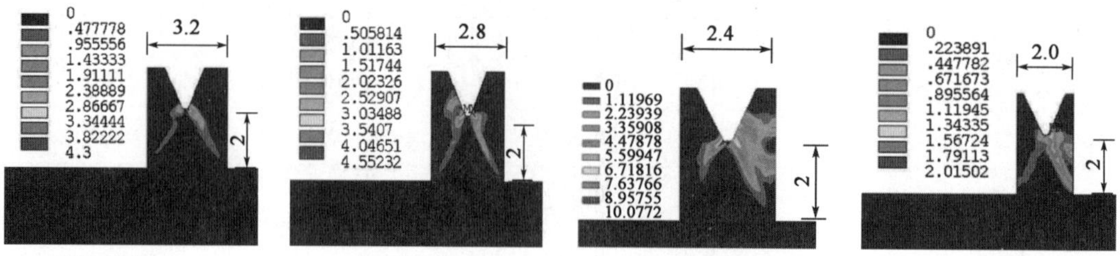

a) 刃脚宽度3.2m　b) 刃脚宽度2.8m　c) 刃脚宽度2.4m　d) 刃脚宽度2.0m

图14　中隔墙刃脚下土体极限状态等效塑性应变(尺寸单位:m)

沉井要实现安全可控下沉,就必须控制井孔内超取土深度,要实现控制超取土深度的高效平稳下沉,则必须进行剪力键下盲区取土。盲区取土可以在井孔内采用专用设备实施,也可通过隔墙和井壁预留孔进行内破土。

5.3　台阶式取土

沉井外井壁刃脚通常为单斜面设计,其下土体破坏模式与内隔墙不同。有限元分析结果(图15)显示:随着外井孔内泥面逐渐降低,至井孔内泥面与外刃脚底齐平时(图15c),刃脚下土体剪切面贯通。结合中隔墙刃脚下的土体有限元分析结果可以发现,刃脚下土体发生剪切破坏时,外井孔泥面高于内井孔泥面。

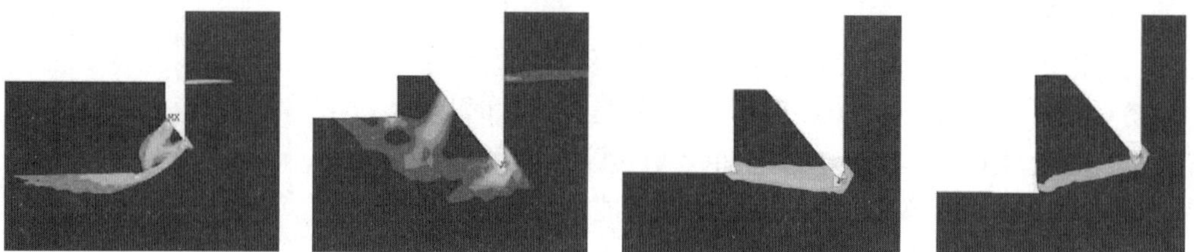

a) 井内泥面高5.0m　b) 井内泥面高1.0m　c) 井内泥面与外刃脚平齐　d) 井内泥面高-1.0m

图15　外井壁刃脚下土体有限元分析结果

为了保证沉井下沉平稳均匀,保持内外井孔土体变形形态尽可能协调是必要的,这就要求沉井取土下沉时,外井孔泥面始终高于内井孔,形成台阶(图16),取土台阶还可以防止沉井外土体涌入沉井内,有利于保持沉井下沉时的姿态稳定。

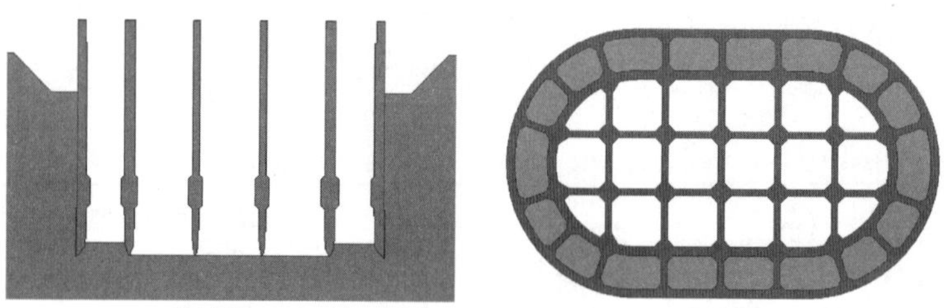

a) 立面　b) 平面

图16　台阶式取土示意

6　结语

桥梁的建造除必须最大限度地节约资源、保障安全、提升桥梁功能外[10],还必须满足航运、行洪和环境保护要求,超大跨度是工程师不得已的选择。超大跨度的桥梁必然意味着桥梁主要结构,特别是基础的结构尺度都是超常规的,超常规尺度结构现行设计规范的适应性和既有施工方法的针对性是桥梁工程师不能回避的问题。

沉井结构具有整体性好、刚度大、承载能力高等优势,是超大跨度桥梁常用的基础型式。台阶型减冲刷、减自重沉井基础(SRCF)解决了传统沉井基础应用于超大跨度桥梁深水基础的适应性问题,沉井通过设置台阶,有效减小冲刷深度,减轻运营期沉井自重,达到大幅度减小沉井施工下沉深度,降低沉井规模和施工风险的目的。

超大超深基础的破坏机理不同于浅基础,本文在三维地基应力状态和土体摩尔—库伦强度破坏准则的基础上,建立了考虑基础三维形态的地基承载力简化计算公式,并通过离心机模型试验,研究了常泰长江大桥沉井基础的整体变形及破坏特征。对于超大超深基础采用三维地基承载能力公式来评估地基的承载力更为合理。

沉井结构的最大难点和风险来自取土下沉。本文的研究表明,随着沉井平面尺度的增加,沉井施工下沉阻力中的端阻力从非控制量逐渐变成控制量,要实现大型沉井安全高效下沉,用可靠可控的手段解除端阻力是关键,即进行主动的盲区取土;为了保证沉井下沉平稳均匀,需保持内外井孔土体变形形态协调,外井孔泥面应始终高于内井孔。

参考文献

[1] 常泰过江通道工程可行性研究报告[R]. 武汉:中铁大桥勘测设计院集团有限公司,2018.

[2] 常泰长江大桥初步设计文件[R]. 武汉: 中铁大桥勘测设计院集团有限公司,2019.

[3] 常泰过江通道工程地质勘察报告[R]. 武汉:中铁大桥勘测设计院集团有限公司,2018.

[4] 新型基础结构型式及设计施工方法研究报告[R]. 成都:西南交通大学桥梁工程系,2019.

[5] 秦顺全,徐伟,陆勤丰,等. 常泰长江大桥主航道桥总体设计与方案构思[J]. 桥梁建设,2020,50(03):1-10.

[6] 超深超大基础地基承载力及破坏机理研究[R]. 武汉:中国科学院武汉岩土力学研究所,2019.

[7] 中华人民共和国住房和城乡建设部. 建筑地基基础设计规范:GB 50007—2011[S]. 北京:中国计划出版社,2012.

[8] 李军堂,秦顺全,张瑞霞. 桥梁深水基础的发展与展望 [J]. 桥梁建设,2020,50(03):17-24.

[9] 南京长江大桥技术总结[R]. 武汉: 铁道部大桥工程局,1983.

[10] 秦顺全,高宗余. 中国大跨度高速铁路桥梁技术的发展与前景[J]. Engineering,2017,3(06):23-38.

常泰长江大桥普通公路江南段选线研究

金恩伟,胡　骏,郑国富,刘厚军

(中铁大桥勘测设计院集团有限公司,湖北武汉　430050)

摘　要　常泰长江大桥是集成高速公路、普通公路、城际铁路“三位一体”的复合过江通道。江南段普通公路接线位于常州市新北区,建设条件复杂。下层普通公路承担常州和泰州两市的城市交通过江功能,道路选线的优劣直接关系到本项目过江功能的发挥。路线方案除了会影响用地、城市规划外,甚至会决定跨江主桥各种交通方式的横断面布置,这在之前的过江通道选线中是从未遇到过的。笔者参与了本项目下层普通公路的选线研究的全过程,阐述了本项目普通公路江南段选线需要考虑的因素,希望起到抛砖引玉的作用,为未来类似项目提供借鉴。

关键词　常泰长江大桥;普通公路接线;选线研究

Study on route selection of the Ordinary Highway Connection of Jiangnan Section of Changtai Yangtze River Bridge

JIN En-wei,HU Jun,ZHENG Guo-fu,LIU Hou-jun

(China Railway Major Bridge Reconnaissance & Design Group Co. ,Ltd.,Wuhan Hubei 430050,China)

Abstract　Changtai Yangtze River Bridge is a composite river crossing channel integrating expressway, ordinary highway and intercity railway. Jiangnan section of the ordinary highway connection is located in Xinbei District, Changzhou City, with complex construction conditions. The lower ordinary highway bears the river crossing function of urban traffic in Changzhou and Taizhou. The quality of road route selection is directly related to the exertion of river crossing function of the project. In addition to land use and urban planning, the route plan will even determine the cross-section layout of various traffic modes of the main bridge across the river, which has never been encountered in the previous river crossing channel route selection. The author participated in the whole process of the research on the route selection of the lower ordinary highway of the project, elaborated the factors to be considered in the route selection of the Jiangnan section of the ordinary highway of the project, hoping to play a role in attracting valuable ideas and provide reference for similar projects in the future.

作者简介:金恩伟(1978—),国家注册土木工程师(道路工程),国家注册土木工程师(岩土),国家注册咨询工程师(投资),国家商务部、财政部援外专家库专家,高级工程师,长期从事道路工程规划设计。

Keywords Changtai Yangtze River Bridge; highway connection; route selection research.

1 引言

常泰过江通道的建设将改变常州市内没有过江通道的历史，填补泰州大桥至江阴大桥间的过江通道空缺，推动常泰城市组群跨江融合发展，加快扬子江城市群建设。

常泰过江通道将会给常州的城市发展带来重要契机，深远影响着常州的交通体系和城市发展。为充分发挥常泰过江通道的城市服务和交通提升作用，需对过江通道的接线方案进行深入研究，充分发挥本通道的过江功能，促进并引导常州市的城市交通进一步优化发展。

2 项目概况

常泰长江大桥位于泰州大桥与江阴大桥之间，分别距离泰州大桥约 28.5km，距离江阴大桥约 30.2km。常泰长江大桥集高速公路、普通公路、城际铁路“三位一体”合并过江，采用上下层布置，上层桥面布置双向 6 车道高速公路，下层桥面上游侧布置两线城际铁路，下游侧布置 4 车道一级公路。高速公路是《江苏省高速公路网规划（2017—2035 年）》中的如常高速公路，在泰兴侧接宁通高速公路，起点位置设置在泰兴东互通与广陵枢纽之间，常州侧接入江宜高速，终点位置设置在安家互通处，如图 1 所示。铁路为《江苏省“十三五”铁路发展规划》与《江苏省沿江城市群城际轨道交通网规划（2012—2020 年）》中的泰常城际铁路。普通公路过江就近接入周边路网，服务于泰兴市、常州市的短途过江交通[1]。

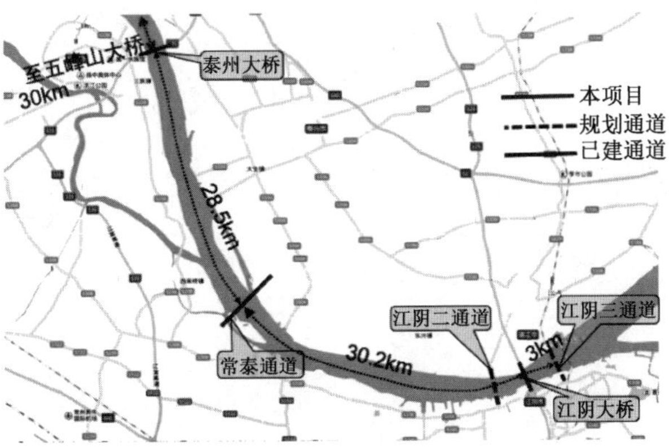

图 1 项目地理位置图

3 选线研究

3.1 江南段项目起终点

根据前期桥位的专题研究，过江段平面位置稳定。江南段接线起点位置稳定。

项目的终点考虑因素较多，笔者认为最重要的就是结合常州市的总体规划，能够方便地接入常州市快速路系统。在研究过程中，有人认为下层的普通公路接线应该尽快落地，节约投资，笔者认为这样考虑虽有一定道理，但是不够全面，应该综合考虑进远期的情况做出选择。

3.2 项目总体走向及控制点

3.2.1 常州市快速路网规划

下层普通公路承担常州和泰州两市的城市交通过江功能，所以江南接线必须能够接入常州的快速路系统。

常州的快速路规划为形成覆盖中心城区的“两纵三横”。其中，两纵为龙江路（省道 338—南环公路）、青洋路（沪蓉高速公路—南环公路）；三横：龙城大道（常州机场—大明路）—潞横路（大明路—沪蓉高速公路横山桥立交道口)、中吴大道(龙江路—青洋路)、长虹路(省道239—省道232)[4],如图2所示。

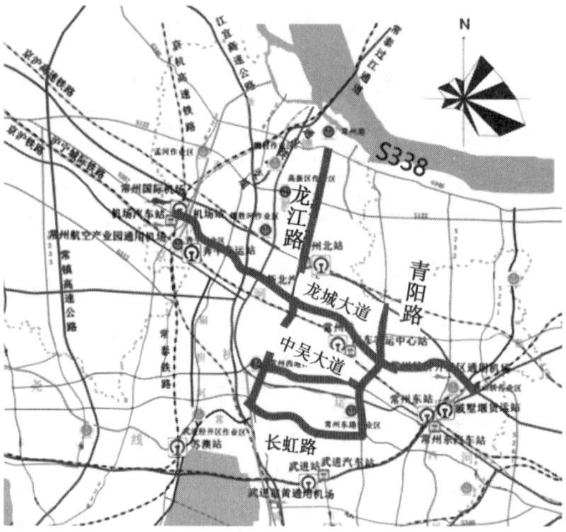

图2 常州快速路规划示意图

3.2.2 接线道路选择

从路网结构分析,常泰过江通道下层公路需对接常州快速路网的西部纵线—龙江北路,引导常州市区的交通快速过江。

近期应选择现状主干路港区中路线位先落地设置收费站。节约投资。远期道路连接线在收费站处设置高快速路(图3中虚线)和S338(江南沿江公路)设置枢纽全互通立交,形成交通转换节点。远期不存在废弃工程。

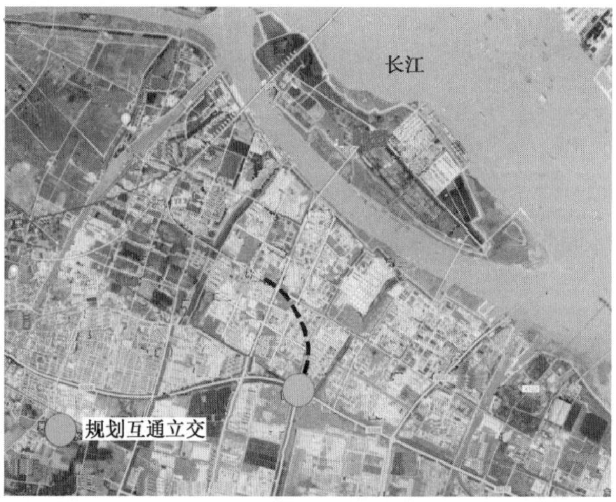

图3 江南接线路线方案示意图

4 接线布置形式

选定了接线道路以后,接线的上下行交通是整幅布置还是分开布置还要进一步研究。

在主桥横断面设计过程中,为了使得荷载对称分布,下层桥面首先考虑将城际铁路布置在中间,普通公路上下行对称布置在两侧的方案。

由于城际铁路过了公铁合建主桥范围后路线要继续向南,江南普通公路的下行方向接线需要在南侧进行展线下穿城际铁路、上层高速公路后才能对接上行方向。如图4所示。这样浪费的三角夹心地块面积约230亩❶,代价巨大。

❶ 1亩≈666.67m^2。

4.1 整体布置方案

为了避免土地的浪费，采用整幅布置，将普通公路布置于城际铁路的下游侧，路线出了公铁合建段范围后，城际铁路向西南继续展线，普通公路向东南展线，泾渭分明。

但主桥的断面荷载必须非对称布置，如图5所示。因此，可通过调节索力等技术手段克服，成为本项目另一个技术亮点。

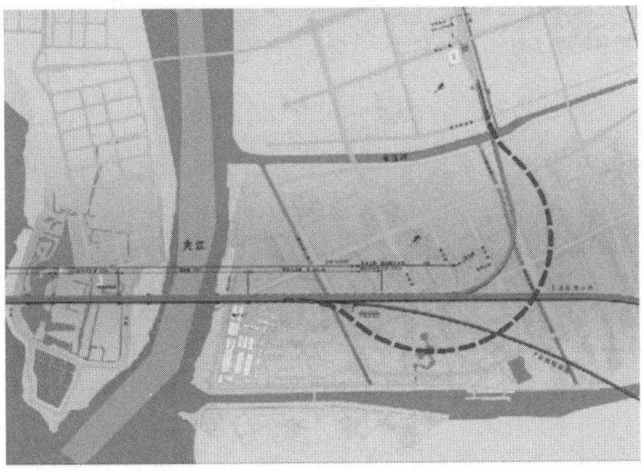

图4 分幅布置路线方案示意图

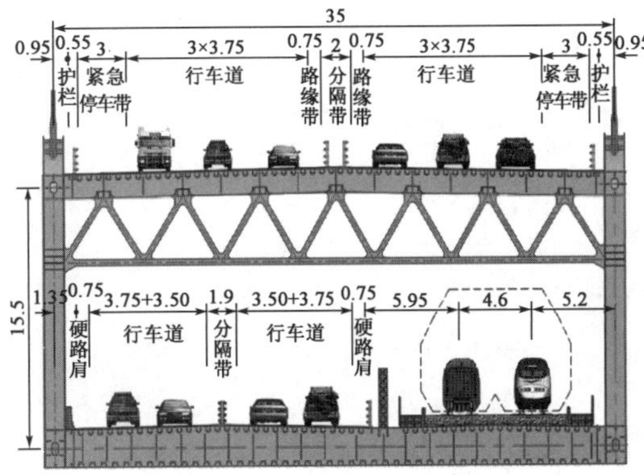

图5 主桥断面示意图(尺寸单位:m)

经过综合比较，项目组确定采用整体式布置方案，并通过专家评审。

4.2 接线横断面设计

普通公路为一级集散公路，过江段设计速度80km/h。

引桥一般路段桥梁总宽为19m。宽度包括:2×(0.55m护栏+0.75m路肩+3.5m行车道+3.75m行车道+0.5m左侧路缘带)+0.9m中间带。桥头引道同引桥同宽。

硬路肩宽度取集散公路的最小值，一是为了减少主桥宽度，大幅度节约造价。交通组成以城市交通的小客车为主，所以内侧车道宽度取3.5m。

常州侧接线道路横断面如图6所示。

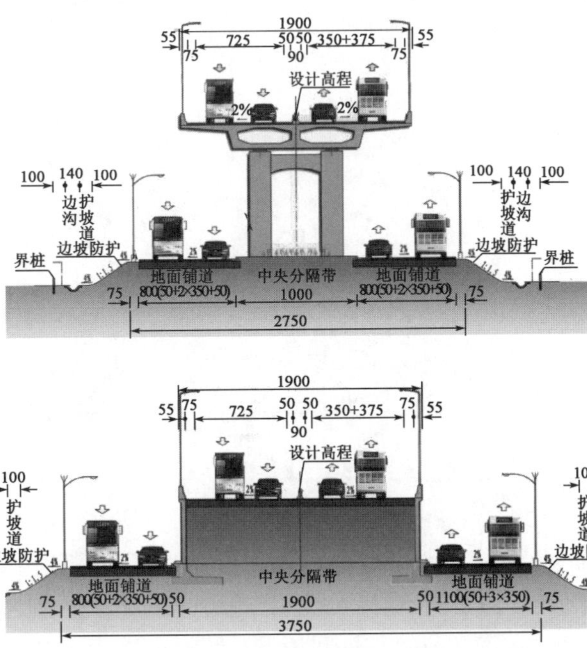

图6 常州侧接线道路横断面图

5 结语

大型过江通道的选线及其重要,事关过江通道的功能发挥以及城市的交通格局。本文以常泰长江大桥江南接线研究为例,得出以下结论:

(1)路线方案选择需综合考虑城市总体规划、快速路网规划,接线路线方案需为将来接入城市快速路系统预留条件。

(2)公路断面和城际铁路同层布置的情况下,一般应首选公路断面整幅布置,而不能单纯地考虑荷载对称问题而分幅布置。因为公路分幅布置后,路线出了主桥范围后,公路需要通过展线后将上下行才能重新合并,需要占用大量土地。

参考文献

[1] 常泰长江大桥初步设计文件[R].武汉:中铁大桥勘测设计院集团有限公司,2019.

[2] 交通运输部公路局,中交第一公路勘察设计研究院有限公司.公路工程技术标准:JTG B01—2014[S].北京:人民交通出版社,2014.

[3] 中交公路勘察设计研究院有限公司.公路路线设计规范:JTG D20—2017[S].北京:人民交通出版社股份有限公司,2017.

常泰过江通道专用航道桥方案比选

夏鹏飞[1]，李少骏[2]

（1. 江苏省交通工程建设局，江苏南京　210004；
2. 中铁大桥勘测设计院集团有限公司，湖北武汉　430050）

摘　要　以常泰过江通道专用航道桥为背景，对主跨300m级中等跨度公铁两用桥梁桥型方案进行研究比选；为选取合理的桥型方案，对变高钢桁梁桥、刚性梁柔性单拱桥、刚性梁柔性三拱桥、钢桁梁斜拉桥4种方案进行比选研究。由于钢桁梁斜拉桥方案为满足结构刚度的要求，需设置两个90m的边跨，造价较高，因此不予考虑。建立另外3种桥型方案的空间有限元模型，对比各桥型方案的静、动力性能，并考虑施工和运营维护难度、经济性等各因素进行综合分析。结果表明，刚性梁柔性三拱桥方案在结构刚度、结构受力、工程施工、经济性等方面具有良好的优势，因此常泰过江通道专用航道桥最终推荐采用该方案，该方案可作为主跨300m级中等跨度公铁两用桥梁优选的桥型方案。

关键词　公路铁路两用桥梁；桥式方案；变高钢桁梁桥；刚性梁柔性拱桥；静、动力性能；方案比选

Scheme Comparison and Selection for Special Ship Channel Bridge of Changtai Passage across the Yangtze River

XIA Peng-fei[1]，LI Shao-jun [2]

（1. Jiangsu Provincial Transportation Engineering Construction Bureau，Nanjing Jiangsu 210004，China；
2. China Railway Major Bridge Reconnaissance & Design Institute Co.，Ltd.，Wuhan Hubei 430050，China）

Abstract　Taking the special ship channel bridge of Changtai Passage across the Changjiang River as an example，we compared and selected the schemes for constructing a combined highway-railway bridge with a mediurrrgrade span（namely，the main-span of 300 m-level）. The 4 schemes，including the bridge with steel truss of non-uniform height，the flexible single-arch bridge with rigid girder，the flexible three-arch bridge with rigid girder，and the cable-stayed bridge with steel truss，were comparatively investigated. Because the scheme of the cable-stayed bridge with steel truss could not meet the requirements of structural rigidity and the construction cost is high due to the needs of constructing two side spans with a span of 90 m，the scheme was ignored. xConsequent1y，we established finite element models for three bridge schemes，which were chosen and compared to meet the demands of static and dynamic performances，maintance，and costs stated in the design standards. The results show that the scheme of constructing the flexible three-arch bridge with rigid

作者简介：夏鹏飞（1977—），男，高级工程师，研究方向为桥梁建设管理。

girder has great advantages of economical cost, stiffness, convenient construction and landscape, therefore. the scheme can be an optimal one for constructing a combined highway-railway bridge with a medium-grade span (namely, the main-span of 300 m-level).

Keywords Combined highway-railway bridge; scheme of constructing bridge; bridge with steel truss of non-uniform height; flexible arch bridge with rigid girder; static and dynamic performances; comparison and selection of scheme.

1 概述

常泰过江通道是《长江经济带立体综合交通走廊规划(2014—2020)》中批复的江苏省14条过江通道之一，位于泰州长江大桥与江阴长江大桥之间，距离泰州长江大桥约28.5 km，距离江阴长江大桥约30.2km。

常泰过江通道承载多功能交通，上层为六车道高速公路，下层为两线铁路和四车道普通公路。上层高速公路按设计速度100km/h双向六车道设计；下层普通公路按设计速度80km/h双向四车道一级公路标准设计；下层铁路按设计速度200km/h城际铁路设计，设计活载为ZK活载[1]。

常泰过江通道正桥包括：主航道桥，为(142+490+1148+490+142)m双塔斜拉桥；天星洲专用航道桥，为(168+360+168)m刚性梁柔性拱桥；录安洲专用航道桥，为(180+360+180)m刚性梁柔性拱桥；非通航孔桥，为标准跨径49.2m的混凝土梁桥(图1)。两座专用航道桥桥型相同、边跨略有不同(图2)。本文以边跨180m的专用航道桥为研究对象，对其桥型方案进行分析比选。

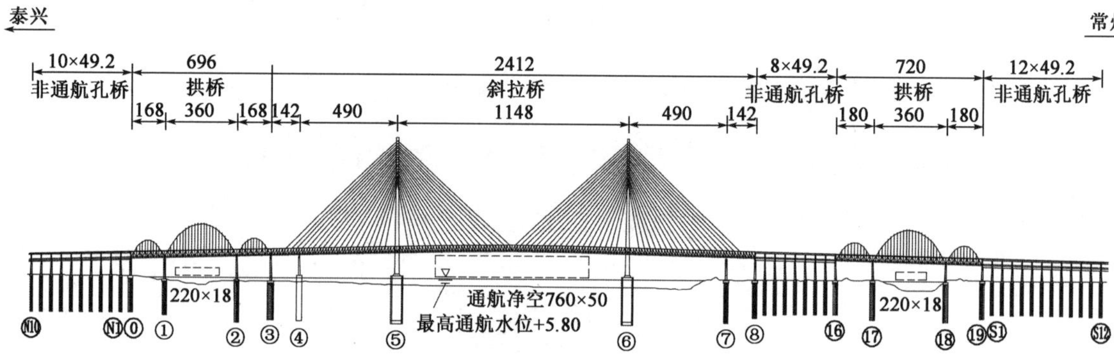

图1 常泰过江通道桥式立面布置(尺寸单位：m)

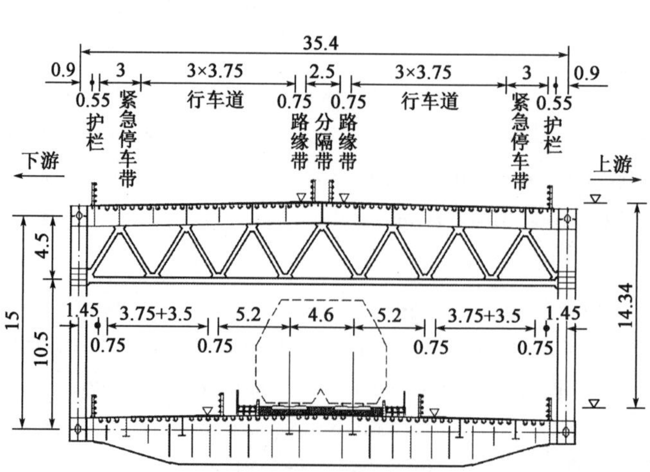

图2 桥梁横断面布置(尺寸单位：m)

2 公铁两用中等跨度桥梁的工程特点与结构措施

2.1 工程特点

常泰过江通道专用航道桥属于中等跨径公铁两用桥梁，其桥型方案设计需要重点考虑以下工程特点：

(1)活载重，活载效应大。本桥承载交通荷载达到20t/m，远大于一般公路或市政桥梁，活载重会引起桥梁的变形大、边墩产生负反力效应，还会造成桥梁支点处过大的剪力作用。

(2)城际铁路行车性能要求高。城际铁路运行速度为200km/h，对轨道的平顺性要求较高，所选桥型应满足梁端转角、桥面平顺性等要求[4]。

(3)耐久性能要求高。高速铁路运营繁忙，桥型方案应具有良好的耐久性能，尽量减少维修维护。

(4)施工难度低。桥型方案的设计与比选应结合施工技术，确保施工简便，结构安全可靠。

2.2 结构措施

中等跨径公铁两用桥梁的桥型方案设计中可采用一系列的结构措施以满足结构受力及功能要求，包括以下几点：

(1)合理的孔跨布置。当采用斜拉桥或悬索桥等结构刚度较小的桥型方案时，通过设置跨度较小的边跨，可有效降低梁端转角。

(2)多主桁结构。通过采用3片主桁以上的多主桁结构[5]，将分离的桥梁组合成为整体，以提高结构的横、竖向刚度。

(3)板桁组合结构。采用板桁组合的整体桥面结构[6-9]，可提供更高的横向抗弯刚度，并提高轨道的平顺性和列车运营时的舒适性，更适用于高速行车。

(4)组合体系。采用桁拱组合结构[2,10]、设置上下加劲的变高桁梁以及索辅结构(斜拉桥、悬索桥)，可有效提高结构刚度。

3 桥梁设计方案

对于中等跨度的公铁两用钢桁梁桥可选用的桥式有变高钢桁梁桥、钢桁拱桥、钢桁梁斜拉桥等。针对以上3种桥式，提出4种桥型方案进行比选。

方案1：变高钢桁梁桥方案(图3)。该方案跨度布置为(180+360+180)m，主梁采用2片主桁，华伦式桁架，桁间距35.4m，桁高15m，节间长15m。在梁上设置加劲弦以减少由墩顶负弯矩引起的杆件轴力和弯矩，加劲弦高度为45m。加劲弦最大截面高2.4m、宽1.6m。吊杆采用刚性吊杆。桥墩采用混凝土空心墩，基础采用钻孔桩基础。该方案上部结构施工采用先梁后加劲弦的方法，主梁施工借助扣索塔架和临时扣索对称双悬臂架设。主梁合龙后，在其上拼装加劲弦和竖杆。

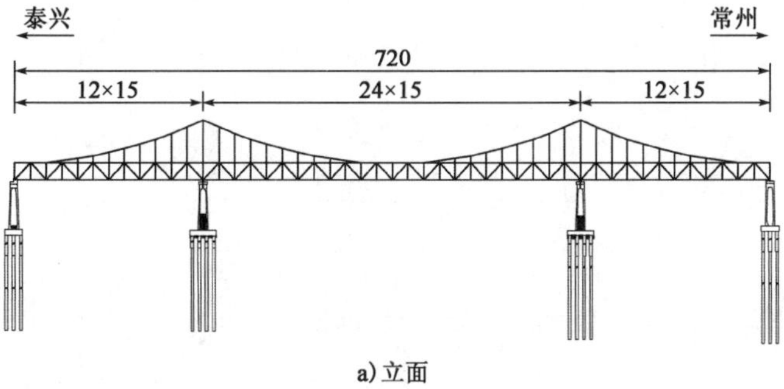

a)立面

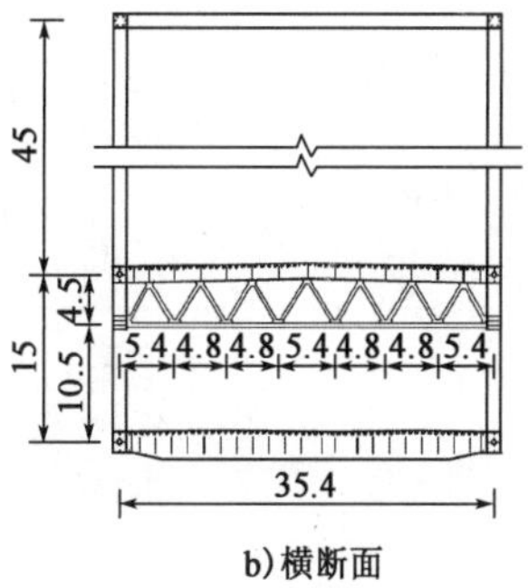

b)横断面

图3 方案1：变高钢桁梁桥方案(尺寸单位：m)

方案2：刚性梁柔性单拱桥方案(图4)。该方案跨度布置为(180+360+180)m，主梁构造与方案1相同。主拱采用抛物线形的钢箱拱肋，矢高54m。下加劲腿高32m，共支承7个节间。主拱和下加劲腿材质采用 Q500qE 钢，最大截面高 2.8m、宽 1.6m。桥墩采用混凝土空心墩，基础采用钻孔桩基础。该方案上部结构施工采用先梁后拱的方法，主梁施工方法与方案 1 相同。主梁安装完成后，在上层桥面搭设支架拼装拱肋节段，成两片半拱，竖转拱肋合龙，张拉吊杆。

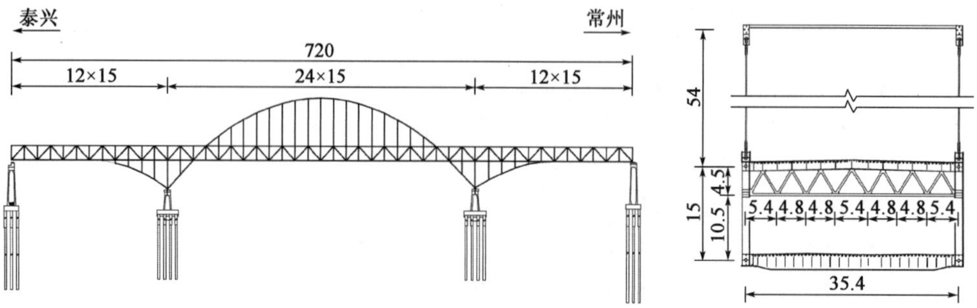

a）立面　b）横断面

图 4　方案 2：刚性梁柔性单拱桥方案（尺寸单位：m）

方案 3：刚性梁柔性三拱桥方案（图 5）。由于该桥边跨较大，边、中跨比例达 1∶2，为此可在方案 2 的基础上采用三联拱方案，以改善边跨受力、提高刚度。三拱方案的跨度布置及主梁构造与前两个方案相同。主拱采用抛物线形的钢箱拱肋，边跨拱肋矢高 32m、中跨拱肋矢高 60m，材质采用 Q500qE 钢，最大截面高 2.6m、宽 1.6m。桥墩采用混凝土空心墩，基础采用钻孔桩基础。该方案上部结构施工仍采用先梁后拱的方法，主梁施工方法与前两个方案相同。主梁安装完成后，中跨拱肋在桥面拼装成形后竖转合龙，边跨拱肋直接在支架上拼装成一个整拱。

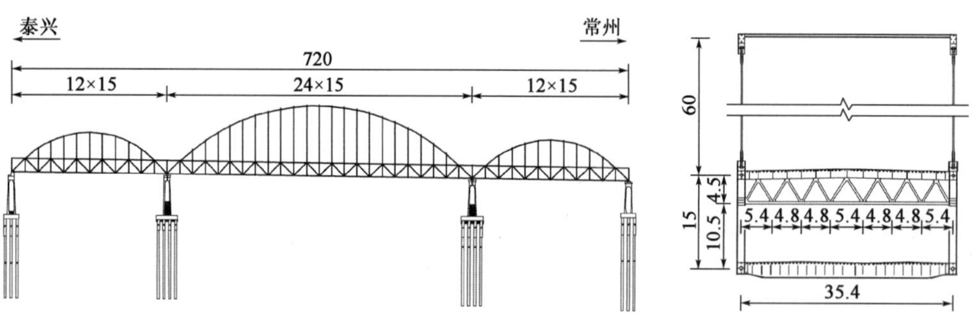

a）立面　b）横断面

图 5　方案 3：刚性梁柔性三拱桥方案（尺寸单位：m）

方案 4：钢桁梁斜拉桥方案（图 6）。该方案跨度布置为（90 + 180 + 360 + 180 + 90）m，主梁采用 2 片主桁，“N”形桁式，桁间距 35.4m，桁高 15m，节间长 15m。桥塔采用高 150m 的混凝土桥塔，每塔布置 11 对斜拉索，斜拉索按扇形索面布置，采用 ϕ7mm 平行钢丝斜拉索。桥墩采用混凝土空心墩，基础采用钻孔桩基础。该方案主梁施工采用悬臂拼装方案，桥塔施工完成后，利用塔吊吊装墩顶节间，之后利用架梁吊机双悬臂拼装，每安装一个节段，张拉相应的斜拉索，直至边、中跨合龙。

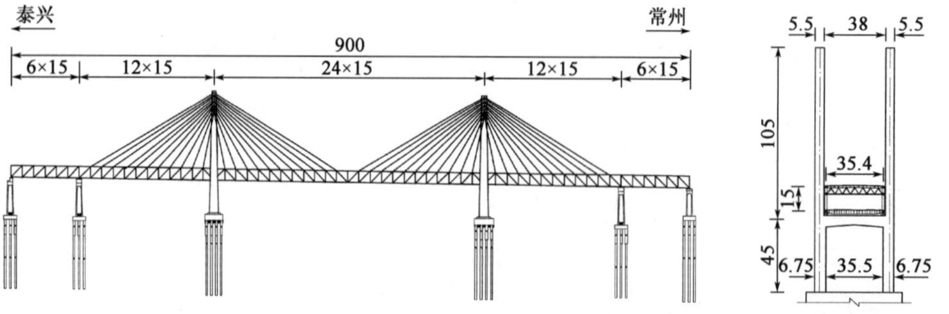

a）立面　b）横断面

图 6　方案 4：钢桁梁斜拉桥方案（尺寸单位：m）

考虑到钢桁梁斜拉桥方案为满足结构刚度要求，需要设置两个 90m 的边跨，桥长比其他方案长 180m，造价较其他方案高 20%。另外，斜拉桥造型和主桥重复，桥宽且塔矮景观效果不佳，因此不再对斜拉桥方案进行深入研究。下文主要对变高钢桁梁桥、刚性梁柔性单拱桥、刚性梁柔性三拱桥方案进行详细的分析比选。

4　静、动力性能分析

建立方案 1 ~ 方案 3 的空间有限元模型（图 7）进行分析，主桁杆件、横梁、横肋、联结系采用梁单元模拟，桥面板采用板单元模拟，桥面板纵向加劲肋等效为桥面板厚，柔性吊杆采用杆单元模拟。

a) 变高钢桁梁桥方案

b) 刚性梁柔性单拱桥方案

c) 刚性梁柔性三拱桥方案

图 7　有限元模型

主力组合下各方案支点反力对比见表 1。由表 1 可知，变高钢桁梁桥方案会出现 743kN 的负反力，需在边墩顶区域进行压重，其他方案均不会出现负反力。刚性梁柔性三拱桥方案边、中墩的反力分配较为均匀。

主力组合下各方案支点反力对比　　表 1

位　置	主力组合下支点反力(kN)					
	方案 1		方案 2		方案 3	
	最大	最小	最大	最小	最大	最小
边墩	16271	-743	27539	16647	35342	16271
中墩	167081	134778	142780	113691	132925	167081

注：“+”表示支座受压，“-”表示支座受拉。

各方案梁端转角及活载挠度对比见表 2。由表 2 可知，根据规范[3]要求，在列车竖向静活载作用下，桥梁梁端转角不应大于 2‰。为满足梁端转角的要求，变高钢桁梁桥方案和刚性梁柔性单拱桥方案需要采取局部加强部分构件截面等措施，以至于需要额外增加结构用钢量。

各方案梁端转角及活载挠度对比　　表 2

桥型方案	梁端转角(rad‰)			活载挠度(mm)			挠　跨　比
	汽车荷载	等效 ZK 活载	合计	汽车荷载	等效 ZK 活载	合计	
方案 1	0.58	1.61	2.04	120	284	374	1/963
方案 2	0.57	1.59	2.02	36	93	120	1/3000
方案 3	0.41	1.43	1.74	53	136	176	1/2048

另外，通过结构抗风、抗震及车桥耦合振动分析，方案 1 ~ 方案 3 的动力性能良好，列车运行舒适性能优良，均能满足相关规范要求。

5 综合比选

针对方案 1 ~ 方案 3 进行综合比较,见表 3。由表 3 可知,刚性梁柔性三拱桥方案在经济性、结构刚度上具有较大优势,综合考虑景观效果及施工等方面的因素,最终推荐刚性梁柔性三拱桥方案。

3 种桥型方案综合比较 表 3

比较项目	变高连续钢桁梁桥方案	刚性梁柔性单拱桥方案	刚性梁柔性三拱桥方案
静、动力性能	好	好	优
压重	边跨需压重 74t	不需压重	不需压重
施工难度	吊机需行走在上层桥面上,吊机吊高较大,吊机规模大;杆件总数量较少,工序少,施工期短	吊机需行走在上层桥面上,起吊设备的规模较小;拱肋采用竖向转体施工,施工期短	吊机需行走在上层桥面上,起吊设备的规模较小;拱肋采用竖向转体施工,施工期短
运营维护	短吊杆有疲劳问题,维护难度大	加劲腿高度较高,维护难度大,有船撞风险	维护难度低
综合性能	好	好	优

6 结语

常泰过江通道专用航道桥属于中等跨径公铁两用桥梁,综合考虑各种影响因素,对 4 种桥型方案进行比选,结果表明刚性梁柔性三拱桥方案具有结构受力合理、行车刚度好、景观协调、施工便捷的特点,同时在经济性方面具有较大优势,因此常泰过江通道专用航道桥最终推荐采用该方案。该方案可作为主跨 300m 级中等跨度公铁两用桥梁优选的桥型方案。

参考文献

[1] 中铁大桥勘测设计院集团有限公司,中设设计集团股份有限公司. 常泰过江通道工程初步设计工作大纲[Z]. 武汉,2018.

[2] 侯健,彭振华,张燕飞. 沪通长江大桥天生港专用航道桥设计[J]. 桥梁建设,2015,45(6):53-57.

[3] 国家铁路局. 铁路桥涵设计规范:TB 10002—2017[S]. 北京:中国铁道出版社,2017.

[4] 易伦雄. 大跨度铁路桥梁桥型方案构思与设计[J]. 桥梁建设,2005(2):33-36.

[5] 秦顺全. 武汉天兴洲公铁两用长江大桥关键技术研究[J]. 工程力学,2008,25(S2):99-105.

[6] 肖海珠,刘承虞,易伦雄. 南京大胜关长江大桥铁路钢桥面设计与研究[J]. 桥梁建设,2009(4):9-12.

[7] 徐科英,肖海珠. 安庆长江铁路大桥主桥桥面系受力分析[J]. 桥梁建设,2012,42(3):37-43.

[8] 叶梅新,张扬. 桁梁正交异性整体钢桥面结构受力分析[J]. 铁道标准设计,2008(2):37-39.

[9] 段雪炜,徐伟. 重庆朝天门长江大桥主桥设计与技术特点[J]. 桥梁建设,2010(2):37-40.

[10] 易伦雄. 南京大胜关长江大桥大跨度钢桁拱桥设计研究[J]. 桥梁建设,2009(5):1-5.

施　工　篇

常泰长江大桥水中沉井施工关键技术

吴启和[1],张　磊[1],李　镇[2]

(1. 中交第二航务工程局有限公司,湖北武汉　430040;
2. 江苏省交通工程建设局,江苏南京　210004)

摘　要　常泰长江大桥不仅是世界上跨度最大的斜拉桥和首座“三位一体”的过江通道,其主航道斜拉桥主塔采用世界首创台阶型抗冲刷沉井基础形式,也是世界上尺寸最大的水中沉井基础,其建设面临诸多难题。本文以5号墩主塔沉井基础为例,介绍常泰长江大桥超大深水台阶型沉井基础施工中面临的关键技术问题。

关键词　常泰长江大桥;沉井;施工技术

Key Construction Technology of Open Caisson in Changtai Yangtze River Bridge

WU Qi-he[1],ZHANG Lei[1],LI Zhen[2]

(1. CCCC Second Harbor Engineering Company LTD., Wuhan Hubei 430040, China;
2. Jiangsu Provincial Transportation Engineering Construction Bureau, Nanjing Jiangsu 210004 China)

Abstract　Changtai Yangtze River Bridge is the world's largest span cable-stayed bridge and the first “three in one” river crossing channel. The main tower foundation of cable stayed bridge is the world's first stepped anti-scour open caisson foundation type. It is also the world's largest open caisson foundation in water. There are many problems during its construction. Taking the open caisson foundation of the main tower of No. 5 pier as an example, this paper introduces the key technical problems in the construction of super large deep water stepped open caisson foundation of Changtai Yangtze River Bridge.

Keywords　Changtai Yangtze River Bridge; open caission; construction technology.

1　引言

常泰长江大桥是世界上首座集高速公路、城际铁路、一级公路“三位一体”的过江通道,建成后将成为世界上跨度最大的斜拉桥,主跨1176m,于2019年1月9日开工,工期预计为5年半,概算总投资约158亿元。大桥的建设单位是江苏省交通工程建设局,设计单位是中铁大桥勘测设计院集团有限公司、原中设设计集团股份有限公司,目前正在施工的5号墩主塔基础施工单位为中交第二航务工程局有限公司(以下简称“中交二航局”)。

作者简介:吴启和(1979—),男,正高级工程师,中交第二航务工程局有限公司技术中心常务副总工,研究方向为大型桥梁施工技术研究。

常泰长江大桥位于泰州大桥与江阴大桥之间，距离泰州大桥约32km，距离江阴大桥约27km。大桥起自泰兴市六圩港大道，跨长江主航道，经录安洲，跨长江夹江，止于常州市新北区港区大道，路线全长10.03km，如图1所示。

图1　常泰长江大桥总体布局

未来过江通道需求多，通道资源却越来越稀缺，将多种交通功能整合到一个过江通道位置上，对于节约和充分利用过江通道资源将有非比寻常的意义。《长江经济带综合立体交通走廊规划(2014—2020年)》(以下简称"规划")中提出为增强长江干线过江能力、统筹规划、合理布局过江通道，实现长江两岸城市间便捷顺畅连接，形成功能完善、安全可靠的过江通道系统，需着力推进铁路、公路、城市交通合并过江，节约利用土地和岸线资源。常泰长江大桥的建设，无疑具有示范和引领作用。

常泰长江大桥在"规划"中为江苏省14座长江干线过江通道中的重点项目，已列入江苏省"十三五"重点工程。常泰长江大桥既是江苏省"十五射六纵十横"高速公路网中如常高速公路的关键工程，又是"锡常泰"都市圈城际铁路的重要组成部分，承担未来都市圈内快速过江的重任，对于拉动区域经济发展具有十分明显的效应。

2　沉井基础概况

2.1　沉井基础结构

常泰长江大桥主塔沉井基础是世界上尺寸最大的水中沉井基础，首创台阶型抗冲刷沉井基础形式。沉井基础平面呈圆端形，立面为台阶形，沉井底面尺寸95.0m×57.8m(横桥向×纵桥向)，圆端半径28.9m；沉井顶面尺寸77.0m×39.8m(横桥向×纵桥向)，圆端半径19.9m；台阶宽度9.0m。沉井顶高程+7.0m，底高程-65.0m，台阶顶高程-22.0m，沉井总高72.0m(含承台高度8.0m)，基础持力层为密实中粗砂；沉井为填充混凝土的钢壳结构，钢沉井顶高程-1.0m，底高程-65.0m，高64.0m。主桥5号墩沉井基础如图2所示。

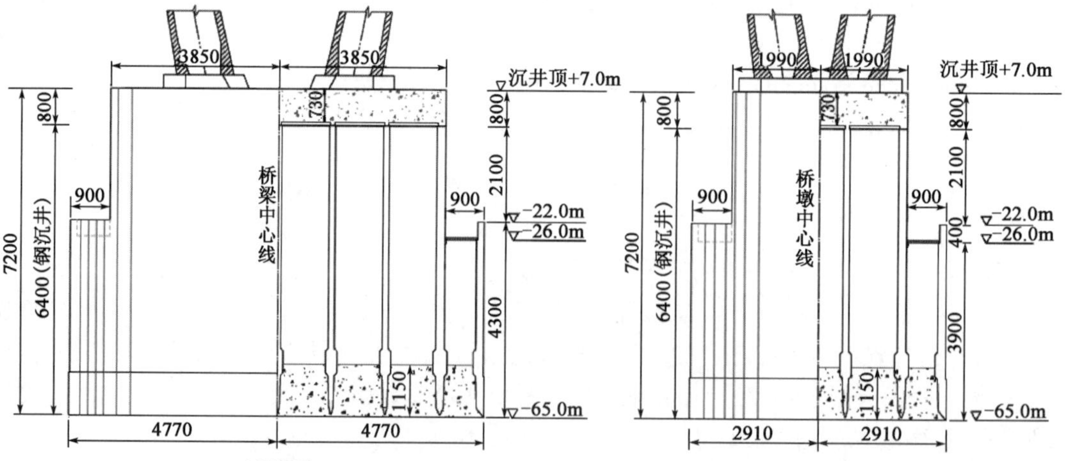

a)正立面　b)侧立面

图　2

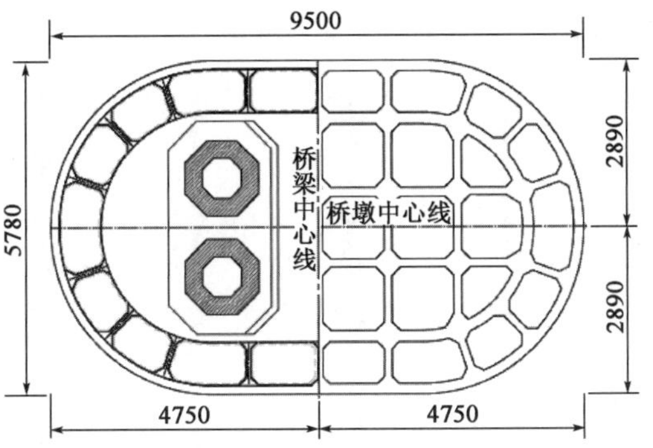

c)平面

图 2　主桥 5 号墩沉井基础图(尺寸单位:cm)

2.2　建设条件

大桥所处泰兴水道下段,属长江下游感潮河段,潮位受长江径流与潮汐双重影响,为非正规半日型,水位、流量受到潮汐的明显影响。根据《常泰过江通道环评报告书(报批稿)》《常泰过江通道潮流泥沙物理模型试验研究报告》,20 年一遇桥位断面垂线平均最大流速为 1.93 ~ 2.1m/s,枯水期垂线平均最大流速低于 1.05m/s。5 号墩沉井位于主航道区北侧,墩位处地形较平稳,覆盖层厚度大于 180m,土层主要为砂层和黏土层,并分布有胶结砂层。

2.3　建设难点

常泰大桥沉井由于所处位置水文、地质条件复杂,沉井体量巨大,结构新颖,其施工面临诸多难点。

(1)钢沉井的规模大、制造难,现场接高精度控制要求高。钢沉井规模大、制造精度要求高,特别是水上接高时,钢沉井节段之间的拼接精度要求在 4mm 以内,对接难度极大。

(2)沉井出坞、浮运安全风险大,定位、着床施工精度控制难。首节 43m 钢沉井在长江边的船厂制造,需要采取一定的助浮措施将其拖运至墩位处,并精确沉放至设计墩位处。首节 43m 钢沉井及各类施工荷载共计 2×10^5kN,助浮难度极大。沉井浮运到墩位附近后沉放至设计位置,要求底面中心与设计理论中心偏差不大于 2cm。

(3)沉井埋置深,需穿过软塑粉质黏土层和胶结砂层等夹层,沉井下沉速度和姿态控制难度大。

(4)沉井结构新颖,首次采用台阶形结构,施工过程中需采用临时外壁,可拆临时外壁安装及拆除难度大。

3　沉井基础施工

常泰长江大桥水中沉井基础施工主要包括钢沉井的制作、浮运、定位着床、夹壁混凝土浇筑、接高、下沉、封底、盖板安装、临时外接围堰拆除、承台塔座施工等工序。

3.1　沉井制作及浮运

5 号墩钢沉井总高为 64m,在高度方向分为 8 层制作,从下往上每层高度依次为(9 + 6 + 9.72 + 8.28 + 10 + 8 + 6 + 7)m,如图 3 所示。首件钢沉井高 43m,分为第 1 ~ 5 层,每层平面节段继续划分成 24 个分段,在工厂内制作并在干船坞内拼装成整体后浮运至施工现场;第 6 ~ 8 节层在厂内完成块单元制作,后通过驳船运输至桥位进行现场接高作业。钢沉井在岸上制造,通过专业软件建模、套料,自动化切割焊接,分层分块制作,通过虚拟预拼装控制分块间的拼接误差。

首节 43m 高钢沉井浮运时总质量约 2 万 t,自浮吃水深度约 13.5m,船坞内水深和部分航道水深均不能满足沉井吃水的要求,因此需要采取助浮措施。采用封底助浮形式,将钢沉井 36 个井孔中的 28 个井孔增设封舱底板,28 个井孔的底部全部封闭后沉井的吃水深度约 6.0m,如图 4 所示。

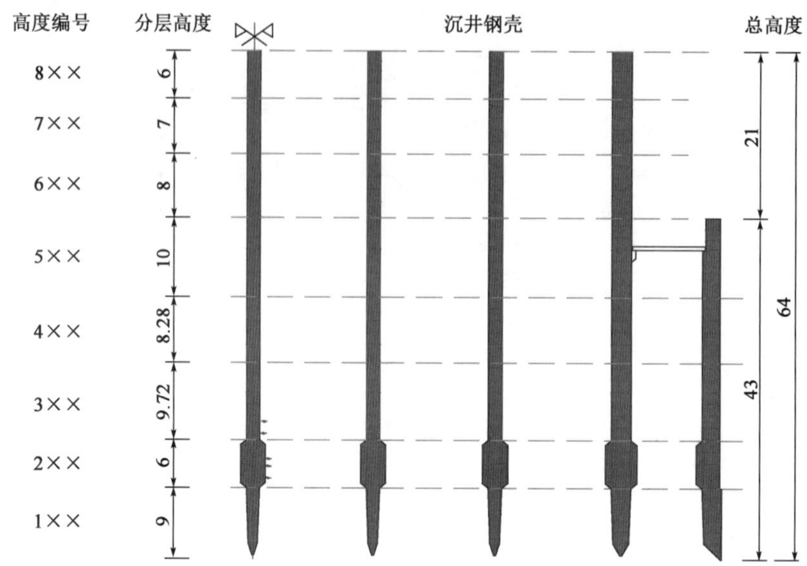

图3　5号墩钢沉井分层划分(尺寸单位:m)

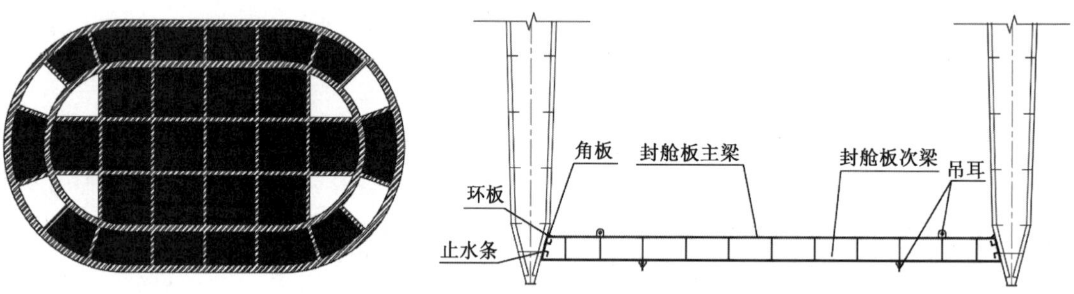

图4　封舱底板及结构图

3.2　沉井定位及着床

沉井采用锚缆系统进行定位。锚缆系统包含上下游正面锚缆、边锚缆及边锚碇。正面缆上下游各布置6根,其中上拉缆各2根,下拉缆各4根。边锚缆采用锚缆+锚链+海军锚的组合方式,锚缆连接沉井两侧抛锚的海军锚,经沉井上转向吊耳转至正面与锚墩卷扬系统连接,通过卷扬系统调节缆力以适用沉井的侧面锚拉力的需要。边锚缆两侧各布置8根,其中上、下拉缆各4根。锚缆系统布置如图5所示。

在沉井位置预先设置临时定位船,作为前期承缆平台和后期沉井临时固定装置和转缆平台。定位船定位时,将正面锚与边锚依次与定位船连接,并锚固收紧。沉井浮运至定位船处,与定位船临时连接,依次进行正面缆和边锚缆转缆施工,最终定位船脱离,沉井调位至设计位置,沉井锚缆定位体系建立。

沉井初步定位完成后,开始进行注水着床施工,即向沉井隔仓内注水使沉井陈放至设计墩位处。根据水流流速小、流态稳定,且有利于沉井快速着床的原则,选择平潮着床。沉井注水着床阶段总注水量为63930m^3,根据涨落潮时间变化及高平潮着床的需求,分为三次注水和一次精定位。沉井精定位采用动态控制法,与沉井注水下沉同步进行。沉井初定位按照沉井最大中心偏位25cm,最大倾斜度1/150,沉井平面扭转角0.8°的标准进行控制;沉井最终定位精度按照下游侧、桥轴线方向主跨侧和边跨侧均不大于12cm,上游侧不大于20cm,最大倾斜度1/150,沉井平面扭转角0.2°的标准进行控制。

在沉井定位着床施工中,需要对沉井定位及注水着床阶段的几何姿态、锚缆缆力及注水进行实时监测并实现集中控制,以实现锚缆缆力分布及调节的均匀稳定、注水量控制的准确迅速。采用北斗卫星导航系统(BOS)和全球定位系统(GPS)的监测系统对沉井中心偏位、扭转、倾斜度等进行实时监测,通过布置应力传感器及拉力计对各锚缆拉力进行实时监控，及由电磁流量计及水位仪对沉井各舱水位进行监测。同时，建立一套实时监测系统，服务器采集汇总各传感器传输信号，提供直观的施工数据监测界面，如图 6 所示。

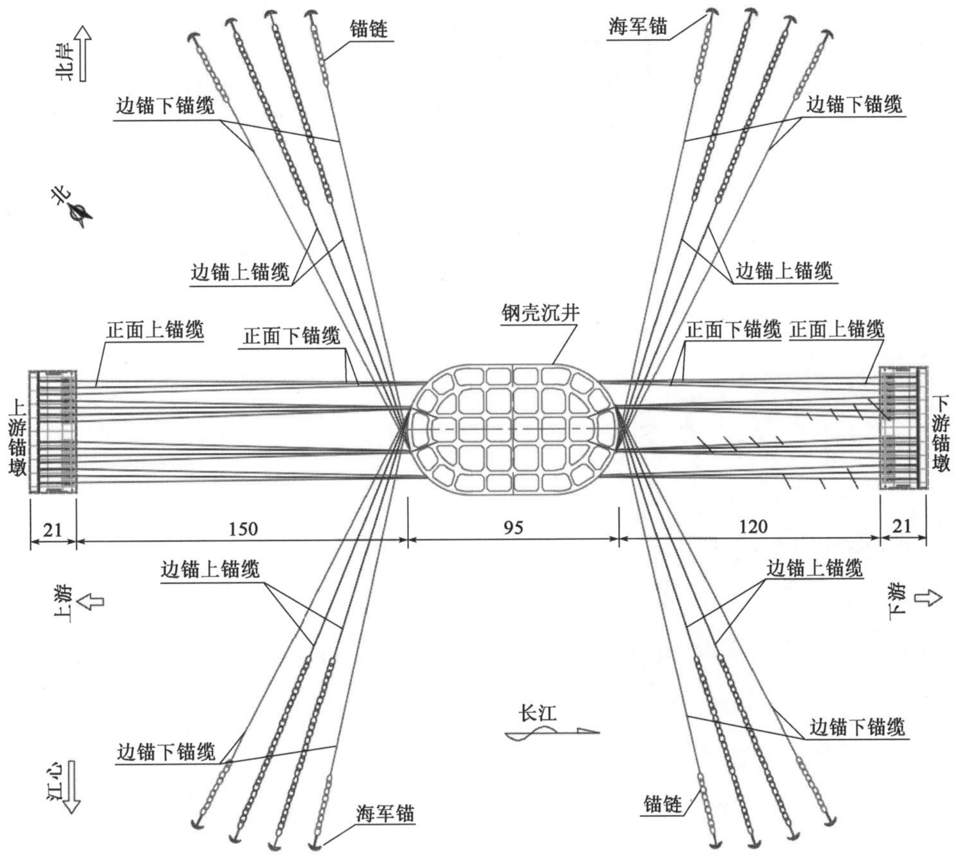

图 5　锚缆系统布置(尺寸单位:m)

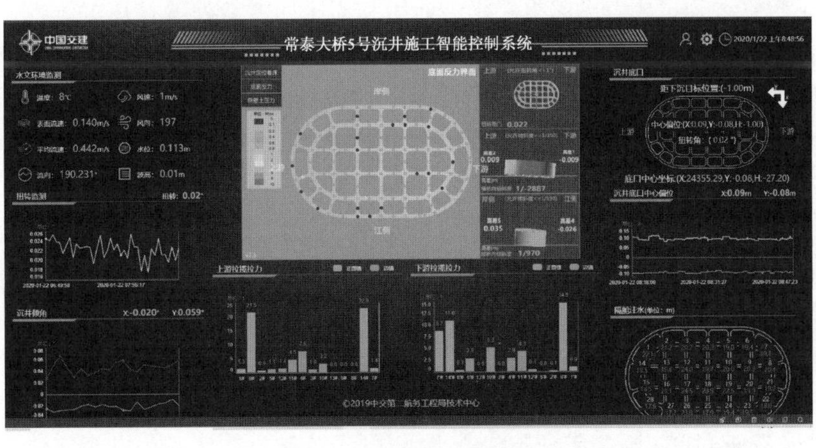

图 6　定位着床监测界面示意图

3.3　沉井接高及外接围堰安拆

钢沉井现场接高作业分两批次进行。第一批次接高第 6 节(高 8m)，在钢沉井 43m 底节浮运至现场定位着床、第一次夹壁混凝土浇筑并解除钢沉井系缆后进行；第二批次连续接高第 7 节(6m)、第 8 节(7m)，在第二次取土下沉至刃脚底 -40m 高程后进行。第 6 ~ 8 节每节分 4 个块段在生产基地制造，每个块段质量不超过 350t，如图 7 所示。

图7　沉井第6~8节块段划分图

钢沉井块段在中交二航局生产基地加工制作，块段制作完成后，由驳船运输至桥位后用起重船块段分层水上接高并焊接。吊装及焊接施工工序为：吊装分块及运输→钢沉井起吊→钢沉井定位→水上接高焊接施工→涂层缺陷修补及焊缝补涂。为了确保沉井接高的精度，沉井上设限位导向构件，并且在下部结构上布置千斤顶体系用以沉井定位调整预备措施。

图8　钢沉井外接围堰示意图

为保证承台无水施工环境，在外接围堰外井壁上设置外接围堰临时设施。外接围堰设计采用双壁钢箱结构，内支撑采用管桁架结构。平面投影为直线＋圆弧的封闭环，整体长95m、宽57.8m、高29m，壁厚1.2m，安装于43m钢沉井外隔墙顶部，外接围堰与外接围堰内井壁间20道内支撑，如图8所示。

外接围堰现场安装作业与接高同步进行，也分两次进行。第一次安装底节（高8m），在外接围堰第6节节段吊装定位完成后进行；第二次安装中节、顶节（13m＋8m），在外接围堰第8节节段吊装定位完成后进行。其安装工艺与沉井接高类似。

沉井外接围堰拆除过程主要考虑起重船吊装能力和河床回淤对外壁挤压的影响，将外接围堰沿壁板走向均分为10个节段、竖向不分节进行水下切割，围堰节段最大质量为300t。为方便盖板安装，在承台浇筑完成后，预先拆除外接围堰的部分内支撑。待长江进入枯水期，进行外接围堰和剩余内支撑拆除，以减小水流对临时外壁的阻力。拆除顺序按先下游后上游、先江岸侧后江心侧原则施工。

3.4　取土下沉

沉井取土下沉是沉井施工最为关键的工序，本工程沉井下沉深度内，存在表层硬塑粉质黏土层和三层软塑粉质黏土层，取土设备对黏土层的处理能力差，易堵管。根据计算，需要将沉井剪力键及隔墙（属于传统取土设备的工作盲区）下土体取出，才能使沉井下沉至设计高程，取土难度大，而且沉井取土作业位于水下，无法监测沉井取土的状态。

为了消除表层硬塑粉质黏土层对沉井下沉的影响，采取了河床预开挖方案，即在沉井浮运至现场前，采用挖泥船将墩位处表层硬塑粉质黏土层挖去。

本工程砂层以取土为主，针对砂层取土，研发了智能气举取土设备。在传统空气吸泥机的基础上，集成吸泥管平面位置监测、吸泥口高程自动调整、沿预设路径自动移位吸泥、井内三维地形实时监测系统等功能，实现沉井取土下沉智能化、可视化施工要求。同时，为保证密实砂层取土效率，搭载高压射水装置，实现水力破土＋气举取土，如图9所示。

针对黏土层及胶结砂层取土，采用电动铰刀气举取土设备。在空气吸泥机的基础上，研制可快速拆装的模块化电动双头绞刀设备，采用“机械破土＋气举取土”工艺取土下沉，对井孔及剪力键盲区内的软塑黏土、胶结砂层进行取土。

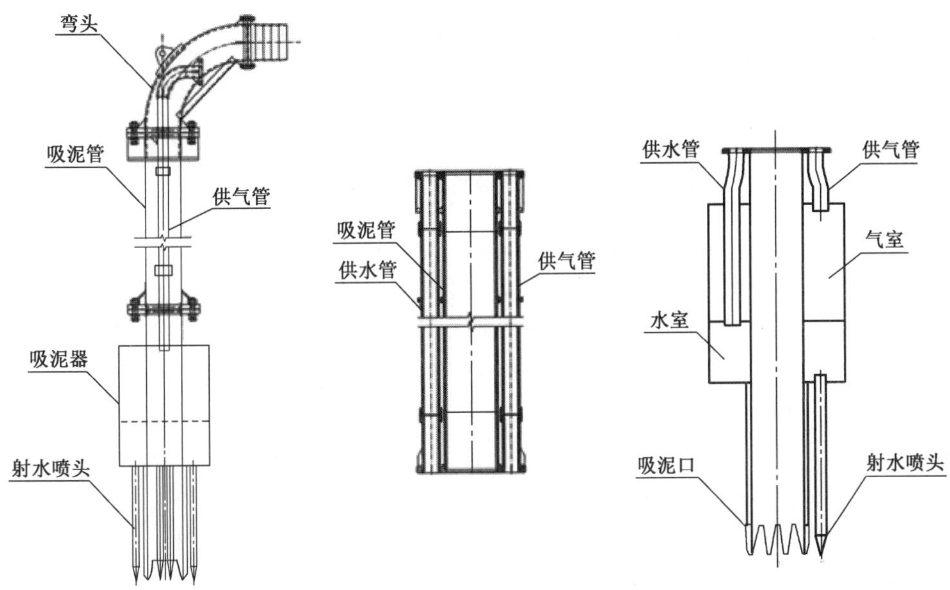

a) ϕ250空气吸泥机布置图　b)吸泥管　c)吸泥器

图9　气举取土设备示意图

为提高黏土层及胶结砂层取土的功效，辅助采用气水混合冲射破土设备。在传统高压射水基础上，增设双层喷嘴结构，通过高压气幕助推高压水，以气水混合的方式完成黏土及胶结砂层的切削，同样可实现井孔及剪力键盲区软塑黏土、胶结砂层的取土作业。

在沉井终沉阶段，在剪力键及隔墙下部盲区进行取土时，辅助采用机械臂水下定点破土设备。设备本体集成机械臂和动力系统，通过机械臂伸缩、回转和变幅，带动铣刨头精确破坏剪力键及隔墙下部盲区内的土体，如图10所示。

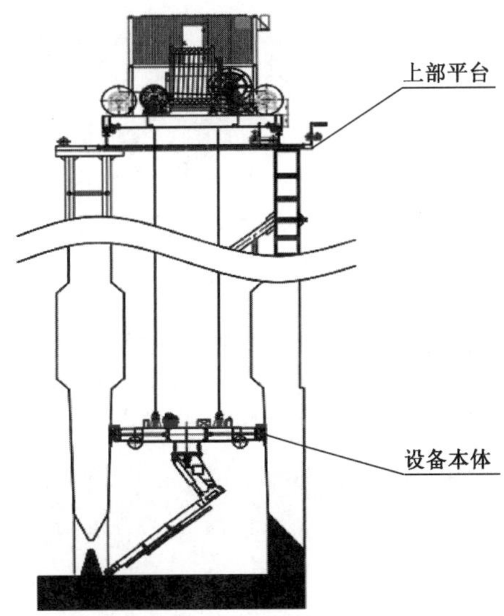

图10　机械臂水下定点破土设备

为了确保沉井能顺利下沉到设计位置，采取十字节点定点取土、高压射水、空气幕等多种措施辅助沉井下沉。

根据全过程控制及主动控制的理念，为了实现沉井整体姿态控制、下沉控制、结构安全控制的目的，开发了沉井施工智能控制系统，设置各类传感器428个，实现自动化实时监测及预警、智能辅助决策、设备集中控制、水下三维地形可视化等功能。

4　结语

我国江河纵横，海域面积较大，未来仍有大量的跨江、跨海桥梁需要建设，这些跨江、跨海大桥的建设难点就在于深水基础的施工。沉井基础具有承载能力大、刚度大、协调不均匀沉降的能力强、防撞性能好、抗震性能好、适用土质广泛等诸多优点，未来应用会越来越广泛，推动相关研究及工程应用，将提升我国超大跨径桥梁建设水平，促进交通建设技术进步。

硬质土层沉井不排水下沉破土方法探讨

景奉韬[1],刘修成[2,3,4],管政霖[2,3,4]

(1. 中国交通建设股份有限公司,北京 100088;
2. 中交第二航务工程局有限公司,湖北武汉 430040;
3. 长大桥梁建设施工技术交通行业重点实验室,湖北武汉 430040;
4. 交通运输行业交通基础设施智能制造技术研发中心,湖北武汉 430040)

摘 要 近年来,以沉井为基础的特大跨径桥梁修建日益增多,随着沉井平面尺寸逐渐增大,井壁及隔墙底面积也随之增大,传统的垂直取土会形成较大的取土盲区,尤其是下沉遇到硬质土层时,较大的端阻力使沉井下沉缓慢甚至无法下沉,通过井孔内土体破除及盲区可控取土,削弱沉井端阻力是解决问题的关键。结合沉井施工案例,对硬质土层的破土方法以及沉井刃脚取土设备进行了探讨,提出了一种适用于桥梁沉井基础的盲区取土方法,以期对我国日后大跨径桥梁沉井基础下沉施工有所借鉴。

关键词 沉井不排水下沉;硬质土层;破土;沉井刃脚;取土盲区

The Discussion of the Method of Hard Soil Breaking in Open Caisson Undrained Sinking

JING Feng-tao[1],LIU Xiu-cheng[2,3,4],GUAN Zheng-lin[2,3,4]

(1. China Communications Construction Co. ,Ltd. ,Beijing 100088,China;
2. CCCC Second Harbor Engineering Co. ,Ltd. ,Wuhan Hubei 430040,China;
3. Key Laboratory of Large-span Bridge Construction Technology,Wuhan Hubei 430040,China;
4. Research and Development Center of Transport Industry of Intelligent Manufacturing Technologies of Transport Infrastructure,Wuhan Hubei 430040,China)

Abstract In recent years,the application of open caisson foundation in the construction of large-span bridges has been increasing. As the plane size of open caisson gradually increases,the bottom area of the shaft wall and the partition wall also increases. It forms a larger blind area which cannot be approached by the traditional method of soil excavation. When encounter hard soil layer,the end resistance makes open caisson sink slowly or even unable to sink. The key to solving the problem is to reduce the end resistance of open caisson by the hard soil breaking in the well hole and the controlled soil excavation in blind area. Based on the case of open caisson sinking construction,the method of hard soil breaking and soil excavation in cutting edge areas was discussed,the equipment of soil excavation in blind area suitable for the bridge open caisson foundation was proposed,which in order to provides reference for the construction of open caisson foundation of large-span bridge in the future.

作者简介:景奉韬(1968.2—),男,黑龙江省甘南县人,大学本科学历,高级工程师,主要从事港航疏浚与桥梁工程施工与管理工作。

Keywords Open caisson undrained sinking; hard layer; soil breaking; caisson cutting edge; blind area.

1 概述

国内在深水急流的江河中建造的桥墩基础形式主要为桩基础和沉井基础两种,20 世纪 90 年代至今,随着国内大跨径桥梁修建逐渐兴起,沉井基础在桥墩及锚碇基础上的应用日益增多。表 1 给出了国内大跨径桥梁主墩沉井基础平面尺寸与地质情况[1-6],可见沉井平面尺寸逐渐增加,同时外周长与井壁及隔墙底面积之比减小趋势明显,这意味着大型沉井下沉阻力中端阻力占比相对较大,由于剪力键的存在,现有取土方法无法顾及井壁及隔墙下方的土体,存在取土盲区。此外,近几年沉井下沉遇到硬塑黏性土、胶结砂层以及卵砾石层等硬质土层,该类土层能提供较大的端阻力,导致沉井下沉效率低、安全风险高等问题。

大跨径桥梁主墩沉井基础平面尺寸与地质情况　　表 1

项目名称	沉井平面尺寸(m×m)	外周长与井壁隔墙底面积之比	地质情况	持力层
海口世纪大桥	30.4×19.2	0.433	淤泥、中砂、粗砂、黏土(夹杂卵石胶块)	细砂黏土互层
泰州长江大桥	58.0×44.0	0.247	粉砂、细砂、中砂、粗砂	密实粗砂、砾砂
铜陵公铁两用长江大桥	62.0×38.0	0.273	粉砂、粉质黏土、细圆砾土(夹杂卵石胶结层)	密实状圆砾土
沪通长江大桥	86.9×58.7	0.242	粉土、粉砂、细砂、粗砂	密实细砂、粗砂
杨泗港长江大桥	77.2×40.0	0.193	粉细砂、圆砾土、中砂	坚硬黏土层
瓯江北口大桥	66.0×55.0	0.206	淤泥质黏土、粉细砂、黏性土	中密—密实卵石层
常泰长江大桥	95.4×58.2	0.158	粉质黏土、中密粉砂、密实细砂	密实粗砂

因此,大型沉井下沉遇到硬质土层时,有效克服沉井端阻力是解决问题的关键。一方面,实现井孔内高效破(取)土,减小井壁及隔墙下方土墙的侧壁土压力,使其在沉井刃脚的挤压下更容易破坏;另一方面,井壁及隔墙盲区取土对削弱端阻力也尤为关键。本文结合相关施工案例,总结硬质土层的破土方法,并对沉井盲区取土装备研发进行探讨。

2 硬质土层破土方法

针对砂性土、砂夹卵石、黏质砂土等流动性相对较好的土层,沉井不排水下沉施工以空气(水力)吸泥或抓斗取土为主。当沉井下沉过程中遇到硬质土层时,空气吸泥机、抓斗的效率极低,沉井下沉缓慢甚至无法下沉。此时,需要采用其他辅助手段对硬质土层进行预破坏,再通过空气吸泥机或是抓斗将土取出,破土方法大体上可以分为机械破土、射流破土以及爆破法三类。

2.1 机械破土

机械破土主要是通过机械能对密实坚硬土体进行冲击、挤压或是剪切破坏,常用的设备有冲击钻机、气动潜孔锤、电动(液压)绞刀以及回旋钻机。

冲击钻机主要针对较薄的硬层。海口世纪大桥 S 主塔沉井在下沉至 -16.0 ~ -20.0m 高程时,遇到泥岩、砂岩夹层和粗砂胶结块,采用 2 台 1.5t 冲击锤将硬层破碎成块,再由潜水员配合吊出井外[1]。

气动潜孔锤主要应用于石油勘探领域,解决钻进时遇到坚硬岩石成孔难题。其原理是通过压缩空气作为循环介质驱动潜孔钻头对岩体进行高频冲击使其破碎。松花江盾构沉井终沉时遇到起伏岩面,导致沉井下沉困难并发生偏斜。该工程将潜孔锤冲击破岩与空气吸泥相结合,设计了水下破碎岩石的空气吸泥装置,通过 0.8 ~ 1.0MPa 的风压驱动硬质合金球齿钻头以 800 ~ 1500 次/min 的频率冲击岩体,并由空气吸泥机将破碎岩块排出,实现了沉井顺利入岩[7]。

电动(液压)绞刀工作原理类似于绞吸挖泥船,采用水下电机或是液压马达驱动绞刀头对土体进行机械扰动、切削破坏,再通过泵举或气举将搅拌破碎后的土体排出井外。杨泗港长江大桥 1 号、2 号沉井基底持力层均为硬塑黏土层，终沉时需分别进入硬塑黏土层6.2m、10.6m，该项目在空气吸泥机上集成两台30kW水下电机分别驱动两个ϕ850mm三翼刮刀钻头，钻头转速65r/min，转动方向相反实现转矩平衡，辅以高压射水，将切削后的黏土碎块混合于泥浆中，并由空气吸泥机排泥[8]。值得注意的是，需定期清理井孔内杂物，避免堵塞吸泥管或是损坏绞刀头。

图1 回旋钻机在沉井下沉施工中的应用

回旋钻机与电动绞刀破土原理类似，所不同的是回旋钻机动力部分在水面以上，可靠性更好，且输出扭矩更大，钻头直径可达2m左右。温州瓯江北口大桥南锚沉井下沉至-33.3m遇到深厚强塑性黏土层，采用回旋钻机进行井孔内破土，通过移动台车沿轨道行走，以及钻机在台车主梁上滑移的方式，如图1所示，解决钻机移位的难题，实现井孔内取土全覆盖，并对三翼刮刀钻头进行改进，减少了强塑性黏土中钻进易"糊钻"堵管的风险。

2.2 射流破土

射流对土体的破坏主要表现在：在高压水射流冲击和剪切作用下，土体产生软化、流变和裂痕，射流穿透和渗入，促使裂隙扩展，加速了土体颗粒的剥离、脱落。针对黏性土，在射流动压作用下，使土体中孔隙水的压力增高，削弱孔隙介质颗粒之间的黏聚力[9]。在空气吸泥机的吸泥口附近设置射水喷嘴，射水压力2~2.5MPa，可以加速对黏土和密实砂层的扰动，提高吸泥效率。而高压射水在淹没状态上，与周围的介质极易发生能量交换，导致射流靶距衰减严重，为了提高射流的破土效果，在射流水柱外周增加压缩空气幕，现有的设备有高压旋喷钻机以及"气推水"冲泥器。

高压旋喷工法主要用于基坑支护及地下连续墙接缝止水施工，该工法的关键步骤是利用超高压喷射流体产生的动能充分破坏原状土，其中的RJP工法采用流量100L/min，压力达40MPa高压水射流配合1.05MPa压缩空气进行土体切削，最大影响直径可达2~3m。

上海市基础工程有限公司承建的镇江大港水厂取水工程顶管井为圆形断面沉井，外径17.6m，下沉至-26.4m时，遭遇硬塑—坚硬粉质黏土层，最终通过在井内投入浮平台搭载两台高压旋喷钻机，考虑射流切削影响区直径为1m，点位按0.7m间距搭接布置。对井孔内所有点位进行逐层破土作业，每层60cm处理完成后由空气吸泥机辅助排泥，最终使沉井顺利穿越硬层下沉至-33.0m设计高程[10]。

考虑到40MPa超高水压不易获取，"气推水"冲泥器选用大流量、相对较低压力(2~2.5MPa)的射流进行破土，冲泥器由双重管和喷嘴焊接而成。内管通水，外管通气，喷嘴处的压缩气体助推水力喷射，同时针对黏土透气性差的特点，使得被气水混合射流冲击的土体迅速膨胀破坏。竖向喷嘴破土协助冲泥器向下钻进，水平及斜向喷嘴扩大其影响直径。该设备应用于夏漳同城大道西溪主桥2号主墩围堰吸泥作业，有效解决了强黏性深厚老黏土的破土难题[11]。

2.3 爆破法

爆破法是山岭隧道、矿井坑道普遍采用的破碎岩石方法，主要利用在炮眼内装入的炸药瞬间释放出巨大的冲击波能量破碎岩石，也被应用于沉井下沉遇到坚硬土层时破土作业，从而削弱沉井端部承载力。杨泗港长江大桥两个桥塔墩沉井，针对刃脚踏面处的硬塑黏土采用了水下爆破法破土，通过地质钻机沿井壁上预留的ϕ140mm钢管垂直钻孔至刃脚踏面以下2.0~2.5m，装药后以沉井中心轴线对称起爆[12]。合福铁路铜陵长江大桥北侧3号主墩沉井下沉至-44.5m时遇到卵石胶结层，下沉受阻，对于胶结层厚度大于0.5m的区域，采用冲击钻机冲砸效果不佳，而后改用复合高强度导爆管雷管和抗深水压力及水密性能良好的水胶炸药，顺利地破碎了卵石胶结层[3]。

综上,不同破土方法所适应的硬土类型见表2。

不同破土方法汇总　　表2

破土方法	主要设备	适应硬土类型
机械破土	冲击钻机	较薄的卵石胶结层
	空气潜孔钻机	胶结砂层、岩层
	绞吸机(回旋钻机)	软塑黏土层、板结砂层
射流破土	高压旋喷钻机	硬塑黏土层、黏土夹砂层
	“气推水”冲泥器	黏土层、密实砂层
爆破法		硬塑黏土层、岩层

3　盲区取土设备研发探讨

现有沉井取土方法以垂直取土为主,通常情况下,随着井底中部的土被取出,井孔内的泥面会呈现锅底状,锅底比刃脚低1~1.5m时,沉井即可靠自重下沉,并将刃脚下方的土挤向井孔中部。当下沉遇到硬塑黏土、卵石胶结层等硬质土层时,该类土体具有较大的天然坡角,不易向锅底坍落,沉井的端部承载力可阻碍其下沉。传统方法以弯头冲泥器或派潜水员进行水底人工水平射水破土为主,存在水下定位难、劳动强度大的缺点,而采取超挖促使土体坍塌的方法,又会带来沉井突沉或周围地层沉降过大等风险。

国外刃脚取土设备主要有水下自动反铲挖掘机以及竖井掘进机。日本SOCS(Super Open Caisson System)工法进行沉井首节制作时,在刃脚处内井壁上埋设轨道,如图2所示,反铲挖掘机可沿轨道行走,将刃脚下方土体挖掘后抛填至井孔中部,再由抓斗将土提升至井外,可适用于硬质砂土及黏性土地层,为了提高设备的破岩能力,可采用铣刨头替代铲斗,实现对中软岩层的铣削。

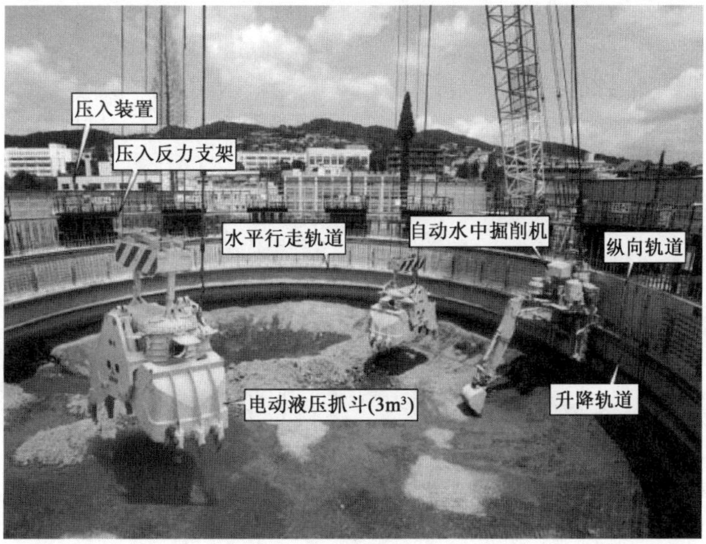

图2　轨道式反铲挖机

德国海瑞克研发的竖井掘进机(图3)适用于4.5~18m直径的竖井下沉施工,其支撑结构通过销轴与竖井内壁上的预埋件固定,克服掘土作业时的工作荷载,通过机械臂的回转、伸缩、变幅动作,实现竖井底部及刃脚开挖面的全覆盖,水下离心泵将铣削后的泥水混合物排出井外。

上述刃脚取土设备主要针对中小型圆形断面单井孔沉井和竖井下沉施工,而大型桥梁沉井基础刃脚取土专用设备研发尚属空白。桥梁沉井具有尺寸大、井孔数量多的特点,且井孔断面多以方形、矩形为主,因此设备研发需考虑水下精确定位、井孔间便捷转仓、操作可视化等问题。

依托在建的常泰长江大桥5号主墩沉井,研发了一种适用于深水多井孔沉井的刃脚取土设备。该设备由上部移动平台和水下机器人本体组成,移动台车上设置有操作室,收放卷扬以及电缆卷筒,水下

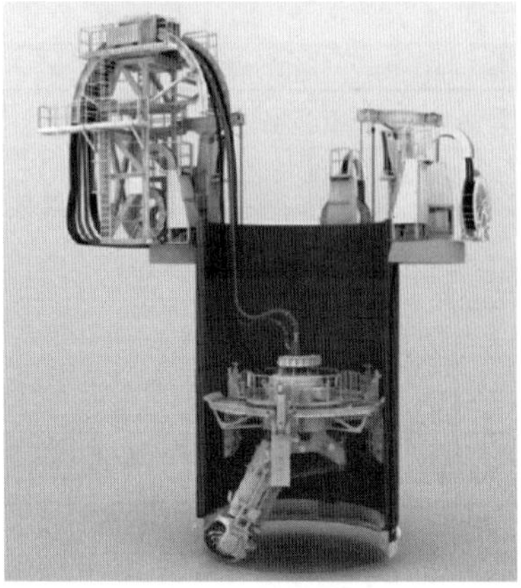

图3　竖井掘进机

机器人则包括内支撑臂架、动力总成、机械臂、射流泵和铣刨头，如图4所示。采用模块化设计理念，通过改变内支撑臂架的结构形式和机械臂的尺寸，以适应不同断面形状以及尺寸的井孔。

内支撑臂架集成导向装置和伸缩油缸，使取土机器人能安全通过井孔内壁上剪力键，伸缩油缸具有油压维持功能，作业过程中，油缸能始终保持一定压力，使撑靴紧贴于井壁上。动力总成通过脐带电缆供电，为水下射流泵、液压油缸和铣刨头提供动力。机械臂端部安装有铣刨头，适合密实胶结砂层以及风化岩层等坚硬地层的铣削作业，针对硬塑黏土可更换齿型，并辅以高压射水辅助破土。

同时开发一套可视化界面操控系统，保证深水环境刃脚取土施工精度。通过导入作业井孔的几何参数以及三维声呐所测得的泥面高程数据，建立作业环境的空间模型。卷扬系统通过记录钢丝绳的下放量获取水下机器人相对泥面的实时高程，以便水下机器人内支撑臂架在合适高程定位，依靠油缸伸长量传感器以及转动角度传感器的监测数据，解算出机械臂的空间姿态信息，构建水下可视化操控界面。

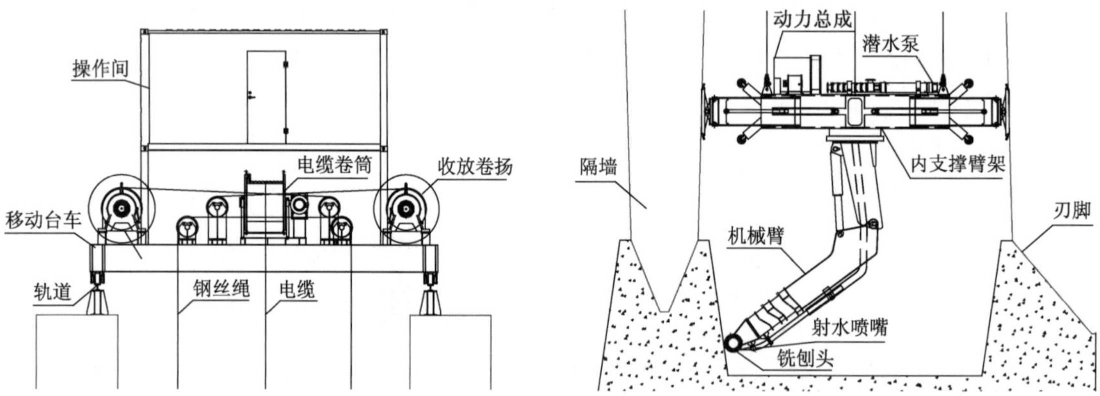

a)上部移动平台　　b)水下机器人本体

图4　沉井盲区取土设备

4　结语

大型桥梁沉井基础具有较大的踏面面积，下沉过程中遇到硬质土层时需克服更大的端阻力，对井孔内及踏面下土体破除显得尤为重要。本文在国内沉井不排水下沉实践经验的基础上，总结了适用于不同类型硬质土层的破土方法，并对沉井刃脚盲区取土设备进行了探讨，提出了一种适用于深水多井孔沉井盲区取土专用设备。

参考文献

[1] 汪德隆.海口世纪大桥主塔沉井施工介绍[J].水运工程，2001(1):39-43.

[2] 张鸿，刘鹏，肖文福.泰州大桥中塔深水超深巨型沉井施工技术[J].岩土工程学报，2008，30(S1):559-563.

[3] 邱琼海.铜陵公铁两用长江大桥深水特大型沉井基础施工技术[J].铁道标准设计，2013(4):57-61.

[4] 李军堂.沪通长江大桥主航道桥沉井施工关键技术[J].桥梁建设，2015，45(6):12-17.

[5] 郑大超，朱斌.武汉杨泗港长江大桥2号墩钢沉井施工关键技术[J].桥梁建设，2017，47(06):

106-110.

[6] 别业山,舒思利,万田保. 温州瓯江北口大桥中塔沉井基础设计[J]. 桥梁建设,2019,49(03):75-79.

[7] 刘昆,曹会清,寇宝庆,等. 水下岩石破碎与空气提升法在沉井下沉中的应用[J]. 施工技术,2010,39(S2):283-285.

[8] 许溶丰,崔岚岭. 绞吸机在大型沉井施工中的运用[J]. 建筑机械,2017(10):80-83.

[9] 马飞,宋志辉. 水射流动力特性及破土机理[J]. 北京科技大学学报,2006,28(5):413-416.

[10] 上海市基础工程集团有限公司. 镇江市大港水厂一期取水工程沉井下沉施工报告[Z]. 上海:上海市基础工程集团有限公司,2018.

[11] 肖伯强,李送根,胡义新,等. 老黏土地层吸泥装置研究及应用[J]. 中国港湾建设,2017,37(09):50-53.

[12] 李陆平,朱斌,罗瑞华. 武汉杨泗港长江大桥主塔沉井硬塑黏土中下沉技术[J]. 桥梁建设,2018,48(04):1-5.

超大水下钢沉井施工监测数据分析

王紫超[1,2,3,4],杨　切[1,2],陈建荣[1,2],孙南昌[1,2]

(1. 中交第二航务工程局有限公司,湖北武汉　430040;
2. 长大桥梁建设施工技术交通行业重点实验室,湖北武汉　430040;
3. 交通运输行业交通基础设施智能制造技术研发中心,湖北武汉　430040;
4. 中交公路长大桥建设国家工程研究中心有限公司,北京　100032)

摘　要　常泰长江大桥5号墩采用的圆端台阶形沉井,为世界最大尺寸水中钢沉井。本文通过现场监测资料以及相关理论方法对5号沉井施工全过程进行了监测分析,同时研究了侧摩阻力的横向分布,外刃脚踏面土压力对端阻力的影响,隔墙底部应力分布等。研究结果表明:通过及时动态调整可以保证沉井良好的姿态;沉井首节混凝土浇筑完成后,已经决定了外隔墙底板的应力大小和分布情况,但是内隔墙应力在施工前期会大幅提升,中后期保持稳定;沉井中后期施工中,外刃脚踏面端阻力占了整个外刃脚端阻力的35% ~55%,占了整个沉井端阻力的25% ~40%,对沉井下沉影响较大。沉井下沉启动时,外刃脚踏面土压力会发生明显变化,而且沉井初沉阶段,静摩阻力约为动摩阻力的1.1倍,沉井终沉阶段,静摩阻力约为动摩阻力的1.6倍;侧壁土压力处于主动总压力与被动总压力之间,同时侧壁土压力均为先增大后平稳再减小的趋势,但是减小趋势不明显;侧壁摩阻力的横向分布存在较大差异,应分段计算。

关键词　沉井;土压力;侧壁摩阻力;施工监测;姿态控制

Monitoring Data Analysis of Super Large Underwater Steel Open Caisson Construction

WANG Zi-chao[1,2,3,4],YANG Qie[1,2],CHEN Jian-rong[1,2],SUN Nan-chang[1,2]

(1. CCCC Second Harbor Engineering Co. ,Ltd. ,Wuhan,Hubei 430040,China;2. Key Laboratory of Transportation Sector for Long-Span Bridge Construction Technique,Wuhan,Hubei 430040, China;3. Transportation Infrastructure Intelligent Manufacturing Technology Research and Development Center,Wuhan,Hubei 430040,China;4. CCCC Highway Bridge National Engineering Research Centre Co. Ltd,Beijing,100032,China)

Abstract　The circular end stepped caisson adopted for the 5th pier of Changtai Yangtze River Bridge is the largest underwater steel caisson in the world. The circular end stepped caisson adopted for the 5th pier of Changtai Yangtze River Bridge is the largest underwater steel caisson in the world. Based on the field monitoring data and relevant theoretical methods,this paper analyzes the whole process of 5# open caisson

作者简介:王紫超(1980—),男,硕士,研究方向为桥梁与隧道工程。

construction, and studies the lateral distribution of side friction, the influence of earth pressure on the end resistance of the outer edge pedal surface, and the stress distribution at the bottom of the partition wall. The results show that: good posture of caisson can be ensured by timely dynamic adjustment; after the completion of the first section of caisson concrete pouring, the stress size and distribution of the bottom plate of the outer partition wall have been determined, but the stress of the inner partition wall will be greatly increased in the early stage of construction, and remain stable in the middle and late stage; in the middle and late stage of caisson construction, the resistance of the outer blade foot surface accounts for about 35%-55% of the resistance of the whole outer blade foot end, accounting for about 25%-40% of the total resistance of the open caisson, which has a great impact on the sinking of the open caisson. In the initial sinking stage, the static friction is about 1.1 times of the dynamic friction, and in the final sinking stage, the static friction is about 1.6 times of the dynamic friction; the lateral wall earth pressure is between the active total pressure and the passive total pressure, at the same time, the lateral wall earth pressure first increases and then decreases steadily, but the decreasing trend is not obvious; the lateral distribution of the lateral wall friction is quite different, so it should be calculated by sections.

Keywords Open caisson; earth pressure; sidewall friction; construction monitoring; attitude control.

1 引言

沉井基础具有刚度大、整体性好、稳定性高以及抗震性能好等优点,国内外应用十分广泛[1-4],20 世纪以来,我国陆续修建了泰州长江大桥、南京长江四桥、沪通铁路长江大桥以及五峰山长江大桥等,均采用了沉井基础。

目前,国内对沉井的受力研究主要集中在沉井施工过程中的下沉系数、端阻力及侧摩阻力等方面。陈晓平[5]系统分析了沉井基础的下沉机理和下沉过程中的受力特性。穆保岗[6-7]对沉井结构进行了监控,验证了不同地基极限承载力公式在沉井工程中的适用性。朱建民[8]发现超大型沉井兼有条形基础的特点和整体工作性能,能够承受较大的竖向变形,沉井首节混凝土浇筑就已决定了隔墙底板的应力大小和分布情况。周和祥[9]分析刃脚土阻力与侧壁摩阻力的大小和变化规律,考虑了土层前期固结压力对刃脚土阻力的影响,并且提出了侧壁摩阻力分布简化模型。朱劲松[10]系统研究大型沉井基础下沉过程中侧摩阻力、阻力峰值位置分布、松弛高度与下沉系数的变化规律。邓友生[11]系统地阐述了大圆形锚碇沉井下沉施工中下沉系数和稳定系数变化规律。刘彦峰[12]研究了深厚淤泥土层中大型沉井基础下沉阻力的分布特征,侧壁压力沿深度方向近似线性增长,与沙土层受力有明显不同。

国外沉井研究与国内研究有细微差别,Jeong[13]发现空气幕助沉措施可以有效减少侧摩阻力,加速沉井下沉,侧阻力可以减小到预期值的一半以下。Jitesh[14]发现刃脚的承载力和土壤流动机理取决于刃脚的形状、下沉深度和土壤类型。Riccardo[15]以及 Gaudio[16]用桩基础抗震理论来研究沉井抗震机理,考虑了沉井远大于地基土的质量和刚度,并且进行了有限元分析,结果与计算实例吻合良好。

综上所述,沉井主要依靠自重下沉,期间要克服侧壁摩阻力、刃脚端阻力以及浮力。现行的沉井规范主要基于大直径桩的下沉机理分析,或者针对中小沉井得出的。是否适用于地质复杂、尺寸及开挖深度越来越大的沉井有待考证。同时绝大多数文献忽略了刃脚踏面土压力对端阻力的影响,而且侧摩阻力也只考虑侧摩阻力的纵向分布,忽略了侧摩阻力的横向分布研究。常泰长江大桥 5 号墩沉井为世界最大尺寸圆端形水中钢沉井,十分有必要对其下沉施工进行研究,为以后的水中沉井建造提供参考意见。

2 工程概况

常泰长江大桥主航道桥采用双层斜拉桥，桥梁上层为高速公路，下层为城际铁路和普通公路[17]。主航道桥两桥塔均采用大型钢沉井基础，主桥5号墩沉井基础平面呈圆端型，立面为台阶型，台阶宽度9.0m。

沉井底面尺寸长95.0、宽57.8m，圆端半径28.9m；沉井顶面尺寸长77.0、宽39.8m，圆端半径19.9m；沉井外井壁厚1.8m、高43m，内井壁厚2.0m、高64m，内、外圈隔墙厚度均为1.4m，外圈隔墙高64m，内圈隔墙高39m。内井孔标准尺寸为长11m、宽11m，隔墙、内井壁间倒长1.5m、宽1.5m直角，隔墙外井壁间倒长1.2m、宽1.2直角，沉井为填充混凝土的钢壳结构，共28个隔舱，如图1所示。

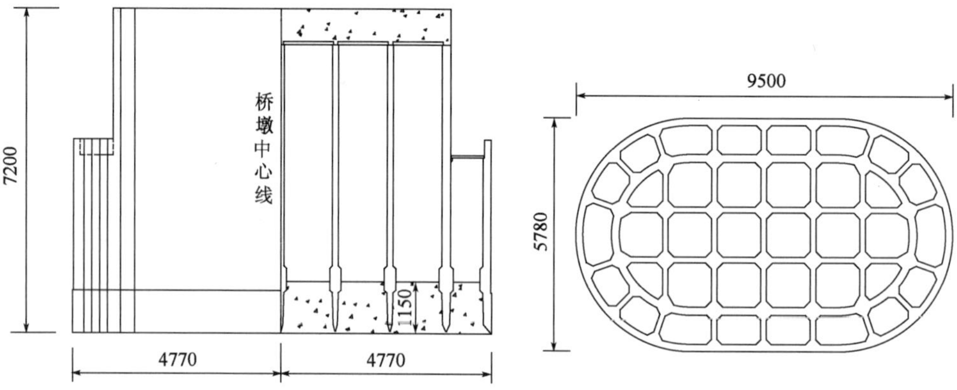

图1 5号墩钢沉井结构（尺寸单位：cm）

钢沉井所处河段属长江下游感潮河段，潮位受长江径流与潮汐双重影响，20年一遇桥位断面垂线平均最大流速为1.93～2.1m/s，枯水期垂线平均最大流速低于1.05m/s。钢沉井位于主航道区北侧，墩位处地形较平稳，河床表层为Q4松散状粉砂，层厚不均，厚1.6～4.8m，工程性质差。5号墩大部分钻孔的砂类土地层中均揭示有砂砾胶结层，为非层状构造，零星分布，揭示深度主要在河床下-35～-45m范围内，其他深度零星分布。具体特点及施工难点如下：

(1)水文地质条件复杂，汛期流速大，河床易冲刷、地层不均匀，表层存在硬塑粉质黏土层，沉井初期下沉安全风险及姿态控制难度大。

(2)沉井结构新颖，首次采用圆端型台阶型结构，影响设备布置，存在异形隔仓，容易产生取土盲区，临时外壁结构复杂，可拆临时外壁施工难度大。

3 施工监测结果与分析

3.1 下沉曲线

沉井总共经历了四次取土下沉、三次混凝土浇筑、两次接高，本文研究重点为四次取土下沉期间的沉井姿态及土压力。

第一次取土开挖之前，为了清淤以及减少土层对井壁的侧摩阻力，对河床进行了开挖，沉井外刃脚底高程初始值为-27.2m。从表1及图2可以看出，在第一次取土初期，沉井下沉较慢，原因在于取土初期，取土高度控制在了0.5m以内，施工过程较保守，平均下沉速度为14.3cm/d。

然而经过数值计算[18]，将第二次及第三次取土阶段取土高度均控制在1m以内，下沉速度加快，其平均下沉速度分别为32.2cm/d、34.3cm/d，下沉速度最大值为1.1m/d。总结前三次取土经验，第四次取土期间，取土高度控制在1.5m以内，下沉加快，下沉速度最大值为0.9m/d，其平均下沉速度为48.7cm/d。

沉井下沉数据统计表(2020 年)　　表 1

项　目	日　期	时长(d)	下沉量(m)	平均下沉速度($cm \cdot d^{-1}$)
第一次取土	6 月 5 日—6 月 28 日	24	3.44	14.3
第二次混凝土浇筑	6 月 29 日—7 月 19 日	21	0.67	3.2
二次取土下沉	7 月 20 日—8 月 15 日	27	8.69	32.2
沉井接高	8 月 16 日—10 月 15 日	61	—	0.1
第三次取土	10 月 16 日—12 月 2 日	48	16.46	34.3
第三次混凝土浇筑	12 月 2 日—12 月 15 日	14	0.32	2.3
第四次取土	12 月 16 日—12 月 29 日	14	6.82	48.7

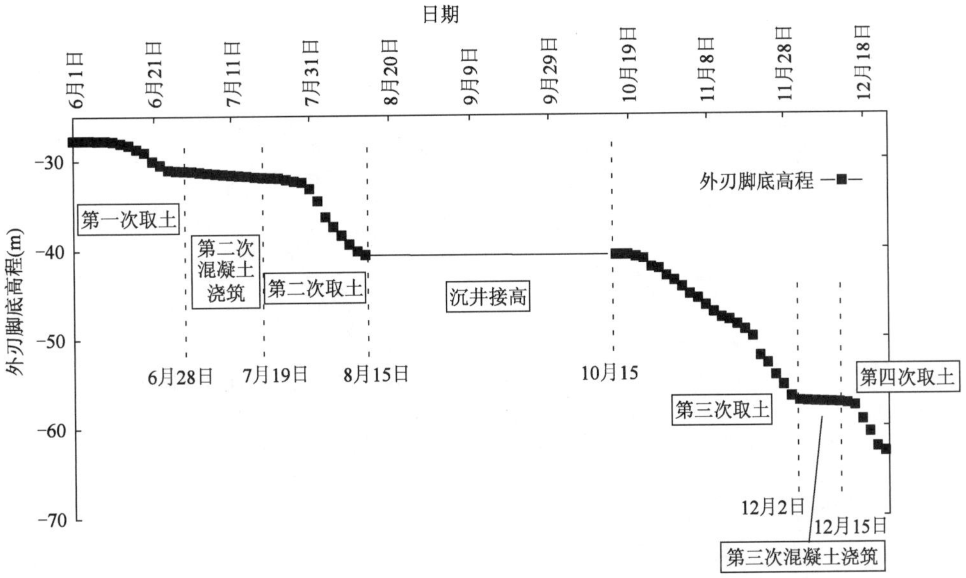

图 2　沉井下沉时间-历程曲线

沉井下沉速度逐渐加快,究其原因在于加大取土高度可以有效地减少沉井端阻力,提高下沉系数,增加取土量,使沉井可以在保证结构安全的前提下平稳下沉。并且第四次取土期间沉井主要穿过密实中粗砂层以及密实粗砂层,软塑粉质黏土层不存在,具体土层地质情况见表 2。

沉井土层地质表　　表 2

层号	岩 土 名 称	重度 γ ($kN \cdot m^{-3}$)	压缩模量 E_s (MPa)	黏聚力 C (kPa)	内摩擦角 φ (°)	地基承载力 (kPa)	摩阻力 (kPa)	平均底高程 (m)	平均底高程 (m)	平均厚度 (m)
①3	松散粉砂	19.0	3.8	16.7	14	100	20	-14.51	-17.22	2.71
②1	硬塑粉质黏土	19.5	6.63	32.9	19.4	260	45	-17.22	-22.74	5.52
②3	中密粉砂	20.2	10.19	5.6	31.4	120	22	-22.74	-24.91	2.17
②1-1	软塑粉质黏土	18.5	5.93	26.3	19.1	120	30	-24.91	-27.25	2.34
②3、②4	中密细砂	19.8	9.66	6	34	200	22	-27.25	-31.47	4.22
②1-1	软塑粉质黏土	18.5	5.93	26.3	19.1	120	30	-31.47	-33.65	2.18
②3	中密粉砂	20.2	10.19	5.6	31.4	120	22	-33.65	-39.89	6.25
②4	密实细砂	19.4	9.16	4	36	250	23	-39.89	-48.46	8.57
②1-1	软塑粉质黏土	18.5	5.93	26.3	19.1	120	30	-48.46	-50.33	1.87
②5	密实中粗砂	20.6	10.52	4.7	37.7	450	24	-50.33	-56.83	6.5
②6、②7	密实粗砂	21.3	13.35	4	38	550	25	-56.83	-65	8.17

3.2 沉井几何姿态

(1)测试方法与测点布置

为了监测沉井下沉姿态,确保及时调整沉井姿态,在沉井顶面布置了北斗坐标测点,共有4个,分别布置在沉井顶面的上游、下游、江侧和岸侧,根据实时测量数据动态计算沉井高程、倾斜、偏位和平面扭角等几何信息。

(2)测试结果与分析——倾斜值

倾斜是沉井几何姿态监控的重要指标之一,它代表了沉井下沉过程中的垂直度,其中顺桥向倾斜与横桥向倾斜的控制值均为1/150。从图3可以看出,第一次取土期间以及第四次取土期间其顺桥向倾斜与横桥向倾斜值均控制在1/150以内,然而第二次以及第三次取土过程中,横桥向倾斜值存在部分点超过1/150的情况,但是经过及时纠偏,横桥向倾斜值回归正常,沉井几何姿态总体可控。

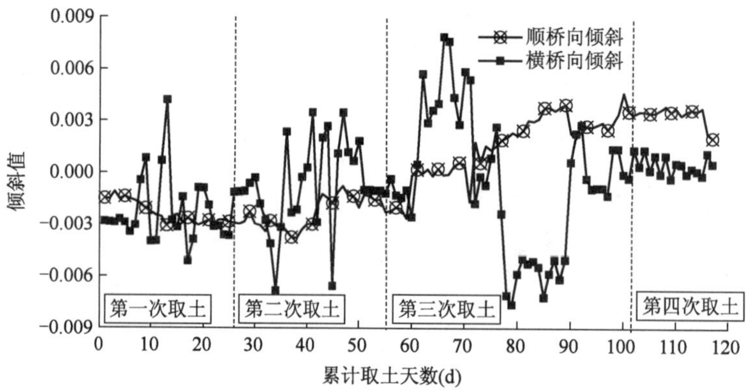

图3　沉井倾斜曲线

(3)测试结果与分析——平面扭角

平面扭角是沉井几何姿态监控的重要指标之一,它代表了沉井下沉过程中沉井底面及顶面的扭转程度,其控制值为1°。从图4可以看出,四次取土期间其平面扭角均控制在0.01°以内,沉井扭转姿态良好。

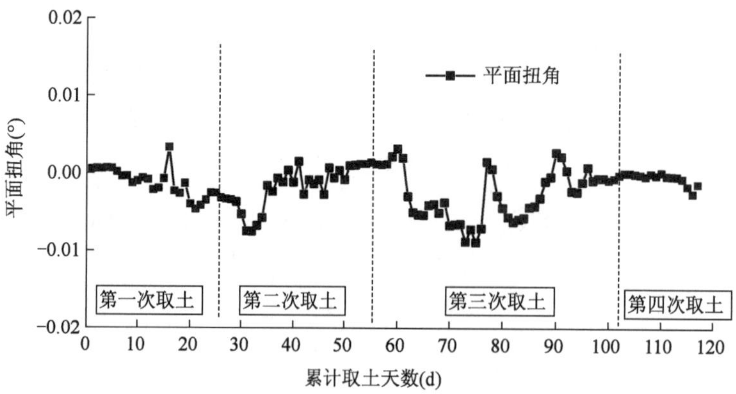

图4　沉井平面扭角曲线

3.3 隔墙底部应力监测

(1)测试方法与测点布置

隔墙底部的结构应力用于监测隔墙底部的钢板结构应力,是沉井基础定位着床、终沉等阶段控制结构安全性的重要指标,一般使用振弦式应变计测得,测点布置如图5所示。

(2)测试结果与分析

从图6a)、b)可以看出,在第一次取土阶段,应力值均为8MPa左右,说明整个沉井中部区域整体工作性能良好。

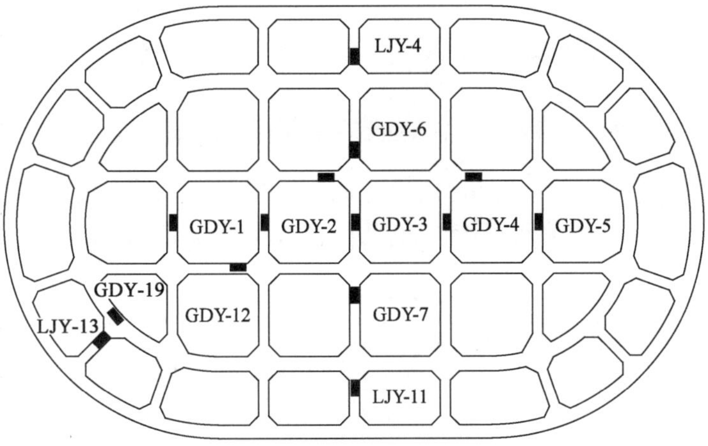

图5　隔墙底部应力监测点

在经历了两个月的沉井接高以后,即第二次取土初期,其应力值在几天之内迅速达到60MPa左右,原因在于此时沉井入土较浅,沉井自重增大,同时沉井中部区域底部完全被掏空,因此中部区域应力增大。但是第二次取土之后,其值在60MPa左右,远小于钢板屈服应力,原因可能为此时沉井入土较深,周围土体对沉井底板约束力增强,限制了沉井底板变形,这种限制对沉井受力是有利的。

在第二次取土期间,GDY-1、GDY-6以及GDY-7应力曲线有些许不同,原因在于,其隔墙底部较其他隔墙底部未完全被掏空,仍有部分土体支撑,钢板局部应力降低。

图6c)为外隔墙—内隔墙底部应力曲线图,在四次取土过程中,LJY-4、LJY-13始终保持在60MPa左右,说明沉井首节混凝土浇筑完成后,已经决定了外隔墙底板的应力大小和分布情况,这与文献[8]中关于隔墙应力的描述类似。

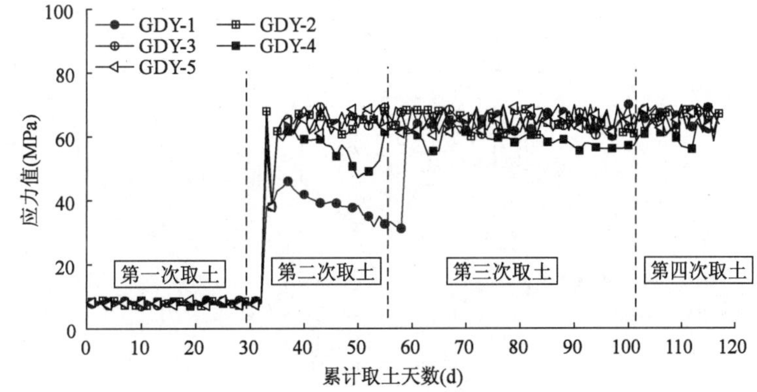

a)横桥向隔墙底部应力曲线图

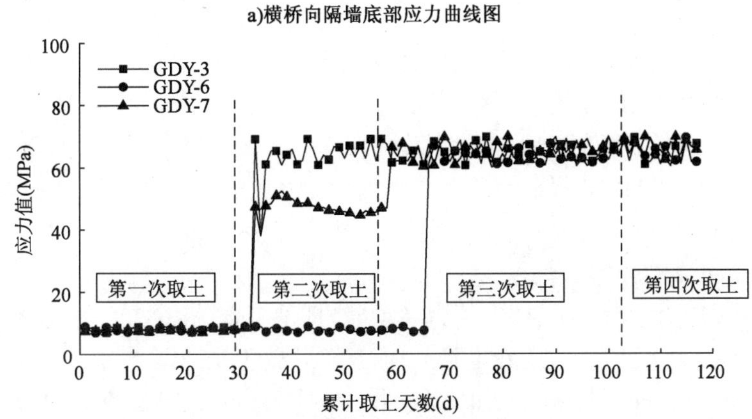

b)顺桥向隔墙底部应力曲线图

图　6

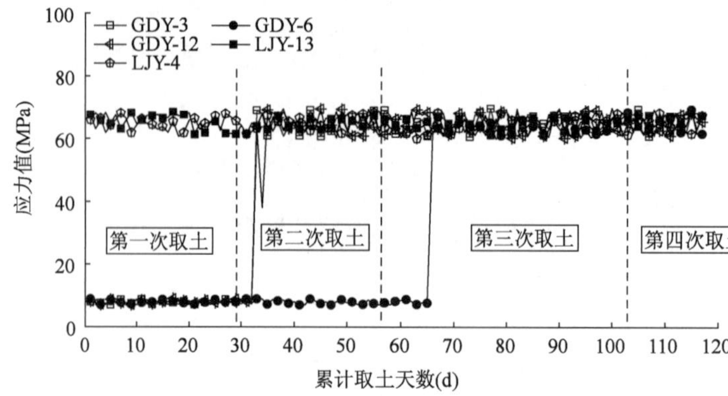

c)外隔墙-内隔墙底部应力曲线图

图6　隔墙底部应力曲线

3.4　刃脚踏面及斜面土压力监测

许多大型沉井外刃脚踏面宽度为20cm左右,如五峰山长江大桥、马鞍山长江大桥以及本文的常泰长江大桥等,相较于整个外刃脚200cm宽度,占比量为1/10,较少有文献研究,文献[5-10]未曾提及,但是本文通过研究发现其影响较大。

(1)测试方法与测点布置

底面土压力用于监测沉井基础下沉过程中的端面阻力大小及其分布规律,是确定下沉阻力的关键指标。使用土压力盒测得,测点布置如图7所示。其中RF-5、RF-78以及RF-88为斜面监测点,与它们对应的踏面监测点为RF-125、RF-124以及RF-121。

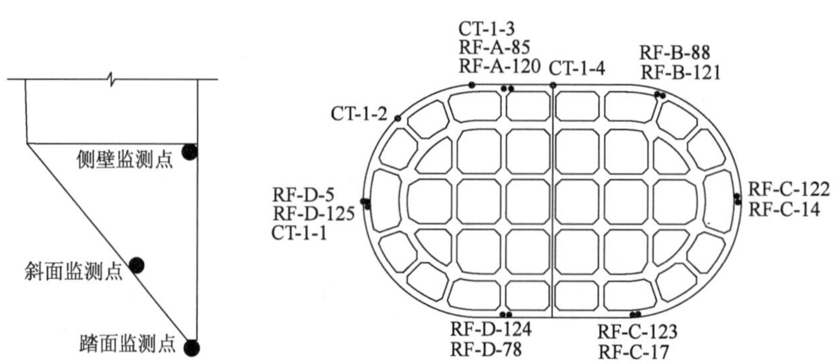

a)监测点示意图　　b)土压力监测点

图7　土压力传感器监测点

(2)测试结果与分析

如图8所示,踏面土压力值远高于斜面土压力值,踏面平均土压力值约为4MPa,原因在于随着施工过程推进,沉井入土深度加大,原本处于刃脚周围的固结土及石块被进一步堆积,外刃脚踏面土层进入了超固结的状态[19],甚至外刃脚踏面部位极有可能一直存在石块,随外刃脚一起下沉,因为理论上密实粗砂的极限承载力不会超过2MPa;斜面平均土压力约为1MPa,处于正常范围内。同时在沉井中后期施工过程中,研究发现外刃脚踏面端阻力占了整个外刃脚端阻力的35%~55%,占了整个沉井端阻力的25%~40%,对沉井下沉影响较大。

由于外刃脚踏面土压力数值较大,沉井下沉启动时,理论上数值变化较大,容易被系统监测。在沉井终沉阶段,由于需要控制下沉量,取土效率降低,而且沉井属于非连续下沉。在沉井启动时,会出现快速下沉现象,时间很短。究其原因在于沉井侧摩阻力由静摩阻力变成了动摩阻力,并且随着下沉深度增加,两者差异越来越大,而且根据实测刃脚底面土压力数值可以反算侧摩阻力,可以得出在沉井初沉阶段,静摩阻力约为动摩阻力的1.1倍,沉井终沉阶段,静摩阻力约为动摩阻力的1.6倍,这与文献[20]

规律差不多。

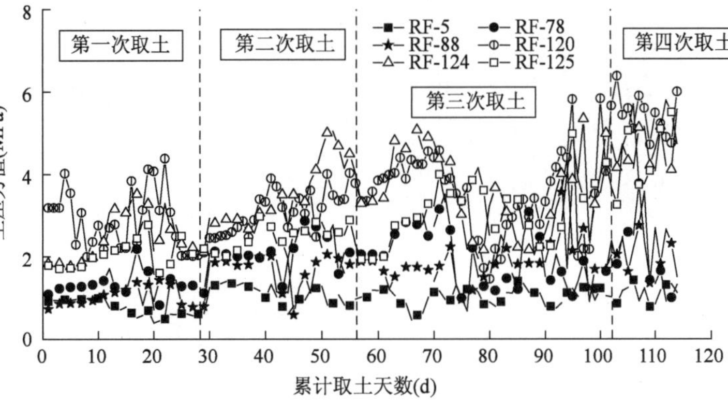

图8 刃脚踏面及斜面土压力曲线

(3)沉井下沉启动分析

沉井下沉启动从开始到结束,时间约为8s,5号沉井于2020年12月的20日、22日以及25日均发生过下沉启动,下沉量分别为12cm、7cm以及5cm。我们研究了12月20日下午16:02~16:03外刃脚踏面土压力曲线,如图9所示,在下沉启动前30~40s,RF-122土压力曲线会产生规律性的上下波动,波动幅度为2MPa,变化较大,其他曲线较平缓,这可能与下沉启动最先开始的位置有关。下沉启动过程中RF-122曲线发生了突变,先迅速上升,再迅速下降,曲线最大值为6.5MPa,最小值为1.5MPa,其他曲线也会出现小范围上升或者下降,其余几次下沉启动也有类似规律。

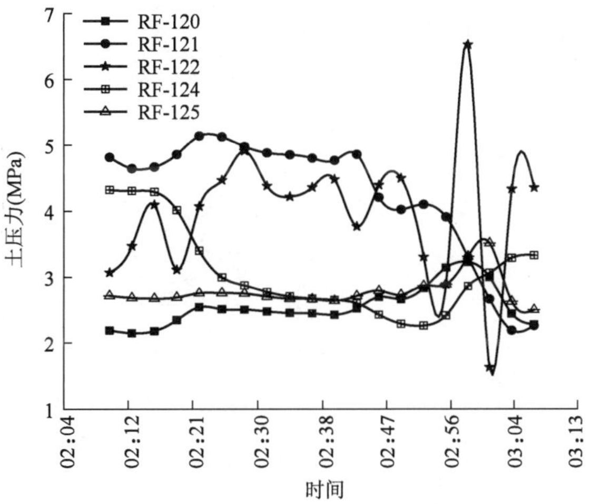

图9 下沉启动前后踏面土压力曲线变化图

3.5 沉井侧壁土压力监测

(1)测试方法与测点布置

沉井侧壁土压力监测可反应沉井周边土体应力状态,为翻砂提供预警。使用土压力盒测得,测点布置如图7所示,编号为CT-1-1~CT-1-4。

(2)测试结果与分析

文献[5-10]得出纵向侧摩阻力两端小中间大的规律,并且简化侧摩阻力计算模型,但是忽略了侧壁摩阻力的横向分布。

本文首先根据表2以及《土力学与地基基础》[21]分别计算了每层土的顶面及底面的主动土压力与被动土压力,并且考虑水自重应力。如图10所示,侧壁土压力均处于主动总压力与被动总压力之间,而且随着入土深度加大,侧壁土压力更接近于主动总压力。同时侧壁土压力均为先增大后平稳再减小的趋势,但是减少趋势不明显,说明刃脚处土压力松弛效应影响随着入土深度加大逐渐增大,这也可能与本文 3.4 节说明的原因有关。

如图 7 及图 10 所示,对于横向分布不同的 CT-1-1、CT-1-2 以及 CT-1-4,同一土层同一高程处的侧壁压力值逐渐减小,并且差值最大可达 0.4MPa,说明侧壁摩阻力的横向分布存在较大差异,原因在于沉井圆端处容易应力集中,而且各处土层不均匀。为了较准确地计算侧摩阻力,应分段计算。同时本文对侧壁摩阻力的横向分布讨论较浅,需要进一步研究。

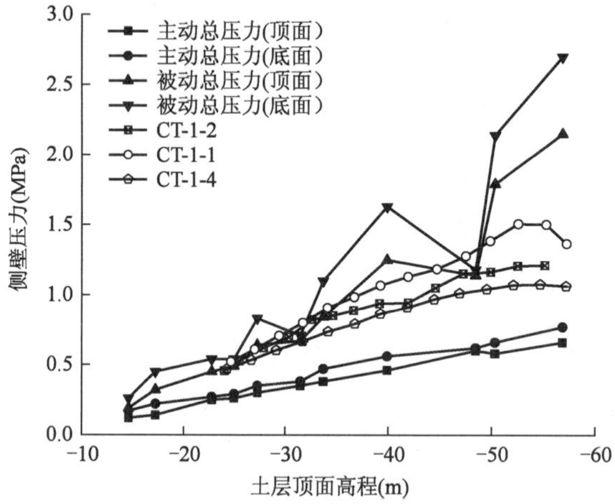

图 10　侧壁水土总压力图

3.6　土压力占比分析

本文分析了施工过程期间,总阻力中端阻力与侧摩阻力各自占比量,这对沉井中后期施工具有重要的指导意义。施工阶段前期,沉井入土深度较浅,总阻力主要占比为端阻力,施工阶段中后期,沉井入土深度加大,深度达 30m 以上,侧摩阻力成为影响沉井下沉的主要因素。纵观施工全过程,端阻力从 100% 变化到 40%,侧摩阻力从 0 变化到 60%。

同理,由于沉井平面尺寸较大,端阻力分布也较复杂,有必要对其研究。本文中沉井的支撑状态主要有三种:全断面支撑、小锅底支撑、大锅底支撑[22]。刃脚各部分土压力占比见表 3,可供工程参考。

端阻力占比量(单位:%)　　表 3

名　　称	全断面状态	小锅底状态	大锅底状态
外井壁	35	55	75
外隔墙	25	19	14
内井壁	20	14	8
内隔墙	10	12	3
十字节点	10	0	0

4　结语

(1)施工过程监测与控制结果表明:整个沉井下沉过程中,下沉速度最大值为 1.1m/d,通过及时动态调整保证沉井良好的姿态,并且沉井整体姿态控制较好。

(2)沉井首节混凝土浇筑完成后,已经决定了外隔墙底板的应力大小和分布情况,但是中部内隔墙应力在施工前期由于入土较浅、底部土体被掏空等因素会大幅提升,中后期由于沉井周围土体对沉井底板约束力增强,限制了沉井底板变形,对结构受力有利,中部内隔墙应力会保持稳定,在 60MPa 左右。

(3)通过沉井中后期的施工研究,发现外刃脚踏面端阻力占了整个外刃脚端阻力的 35% ~55%,占了整个沉井端阻力的 25% ~40%,对沉井下沉影响较大。沉井下沉启动前,外刃脚刃脚踏面土压力会发生明显变化,而且沉井初沉阶段,静摩阻力约为动摩阻力的 1.1 倍,沉井终沉阶段,静摩阻力约为动摩阻力的 1.6 倍。

(4)侧壁土压力处于主动总压力与被动总压力之间,而且随着入土深度加大,侧壁土压力更接近于主动总压力。同时侧壁土压力均为先增大后平稳再减小的趋势,但是减小趋势不明显,说明刃脚处土体压力松弛效应随着入土深度加大对沉井影响逐渐增大。

(5)侧壁摩阻力的横向分布存在较大差异,原因在于沉井圆端处容易应力集中,而且土层不均匀,为了较准确地计算侧摩阻力,应分段计算。

参考文献

[1] CHAKRABARTI S K. Design, construction, and installation of a floating caisson used as a bridge pier [J]. Journal of Waterway, Port, Coastal and Ocean Engineering, 2006, 132(3): 143-156.

[2] LEFLER F. E. Reinforced concrete caissons for port structures in Spain[J]. Maritime Engineering, 2009, 162(2): 73-81.

[3] PENG F L, WANG H L, TAN Y, et al. Field measurements and finite element method simulation of a tunnel shaft constructed by pneumatic caisson method in shanghai soft ground[J]. Journal of Geotechnical and Geoenvironmental Engineering, 2010, 137(5): 516-524.

[4] JALBI S, SHADLOU M, BHATTACHARYA S. Impedance functions for rigid skirted caissons supporting offshore wind turbines[J]. Ocean Engineering, 2018, 150(2): 21-35.

[5] 陈晓平,茜平一,张志勇. 沉井基础下沉阻力分布特征研究[J]. 岩土工程学报, 2005, 27(2): 148-152.

[6] 穆保岗,朱建民,牛亚洲. 南京长江四桥北锚碇沉井监控方案及成果分析[J]. 岩土工程学报, 2011, 33(2): 269.

[7] 穆保岗,王岩,朱建民,等. 大型沉井实测下沉阻力分析[J]. 土木建筑与环境工程, 2012(S1): 107-115.

[8] 朱建民,龚维明,穆保岗,等. 超大型沉井首次接高受力及变形规律初探[J]. 岩土力学, 2012, 33(7): 2055-2060, 2066. DOI: 10.3969/j. issn. 1000-7598. 2012. 07. 021.

[9] 周和祥,马建林,李军堂,等. 深大沉井下沉阻力的现场监测[J]. 公路交通科技, 2019(7).

[10] 朱劲松,孟庆领,祁海东,等. 大型沉井基础侧壁摩阻力分布特性[J]. 东南大学学报(自然科学版), 2019, 49(6): 1136-1143.

[11] 邓友生,刘华飞,时一波,等. 特大圆形锚碇沉井下沉系数和稳定系数研究[J]. 世界桥梁, 2016, (1): 35-39. DOI: 10. 3969/j. issn. 1671-7767. 2016. 01. 008.

[12] 刘彦峰,刘少成,黄锐. 深厚淤泥土层大型沉井基础下沉阻力研究[J]. 世界桥梁, 2020, 205(03): 60-64.

[13] Jeong Jin Seob, Lee Jong Cheon, Kim Hae Woog, et al. A Case Study on Settlement Promotion of a Large Size Open Caisson using Air-Jet an Method. 2009, 33(3): 227-233.

[14] Jitesh T. Chavda, Soumyaranjan Mishra, G. R. Dodagoudar. Experimental evaluation of ultimate bearing capacity of the cutting edge of open caisson. 2019, 1-43.

[15] Conti Riccardo, Di Laora Raffaele, Licata Valeria, et al. Seismic performance of bridge piers: caisson vs pile foundations. 2020, 130(C).

[16] D. Gaudio, S. Rampello. Equivalent seismic coefficients for caisson foundations supporting bridge piers. 2020, 129.

[17] 秦顺全,徐伟,陆勤丰,等. 常泰长江大桥主航道桥总体设计与方案构思[J]. 桥梁建设, 2020, 50

(3):1-10.

[18] 赵东梁,沈立龙,李嘉成.水中巨型台阶形沉井取土下沉计算分析[J].中国港湾建设,2020(10):45-50.

[19] 孟颂颂,李德营,李仕波,等.不同前期固结压力下粉砂类滑带土抗剪强度环剪试验研究[C]//2016年全国工程地质学术年会论文集.

[20] 施洲,李思阳,杨仕力,等.超大型沉井基础下沉中后期摩阻力特性及突沉机制研究[J].岩石力学与工程学报,2019,361(S2):622-632.

[21] 孔军.土力学与地基基础[M].北京:中国电力出版社,2008.

[22] 穆保岗,朱建民,龚维明.大型沉井设计、施工及监测[M].北京:中国建筑工业出版社,2015.

不分散混凝土在常泰长江大桥6号墩钢沉井井壁水下浇筑中的研究和应用

文成海

（中铁大桥局集团第二工程有限公司，江苏南京　210015）

摘　要　介绍不分散混凝土的作用机理，不分散混凝土配合比的设计及优化，以及不分散混凝土在常泰长江大桥6号墩钢沉井井壁水下混凝土施工中的应用。

关键词　不分散混凝土；钢沉井井壁；水下浇筑；研究和应用

Research and Application of Non Dispersive Concrete in Underwater Pouring of Steel Open Caisson Lining of No. 6 Pier of Changtai Yangtze River Bridge

Wen Cheng-hai

（The 2nd Engineering Co., Ltd., China Railway Major Bridge Engineering Uroup, Nanjing Jiangsu 210015, China）

Abstract　This paper introduces the action mechanism of non dispersive concrete, the design and optimization of mix proportion of non dispersive concrete, and its application in underwater concrete construction of steel caisson shaft lining of No. 6 pier of Changtai Yangtze River Bridge.

Keywords　Non dispersive concrete; steel caisson lining; underwater pouring; research and application.

1　概述

常泰长江大桥6号主墩采用沉井基础方案，其中钢沉井顶高程 -1.0m，底高程 -65.0m，高64.0m，井壁钢壳内填充混凝土。沉井井壁填充混凝土采用水下施工方案，要求混凝土具有良好的流动性、间隙通过性与抗离析性，但为保障结构抗剪等承载能力需求，本工程钢沉井井壁内设置了大量水平加劲肋、水平环、水平加劲桁架等，客观上造成了水下施工的沉井井壁填充混凝土灌注上升过程中因受到这些阻碍而分层、离析，甚至填充不密实、存在大量空洞的风险显著上升，给工程质量带来严重隐患。另一方面，本工程沉井封底混凝土浇筑落差超过70m，且一次浇筑方量逾3.3万m^3，如何保障高落差、长时间持续浇筑施工的封底水下混凝土具备良好的工作性能及硬化后的力学与耐久性能是亟须解决的又一关

作者简介：文成海（1974—），男，高级工程师，1997年毕业于武汉工业大学无机非金属材料专业，工学学士。

键技术问题。

2 水下不分散混凝土的作用机理

常规水下混凝土在水中浇筑成型时，由于水泥浆体被水冲刷，会导致拌和料离析，粗、细集料的握裹力下降，从而影响水下混凝土的工程质量，随之影响水下构筑物的耐久性。在水下混凝土拌和物中加入抗分散剂，而使混凝土具有良好的黏聚性、抗分散性和抗水洗能力，从根本上解决了常规混凝土在水下施工所遇到的分散、离析等问题，并能自行流平、自行密实和硬化，这就是水下不分散混凝土（Under Water Anti-w ashout Concrete）。它能够提高水下施工技术水平，达到施工质量好、施工进度快、造价低的效果。水下不分散混凝土技术的诞生，弥补了常规混凝土水下施工的不足和缺陷，适应现代水下混凝土施工的要求。

3 水下不分散混凝土在常泰大桥6号墩钢沉井水下混凝土施工应用特点

水下不分散混凝土在常泰长江大桥水下混凝土施工中有以下优点：

(1)水中抗分散性。混凝土拌合物落入水中时不分散、不离析，保证了混凝土的配合比在不用抽水的情况下，即可进行混凝土的浇灌。这个结论是从我们9个工艺墩的试验中得出的。

(2)优良的和易性。混凝土的扩展度在680mm的情况下，不泌水、不离析、不板结，可以自行流平和密实，不需振捣，充填性好；匀质性好，很少产生浮浆。

(3)环保。水泥流失很少，对环境水无污染。

4 配制水下不分散混凝土的思路

水下不分散混凝土主要利用水下不分散外加剂高分子化合物的“架桥”作用以及特殊基团键合吸引缠绕作用，把许多颗粒联系在一起，形成稳定的网状絮团结构，把水泥和抗分散剂包裹起来不易受到外界水分子的冲洗而分散。这样在提高水下混凝土的抗分散性能的同时，也显著增加了混凝土拌和物的黏聚性和黏度，导致采用导管法进行水下不分散混凝土的灌注施工变得极为困难，而且目前水下不分散混凝土还存在混凝土流动性损失快、长时间工作性能保持能力差，混凝土单方水泥用量高、后期收缩较大等问题，这将显著影响沉井基础井壁混凝土施工质量。因此，研究适用于狭小空间复杂构造超深水下井壁填充混凝土的制备与施工成套技术迫在眉睫。为此我们考虑掺入了优质的抗分散剂以及其他质量可控的原材料。具体的配制思路如下所述。

4.1 原材料和混凝土的技术要求

分析研究设计图纸，理解工程质量的最终要求，制定了原材料及抗分散混凝土配合比的技术要求：

(1)混凝土原材料水泥、粉煤灰、抗分散剂以及其他掺和料，砂子和碎石符合相关标准和设计要求；抗分散剂符合《铁路混凝土》(TB/T 3275—2018)中的增粘剂的技术指标要求，粉煤灰为F类Ⅰ级；砂子为Ⅱ区中砂河砂，细度模数2.3～3.0，含泥量≤3.0%；二级配碎石，符合5～20mm连续级配，大小石具体比例应根据实际情况调整；水下井壁混凝土应具有不离析、自流平、长时间可工作性、自密实性以及间隙通过性，且硬化后体积稳定性良好，混凝土配合比中胶凝材料总量不宜大于500kg/m^3，水胶比≤0.42，矿物掺合料用量不大于40%。

(2)混凝土中有害物含量符合相关标准限值要求满足如下要求：氯离子含量≤0.1%（按照胶凝材料质量计算），碱含量≤3.0 kg/m^3，三氧化硫含量≤4.0%。

(3)混凝土工作性能：出机性能：含气量3.0%～6.5%（含气量工作性能调控内控指标，作为现场拌和物质量调控手段，考虑含气量但受材料波动影响大，未将其纳入强制检验指标），出机扩展度580～680mm，T500扩展时间3～8s，J环障碍高差≤25mm，倒置坍落度筒排空时间2～6s，离析率≤15%。4h性能：扩展度500～650mm，倒置坍落度筒排空时间≤6s。混凝土拌和物无离析、泌水现象且具有良好的稳定性，混凝土凝结时间>14h。

(4)混凝土长龄期性能：7d抗压强度≥20MPa，28d抗压强度≥40MPa；28d电通量<1800C，56d电

通量 < 1200C；28d 收缩率 < 3.5×10^{-4}，56d 收缩率 < 4.0×10^{-4}。混凝土收缩率测试方法是混凝土在标准试验条件下成型完毕，带模养护 3d 脱模后密封，并立即移入恒温恒湿的收缩室恒温后测定其初始长度，然后测试各龄期试件的长度，并计算出收缩率。

4.2　抗分散水下混凝土性能指标要求

抗分散水下混凝土性能指标要求见表 1。

井壁水下混凝土性能指标　　表 1

序号	项　目		推荐技术指标要求	招投标文件技术要求	试验方法	备　注
1	扩展度	0h	580 ~ 680mm	≥580mm	GB/T 50080—2016	现场快速评价指标室内评价指标
		4h	500 ~ 650mm	≥500mm	GB/T 50080—2016	
2	扩展时间 T_{500}(s)		3 ~ 8s	4 ~ 8s	GB/T 50080—2016	现场快速评价指标室内评价指标
3	倒置坍落度筒排空时间	0h	2 ~ 6s	—	GB/T 50080—2016	现场快速评价指标室内评价指标
		4h	≤6s	—	GB/T 50080—2016	
4	V 形漏斗流出时间	0h	< 30s	< 30s	GB/T 50080—2016	室内评价指标
		4h	< 45s	< 45s	GB/T 50080—2016	
5	J 环障碍高差		≤25mm	≤25mm	GB/T 50080—2016	室内评价指标
6	凝结时间		> 14h	> 14h	GB/T 50080—2016	室内评价指标，需结合现场实际工况需求考虑
7	离析率		≤15%	≤15%	GB/T 50080—2016	室内评价指标，建议作为课题科研试验指标
8	抗压强度	7d	≥20MPa	≥20MPa	GB/T 50081—2002	室内评价指标，室内试验为 20℃ 环境条件，现场试验采用温度匹配养护技术评价
		28d	≥45MPa	≥45MPa	GB/T 50081—2002	
9	电通量	28d	< 1800C	—	GB/T 50082—2009	室内评价指标，28d 检测指标是根据相关科研数据积累统计出的一个早龄期指标参照值，最终以 56d 检测指标作为评判标准
		56d	< 1000C	< 1000C	GB/T 50082—2009	
10	收缩率	28d	< 3.5×10^{-4}	—	GB/T 50082—2009	
		56d	< 4.0×10^{-4}	< 4.0×10^{-4}	GB/T 50082—2009	

4.3　抗分散水下混凝土配合比的设计及理论配合比的选用（表 2）

水下混凝土配合比设计　　表 2

序号	胶材用量	砂率	水胶比	水泥	粉煤灰	抗分散剂	砂	大石 10 ~ 20mm	小石 5 ~ 10mm	水	外加剂	备注
1-1	460	50	0.40	330	120	10	836	705	171	184	4.6	外加剂用量根据实际情况调整
1-2	460	52	0.40	350	100	10	870	677	164	184	*	
1-3	460	48	0.40	312	138	10	821	712	178	184	*	
2-1	480	50	0.38	324	146	10	860	688	172	175	9.2	
2-2	480	52	0.38	324	146	10	895	660	166	175	*	
2-3	480	48	0.38	324	146	10	860	716	179	175	*	

注：* 表示无该成分。

4.4　抗分散水下混凝土建议采用的配合比

根据多次试拌和优化，最后得出了表 3 的混凝土配合比设计配比信息及性能数据。

配合比设计配比信息及性能数据　　表3

代号	水胶比	混凝土配合比各材料用量(kg/m^3)								0h/2h 扩展度(mm)	7d/28d 抗压强度(MPa)	初凝/终凝时间(min)	28d/56d 电通量(C)	28d/56d 干缩率(%)
		水泥	抗分散剂	粉煤灰	砂	碎石 5~10 mm	碎石 10~20 mm	水	外加剂					
1	0.39	390	9.7	97	760	278	650	190	9.7	660/605	27.6/42.9	2087/2074	—	—
2	0.41	370	9.2	90	765	280	670	190	9.2	660/625	29.1/40.7	2195/2385	1543.75/865.35	0.0303/0.0341
3	0.43	354	8.8	88	780	286	667	190	8.8	675/615	24.6/37.4	2268/2517	—	—
备注	设计强度等级为C30;混凝土初始与2h坍落扩展度不低于500mm;初凝时间不低于840min,7d强度不低于26MPa。28d强度不低于38.3MPa,28d、56d自收缩值分别不高于0.034%和0.040%,28d电通量值不高于1800C,56d电通量值不高于1000C													

经相关试验建议使用配合比2,配合比如下(单位:kg/m^3):

水泥:抗分散剂:粉煤灰:砂:5~10mm碎石:10~20mm碎石:外加剂:水=370:9.2:90:765:280:670:9.2:190

4.5　抗分散水下混凝土的工艺性试验

开展沉井井壁水下混凝土足尺模型工艺性试验,达到进一步优化抗分散混凝土性能以及确定包括首封静停时间、导管布置方式、混凝土灌注方式等在内的施工工艺参数,以为工程实际施工提供有力试验依据,保障实桥施工质量的目的。

4.5.1　工艺性试验的混凝土原材料

沉井施工用扬州海螺P.O42.5普通硅酸盐水泥,镇江谏壁电厂F类Ⅰ级粉煤灰,江西赣江Ⅱ区中河砂,5~10mm(20%)与10~20mm(80%)二级配石灰岩碎石,江苏苏博特PCA-I高保坍聚羧酸减水剂,江苏苏博特SBT-NDA抗分散剂材料。

4.5.2　工艺性试验的混凝土配合比

试验用混凝土配合比见表4。

试验混凝土配合比(单位:kg/m^3)　　表4

分类	水泥	粉煤灰	黏度	不分散剂	砂	碎石		减水剂	水	备注
						10~20mm	5~10mm			
水下自密实混凝土	322	138	0	0	860	688	172	4.6	175	
抗分散封底混凝土	370	90	0	9.2	765	670	280	6.9	190	

①表中水下自密实混凝土出机坍落扩展度580~680mm,倒坍时间3~6s,4h坍落扩展度不低于550mm,且不离析、不泌水、不分层,从前两次试验结果来看,可较好的翻越、包裹水平环板、竖向加劲肋、水平加劲肋等阻碍。

②表中水下抗分散封底混凝土出机坍落扩展度不低于550mm,倒坍时间≤10s,通过调整抗分散剂配方,在不改变混凝土抗分散性能的前提下,优化其工作性能,降低黏度,增加坍落扩展度,较第2次试验时的520mm增加30mm以上。

4.5.3　工艺性试验的试验方案

(1)足尺模型制作

以沉井余料切割制作出2个高6m、长6m、宽1.4m足尺模型,灌注导管设置按两种方式布置。将沉井井壁底部焊接钢板，在隔仓内加满水。模型的正面设计成便于拆卸观察的结构，如图1、图2所示。模型加工完毕后应通过水密性试验，确保不漏水。

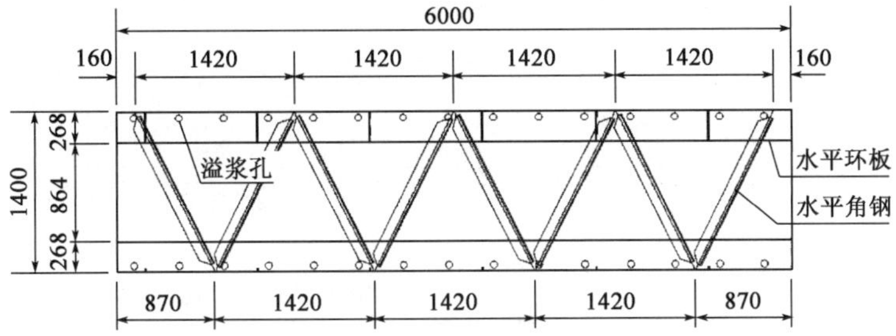

图1 足尺模型水平桁架示意图(尺寸单位:mm)

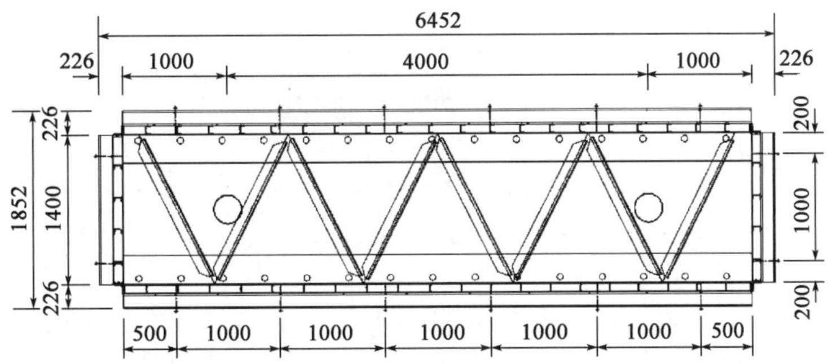

图2 足尺模型平面布置图(两根导管)(尺寸单位:mm)

(2)对比试验方案

2个足尺模型，一个采用“抗分散混凝土封底+水下自密实混凝土灌注”方案，双导管封底、单导管混凝土连续灌注方案，见图2。另一个采用“抗分散混凝土封底+水下自密实混凝土灌注”方案，单导管灌注方案，见图3。

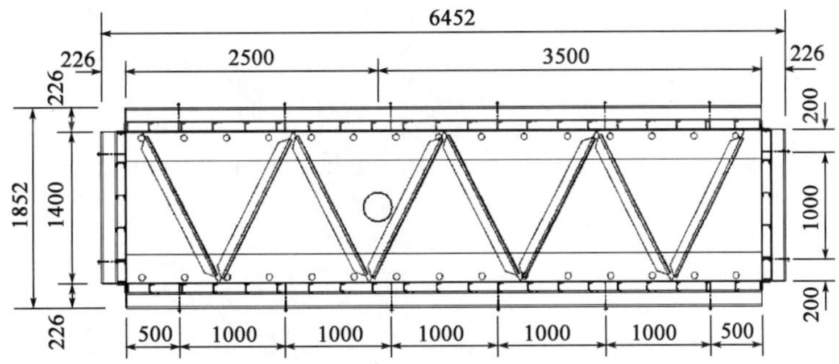

图3 足尺模型平面布置图(一根导管)(尺寸单位:mm)

抗分散混凝土封底+水下自密实混凝土灌注+双导管：利用海天2号拌合船生产不分散封底混凝土+自密实混凝土，10方不分散封底混凝土生产完毕，采用布料杆泵送，按照两个小料斗先后拔球工艺，先拔球导管6方，后拔球导管4方，灌注高度1m。然后按表1所述配合比制备37方水下自密实混凝土，利用布料杆将混凝土泵送至漏斗内，通过导管进行水下混凝土灌注施工。灌注高度为混凝土上升超过中间三层水平环板及水平桁架连接系0.5m以上，灌注高度约为4.5m。

抗分散混凝土封底+水下自密实混凝土灌注+单导管：利用海天2号拌合船生产不分散封底混凝土+自密实混凝土，10方不分散封底混凝土生产完毕，采用布料杆泵送，按照拔球工艺，导管法灌注，高度1m。然后，按表1所述配合比制备37方水下自密实混凝土，利用布料杆将混凝土泵送至漏斗内，通过导管进行水下混凝土灌注施工。灌注高度为混凝土上升超过中间三层水平环板及水平桁架连接系

0.5m 以上,灌注高度约为 4.5m。

工艺性试验过程中,采用测坨观察不同位置(导管口附近、模型端模附近、距导管口最大距离处)混凝土面高度。图 4 为足尺模型结构立面布置图。

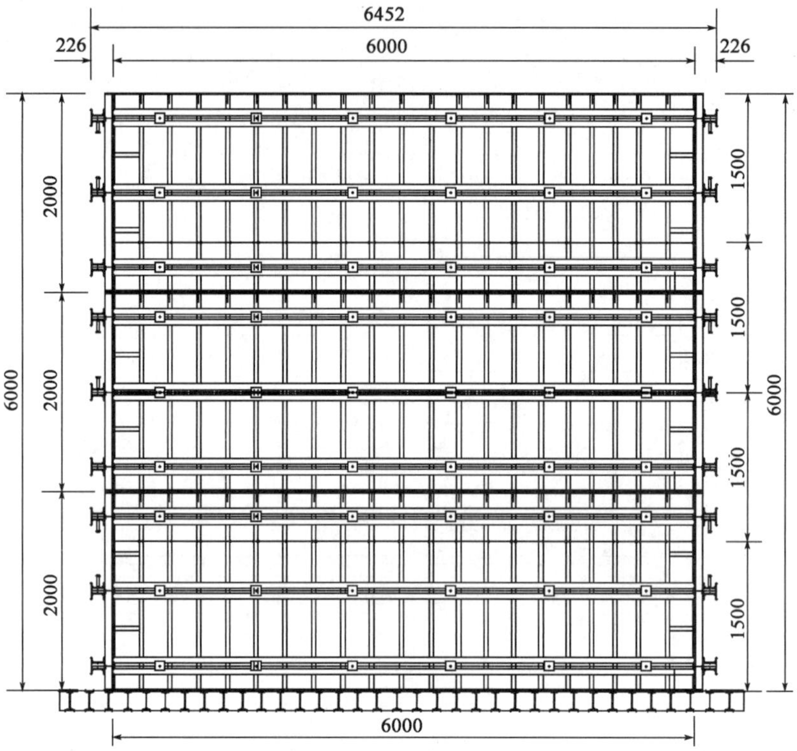

图 4　足尺模型结构立面布置图(尺寸单位:mm)

4.5.4　工艺性试验的灌注效果对比分析

足尺模型灌注试验结束且混凝土硬化并具有足够强度后,将其外侧整个面从上到下拆解开,观察不同技术方案的实施效果。发现不分散混凝土的底部密实、无孔洞、表层混凝土无明显浮浆,混凝土在流动、上升过程中,通过竖肋角钢、水平环板及桁架连接系时,混凝土受到扰动情况下的灌注质量。抗分散混凝土与自密实混凝土相比,自密实混凝土有明显的冲洗现象,而抗分散混凝土具有良好的黏聚性、抗分散性和抗水洗能力,从根本上解决了常规混凝土在水下施工所遇到的分散、离析等问题,并能自行流平、自行密实和硬化。

5　结语

水下不分散混凝土在常泰长江大桥 6 号墩钢沉井水下混凝土施工中的性能达到了预期效果,给混凝土科研者提供了更广阔的思路,必将引领超大沉井混凝土的技术革新。

常泰长江大桥6号墩钢沉井井壁水下混凝土配合比优化设计及社会经济效益

文成海

（中铁大桥局集团第二工程有限公司，江苏南京 210015）

摘 要 通过混凝土配合比的优化设计及多次试验墩的工艺性试验研究，选取了抗分散混凝土和自密实混凝土共同施工方案；通过抗分散混凝土和自密实混凝土两个配合比最佳组合方案，达到了水下混凝土性能和经济效益的完美结合。

关键词 水下混凝土配合比；优化设计；社会经济效益

Optimization Design of Underwater Concrete Mix Proportion for Steel Caisson Shaft lining of No. 6 Pier of Changtai Yanztge River Bridge and its Social and Economic Benefits

WEN Cheng-hai

(The 2nd Engineering Co. ,Ltd. ,China Railway Major Bridge Engineering Uroup, Nanjing Jiangsu 210015,China)

Abstract Through the optimization design of concrete mix proportion and the technological research on test piers, the joint construction scheme of anti dispersion concrete and self compacting concrete is selected and the perfect combination of underwater concrete performance and economic benefits is achieved.

Keywords Underwater concrete mix proportion; optimization design; social and economic benefits.

1 工程概况

常泰过江通道位于泰兴市和常州市，公路接线常州侧接江宜高速，起点位置设置在安家互通，泰兴侧由过江通道向北接入宁通高速，终点设置在泰兴东互通与广陵枢纽之间。常泰长江大桥（跨江段）工程位于泰州长江公路大桥与江阴长江公路大桥之间，距离泰州大桥约28.5km，距离江阴大桥约30.2km。工程地理位置如图1所示。

项目采用“高速公路＋城际铁路＋普通公路”方式过江，跨江采用桥梁方案，其中主航道桥采用2440m（142m＋490m＋1176m＋490m＋142m）双层斜拉桥，如图2所示。

作者简介：文成海（1974—），男，高级工程师，1997年毕业于武汉工业大学无机非金属材料专业，工学学士。

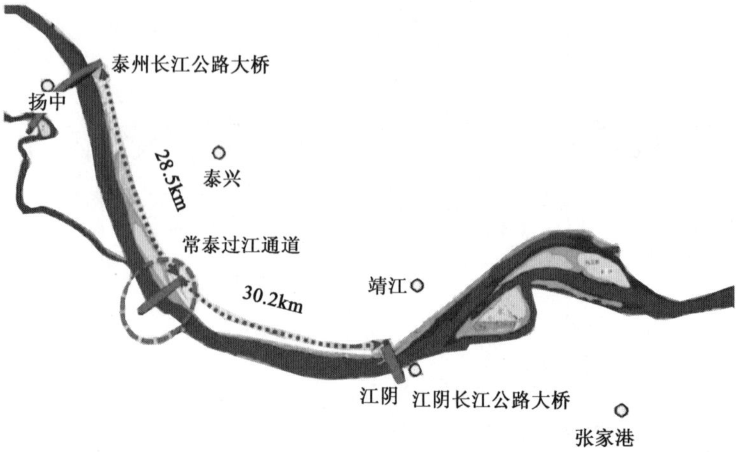

图1　项目地理位置图

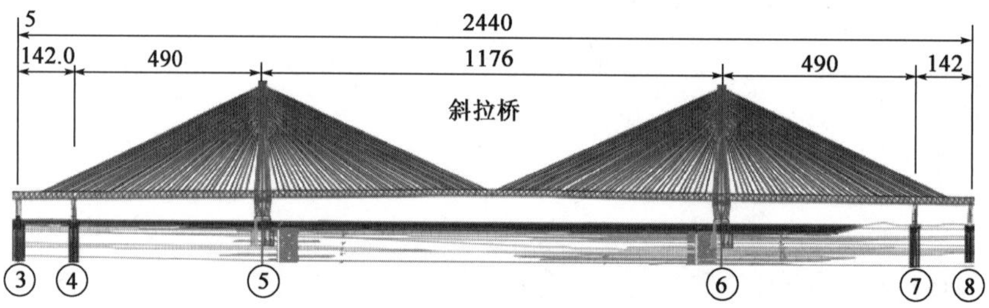

图2　主航道孔跨布置图(尺寸单位:m)

常泰长江大桥路线起自泰兴市六圩港大道,跨长江主航道,经录安洲,跨长江夹江,止于常州市新北区港区大道,路线全长10.03km,公铁合建段长5299.2m,普通公路接线长4730.8m。其中5号墩、6号墩是主墩。基础均采用钢沉井结构。6号墩钢沉井总高度为64m,共分为10节。其中,第1~6节钢沉井标准断面隔舱面积为1572.97m^2,第7~10节钢沉井标准断面隔舱面积为887.6m^2。井壁水下混凝土灌注高度25.0m。具体结构情况如图3~图5所示。

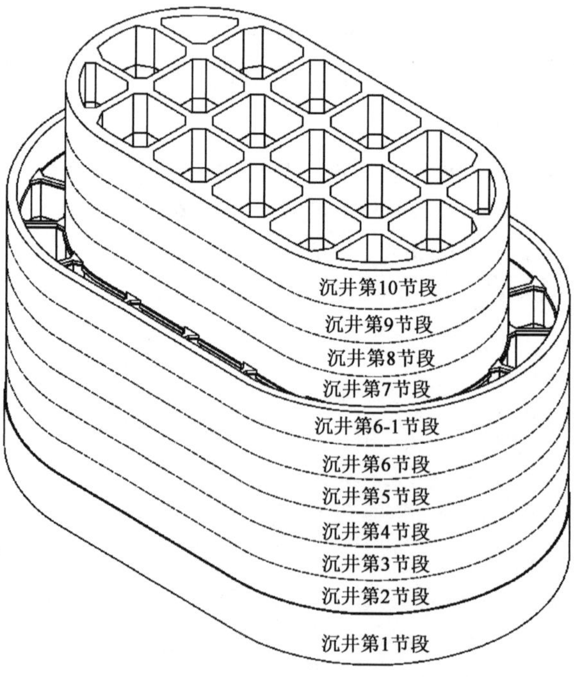

图3　钢沉井分段示意图

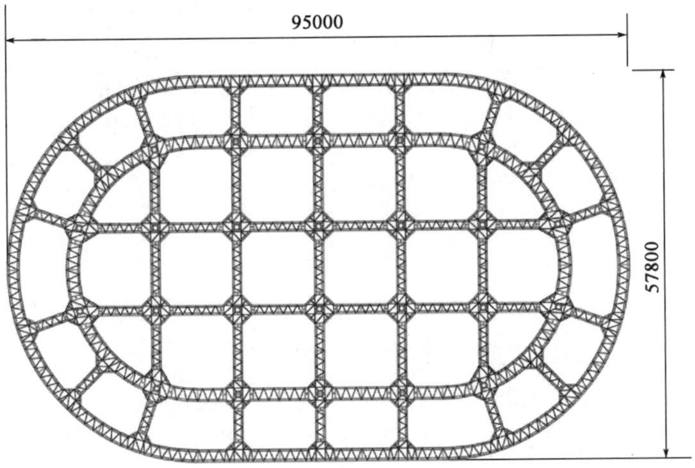

图4　钢沉井1~6节标准断面图(尺寸单位:mm)

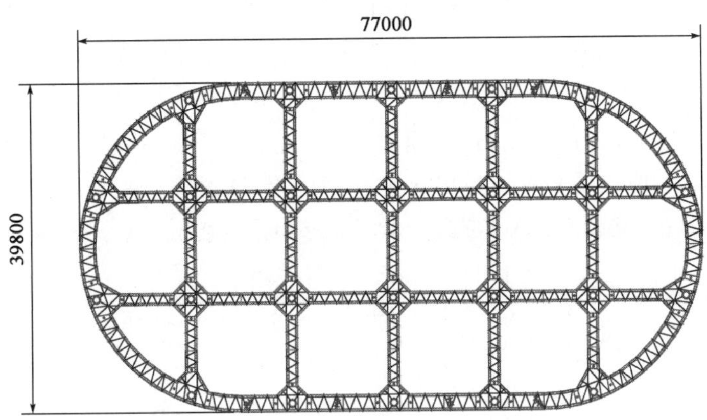

图5　钢沉井7~10节标准断面图(尺寸单位:mm)

2　井壁水下混凝土的施工难点

沉井混凝土性能是决定深水环境下超大跨径悬索斜拉桥梁关键基础能否施工的关键。而井壁是沉井的主要部分,在沉井下沉过程中起挡土、挡水及利用本身重力克服土与井壁之间的摩阻力的作用。当沉井混凝土采用水下施工时,混凝土在水中垂直下落数十米后再横向扩展,从而填充沉井与江底地质之间的间隙。普通混凝土因固相之间的密度差异,遇水极易出现固相分离、水泥等胶凝材料严重流失等问题。从而导致水下浇筑的混凝土尤其是表层混凝土强度损失达50%,甚至更高,在后续施工时需要清除15~45cm的表层水下混凝土,造成材料的严重浪费和地质基础长期承载力的不足。此外,水下浇筑混凝土流动性与良好的稳定性难以协同,流动性差使得流动距离受限,尤其在充满障碍物的空间极易引起浇筑不密实、顶面高低不平等问题,难以达到要求的埋深,进而引起渗水、侧倾甚至沉井失败等事故。因此,在井壁内有横隔板及角钢支撑和水的情况下,如何保成混凝土自密实、不脱开,成了井壁水下混凝土配合比设计需要研究的课题。

因此我们提出了不分散混凝土与自密实混凝土相结合的方案。实际施工中采用的方案如下:首盘混凝土采用不分散混凝土,灌注高度1m,正常灌注混凝土为水下自密实混凝土。

3　井壁水下混凝土技术参数

3.1　混凝土原材料的技术要求

沉井井壁水下混凝土采用扬州海螺P. O42.5普通硅酸盐水泥,镇江谏壁电厂F类Ⅰ级粉煤灰,江西赣江Ⅱ区中砂河砂，细度模数2.3～3.0，含泥量≤3.0%；二级配碎石，符合5～20mm连续级配，大小石具体比例应根据实际情况调整；胶凝材料总量不宜大于500kg/m³，水胶比≤0.42，矿物掺合料用量不小于30%。混凝土拌和用水应符合《混凝土用水标准》(JGJ 63—2006)的规定。采用江苏苏博特新材料股份有限公司PCA-Ⅰ高保坍聚羧酸减水剂，江苏苏博特新材料股份有限公司SBT-NDA抗分散剂材料。

3.2 混凝土配合比的技术要求

井壁水下混凝土应具有不离析、自流平、长时间可工作性、自密实性以及间隙通过性，且硬化后体积稳定性良好，混凝土中有害物含量符合相关标准限值要求满足如下要求：氯离子含量≤0.1%（按照胶凝材料质量计算），碱含量≤3.0kg/m³，三氧化硫含量≤4.0%。

水下自密实混凝土工作性能：出机性能：出机扩展度580～680mm，T_{500}扩展时间3～8s，J环障碍高差≤25mm，倒置坍落度筒排空时间2～6s，离析率≤15%。4h性能：扩展度500～650mm，倒置坍落度筒排空时间≤6s。混凝土拌和物无离析、泌水现象且具有良好的稳定性，混凝土凝结时间>14h。

水下抗分散混凝土工作性能：出机坍落扩展度不低于550mm，倒坍时间≤10s，通过调整抗分散剂配方，在不改变混凝土抗分散性能的前提下，优化其工作性能，降低黏度，增加坍落扩展度。

混凝土长龄期性能：7d抗压强度≥16MPa，28d抗压强度≥36MPa，56d抗压强度≥45MPa；28d电通量<1800C，56d电通量<1000C；28d收缩率<3.5×10^{-4}，56d收缩率<4.0×10^{-4}。混凝土收缩率测试方法是混凝土在标准试验条件下成型完毕，带模养护3d脱模后密封，并立即移入恒温恒湿的收缩室恒温后测定其初始长度，然后测试各龄期试件的长度，并计算出收缩率。

经过大量试验优化，并经试验墩浇筑混凝土验证混凝土质量，最后选定的混凝土配合比见表1。

井壁水下混凝土配合比表（单位：kg/m³） 表1

混凝土类型	水泥	粉煤灰	不分散剂	砂	碎石		减水剂	水	备注
					5～10mm	10～20mm			
水下自密实混凝土	322	138	0	860	172	688	4.6	175	
抗分散封底混凝土	370	90	9.2	765	280	670	6.9	190	

3.3 混凝土原材料

根据设计图纸和混凝土的技术要求，经过多次试验及比较，确定的混凝土原材料厂家及规格见表2。

混凝土原材料场地（厂家）及规格表 表2

名称	产地（厂家）	规格
水泥	扬州海螺水泥有限责任公司	P.O42.5
粉煤灰	国家能源集团谏壁发电厂	F类Ⅰ级
砂	江西赣江	中砂
碎石	江西彭泽	5～10mm与10～20mm的碎石组成的连续级配
外加剂	江苏苏博特新材料股份有限公司	PCA-Ⅰ聚羧酸高性能外加剂
拌和水	江水	
不分散剂	江苏苏博特新材料股份有限公司	SBT-NDA

4 井壁水下混凝土灌注顺序

钢沉井第1～6节标准断面隔舱面积为1573m²，分为28个独立的舱。按照分舱、四角对称的顺序进行水下混凝土灌注，确保对钢沉井均衡加载，避免对钢沉井结构产生不利影响，确保整个钢沉井结构平稳、安全。两艘拌和船共计有4根布料杆，每艘拌和船负责1个隔舱的正常灌注，沉井全断面共分28

个隔舱,第一次井壁水下混凝土灌注18个隔仓,分9个循环完成,第二次井壁水下混凝土灌注10个隔仓,分5个循环完成。

5 料斗布置

5.1 料斗选型

井壁水下灌注料斗由一个7.5m³大料斗和一个1m³小料斗组成,大料斗用于水下混凝土灌注时,首盘混凝土灌注施工,大料斗加小料斗的总容量不小于首盘混凝土方量(图6、图7)。首盘混凝土灌注完成后将其拆除,直接在导管内进行补料。

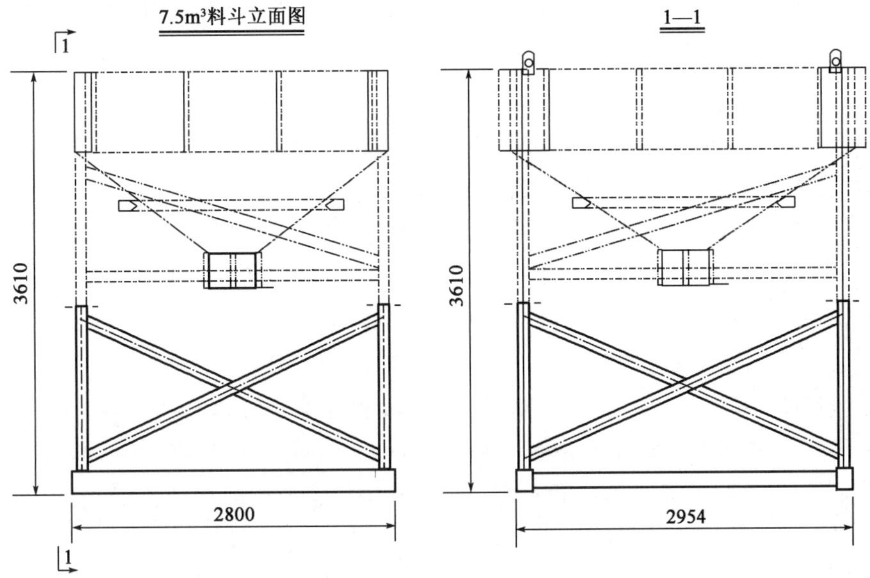

图6 大料斗结构图(尺寸单位:mm)

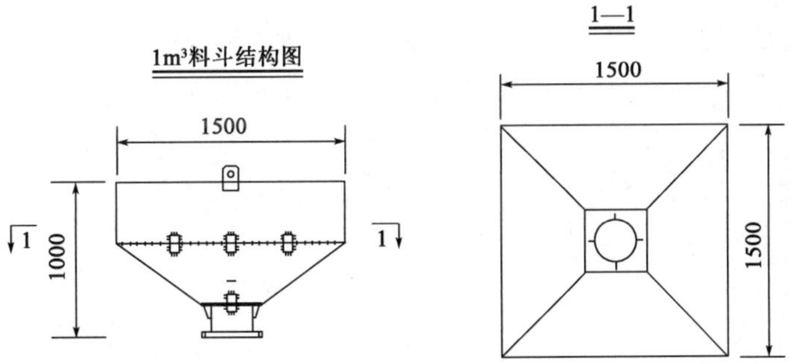

图7 小料斗结构图(尺寸单位:mm)

首盘混凝土方量按以下公式计算:

$$V = \frac{h_1 \pi d^2}{4} + \frac{H_c \pi R^2}{3} \tag{1}$$

式中:R——导管作用半径,取3m;

d——导管直径,取0.261m;

H_c——首盘混凝土方量灌注高度,取0.6m;

h_1——舱内混凝土高度达到H_c时,导管内混凝土柱与管外水压平衡的高度,按式(2)计算:

$$h_1 = \frac{H_w \gamma_w}{r_c} \tag{2}$$

式中：γ_w——沉井内水的重度，为 $10kN/m^3$；

r_c——混凝土拌合物重度，按 $24kN/m^3$ 取值；

H_w——舱内水面至首批混凝土锥体重心的高度。

$$H_w = H_0 - \frac{H_c}{3} \tag{3}$$

式中：H_0——隔舱内水面至刃脚混凝土顶面高度，取 28.5m。

计算得，$h_1 = 11.8m$，$V = 6.3m^3$。

大料斗加小料斗的总容量 $8.5\ m^3$，满足要求。

大料斗与料斗灌注架在工厂内加工成整体，小料斗底口焊接法兰，与灌注导管的法兰匹配。

5.2 料斗布置

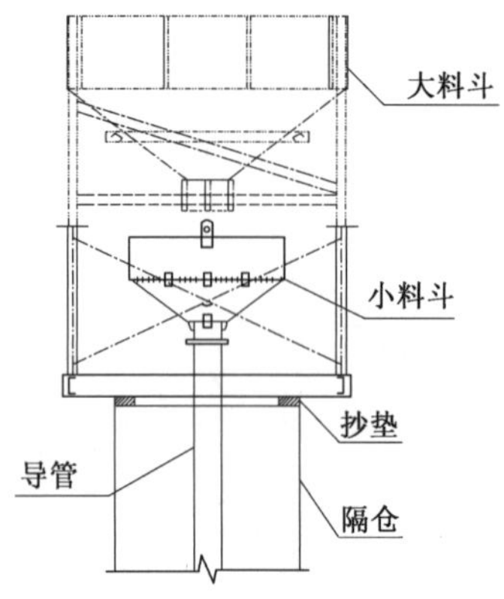

图 8 井壁水下混凝土灌注料斗立面布置图

井壁水下混凝土灌注导管下放到位后，开始安装灌注料斗，由于底节钢沉井水平角钢桁架焊接与水平环板之上，故吊斗安装前需进行抄垫，采用钢板抄垫，抄垫高度不小于 10cm，先安装小料斗，小料斗通过法兰与导管连接，再安装大料斗，大料斗底座需居中布置，安装到位后，将大料斗底座与钢沉井临时固定，确保首盘混凝土灌注过程中大料斗的稳定，如图 8 所示。

5.3 首盘混凝土灌注

首盘混凝土灌注利用的 $1m^3 + 7.5m^3$ 混凝土储料斗储料，待两个储料斗内储满混凝土后，在 $1m^3$ 储料斗处拔球，同时打开 $7.5m^3$ 储料斗活门，拌和船上的布料杆开始往储料斗内连续供料，保持混凝土不间断地通过储料斗和导管灌注至水下，从而完成首批混凝土的灌注。首盘混凝土灌注完成后，拆除大小料斗，在导管内下放低压探照灯，观察导管接头及导管焊缝处漏水情况，若无漏水情况，即可开始井壁水下混凝土正常灌注。

5.4 水下混凝土灌注

首批混凝土灌注完成后，开始进入正常灌注阶段，井壁水下混凝土灌注应连续进行，中途不得停顿。在灌注过程中注意控制每根导管的灌注速度，并用测绳在混凝土灌注高度观测点随时进行测量，并记录。水下混凝土灌注过程中，导管的埋置深度宜控制在 2～6m。当观测导管埋置深度超过 6m 时，采用浮吊提升导管并拆卸一节导管，并及时冲洗拆除的导管。

在灌注过程中应注意控制每一灌注点的灌注速度，并随时进行测量，并做好记录。混凝土面灌注到要求的灌注顶面距离约 50cm 时控制灌注速度，加强观测，严格控制井壁混凝土终浇标高。根据现场测点的实测混凝土面高程，确定该点是否终止浇注，终止灌注前上提导管，适当减小埋深，尽量排空导管内混凝土，使其表面平整。混凝土灌注临近结束时，全面测出混凝土面标高，当所有测点均符合要求后，停止混凝土灌注，并核对混凝土的灌入数量。

5.5 社会经济效果评价

常泰长江大桥 6 号墩钢沉井井壁水下混凝土浇筑非常顺利，离不开试验工作者的大量试验。如果 6 号墩钢沉井井壁水下混凝土全部采用不分散混凝土，混凝土浇筑效果会更好，但混凝土的成本将增加至少 1.5 倍。正是由于采用了不分散混凝土与自密实混凝土的完美结合，才在降低混凝土成本的基础上保证了混凝土的质量。

6 结语

通过对常泰长江大桥 6 号墩钢沉井井壁水下混凝土的性能研究及混凝土配合比设计的多次优化，取得了显著的社会经济效果，为大体积沉井水下混凝土的发展提供了新的思路。

科 研 篇

常泰长江大桥风与温度荷载组合效应研究

胡　骏[1]，郑清刚[1]，张文明[2]

(1. 中铁大桥勘测设计院集团有限公司，湖北武汉　430050；
2. 东南大学土木工程学院，江苏南京　211189)

摘　要　常泰长江大桥主航道桥为主跨1176m公铁合建斜拉桥，活载与运营风、温度组合工况是结构设计控制工况。为准确考虑风与温度荷载组合，设计过程中搜集了桥址处近30年的气象数据，确定了风、温度的特征参数；利用数据样本，建立风与温度联合分布模型，通过数据分析，确定风与温度的联合设计值，换算得到荷载组合系数。针对控制工况开展风与温度组合效应研究，分析是否考虑风与温度组合效应折减对结构设计的影响，结果表明：考虑风与温度组合效应折减，可有效降低结构内力、基础反力和梁端位移的计算值，使计算结果和结构设计更趋合理。

关键词　斜拉桥；大跨度桥梁；风荷载；温度荷载；联合分布；组合效应

Study of Combined Effects of Wind and Thermal Loads on Changtai Yangtze River Bridge

HU Jun[1], ZHENG Qing-gang[1], ZHANG Wen-ming[2]

(1. China Railway Major Bridge Reconnaissance & Design Institute Co., Ltd., Wuhan Hubei, China, 430056
2. School of Civil Engineering, Southeast University, Nanjing Jiangsu 211189)

Abstract　The main channel bridge of Changtai Yangtze River Bridge is a cable-stayed bridge with a main span of 1176m. The combined live load and operating wind and temperature conditions are structural design control conditions. During the design process, meteorological data at the bridge site was collected for nearly 30 years, and the characteristic parameters of wind and temperature were determined. The data samples are used to establish a joint distribution model of wind and temperature. Through data analysis, the joint design value of wind and temperature is determined, and the load combination coefficient is converted. In view of the control conditions, the combined effect of wind and temperature was studied, and the effect of reduction on the structural design was analyzed. The results show that: considering the combination effect reduction, the calculated values of the internal force, foundation reaction force and beam end displacement of the structure can be effectively reduced make calculation results and structural design more reasonable.

Keywords　Cable-stayed bridge; long-span bridge; win load; thermal load; joint distribution; combined effect.

作者简介：胡骏，高级工程师，Email:65292902@qq.com，研究方向为桥梁结构设计。

1 概述

常泰长江大桥位于泰州长江大桥与江阴长江大桥之间，南北连接常州市与泰兴市。大桥采用公铁合建方案，上层桥面布置双向6车道高速公路，设计速度100km/h；下层桥面上游侧布置两线城际铁路，设计速度200km/h，预留250km/h行车条件，下游侧布置4车道公路，设计速度80km/h。主航道桥采用主跨1176m钢桁梁斜拉桥（图1），主梁采用具有双层桥面的两主桁钢桁梁；斜拉索采用扇形双索面；桥塔采用四肢塔柱空间钻石型构造，上塔柱为组合结构，中、下塔柱为混凝土结构[1-2]。

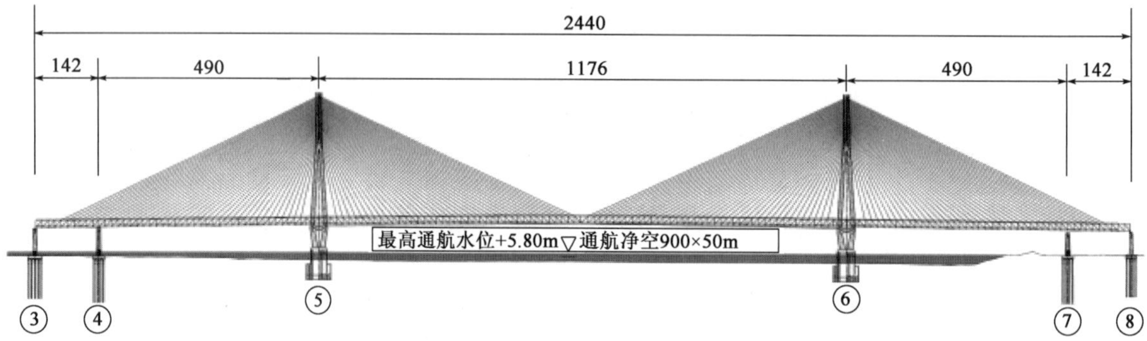

图1 常泰长江大桥主航道桥桥式布置（尺寸单位：m）

对于常泰长江大桥主航道超大跨度斜拉桥，活载与运营风、温度的组合工况是结构设计的控制工况，设计中需要同时考虑风荷载、温度荷载。目前，风、温度两种荷载在组合时通常采用简单叠加的方法，而实际工程区域大风天气、极端温度天气状况同时发生的可能性因地而异，风和温度其中一个变量取极值，对应另一个变量的变化范围会不同程度缩小，每个工程的规律都不一样，因此设计时应针对具体工程采用合适的组合系数进行折减。

日本本州四国联络线设计过程中，对大风天气时的气温进行了统计研究[3]。该项目设计标准中明确地将大风时的温度规定为35℃，“恒载＋活载＋温度＋风”组合工况容许应力提高35%。此规定相当于对大风对应的升温荷载进行了折减，且不考虑大风与降温组合的工况。

欧洲规范（Eurocode）对于公路桥梁，除特殊指明外，风荷载与温度荷载不同时组合。对于铁路桥梁，在计算使用极限状态时，给出的特征值组合为：1.0恒载＋1.0主导可变荷载＋$\psi_{0,i}Q_{k,i}$，其中，$Q_{k,i}$为活载、温度、风等可变荷载；$\psi_{0,i}$为对应的荷载系数，分别取0.8、0.6、0.75。因此，分别以上述3种可变荷载作为主导荷载可得3种组合，组合1：1.0恒载＋1.0活载＋0.6温度＋0.75风；组合2：1.0恒载＋0.8活载＋1.0温度＋0.75风；组合3：1.0恒载＋0.8活载＋0.6温度＋1.0风。

风与温度组合是大跨度斜拉桥桥塔和基础设计的控制工况，而我国规范[4]没有给出风与温度的组合系数取值。本文以常泰长江大桥主航道桥为背景，利用桥位处气象统计历史数据，建立风与温度的联合分布模型，确定联合设计值，换算得到风与温度荷载组合系数，针对控制工况开展风与温度组合效应研究，分析是否考虑折减对结构设计的影响。

2 风与温度组合系数研究

2.1 桥址处气象条件

2.1.1 风

收集桥位附近常州、泰兴、江阴等气象站30年历史测风数据[5]，选定距离桥位3.7km的M9220气象观测站作为风参数研究的参考气象站进行信息化处理。参考气象站与桥位关系如图2所示。统计资料表明，桥位区受季风气候影响，盛行风向季节变化明显。主导风向为东北偏东风（ENE），风向频率为11.5%，最大风为东风，偏西风和偏西南风很少。近30年，气象站年平均风速呈下降趋势，平均风速以春季最大，夏季次之，冬季最小。参考气象站30年风速、风向玫瑰图如图3所示。

图2　参考气象站与桥位关系

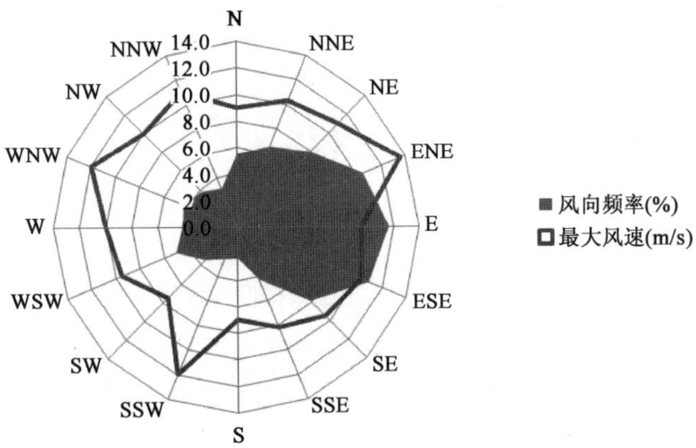

图3　风速、风向玫瑰图

通过分析桥位风速特征和地形特征,确定地表类型为A类,地表粗糙度系数取0.12。利用参考气象站的历史数据,按照极值Ⅰ型概率分布,推算出桥位不同重现期10min最大风速见表1。由表1可知,该桥设计基本风速 $U_{s10}=32.4\text{m/s}$。

桥址处不同重现期10 min最大风速　　表1

距离地面高度(m)	不同重现期10min最大风速(m·s^{-1})						
	10年	20年	30年	50年	100年	120年	150年
10	25.7	27.7	28.9	30.4	32.4	33.0	33.6
20	27.9	30.1	31.4	33.0	35.2	35.9	36.5
30	29.3	31.6	33.0	34.7	37.0	37.7	38.3
40	30.4	32.7	34.1	35.9	38.3	39.0	39.7
50	31.2	33.6	35.1	36.9	39.3	40.0	40.8
60	31.9	34.3	35.8	37.7	40.2	40.9	41.7
80	32.5	35.0	36.5	38.4	40.9	41.7	42.4
100	33.0	35.6	37.1	39.0	41.6	42.4	43.1
120	33.5	36.1	37.6	39.6	42.2	43.0	43.7

续上表

距离地面高度（m）	不同重现期10min最大风速（m·s^{-1}）						
	10年	20年	30年	50年	100年	120年	150年
150	33.9	36.5	38.1	40.1	42.7	43.5	44.3
180	34.6	37.3	38.9	41.0	43.7	44.5	45.3
200	35.6	38.3	40.0	42.1	44.8	45.7	46.5

2.1.2 温度

桥位处极端高温、极端低温年际变化如图4所示。由图4可知，桥位处历年平均温度为15.6℃；极端最高气温40.6℃，出现在2017年；极端最低气温-12.5℃，出现在1977年。年极端最高、最低气温均呈较明显的增加趋势。

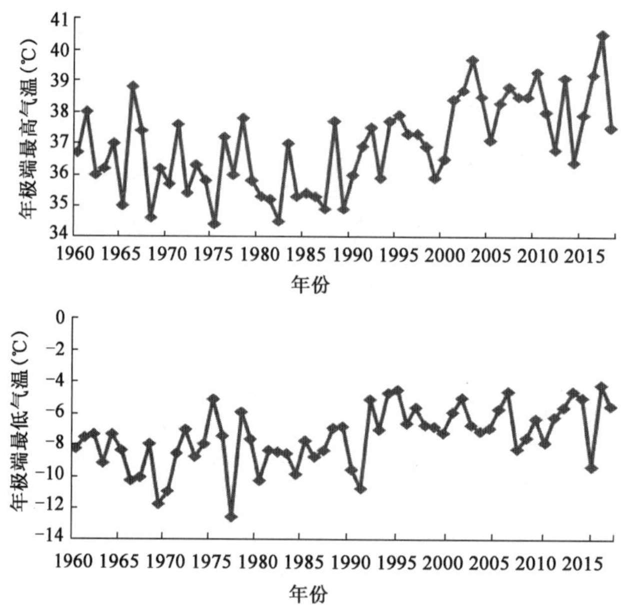

图4 桥位处极端高温、极端低温年际变化

1960—2018年，高于35℃的高温日数平均为11.2d，最多的年份达38d，出现在2013年；低于0℃的低温日数平均为48.7d，最多的年份达87d，出现在1967年，2007年和2017年最少，为21d。

按照《公路桥涵设计通用规范》（JTG D60—2015），依据历年极端温度、平均温度，计算得到桥梁结构升、降温幅度为：钢结构升降温-30.8～32.7℃，混凝土结构升降温-22.3～23.3℃。

2.2 风与温度组合系数确定

为考虑风速和温度的相关关系，采用阶段极值抽样方法，利用30年气象参数观测样本统计风荷载、温度荷载数据，以1个月为抽样时间间隔，在抽取风速极值或温度极值时，同步抽取该时刻对应的温度或风速。绘制各组样本数据的核密度估计图（图5），由该图可初步看出风速与大气温度的联合分布特征。

对各组样本中的风速、温度分别建立最优边缘概率分布模型，根据Copulas函数理论[6-7]对各组样本建立最优的联合分布模型，通过数据分析方法确定风荷载与温度荷载的联合设计值，并计算荷载组合系数[8]。单变量极值是通过单变量重现期分析得到的，而风与温度的两变量联合设计值是通过第二重现期分析得到的（该统计分析方法在风、浪等多变量分析中广泛应用[9]），其数值比单变量设计值小。联合设计值与单变量设计值的比值即为荷载组合系数。

分析表明：在有车风作用时，第二重现期条件下最高温度32.62℃、最低温度2.84℃；最高温度时，

第二重现期条件下风速 11.91m/s；最低温度时，第二重现期条件下风速 9.08m/s。换算组合系数得到以下附加力组合。附加力组合 1：1.0 有车风 +0.88 钢结构升温 +0.75 混凝土升温；附加力组合 2：1.0 有车风 +0.45 钢结构降温 +0.57 混凝土降温；附加力组合 3：0.23 有车风 +1.0 钢结构升温 +1.0 混凝土升温；附加力组合 4：0.13 有车风 +1.0 钢结构降温 +1.0 混凝土降温。

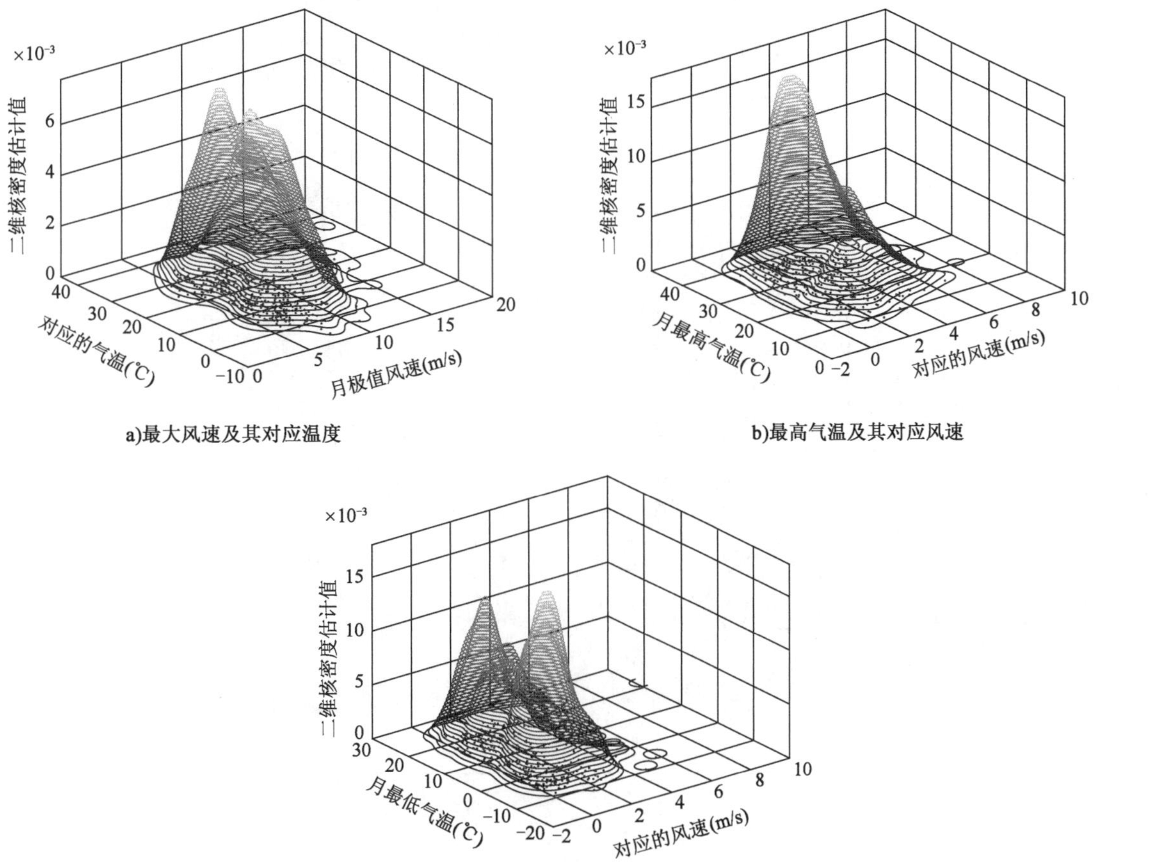

a)最大风速及其对应温度

b)最高气温及其对应风速

c)最低气温及其对应风速

图 5　样本数据核密度估计图

可以看出，有车风组合体系升温折减少、降温折减多。这与大风常伴随热带气旋产生、多发生在夏天的自然特征是吻合的，日本本州四国联络线设计中不考虑风与降温组合也是出于同样的考虑。采用同样方法确定了大风与温度的组合系数，因不控制设计未列出。

3　风与温度组合效应分析

针对常泰长江大桥主航道桥开展风与温度组合效应分析。在设计检算时，将上述 4 组附加力组合，均与“恒载 + 活载”的主力组合叠加，形成组合 1 ~ 组合 4。其中，组合 2 活载弯矩与降温荷载弯矩方向一致，控制桥塔和基础设计。针对该组合分别按照是否折减对比分析控制截面塔柱内力、基础反力和梁端位移。

选取上塔柱 S1、中下塔柱边跨侧 S2-1 ~ S5-1、中下塔柱中跨侧 S2-2 ~ S5-2 共 9 个控制截面（图 6），提取截面内力进行对比，见表 2。由表 2 可知，考虑组合效应折减之后，上塔柱纵向弯矩降低 10%；中塔柱纵向弯矩没有变化，但由于边跨和中跨塔肢之间轴力调整。

轴力降低 2% ~3%；下塔柱轴力降低 2%，纵向弯矩降低 6% ~10%，内力改善明显。因此，考虑折减之后，降低了控制内力，边、中跨塔柱的轴力差、弯矩差缩小，两塔肢受力更为均衡。

沉井基础反力对比见表 3，由表 3 可知：考虑组合效应折减之后，基础轴力没有变化，纵向弯矩降低 8%，基础受力改善明显。

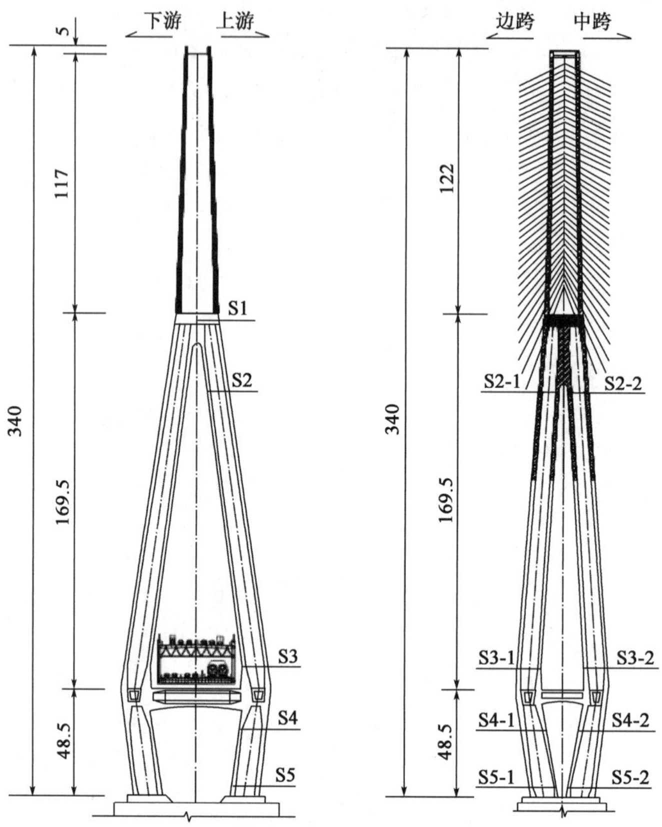

图6　桥塔控制截面示意图(尺寸单位:m)

桥塔控制截面内力对比　　表2

桥塔控制截面	轴力(kN)		②/①	纵向弯矩(kN·m^{-1})		④/③
	不折减①	折减后②		不折减③	折减后④	
S1	-1244264	-1245156	100%	2647915	2384206	90%
S2-1	-403852	-419845	104%	287361	275919	96%
S2-2	-545534	-529936	97%	341779	345750	101%
S3-1	-578558	-594551	103%	628252	629471	100%
S3-2	-735814	-720216	98%	608787	627799	103%
S4-1	-708573	-725632	102%	-490498	-506507	103%
S4-2	-844130	-826600	98%	-642464	-613821	96%
S5-1	-749411	-766470	102%	1556418	1408014	90%
S5-2	-895213	-877683	98%	-1803232	-1703598	94%

沉井基础反力对比　　表3

计算荷载	轴力(kN)	剪力(kN)		扭矩(kN·m)	弯矩(kN·m^{-1})	
		横向	纵向		横向	纵向
不折减	-2629668	483	65303	22603	1799945	15098806
折减后	-2631813	495	61381	22434	1786966	13787135

另外,考虑组合效应折减后,梁端纵向位移幅度由不考虑折减时的1904mm降为1590mm,降低16.5%,因此可适当降低伸缩缝、支座的伸缩能力,降低了制造和安装难度。

4 结语

本文通过对常泰长江大桥主航道桥桥址处历史气象数据调查确定了风、温度荷载的取值标准,并首次提出通过建立风与温度联合分布模型,采用阶段极值抽样分析,确定风荷载与温度荷载的组合系数。研究得到以下主要结论:

(1)桥位处地表类型为A类,地表粗糙度系数取0.12,设计基本风速 $U_{s10}=32.4m/s$。历年平均温度为15.6℃,极端最高气温40.6℃,极端最低气温-12.5℃。

(2)根据桥梁设计规范确定钢结构升降温幅度-30.8~32.7℃,混凝土结构升降温幅度-22.3~23.3℃。

(3)建立风速、温度最优的联合分布模型,通过数据分析方法确定风荷载与温度荷载的联合设计值,并计算荷载组合系数。对于控制工况"恒载+活载+有车风+降温"组合,钢结构和混凝土结构降温组合系数分别为0.45、0.57。

(4)考虑组合效应折减之后,塔柱控制截面轴力降低2%~3%、纵向弯矩降低6%~10%,基础弯矩降低8%,梁端位移降低16.5%。与传统方法相比,本文确定的计算方法降低了结构内力、基础反力、梁端位移的计算值,使计算结果更准确合理,根据气象调查和数据分析确定荷载组合系数的方法具有推广价值。

参考文献

[1] 中铁大桥勘测设计院集团有限公司.常泰长江大桥初步设计文件[Z].武汉:2019.

[2] 严国敏.日本本洲四国联络桥上部结构设计标准及解说[M].中国桥梁学会结构与工程学会,1998.

[3] 国家铁路局.铁路桥涵设计规范:TB 10002—2017[S].北京:中国铁道出版社,2017.

[4] 中铁大桥勘测设计院集团有限公司,等.常泰长江大桥风与温度组合效应研究报告[R].武汉:2020.

[5] Li Hong-nan,Zheng Xiao-wei,Li Chao. Copula-Based Joint Distribution Analysis of Wind Speed and Direction[J]. Journal of Engineering Mechanics,2019,145(5):04019024.

[6] Salvadori Gianfausto,De Michele Carlo,Kottegoda Nathabandu T.,et al. Extremes in Nature: An Approach Using Copulas [M]. Dordrecht,The Netherlands: Springer,2007.

[7] 陈功.超高墩大跨连续刚构桥温度—静风耦合作用效应研究[D].西安:长安大学,2018.

[8] Meng Si-bo,Ding Yang,Zhu Hai-tao. Stochastic Response of a Coastal Cable-Stayed Bridge Subjected to Correlated Wind and Waves [J]. Journal of Bridge Engineering,2018,23(12):1204018091.

[9] Vanem Erik. Joint Statistical Models for Significant Wave Height and Wave Period in a Changing Climate [J]. Marine Structures,2016,49:180-205.

常泰长江大桥主桥风-车-线-桥耦合分析

李小珍[1*],李星星[1],舒晓峰[2],刘德军[3]

(1. 西南交通大学桥梁工程系,四川成都　610031;
2. 江苏省交通工程建设局,江苏南京　210004;
3. 嘉兴学院建筑工程学院,浙江嘉兴　314001)

摘　要　为研究侧风作用下,超千米级跨度公铁两用斜拉桥的动力响应以及桥上高速列车的行车安全性,以常泰长江大桥为工程背景,采用风-车-线-桥耦合理论研究了不同风速、车速下单双线 CRH2 列车通过桥梁时车辆和桥梁的动力响应。研究结果表明:风速低于 20m/s,桥梁跨中横向位移随风速增大而增大,受 CRH2 列车单双线运行影响较小,竖向位移随着车速的增大而增大,受风速影响较小,风速高于 20m/s,横向位移表现出随车速增大而减小的趋势,竖向位移出现较大波动,受风速影响较大;桥梁跨中的加速度响表现出与跨中位移一致的规律;车辆的动力响应随着风速、车速的增大而增大,受单双线行车影响不大,当风速达到 20m/s 后,车辆的动力性能主要由风速控制;根据风-车-线-桥耦合分析结果,结合现有的安全性和舒适性评价指标,提出大风天气下桥上行车的风速-车速阈值:当桥面处风速不大于 20m/s,车速应控制在 250km/h;当桥面处风速介于 20～25m/s,车速应控制在 200km/h;当桥面处风速介于 25～30m/s,车速应控制在 175km/h;当桥面处风速大于 30m/s 时,应封闭线路。

关键词　桥梁工程;公铁两用斜拉桥;风-车-线-桥系统;耦合振动;安全控制;动力响应;车速-风速阈值;非对称布置

Analysis of Wind-Train-Track-Bridge Coupling System for Main Bridge of Chang Tai Yangtze River Bridge

LI Xiao-zhen[1*], LI Xing-xing[1], SHU Xiao-feng[2], LIU De-jun[3]

(1. Department of Bridge Engineering, Southwest Jiaotong University, Chengdu, Sichuan 610031, China;
2. Jiangsu Provincial Transportation Engineering Construction Bureau, Nanjing Jiangsu 210004, China;
3. College of Engineering & Architecture, Jiaxing University, Jiaxing, Zhejiang 314001, China)

Abstract　In order to study the dynamic response of a road-rail cable-stayed bridge with a super-thousand-meter span and the safety of high-speed trains on bridges under the effect of lateral winds, the Chang Tai Yangtze River Bridge was taken as the engineering background. By using wind-train-track-bridge coupling theory, the dynamic response of the vehicles and bridge was simulated, when single and double lines CRH2 trains pass through under different wind speeds and vehicle speeds. The research results show that the responses

本文由国家自然科学基金项目(U1434205、51708465)资助。

作者简介:李小珍(1970—),男,教授,西南交通大学,研究方向为车桥耦合动力学。

of the acceleration and displacement at mid-span of the bridge shows the same regularities. When the wind speed is lower than 20m/s, the lateral responses at mid-span of the bridge increases as the increasing wind speed, less affected by the single or double line. The vertical responses increase with the increasing vehicle speed, less affected by wind speed. When the wind speed is higher than 20m/s, the lateral responses show a decreasing trend as the vehicle speed increases, and the vertical responses fluctuate greatly under the effect of the wind speed. The dynamic responses of vehicles increase with the increasing wind speed and vehicle speed, less affected by the single-or double-line operations. In addition, the wind speed is the dominating influence factor for dynamic performance of the vehicles when it reaches 20m/s. Finally, combined with the existing security and comfort evaluation indicators, the wind-vehicle speed thresholds for the train traveling on the bridge under the strong wind are put forward: The speed of high-speed trains should be limited to 250km/h when the deck wind velocity is 20m/s or lower; or no more than 200km/h when the deck wind velocity is 20 ~ 25m/s; or no more than 175km/h when the deck wind velocity is 25 ~ 30m/s. The rail traffic must be closed when the deck wind velocity is above 30m/s.

Keywords Bridge engineering; road-rail cable-stayed bridge; wind-train-track-bridge system; coupling vibration; safety control; dynamic response; wind-vehicle speed thresholds; unsymmetric arrangement.

1 引言

随着高速铁路建设的不断发展,侧风中跨江大桥的行车安全问题日益受到关注,目前国内外的学者对于风环境中桥梁的行车安全和车桥耦合振动问题的研究已经取得了许多成果。风环境中车辆的气动参数会受车道位置[1]、风屏障[2-4]、桥塔[5-6]、主梁结构形式、车辆自身运动等的影响[7],车辆气动参数的改变进一步影响风致动力响应,从而影响车辆的行车安全。Charuvisit S 等[8]通过风洞试验研究了风屏障对通过桥塔尾流的车辆气动性能的影响,并利用预测程序模拟了车辆的动力响应。Premoli 等[9]利用 CFD 方法,研究了列车与基础结构之间相对运动的影响,对比了列车的静、动态气动绕流特性,结果表明考虑列车与基础结构之间的相对运动会使列车的气动力产生较大的变化。A. Collina 等[10]利用风-车-线-桥耦合振动数值模型研究了京沪高速铁路两座长桥的列车行车安全。Olmos J M 等[11-12]利用非线性的风-车-线-桥耦合振动模型研究了列车在高墩高架桥上的行车安全问题。张楠等[13]以快速谱分析法模拟风速场,建立风-车-线-桥耦合动力系统,研究了京沪高速铁路南京大胜关长江大桥的行车安全。李永乐等[14]通过风洞试验测定主梁及车辆的气动参数,开展风车桥耦合分析研究了上海长江大桥的行车安全性。刘德军等[15]和李小珍等[16]通过风-车-线-桥耦合振动系统分别研究了沪通长江大桥主航道桥和五峰山长江大桥的行车安全。

以往学者针对常规设计大跨度桥梁的动力响应已经开展了较为详细的研究。常泰长江大桥为主跨1176m 的公铁两用斜拉桥,主梁采用的是双层钢桁梁,下层公路铁路非对称布置,大桥也采用非对称设计。非对称设计对大桥的动力特性尤其是扭转特性有影响,从而会影响列车通过桥梁的动力响应。本文以常泰长江大桥为工程背景,利用风-车-线-桥耦合分析方法研究了 CRH2 型列车和桥梁的动力响应,并评价了桥上列车的走行性,提出了侧风作用下行车安全控制的风速-车速阈值,为该桥及同类型的桥梁设计提供一定的参考信息。

2 桥梁模型

常泰长江大桥为双塔双索面公铁两用双层斜拉桥,跨径布置为(142 +490 +1176 +490 +142)m,上层为 6 车道高速公路,下层为“2 线高速铁路 +4 线普通公路”,采用非对称布置的形式,双线铁路布置在上游侧,4 线普通公路布置在下游侧。主梁采用“N”形桁,两片主桁结构,桁高 15.5m,桁宽 35m,主梁横断面布置如图 1 所示,主梁材料采用 Q370qE、Q420qE、Q500qE 钢材,约束体系为半漂浮体系。主梁不同构件取用不同的构造系数,具体取值见表 1,按照构造系数计算一期恒载。

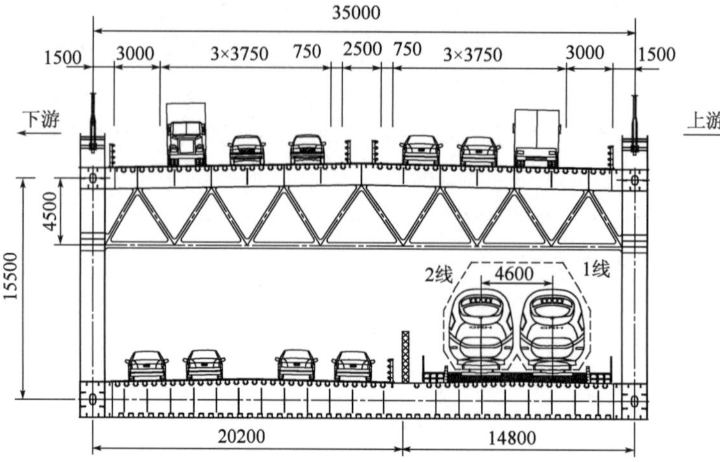

图1　主梁横断面图(尺寸单位:mm)

构造系数　　表1

部　　位	构造系数
上、下弦杆	1.25
公路桥面、铁路桥面钢箱	1.05
竖杆、斜杆	1.25
横联、公路横梁、铁路隔板	1.15

主塔采用“钢-混”混合结构空间钻石形桥塔,设计总高340m,上塔柱采用钢-混组合结构,中、下塔柱采用钢筋混凝土结构,钢材料采用Q420钢材,混凝土为C60,主塔结构图如图2所示。斜拉索布置为扇形双索面,梁上标准索距14m,塔上标准索距2.2m,上游侧斜拉索采用2100MPa高强度耐久型平行钢丝,下游侧斜拉索采用2000MPa高强度耐久型平行钢丝[17]。

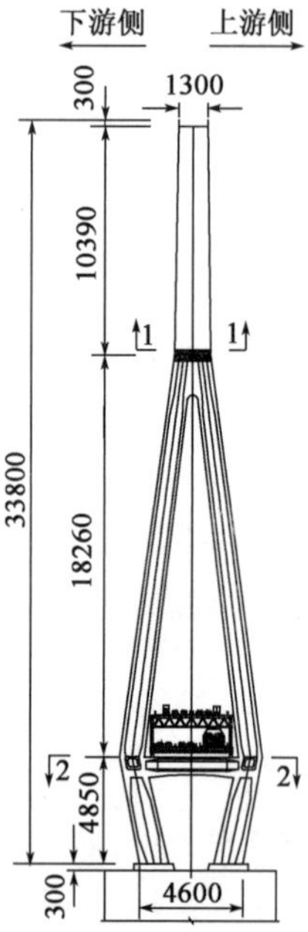

a)主塔立面图

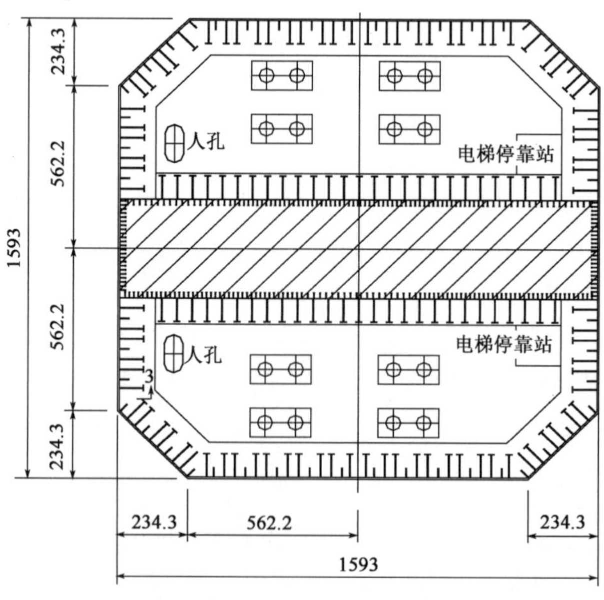

b)钢-混组合1-1断面图

图　2

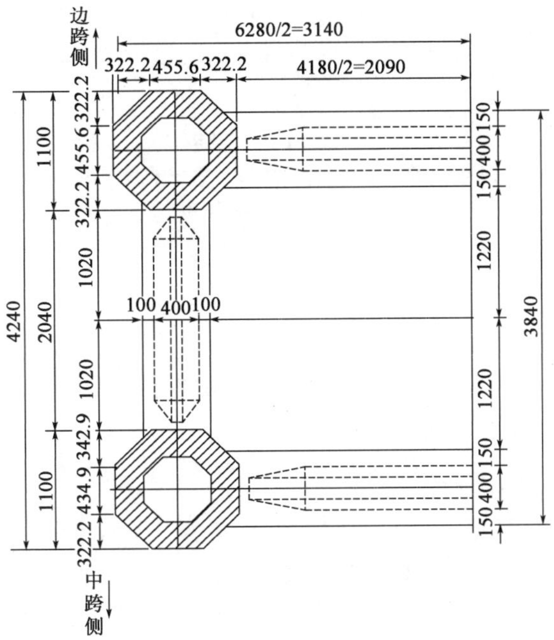

c)混凝土塔柱2-2断面图(1/2)

图2　主塔结构图(尺寸单位:mm)

桥梁结构分析模型采用有限元方法建立,主梁、钢桁梁杆件和墩塔采用空间梁单元模拟;斜拉索采用杆单元模拟,计算中采用等效弹性模量法考虑斜拉索的垂度效应;梁-墩之间的约束关系通过主从节点约束模拟;基础刚度则采用承台底等效刚度对应的弹簧单元来模拟,桥梁结构的阻尼比取0.5%,全桥有限元模型如图3所示。计算得到的桥梁典型振型及频率见表2,超千米级跨度公铁两用斜拉桥自振频率较小,结构轻柔,风荷载对结构振动影响较大,且主梁采用非对称布置的形式,对该桥梁进行风-车-线-桥耦合分析十分有意义。

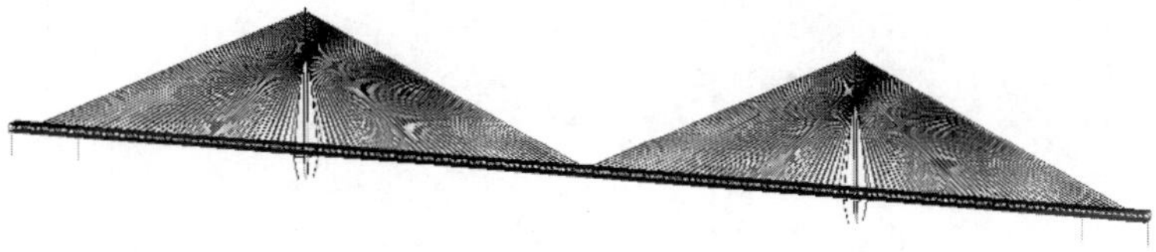

图3　桥梁有限元模型

桥梁典型自振特性　　表2

阶　次	频率(Hz)	周期(s)	振型特点
1	0.077	12.987	主梁正对称横弯
2	0.108	9.299	主梁纵飘
3	0.184	5.437	主梁正对称竖弯
4	0.214	4.673	主梁反对称横弯
5	0.240	4.167	主梁反对称竖弯
6	0.329	3.040	主梁正对称竖弯+扭转
12	0.533	1.876	主梁扭转
18	0.616	1.623	桥塔反对称侧偏

3　风-车-线-桥耦合分析模型

风-车-线-桥系统是受轨道不平顺、随机脉动风场、轮对蛇形运动和桥跨布置影响的时变系统,高速列车、轨道、桥梁和横风通过轮轨相互作用、桥轨相互作用、风桥相互作用和风车相互作用耦合在一起。风-车-线-桥系统的耦合振动受自然风特性、车辆和轨道的动力特性、桥梁动力特性以及车辆和桥梁的气动特性的影响。

对桥梁结构,本文考虑了由平均风引起的静风力、由脉动风引起的抖振力以及自激力,对列车结构考虑了静风力及抖振力,未考虑列车自激力作用。静风力采用基于三分力系数的定常表达:

$$F_L = \frac{1}{2}\rho U^2 C_L(\alpha) BL \tag{1}$$

$$F_D = \frac{1}{2}\rho U^2 C_D(\alpha) HL \tag{2}$$

$$F_M = \frac{1}{2}\rho U^2 C_M(\alpha) B^2 L \tag{3}$$

式中: ρ——空气密度;

U——来流风速;

$C_L(\alpha)$、$C_D(\alpha)$、$C_M(\alpha)$——分别为攻角为 α 时的桥梁、车辆三分力系数;

B、H——主梁和车辆截面的宽度、高度。

车辆和桥梁在组合状态下的气动力系数通过风洞试验测试得到,风攻角为 0°时,气动力系数见表 3。

脉动风场的模拟采用谐波合成法,沿主梁从左到右分布了 175 个风速模拟点,模拟点间距为 15m,并且模拟风场边界与桥梁两端各有 50m 的间距;沿主塔从下到上分布了 81 个模拟点,风速点分布如图 4 所示。脉动风速在横桥向、竖向的风速谱按《公路桥梁抗风设计规范》(JTG/T 3360-01—2018)选取,顺桥向风速谱采用沿高度变化的 Simiu 谱。移动列车的脉动风速时程则通过插值得到。图 5 和图 6 分别给出了平均风速为 15m/s 时主跨跨中位置的横桥向、竖桥向脉动风速时程曲线。

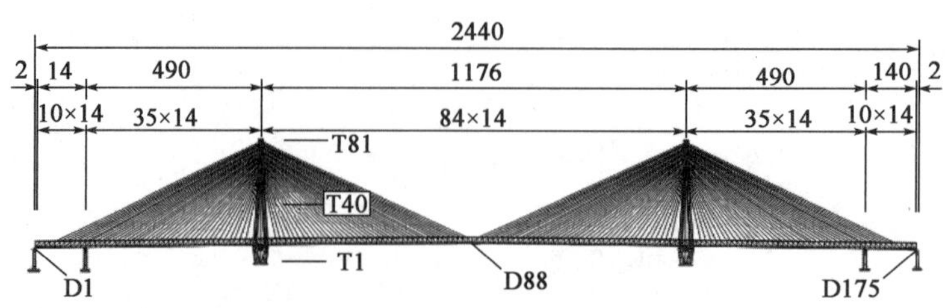

图 4　风场模拟点(尺寸单位:m)

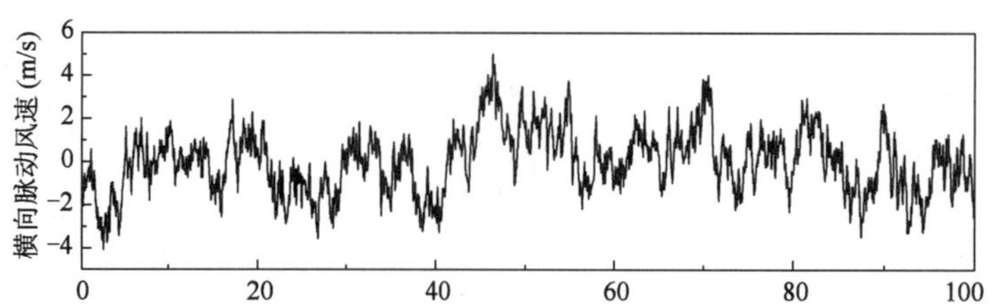

图 5　主跨跨中横桥向脉动风速时程(风速 15m/s)

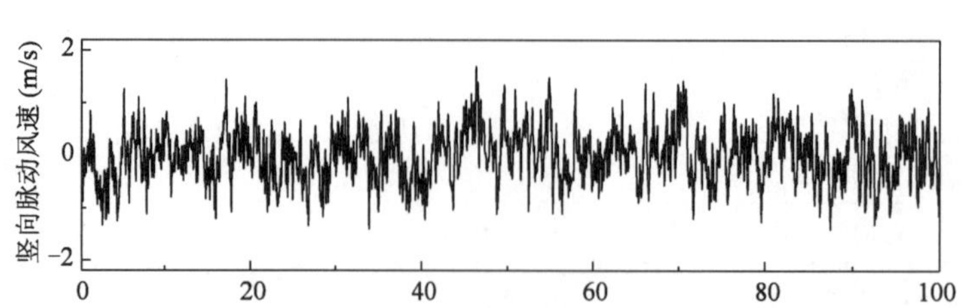

图 6　主跨跨中竖向脉动风速时程(风速 15m/s)

列车模型采用具有二系悬挂的四轴车辆模型，由一个车体，两个构架和四对轮对组成，每个部位均视为刚体，考虑横向、垂向、侧滚、摇头和点头5个自由度，刚体与刚体之间通过弹簧和阻尼器进行连接，每辆车共有35个自由度[19]。

轨道结构为有砟轨道，由钢轨、扣件、轨枕和道床组成，钢轨视为连续弹性离散点支承的无限长欧拉梁，考虑了横向、垂向和扭转自由度；轨枕视为刚体，考虑其横竖向平动以及绕线路方向转动；道床离散为质量块，各个结构间通过线性弹簧和黏性阻尼连接[19]。

轨道不平顺是引起车辆发生垂向、横向运动及侧滚的重要原因，本文中计算选用的是德国低干扰谱，全长3000m，不平顺测点间距0.5m，其最大波长为120m，模拟的左高低不平顺时域曲线如图7所示。

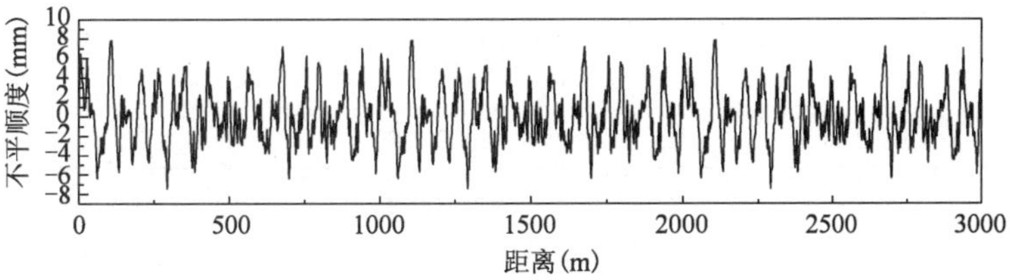

图7　轨道高低不平顺时域曲线

考虑横风荷载作用，建立桥梁、轨道和车辆的耦合振动系统[20]，如图8所示。由于风-车-线-桥耦合振动系统难以用解析法求解，因此本文采用新型快速显式积分法求解列车和轨道子系统的运动，采用Newmark-β隐式积分法求解桥梁子系统的运动[19]。

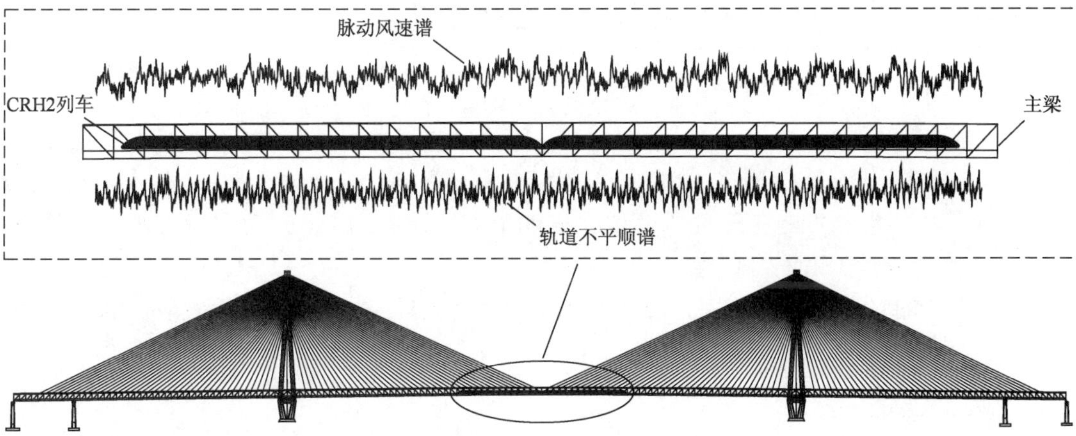

图8　风-车-线-桥耦合系统

4　风-车-线-桥耦合响应分析

基于风-车-线-桥耦合理论，利用桥梁动力分析软件WTTBDAS V2.0分析了单双线CRH2列车在不同风速和不同车速（125km/h、150km/h、175km/h、200km/h、225km/h、250km/h、275km/h、300km/h）组合下桥梁和车辆的动力响应。列车双线运行时为对向行驶，考虑了0/8、2/8、4/8三种入桥时差。相关研究表明，车辆处于迎风侧对其行车安全性更不利，本文针对铁路侧为迎风侧，桥面高度处平均风速为0m/s、10m/s、15m/s、20m/s、25m/s和30m/s的工况进行分析，如图9所示。对于公路荷载对车桥耦合系统的影响，分析时将公路荷载最不利状况下的桥面变形叠加在轨道不平顺上，公路荷载引起的附加变形属于长波不平顺，对桥梁及列车的动力响应影响较小，因此本文暂不做考虑。桥梁和车辆气动力系数见表3。

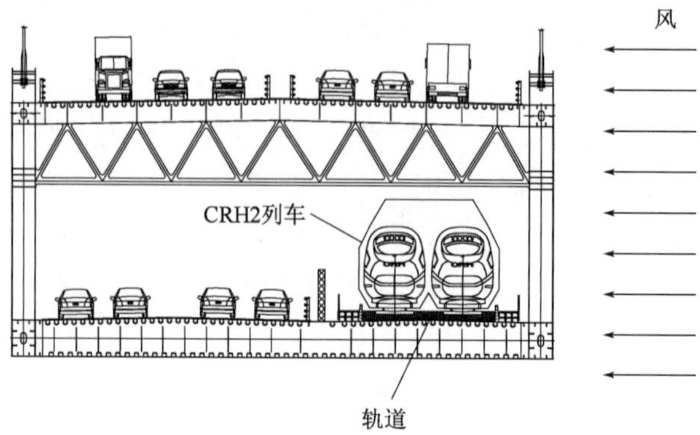

图9　来流风示意图

桥梁和车辆气动力系数[18]　　表3

工况组合	铁路侧来流					公路侧来流	
	单线行车		双线行车			单线行车	
气动系数	车辆（迎风侧）	桥梁	车辆1（迎风侧）	车辆2（背风侧）	桥梁	车辆（背风侧）	桥梁
CL	0.7372	-0.1899	0.7995	0.2424	-0.2972	0.5230	0.0214
CD	0.6758	0.8748	0.6636	-0.0228	0.9070	0.5986	0.8119
CM	0.0756	-0.0103	0.0948	0.0653	-0.0334	-0.0308	-0.1464

4.1　不同风速对风-车-线-桥耦合系统的影响

单线CRH2列车以250km/h位于迎风侧运行时，不同风速下桥梁跨中的位移响应时程曲线如图10所示，桥梁和车辆在不同风速下的响应最大值见表4、表5。可以看出，当单线CRH2列车以250km/h速度过桥时，桥梁跨中横向动力响应随着风速增大而明显增大，跨中的竖向动力响应随风速增大有增大趋势，但是增量较小，相较而言，桥梁的横向动力响应对风速的改变更加敏感。当风速较大时，受风荷载中脉动成分的影响，桥梁产生了较大的随时间变化的波动变形，这将对车辆响应产生显著影响。

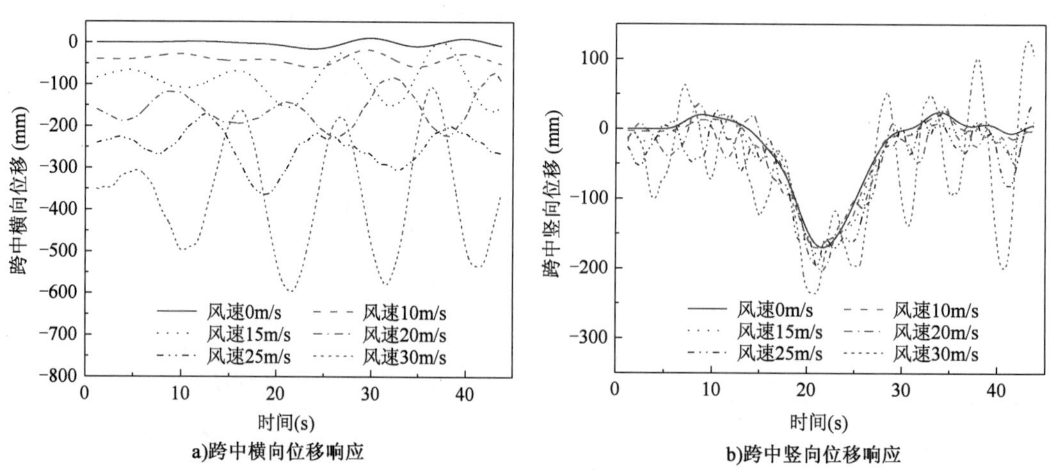

图10　桥梁跨中的横竖向位移时程曲线(车速250km/h)

不同风速下桥梁响应最大值　　表4

桥梁响应	平均风速(m/s)						
	方向	0	10	15	20	25	30
主跨跨中位移(mm)	横向	14.97	59.52	163.39	228.19	364.05	595.92
	竖向	169.55	170.99	182.86	203.74	196.75	235.98
主跨跨中加速度(cm/s^2)	横向	3.07	2.98	4.75	8.96	10.54	17.27
	竖向	14.62	17.69	21.48	27.84	57.71	60.12

不同风速下车辆响应最大值　　表5

车辆响应	平均风速(m/s)					
	0	10	15	20	25	30
脱轨系数	0.16	0.61	0.64	0.69	0.69	0.68
轮重减载率	0.20	0.32	0.30	0.38	0.38	0.43
轮轴横向力(kN)	17.28	18.85	22.90	28.84	29.74	43.33
横向加速度(m/s^2)	0.80	0.79	0.84	0.90	1.64	2.52
竖向加速度(m/s^2)	0.53	0.52	0.53	0.66	0.77	0.98

车辆的各项响应总体上随着风速的增大而增大。脱轨系数、轮重减载率是评价列车行车安全性的重要参数,列车以250km/h通过桥梁时,脱轨系数和轮重减载率随着风速的增大而增大,但均未超过《高速铁路设计规范》(TB 10621—2014)所规定的限值。车辆的横竖向加速度是评价车辆乘坐舒适性的指标,随着风速的增大,车辆的加速度增大,特别是当风速达到20m/s后,车体的横向加速度急剧增大,超过限值,因此,大风天气下的行车安全性和舒适性不容忽视。

4.2　不同车速对风-车-线-桥耦合系统的影响

单线CRH2列车在风速0m/s、10m/s、20m/s下以不同车速通过桥梁时,桥梁的位移及加速度响应如图11所示,可以看出,桥梁跨中的横向位移和加速度主要受风荷载控制,在低风速下,受车速改变影响不大,当风速达到20m/s,桥梁跨中的横向位移和加速度有随着车速增大而减小的趋势。桥梁跨中竖向位移和加速度等在低风速下受车速影响较大,随着车速增大而增大,当风速达到20m/s时,桥梁跨中竖向位移和加速度出现较大波动,表明高风速下,风荷载对桥梁竖向位移响应影响较大。

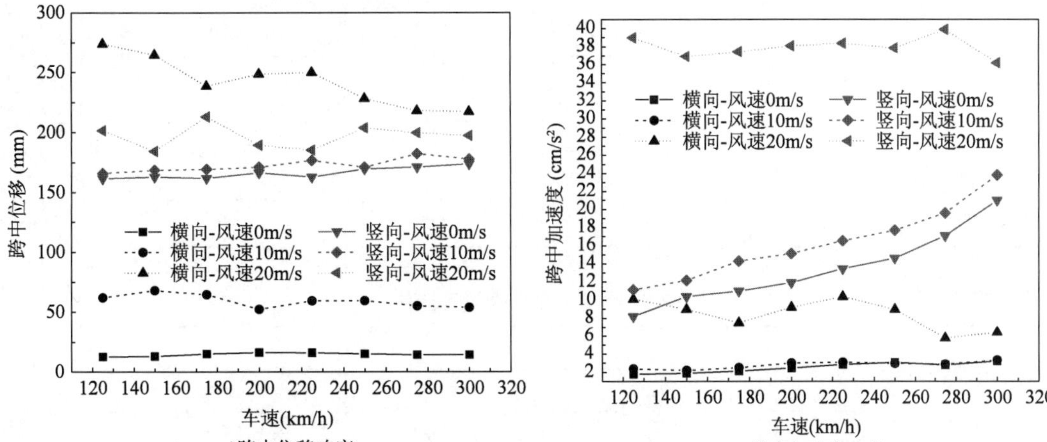

a)跨中位移响应　　b)跨中加速度响应

图11　不同车速下桥梁跨中的响应最大值

表6为风速10m/s、30m/s下列车以不同车速运行时车辆响应的最大值,可以看出,车辆的动力响应随着车速的增大而增大。在风速10m/s时,车辆的轮重减载率及车体竖向加速度随着风速增大而增

大,但均未超过限值要求,车辆的脱轨系数、横向加速度在车速达到300km/h时超过限值。在风速30m/s时,各个车速下车辆的响应明显增大,并随着车速增大而增大,在车速达到200km/h时,车体的横向加速度超过限值。可见,车辆的各项动力响应随车速增大而增大的变化规律明显,但在风速较高时,风速成为影响行车安全性和舒适性的主要因素。因此,研究大风环境下的限制车速对保障行车安全和舒适具有重要意义。

不同车速下车辆响应最大值 表6

风速	车辆响应	车速(km/h)							
		125	150	175	200	225	250	275	300
10m/s	脱轨系数	0.22	0.25	0.33	0.44	0.53	0.61	0.62	0.66
	轮重减载率	0.17	0.15	0.24	0.27	0.23	0.32	0.45	0.30
	横向加速度(m/s^2)	0.42	0.46	0.54	0.78	0.76	0.79	0.84	0.87
	竖向加速度(m/s^2)	0.33	0.41	0.43	0.47	0.51	0.52	0.53	0.54
30m/s	脱轨系数	0.39	0.39	0.53	0.59	0.63	0.68	0.77	0.83
	轮重减载率	0.39	0.36	0.45	0.48	0.47	0.43	0.63	0.64
	横向加速度(m/s^2)	0.69	0.68	0.99	1.59	2.08	2.52	2.76	2.81
	竖向加速度(m/s^2)	0.84	0.98	0.96	0.98	1.08	0.98	1.06	1.26

4.3 单双线行车对风-车-线-桥耦合系统的影响

当双线列车以200km/h对向行驶,在风速20m/s下以不同入桥时差通过桥梁时,桥梁动力响应最大值见表7,车辆各项动力响应最大值见表8,可见,相较于单线,双线行车时桥梁的横向位移和加速度稍有增大,原因是双线车辆作用下桥梁的阻力系数稍有增大;双线列车以0/8入桥差通过桥梁时,桥梁的竖向位移和竖向加速度明显增大,竖向位移增大了84.9%。双线列车以2/8、4/8入桥差通过时,桥梁的横向位移相对于0/8入桥分别增大了14.6%、31.3%。双线列车以0/8、2/8、4/8入桥差入桥时,桥梁跨中的竖向位移时程图如图12所示,从图中可以看出,2/8、4/8入桥差时,因为双车交汇位置不在跨中,所以跨中竖向位移最大值与单线行车差别不大,双线行车时不同入桥差下桥梁跨中竖向加速度相差不大。

双线作用下桥梁响应最大值 表7

桥梁响应		风速20m/s			
		单线	双线0/8	双线2/8	双线4/8
主跨跨中位移(mm)	横向	248.570	223.61	256.17	293.52
	竖向	189.350	350.12	190.55	198.79
主跨跨中加速度(cm/s^2)	横向	9.195	10.22	10.08	8.97
	竖向	38.085	43.98	37.99	41.00

双线作用下车辆响应最大值 表8

车辆响应	风速20m/s			
	单线	双线0/8	双线2/8	双线4/8
脱轨系数	0.49	0.49	0.54	0.51
轮重减载率	0.33	0.33	0.36	0.37
轮轴横向力(kN)	23.55	23.64	23.64	23.64
横向加速度(m/s^2)	0.84	0.85	0.84	0.85
竖向加速度(m/s^2)	0.68	0.65	0.64	0.64

表 8 为风速 20m/s 下，单双线列车以 200km/h 通过桥梁时车辆的响应最大值，可以看出，相较于单线，双线列车以不同入桥差通过桥梁时，迎风侧车辆的脱轨系数、轮重减载率、加速度等差别不大，轮轴横向力明显增大；背风侧车辆的动力响应明显减小，原因是背风侧车辆受迎风侧列车的遮挡作用，车辆气动力系数明显减小。

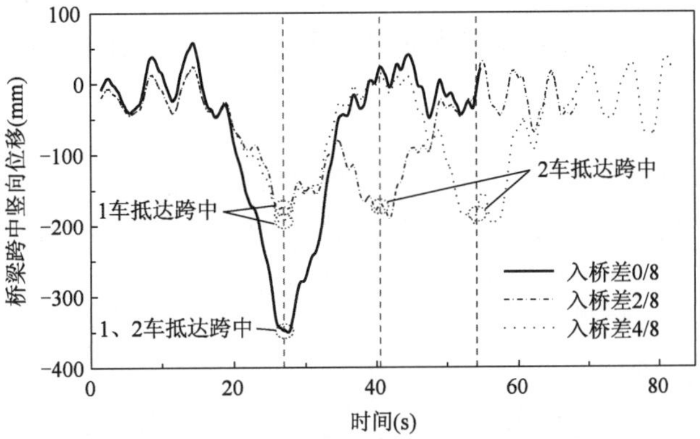

图 12　三种入桥差时桥梁跨中竖向位移时程

由上述分析可知，双线行车时，不同入桥差对桥梁及车辆动力响应评价影响不大。双线列车存在入桥差，在桥上的交汇位置不同，在列车交汇处，因双线列车荷载作用，桥梁竖向位移明显增大，是单线行车时的两倍左右。桥梁主跨跨中的动力响应是评价桥梁响应的控制参数，两车对向行驶同时上桥，在跨中交汇时引起桥梁主跨跨中的最大动力响应，因此在评价风-车-线-桥耦合系统动力响应时，可主要依据单线列车位于迎风侧、双线列车以入桥差 0/8 通过桥梁这两种工况。

5　大风天气下桥上行车阈值

大风环境下，桥上高速列车的行车安全性及舒适性受风速和车速的影响，根据《高速铁路设计规范》(TB 10621—2014)规定的限值，见表 9 通过控制车速，分析得到不同风速下满足动力响应限值要求的车速，制定常泰长江大桥舒适、安全行车的风速-车速阈值。

车辆响应评价标准　　表 9

车辆响应参数		限　值
行车安全性指标	脱轨系数	≤0.8
	轮重减载率	≤0.6
	倾覆系数	≤0.8
	轮重减载率	≤10 + P/3(P 为静轴重，单位为 kN)
行车舒适性指标	车体加速度	横向≤0.1g；竖向≤0.13g
	Sperling 指标	优 <2.50，良好 2.50 ~2.75，合格 2.75 ~3.00

综合迎风侧单线 CRH2 列车风-车-线-桥耦合分析和双线 CRH2 列车对向行驶风-车-线-桥耦合分析结果可得：当横向平均风速不大于 20m/s，单双线 CRH2 列车车速应控制在 250km/h；当横向平均风速大于 20m/s 不大于 25m/s，单双线 CRH2 列车车速应控制在 200km/h；当横向平均风速大于 25m/s 不大于 30m/s，单双线 CRH2 列车车速应控制在 175km/h；当横向平均风速大于 30m/s 时，应封闭线路。

6　结语

常泰长江大桥为主跨 1176m 的双塔斜拉桥，为目前世界上最大跨度的公铁两用斜拉桥，结构较柔，对风及列车的动力作用敏感，且主梁采用非对称布置的形式。本文针对常泰长江大桥，建立风-车-线-桥耦合动力系统模型，对侧风作用下桥梁及列车的动力响应进行了分析，所得结论如下：

(1)风速的改变对桥梁及车辆的动力响应有显著的影响。随着风速增大,桥梁的横向位移和加速度增大明显,桥梁的竖向动力响应变化相对较小,桥梁的动力响应均未超过限值要求;车辆的动力响应随着风速增大明显增大,当风速达到 20m/s 后,车辆的动力响应突增,特别是脱轨系数和车体横向加速度。

(2)桥梁的竖向动力响应和车辆动力响应随着车速的增大而增大,桥梁的横向动力响应则对车速不敏感。在风速小于 20m/s 时,行车的安全性和舒适性主要受车速控制。

(3)相对于单线行驶,双线行车时桥梁竖向位移明显增大,桥梁的横向动力响应则变化不大。双线列车以不同入桥差通过桥梁时,桥梁动力响应的差异体现在列车交汇位置处的竖向位移,车辆的动力响应则差异不大,双线列车同时上桥是评价桥梁和车辆动力响应的控制性工况。

(4)根据风-车-线-桥耦合分析得到 CRH2 动车组风速-车速阈值为:当横向平均风速不大于 20m/s,单双线 CRH2 列车车速应控制在 250km/h;当横向平均风速大于 20m/s 不大于 25m/s,单双线 CRH2 列车车速应控制在 200km/h;当横向平均风速大于 25m/s 不大于 30m/s,单双线 CRH2 列车车速应控制在 175km/h;当横向平均风速大于 30m/s 时,应封闭线路。

(5)通过对常泰长江大桥的风-车-线-桥耦合分析,说明大桥能满足车辆在风环境中的行车要求;计算结果能为同类型桥梁行车安全控制提供一定的参考。

参 考 文 献

[1] 李永乐,胡朋,张明金,等.侧向风作用下车-桥系统的气动特性——基于风洞试验的参数研究[J].西南交通大学学报,2012,47(02):210-217.

[2] HRVOJE K,LORENZO P,ALESSANDRA B,et al. Optimizing height and porosity of roadway wind barriers for viaducts and bridges[J]. Engineering Structures,2014,81.

[3] A. A,J. J D C D,F. P Á R,et al. Performance analysis of wind fence models when used for truck protection under crosswind through numerical mod-eling[J]. Journal of Wind Engineering & Industrial Aerodynamics,2017,168.

[4] HE X,FANG D,LI H,et al. Parameter optimization for improved aerodynamic performance of louver-type wind barrier for train-bridge system[J]. Journal of Central South University,2019,26(1):229-240.

[5] BIN W,YOU-LIN X. Safety analysis of a road vehicle passing by a bridge tower under cross-winds[J]. Journal of Wind Engineering & Industrial Aerodynamics,2015,137.

[6] L. S,P. S,D. R,et al. Aerodynamic Study on a Heavy Truck Passing by a Bridge Pylon under Crosswinds Using CFD[J]. Journal of Bridge Engi-neering,2018,23(9).

[7] LI X,WANG M,XIAO J,et al. Experimental study on aerodynamic characteristics of high-speed train on a truss bridge: A moving model test[J]. Journal of Wind Engineering and Industrial Aerodynamics,2018,179:26-38.

[8] S C,K K,Y F. Effects of wind barrier on a vehicle passing in the wake of a bridge tower in cross wind and its response[J]. Journal of Wind Engineering & Industrial Aerodynamics,2004,92(7).

[9] PREMOLI A,ROCCHI D,SCHITO P,et al. Comparison between steady and moving railway vehicles subjected to crosswind by CFD analysis[J]. Journal of Wind Engineering and Industrial Aerody-namics,2016,156:29-40.

[10] COLLINA A,LEO E,RESTA F,et al. Numerical-experimental methodology for runnability analysis and wind-bridge-vehicle interaction study,Dordr-echt: Springer Netherlands,2006.

[11] J. M O,M. Á A. Improvement of the lateral dynamic response of a high pier viaduct under turbulent wind

during the high-speed train travel[J]. Engineering Structures,2018,165.

[12] JOSÉ M O,MIGUEL Á A. Non-linear vehicle-bridge-wind interaction model for running safety assessment of high-speed trains over a high-pier viaduct[J]. Journal of Sound and Vibration,2018,419.

[13] 张楠,夏禾,郭薇薇,等.京沪高速铁路南京大胜关长江大桥风-车-桥耦合振动分析[J].中国铁道科学,2009,30(01):41-48.

[14] 李永乐,朱佳琪,赵凯,等.上海长江大桥风-轨道车辆-桥耦合振动及抗风行车准则研究[J].土木工程学报,2012,45(09):108-114.

[15] 刘德军,李小珍,马松华,等.沪通长江大桥主航道桥风-车-轨-桥耦合振动研究[J].桥梁建设,2015,45(06):24-29.

[16] 李小珍,秦羽,刘德军.侧风作用下五峰山长江大桥列车行车安全控制[J].铁道工程学报,2018,35(7):58-64.

[17] 秦顺全,徐伟,陆勤丰,等.常泰长江大桥主航道桥总体设计与方案构思[J].桥梁建设,2020,50(03):1-10.

[18] 中铁大桥勘测设计院集团有限公司,西南交通大学.大跨度斜拉桥抗风性能试验研究报告,CT-SJKY-2[R].武汉,2019.

[19] 刘德军.风-列车-线路-桥梁系统耦合振动研究[D].成都:西南交通大学,2010.

[20] 李小珍,唐庆,吴金峰,等.桥塔遮风效应对移动列车气动参数及行车安全的影响[J].中国公路学报,2019,32(10):191-199.

航道整治前后大桥通航条件影响的双重评价

何 侃

（华设设计集团股份有限公司，江苏南京 210001）

摘 要 常泰过江通道常州侧接线在常州市跨越德胜河航道，拟建设德胜河特大桥。根据航道法要求，需要进行航道通航条件影响评价，以保障航道的通航安全。德胜河现状航道等级为Ⅵ级～等外级，随着航道规划等级的提升，德胜河航道全线将按Ⅲ级标准双线航道进行整治。本文对航道整治工程前后大桥通航条件影响进行评价，给出综合性的结论。

关键词 航道整治；通航条件；德胜河航道；德胜河特大桥

The Dual Evaluation of Navigation Condition Before and After the Waterway Regulation

HE Kan

(China Design Group Company Limited, Nanjing Jiangsu 210001, China)

Abstract As the Changtai Yangtze River-crossing channel will cross the Deshenghe Waterway in the domain of Changzhou City, it is planned to build the Deshenghe Grand Bridge. As requested by Waterway Law of PRC, the navigation condition shall be evaluated to guarantee the navigation safety in the waterway. The current waterway grade is categorized as VI to substandard. With the improvement of the waterway planning grade, the whole Deshenghe Waterway will be regulated in accordance with the standard of III double-way waterway. In this paper, the navigation condition of the proposed Deshenghe Grand Bridge before and after the waterway regulation was evaluated simultaneously to give the comprehensive conclusion.

Keywords Waterway regulation; navigation condition; Deshenghe waterway; Deshenghe grand bridge.

1 引言

德胜河位于常州市新北区境内，起自长江，向南经新北区的春江镇、薛家镇、罗溪镇以及钟楼区的新闸街道，最终在连江桥处与京杭运河相汇，全长约21.4km，是苏南地区的一条通江航道。德胜河连通了京杭运河苏南苏北段和长江，是一条集防洪、排涝、灌溉、引水、航运、生态景观等多种功能为一体的区域性骨干河道，地理位置非常重要。拟建的德胜河特大桥位于魏村船闸[1]下游引航道弯道上，魏村水利枢纽[2]位于德胜河与长江交汇处，是治太骨干工程中湖西片的主要引排工程之一。

作者简介：何侃（1988—），男，硕士，工程师，主要从事通航安全、港航工程等研究。

德胜河流经地区属长江水系，河网密布，湖荡众多，沿线河床均为土质河床，沿线航段多为粉砂土，受暴雨、泄洪及船行波等影响，河岸易坍塌。德胜河河道流速、流向相对稳定，少部分航段已建护岸，航道内水面比降平缓，流速较小，对两侧护岸顶冲作用较小，河道深槽居中，河床基本稳定。沿线河床均为土质河床，主要碍航原因为航道口宽较窄，且沿线桥梁等级较低，经过整治疏浚、护岸建设和桥梁的改建后，淤积碍航将极大改善。

德胜河至今并未进行过全面整治，现状航道（图1）基本处于自然状态，等级为Ⅵ级～等外级。根据工程段近9年的卫星航拍图片，可以看出该航段的河床较为稳定，河床产生的冲淤变化不大，多年来河道边界和河势均未发生明显变化。根据规划，德胜河航道将依照Ⅲ级标准的双线航道进行整治，与此同时，还将对德胜河魏村枢纽开展扩容改建的工程。整治后，航道将被整体拓宽、浚深，航道两侧将建设护岸，河势整体趋势将基本维持稳定，河道断面和边界条件也能维持稳定。整治后的德胜河三级航道将成为江苏省内“二纵五横”干线航道网中京杭运河这“一纵”的重要组成部分[3]。

图1　德胜河航道

2　大桥选址符合性论证

2.1　航道整治工程实施前

拟建桥梁上游150m处为滨江桥（图2），下游740m处为老338省道魏村大桥（图3），距离均不符合要求，需要加大水上过河建筑物的通航孔跨度或采取一孔跨过通航水域。拟建工程位置处及上游170m均有高压线，均一跨过河且净高较高，影响较小。

图2　滨江桥

图3　魏村大桥

拟建桥位处为常州市金如意新型建材有限公司码头。经调查，该码头没有合法手续，且本工程已将其列入拆迁范围，正在办理相关手续，码头拆除后对拟建桥梁影响较小。拟建工程位置上游220m为永泰水泥制品有限公司码头（图4），下游80m为常州长江热能有限公司码头（图5），距离均不符合要求，需要加大水上过河建筑物的通航孔跨度或采取一孔跨过通航水域。

拟建桥位上游1.25km为魏村船闸（图6）的靠船段，上游680m为*R*480m的弯道，距离符合要求。

图4　永泰水泥制品有限公司码头

图5　常州长江热能有限公司码头

图6　魏村船闸

2.2　航道整治工程实施后

拟建桥梁上游240m为改建的滨江桥，下游740m处为改建的魏村大桥，距离均不符合要求，需要加大水上过河建筑物的通航孔跨度或采取一孔跨过通航水域。

拟建工程位置下游80m为常州长江热能有限公司码头，上游220m为永泰水泥制品有限公司码头，距离均不符合要求，需要加大水上过河建筑物的通航孔跨度或采取一孔跨过通航水域。

拟建桥位上游53m处为*R*640m的弯道，下游180m处为*R*640m的弯道，上游440m为改建的魏村双线船闸靠船段，距离均不符合要求，需要加大水上过河建筑物的通航孔跨度或采取一孔跨过通航水域。

3　大桥通航尺度及技术要求论证

3.1　航道整治工程实施前

德胜河特大桥跨德胜河现状航道的通航孔一孔跨过通航水域，桥区段通航水域宽度为60m。Ⅲ级航道水上过河建筑物通航净宽不小于60m，桥梁通航净宽应不小于60m。

拟建桥梁跨德胜河现状航道的通航孔通航孔跨径为125m，桥位处通航水域宽度为60m，桥梁通航孔一孔跨过通航水域。桥梁最低梁底高程为11.748m，则桥梁实际通航净高为11.748 - 4.1 = 7.648(m)，符合通航净高不小于7m的规范要求。

综上分析拟建桥梁跨德胜河现状航道的通航孔一孔跨过通航水域，并满足60m × 7m的通航净空要求，符合相关规定，桥跨及通航孔布置合理。

航道整治工程实施前，拟建桥梁跨德胜河现状航道的通航孔应一孔跨过通航水域，通航净空尺度应不小于60m×7m。拟建桥梁跨德胜河现状航道的通航孔一孔跨过通航水域,通航净空尺度60m×7m,符合要求。

3.2 航道整治工程实施前

拟建桥梁预留跨越德胜河规划航道的通航孔西侧桥墩,根据设计方案已在拟建魏村船闸引航道护岸和大堤外侧,桥位处拟建魏村船闸引航道护岸距规划航道中心线35m。因此,拟建桥梁预留跨越德胜河规划航道的通航孔西侧桥墩距航道中心线的通航净宽应不小于35m。

拟建桥梁预留跨越德胜河规划航道的通航孔东侧桥墩在规划魏村船闸引航道内为水中墩,综合考虑桥轴法线与航道中心线夹角、桥孔纵深和水流对航宽的影响,根据以下公式计算大桥主跨的通航净宽:

$$B_{m2} = 2B_F + b + \Delta B_m + P_d + P_u \tag{1}$$

$$B_F = B_S + L \cdot \sin\beta \tag{2}$$

式中:B_{m2}——单孔双向通航净宽(m);

B_F——船舶或船队航迹带宽度(m);

b——上下行船舶或船队会船时的安全距离(m),可取船舶或船队宽度;

ΔB_m——船舶或船队与两侧桥墩间的富余宽度(m),Ⅲ级航道可取0.6倍的航迹带宽度;

P_d——下行船舶或船队偏航距(m);

P_u——上行船舶或船队偏航距(m),可取0.85倍下行偏航距;

B_S——船舶或船队宽度(m);

L——顶推船队或货船长度(m);

β——船舶或船队航行漂角(°),Ⅲ级航道可取为6°。

仅考虑水流影响时,拟建桥梁预留跨越德胜河规划航道的通航孔东侧桥墩距航道中心线的通航净宽不应小于85.4/2=42.7(m)。由于拟建桥梁桥位选址不符合要求,应加大水上过河建筑物通航孔跨度或采取一孔跨过通航水域。考虑以加大桥位处平均横流流速的方式加大通航孔跨度,取桥位处平均横流流速为0.1m/s,计算得到拟建桥梁预留跨越德胜河规划航道的通航孔东侧桥墩距航道中心线的通航净宽不应小于97.2/2=48.6(m)。结合拟建桥位上游190m拟改建的滨江桥设计方案(通航净空尺度110m×7m),考虑采用对孔布设,拟建桥梁预留跨越德胜河规划航道的通航孔东侧桥墩距航道中心线的通航净宽不应小于110/2=55(m)。

因此,拟建桥梁预留跨越德胜河规划航道的通航孔通航净宽应不小于35+55=90(m)。

拟建桥梁预留跨越德胜河规划航道的通航孔通航孔跨径为125m,桥梁中轴线法线方向与航道中心线夹角为10.8°。桥梁实际通航净宽为90m,投影至桥梁中轴线的宽度为90/cos10.8°=91.6(m),在此范围内,桥梁最低梁底高程为11.748m,则桥梁的实际通航净高为11.748-4.1=7.648(m),符合通航净高的规范要求。

综上分析,拟建桥梁预留跨越德胜河规划航道的通航孔西侧桥墩落在规划护岸后方,满足90m×7m的通航净空要求,符合相关规定,桥跨及通航孔布置基本合理。

航道整治工程实施后,拟建桥梁预留跨越德胜河规划航道的通航孔西侧桥墩落在规划护岸后方,通航净空尺度应不小于90m×7m。拟建桥梁预留跨越德胜河规划航道的通航孔通航净空尺度90m×7m,符合要求,如表1所示。

单孔双向通航净宽计算结果表 表1

桥名	B_S (m)	β (°)	L (m)	B_F (m)	ΔB_m (m)	b (m)	P_d (m)	P_u (m)	B_{m2} (m)	桥位处平均横流流速(m/s)
德胜河特大桥	10.8	6	160	27.52	16.51	10.8	1.6	1.4	85.4	0.02
	10.8	6	160	27.52	16.51	10.8	8	6.8	97.2	加大至0.1

4 大桥通航尺度及技术要求论证

4.1 航道整治工程实施前

航道整治工程实施前，拟建桥梁跨德胜河现状航道的通航孔一孔跨过通航水域，未在河道内设置阻水建筑物，因此对德胜河的水流条件影响不大。

航道整治工程实施前，德胜河特大桥桥区段航道经过多年运行，河线、两岸岸坡基本位置稳定成型，河道断面等平面形态和边界条件也能维持稳定。拟建桥梁跨德胜河现状航道的通航孔一孔跨过通航水域，桥梁的建设对河道断面的影响甚微，可以忽略不计。

拟建桥梁跨德胜河现状航道的通航孔一孔跨越通航水域，不在河道内设置阻水建筑物。

4.2 航道整治工程实施前

航道整治工程实施后，根据数值模拟结果，桥梁建设后，拟建桥梁对于航道水流条件基本无影响。建桥后，由于桥墩的调整作用，水流更多集中在航道中，桥址处航道流速最大达0.20m/s。桥址处航道的最大横向流速约为0.07m/s，平均横向流速约为0.02m/s。流速矢量与航道中线最大夹角为11°。

航道按规划等级整治后，航道将被整体拓宽、浚深，航道两侧将建设护岸，河势整体趋势将基本维持稳定，河道断面等平面形态和边界条件也能维持稳定。

拟建桥梁预留跨越德胜河三级航道的通航孔通航净空尺度符合相应航道等级要求，设置完善的助导航设施以及警示标志后，工程建设对通航安全的影响较小。

5 结语

本文对德胜河航道整治工程前后拟建的德胜河特大桥通航条件影响进行了评价。航道整治工程实施前，拟建桥梁跨德胜河现状航道的通航孔一孔跨过通航水域，选址满足规范要求，通航净空尺度满足要求，不会对老航道水流条件产生影响，对河道断面也影响甚微。航道整治工程实施后，拟建桥梁预留跨越德胜河规划航道的通航孔加大跨径后，选址满足规范要求，通航净空尺度满足要求，在设计完善的助导航设施和警示标志后，拟建工程对航标配布影响较小，对工程段水流流速、流向、水位等影响较小，对航道整治工程影响较小。

参考文献

[1] 纪汝民. 德胜河魏村船闸工程可行性研究报告审查通过[J]. 水运工程，1988(4)：44.

[2] 宋贤良，龚丽菊，耿艳. 常州市魏村水利枢纽现有通航能力分析[J]. 水利建设与管理，2011，31(12)：69-70.

[3] 徐飞. 德胜河航道升级整治的迫切性[J]. 中国水运(下半月)，2015，15(1)：216-217.

随机施工误差导致的高耸桥塔的弯矩增大系数的数值分析方法

刘　志，郑　兴，黄　侨，宋晓东，黄义理

（东南大学交通学院，江苏南京　211189）

摘　要　大跨径桥梁的高耸索塔是其关键承力结构之一，由于结构高耸，施工中产生的误差将会对索塔乃至全桥在成桥后的受力有一定影响。本文针对这一问题进行研究，先采用 midas Civil 建立全桥有限元模型，计算分析成桥后的索塔内力状态，确定较为重要的截面和需进行验算的荷载工况。根据索塔形式，假定随机施工误差的分布函数，采用 MATLAB 生成 1000 组随机施工误差的大小。在 ANSYS 软件中建立索塔模型，分别在指定的荷载工况下计算所考虑的 1000 组施工误差的索塔弯矩，与设计线形下的索塔弯矩进行对比，得到随机施工误差造成的弯矩增大系数。本文所得结论可为工程设计提供参考。

关键词　高耸；桥塔；施工误差；随机误差；偏心距增大

Numerical Methodology for Bending Moment Factor of High-rise Bridge Pylon Caused by Random Constructional Deviation

LIU Zhi, ZHENG Xing, HUANG Qiao, SONG Xiao-dong, HUANG Yi-li

(School of Transportation Southeast University, Nanjing Jiangsu 211189, China)

Abstract　The high-rise pylon of long-span cable-stayed bridges is one of the critical components. The constructional error of pylon can introduce a certain impact on the behavior of completed pylons even the integral bridge. To address this issue, this paper developed the finite element model of the whole bridge in MIDAS Civil. The internal force of completed pylons was analyzed to determine the crucial sections and loading cases. 1000 sets of random constructional errors were generated in MATLAB based on the assumed error distribution form considering the pylon profile. The pylon bending moment with constructional errors in specified loading cases was evaluated in ANSYS. By comparing the result to that predicted using the designed pylon profile, the bending moment factor caused by random constructional errors was determined, providing a reference for engineering designs.

作者简介：刘志（1990—），男，博士生，东南大学，研究方向为桥梁抗火，工程结构数值模拟。

Keywords High-rise; pylon; constructional error; random error; bending moment magnification.

1 引言

斜拉桥由于跨越能力强、造型优美等优点,在跨海、跨河桥梁中得到了广泛应用[1]。近年来,由于桥梁建造技术的发展,国内外建设了一批大跨径桥梁,催生了形状各异的高耸索塔[2-5]。高耸索塔结构的每个施工坐标都需进行严格控制[6-11]。然而施工过程中仍会产生与设计线形不符的施工误差,究其原因,主要包括计算的简化、测量精度、立模浇筑、混凝土收缩、风荷载、温度变化等因素。这些误差在施工过程中逐渐累积,随着索塔施工高度的增加更难以控制。高耸索塔一般用于斜拉桥和悬索桥,所受荷载主要包括作用于支座上、由主梁传递的作用力、顶部拉索或主缆的巨大竖向分力。在这种受力模式下,施工误差对成桥后高耸索塔会产生初始偏心,并影响其配筋计算结果。

本文针对这一问题,以某斜拉桥的高耸索塔为依托,通过 MATLAB 程序生成随机施工误差,采用有限元软件 midas Civil 和 ANSYS 计算分析随机施工误差造成的弯矩增大系数,可为相关工程设计提供参考。

2 施工误差的确定

索塔施工误差是伴随节段施工产生的,主要来自测量误差与施工放样。《公路桥涵施工技术规范》(JTG/T 3650—2020)中对斜拉桥混凝土索塔施工质量标准提出了明确的要求,索塔整体倾斜度应控制在 1/1000 以内(节段误差小于 8mm),塔顶偏差应小于塔高的 1/3000(且不大于 30mm)。此外,规范对索塔施工的高程误差也有相应的规定。根据工程设计的要求,实际施工时索塔整体斜度可控制在 1/7000 以内。上述要求对于高耸桥塔至关重要。尽管如此,在设计和配筋计算中,初始偏心的影响也是必须考虑的。现行公路及铁路桥梁设计规范中针对偏心受压构件的偏心距增大系数的计算方法不尽相同,且针对高耸桥塔计算的适用性也有所诟病。为此,本文针对某特大跨径斜拉桥的混凝土高耸主塔,采用数值方法进行模拟分析研究。

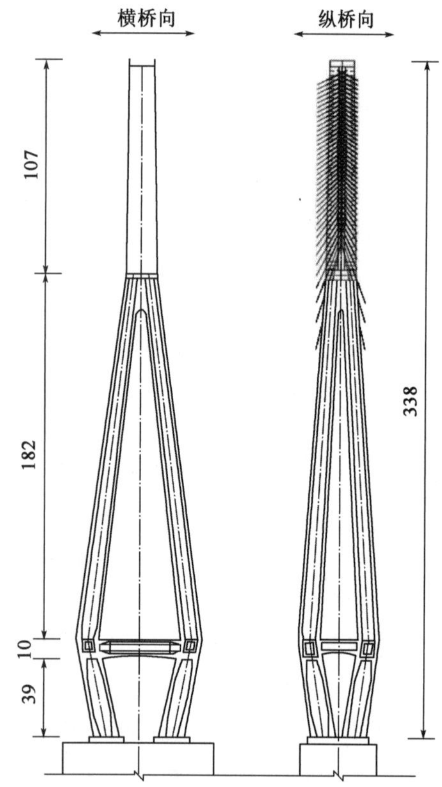

图 1 某桥索塔结构图(尺寸单位:m)

依托某双塔双索面双层公铁两用斜拉桥,主梁采用双层钢桁架结构,索塔为空间钻石形桥塔。索塔总高 338m,并分为上塔柱、中塔柱和下塔柱三段,其高度分别为 107m、182m 和 49m,如图 1 所示。其中中塔柱和下塔柱均采用正八边四肢形箱形截面,上塔柱为钢混组合截面。施工顺序为:先施工四根下部塔肢,再施工两根纵向横梁和两根横向横梁,以连接四个下塔肢,施工至顶部时四根中塔柱合而为一,最后施工至塔顶。

索塔采用分段浇筑施工方法,单个节段有各自的施工误差,且认为是随机分布的,因此采用概率方法进行计算。根据初步设计图纸,本桥索塔横桥向的整体刚度是对称的,而在纵桥向不对称。因此,假定索塔中部及下部的施工误差方向与其自重下的位移方向相同,即下塔肢向塔轴线外侧,中塔肢向塔轴线内侧,而上塔柱的施工误差向江侧偏离,属于不利的误差方向,综合考虑上述两方面,对桥塔考虑1/3000 的斜度误差。需要指出的是,不同的误差偏离方向对截面的弯矩增大系数的影响不尽相同,进行具体验算时,应比较多种误差方向。

根据上述施工误差的特点,本文采用的随机分布类型有 Gamma 分布和正态分布。可以看到,在进行随机抽样时,样本有很大概率落在均值附近,但并不是最不利的误差值,样本落在端部区域的概率很小,却难以安全地考虑实际可能出现的误差值。因此借鉴 Monte Carlo 模拟的重要抽样法,在误差方向的不利位置进行重要抽样,见图 2。

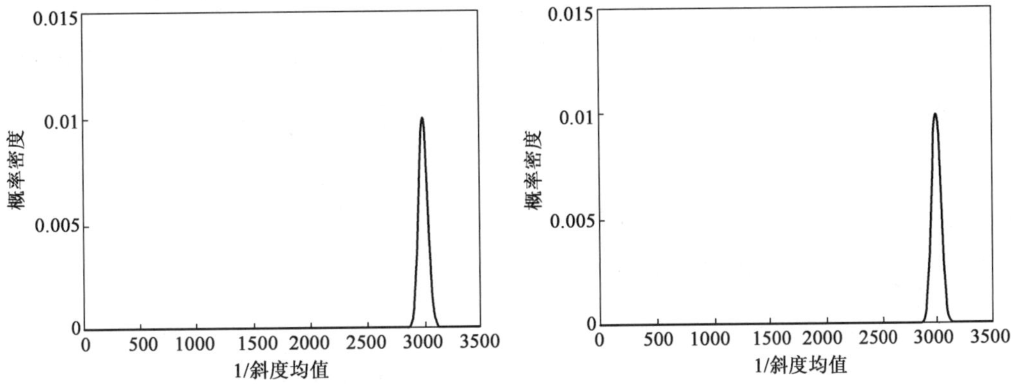

图 2　所采用的 Gamma 分布和正态分布的概率密度曲线

在自重作用下,中塔柱具有向索塔中心倾斜的倾向,因此中塔柱的横桥向和纵桥向误差采用 Gamma 分布,斜度起点为中塔柱底部;下塔柱的横桥向和纵桥向误差采用 Gamma 分布,偏向索塔外,斜度起点为下塔柱底部;上塔柱的纵桥向误差采用 Gamma 分布,偏向主跨,斜度起点为上塔柱底部。由于施工至上塔柱时,索塔的横桥向刚度已经对称,因此横桥向的随机误差采用正态分布。上述各塔段的倾斜度均值 μ 均取为 1/3000,所有节点处的方差均取为 40。另外,索塔随着施工进度不断增高,各塔柱顶部的施工误差比根部更大。因此,对于下塔柱、中塔柱和上塔柱,其斜度均值 μ 均从根部的 1/3000 以二次曲线的形式增大至 1/2500。

3　施工误差对索塔成桥后内力的影响

3.1　计算方法

3.1.1　建立全桥有限元模型并确定不利荷载工况

本文的计算思路如图 3 所示,先使用桥梁专业有限元软件 midas Civil 建立双塔三跨公铁两用斜拉桥模型,以空间梁单元模拟钢桁梁和桥塔,以桁架单元模拟斜拉索。主梁在索塔、辅助墩、边墩处设置支座,对竖向、横向位移进行约束。支座均采用弹性连接模拟,索梁连接采用共节点方式模拟,索塔连接采用主从节点方式模拟。

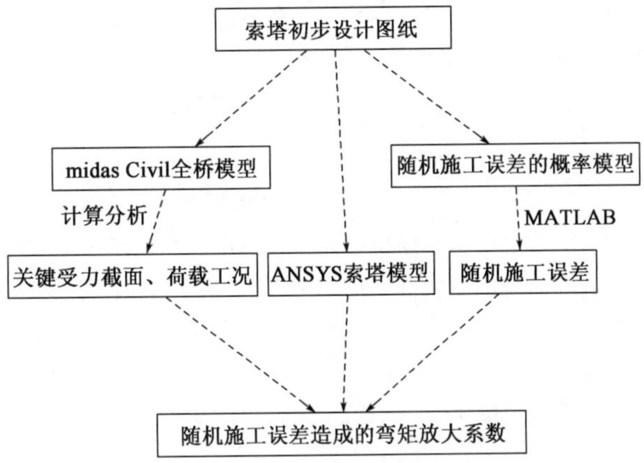

图 3　计算流程图

在全桥 midas Civil 有限元模型(图 4)中,施加恒载和包含车道荷载和铁路荷载的活载,根据恒载加活载组合的弯矩包络图,选取塔肢中弯矩较大的各截面,见表 1。所研究的六种工况分别为 My1、My2、

My3、My4、Mz1 和 Mz2，前四个荷载工况分别为使上塔肢底、中塔肢底、下塔肢顶和下塔肢底纵桥向弯矩最大的工况，后两个荷载工况分别为使中塔肢底和下塔肢顶横桥向弯矩最大的工况。由于桥塔的横、纵向的不对称性，中、下塔肢中四肢在同高程处只取正负弯矩绝对值最大的一肢。在 midas Civil 中使用移动荷载追踪器功能，将表 1 中所列出的截面出现弯矩最大值时的移动荷载转为静力荷载，以代替不利工况中的移动荷载，将此时的工况荷载作为 ANSYS 模型中索塔的荷载。

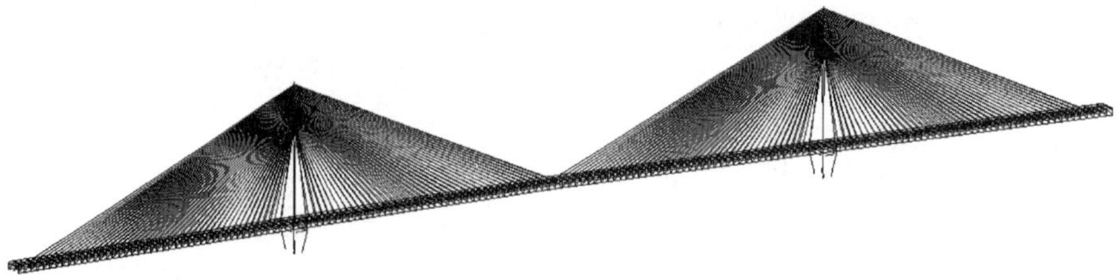

图 4　全桥 midas Civil 有限元模型

计算工况表　　表 1

工况名称	塔　肢	截面位置	弯矩方向
My1	—	上塔肢底	纵向
My2	岸侧、铁路侧	中塔肢底	纵向
My3	江侧、公路侧	下塔肢顶	纵向
My4	江侧、铁路侧	下塔肢底	纵向
Mz1	江侧、铁路侧	中塔肢底	横向
Mz2	岸侧、铁路侧	下塔肢顶	横向

3.1.2　建立索塔独立有限元模型并考虑施工误差

在通用有限元软件 ANSYS 中建立索塔的梁单元模型，模型中上塔柱采用 Beam4 单元，中塔柱、下塔柱和横梁均采用 Beam188 单元，塔底固结，有限元模型见图 5。

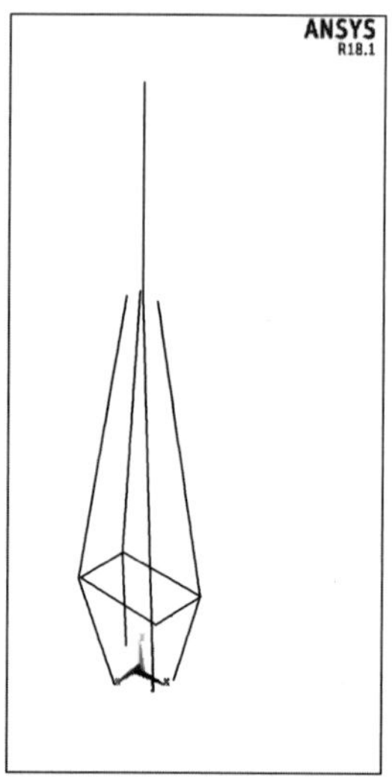

图 5　索塔 ANSYS 有限元模型

首先计算得到索塔在自重下的内力。在恒载作用下，索塔弯矩较大的断面包括上塔肢底部、中塔肢底部、下塔肢顶部、下塔肢底部和横梁端部，这与表 1 所列的验算工况是对应的。

再对索塔施工误差进行 1000 次随机抽样，获得相对于桥塔设计线形的随机施工误差。针对表 1 所列的每个控制工况，在 midas Civil 全桥有限元模型中分别计算得到对应的索力、支座反力、拉杆拉力及横梁预应力，并施加在 ANSYS 桥塔模型的对应位置，通过计算得到索塔内力。与设计线形的索塔弯矩M_{Gk}对比，考虑图 6 所示弯矩较大的索塔截面，获得考虑随机施工误差的索塔弯矩$M_{Gk,error}$。将 ANSYS 计算结果导出至结果文件，采用 MATLAB 程序计算各工况下由索塔施工误差引起的弯矩放大系数 $\eta = M_{Gk,error}/M_{Gk}$，即考虑施工放样误差的索塔弯矩标准值$M_{Gk,error}$与理想线形的弯矩标准值$M_{Gk}$的比值，可获得各验算工况下弯矩增大系数的均值与方差。本文共进行了 $1000 \times 6 = 6000$（次）计算。

3.2　计算结果

基于 midas Civil 全桥有限元模型和 ANSYS 索塔模型，计算得到施工误差造成的索塔弯矩放大系数。限于篇幅，本文只列出 My1、My2、My3 三种工况的 η 计算结果。本文计算中只考虑了下塔肢向塔轴线外侧、中塔肢向塔轴线内侧、上塔柱的施工误差向江侧偏离的最不利误差方向，如表 2 所示。

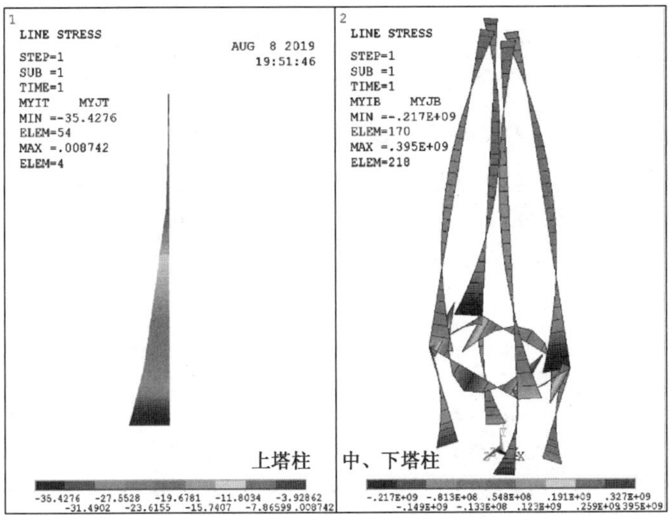

图6　自重作用下索塔纵桥向弯矩(单位:N·m)

施工误差造成的索塔弯矩增大系数 η(工况 My1、My2、My3)　　表2

塔柱截面位置			My1		My2		My3	
			均值	方差	均值	方差	均值	方差
上塔柱底			0.957	1.15×10^{-3}	0.955	1.20×10^{-3}	0.955	1.20×10^{-3}
中塔柱顶	岸侧	公路侧	1.003	7.19×10^{-4}	1.019	3.93×10^{-3}	1.009	1.98×10^{-3}
		铁路侧	1.006	9.04×10^{-4}	1.042	6.09×10^{-3}	1.018	2.67×10^{-3}
	江侧	公路侧	0.995	8.67×10^{-3}	1.000	4.39×10^{-3}	1.001	6.01×10^{-3}
		铁路侧	1.013	8.25×10^{-3}	0.993	4.62×10^{-3}	0.990	6.42×10^{-3}
中塔柱底	岸侧	公路侧	0.990	1.87×10^{-4}	0.993	1.29×10^{-4}	0.993	1.35×10^{-4}
		铁路侧	0.988	1.84×10^{-4}	0.992	1.29×10^{-4}	0.992	1.36×10^{-4}
	江侧	公路侧	1.023	5.66×10^{-4}	1.021	8.64E-02	1.018	3.27×10^{-3}
		铁路侧	1.020	5.61×10^{-4}	1.024	8.97×10^{-3}	1.022	2.53×10^{-3}
下塔柱顶	岸侧	公路侧	0.996	8.27×10^{-5}	0.997	8.20×10^{-5}	0.997	8.09×10^{-5}
		铁路侧	0.992	8.24×10^{-5}	0.992	8.13×10^{-5}	0.992	8.02×10^{-5}
	江侧	公路侧	0.982	2.36×10^{-4}	0.983	2.31×10^{-4}	0.983	2.24×10^{-4}
		铁路侧	0.989	2.71×10^{-4}	0.989	2.59×10^{-4}	0.990	2.50×10^{-4}
下塔柱底	岸侧	公路侧	0.989	2.68×10^{-5}	0.991	2.26×10^{-5}	0.991	2.28×10^{-5}
		铁路侧	0.988	2.72×10^{-5}	0.990	2.29×10^{-5}	0.990	2.30×10^{-5}
	江侧	公路侧	0.990	2.28×10^{-5}	0.992	1.97×10^{-5}	0.992	1.98×10^{-5}
		铁路侧	0.990	2.23×10^{-5}	0.992	1.91×10^{-5}	0.992	1.92×10^{-5}

注:实际应用时,可结合对实际结构的保证率要求,采用表中的均值和方差,得到具有一定保证率的 η 值,并用于塔柱各肢的配筋设计。

在上塔柱底,施工误差使弯矩略有减小;对于中塔柱顶部,三种验算工况下岸侧柱顶的弯矩都有一定的增大,最大的是 My2 工况下弯矩增大了 4.2%,江侧柱顶的弯矩则根据验算工况的不同而有一定程度的增加或减小;在所考虑的荷载工况下,随机施工误差造成的中塔柱岸侧根部弯矩都有不足 1% 的减小,而江侧塔根都有一定程度的增大,最大 η 值为 Mz1 工况下江侧、公路侧的塔根弯矩增加幅度为 2.3%(即 $\eta=1.023$);对于下塔肢顶,三种工况下的塔肢弯矩变化趋势是一致的,都有所减小;在下塔肢根部,施工误差也造成截面弯矩有不足 1% 的减小。

需要指出的是,虽然某些截面的弯矩由于施工误差有最大 4.5% 的增加(即 $\eta=1.045$),但这些截面位置均为多个塔肢交接的节段,采用梁单元计算出的内力结果和实际可能存在一定差异。在进行塔柱设计时,在这些节段应给予冗余度较大的配筋设计,并适当增加构造措施,即可考虑施工误差带来的附加偏心影响。

总体上看,斜度均值为 1/3000 的随机施工误差对本文所研究的索塔成桥弯矩有一定影响,尤其对于中塔柱的弯矩有普遍的增大作用。由于施工误差,一些截面上的弯矩有小幅度的增大,同时,因为索塔为超静定结构,分布复杂的随机施工误差可能使一部分截面上的弯矩有所减小。另外可以看到,弯矩增大系数的分布规律主要取决于误差的方向,不同工况下的弯矩增大系数较为接近。相对于索塔上部截面而言,下部截面弯矩增大系数的方差较小,这表明索塔下部截面受随机施工误差的影响程度更为稳定。

4 结语

本文以某大跨径斜拉桥为依托,先采用 midas Civil 软件计算成桥后的索塔内力状态,确定关键受力截面和六种荷载工况,再利用 ANSYS 软件计算有随机施工误差时索塔的弯矩,对比理想线形的索塔弯矩,获得施工误差导致的塔柱控制截面的弯矩增大系数,结果表明:

(1)斜度均值为 1/3000 的随机施工误差对本文所研究的索塔成桥弯矩有一定影响,但影响有限。由于施工误差,一些截面上的弯矩有小幅度的增大,同时,因为索塔为超静定结构,分布复杂的随机施工误差可能使一部分截面上的弯矩有一定程度的减小。

(2)对于本文研究的索塔,随机施工误差对索塔的影响主要在中塔柱,弯矩增加幅度多数为 1% ~ 2%,最大为 4.2%。弯矩增大系数 η 的分布规律主要取决于误差的方向,不同工况下的弯矩增大系数较为接近。在进行设计时,应根据放大后的弯矩值进行塔柱的配筋设计。

(3)本文提出的先采用 MATLAB 程序生成规定的随机施工误差,再用 midas Civil 确定荷载工况,最后用 ANSYS 进行考虑施工误差的多次运算的增大系数计算方法,可用于由施工误差引起的弯矩增大系数 η 的工程计算。

参 考 文 献

[1] 林元培. 斜拉桥[M]. 北京: 人民交通出版社,1994.
[2] 程磊. 南京长江三桥钢索塔设计与施工及全桥几何非线性静力分析[D]. 成都:西南交通大学,2005.
[3] 邓文中. 重庆几座新桥的设计理念[C]//第 17 届全国桥梁学术会议论文集. 北京:人民交通出版社,2006.
[4] 华有恒. 试论香港汀九斜拉桥设计构思的特色和探讨[J]. 桥梁建设,1997(3):27-33.
[5] 拓明阳,赵健. 俄罗斯岛大桥总体施工. 设计综述[J]. 中外公路,2017,37(6):155-158.
[6] 王鸿飞. 大跨度公铁两用斜拉桥稳定性分析[D]. 北京:北京交通大学,2015.
[7] Choi D. H, Yoo H, Koh J. H, et al. Stability Evaluation of Steel Cable-StayedBridges by Elasticand Inelastic Buckling Analyses [J]. International Journal of Structural Stability and Dynamics,2007,7(4):669-691.
[8] 苗家武. 超大跨度斜拉桥设计理论研究[D]. 上海:同济大学,2006.
[9] 徐江江. 超大跨度斜拉桥的结构体系及抗震性能研究[D]. 杭州:浙江工业大学,2016.
[10] 孙斌. 超千米级斜拉桥结构体系研究[D]. 上海:同济大学,2008.
[11] 哈鸿,朱乐东. 桥塔型式对斜拉桥动力性的影响[J]. 同济大学学报,1999,27(2):216-219.

特大跨径斜拉桥桥塔的弯矩二阶效应计算与分析

郑　兴[1],黄　侨[1],苑仁安[2],任　远[1]

(1. 东南大学,江苏南京　211189;
2. 中铁大桥勘测设计院集团有限公司,湖北武汉　430050)

摘　要　为研究特大跨径斜拉桥空间钻石型桥塔的弯矩二阶效应,本文以主跨1176m、桥塔高340m的江苏常泰长江大桥为工程背景,采用midas Civil专业有限元软件,建立全桥有限元模型。随后分别进行了考虑和未考虑施工时倾斜塔柱的变形、施工误差、P-Δ效应和混凝土收缩、徐变等因素的结构静力计算分析,得到了各因素对桥塔控制断面的弯矩增大系数的影响,并与《公路钢筋混凝土及预应力混凝土桥涵设计规范》(JTG 3362—2018)相关条文中的计算结果进行了对比分析,对规范计算方法的适用性进行了讨论。

关键词　斜拉桥;空间钻石形桥塔;弯矩增大系数;有限元;规范计算

Analysis of Second Order Bending Moment Effect of Tower of Super Long Span Cable Stayed Bridge

ZHENG Xing[1],HUANG Qiao[1],YUAN Ren-an[2],Ren Yuan[1]

(1. SouthEast University,Nanjing Jiangsu 211189,China;2. China Railway Major Bridge Reconnaissance & Design Institute Co. ,Ltd. ,Wuhan Hubei 430050,China)

Abstract　In order to investigate the second-order bending moment effect of the spatial diamond pylon of super long span cable-stayed bridge, midas Civil is used to establish the finite element model of Changtai Yangtze River Bridge who has 1176m long main span and 340m height pylon in this paper. The static analysis of the structure is carried out with and without considering various factors including the deformation during the construction, construction error, P-Δ effect and concrete shrinkage and creep. The influence of each factor on the moment magnified coefficient of the control section of the bridge tower is obtained. The results of finite element analysis are compared with the corresponding calculation results based on Chinese specification JTG 3362—2018. And the applicability of the specification calculation method is discussed.

Keywords　Cable-stayed bridge; spacial diamond tower; moment magnified coefficient; finite element analysis; specification calculation.

1　研究背景

斜拉桥作为现代大跨径桥梁中最常见的桥型之一,具有受力合理、跨越能力强等特点。随着交通需

作者简介:郑兴(1996—),男,博士生,东南大学,研究方向为超大跨度桥梁结构分析。

求日益增长，我国在桥梁建设水平上不断进步，斜拉桥呈现出向大跨径的发展趋势。在特大跨径斜拉桥的建设中，高耸的钻石形桥塔由于其优秀的静、动力性能受到了桥梁工程师的青睐。作为压弯构件的塔柱及其各肢，承受的弯矩大小是评价桥塔受力状态的重要指标之一。

本文针对目前在建的江苏常泰长江大桥的桥塔进行研究。常泰长江大桥主跨 1176m，桥塔采用了 340m 高的空间钻石形桥塔，跨径大、桥塔高，因此空间钻石形塔柱的受力更加复杂[1]。在斜拉桥施工到运营的全过程中，钻石形桥塔从施工到运营过程中，存在多种因素影响其受力，导致桥塔的弯矩可能比一次成塔的情况有所增大，其主要影响因素包括施工时倾斜塔柱自重作用下的变形[2-4]、施工误差[5]、P-Δ 效应[6-7]和混凝土收缩、徐变[8]等，在设计时应对其给予充分考虑。

现有的研究大多仅针对单个因素，分析其对结构受力的影响，且在桥塔形式上，对平面钻石形、A 形等桥塔形式研究较多，而空间钻石形桥塔受力更为复杂。本文采用有限元数值模拟方法，针对常泰长江大桥的桥塔，对其塔柱考虑施工时倾斜塔柱的变形、施工误差、P-Δ 效应和混凝土收缩、徐变等引起的弯矩增大系数进行研究，为设计塔柱的配筋提供参考。此外，将有限元数值模拟得到的桥塔各控制断面弯矩增大系数与《公路钢筋混凝土及预应力混凝土桥涵设计规范》(JTG 3362—2018)[9]（简称《公桥规》）相关条文的计算结果进行对比分析，由此对规范中相关条文的适用性进行讨论。

2 工程概况

常泰长江大桥是一座双塔双索面双层公铁两用斜拉桥，其跨径组合为 142m + 490m + 1176m + 490m + 142m，全桥结构总体布置如图 1 所示。主梁采用钢箱-桁架双层组合钢梁结构，桁宽 35m，桁高15.5m，上层桥面布置双向六车道高速公路，下层桥面上游侧布置两线城际铁路，下游侧布置四车道一级公路。主梁标准横断面如图 2 所示。全桥为半漂浮体系，在桥塔、辅助墩和过渡墩处设有竖向支座和横向支座。该桥由中铁大桥勘测设计院集团有限公司设计。

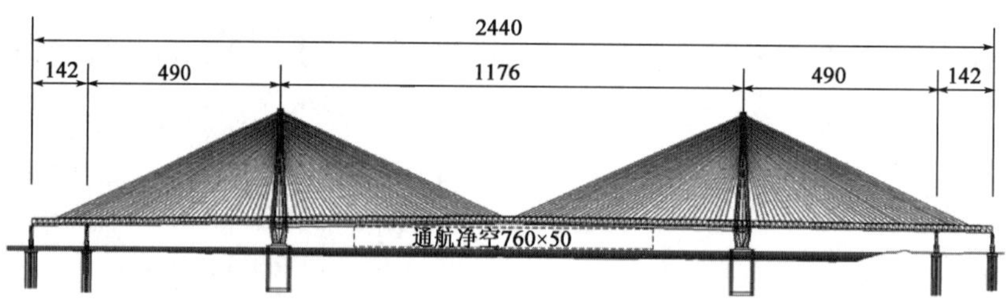

图 1 常泰长江大桥总体布置图（尺寸单位：m）

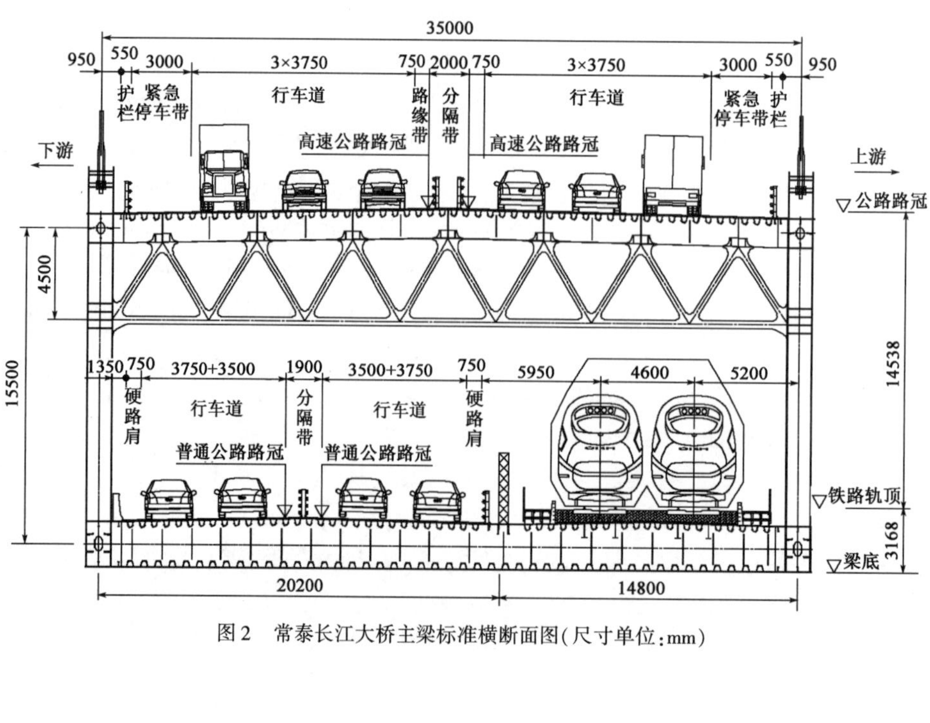

图 2 常泰长江大桥主梁标准横断面图（尺寸单位：mm）

常泰长江大桥的桥塔为空间钻石形主塔，总高度340m。桥塔分为上塔柱、中塔柱和下塔柱三部分，其上塔柱为具有核心混凝土的钢-混凝土组合截面，中塔柱和下塔柱各有四个塔肢，均为壁厚1.4～3.5m的空心八边形截面。下塔柱施工时临时设置受拉钢绞线以减小塔柱外倾，下横梁施工完成后拆除；中塔柱设置主动式横撑以限制塔柱的内倾，中塔柱上部合龙后拆除。桥塔布置如图3所示。

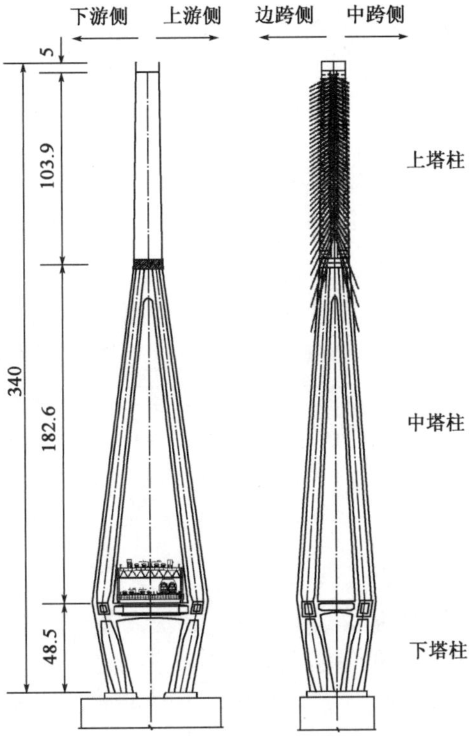

图3　常泰长江大桥桥塔布置图(尺寸单位:m)

3　研究方法

3.1　全桥有限元模型

根据常泰长江大桥初步设计图纸，采用专业有限元软件midas Civil建立全桥有限元模型，如图4所示。模型中，桥塔和主梁均采用梁单元模拟，斜拉索、上塔柱体外索和CFRP拉杆则采用桁架单元模拟。

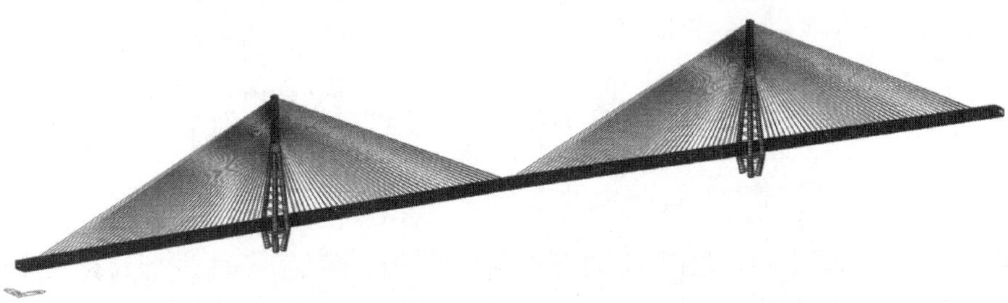

图4　全桥midas Civil有限元梁单元模型

对全桥midas Civil模型分别进行了考虑和未考虑各影响因素的静力计算分析，并提取桥塔各梁单元的弯矩计算结果，按照下式对各工况下各塔肢控制断面的弯矩增大系数进行计算。

$$\eta = \frac{M'_{\mathrm{Gk}}}{M_{\mathrm{Gk}}} \tag{1}$$

式中：η——弯矩增大系数；

M'_{Gk}——考虑单个或多个影响因素的塔柱断面弯矩值；

M_{Gk}——未考虑任何影响因素的塔柱断面弯矩值。

3.2 影响因素

在常泰长江大桥施工和运营的过程中，钻石形桥塔塔柱弯矩的影响因素包括施工时倾斜塔柱变形、施工误差、$P\text{-}\Delta$ 效应和混凝土收缩、徐变。

(1)施工时的倾斜塔肢变形可通过在 midas Civil 有限元模型中模拟桥塔节段施工加以考虑，对桥塔施工中的临时钢绞线、临时主动式横撑和横梁的临时支架均可进行模拟，并可按照施工工序对相应的单元和荷载进行激活和钝化。

(2)根据《公路斜拉桥设计规范》(JTG/T 3365-01—2020)[10]，桥塔施工的水平误差不超过高度的1/3000，且不超过30mm。文献[4]的研究指出，对于特大跨径桥梁的超高桥塔，将其误差控制在常规索塔的误差标准难度较大。因此，本文中考虑桥塔施工水平误差大小为1/3000，即塔顶的误差最大值为113mm。为考虑最不利的情况，取误差方向为荷载作用下塔柱的变形方向，可通过修改有限元模型的节点坐标进行考虑。

(3)受压柱肢在偏心荷载作用下将产生弯曲，即产生侧向挠度，并引起附加弯矩。当构件的长细比较大时，其对结构受力的影响不容忽视，因此在有限元模型中考虑了 $P\text{-}\Delta$ 效应的计算分析。

(4)在模型中，考虑混凝土材料的时效特性，先模拟施工过程及为期10年的成桥恒载作用，再施加各不利活载工况，即可计算得到考虑混凝土收缩、徐变10年的结构受力状态。

分别进行了考虑和未考虑以上四个影响因素的有限元计算分析，并比较其计算结果，即可得到桥塔各肢控制断面的弯矩增大系数。

3.3 荷载工况

根据设计要求，计算中参照《铁路桥涵设计规范》(TB 10002—2017)[11](以下简称《铁桥规》)，考虑恒载+活载的主力组合，荷载均取标准值。恒载包括自重、二期恒载、成桥索力、桥塔横梁中的钢束预应力、CFRP拉杆初拉力和上塔柱体外索初拉力。取桥塔上塔柱底部断面、中塔柱顶部断面、中塔柱底部断面、下塔柱顶部断面和下塔柱底部断面作为桥塔控制断面，活载根据各控制断面的纵桥向弯矩影响线加载。在钻石形桥塔的中、下塔柱分析时，四个塔柱的断面中仅针对内力值最大的一个塔肢断面进行弯矩增大系数的计算分析。计算中荷载组合如表1所示。

计算荷载组合 表1

工　况	荷载组合	活载加载位置
1	恒载+活载	上塔肢底纵向弯矩最大
2		中塔肢顶，铁路、江侧塔肢纵向弯矩最大
3		中塔肢底，公路、江侧塔肢纵向弯矩最大
4		下塔肢顶，铁路、岸侧塔肢纵向弯矩最大
5		下塔肢底，公路、江侧塔肢纵向弯矩最大

3.4 规范计算

按照《公桥规》计算弯矩增大系数前，首先应根据构件的边界约束条件进行计算长度取值。考虑构件端部受到的约束条件，将其理想化为刚度为 K_A 和 K_B 的水平弹簧和刚度为 K_F 的转动弹簧。刚度由有限元分析或力学方法计算得到。构件的计算长度按照《公桥规》附录E计算如下：

$$\left(1+\left(k_F-\left(\frac{\pi}{k}\right)^2\right)\bigg/(k_A+k_B)\right)\left(\frac{\pi}{k}\right)^2+\left[k_F-\left(\frac{\pi}{k}\right)^2+\frac{2k_Ak_B}{k_A+k_B}\right]\left(1-\frac{\pi/k}{\tan(\pi/k)}\right)+$$

$$\frac{2k_Ak_B}{k_A+k_B}\left[\frac{\pi/k}{\sin(\pi/k)}-1\right]+\frac{k_Ak_B}{k_A+k_B}\left[k_F-\left(\frac{\pi}{k}\right)^2\right]\left[\frac{2\tan(\pi/2k)}{\pi/k}-1\right]=0 \tag{2}$$

式中，$k_A=K_Al/(EI)$，$k_B=K_Bl/(EI)$，$k_F=K_Fl^3/(EI)$。

对于不同的极限状态,《公桥规》提供了不同的弯矩增大系数计算方法。由于荷载组合时参照《铁规》进行了荷载标准值组合的弹性计算,故相应的宜采用《公桥规》正常使用极限状态的弯矩增大系数计算方法,按下式对弯矩增大系数进行计算。

$$\eta_s = 1 + \frac{1}{4000e_0/h_0}\left(\frac{l_0}{h}\right)^2 \tag{3}$$

式中:e_0——轴向力作用点至截面重心的距离;

h_0——截面有效高度;

h——弯曲平面内的截面高度;

l_0——构件的计算长度。

4 计算结果

4.1 考虑所有因素的有限元计算结果

在全桥模型中建立桥塔施工阶段以模拟桥塔分节段施工。考虑施工误差大小为节点与塔底的高度差乘以 1/3000,同时考虑 $P\text{-}\Delta$ 效应和混凝土收缩、徐变,计算桥塔控制断面上增大后的弯矩值。各控制断面纵向弯矩增大系数如表 2 所示。表中加粗部分为该控制断面在自身弯矩最大时的纵向弯矩增大系数。

考虑所有影响因素的控制断面纵向弯矩增大系数 表 2

控制断面	工况 1	工况 2	工况 3	工况 4	工况 5
上塔柱底	**1.031**	5.318	1.203	1.029	0.985
中塔柱顶江侧	1.034	**1.120**	1.087	1.053	1.103
中塔柱顶岸侧	0.946	1.696	0.972	0.935	0.350
中塔柱底江侧	1.361	4.172	**1.211**	1.373	1.760
中塔柱底岸侧	1.557	1.374	-7.836	1.531	1.377
下塔柱顶江侧	1.441	2.372	2.729	1.438	1.479
下塔柱顶岸侧	0.735	0.351	0.399	**0.734**	0.679
下塔肢底江侧	1.135	1.212	0.090	1.133	**1.127**
下塔柱底岸侧	0.901	0.899	1.497	0.905	0.931

表 2 中所列纵向弯矩增大系数对应的增大前纵向弯矩值如表 3 所示。

考虑所有影响因素的控制断面弯矩值(单位:10^5kN·m) 表 3

控制断面	工况 1	工况 2	工况 3	工况 4	工况 5
上塔柱底	**21.9**	0.328	1.76	21.8	16.9
中塔柱顶江侧	0.473	**3.65**	0.516	0.604	2.22
中塔柱顶岸侧	2.22	0.823	3.14	2.09	0.547
中塔柱底江侧	2.12	0.0959	**3.89**	2.00	0.696
中塔柱底岸侧	1.69	3.67	0.099	1.80	3.10
下塔柱顶江侧	2.21	0.583	0.553	2.21	1.87
下塔柱顶岸侧	3.02	1.48	1.35	**3.02**	2.74
下塔肢底江侧	12.0	9.02	1.55	12.3	**14.2**
下塔柱底岸侧	10.2	7.38	2.43	10.5	12.3

从表 3 中可以看到,采用全桥模型计算弯矩增大系数时,各控制断面在纵向弯矩最大的工况下,除中塔柱底部的弯矩增大系数达到了 1.211 以外,其余下塔柱底和中塔柱底各断面的纵向弯矩增大系数

均在 1.12 左右,而上塔柱底的弯矩增大系数较小,仅有 1.031。其余弯矩增大系数较大处,如工况 2 的中塔柱底江侧断面等,由于增大前的弯矩值基数较小,对桥塔不起控制设计作用。

4.2 各因素的影响分析

为分别研究各因素对于桥塔弯矩增大系数的影响,将四个影响因素分别考虑并进行计算,再与未考虑影响因素的计算结果进行对比,得到计算结果如表 4 所示。计算结果表明,模拟节段施工与考虑收缩、徐变对弯矩增大系数的影响具有较强的耦合作用,因此也列出同时考虑模拟施工阶段和收缩、徐变的计算结果。表 4 中仅给出各个控制断面在其弯矩最不利工况下的计算结果(对应表 2 中加粗数值)。

各控制断面在其最不利工况下考虑单个或多个因素的弯矩增大系数值 表 4

不利工况	节段施工	施工误差	*P-Δ* 效应	收缩徐变	施工 + 收缩徐变	全影响因素	不利工况
上塔柱底	工况 1	0.981	0.997	1.095	1.067	1.044	1.031
中塔柱顶	工况 2	0.935	1.039	1.044	1.000	0.958	1.120
中塔柱底	工况 3	1.363	0.972	1.091	0.981	1.199	1.211
下塔柱顶	工况 4	0.551	0.993	1.007	1.028	0.771	0.734
下塔柱底	工况 5	1.169	1.016	0.988	1.035	1.113	1.127

由表 4 中数据可以看出,考虑模拟桥塔的节段施工的影响相对较大,尤其是对中、下塔柱的计算,最大弯矩增大系数可达到 1.363,但该系数在考虑真实的施工阶段的收缩、徐变后,能够明显减小至 1.199,说明在模拟施工阶段时混凝土收缩、徐变使结构或构件截面上的受力趋于均匀,进而减小了节段施工对弯矩增大的影响。而施工误差对桥塔各个断面的影响均相对较小。*P-Δ* 效应对塔柱弯矩的作用则不可忽视,其最大影响值可达到 1.039。混凝土收缩、徐变的影响较为复杂,虽然单独考虑混凝土收缩、徐变时影响较小,但将其与桥塔的节段施工同时考虑时,二者对塔柱弯矩的影响相互耦合,对不同断面可能分别产生有利或不利的影响,例如在工况 3 中,收缩、徐变导致的内力重分布能够显著减小中塔柱底的弯矩。

4.3 《公桥规》计算结果

根据《公桥规》中第 6.4.4 条规定,按照 3.4 节中计算方法,对偏心受压构件的弯矩增大系数进行理论计算,并与有限元计算得到的弯矩增大系数进行对比,结果如表 5 所示。由于在设计配筋时,通常根据控制断面的计算结果对塔柱统一配筋,表 5 中的桥塔中、下塔柱的有限元计算结果选取了顶端断面和底端断面弯矩增大系数的较大值。

弯矩增大系数有限元计算和规范计算结果 表 5

塔柱构件	荷载工况	计算长度系数	《公桥规》系数 η_s	有限元计算系数 η	《铁桥规》系数 η
上塔柱	工况 1	0.620	1.059	1.031	1.102 ~ 1.232
中塔柱	工况 1	0.542	1.225	1.211	1.503
下塔柱	工况 5	1.167	1.037	1.127	1.005 ~ 1.023

由表 5 可知,上塔肢、中塔柱和下塔柱的弯矩增大系数按照《公桥规》公式的计算结果分别为 1.059、1.225 和 1.037。表中最后一列《铁桥规》上、下塔柱的计算中,根据构件边界条件,按照《铁桥规》中规定的计算长度系数的范围取值,因此计算结果存在最大和最小值。相对《铁桥规》,《公桥规》的计算结果与有限元计算结果更为接近。上塔柱和中塔柱分别比有限元计算结果偏大 2.8% 和 1.4%,即按照规范公式计算结果将会过于保守,若参考有限元模型计算结果进行配筋设计似将更为经济和合理。下塔柱的有限元模型计算结果略偏大,其原因在于:空间钻石形桥塔下塔柱的边界条件复杂,规范计算时计算长度的取值存在误差;下塔柱的长细比 l_0/i 较小,仅为 21.957,导致规范中弯矩增大系数计算公式适用性较差。

5 结语

根据对常泰长江大桥空间钻石形桥塔的弯矩增大系数进行的有限元数值模拟和《公桥规》规范公式计算,并对计算结果进行对比分析,可以得到以下结论:

(1)常泰长江大桥的空间钻石形桥塔从施工到运营过程中,存在多种因素影响其受力,导致桥塔的弯矩与一次成塔的情况有所不同,其主要影响因素应包括施工时倾斜塔柱变形、施工误差、$P\text{-}\Delta$ 效应和混凝土收缩、徐变。

(2)考虑上述诸因素,并基于有限元方法计算时,空间钻石形桥塔上、中、下塔柱的弯矩增大系数最大分别为 1.031、1.211 和 1.127。中塔柱由于长细比最大,弯矩增大系数也相应较大,在桥塔设计时应综合考虑各因素后进行配筋。

(3)模拟桥塔节段施工会对弯矩增大系数的有限元计算结果产生显著影响,尤其会使中塔柱底的弯矩明显增大;施工误差对塔柱弯矩的影响不超过 4%,相对较小;$P\text{-}\Delta$ 效应对弯矩增大的作用最大可达到 9.5%;混凝土收缩、徐变会导致构件及断面应力重分布,对桥塔各断面弯矩的影响较为复杂,且与模拟节段施工具有较强的耦合作用。

(4)根据《公桥规》中相关条文计算,上塔柱、中塔柱和下塔柱的弯矩增大系数分别为 1.059、1.225 和 1.037。其与有限元的计算结果相比存在一定误差。分析其原因在于:空间钻石形桥塔的结构较为复杂,约束条件并不清晰,各参数取值也与桥塔实际情况存在一定差异,故空间钻石形桥塔的各塔肢不宜作为简单构件单独计算,尤其是计算公式对于下塔柱的适用性较差。因此建议采用有限元计算方法,能够更好地模拟实际情况,并获得更为合理的塔柱二阶效应。

参 考 文 献

[1] 黄侨,宋晓东,任远,等. 常泰大桥主塔结构形式及设计施工方法研究[R]. 南京:东南大学,2020.

[2] 彭晓彬,陈杏枝. 鄂东长江公路大桥桥塔设计[J]. 桥梁建设,2009(5):40-43,48.

[3] 代皓,张瑞霞,张敏. 黄冈公铁两用长江大桥桥塔施工技术及分析[J]. 桥梁建设,2012,42(5):9-14.

[4] 李毅. 斜拉桥双向倾斜桥塔主动横撑设计及施工控制[J]. 桥梁建设,2013,43(3):109-113.

[5] 罗承斌,游新鹏,张永涛. 超大跨斜拉桥索塔施工误差影响研究[J]. 公路交通科技,2009,26(7):69-74,79.

[6] 尼颖升,徐栋. 长柱偏心距增大系数及有侧移时的计算长度确定[J]. 中外公路,2014,34(2):113-120.

[7] 陈永亮,陈孔令,夏支贤. 连续刚构高墩横向计算偏心距增大系数探讨[J]. 中外公路,2015,35(4):166-169.

[8] 陈亮,邵长宇. 结合梁斜拉桥混凝土收缩徐变影响规律[J]. 桥梁建设,2015,45(1):74-78.

[9] 交通运输部. 公路钢筋混凝土及预应力混凝土桥涵设计规范:JTG 3362—2018[S]. 北京:人民交通出版社股份有限公司,2018.

[10] 交通运输部. 公路斜拉桥设计规范:JTG/T 3365-01—2020[S]. 北京:人民交通出版社股份有限公司,2020.

[11] 国家铁路局. 铁路桥涵设计规范:TB 10002—2017[S]. 北京:中国铁道出版社,2017.

斜拉桥主塔偏心距增大系数的桥规计算方法研究

黄义理[1],黄　侨[1],张金涛[2],宋晓东[1]

(1. 东南大学交通学院,江苏南京　211189;
2. 中铁大桥勘测设计院集团有限公司,湖北武汉　430050)

摘　要　为保证斜拉桥桥塔塔肢构件配筋合理,本文基于有限元分析和中国、美国、欧洲桥梁设计规范中的计算方法对塔肢构件偏心距增大系数进行计算,并对有限元计算结果和规范计算结果进行了对比分析。研究表明:中国、美国、欧洲桥梁设计规范中的计算方法均有差异,根据不同规范得到的计算结果相差较大;对于长细比较大的中塔肢,规范计算结果均大于有限元计算结果,对于长细比较小的下塔肢和受斜拉索锚固影响的上塔肢,不同规范计算结果趋势不同;建议采用有限元方法对复杂桥塔构件偏心距增大系数进行分析,规范方法可作为辅助手段,从而使塔肢构件配筋设计更合理、经济。

关键词　斜拉桥桥塔;规范对比;有限元;偏心距增大系数;常泰长江大桥

Research on Eccentricity Magnified Coefficient of Cable-stayed Bridge Tower Based on Bridge Specification Calculation

HUANG Yi-li[1], HUANG Qiao[1], ZHANG Jin-tao[2], SONG Xiao-dong[1]

(1. School of Transportation, Southeast University, Nanjing Jiangsu 211189, China; 2. China Railway Major Bridge Reconnaissance & Design Institute Co., Ltd., Wuhan Hubei 430050, China)

Abstract　In order to ensure reasonable reinforcement of pylon members of cable-stayed bridge, the eccentricity magnified coefficient of pylon is calculated based on finite element analysis and bridge specifications of China, US, Europe. And, comparison between finite element results and specification results is conducted. The research show that, due to different calculation methods were adopted in bridge specifications of China, US and Europe in determing the eccentricity magnified coefficient, there is a big difference in each column's eccentricity magnified coefficient calculated based on different specifications. For the middle pylon with large slenderness ratio, the specification results are larger than finite element results, and because the slenderness ratio of lower pylon column is small and the upper pylon column is affected by stayed cables, the specification results of upper and lower columns calculated according to different specifications have different trends. It is suggested to use finite element method to analyze the eccentricity magnified coefficient of complex bridge tower, specification can be used as an auxiliary method to ensure rationality of tower component's reinforcement design.

作者简介:黄义理(1995—),男,硕士生,东南大学,研究方向为超大跨度桥梁结构分析。

Keywords Cable-stayed bridge tower; specification comparison; finite element; eccentricity magnified coefficient; Changtai Yangtze River Bridge.

1 引言

二阶效应是轴向力作用于产生挠曲的结构或构件上引起的附加效应,也可称之为轴力效应。结构或构件中的附加变形或附加内力往往是由于几何非线性产生的,因此对二阶效应的分析也可作为解决几何非线性问题的方法。虽然从理论上说,并不是所有受力结构或构件中都存在二阶效应,但这种现象普遍存在于大多数受压构件中,故进行桥塔结构分析时必然要考虑二阶效应[1]。在设计中,通常采用偏心距增大系数来计入结构或构件中的二阶效应。

江苏在建的常泰长江大桥为具有空间钻石形桥塔及扇形双索面的斜拉桥,两侧桥塔塔高均为340m。由于塔肢较长且塔肢截面较大,在设计阶段为保证构件配筋合理,避免造成钢筋浪费,对塔肢偏心距增大系数进行了计算与分析。本文以该桥为工程背景,通过有限元分析和中国、美国、欧洲桥规计算方法计算各塔肢偏心距增大系数,同时对有限元计算结果和规范计算结果进行对比研究,为该桥塔肢配筋设计提供参考,以保证桥塔配筋设计的合理性和经济性。

2 工程概况

常泰长江大桥为公铁两用斜拉桥,跨径组合为 142m + 490m + 1176m + 490m + 142m,全桥总体布置如图 1 所示。主梁采用钢箱-桁架双层组合钢梁结构,桁宽 35m,桁高 15.5m。公路桥面采用 6cm 厚铺装层,铁路桥面采用道砟桥面。主塔为空间钻石形桥塔,两侧塔高均为 340m,中下塔柱塔身采用箱形截面,上塔柱为钢-混组合截面,桥塔立面图及侧面图如图 2 所示。斜拉索采用扇形双索面布置,梁上标准索距为 14m,塔上标准索距为 2.2m。边墩和辅助墩采用空心双柱门式框架墩。该桥由中铁大桥勘测设计院集团有限公司设计。

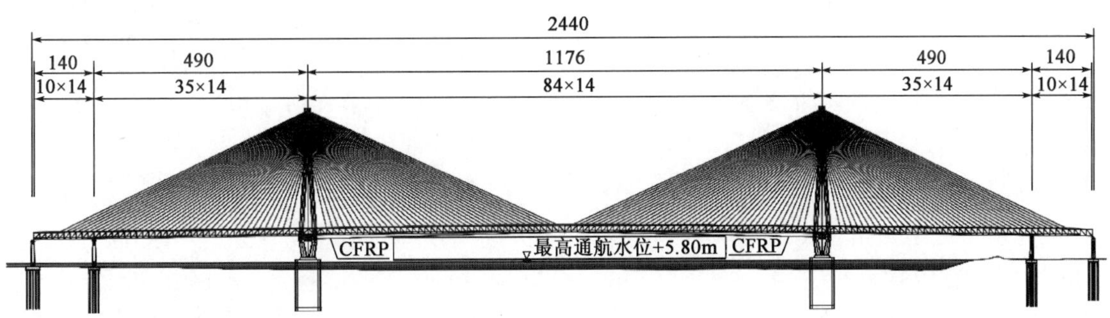

图 1　全桥总体布置示意图(尺寸单位:m)

3 偏心距增大系数的“规范”计算方法

3.1 《公路钢筋混凝土及预应力混凝土桥涵设计规范》计算方法

《公路钢筋混凝土及预应力混凝土桥涵设计规范》(JTG D3362—2018)[2][后文简称《公规》(2018)]中采用基于曲率的计算方法,该方法规定的偏心距增大系数与偏心距大小、截面尺寸以及构件约束情况相关,同时规范对于不同极限状态给出不同的计算公式。

1)承载能力极限状态

根据《公规》(2018),矩形、T 形、I 形和圆形截面偏心受压构件在承载能力极限状态下的偏心距增大系数按式(1)计算:

$$\eta = 1 + \frac{1}{1300e_0/h_0}\left(\frac{l_0}{h}\right)^2 \zeta_1 \zeta_2 \tag{1}$$

$$\zeta_1 = 0.2 + 2.7\frac{e_0}{h_0} \leqslant 1.0 \tag{2}$$

$$\zeta_2 = 1.15 - 0.01\frac{l_0}{h} \leqslant 1.0 \tag{3}$$

式中：h_0——截面有效高度；

ζ_1——荷载偏心率对截面曲率的影响系数；

ζ_2——构件长细比对截面曲率的影响系数。

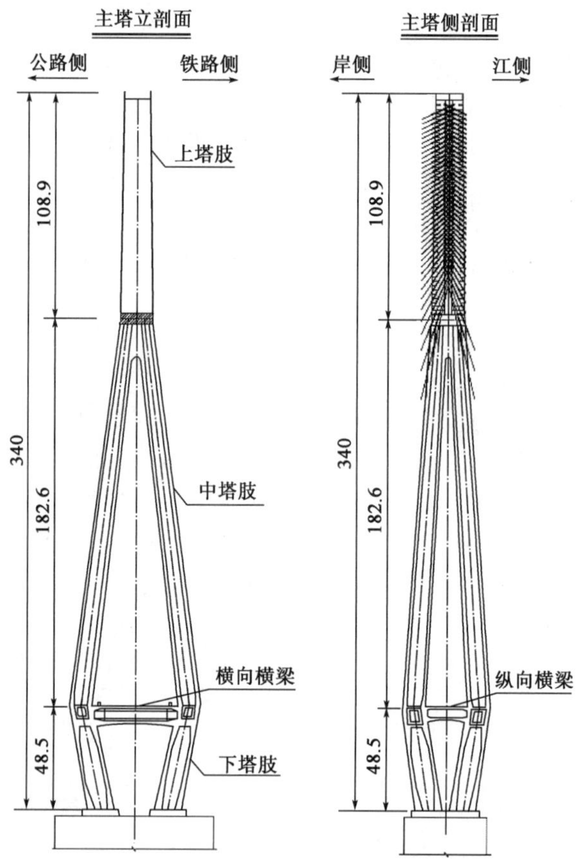

图2　桥塔立面图及侧面图(尺寸单位:m)

2)正常使用极限状态

矩形、T形、I形截面的钢筋混凝土偏心受压构件在正常使用极限状态下的偏心距增大系数按式(4)计算：

$$\eta_s = 1 + \frac{1}{4000e_0/h_0}\left(\frac{l_0}{h}\right)^2 \tag{4}$$

圆形截面偏心受压构件在正常使用极限状态下的偏心距增大系数按式(5)计算：

$$\eta_s = 1 + \frac{1}{4000\dfrac{e_0}{2r - a_s}}\left(\frac{l_0}{2r}\right)^2 \tag{5}$$

式中：η_s——正常使用极限状态偏心距增大系数；

a_s——单根钢筋中心到构件边缘的距离；

r——圆形截面的半径。

3.2　《铁路桥涵混凝土结构设计规范》计算方法

《铁路桥涵混凝土结构设计规范》(TB 10092—2017)[3][后文简称《铁规》(2017)]中的偏心距增大

系数计算方法需要考虑轴向荷载、构件尺寸、材料、偏心距及外荷载作用类型等因素，计算公式如下：

$$\eta = \frac{1}{1 - \dfrac{KN}{\alpha \dfrac{\pi^2 E_c I_c}{l_0^2}}} \tag{6}$$

$$\alpha = \frac{0.1}{0.2 + \dfrac{e_0}{h}} + 0.16 \tag{7}$$

式中：η——挠度对偏心距影响的增大系数；

K——安全系数；

N——换算截面重心处的计算轴向压力；

E_c——混凝土的受压弹性模量；

I_c——混凝土全截面的惯性矩；

α——考虑偏心距对 η 值的影响系数；

l_0——压杆计算长度；

e_0——轴向力作用点至截面重心的距离；

h——弯曲平面内的截面高度。

3.3 欧洲规范《EN1992-1-1》计算方法

欧洲规范《EN1992-1-1》[4][后文简称《欧规》(1992)]中提供基于名义刚度分析和基于曲率估计两种方法。基于名义刚度计算方法是考虑构件开裂后刚度的降低对构件进行刚度折减，并按弹性方法分析；基于曲率计算方法是直接按弹塑性方法进行分析。

1)基于名义刚度分析法

对于任意截面长细受压构件的名义刚度按下式计算：

$$EI = K_c E_{cd} I_c + K_s E_s I_s \tag{8}$$

式中：I——混凝土截面名义惯性矩；

E_{cd}——混凝土弹性模量设计值；

I_s——钢筋面积对混凝土面积中心的二阶矩；

K_c——裂缝、徐变等的影响系数；

K_s——钢筋影响系数。

考虑二阶弯矩的总设计弯矩按下式计算：

$$M_{Ed} = M_{0Ed}\left[1 + \frac{\beta}{(N_B/N_{Ed}) - 1}\right] \tag{9}$$

式中：M_{0Ed}——一阶弯矩；

β——与一阶弯矩和二阶弯矩分布有关的系数；

N_B——按名义刚度计算的压屈荷载；

N_{Ed}——构件轴力设计值。

2)基于名义曲率分析法

基于名义曲率分析法的构件设计弯矩为：

$$M_{Ed} = M_{0Ed} + N_{Ed} e_2 \tag{10}$$

式中：e_2——构件的变形，由式(11)计算得到。

$$e_2 = \frac{1}{r}\frac{l_0^2}{c} \tag{11}$$

式中：c——与曲率分布有关的系数；

$1/r$——构件的曲率。

3.4 《美国公路桥梁规范》(AASHTO)计算方法

《美国公路桥梁规范》(AASHTO)(2007)[5][后文简称《美规》(2007)]中的偏心距增大系数不仅和截面尺寸以及构件约束情况相关,还与轴向荷载的大小有关,并且考虑了材料的刚度折减系数,属于基于刚度计算方法。考虑二阶效应后的截面弯矩按式(12)计算:

$$M_c = \delta_b M_{2b} + \delta_s M_{2s} \tag{12}$$

弯矩放大系数 δ_b 和 δ_s 按照式(13)和式(14)计算:

$$\delta_b = \frac{c_m}{1 - \dfrac{P_u}{\varphi_K P_e}} \tag{13}$$

$$\delta_s = \frac{1}{1 - \dfrac{\sum P_u}{\varphi_K \sum P_e}} \tag{14}$$

上式中:M_{2b}——根据常规一阶弹性框架分析,计算由乘系数的重力荷载引起微小侧倾时受压构件的弯矩;

M_{2s}——按上述分析,计算由乘系数的侧向荷载或重力荷载引起侧向倾斜 Δ_c($\Delta_c \geq l_u/1500$)时的受压构件弯矩,l_u 为受压构件无支撑长度;

c_m——有效弯矩图等效为均布弯矩图的系数;

P_u——乘荷载系数的轴向荷载;

φ_K——刚度折减系数;

P_e——欧拉压屈荷载。

4 偏心距增大系数有限元法计算结果

4.1 有限元模型

偏心距增大系数主要用于桥塔构件的配筋设计。本文基于在建常泰长江大桥初步设计图纸进行有限元建模分析。采用 midas Civil 软件建立常泰长江大桥有限元模型[6],主梁、桥塔部分均采用梁单元模拟,斜拉索(考虑 Ernst 公式修正)、体外索及碳纤维增强复合材料(Carbon Fiber Reinforced Plastics, CFRP)拉杆均采用桁架单元模拟。成桥后塔底边界条件采用固接方式;边墩及辅助墩在铁路侧设置横向支座及竖向支座;在公路侧仅设竖向支座,支座采用弹性连接模拟。成桥阶段有限元模型如图3所示。

图3 常泰长江大桥全桥成桥阶段有限元模型

4.2 控制截面及计算工况选取

基于 midas Civil 全桥模型得到成桥状态的恒载和活载标准值组合作用的桥塔内力包络图。由于横桥向桥塔结构及其受力不对称,取上、中、下塔肢交会处正负弯矩绝对值最大的截面作为研究对象,并将对应最大弯矩的荷载组合定义为最不利工况。工况中荷载包括自重、二期恒载、钢束预应力、索力、CFRP

拉杆力、体外索力和移动荷载。桥塔塔肢的主要构造见图2,主要控制截面及对应弯矩绝对值见表1。

主要控制截面及对应弯矩绝对值(kN·m) 表1

工况	工况含义	控制断面	塔肢位置	弯矩绝对值
1	上塔肢底纵向弯矩最大	上塔肢底	—	2.19×10^{6}
2	中塔肢顶,江、铁路侧塔肢纵向弯矩最大	中塔肢顶	江、铁路侧	3.65×10^{5}
3	中塔肢底,江、公路侧塔肢纵向弯矩最大	中塔肢底	江、公路侧	3.89×10^{5}
4	下塔肢顶,岸、铁路侧塔肢纵向弯矩最大	下塔肢顶	岸、铁路侧	3.02×10^{5}
5	下塔肢底,江、公路侧塔肢纵向弯矩最大	下塔肢底	江、公路侧	1.42×10^{6}

4.3 有限元法计算结果

基于前述全桥有限元模型,对桥塔划分施工阶段,以模拟桥塔节段施工,并考虑桥塔初始缺陷(截面偏心误差)大小为节点与塔底高度差的1/3000,同时计入 $P\text{-}\Delta$ 效应和混凝土收缩、徐变,计算得到各截面增大后的弯矩值(M_h)。将各截面增大后的弯矩值(M_h)除以各截面增大前的弯矩值(M_q),即可得偏心距增大系数有限元计算结果。桥塔控制截面在主要工况下的偏心距增大系数如表2所示,有限元计算结果已隐含了前述各公式中计算参数的影响。

桥塔控制截面在主要工况下的偏心距增大系数 表2

控制断面	工况1	工况2	工况3	工况4	工况5
上塔肢底	**1.031**	5.318	1.203	1.029	0.985
中塔肢顶江侧	1.034	**1.120**	1.087	1.053	1.103
中塔肢底江侧	1.361	4.172	**1.211**	1.373	1.760
下塔肢顶岸侧	0.735	0.351	0.399	**0.734**	0.679
下塔肢底江侧	1.135	1.212	0.090	1.133	**1.127**

表2中加粗数字为控制截面在相应最不利工况时的偏心距增大系数。部分截面偏心距增大系数较大的原因是其在相应工况下的弯矩基数较小,不控制相应的塔肢设计。桥塔中、下塔肢构件的偏心距增大系数取顶、底截面系数的较大值。故上、中、下塔肢偏心距增大系数分别取1.031、1.211和1.127,对应工况分别为工况1、工况3和工况5。

5 有限元结果与理论结果对比分析

偏心距增大系数有限元计算结果与中国、美国、欧洲规范计算结果汇总于表3。

偏心距增大系数的规范计算结果和有限元计算结果对比 表3

规范		构件位置				
		上塔柱		中塔柱	下塔柱	
		最小值	最大值	数值	最小值	最大值
《铁规》(2017)		1.102	1.232	1.503	1.005	1.023
《公规》(2018)	承载能力极限状态	—	1.106	1.395	—	1.085
	正常使用极限状态	—	1.059	1.225	—	1.037
《欧规》(1992)	名义刚度法	—	1.028	1.351	—	1.015
	名义曲率法	—	1.164	1.618	—	1.025
《美规》(2017)	理论 K 值	1.006	1.012	1.357	1.000	1.001
	推荐 K 值	1.007	1.012	1.713	1.001	1.001
有限元数值分析结果		1.031		1.211	1.127	

注:1. 对于上、下塔肢构件,《铁规》(2017)、《美规》(2017)均按规范中要求的计算长度系数范围取值,故偏心距增大系数会存在最大值与最小值;而《公规》(2018)及《欧规》(1992)均按相关公式计算得到计算长度系数,故只有一个数值。

2. 对于中塔肢构件,《铁规》(2017)和《美规》(2017)均认为边界约束近似于一端固定一端为不移动铰,只取一个计算长度系数值;而《公规》(2018)及《欧规》(1992)均按相关公式计算得到计算长度系数,故中塔肢偏心距增大系数均只有一个数值。

由表3中规范计算结果与有限元计算结果对比可知,上述各规范计算结果难以完全符合有限元计算结果,且各国规范计算结果也不尽相同,有限元计算得到的偏心距增大系数相对更为可信。

上述规范计算结果与有限元计算结果之间误差的主要原因在于:规范公式一般只适用于独立简单构件,对于复杂的桥塔结构,构件两端边界条件难以确定,此时计算结果或将产生较大误差;由于下塔柱构件较短且边界约束较强,故下塔柱构件长细比较小,按中国、美国、欧洲桥规均不需要考虑构件二阶效应,此时规范公式适用性较差;上塔肢构件受多根斜拉索锚固约束的影响,故确定有效长度更为困难。

本文计算的常泰大桥桥塔构件的上、下塔肢构件边界约束较为复杂,同时因为下塔肢长细比较小,故取中塔肢作为主要分析对象。对中塔肢而言,各国规范计算结果与有限元计算结果相比均偏大,后者更符合实际约束情况且较为经济。采用简化后的规范计算结果理应具有一定的安全储备,所以结果偏于安全甚至有些保守。对工程设计而言,在保证结构安全的前提下,采用规范简化公式求解是正确的。但设计时整个结构均采用统一的偏心距增大系数来考虑长柱的二阶效应,势必造成结构配筋过多,进而造成浪费。因此,在复杂的桥塔结构设计时,在条件允许的情况下,建议采用有限元模拟的方法来求解结构的偏心距增大系数,可计算得到整个结构中各控制截面(或指定截面)的偏心距增大系数来计入桥塔结构的二阶效应,如此可使得混凝土构件配筋更为合理,造价更为经济。

6 结语

本文基于有限元分析和中国、美国、欧洲桥规中的计算方法对塔肢偏心距增大系数进行计算,并通过有限元计算结果和规范计算结果对比研究得到以下结论:

(1)常泰大桥塔肢构件复杂且约束条件并不清晰,同时各国规范公式中的参数取值与构件实际情况存在一定差异,故不宜作为简单构件计算塔肢构件偏心距增大系数。

(2)《公规》(2018)、《铁规》(2017)、《欧规》(1992)和《美规》(2007)中计算公式参数各有差异,按不同规范方法得到的偏心距增大系数相差较大;当长细比较大时,规范计算结果均大于有限元计算结果。

(3)在进行复杂桥塔结构设计时,在条件允许的情况下,宜采用有限元方法计算结构的偏心距增大系数。计算塔肢各个控制截面的偏心距增大系数时,规范方法可作为辅助校验手段,使混凝土塔柱构件配筋设计合理、造价经济。

参考文献

[1] 赖明宇.钢筋混凝土框架结构二阶效应若干问题的探讨[D].成都:西南交通大学,2011.

[2] 交通运输部.公路钢筋混凝土及预应力混凝土桥涵设计规范:JTG 3362—2018[S].北京:人民交通出版社股份有限公司,2018.

[3] 国家铁路局.铁路桥涵混凝土结构设计规范:TB 10092—2017[S].北京:中国铁道出版社,2017.

[4] Eurooode2:Design of Conerete Structures-Part I-1:General Rules and Rules for Buildings:BS EN 1992-1-1[S].2004.

[5] AASITTO LRFD. Bridge Design Specifications(8th Edition)[S].2017.

[6] 黄侨,宋远东,任远,等.常泰大桥图塔结构形式设计施工方法研究[D].南京:东南大学交通学院,2020.

常泰长江大桥塔柱偏心距增大系数的计算方法研究

黄　侨[1]，黄义理[1]，郑清刚[2]，宋晓东[1]，郑　兴[1]，张金涛[2]

（1. 东南大学交通学院，江苏南京　210096；
2. 中铁大桥勘测设计院集团有限公司，湖北武汉　430050）

摘　要　为探究规范公式在计算空间钻石形桥塔塔肢偏心距增大系数时的适用性，并保证大跨度斜拉桥桥塔结构配筋设计的合理性，本文以常泰长江大桥为工程实例，对塔柱偏心距增大系数进行了计算分析。首先基于常泰长江大桥成桥状态确定了桥塔控制截面和计算工况，并对各国规范公式中的计算长度取值进行了对比研究，其次通过有限元分析和中国、美国、欧洲桥梁设计规范方法对桥塔塔肢构件偏心距增大系数进行了计算，最后对有限元计算结果和各规范计算结果进行了对比分析。研究表明：由于常泰长江大桥桥塔结构复杂，各塔肢边界条件并不清晰，采用各规范公式计算偏心距增大系数时，相关参数取值与构件实际情况存在一定差异，不宜将桥塔塔肢作为简单构件考虑；由于中国、美国、欧洲桥梁规范在确定偏心距增大系数时采用不同的计算方法，且各公式中参数及其取值存在差异，故基于各规范公式计算得到的桥塔各塔肢构件的偏心距增大系数相差较大；计算结果对比表明，由于约束条件不同及长细比的差异，中塔肢规范计算结果均大于有限元计算结果，上、下塔肢按不同规范计算的结果趋势不相同。故进行类似复杂桥塔结构设计时，建议采用有限元方法对桥塔结构的偏心距增大系数进行数值模拟，以排除试验条件对规范公式的影响，规范方法可作为辅助校验手段，以保证桥塔构件配筋设计的合理性。

关键词　桥梁工程；计算方法对比；有限元；偏心距增大系数；斜拉桥桥塔

Study on Calculation Methods of Pylon Eccentricity Magnified Coefficient of Changtai Yangtze river bridge

HUANG Qiao[1], HUANG Yi-li[1], ZHENG Qing-gang[2], SONG Xiao-dong[1]
ZHENG Xing[1], ZHANG Jin-tao[2]

(1. School of Transportation, Southeast University, Nanjing Jiangsu 210096, China; 2. China Railway Major Bridge Reconnaissance & Design Institute Co., Ltd., Wuhan Hubei 430050, China)

Abstract　In order to explore the applicability of the specification in calculating the eccentricity magnified coefficient of the spatial diamond-shaped pylon and ensure the rationality of reinforcement design for pylon

---

本文由常泰长江大桥设计阶段研究项目(CT-SJKY-11)资助。

作者简介：黄侨(1958—)，男，教授，东南大学，研究方向为长大跨桥梁结构分析理论与方法。

of the long-span cable-stayed bridge, this paper takes Changtai Yangtze river bridge as an example, calculates and analyzes the eccentricity magnified coefficients of its pylon. First, the control sections and calculation conditions of the pylon were determined based on the completion state of Changtai Yangtze River Bridge, and the calculating length coefficients in different specifications were compared and studied. Second, eccentricity magnified coefficients of pylon columns were calculated based on finite element analysis and bridge design specifications of China, US, Europe. Last, comparisons between finite element results and specification results were conducted. Research shows that, since the boundary conditions of the pylon of Changtai Yangtze River Bridge are not clear, there are certain differences between the value of parameter and the actual situation when eccentricity magnified coefficients are calculated using specifications, it is not appropriate to consider the pylons as simple components; due to the bridge specifications of China, US and Europe adopt different calculation methods in determining the eccentricity magnified coefficient, and the parameters and their values in specification formulas are different, there is a big difference in each column ' s eccentricity magnified coefficient calculated based on different specifications; the comparison of calculation results shows that, due to different constraints and different slenderness ratios, the specification results of the middle pylon column are larger than finite element results, the specification results of upper and lower columns calculated according to different specifications have different trends. Therefore, when designing similar complex pylon, it's recommended to use finite element methods to get the eccentricity magnified coefficient, so as to exclude the influence of test conditions on specification formulas, and the results based on specifications can be used as an auxiliary verification method to ensure the rationality of pylons' reinforcement design.

Keywords Bridge engineering; comparison of calculation method; finite element; eccentricity magnified coefficient; cable-stayed bridge pylon.

1 引言

二阶效应是构件在竖向荷载及弯矩共同作用下发生挠曲变形,使作用于构件上的轴力在挠曲变形基础上产生附加弯矩的现象[1]。随着我国大跨度桥梁设计、施工水平的提高,桥梁结构愈加纤细,构件长细比增加,更需重视桥塔结构由于弯曲变形产生的二阶效应。在设计中,通常采用偏心距增大系数 η 来考虑二阶效应的影响。现行桥梁设计规范中的计算公式通常是在理论分析的基础上,根据大量的构件试验数据得到的[1]。对于复杂的斜拉桥桥塔结构,各规范公式的适用性正是本文关注的焦点。以往的工程实践表明,由规范方法得到的偏心距增大系数似难以满足大跨拱肋、高耸桥塔结构设计的要求。例如对四川嘉陵江大桥进行设计时发现,按规范增大截面初始偏心距将使截面的偏心距过大,导致拱圈截面尺寸不合理而造成钢筋材料浪费[2];计算山区公路桥梁高墩二阶效应时,因相关规范公式采用的假设较多且工程经验性较强,造成高墩配筋设计时常出现超筋现象[3]。

早在 18 世纪,Leonhard Euler 在研究理想轴心压杆稳定问题时便考虑了压杆的二阶效应。20 世纪 60 年代开始,由于有限元方法发展,已可较为准确地给出结构或构件在不同受力阶段考虑二阶效应后的性能[3-4]。20 世纪 70 年代以来,国际上采用“精确法”及“近似法”来处理钢筋混凝土偏压构件的二阶效应问题。近年来,一些学者基于理论分析提出了二阶效应的计算方法。Barros 等基于欧洲规范的名义曲率法,提出了钢筋混凝土柱二阶效应的简化模型,并给出了最大曲率的定义和弯矩的计算方法[5]。Ata Babazadeh 等提出了钢筋混凝土柱弯矩、曲率和位移的解析解,由解析解得到的长细比参数可用于评估二阶效应对于钢筋混凝土柱的敏感性[6]。

国内针对二阶效应的研究起步较晚,但国内学者取得了大量理论及试验成果。2008 年,叶列平等对中国、美国混凝土规范中的偏心受压承载力计算公式进行对比分析,认为中国规范计算大偏压钢筋混凝土柱安全储备较大[7]。2015 年,陈永亮等选取典型高墩连续刚构桥,采用有限元法及规范公式对高墩横向偏心距增大系数进行探讨，并通过对比规范结果和有限元结果分析了两种方法的差异[8]。2015年，蒋友宝等通过考虑偏心距的随机性，分析了按中美规范方法得到的大偏压柱承载力可靠度随参数的变化规律[9]。

近年来，随着材料学科的快速发展，学者们对不同材料构件的二阶效应也开展了大量研究。Yun 等针对轻集料混凝土规范中二阶效应实际适用性较差的问题，通过全过程分析，推导了轻集料混凝土偏心受压构件在不同杆端弯矩下控制截面的偏心距增大系数[10]。Abdelazim 等通过试验和理论分析对细长高强混凝土柱的二阶效应进行了研究，并根据理论结果和试验结果提出了高强混凝土柱的修正长细比限值[11]。

近年来极端荷载下构件的二阶效应问题也引起了学者的关注。Burgueno 等通过试验探究了二阶效应对钢筋混凝土桥墩地震响应的影响，结果表明二阶效应将显著增加墩柱的塑性区[12]。Tubaldi 等采用解析公式和连续模型对细长桥墩的动力特性和地震反应进行了研究，证明了桥墩二阶效应将对桥梁地震响应产生较大影响[13]。学者们也开展了不少针对火灾下构件二阶效应的研究。Wang 等基于截面计算方法提出了典型矩形柱的相互作用曲线，并考虑了二阶效应对于曲线的影响[14]。李兵等对型钢混凝土 T 形柱在高温和竖向荷载耦合作用下的性能进行了研究，结果表明，柱开裂程度将随轴压比和偏心距的增大而增大[15]。

基于上述文献可知，二阶效应对于桥梁墩柱、桥塔等混凝土结构的影响不可忽视，对于高耸桥塔结构的偏心距增大系数研究较少，现有研究主要集中于简单墩柱构件。同时规范对比也主要针对偏压柱，对复杂桥塔构件的研究很少。斜拉桥桥塔，尤其是特大跨径桥梁的高耸桥塔，由于受到自身恒载及斜拉索索力作用[16-17]，其二阶效应尤为重要，所以有必要对其进行更深入的研究。

为探究规范公式在计算空间钻石形桥塔塔肢偏心距增大系数时的适用性，本文以江苏省在建常泰长江大桥为工程实例，通过有限元分析和中国、美国、欧洲桥梁设计规范公式，对桥塔塔肢偏心距增大系数进行计算分析，并对有限元计算结果和规范计算结果进行对比，为该桥的桥塔配筋设计提供技术参考。研究结果亦可为其他空间钻石形桥塔或复杂形式桥塔结构设计提供参考。

2 计算方法

2.1 计算长度取值方法

中国、美国、欧洲桥梁设计规范中的偏心距增大系数计算时均需考虑构件计算长度，其取值大小将直接影响到偏心距增大系数的计算结果。故在此首先对《铁路桥涵混凝土结构设计规范》(TB 10092—2017)[18][下文简称《铁规》(2017)]、《公路钢筋混凝土及预应力混凝土桥涵设计规范》(JTG 3362—2018)[19][下文简称为《公规》(2018)]、欧洲桥梁规范《EN1992-1-1》[20][下文简称《欧规》(1992)]和《美国公路桥梁规范》(AASHTO)(2017)[21][下文简称《美规》(2017)]中的计算长度取值进行对比分析。

2.1.1 《铁规》(2017)的计算长度

《铁规》(2017)中关于计算长度 l_0 的取值比较传统，规定为：当两端固定时 l_0 取 $0.5l$，l 为构件的全长；一端刚性固定另一端为不移动铰时 l_0 取 $0.7l$；两端均为不移动铰时 l_0 取 l；一端刚性固定另一端为自由端时 l_0 取 $2l$。

2.1.2 《公规》(2018)的计算长度

《公规》(2018)考虑了构件端部的横向约束和转动约束，将约束理想化为横向弹簧和转动弹簧，刚度分别为 K_A、K_B 和 K_F。构件端部侧向位移、转角及弯矩与构件刚度具有如下关系：

$$K_A=\frac{M_A}{\theta_A},K_B=\frac{M_B}{\theta_B},K_F=\frac{M_A+M_B+N\Delta}{\Delta l} \tag{1}$$

式中：N——构件所承受的轴向压力；

l——构件的全长；

Δ——构件两端的相对位移；

θ_A、θ_B——构件两端转角；

M_A、M_B——构件两端弯矩，均可由有限元分析或其他力学方法计算得到；

K_A、K_B——构件两端转动刚度；

K_F——构件横向刚度。

构件计算长度系数 k 的计算公式如式(2)所示：

$$\left\{1+\left[k_F-\left(\frac{\pi}{k}\right)^2\right]\Big/\left(k_A+k_B\right)\right\}\left(\frac{\pi}{k}\right)^2+\left[k_F-\left(\frac{\pi}{k}\right)^2+\frac{2k_Ak_B}{k_A+k_B}\right]\left[1-\frac{\pi/k}{\tan(\pi/k)}\right]+$$
$$\frac{2k_Ak_B}{k_A+k_B}\left[\frac{\pi/k}{\sin(\pi/k)}-1\right]+\frac{k_Ak_B}{k_A+k_B}\left[k_F-\left(\frac{\pi}{k}\right)^2\right]\left[\frac{2\tan(\pi/2k)}{\pi/k}-1\right]=0 \tag{2}$$

式中：k——构件计算长度系数；k_A、k_B、k_F均为计算参数，其中，$k_A=K_Al/(EI)$，$k_B=K_Bl/(EI)$，$k_F=K_Fl^3/(EI)$。

2.1.3 《欧规》(1992)的计算长度

《欧规》(1992)中将受压构件分为有侧向支撑构件和无侧向支撑构件。有支撑构件的有效长度和无支撑构件的有效长度分别按式(3)和式(4)计算。

$$l_0=0.5l\sqrt{\left(1+\frac{k_1}{0.45+k_1}\right)\left(1+\frac{k_2}{0.45+k_2}\right)} \tag{3}$$

$$l_0=l\times\max\left\{\sqrt{1+\frac{10k_1k_2}{k_1+k_2}},\left(1+\frac{k_1}{1+k_1}\right)\left(1+\frac{k_2}{1+k_2}\right)\right\} \tag{4}$$

式中：k_1、k_2——构件端部转动约束的相对柔度。

2.1.4 《美规》(2017)的计算长度

《美规》(2017)中既给出了理论有效长度系数 k，同时也给出了实际设计时有效长度系数 k 的推荐值，以考虑理论约束与实际约束的差异，如表1所示。

有效长度系数 k 的理论值与推荐值 表1

约束条件	理论值	推荐值
两端固定	0.5	0.65
一端固定，一端固定铰	0.7	0.8
两端固定铰	1.0	1.0
一端固定，一端水平自由	1.0	1.2
一端固定，一端自由	2.0	2.1
一端固定铰，一端水平自由	2.0	2.0

2.1.5 计算长度取值对比分析

对比《铁规》(2017)与《美规》(2017)中有效长度系数(或计算长度)的取值可知，《铁规》(2017)的计算长度系数均为理论值，而《美规》(2017)中考虑到实际约束一般不能完全满足理想条件，所以推荐的有效长度系数略大于理论值。《公规》(2018)中的构件计算长度考虑了构件实际端部约束状况，利用构件两端的弯矩、转角及侧向位移计算得到计算长度系数。《欧规》(1992)对于计算长度系数的取值仅考虑到构件两端转动约束的相对柔度，并根据不同的支撑形式得到相应的计算长度。《铁规》(2017)与《美规》(2017)关于构件计算长度系数的取值比较简捷，而《公规》(2018)与《欧规》(1992)中的计算长度系数须基于实际边界条件计算确定，相对准确却也比较烦琐。

2.2 偏心距增大系数的规范计算方法

《公规》(2018)、《美规》(2017)与《欧规》(1992)均依据长细比的大小来判断是否需要考虑二阶效应，但三者规定的长细比限值不同；《铁规》(2017)则认为偏压构件需要考虑二阶效应。

2.2.1 《铁规》(2017)计算方法

《铁规》(2017)规定的偏压构件偏心距增大系数计算公式如下所示：

$$\eta = \frac{1}{1 - KN/\left(\alpha \frac{\pi^2 E_c I_c}{l_0^2}\right)} \tag{5}$$

$$\alpha = \frac{0.1}{0.2 + \frac{e_0}{h}} + 0.16 \tag{6}$$

式中：η——偏心距增大系数；

K——安全系数；

E_c——混凝土受压弹性模量；

α——考虑偏心距对 η 值的影响系数；

e_0——轴向力作用点至截面重心的距离；

h——弯曲平面内的截面高度；

I_c——混凝土全截面惯性矩。

2.2.2 《公规》(2018)计算方法

1)承载能力极限状态

在承载能力极限状态(Ultimate Limit States,ULS)下，矩形、T形、I形和圆形截面偏心受压构件的偏心距增大系数按下列公式计算：

$$\eta = 1 + \frac{1}{1300 e_0/h_0}\left(\frac{l_0}{h}\right)^2 \zeta_1 \zeta_2 \tag{7}$$

$$\zeta_1 = 0.2 + 2.7\frac{e_0}{h_0} \leqslant 1.0 \tag{8}$$

$$\zeta_2 = 1.15 - 0.01\frac{l_0}{h} \leqslant 1.0 \tag{9}$$

式中：h_0——截面有效高度；

ζ_1——荷载偏心率对截面曲率的影响系数；

ζ_2——构件长细比对截面曲率的影响系数。

2)正常使用极限状态

对于正常使用极限状态(Serviceability Limit States,SLS)下的矩形、T形、I形截面钢筋混凝土偏心受压构件的偏心距增大系数按下式计算：

$$\eta_s = 1 + \frac{1}{4000 e_0/h_0}\left(\frac{l_0}{h}\right)^2 \tag{10}$$

圆形截面偏压构件的正常使用极限状态偏心距增大系数按下式计算：

$$\eta_s = 1 + \frac{1}{4000\frac{e_0}{2r - a_s}}\left(\frac{l_0}{2r}\right)^2 \tag{11}$$

式中：η_s——正常使用极限状态偏心距增大系数；

a_s——单根钢筋中心到构件边缘的距离；

r——圆形截面的半径。

2.2.3 《欧规》(1992)计算方法

1)基于名义刚度分析法

对于任意截面长细受压构件的名义刚度按下式计算：

$$EI = K_c E_{cd} I_c + K_s E_s I_s \tag{12}$$

式中：I——混凝土截面名义惯性矩；

E——混凝土截面名义弹性模量；

E_s——钢筋弹性模量；

E_{cd}——混凝土弹性模量设计值；

I_s——钢筋面积对混凝土面积中心的二阶矩；

K_c——裂缝、徐变等的影响系数；

K_s——钢筋影响系数。

考虑二阶弯矩的总设计弯矩按下式计算：

$$M_{Ed} = M_{0Ed}\left[1 + \frac{\beta}{(N_B/N_{Ed}) - 1}\right] \tag{13}$$

式中：M_{0Ed}——一阶弯矩；

β——与一阶弯矩和二阶弯矩分布有关的系数；

N_B——按名义刚度计算的压屈荷载；

N_{Ed}——构件轴力设计值；

M_{Ed}——总设计弯矩。

2）基于名义曲率分析法

基于名义曲率分析法的弯矩为：

$$M_{Ed} = M_{0Ed} + N_{Ed}e_2 \tag{14}$$

式中：e_2——构件的变形。

2.2.4 《美规》（2017）计算方法

《美规》（2017）中考虑二阶效应后的截面弯矩按式（15）计算：

$$M_c = \delta_b M_{2b} + \delta_s M_{2s} \tag{15}$$

式中：M_c——截面总弯矩；

M_{2b}——根据常规一阶弹性框架分析，计算由乘系数的重力荷载引起微小侧倾时受压构件的弯矩；

M_{2s}——按上述分析，计算由乘系数的侧向荷载或重力荷载引起侧向倾斜 Δ_c（$\Delta_c \geq l_u/1500$，l_u 为受压构件无支撑长度）时的受压构件弯矩。

弯矩放大系数 δ_b 和 δ_s 分别按式（16）和式（17）计算：

$$\delta_b = \frac{c_m}{1 - \dfrac{P_u}{\varphi_K P_e}} \tag{16}$$

$$\delta_s = \frac{1}{1 - \dfrac{\sum P_u}{\varphi_K \sum P_e}} \tag{17}$$

式中：c_m——有效弯矩图等效为均布弯矩图的系数；

P_u——乘荷载系数的轴向荷载；

φ_K——刚度折减系数；

P_e——欧拉压屈荷载。

2.2.5 规范计算方法对比分析

《铁规》（2017）中的偏心距增大系数计算方法考虑了轴向荷载大小、构件尺寸、材料、偏心距及外荷载作用类型等因素。《公规》（2018）中采用的是基于曲率计算的方法[22]，该方法规定的偏心距增大系数 η 与偏心距大小、截面尺寸以及构件约束情况相关。《欧规》（1992）提供基于名义刚度分析和基于曲率估计两种方法，计算过程相对复杂。《欧规》（1992）中的基于刚度分析法是考虑构件开裂后刚度降低从而对构件刚度进行折减，并按弹性方法分析，该方法可以用于整体结构和独立构件分析；基于曲率方法是直接按弹塑性方法分析，主要适用于独立构件；当采用准确的曲率分布时，也可用于整体结构分析。

《美规》(2017)中的系数不仅和截面尺寸以及构件约束情况相关,还与轴向荷载的大小有关,并且考虑了材料的刚度折减系数,属于基于刚度的计算方法。

因现行公路桥规和铁路桥规中的偏心距增大系数计算方法均出自实验室的小构件试验,通常适用于简单的偏心受压构件。对于构造形式复杂的桥塔结构,其边界条件、偏心距、截面刚度等公式参数难以确定,直接应用规范公式计算该桥塔的偏心距增大系数可能会导致计算结果与实际结果偏差较大,从而造成配筋量过大,所以有必要针对复杂型桥塔偏心距增大系数的规范计算结果进行研究,并采用有限元数值分析方法进行模拟和检验。

2.3 数值分析方法

利用有限元数值分析软件对桥塔塔肢构件进行模拟时,首先应根据结构图纸建立桥梁整体有限元计算模型。在模型中添加自重、二期恒载、钢束预应力、施工阶段临时荷载、移动荷载、索力等荷载,并完成桥梁施工阶段模拟。通过对比桥梁各个施工阶段和运营阶段的内力包络图,将内力绝对值最大的截面作为控制截面,并将对应的荷载工况作为最不利工况。

在控制截面上,考虑施工误差、初始缺陷、荷载-位移(P-Δ)效应及混凝土收缩、徐变后得到的弯矩值为 M_h,在相同荷载工况下但不考虑上述因素时得到的弯矩值为 M_q。基于有限元方法计算的偏心距增大系数定义为 M_h 除以 M_q 后得到的结果,即:

$$\eta = \frac{M_h}{M_q} \tag{18}$$

上式计算系数与前文各规范中的偏心距增大系数(或弯矩增大系数)具有相同的物理意义,结果中隐含了各公式中计算参数的影响。

3 数值分析

3.1 工程概况

在建常泰长江大桥为双塔双索面双层公铁两用斜拉桥,其跨径组合为 142m + 490m + 1176m + 490m + 142m,全桥立面图如图 1 所示。主梁采用钢箱-桁架双层组合钢桁梁结构,桁宽 35m,高 15.5m,公路桥面采用 6cm 厚铺装层,铁路桥面采用道砟桥面。主塔采用空间钻石形桥塔,两侧塔高均为 340m,其上塔肢为钢混组合截面,中、下塔肢采用混凝土箱形截面,桥塔立面图及侧面图如图 2 所示。斜拉索采用扇形双索面布置,梁上标准索距为 14m,塔上标准索距为 2.2m,铁路侧与公路侧斜拉索分别采用 2100MPa 和 2000MPa 级高强度耐久型平行钢丝[23]。

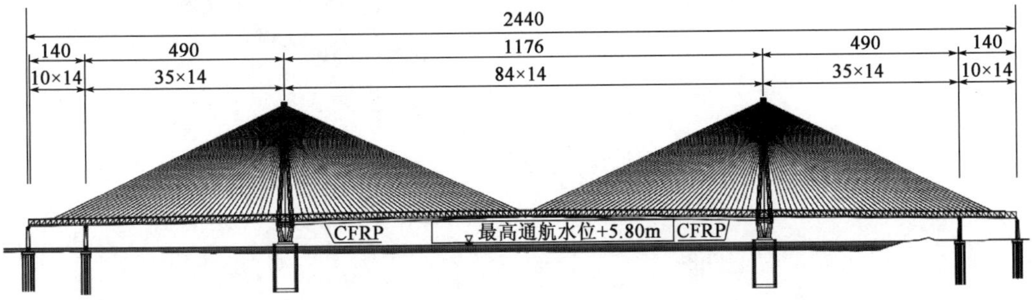

图 1 常泰长江大桥立面图(尺寸单位:m)

3.2 有限元建模

偏心距增大系数 η 主要用于桥塔构件的配筋设计。根据在建常泰长江大桥初步设计图纸,本文采用 midas Civil 软件建立了该桥的有限元计算模型[24]。索塔采用空间三维梁单元模拟,并采用变截面组考虑了不同位置的塔柱截面性质。在塔柱横梁处按照设计资料添加预应力束并施加预应力。常泰长江大桥上、下正交异性桥面及弦杆、腹杆、横联等构件均采用梁单元模拟。钢箱梁的边跨压重采用均布荷载模拟。建立有限元模型时斜拉索、体外索及纵向阻尼 CFRP 拉杆均采用桁架单元模拟,考虑 Ernst 公式对斜拉索单元弹性模量的修正。桥塔横梁与中下塔柱、中塔柱与上塔柱、斜拉索与上塔柱之间均采用刚性连接模拟。成桥后塔底边界条件采用固接方式;根据设计构造,边墩及辅助墩在铁路侧设置横向支座及竖向支座;在公路侧仅设竖向支座,支座采用弹性连接模拟。对模型施加自重、二期恒载、钢束预应力、CFRP 拉杆力、体外索力、初始索力后进行索力迭代,达到设计索力且模型变形符合设计要求后得到成桥阶段有限元模型。成桥阶段有限元模型如图 3 所示。

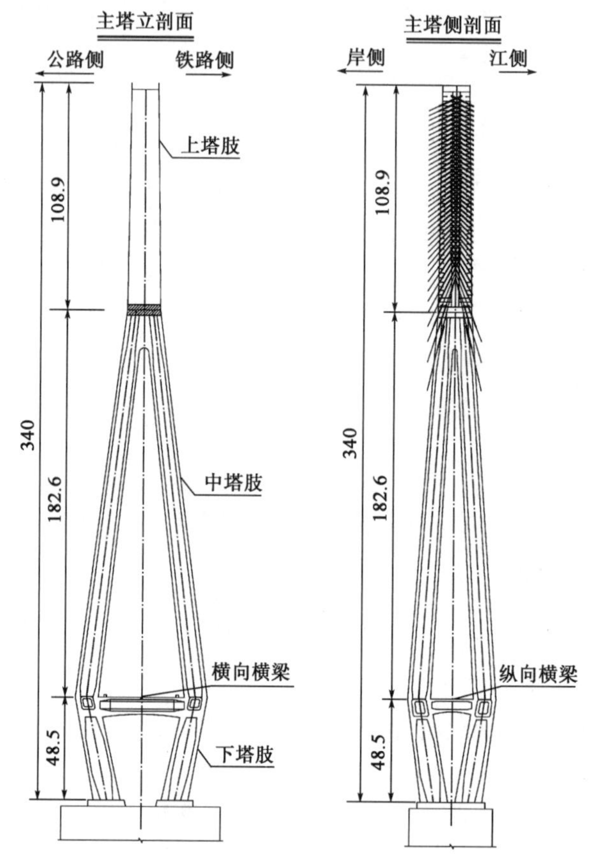

图 2　桥塔立面图及侧面图(尺寸单位:m)

图 3　常泰长江大桥全桥成桥阶段有限元模型

3.3　控制截面及计算工况确定

由于常泰长江大桥采用对称悬臂拼装的施工方式,故施工阶段不作为塔柱最大偏心距的控制工况。基于 midas Civil 全桥模型得到成桥状态时恒载和活载标准值组合作用的桥塔内力包络图。由于横桥向结构及受力不对称,取上、中、下塔肢连接处正负弯矩绝对值最大的截面作为研究对象,并将对应最大弯矩的荷载组合定义为最不利工况。工况中荷载包括自重、二期恒载、钢束预应力、设计索力、CFRP 拉杆力、体外索力和移动荷载。桥塔塔肢的主要构造见图 2,主要控制截面及相应弯矩绝对值见表 2。

主要控制截面及对应弯矩绝对值　表 2

工况	工况含义	控制断面	塔肢位置	弯矩绝对值(MN·m)
1	上塔肢底纵向弯矩最大	上塔肢底	—	2.19×10^3
2	中塔肢顶,江、铁路侧塔肢纵向弯矩最大	中塔肢顶	江、铁路侧	3.65×10^2
3	中塔肢底,江、公路侧塔肢纵向弯矩最大	中塔肢底	江、公路侧	3.89×10^2
4	下塔肢顶,岸、铁路侧塔肢纵向弯矩最大	下塔肢顶	岸、铁路侧	3.02×10^2
5	下塔肢底,江、公路侧塔肢纵向弯矩最大	下塔肢底	江、公路侧	1.42×10^3

3.4 有限元计算结果

基于全桥有限元模型,对桥塔划分施工阶段以模拟桥塔节段施工,并考虑桥塔初始缺陷大小为节点与塔底高度差的 1/3000,同时计入 P-Δ 效应和混凝土收缩、徐变,计算得到各截面增大后的弯矩值(M_h)。将各截面增大后的弯矩值(M_h)除以各截面增大前的弯矩值(M_q)即可得偏心距增大系数有限元计算结果。桥塔控制截面在主要工况下的偏心距增大系数如表 3 所示。

桥塔控制截面在主要工况下的偏心距增大系数　表 3

控制断面	工况 1	工况 2	工况 3	工况 4	工况 5
上塔肢底	**1.031**	5.318	1.203	1.029	0.985
中塔肢顶江侧	1.034	**1.120**	1.087	1.053	1.103
中塔肢底江侧	1.361	4.172	**1.211**	1.373	1.760
下塔肢顶岸侧	0.735	0.351	0.399	**0.734**	0.679
下塔肢底江侧	1.135	1.212	0.090	1.133	**1.127**

表 3 中加粗部分为基于有限元分析得到的控制截面在相应最不利工况下的偏心距增大系数。部分截面偏心距增大系数较大的原因是截面在相应工况下的弯矩基数较小,如工况 2 作用的上塔肢底截面,其截面增大前的弯矩值较小,不控制桥塔配筋设计。偏心距增大系数的最大值为中塔肢底在工况 3 作用下得到的 1.211。桥塔中、下塔肢的偏心距增大系数值取塔肢顶、底截面系数的较大值。故上、中、下塔肢 η 值分别为 1.031、1.211 和 1.127,对应工况分别为工况 1、工况 3 和工况 5。为与有限元结果比较,后文采用规范公式对塔肢偏心距增大系数进行计算时仅考虑工况 1、工况 3 和工况 5。

4 规范方法计算分析

为与有限元计算结果相比较,无论塔肢构件是否需要考虑二阶效应影响,均采用规范公式对塔肢偏心距增大系数进行计算。

4.1 《铁规》(2017)计算结果

根据《铁路桥涵设计规范》(TB 10002—2017),对于主力荷载计算取 K 值为 2.0。根据设计资料可知桥塔材料为 C60 混凝土,故弹性模量 E_c 为 3.65×10^4 MPa。本文认为下塔柱构件边界约束强度应在两端固定与一端刚性固定一端为不移动铰之间;中塔柱构件边界约束强度应接近于一端刚性固定一端为不移动铰;上塔柱构件边界约束强度应在一端刚性固定一端为不移动铰与两端均为不移动铰之间。通过相应的计算长度系数范围来计算得到偏心距增大系数 η 值的变化范围。按《铁规》(2017)计算得到的塔肢构件偏心距增大系数结果见表 4。

基于《铁规》(2017)计算的塔肢构件偏心距增大系数 表4

塔柱构件	荷载工况	计算长度系数	轴力(MN)	偏心距 e_0(m)	截面高度(m)	截面惯性矩(m^4)	偏心距增大系数 η
上塔柱	工况1	0.7	1372.679	1.827	13	329.026	1.102
上塔柱	工况1	1.0	1372.679	1.827	13	329.026	1.232
中塔柱	工况3	0.7	474.684	0.999	8.129	228.136	1.503
下塔柱	工况5	0.5	780.773	2.055	9.919	532.869	1.011
下塔柱	工况5	0.7	780.773	2.055	9.919	532.869	1.023

4.2 《公规》(2018)计算结果

将塔肢截面的初始偏心距 e_0、截面有效高度 h_0、构件计算长度 k、截面高度 h 等参数分别代入到式(7)和式(10)中,分别计算得到承载能力极限状态和正常使用极限状态下的偏心距增大系数 η,具体计算结果见表5。

基于《公规》(2018)计算的塔肢构件偏心距增大系数 表5

塔柱构件	荷载工况	计算长度系数	偏心距 e_0(m)	截面有效高度(m)	截面高度(m)	偏心距增大系数 η(ULS)	偏心距增大系数 η(SLS)
上塔柱	工况1	0.620	1.827	12.86	13	1.106	1.059
中塔柱	工况3	0.542	1.097	7.989	8.129	1.395	1.225
下塔柱	工况5	1.167	2.088	9.779	9.919	1.085	1.037

4.3 《欧规》(1992)计算结果

4.3.1 基于名义刚度分析法

由于塔肢轴向荷载及截面特性变化较大,可取 β 为1。将参数 M_{0Ed}、N_{Ed} 和 N_B 代入式(13)中计算得到构件的总弯矩,将其除以一阶弯矩便是各个塔肢构件的偏心距增大系数 η,具体计算结果见表6。

基于《欧规》(1992)计算的塔肢构件偏心距增大系数(名义刚度法) 表6

塔柱构件	荷载工况	N_{ed}(MN)	N_B(MN)	M_{0Ed}(MN·m)	偏心距增大系数 η
上塔柱	工况1	1372.679	50455.110	2256.044	1.028
中塔柱	工况3	474.684	1826.543	471.105	1.351
下塔柱	工况5	780.773	54366.850	1604.746	1.015

4.3.2 基于名义曲率分析法

将柱的二阶挠度 e_2 代入式(14),计算得到考虑二阶效应后的柱肢弯矩值 M_{Ed},再除以一阶弯矩便是各个塔肢构件的偏心距增大系数值 η,具体计算结果见表7。

基于《欧规》(1992)计算的塔肢构件偏心距增大系数(名义曲率法) 表7

塔柱构件	荷载工况	M_{0Ed}(MN·m)	N_{Ed}(MN)	e_2(m)	偏心距增大系数 η
上塔柱	工况1	2256.044	1372.679	0.270	1.028
中塔柱	工况3	471.105	474.684	0.614	1.351
下塔柱	工况5	1604.746	708.773	0.052	1.015

4.4 《美规》(2017)计算结果

将按式(16)和式(17)计算得到的弯矩放大系数 δ_b 和 δ_s 及弯矩值 M_{2b} 和 M_{2s} 代入式(15),再除以对应的一阶弯矩即可得对应的偏心距增大系数值。塔肢构件按《美规》(2017)计算得到的偏心距增大系数结果见表8。

基于《美规》(2017)计算的塔肢构件偏心距增大系数　　表8

塔柱构件	荷载工况	理论长度系数	推荐计算长度	M_{2b} (MN·m)	M_{2s} (MN·m)	理论偏心距增大系数 η	推荐偏心距增大系数 η
上塔柱	工况1	0.7	0.8	4913.436	2725.416	1.006	1.007
上塔柱	工况1	1.0	1.0	4913.436	2725.416	1.012	1.012
中塔柱	工况3	0.7	0.8	62.803	427.029	1.357	1.713
下塔柱	工况5	0.5	0.65	2660.190	1126.654	1.000	1.001
下塔柱	工况5	0.7	0.8	2660.190	1126.654	1.001	1.002

5　计算结果对比分析

《铁规》(2017)与《公规》(2018)中明确定义了偏心距增大系数及其计算方法。《美规》(2017)与《欧规》(1992)均提出了考虑二阶效应后的弯矩计算方法。《美规》(2017)与《欧规》(1992)中弯矩增大系数 η' 为考虑二阶效应后的总弯矩 M_2 除以一阶弯矩 M_1 后得到的系数值,即:

$$\eta' = \frac{M_2}{M_1} \tag{19}$$

由于弯矩增大系数在原理上与偏心距增大系数具有相同的物理意义,本文统称为偏心距增大系数。有限元模拟和各国规范计算得到的偏心距增大系数结果汇总于表9。

偏心距增大系数的规范结果和有限元结果对比　　表9

<table>
<tr><th colspan="2" rowspan="3">规　范</th><th colspan="5">构件位置</th></tr>
<tr><th colspan="2">上塔柱</th><th>中塔柱</th><th colspan="2">下塔柱</th></tr>
<tr><th>最小值</th><th>最大值</th><th>数值</th><th>最小值</th><th>最大值</th></tr>
<tr><td colspan="2">《铁规》(2017)</td><td>1.102</td><td>1.232</td><td>1.503</td><td>1.005</td><td>1.023</td></tr>
<tr><td rowspan="2">《公规》(2018)</td><td>承载能力极限状态</td><td>—</td><td>1.106</td><td>1.395</td><td>—</td><td>1.085</td></tr>
<tr><td>正常使用极限状态</td><td>—</td><td>1.059</td><td>1.225</td><td>—</td><td>1.037</td></tr>
<tr><td rowspan="2">《欧规》(1992)</td><td>名义刚度法</td><td>—</td><td>1.028</td><td>1.351</td><td>—</td><td>1.015</td></tr>
<tr><td>名义曲率法</td><td>—</td><td>1.164</td><td>1.618</td><td>—</td><td>1.025</td></tr>
<tr><td rowspan="2">《美规》(2017)</td><td>理论 K 值</td><td>1.006</td><td>1.012</td><td>1.357</td><td>1.000</td><td>1.001</td></tr>
<tr><td>推荐 K 值</td><td>1.007</td><td>1.012</td><td>1.713</td><td>1.001</td><td>1.001</td></tr>
<tr><td colspan="2">有限元数值分析结果</td><td colspan="2">1.031</td><td>1.211</td><td colspan="2">1.127</td></tr>
</table>

注:1. 对于上、下塔肢构件,《铁规》(2017)、《美规》(2017)均按规范中要求的计算长度系数范围取值,故偏心距增大系数存在最大值与最小值;而《公规》(2018)及《欧规》(1992)均按相关公式计算得到计算长度系数,故只有一个数值。

2. 对于中塔肢构件,《铁规》(2017)、《美规》(2017)认为边界约束近似于一端固定一端为不移动铰,只取一个计算长度系数值;而《公规》(2018)及《欧规》(1992)均按相关公式计算得到计算长度系数,故中塔肢偏心距增大系数均只有一个数值。

由表9中有限元计算结果与各规范计算结果对比可知,对于常泰长江大桥的桥塔结构,上述各规范的计算结果难以完全吻合于有限元计算结果,且各国规范计算结果也不尽相同。有限元计算得到的偏心距增大系数相对更为可信。

在使用各国规范计算常泰大桥桥塔构件偏心距增大系数时存在一定误差,这主要是由于上述规范计算公式一般只适用于独立简单构件,对于本文中的复杂桥塔结构,难以准确给出构件两端边界条件;同时由于下塔柱构件较短且边界约束较强,故下塔柱构件长细比较小,按照《铁规》(2017)、《欧规》(1992)、《美规》(2017)和《公规》(2018)中的规定均不需要考虑构件二阶效应,此时规范公式适应性较差,造成规范计算结果与有限元计算结果相差较大;上塔柱构件受多对斜拉索锚固约束的影响,计算长度取值较为困难。

本文计算的常泰大桥桥塔构件的上、下塔肢构件边界约束较为复杂,且下塔柱长细比较小,故取中塔柱作为主要分析对象。对中塔柱而言,各国规范计算结果与有限元计算结果相比均明显偏大,后者应更符合实际约束情况。采用各种简化后的规范计算结果理应具有一定的安全储备,得出的偏心距增大系数偏于安全甚至有些保守。对截面配筋设计而言,为保证结构安全,采用规范公式求解是可行的。但是设计时整个桥塔结构均采用统一的偏心距增大系数,来考虑长柱的二阶效应,势必会造成整个构件配筋过大,进而造成浪费。因此,在复杂的桥塔结构设计时,在条件允许的情况下,建议采用有限元模拟的方法来求解结构的偏心距增大系数,可计算得到整个结构中各控制截面(或指定截面)的偏心距增大系数,来计入桥塔结构的二阶效应,如此可使得混凝土构件配筋更为合理,造价更为经济。

6 结语

本文采用中国、美国、欧洲桥梁设计规范公式对桥塔塔肢偏心距增大系数进行计算,并基于有限元计算结果和规范计算结果的对比分析得到结论如下:

(1)常泰大桥的空间钻石形塔柱结构较为复杂,各塔肢的约束条件并不清晰。各规范公式中的相关参数取值与常泰长江大桥塔肢构件实际情况均存在一定差异,故不宜作为简单构件计算偏心距增大系数。

(2)计算分析表明,基于《铁规》(2017)、《公规》(2018)、《欧规》(1992)和《美规》(2017)中规范方法计算得到的常泰长江大桥塔肢偏心距增大系数相差较大,且当长细比较大时规范计算结果总体偏大。

(3)本文研究成果可应用于空间钻石形桥塔的结构设计,即在条件允许的情况下,宜采用本文提出的有限元数值模拟方法计算塔柱的偏心距增大系数,现行规范方法可作为辅助校验手段,使混凝土塔柱构件配筋设计更加经济、合理。本文计算方法亦可为其他复杂形式桥塔结构设计提供参考。

(4)后续可从以下几个方面开展进一步研究:一是采用实体单元和板壳单元进行精细化建模,以提高模型的计算精度;二是进行相关试验,检验文中的数据计算结果;三是对规范公式中部分参数取值进行更加深入的讨论。

参考文献

[1] 张树仁,黄侨.结构设计原理[M].3版.北京:人民交通出版社股份有限公司,2020.

[2] 周长晓.大跨径钢筋混凝土拱桥承载力分析方法的现状[J].公路交通技术,1999(3):1-4,9.

[3] 韩梅玲.山区高速公路桥梁高墩极限承载力计算研究[D].广州:华南理工大学土木与交通学院,2011.

[4] 仇一颗.钢筋混凝土框架柱计算长度设计方法研究[D].长沙:湖南大学土木工程学院,2001.

[5] BARROS H, SILVA V D, FERREIRA C. Second order effects in slender concrete columns-reformulation of the Eurocode 2 method based on nominal curvature[J]. Engineering Structures, 2010, 32(12): 3989-3993.

[6] BABAZADEH A, BURGUEÑO R, SILVA P F. *P-δ* effects on the plastic region of RC bridge columns: closed-form solution[J]. Journal of Structural Engineering, 2016, 142(11): 04016116.

[7] 叶列平,宋世研.中、美规范中受压构件的正截面承载力计算[J].建筑科学与工程学报,2008,25(2):56-63.

[8] 陈永亮,陈孔令,夏支贤.连续刚构高墩横向计算偏心距增大系数探讨[J].中外公路,2015,35(4):166-169.

[9] 蒋友宝,黄星星,冯鹏.大偏压RC柱中美两国规范抗震承载力设计方法对比与随机偏心距下的可靠度分析[J].建筑结构学报,2015,36(S2):216-222.

[10] YUN Y W, LIU X H, JANG I Y, et al. Research on eccentricity magnification factor of eccentric compression lightweight aggregate concrete member[J]. Advanced Materials Research, 2011, 152/153:

717-721.

[11] ABDELAZIM W, MOHAMED H M, BENMOKRANE B, et al. Strength of bridge high-strength concrete slender compression members reinforced with GFRP bars and spirals: experiments and second-order analysis[J]. Journal of Bridge Engineering, 2020, 25(9): 04020066.

[12] BURGUEÑO R, BABAZADEH A, FEDAK L K, et al. Second-order effects on seismic response of slender bridge columns[J]. ACI Structural Journal, 2016, 113(4): 735-746.

[13] TUBALDI E, TASSOTTI L, DALL' ASTA A, et al. Seismic response analysis of slender bridge piers[J]. Earthquake Engineering & Structural Dynamics, 2014, 43(10): 1503-1519.

[14] WANG L, CASPEELE R, VAN Coile R, et al. Extension of tabulated design parameters for rectangular columns exposed to fire taking into account second-order effects and various fire models[J]. Structural Concrete, 2015, 16(1): 17-35.

[15] 李兵,王玉镯,高英,等. 型钢混凝土T形柱耐火性能试验[J]. 长安大学学报(自然科学版),2018,38(6):59-68,78.

[16] 郑小博,张岗,宋一凡. 双塔钢桁斜拉桥斜拉索破坏动态响应[J]. 长安大学学报(自然科学版),2017,37(6):70-77.

[17] 戴杰,秦凤江,狄谨. 斜拉桥成桥所里优化方法研究综述[J]. 中国公路学报,2019,32(5):17-37.

[18] 国家铁路局. 铁路桥涵混凝土结构设计规范:TB 10092—2017[S]. 北京:中国铁道出版社,2017.

[19] 交通运输部. 公路钢筋混凝土及预应力混凝土桥涵设计规范:JTG 3362—2018[S]. 北京:人民交通出版社股份有限公司,2018.

[20] Eurocode2: Design of Concrete Structures—Part 1-1: General Rules and Rules for Buildings: BS EN: 992-1-1[S]. 2004.

[21] AASHTO LRFD. Bridge Design Specifications[S]. 2017.

[22] LIN S S, CHEN B C, WU Q X. Discussion on calculation methods for load bearing capacity of concrete arch bridges[C]// IEEE Staff. 2013 Fourth International Conference on Digital Manufacturing & Automation. Piscataway: IEEE, 2013: 492-496.

[23] 秦顺全,徐伟,陆勤丰,等. 常泰长江大桥主航道桥总体设计与方案构思[J]. 桥梁建设,2020,50(3):1-10.

[24] 黄侨,宋晓东,任远,等. 常泰大桥主塔结构形式及设计施工方法研究[D]. 南京:东南大学,2020.

超大型水中沉井下沉阻力研究

李嘉成[1,2,3,4],陈培帅[1,2,3,4],李德杰[1,2,3,4]

(1. 中交第二航务工程局有限公司,湖北武汉 430040;
2. 长大桥梁建设施工技术交通行业重点实验室,湖北武汉 430040;
3. 交通运输行业交通基础设施智能制造技术研发中心,湖北武汉 430040;
4. 中交公路长大桥建设国家工程研究中心有限公司,北京 100120)

摘 要 超大型水中沉井下沉期间存在难沉、倾斜、翻砂突沉等一系列问题。为实现沉井可控、高效下沉,准确计算下沉阻力是关键。然而,土层的极限侧摩阻力和地基极限承载力的取值往往依赖于经验,缺乏理论支撑。本文利用极限分析有限元极限分析方法和理论公式分别对沉井地基极限承载力、极限侧摩阻力进行计算并与 CPTU 静力触探结果进行对比分析。结果表明:有限元极限分析方法计算地基极限承载力和理论计算的极限侧摩阻力与静力触探试验推算值基本吻合,理论计算的刃脚处土体极限承载力和极限侧摩阻力与静力触探试验推算值基本吻合,初步验证了计算结果方法的合理性,为沉井下沉阻力的确定提供了理论支撑。

关键词 超大型水中沉井;海床式静力触探;地基承载力;侧摩阻力

Research on Sinking Resistance of Super-large Subaqueous Open Caisson

Li Jia-cheng[1,2,3,4],Chen Pei-shuai[1,2,3,4],Li De-jie[1,2,3,4]

(1. CCCC Second Harbor Engineering Co. ,Ltd. ,Wuhan Hubei 430040,China;2. Key Laboratory of Large-span Bridge Construction Technology of Ministry of Communications,Wuhan Hubei 430040, China;3. Research and Development Center of Transport Industry of Intelligent Manufacturing Technologies of Transport Infrastructure, Wuhan Hubei 430040,China;4. CCCC Highway Bridge National Engineering Research Centre Co. ,Ltd. ,Beijing 100120,China)

Abstract During the sinking of the super-large underwater caisson,there are a series of problems such as difficulty in sinking, tilting, and sudden sinking of sand turning. In order to realize the controllable and efficient sinking of the caisson,accurate calculation of sinking resistance is the key. However,the values of the ultimate lateral friction resistance of the soil layer and the ultimate bearing capacity of the foundation often rely on experience and lack theoretical support. This paper uses the finite element limit analysis method and theoretical formula to calculate the ultimate bearing capacity and the ultimate side friction resistance of the caisson

作者简介:李嘉成(1994—),男,工程师,研究方向为桥梁基础工程。

foundation and compares the results with the CPTU static cone penetration test results. The results show that the ultimate bearing capacity of the foundation calculated by the finite element limit analysis method and the theoretically calculated ultimate lateral friction resistance are basically consistent with the calculated value of the static cone penetration test, which preliminarily verifies the rationality of the calculation method and provides a basis for determining the sinking resistance of the caisson Theory support. During the sinking of the super-large underwater caisson, there are a series of problems such as difficult settlement, tilting, and sudden sinking of sand turning. In order to realize the controllable and efficient sinking of the caisson, accurate calculation of the sinking resistance is the key, but the limit side friction resistance of the soil layer and the foundation The value of ultimate bearing capacity often depends on experience and lacks theoretical support. In this paper, limit analysis finite element and theoretical formula are used to calculate the ultimate bearing capacity and ultimate lateral friction resistance of the caisson foundation respectively, and compare the results with CPTU static cone penetration test results. The results show that the ultimate bearing capacity and ultimate side friction of the soil at the foot of the blade calculated by finite element and theoretical calculations are basically consistent with the calculated values of the static cone penetration test, which preliminarily verifies the rationality of the calculation results, and provides for the determination of the sinking resistance of the caisson.

Keywords Subaqueous open caisson; seabed static cone penetration; foundation bearing capacity; side friction resistance.

1 引言

沉井具有端承面积大、整体刚度大、埋深大,因此其具有水平和竖向承载力大、防撞性能好、抗震性能强等诸多优点[1-2],被广泛应用在港口、桥梁、矿山及水利水电工程中。随着我国桥梁建设向宽阔水域、外海发展,一座座跨江跨海特大型桥梁应运而生,超大型沉井基础逐渐成为桥墩基础的主要形式之一[3-7]。然而,特大型沉井基础面临着更大的水深以及更复杂的地质条件,下沉期间存在难沉、倾斜、翻砂突沉等一系列问题。因此,为实现沉井可控下沉,准确确定下沉阻力至关重要。但是,对于土层的侧摩阻力和地基承载力的取值,地质勘察报告资料一般仅给出其标准值,而且标准值与极限值之间无换算关系,因此确定故土层侧摩阻力和地基承载力极限值的确定往往依赖于经验,缺乏理论支撑。

本文依托常泰长江大桥5号墩沉井基础,利用极限分析有限元极限分析方法和理论公式分别对地基沉井地基极限承载力、极限侧摩阻力进行计算,同时,采用与CPTU静力触探试验实测值进行比较分析、与有限元和理论计算结果进行分析比较,以期获取与工程实际更为接近的地基极限承载力和极限侧摩阻力,从而实现沉井精准、可控下沉。

2 工程概况

常泰过江通道位于泰州大桥与江阴大桥之间,距离泰州大桥约28.5km,距离江阴大桥约30.2km,主航道桥采用双层斜拉桥,主塔为沉井基础[8]。其中,5号墩沉井基础平面呈圆端形,立面为台阶形,其底面尺寸(横桥向×纵桥向)为95.0m×57.8m,顶面尺寸(横桥向×纵桥向)为77.0m×39.8m,总高为72.0m;该沉井为钢壳混凝土结构,井壁厚2.0m,隔墙厚度为1.4m,5号墩沉井基础如图1所示。沉井定位坐床后采用海床式静力触探系统(PeneVector-IIIA)在现场进行原位试验,试验计划在9个孔位进行静探试验,由于设备原因仅完成1号、2号、4号、8号等4个孔位试验,5号墩沉井结构及静力触探孔位见图1。

3 沉井下沉阻力的研究

目前,超大型沉井下沉计算中土层参数取值依赖于地质勘察报告资料,但是地质勘察报告资料中地基承载力和侧摩阻力建议值通常偏于保守,故沉井往往需要较大的下沉系数才能启动下沉。为了精准指导沉井下沉,制定高效合理的取土下沉指令,关键在于获取与工程实际更为接近的端阻力和侧摩阻力。

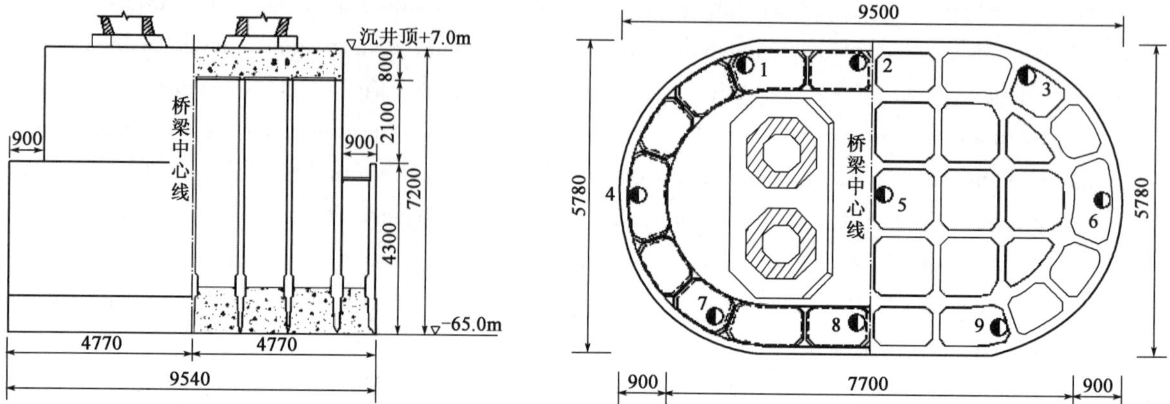

a)立面图 b)俯视图

图1 5号墩沉井结构及静力触探孔位(尺寸单位:mm)

3.1 计算参数

常泰长江大桥5号墩沉井下沉深度范围内(高程 −75.0m 以上)主要为砂层,其中有四层粉质黏土层,各土层物理力学参数根据地质勘察报告选取,如表1所示。

5号墩沉井土层物理力学指标 表1

层号	岩土名称	重度 γ	压缩模量 E_s (MPa)	黏聚力 c (kPa)	内摩擦角 φ (°)	地质勘察建议值	
						地基承载力(kPa)	侧摩阻力(kPa)
①3	松散粉砂	19.13	3.80	16.7	14.0	100	20
②1	硬塑粉质黏土	19.50	6.63	32.9	19.4	260	45
②3	中密粉砂	20.19	10.19	5.6	31.4	120	22
②1-1	软塑粉质黏土	18.52	5.93	26.3	19.1	120	30
②3、②4	中密细砂	19.80	9.66	6.0	34.0	200	22
②1-1	软塑粉质黏土	18.52	5.93	26.3	19.1	120	30
②3	中密粉砂	20.19	10.19	5.6	31.4	120	22
②4	密实细砂	19.40	9.16	4.0	36.0	250	23
②1-1	软塑粉质黏土	18.52	5.93	26.3	19.1	120	30
②5	密实中粗砂	20.58	10.52	4.7	37.7	450	24
②6、②7	密实粗砂	21.27	13.35	4.0	38.0	550	25

3.2 端阻力下沉阻力计算

沉井端阻力的计算可归结为刃脚处土体极限承载力的问题[9]。针对刃脚处土体的极限承载力,国内外许多学者进行理论研究,主要分为滑移线法、极限分析法、极限平衡法和有限元分析法[10]。其中,滑移线法和极限分析法推导过程复杂,不易于工程设计人员掌握;极限平衡法相对简单,许多参数以图表的形式给出,便于在工程中推广使用,但是该方法把刃脚简化为条基,未能考虑刃脚楔形体对地基极限承载力的影响;另外,一些学者利用有限元软件对刃脚处地基承载力进行计算,但是有限元计算中地基破坏没有定量的判断标准。近年来,有限元极限分析方法应运而生,它能通过降低土体强度或者增加荷载直接计算得到岩土工程的滑动面,进而判断地基、边坡及隧道的稳定性[11]。

鉴于此,本文采用有限元极限分析方法计算刃脚处土体的极限承载力。首先,建立二维极限分析有限元计算模型,土体采用 M-C 本构模型,其物理力学参数见表1;沉井刃脚弹性模量为 30GPa,泊松比 0.25;刃脚采用局部模型,其宽度为 $B=2$m,高度为 $2.5B=5$m,刃脚切削角度为 45°;土体水平方向向刃脚外每边延伸长度为 20m,深度方向为 20m,其左右两侧约束水平方向位移,土体底部约束水平及竖向位移,沉壁两侧约束水平位移;模型中利用在沉井外侧施加均布荷载等效为外侧覆土来考虑覆土深度。模型中通过在刃脚顶部施加荷载,该荷载从初始值逐渐增加到土体达到极限破坏,土体极限破坏时对应的荷载即为极限荷载,计算模型及网格划分如图 2 所示。图 3 为刃脚处地基土体破坏时塑性区云图,由图可知刃脚倾斜面侧土体出现整体滑移即发生整体剪切破坏,其剪切破坏面是从刃脚踏面处开始一直延伸至土体顶部,利用该方法依次计算各土层地基极限承载力。

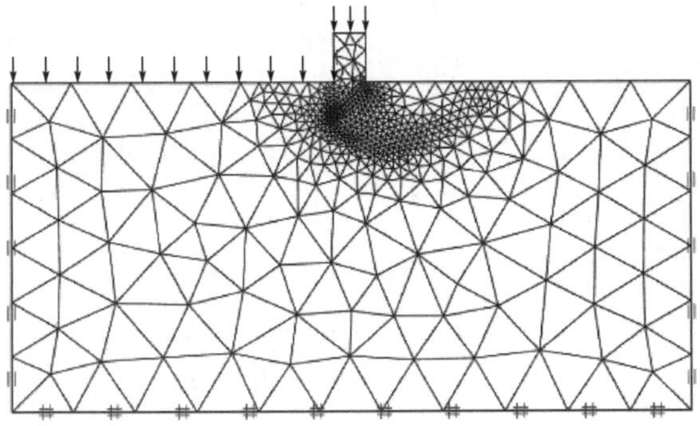

图 2　计算模型及网格划分

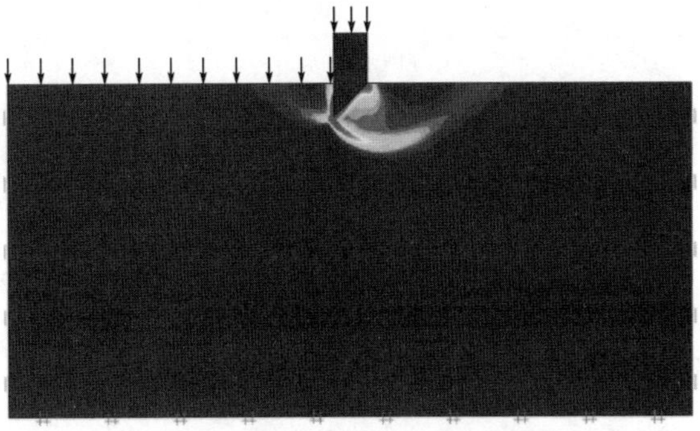

图 3　刃脚处地基土体破坏时塑性区云图

随着沉井下沉深度的增加侧壁摩阻力的占比越来越大,因此侧阻也是下沉阻力的重要组成部分。迈耶霍夫(1976 年)[12]认为土体与打入桩之间极限侧摩阻力由有效应力强度参数控制,由式(1)表示:

$$f_s = c + k\sigma_V \tan\varphi \tag{1}$$

式中:c——土体黏聚力;

k——土体的侧压力系数,取 $k = 1 - \sin\varphi$;

σ_V——桩埋深范围内的平均竖向应力;

φ——土体内摩擦角。

沉井下沉过程与打入桩相似,故参考打入桩极限侧摩阻力计算公式计算各土层侧摩阻力。

4　静力触探数据分析

双桥静力触探试验可获取锥尖阻力 q_c、侧摩阻力 q_s,对 4 个孔中各土层的锥尖阻力和侧摩阻力求取平均值(表 2),然后根据相关规程中总结的经验公式可对各土层的地基极限承载力和极限侧摩阻力进行推算。

针对极限承载力,可参考《铁路工程地质原位测试规程》(TB 10018—2018)[13]给出的天然地基极限承载力(P_u)计算公式,各土层极限承载力经验公式见表 2。

天然地基极限承载力(P_u)算式　　表 2

土　性	P_u(kPa)	适用范围值
软塑粉质黏土	$P_u = 0.94P_s^{0.8} + 8$	P_s值域 700 ~ 3000kPa
中密粉砂	$P_u = 3.89P_s^{0.58} - 65$	P_s值域 1500 ~ 24000kPa
密实细砂		P_s值域 1500 ~ 24000kPa
密实中砂	$P_u = 3.6P_s^{0.6} + 80$	P_s值域 800 ~ 24000kPa
密实粗砂		

注:P_s为单桥探头贯入阻力比(kPa);单桥探头贯入阻力比与双桥静力触探锥尖阻力换算关系为 $P_s = 1.1q_c$。

对于极限侧摩阻力,双桥静力触探对土层侧摩阻力进行了测试,但是真实极限侧摩阻力的取值并不能直接采用测试的侧阻力结果。其原因是静力触探探头贯入过程中产生超孔隙水压力且超孔隙水压力分布不均,摩擦筒底部的超孔隙水压力大于摩擦筒顶部的超孔隙水压力,从而超孔隙水压力和摩擦筒侧壁土体一起阻止探头贯入,故双桥探头测试的侧摩阻力大于真实侧摩阻力[14-15]。文献[16]针对侧阻真实值与侧阻实测值进行了试验研究,并提出侧阻真实值约为侧阻实测值 37.8%。本文采用该比值对侧阻实测值进行修正。将锥尖阻力 $\bar{q}_c$、侧摩阻力 $\bar{q}_s$ 代入公式,分别计算出各土层的地基极限承载力和极限侧阻力推算值计算结果,如表 3 所示。

理论计算与静力触探试验推算结果 表 3

地层编号	地层名称	静力触探平均值		数值及理论计算值		静力触探试验推算值	
		锥尖阻力 $\bar{q}_c$（MPa）	侧摩阻力 $\bar{q}_s$（kPa）	地基极限承载力（kPa）	侧摩阻力（kPa）	地基极限承载力（kPa）	侧摩阻力（kPa）
②3	中密粉砂	6.92	55.5	550	24	629	21
②1-1	软塑粉质黏土	2.69	66.1	518	20	570	25
②3、②4	中密粉砂	8.15	111.1	601	48	698	42
②1-1	软塑粉质黏土	2.82	68.8	527	31	592	26
②3	中密粉砂	10.36	208.9	698	69	812	79
②4	密实细砂	13.93	251.3	876	97	976	95
②1-1	软塑粉质黏土	2.98	142.9	615	58	618	54
②5	密实中砂	17.62	394.3	1235	123	1402	149
②6、②7	密实粗砂	21.12	452.4	1362	150	1476	171

5 结果对比分析

为了验证结果的合理性，将理论计算结果与静力触探试验推算值进行比较分析。有限元及理论计算值与静力触探值的对比如表 2 所示。由表可知，理论计算结果与静力触探试验推算结果两者基本吻合。静力触探试验推算地基极限承载力与计算的地基极限承载力相对偏差均在 15% 范围内，静力触探试验推算侧阻力与计算侧阻力相对偏差在 20% 范围内，计算误差满足工程需求，表明计算结果的合理性。但是，静力触探的地基极限承载力基本大于理论计算值，因为刃脚楔形体有一定的切削角度便于沉井切土下沉，且由极限分析计算结果可知刃脚处土体破坏时仅斜面侧土体发生整体剪切破坏，而条形基础在其左右两侧均发生整体剪切破坏，抗力相对较大，故静力触探试验参数套用条形基础的极限承载力经验公式的计算值偏大。

6 结语

（1）利用有限元极限分析方法计算地基极限承载力和理论计算的极限侧摩阻力与静力触探试验推算值比较接近，初步验证了地基极限承载力和极限侧摩阻力计算方法的合理性，为沉井下沉阻力计算提供思路。

（2）极限破坏时，沉井刃脚仅在斜面侧产生贯通滑动面，而条形基础在其左右两侧均产生贯通滑动面，故静力触探试验套用条形基础的极限承载力经验公式计算值比有限元极限分析方法计算值偏大。

（3）本文为沉井下沉阻力计算提供了一定的依据，但是实际施工过程中地质情况复杂，需在沉井下沉过程中加强对土层参数的反演计算，同时根据反演结果及时调整开挖下沉工艺。

参考文献

[1] 张凤祥，傅德明，张冠军. 沉井与沉箱[M]. 北京：中国铁道出版社，2002.

[2] 董晓朋. 超深大沉井施工期间结构内力试验研究[D]. 成都：西南交通大学，2018.

[3] 高纪兵. 泰州长江公路大桥中塔深水大型沉井基础施工技术[D]. 重庆：重庆交通大学，2010.

[4] 邱琼海. 铜陵公铁两用长江大桥深水特大型沉井基础施工技术[J]. 铁道标准设计，2013（4）：51-55.

[5] 李陆平，朱斌，罗瑞华. 武汉杨泗港长江大桥主塔沉井硬塑黏土中下沉技术[J]. 桥梁建设，2018，48（4）：1-5.

[6] 蒋炳楠. 沪通大桥超深大沉井下沉阻力及突沉现场监测研究[D]. 成都：西南交通大学，2016.

[7] 陈光福,王海平. 超型深水沉井施工技术[J]. 中国港湾建设,2007(6):47-51.
[8] 秦顺全,徐伟,陆勤丰,等. 常泰长江大桥主航道桥总体设计与方案构思[J]. 桥梁建设,2020,50(3):1-10.
[9] 赵东梁,沈立龙,李嘉成. 水中巨型台阶形沉井取土下沉计算分析[J]. 中国港湾建设,2020,40(10):45-50.
[10] 闫富有,时刚. 沉井下沉过程刃脚的极限土阻力分析[J]. 岩土力学,2013,34(S1):80-87.
[11] 郑颖人,赵尚毅,孔位学. 极限分析有限元法讲座—Ⅰ岩土工程极限分析有限元法[J]. 岩土力学,2005(1):163-168.
[12] 钱家欢,殷宗泽. 土工原理与计算[M]. 北京:中国水利水电出版社,1996.
[13] 国家铁路局. 铁路工程地质原位测试规程:TB 10018—2018[S]. 北京:中国铁道出版社,2018.
[14] 袁聚云,徐超, 赵春风. 土工试验与原位测试[M]. 上海:同济大学出版社,2004.
[15] 安岚. 孔压静探贯入过程引起的超孔隙水压力变化[J]. 岩土工程界,2006(8):32-35.
[16] 邹锡兴,韩云峰,邵长云,等. 软土层中静力触探侧壁摩阻力探讨[J]. 岩土工程界,2008(7):67-69.

水中巨型台阶型沉井取土下沉计算分析

赵东梁[1,2,3,4],沈立龙[1,2,3,4],李嘉成[1,2,3,4]

(1. 中交第二航务工程局有限公司,湖北武汉 430040;
2. 长大桥梁建设施工技术交通行业重点实验室,湖北武汉 430040;
3. 交通运输行业交通基础设施智能制造技术研发中心,湖北武汉 430040;
4. 中交公路长大桥建设国家工程研究中心有限公司,北京 100120)

摘 要 沉井下沉持续周期长、工况动态变化、影响因素复杂,本文依托常泰长江大桥中塔5号墩沉井施工,分析5号墩沉井的地质条件和冲刷状态,结合以往工程经验,确定5号墩沉井终沉阶段侧摩阻力和施工过程中端阻力的开挖下沉控制深度,并计算得到沉井取土下沉过程中不同阶段的控制高程和沙质土、黏质土的开挖取土范围。针对沉井基础下沉过程中存在下沉困难的问题,制定高压旋喷预搅松、开启空气幕的助沉措施。通过本文研究,以指导现场实际施工过程,并为类似工程提供参考。

关键词 水中沉井;侧摩阻力;下沉;取土范围;助沉

Analysis of Soil Digging and Sinking for the Super-large Stepped and Subaqueous Open Caisson

ZHAO Dong-liang[1,2,3,4], SHEN Li-long[1,2,3,4], LI Jia-cheng[1,2,3,4]

(1. CCCC Second Harbor Engineering CO., LTD., Wuhan Hubei 430040, China; 2. Key Laboratory of Large-span Bridge Construction Technology, Ministry of Communications, PRC., Wuhan Hubei 430040, China; 3. Research and Development Center of Transport Industry of Intelligent Manufacturing Technologies of Transport Infrastructure, Wuhan Hubei 430040, China; 4. CCCC Highway Bridge National Engineering Research Centre Co. Ltd., Beijing 100120, China)

Abstract The construction period of open caissons is long with the dynamic changes of working conditions, and the influencing factors are complex. The paper relies on the 5# open caisson of the Changtai Yangtze River Bridge, analyzed the geological conditions and scouring status. Combined with the past engineering experience to determine the ending resistance force of shaft resistance and the sinking control depth of tip resistance in construction, and calculated the control elevations and the digging range of sand and clay layers in the process of sinking. For the problem of sinking difficulty, take the measures of high-pressure rotary jet pre-slackening and air curtain to assist sinking. The study which guides the actual construction process on site, and provides references for similar projects.

作者简介:赵东梁(1986—),男,河南开封人,硕士,工程师,主要研究方向为港口码头及桥梁工程。

Keywords Subaqueous open caissons; shaft resistance; sinking; digging range; assist sinking.

1 引言

沉井基础因具有承载能力大、刚度大、协调不均匀沉降的能力强、防撞性能好、抗震性能好、适用土质广泛等诸多优点[1-3]，被广泛应用在港口、桥梁、矿山及水利水电工程中[4]。随着我国桥梁建设向宽阔水域、外海发展，一座座跨江跨海特大型桥梁应运而生，沉井基础逐渐成为桥墩基础的主要形式之一[5]。到目前为止，国内外已建和在建的跨度超过1000m的桥梁中，桥墩基础采用沉井基础的案例不断增加，泰州长江大桥中塔基础[6]、铜陵长江大桥3号墩基础、杨泗港长江大桥2号墩基础、沪通长江大桥29号墩基础[7]以及2019年底下沉到位的瓯江北口大桥中塔基础[8]均采用沉井基础。

沉井下沉持续周期长、工况动态变化、影响因素复杂，为指导沉井下沉全过程合理施工，对沉井刃脚及隔墙处不同开挖状态下地基承载力、侧摩阻力，浇筑夹壁混凝土下沉量及各阶段下沉状态等进行计算分析，以期为沉井接高方案制定、各阶段井内取土范围提供理论指导。本文以常泰长江大桥为背景，针对其中塔5号墩沉井基础的地质条件和冲刷状态，计算分析沉井取土下沉过程中不同阶段的状态，并针对沉井基础下沉过程中普遍存在下沉困难的问题[9]，制定对应助沉措施，以指导现场实际施工过程，并为类似工程提供参考。

2 工程概况

常泰长江大桥主塔采用沉井基础，主桥5号墩沉井基础平面呈圆端形，立面为首次采用台阶形，沉井底面尺寸95.0m×57.8m，圆端半径28.9m；沉井顶面尺寸77.0m×39.8m，圆端半径19.9m；台阶宽度9.0m。沉井顶高程+7.0m，底高程-65.0m，台阶顶高程-22.0m，沉井总高72.0m，基础持力层为密实中粗砂；沉井为填充混凝土的钢壳结构，钢沉井顶高程-1.0m，底高程-65.0m，高64.0m。沉井外井壁厚1.8m，内井壁厚2.0m，隔墙厚度为1.4m。主桥5号墩沉井基础结构如图1所示。

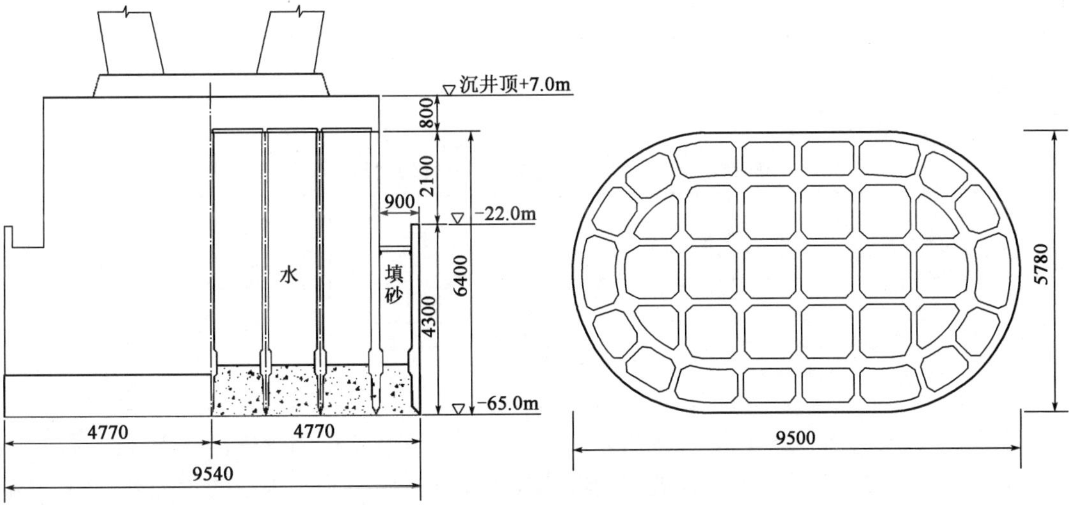

图1 主桥5号墩沉井基础结构图(尺寸单位:mm)

3 下沉计算参数

3.1 地质参数

沉井在施工期间能否安全平稳下沉，下沉阻力是关键[3]，地质土层特性参数在沉井下沉计算过程中是决定端阻力和侧阻力大小的主要因素。5号墩沉井位于主航道区北侧，高程-13.46～-15.01m，覆盖层厚度大于180m。河床表层为Q4松散状粉砂，层厚不均，厚1.6～4.8m，工程性质差。其下分布Q3时代的②大层，整体层厚55～60m，依次为厚0.5～7.6m的软塑～硬塑状粉质黏土，稍密至中密状的粉砂夹层；高程 -35 ~ -50m 间为连续均匀分布的粉细砂层，以中密状态为主；-50 ~ -75m 之间主要分布为密实状的②5 中砂、②6 粗砂，有薄层状②7 砾砂和②1-1 软塑状粉质黏土，其中②5 中砂和②6 粗砂呈层状连续分布，厚度较大，工程性能相对较好。5 号墩沉井土层物理力学指标见表 1。

5 号墩沉井土层物理力学指标 表 1

层号	岩土名称	重度 γ (kN/m^3)	压缩模量 E_s (MPa)	黏聚力 c (kPa)	内摩擦角 φ (°)	地基承载力 (kPa)	摩阻力 (kPa)
①3	松散粉砂	19	3.8	16.7	14	100	20
②1	硬塑粉质黏土	19.502	6.63	32.9	19.4	260	45
②3	中密粉砂	20.188	10.19	5.6	31.4	120	22
②1-1	软塑粉质黏土	18.522	5.93	26.3	19.1	120	30
②3、②4	中密细砂	19.796	9.66	6	34	200	22
②1-1	软塑粉质黏土	18.522	5.93	26.3	19.1	120	30
②3	中密粉砂	20.188	10.19	5.6	31.4	120	22
②4	密实细砂	19.404	9.16	4	36	250	23
②1-1	软塑粉质黏土	18.522	5.93	26.3	19.1	120	30
②5	密实中粗砂	20.58	10.52	4.7	37.7	450	24
②6、②7	密实粗砂	21.266	13.35	4	38	550	25

3.2 侧壁摩阻力

侧壁摩阻力（简称"侧阻力"）是影响沉井下沉的重要因素，其大小和土体与井壁间的摩擦系数密切相关。目前，沉井侧壁土压力计算仍主要基于经典朗肯和库仑土压力理论[10]，计算值与实测值存在较大差距。常泰长江大桥 5 号沉井地基承载力侧阻为理论计算方法主要有 α 方法、β 方法，α 方法适用于黏土中不排水条件下摩阻力计算，β 方法基于有效应力的分析方法，主要适合砂土的侧阻力计算[11]。为验证侧阻计算理论的合理性，将侧摩阻力理论计算值与瓯江北口大桥沉井和五峰山长江大桥沉井工程实测反演值进行对比，对比结果见表 2。由表 2 可知，理论计算值与工程实测反演值结果相近，证明侧阻力理论计算方法的适用性。

侧阻力理论计算值与工程实测反演值对比结果 表 2

项目	土层名称	侧摩阻力			
		地质勘察基本容许值	α 方法	β 方法	反演极限值
瓯江北口沉井	黏土	20	81	—	87
	黏土夹粉砂	25	143	—	165
五峰山沉井	粉砂	25	—	122	121.8

经五峰山长江大桥沉井侧阻反演及数值验证，井壁底部刃脚外侧一定范围存在压力松弛区，这与蒋炳楠等提出的离刃脚较近处受压力松弛效应的影响较大[3]的观点一致。考虑应力松弛，井壁底部范围内侧阻值为理论计算值的 0.6 ~ 0.64。参考泰州大桥、五峰山大桥等工程沉井极限摩阻力反演及经验值，推荐常泰长江大桥 5 号墩沉井终沉阶段侧阻力如表 3 所示。

侧阻力推荐值 表 3

岩土名称	α 方法计算侧阻力值(kPa)	β 方法计算侧阻力值(kPa)	推荐侧阻力值(kPa)
松散粉砂	—	10	10
硬塑粉质黏土	94	—	94
中密粉砂	—	29	29
软塑粉质黏土	50	—	50

续上表

岩土名称	α 方法计算侧阻力值(kPa)	β 方法计算侧阻力值(kPa)	推荐侧阻力值(kPa)
中密细砂	—	48	48
软塑粉质黏土	50	—	50
中密粉砂	—	69	69
密实细砂	—	97	97
软塑粉质黏土	70	—	70
密实中粗砂	—	123	86
密实粗砂	—	150	105

3.3 端阻力

沉井端阻力的计算归结为刃脚及隔墙处土体极限破坏问题。在沉井取土下沉时,通常沿刃脚及隔墙对井孔进行超挖取土,使刃脚及隔墙下方支撑土体形成一定台阶,以削弱极限地基承载力。通过分析开挖深度对地基承载力的影响,确定取土控制参数。埋深 1.5m 示意图如图 2 所示。

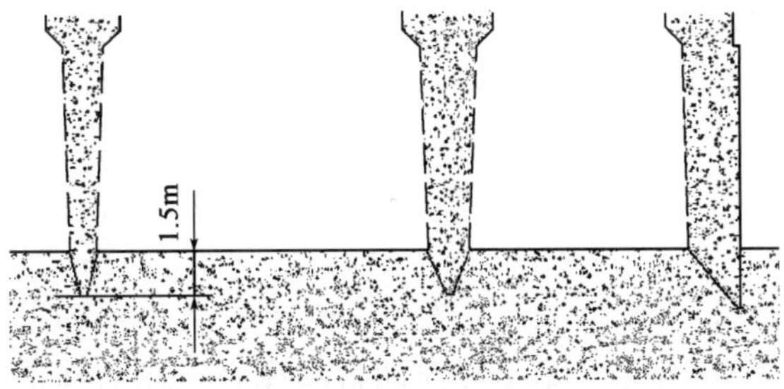

图 2　埋深 1.5m 示意图

针对井孔不同开挖深度下平均极限地基承载力,建立二维沉井平均极限地基承载力摩尔—库仑本构模型。模型通过在沉井顶面施加荷载,当沉井下沉量随着顶部施加力的增加达到破坏时,该点所施加的力除以支撑面积即为刃脚及隔墙的平均极限地基承载力。依次计算不同土层埋深 1.5m、1m、0m 和超挖 1m、2m、3m 的极限地基承载力,得到沉井各土层平均极限地基承载力随开挖深度的变化规律,如图 3 所示。由图 3 可知,极限地基承载力随土体开挖深度的增加逐渐减小,其中埋深 0m 到超挖 1m 区间极限地基承载力变化最显著,但当超挖 1m 后继续超挖取土对极限地基承载力影响相对较小。因此,为保证沉井安全可控下沉,同时满足设计对超挖深度不超过刃脚底 2m 的要求,选取埋深 0m、超挖 1m 作为开挖下沉控制深度。

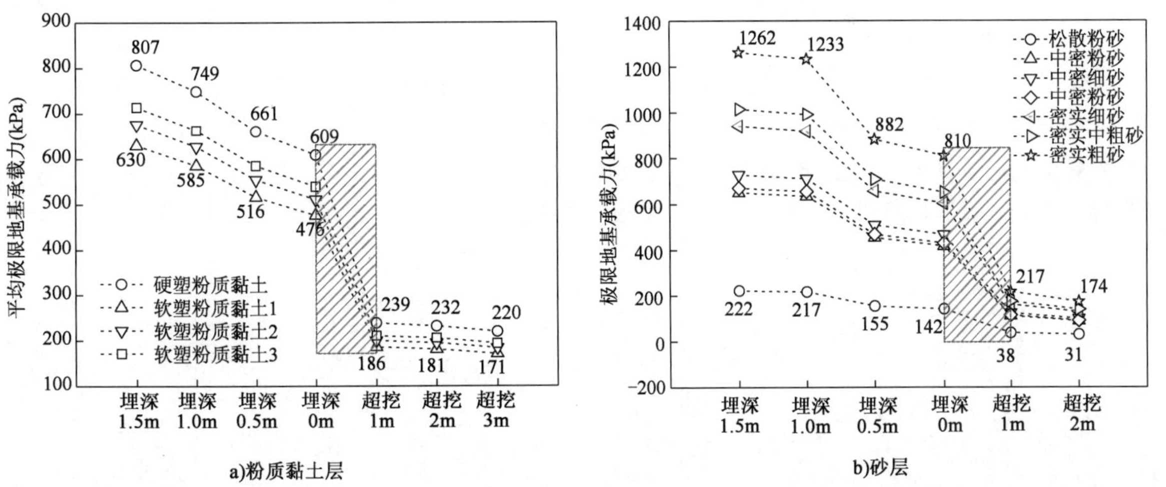

图 3　平均极限地基承载力随开挖深度的变化规律

3.4 冲刷状态

根据冲刷试验研究报告，在2m/s流速作用下，最大冲刷位置发生在开挖基坑的边坡上，对沉井影响不大；在沉井两侧，沉井周边最大冲深10m。在1m/s流速作用下，最大冲刷位置发生开挖基坑范围外，沉井周边基本无冲刷。结合桥位处每月流速大小和施工计划，沉井注水着床和五次取土下沉对应的冲深底高程分别为-27m、-31.3m、-34.1m、-36.2m、-36.2m、-36.2m。

4 计算结果分析

4.1 下沉计算结果

沉井着床前河床开挖至-26.2m高程，采用对应极限地基承载力及推荐侧阻力，对沉井下沉状态进行计算，计算结果如图4所示。根据施工工序和施工进度安排，第一次、第二次、第三次、第四次取土下沉的计划下沉高程分别为32m、-40m、-45m、-53m。图4的计算结果显示，埋深0m状态下计算得到的第一、二次取土下沉高程低于相应计划下沉高程，满足施工要求；第三次取土下沉高程与相应计划下沉高程相当，第四次取土下沉高程略高于相应计划下沉高程，不满足施工要求。超挖1m状态下计算得到的第一、二、三、四次取土下沉高程均低于相应计划下沉高程，满足施工要求。因此，在实际施工过程中，沉井刃脚取土状态介于埋深0m和超挖1m时可以满足计算下沉高程要求。

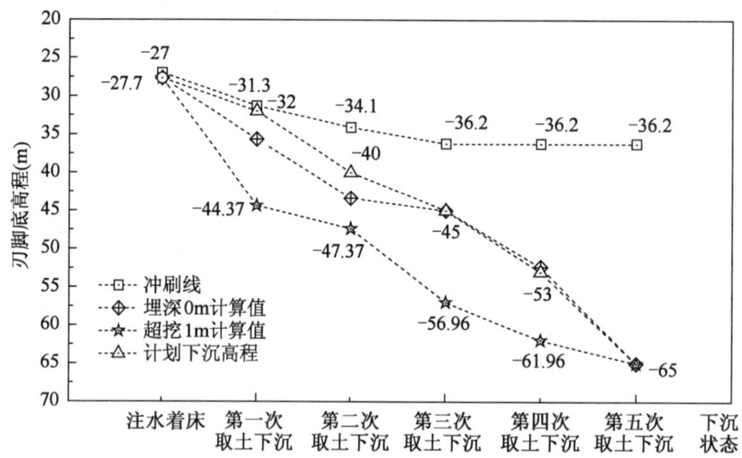

图4 典型工况沉井下沉状态

从计算结果可知，沉井下沉过中，通过取土超挖施工工艺，在不同工况下可以将沉井刃脚底高程控制在冲刷线、埋深0m计算曲线以下和超挖1m计算曲线以上的合理范围内。在既定的下沉工序安排下，沉井能稳定地下沉至设计高程。

4.2 下沉状态分析

沉井下沉深度范围内土层主要为砂层，下沉过程中穿过砂层间夹杂的连续性粉质黏土层，沉井终沉位置土层为密实粗砂层。通过理论分析和数值计算，在开挖点距离井壁0.6m、超挖深度小于或等于1m的条件下满足粉质黏土下沉要求，对应开挖范围如图5所示。开挖点距离井壁0.6m，超挖深度小于或等于1m，满足砂层下沉条件，开挖范围如图6所示，采取此开挖状态可实现终沉。

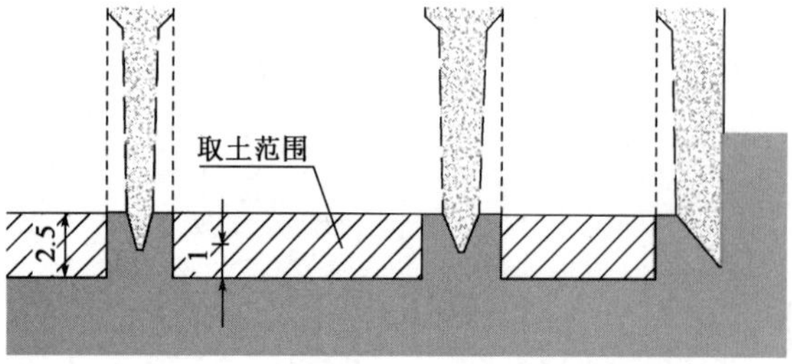

图5 粉质黏土层超挖1m示意图（尺寸单位：m）

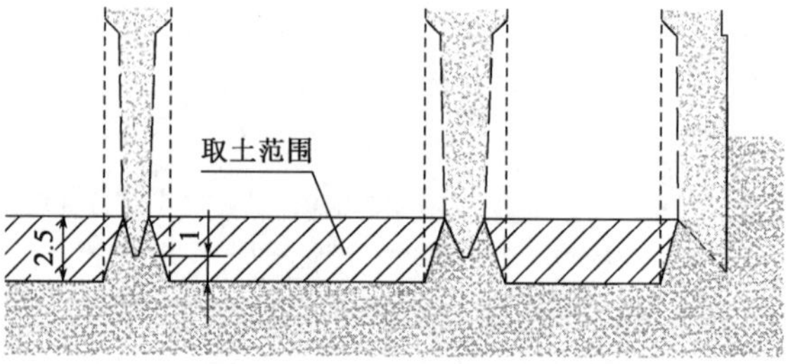

图6 砂层超挖1m示意图（尺寸单位：m）

4.3 助沉措施分析

1) 高压旋喷预处理

针对软塑黏土层取土困难,采取高压旋喷预搅松处理,可降低沉井下沉端阻力。针对第一、二层软塑黏土层,在十字井壁节点、内井壁位置进行高压旋喷预搅松处理施工,预处理 28 个孔位,处理面积 $198m^2$,处理后沉井端阻力降低 14%。在第三次浇筑完成后、第二次现场接高前,沉井稳定在 -40m 高程,此时,针对第三层软塑黏土层,在十字井壁节点、内井壁等位置,进行高压旋喷预搅松处理施工,处理面积 $410m^2$,处理后沉井端阻力降低 29%。第二阶段高压旋喷预处理孔位见图 7。

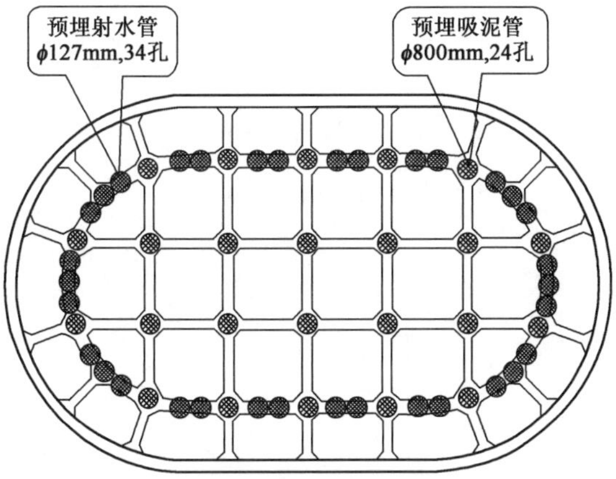

图 7 第二阶段高压旋喷预处理孔位

2)空气幕助沉时机分析

随着沉井入土深度的增加,侧阻力占比逐渐增加。沉井下沉前期,侧阻力占比相对较小,仅为 21% ~28%,采用减小侧阻力下沉效果有限,此时沉井下沉策略为削弱端阻、超挖取土;沉井下沉中期,侧阻力占比 40%,仍以端阻力为主,此时下沉策略为超挖取土削弱端阻力;沉井下沉后期,侧阻力占比近 71%,以侧阻力为主,结合五峰山沉井下沉经验,砂层开启空气幕可减阻 20%,且开启空气幕相对于超挖取土操作方便、快捷易控,因此后期下沉策略为超挖取土,同时开启空气幕助沉。

5 结语

(1)采用侧阻力理论计算侧阻力,同时参考泰州大桥、五峰山大桥等沉井极限摩阻力反演值,给出常泰 5 号墩沉井侧阻力。

(2)在埋深 0m 到超挖 1m 区间极限,地基承载力变化最显著,为保证沉井安全可控下沉,选取埋深 0m、超挖 1m 之间作为开挖下沉控制深度。

(3)紧靠剪力键井孔内垂直取土,控制超挖深度在 1m 以内,沉井能稳定下沉至设计高程。

(4)高压旋喷预搅松能有效降低端阻力,第一次高压旋喷处理总端阻力降低 14%,第二次高压旋喷处理总端阻力降低 29%;沉井前期下沉策略为削弱端阻力,超挖取土;后期下沉策略为超挖取土,同时开启空气幕助沉。

参 考 文 献

[1] 张凤祥,傅德明,张冠军. 沉井与沉箱[M]. 北京:中国铁道出版社,2002.

[2] 段良策,殷奇. 沉井设计与施工[M]. 上海:同济大学出版社,2006.

[3] 蒋炳楠,马建林,褚晶磊,等. 水中超深大沉井施工期间侧压力现场监测研究[J]. 岩土力学,2019,40(4):1551-1560.

[4] 朱小军,王先勇,李文帅,等.根式沉井抗压承载特性的试验与数值模拟研究[J].中国港湾建设,2017,37(11):40-45.

[5] 卢中一,高正荣.大型沉井基础的防冲护底试验研究[J].中国港湾建设,2012,3(180):29-33.

[6] 高纪兵.泰州长江公路大桥中塔深水大型沉井基础施工技术[D].重庆:重庆交通大学,2010.

[7] 李军堂.沪通长江大桥主航道桥沉井施工关键技术[J].桥梁建设,2015,45(6):12-17.

[8] 别业山,舒思利,万田保.温州瓯江北口大桥中塔沉井基础设计[J].桥梁建设,2019,49(3):75-79.

[9] 马远刚,刘彦峰,黄锐.深厚淤泥层大型沉井突沉机制及预警指标研究[J].桥梁建设,2019,49(S1):33-38.

[10] 朱劲松,孟庆领,祁海东,等.大型沉井基础侧壁摩阻力分布特性[J].东南大学学报,2019,49(6):1136-1143.

[11] 钱家欢,殷宗泽.土工原理与计算[M].北京:中国水利水电出版社,1996.

基于大涡模拟的圆端形沉井下沉过程水力特性研究

肖苡辀[1,2,3],吴启和[1,2,3],高宁波[1,2,3]

(1. 中交第二航务工程局有限公司,湖北武汉 430040;
2. 长大桥梁建设施工技术交通行业重点实验室,湖北武汉 430040;
3. 交通运输行业交通基础设施智能制造技术研发中心,湖北武汉 430040)

摘 要 圆端形沉井基础在深水基础中应用前景较好,但对其水动力特性的研究较少。本文依托常泰长江大桥5号墩沉井基础设计,基于大涡模拟(LES)方法对沉井下沉过程中流场进行了三维数值模拟。计算结果表明:沉井侧壁阻力系数与试验结果吻合度较好;基于时均流场分析了沉井周围速度场分布,发现沉井吃水深度的增加会导致沉井横向两侧流速增大,背水侧流速减小;基于瞬态流场对沉井尾涡的形态进行了捕捉与分析。本文研究结果为沉井基础下沉施工方法的选择提供参考数据,降低研发周期和成本,具有工程实用价值。

关键词 数值模拟;沉井;水力特性;相干结构

Numerical Investigation of Hydrodynamic Characteristics of the Round-ended Caisson in Sinking Process Based on Iarge Eddy Simulation

XIAO Yi-zhou[1,2,3],WU Qi-he[1,2,3],GAO Ning-bo[1,2,3]

(1. CCCC Second Harbour Engineering CO.,LTD.,Wuhan Hubei 430040,China;
2. Key Laboratory of Large-span Bridge Construction Technology,Wuhan Hubei 430040,China;
3. Research and Development Center of Transport Industry of Intelligent Manufacturing Technologies of Transport Infrastructure,Wuhan Hubei 430040,China)

Abstract The round-ended caisson foundation in deep water has a promising application prospect,but there are few researches on its hydrodynamic characteristics. Based on the foundation design of No. 5 caisson of Changtai Changjiang Bridge,this paper conducts a three-dimensional numerical simulations of the flow field around the caisson in the sinking process,using the large eddy simulation method. The calculated resistance coefficient of caisson is in good agreement with the experimental results. Based on the characteristics of the time-averaged flow field,the increase of the draught depth of a caisson leads to the increase of the lateral velocity on

作者简介:肖苡辀(1991—),女,湖南湘潭,博士,工程师,主要研究水利工程。

both sides of the caisson, and the decrease of the backflow velocity. The vortex structures are captured and analyzed based on the transient flow field. The research results of this paper provides reference data for the selection of the method for caisson foundation sinking construction, reduces the development cycle and cost, and has engineering practical value.

Keywords Numerical simulation; caisson; hydrodynamic characteristics; coherent structure.

1 引言

沉井作为可靠的深水基础形式在水工、港航、桥梁建设中发挥着重要的作用,如何确保沉井基础安全平稳下沉是沉井施工的关键问题[1-2]。在沉井下沉前,需要结合施工水域的水文资料对沉井周边水动力特性进行详细的分析计算,计算结果将可视化呈现三维流场结构,直接为沉井下沉时机、助沉措施选择提供参考数据和意见。

常用的沉井基础形式包括圆形、矩形、圆端形及其他形式。目前关于圆形沉井和矩形沉井的水动力研究较多,而对圆端形沉井的水动力特性论述较少。水动力特性的分析方法包括原型观测、模型试验、计算流体力学(Computational Fluid Dynamics,简称 CFD)以及解析解等。前人对沉井水动力特性试验研究一般包括沉井下沉过程中底部垂线流速分布、侧壁摩阻力分布规律的分析[3-4]。近些年来,CFD 方法广泛应用在基础性研究和工程实际中,能够较为准确、高效地得到物理量数据,也能够可视化地展示研究成果[5-6]。张永涛等[7]通过 CFD 软件对矩形沉井基础浮运阻力进行了计算,探讨了波流、自由面及流向角等因素对浮运阻力的影响。沉井在下沉过程中对水流产生阻滞作用,形成绕流,因此对沉井下沉的水动力研究也可参考绕流水体水力特性研究成果,从而更加系统地阐述沉井下沉过程中的水动力特征。槐文信等[8]采用大涡模拟方法对圆柱绕流的尾流特性进行了研究,表明绕流的尾流特性会对物体自身结构稳定有着重要的影响。Prasad 和 Williamson[9]对阻流体绕流后的剪切层不稳定性进行了研究,揭示了剪切层不稳定性与雷诺数之间的关系。由上可知,现有沉井的水动力研究侧重于阻力、流速等方面,而对相干结构、尾流特性的关注较少。

常泰长江大桥 5 号墩沉井为目前世界上规模最大的水中沉井基础,下沉难度大、精度控制要求高、水流结构复杂,如何保证超大型沉井安全平稳下沉是施工的关键问题。本文采用大涡模拟方法(Large Eddy Simulation,简称 LES),依托常泰长江大桥 5 号墩沉井基础设计,对圆端形沉井下沉过程中流场进行模拟研究,将数值计算结果与试验数据进行对比,验证该数值方法的可靠性;并且分析其时均流场特性以及相干结构,为沉井下沉施工方法的选择提供了参考数据。

2 数值计算方法

2.1 控制方程

在大涡模拟方法中,对于不可压缩流体,经过滤波处理的连续和动量方程如下所示[10]。

连续方程和动量方程:

$$\frac{\partial \bar{u}_i}{\partial x_i}=0 \tag{1}$$

$$\frac{\partial \rho \bar{u}_i}{\partial t}+\frac{\partial \rho \bar{u}_i \bar{u}_j}{\partial x_j}=-\frac{\partial \bar{p}}{\partial x_i}+\mu \frac{\partial^2 \bar{u}_i}{\partial x_j \partial x_j}-\frac{\partial \tau_{ij}}{\partial x_j} \tag{2}$$

式中:$x_i(i=1,2,3)$——空间坐标系中 x、y 和 z 三个坐标轴方向上的分量(m);

$\bar{u}_i(i=1,2,3)$——滤波后的速度分量(m/s);

$\bar{p}$——滤波后的压强(Pa);

μ——动力黏滞系数[kg/(m·s)];

ρ——流体密度(kg/m^3);

t——时间(s);

τ_{ij}——亚格子尺度应力(Subgrid scale stress,简称 SGS 应力)(Pa),其表达式为:

$$\tau_{ij} = \rho \overline{u_i u_j} - \rho \bar{u}_i \bar{u}_j \tag{3}$$

在本文中 SGS 应力模型选择 Smagorinsky-Lilly 模型[11-13]。

2.2 计算区域及网格划分

依托常泰长江大桥 5 号墩沉井基础设计,基于水工模型试验,本文对其进行了数值模拟研究。图 1a)展示了数值模拟三维计算模型,计算域在 x、y、z 方向上分别为 $11.1D \times 8.0D \times 0.3D$($D$ 是沉井基础半圆部分的直径)。坐标系为直角坐标系,原点位于沉井中心位置对应的床底面。沉井基础水平截面为圆端形,由两个半圆和一个矩形组成,如图 1b)所示,其中 $D = 57.8$m,$L = 37.2$m,$R = D/2$。由于考虑沉井与水流方向的关系,该项目设计沉井纵轴与水流方向成6°夹角。水深 H 为 15.7m,水流流速 U_a 分为 1.0m/s、1.5m/s、2.0m/s 和 2.5m/s 四种情况,沉井底面距离床面高度 h 分为 1.0m、3.0m、6.0m 和 8.0m 四种情况,具体工况信息均列于表 1。网格划分方式为分块结构化网格,沉井外壁近区采用 O 形网格,而其他区域则采用 H 形网格。同时对沉井近壁区域、近床面区域进行加密,使靠近壁面的无量纲距离 y^+[$y^+ = y\rho u_* / \mu$,其中 y 为第一层网格距离壁面的距离,m;ρ 为流体密度,kg/m^3;u_* 为摩阻流速,m/s;μ 为动力黏滞系数,kg/(m·s)]小于 1(图 2)。

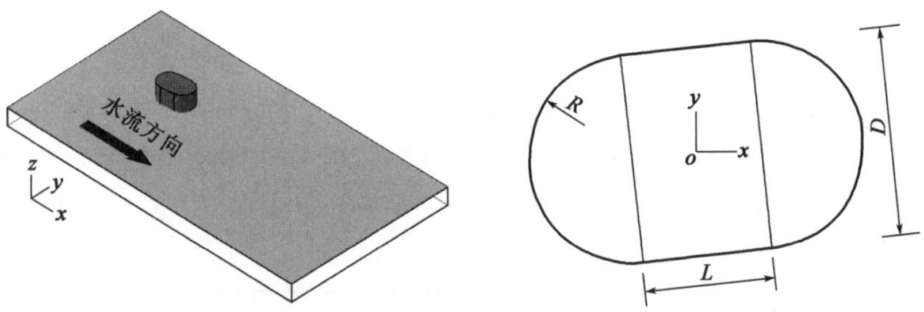

a)三维模型　　b)沉井尺寸

图 1　三维模型及沉井尺寸

计 算 工 况　　表 1

工况	沉井底面距床面高度 h(m)	来流速度 U_a(m/s)			
		A	B	C	D
工况 1	1.0	1.0	1.5	2.0	2.5
工况 2	3.0	1.0	1.5	2.0	2.5
工况 3	6.0	1.0	1.5	2.0	2.5
工况 4	8.0	1.0	1.5	2.0	2.5

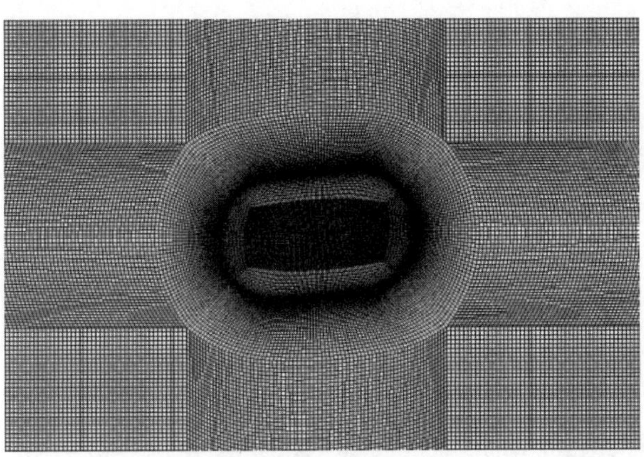

图 2　沉井近壁面网格(x-y 平面)

2.3 边界条件

在水流入口处采用速度进口边界条件,速度为 U_a。在水流出口处设置为压力出口边界条件。自由水面采用刚盖假定,设定为对称边界。其余边界则设定为无滑移壁面条件。为了消除初始瞬态流动的影响,模拟在数据统计前先进行52 D/U_a时间单位的初始计算时间,然后进行104D/U_a时间单位的数据统计与平均计算。在数据统计与平均计算之前,计算时间足够让流场得到充分发展,使统计量更符合试验情况,从而得到合理且收敛的解。

3 计算结果分析

3.1 算例验证

沉井在下沉过程中,作用在沉井上的水动力压强分布不对称形成的压强阻力,以及由于表面切应力造成的表面摩擦阻力,两者之和为绕流阻力,其方向与流体运动方向相反[14]。绕流阻力 F_D公式如下:

$$F_D = \frac{1}{2}\rho C_D U_a^2 A \tag{4}$$

式中:ρ——水的密度(kg/m^3);

C_D——绕流阻力系数;

U_a——水流流速(m/s);

A——沉井在垂直于水流方向平面上的投影面积(m^2)。

表2为各工况阻力系数计算结果与试验数据的对比,试验是在南京水利科学研究院进行。由表2结果计算可得,计算结果与试验值较为一致,误差大致控制在11%以内,这个精度可以满足工程应用。当沉井底面距床面越近,阻力逐渐增大,而阻力系数则逐渐减小。这是因为沉井下沉过程中阻水面积逐渐增大,阻水面积增大的速度快于阻力增大的速度。总而言之,本次模拟计算结果得到了验证,同时也证实了数值方法的可靠性。

沉井基础阻力系数 C_D计算结果与试验数据对比 表2

沉井底面距床面高度 h (m)	来流速度 U_a(m/s)							
	1.0		1.5		2.0		2.5	
	试验	模拟	试验	模拟	试验	模拟	试验	模拟
1.0	0.167	0.149	0.168	0.150	0.193	0.210	0.177	0.169
3.0	0.167	0.160	0.169	0.157	0.209	0.222	0.184	0.172
6.0	0.177	0.159	0.198	0.199	0.217	0.230	0.190	0.209
8.0	0.170	0.159	0.203	0.181	0.217	0.224	0.190	0.211

3.2 时均流场特性

分析时均流场特性能够有效反映沉井周围水流流动变化规律,对指导施工有重要意义。图3为来流流速为1.5m/s时不同工况水平截面时均流速分布。由图3可见,沉井吃水深度的增加会导致沉井横向两侧流速增大,背水侧流速减小,这说明沉井吃水深度的加深会增强沉井对水流的阻力。沉井纵轴与水流方向存在6°偏斜角,此设计下的流场分布特性也具有明显的非对称特点。例如沉井背水侧的回流区域,由于偏斜角的存在,负 y 轴后方的背水侧回流区略大于正 y 轴后方的背水侧回流区。

3.3 相干结构

为了更直观地观察相干结构,本文采用了一种漩涡判别法则——Q 准则。对于不可压缩流动,Q 定义为 $Q=(\|\Omega\|^2-\|S\|^2)/2$,其中,$\|\Omega\|$ 和 $\|S\|$ 分别代表速度梯度张量的对称和反对称部分[15]。图4给出了沉井在不同吃水深度下尾流的相干结构图。从图4中可以看出,沉井对水流的阻滞作用在相干结构上表现为尾涡,尾涡与圆柱绕流产生的涡结构较为类似,也可以称之为"卡门涡街"。尾部的

回水区也可称为漩涡生成区。在漩涡生成区，相干结构尺度较小；随着水流向下游发展，相干结构尺度逐渐拉长、增大。由图4可见，漩涡生成区的长度与沉井吃水深度有关，吃水深度的增加导致沉井漩涡生成区长度增长，相干结构尺度增大，涡街的摆幅也相应增大。

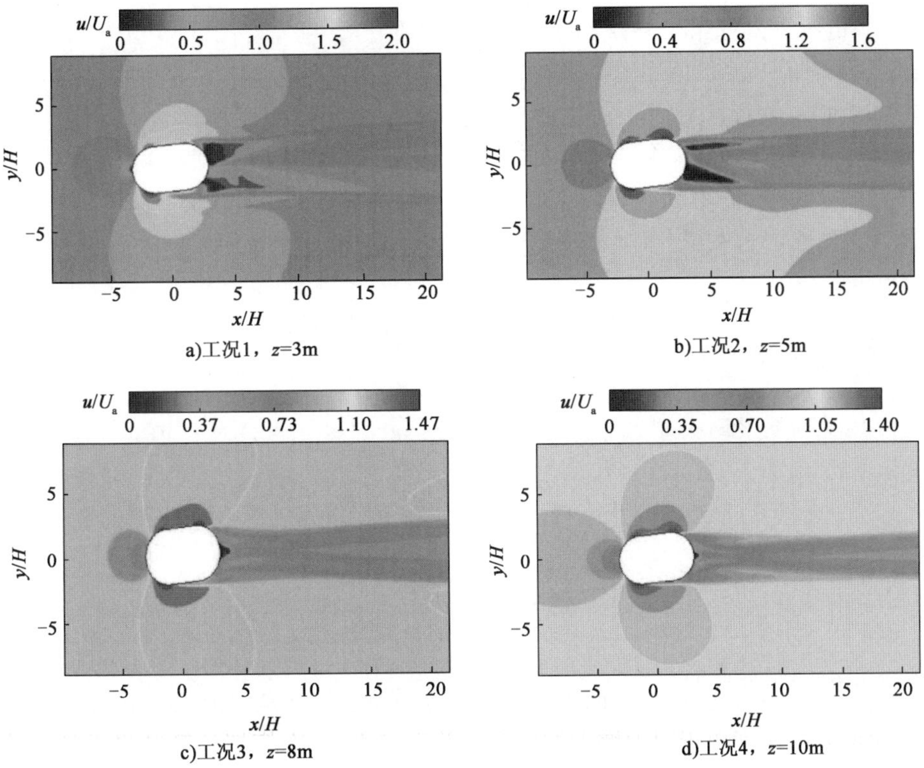

a)工况1，z=3m　b)工况2，z=5m　c)工况3，z=8m　d)工况4，z=10m

图3　来流速度为1.5m/s时各工况水平截面时均流速分布

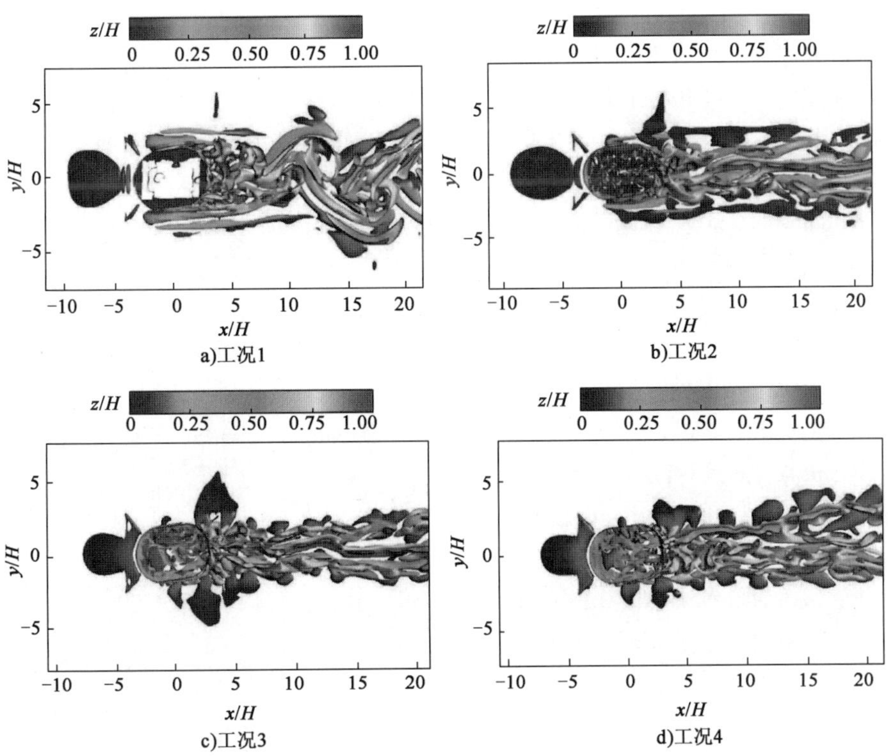

a)工况1　b)工况2　c)工况3　d)工况4

图4　基于Q准则的速度场的相干结构等值面图($Q=3.4\times10^{-5}$)

4 结语

依托常泰长江大桥5号墩沉井基础设计,采用大涡模拟方法,结合水工模型试验数据系统地研究了沉井下沉过程中的水动力特性,主要研究结果如下:

(1)模拟计算的沉井侧壁阻力系数与试验结果吻合度较好,验证了数值模拟方法的可靠性;阻力随着沉井吃水深度的增加而增大,阻力系数反之。

(2)基于时均流场,研究了沉井下沉过程中的流场特性,对各工况水平截面的速度分布进行了分析,结果表明沉井吃水深度的增加会导致沉井横向两侧流速增大,背水侧流速减小。

(3)沉井对水流的阻滞作用在相干结构上表现为尾涡,尾涡形状类似于卡门涡街;沉井吃水深度的增加导致沉井漩涡生成区长度增长,相干结构尺度增大,涡街的摆幅也相应增大。

参考文献

[1] 穆保岗,王岩,朱建民,等.大型沉井实测下沉阻力分析[J].土木建筑与环境工程,2012,34(增1):107-115.

[2] 郑大超,朱斌.武汉杨泗港长江大桥2号墩钢沉井施工关键技术[J].桥梁建设,2017,47(6):106-110.

[3] 陈策.沉井下沉过程中底部垂线流速分布试验研究[J].东北水利水电,2007,11:53-55,72.

[4] 褚晶磊,马建林,蒋炳楠,等.水中沉井下沉期侧壁摩阻力分布试验研究[J].岩土工程学报,2019,41(4):707-716.

[5] 胡亚安,全强,李中华.水力式升船机不同平衡重底部形式三维流固耦合分析[J].水运工程,2017,7:27-30.

[6] 王文娥,张维乐,胡笑涛.U形渠道量水平板水力性能试验研究[J].农业工程学报,2019,35(13):84-90.

[7] 张永涛,傅慧萍,杨炎华.波流及自由面对跨海桥隧预制结构水动力性能影响的数值分析[J].上海交通大学学报,2013,47(10):1523-1531.

[8] 槐文信,柳梦阳,杨忠华.基于LES的圆柱尾流漩涡特性分析[J].华中科技大学学报(自然科学版),2018,46(5):95-99.

[9] Prasad A,Williamson C. The instability of the shear layer separating from a bluff body[J]. Journal of Fluid Mechanics,1997,333:375-402.

[10] 王福军.计算流体动力学分析-CFD软件原理与应用[M].北京:清华大学出版社,2004.

[11] Smagorinsky J. General circulation experiments with the primitive equations:I. The basic experiment[J]. Monthly Weather Review,1963,91(3):99-164.

[12] Germano M,Piomelli U,Moin P,et al. A dynamic subgrid-scale eddy viscosity model[J]. Physics of Fluids A:Fluid Dynamics,1991,3:1760-1765.

[13] Lilly D K. A proposed modification of the Germano subgrid-scale closure method[J]. Physics of Fluids A:Fluid Dynamics,1992,4:633-635.

[14] 邓绍云.有限深度均匀水流中圆柱横向阻力影响特性[J].中国港湾建设,2009,163:1-3.

[15] Dubief Y,Delcayre F. On coherent-vortex identification in turbulence[J]. Journal of Turbulence,2011,1(11):1-22.

Research on Settlement Analysis of Large Caisson Foundation by Centrifuge Model Test

Mingwei Guo [1,a*], Xuechao Dong [1,2,b], Qiang Wang [3]

(1. State Key Laboratory of Geomechanics and Geotechnical Engineering, Institute of Rock and Soil Mechanics, Chinese Academy of Sciences, Wuhan, Hubei, China;
2. University of Chinese Academy of Sciences, Beijing, China;
3. Jiangsu provincial transportation engineering construction bureau, Nanjing Jiangsu 210004, China)

Abstract With the increasing scale of caisson foundation in the construction of long-span bridge engineering in China, the overall settlement of large caisson foundation is vital to the construction and safe operation of long-span bridge. Taking the large caisson foundation of Changtai Yangtze River Bridge as the engineering ground, the overall settlement of this caisson foundation was analyzed in detail at the construction stage of Changtai Yangtze River Bridge by centrifuge model test based on the distribution of actual stratum. The test results demonstrated that the overall settlement was about 225mm when the construction of Changtai Yangtze River Bridge is finished, the settlement curve can be divided into three stages with the construction process of Changtai Yangtze River Bridge, and they are slow growth, rapid deformation and deformation stability. The study provides important reference to the design of large caisson foundation of Changtai Yangtze River Bridge, and it also has significant referential meaning to the construction of similar caisson foundation.

Keywords Large caisson foundation; centrifuge model test; deformation; Changtai Yangtze River Bridge

1 Introduction

With the rapid development of long-span bridge construction in China, more and more caisson foundations are popularly used as the main pier or anchorage foundation of long-span Bridge[1]. Due to the importance of overall settlement of caisson foundation to the construction and safe operation of bridge, it is worthy of further study to the bridge construction for reasonable evaluation of the settlement deformation caused by construction loads.

For the principle of the centrifuge model test, it makes up for the stress loss caused by model scaling through increasing centrifugal acceleration, which can truly reflect the mechanical behavior in actual engineering[2-4]. Right now, the centrifuge model test has been widely used in geotechnical engineering because it can effectively analyze practical problems of geotechnical engineering and its results can provide important reference to practical engineering. Up to now, the caisson foundation had ever been studied by the centrifuge model test, for example, the subsidence process of caisson foundation of Hutong Yangtze River Bridge was simulated in order to study the lateral frictional resistance, and furthermore, the distribution law of sinking resistance was also comprehensively studied by different depth conditions through the centrifuge model test.

[a] Email: mwguo@ whrsm. ac. cn, [b] E-mail: dongxuechao18@ mails. ucas. ac. cn

[*] Corresponding author: [a] E-mail: mwguo@ whrsm. ac. cn

From the previousstudy[5-9], it can be seen that the results of the centrifuge model testis reliable, which can effectively simulate the mechanical behavior of soil in actual engineering.

Taking the large caisson foundation of Changtai Yangtze River Bridge as the engineering ground, this paper emphasize the overall settlement of large caisson foundation by the centrifuge model test, and the settlement curve was obtained with the construction process of this bridge. The overall deformation of the large caisson foundation was rationally predicted and the research results have reference meaning to similar caisson foundation construction.

2 Project overview of Changtai Yangtze River Bridge

Changtai Yangtze River Bridge connects Changzhou city and Taizhou city. It is a railway and road cable-stayed bridge with two towers and two cable planes arranged asymmetrically. The span of main navigation channel bridge is 1176m, which is the longest cable-stayed bridge in the world. The overall arrangement is shown in Fig. 1.

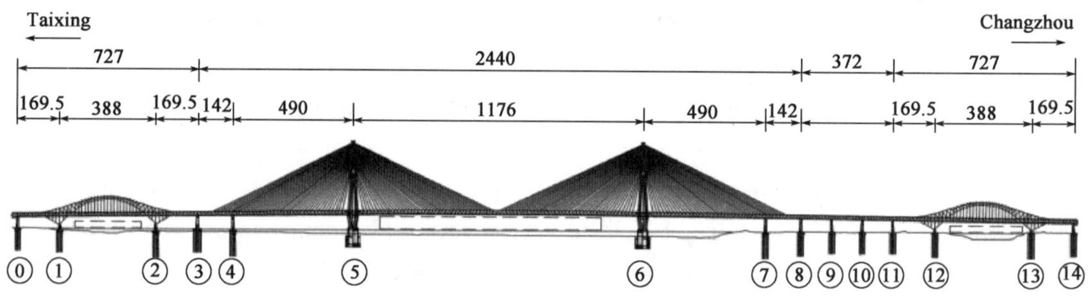

Fig. 1 Main Bridge of Changtai Yangtze River Bridge (Unit: m)

The main tower foundation is located in deep sedimentary soil, and the caisson foundation are planned to used in order to meet the strict requirement of upper bridge structure and liner control. The round-ended form is adopted for the caisson foundation of this bridge. At the bottom of the caisson foundation, it is 95m long, 57.8m wide and the radius of the round end is 28.9m, at the top surface of the caisson bridge, it is 77m long, 39.8m wide and the radius of the round end is 19.9m. The total height of the caisson foundation is 72m, and it is made of steel shell concrete from the top to the bottom, which is the largest steel caisson in water in this world.

It is quaternary strata in the caisson foundation area with deep overburden, which are mainly alluvial and lacustrine clay and sandy soil. The burial depth of the caisson foundation is about -65m under the water. According to quaternary strata, there is a continuous layer of silty clay between −72m and −84m, which is with certain structure, the water content and porosity ratio are both high, and it varies greatly for the physical and mechanical properties. Besides, there is also a 5m thick silty clay between −87.5m and −91m. Due to great influence on the overall settlement of the caisson foundation, the silty clay below the caisson foundation needs to be further studied.

3 Centrifuge model test

Fig. 2 is the TK-C500 geotechnical centrifuge equipment. For this centrifuge equipment, the maximum acceleration is 250g, here, g is gravity acceleration, the maximum effective load is 5 ton, the maximum radius of rotation is 5m, and the maximum size of the model box is 1.2m × 1.0m × 1.2m (length × width × height). For the caisson foundation adopted in the bridge, the total self-load is about 0.5 million tons and the construction period is about 21 months. For the upper bridge structure, the total load is about 0.28 million tons, and the construction period is about 38 months.

3.1 Test model

The external size is 95m × 57.8m × 72m (length × width × height) of the actual caisson foundation in this bridge, and the size of the model box is 1.2m × 1.0m × 1.2m (length × width × height). Considering the influence of the boundary effect, the half of the symmetrical caisson foundation was selected for the centrifuge test, and the similarity ratio was comprehensively selected as 150, that is, the acceleration of the centrifuge is 150g when the equipment is stably operating during the test procedure. Fig. 3 is the sketch of the design for the caisson foundation model. Based on the similarity ratio and actual size of the caisson foundation, the model size is 317mm × 385mm × 480mm (length × width × height), and the model of the caisson foundation was made with 6061 alloy aluminum material. Fig. 4 is the solid model of the caisson foundation after finishing the production.

Fig. 2 TK-C500 geotechnical centrifuge equipment

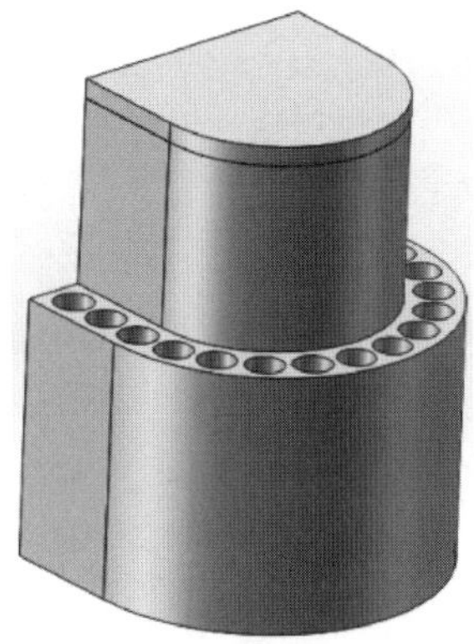

Fig. 3 Design model of caisson foundation

For the soil below the caisson foundation, the physical and mechanical parameters of each layer were determined by indoor geotechnical tests after field drilling sampling, which is shown in Tab. 1. Before making the model soil, the drainage equipment was put into the bottom of the model box for saturation after completing the model. In order to reduce the influence of the boundary effect on the test, Vaseline was used to the inner wall of the model box to simulate the semi-infinite field.

Indicators of soil parameters for testing Tab. 1

Type	Density ρ(g/cm^3)	Natural water content(%)	Friction angle(°)	Cohesion(kPa)
Silty clay	1.89	33.6	11.1	43.6
Medium sand	1.98	25.6	36.8	
Silty clay	1.91	30.2	14.9	34.8
Coarse sand	1.97	12.8	42.1	

The foundation soil of the model box is made with sand rain method for sand and vibration compaction method for silty clay. After all the soil is filled based on the actual stratigraphic distribution, water is slowly injected in two times from the bottom of the soil to make the soil fully saturated. Fig. 5 is the solid model diagram after completion. According to the requirement of calculating depth of foundation settlement in relative

Fig. 4 Solid model of caisson foundation

Fig. 5 solid model diagram

specification in China, it was comprehensively determined that the soil in the range of 62m below the bottom of the caisson foundation is considered in this test, and it includes almost silty clay layer below the bottom of the caisson foundation.

3.2 Arrangement of monitoring points

In order to obtain the settlement curve of the caisson foundation with the constructing process of this bridge, four HG-C1200 laser sensors with a range of 200mm ± 80mm were arranged to monitor the settlement on the upper surface of the caisson foundation in the model box, and the locations of the laser displacement sensor are shown in Fig. 6.

Based on the actual stratigraphic distribution, there is a silty clay layer with about 7m thickness distributed below the bottom of the caisson foundation, which is also a concern in this test, therefore, the mini earth pressure sensors were placed on the surface and the middle area of the silty clay soil in this test, and the locations of the monitoring points on the surface of the soil are shown in Fig. 7, as well as in the middle area of the soil.

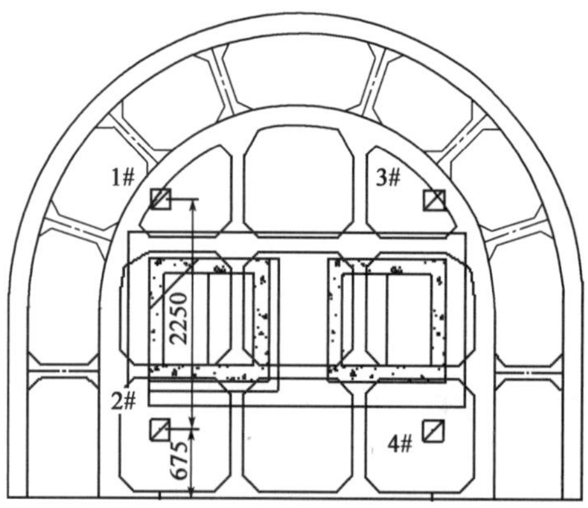

Fig. 6 Locations of monitoring points

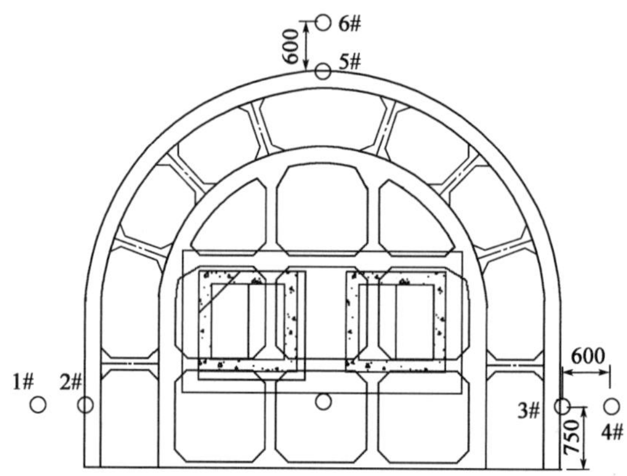

Fig. 7 earth pressure monitoring points (Unit: cm)

3.3 Test process

The loading system of the centrifuge model test mainly includes the frame of the upper part of the model box, the loading beam, the loading equipment placed on the beam and the controller, which is shown in Fig. 8. Furthermore, the hierarchical loading stage can be set in the loading system based on the requirement, and the automatic loading is realized under high centrifugal environment. According to the key stage during the bridge construction, the loading parameters were obtained on the basis of the similarity ratio and the segment-loading was carried out in this test. After the one-stage load is applied, the settlement and earth pressure are observed till they are stable, then, the next level of load will be applied until all the loads are completely applied in the test.

Fig. 8 the loading equipment

There are totally four steps in this test, which is demonstrated as in the following.

(1) After model making is completed, the model box is hoisted into the centrifugal basket and properly placed, and then, the loading beam, loading equipment and other related accessories are installed, before starting the centrifuge test, arrangement of the wiring and sensors should be completed.

(2) Taking 20g as the interval, the load is gradually applied until 150g and the centrifugal testing machine needs to be operating for 10 min in order to restore the initial stress state of the soil. The loading test can be carried

out when the monitoring values about the displacement and earth pressure are stable.

(3) Based on previous work above, the loading system software is opened, the loading data is imported, and then the loading test can be operated. During the operation, photos and videos can be taken at any moment of this test.

(4) When the load is completely applied, the corresponding test data is saved and the model box can be hoisted out of the centrifugal basket after finishing the test.

4 Results analysis

The settlement curve of caisson foundation is obtained by real-time monitoring in this test for simulating the construction process of this bridge. Due to small deviation of settlement observed at four monitoring points, the average settlement is used to represent the overall settlement of the caisson foundation, shown in Fig. 9.

From the Tab. 2, there are five key stages of structure construction, and the Fig. 10 is the corresponding settlement curve. The first stage is the construction of the lower tower, the construction load is about 69000 tons, and the foundation settlement is 6.38mm, which belongs to the slow growth stage. The second stage is the construction of the central tower, the load is about 0.17 million tons, and the corresponding settlement is 58.26mm. For the third stage, it is the construction of upper tower, the load reaches about 0.19 million tons and the corresponding settlement is about 110.75mm, in this stage, the settlement of the caisson foundation increases sharply. The fourth stage is the main girder construction, the load is about 0.25 million tons, the sinking speed is slower than that of upper tower construction, and the corresponding settlement is 209.46mm. The last stage is accessory structure construction, the load reaches the maximum 0.28 million tons, the settlement of the caisson foundation tends to be gentle, and the corresponding settlement is 226.25mm. It can be concluded that the overall settlement of caisson foundation increased with the load increase of structure construction, and the deformation can be roughly divided into three stages, slow increasing, rapid deformation, and settlement convergence. It belongs to slow increasing stage from the upper structure construction to middle tower construction, sharp deformation stage from middle tower construction to main girder construction, and settlement convergence stage from main girder construction to accessory structure construction.

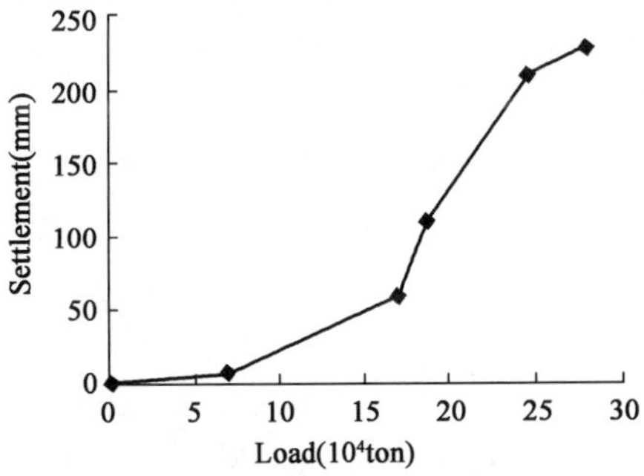

Fig. 9 Settlement of caisson foundation by test

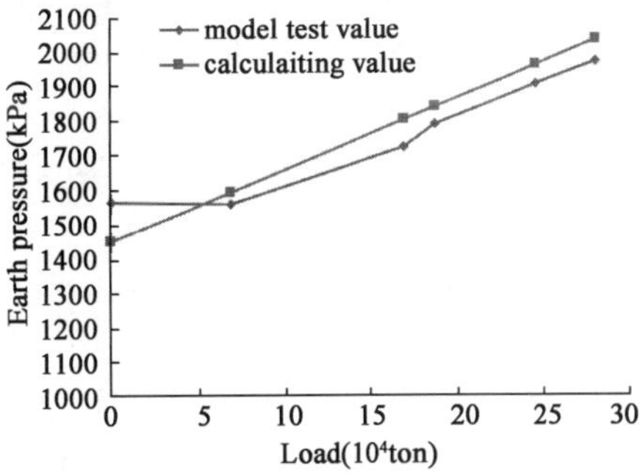

Fig. 10 Earth pressure monitoring results

Construction schedule of the main channel bridge Tab. 2

Index	Key stage	Time(month)	Load(kN)
1	Lower tower	7	691385
2	Middle tower	8	1696699
3	Upper tower	10	1870007
4	Kingpost	8	2452937
5	Accessory structure	3	2801186

The earth pressure of the soil observed in the model test is show in Fig. 10, the model test value means monitoring value in the centrifuge model test, and the calculated value is the earth pressure value at the middle position of the silty caly calculated based on actual soil density and depth. The comprehensive bulk density of soil is set as $20kN/m^3$, here, it needs to state that the influence of stress diffusion from the bottom of caisson foundation to the silty clay is not considered in the calculation value.

From the Fig. 10, it can be seen that the calculation values is slightly larger than the monitoring values, the calculation values linearly increases with the increase of engineering load, which is consistent with the change of the monitoring values. The earth pressure by calculation is large than the monitoring value, which would be caused by the stress diffusion from the bottom of the caisson foundation to the middle position of silty clay layer. For the calculation value, it doesn't consider the stress diffusion above mentioned, however, the model test reflects the influence of stress diffusion, therefore, the calculating value is a little large than the monitoring value.

5 Conclusion

(1) The centrifuge model test was used to study the deformation of large caisson foundation during the construction stage of Changtai Yangtze river, the test results demonstrated that the overall settlement is about 225mm when the construction of upper bridge structure is finished, which meets the requirement of the deformation control of the caisson foundation during bridge construction stage.

(2) The settlement curve of caisson foundation along with the construction of the bridge can be roughly divided into three stages, slow increasing, rapid deformation, and settlement convergence. It belongs to slow increasing stage from the upper structure construction to middle tower construction, sharp deformation stage from middle tower construction to main girder construction, and settlement convergence stage from main girder construction to accessory structure construction.

6 Acknowledgements

The authors gratefully acknowledge the financial support of the China Scholarship Council and National Science Foundation of China under Grants No. 51674239, Research and Application of Key Techniques for Super-long Span Highway-Railway Cable-stayed Bridge Construction under Asymmetrical Load (2019-MS1-011).

Reference

[1] Tan Guo-hong, Xiao Hai-zhu, Du Xun, HU Wen-jun. Settlement analysis of caisson foundation under main tower of a long span cable-stayed bridge for highway and railwayt [J]. Rock and Soil Mechanics, 2019, 40(3): 1113-1120.

[2] Feng Zhen, YinYue-ping. Overview of the development of geotechnical centrifuge model test technology in China [J]. Journal of Engineering Geology, 2011, 19(3): 323-331.

[3] Bao Cheng-gang. Application and Development of Geotechnical Centrifugal Simulation Technology in China [J]. Journal of the Yangtze River Academy of Sciences, 2013, 30(11): 55-66, 71.

[4] Charles Wang. The Application of Geotechnical Centrifuge Advanced Simulation Technology in Geotechnical Engineering(English) [J]. Journal of Zhejiang University-Science A (Applied Physics & Engineering), 2014, 15(1): 1-21.

[5] Liu Hong, Zhang Yu-yuan, Han Wen-xi. Centrifugal model tests for settlement of high embankment[J].

Journal of Southwest Jiaotong University,2003(3):323-326.

[6] Zou Zu-yin, Jiang Guan-lu, Zhu Zhan-yuan. Analysis of unsaturated soil foundation settlement characteristics based on centrifuge model test [J]. Journal of Disaster Prevention and Mitigation Engineering,2014,34(1):67-72.

[7] Zhang Chong-lei, Liu Qi, LI Cheng, JIANG Guan-lu. Centrifugal model testonsettlement of dynamic consolidation ground of high-speed railway [J]. Railway Standard Design,2019,63(2):19-25.

[8] Liu Shou-hua, Cai Zheng-yin, Xu Guang-ming, LI Jing-lin. Large-scale centrifugal model test study on ultra-deep blown-fill fine sand foundation [J]. Journal of Geotechnical Engineering,2004(6):846-850.

[9] Zhang Jun-hui, Huang Xiang-ning, Zheng Jian-long, Wei Jian-ming, XU Xian-jin. Centrifugal model test on post-construction settlement of high embankment of HechiAirport[J]. Chinese Journal of Geotechnical Engineering,2013,35(4):773-778.

超大沉井基础取土下沉端阻力变化规律研究

郭明伟[1,2],董学超[1,2],沈孔健[3],王水林[1,2],兰高洁[1,4],陈哲文[1,5]

(1. 中国科学院武汉岩土力学研究所 岩土力学与工程国家重点试验室,湖北武汉 430071;
2. 中国科学院大学,北京 100049;3. 江苏省交通工程建设局,江苏南京 210004;
4. 安徽理工大学 土木建筑学院,安徽淮南 232001;
5. 湖北工业大学 土木建筑与环境学院,湖北武汉 430068)

摘 要 为合理确定超大沉井基础下沉端阻力,提出基于刃脚踏面土压力的沉井端阻力计算方法,依托常泰长江大桥主塔超大沉井基础工程,结合沉井下沉过程中刃脚土压力现场监测数据,计算得到沉井底部不同区域的端阻力,分析下沉过程中端阻力分布特征和变化规律,同时,对下沉过程中刃脚斜面与踏面土压力的比例系数(λ)进行深入研究。工程实例分析结果表明:在沉井逐渐从内井孔至外井孔的取土过程中,沉井内隔墙和内井壁端阻力总体上逐渐减小,而外井壁和外隔墙区域端阻力则表现为逐渐增加的趋势,采用本文方法确定的沉井端阻力分布特征及其随取土过程的变化规律,能够真实反映沉井的整体受力形态,为沉井基础的安全下沉提供技术保障。

关键词 基础工程;常泰长江大桥;沉井基础;下沉阶段;端阻力;刃脚土压力

Study on the Variation of the Bottom Resistance during Sinking Stage of Super Large Caisson Foundation

GUO Ming-wei[1,2], DONG Xue-chao[1,2], SHEN Kong-jian[3]
WANG Shui-lin[1,2], LAN Gao-jie[1,4], CHEN Zhe-wen[1,5]

(1. State Key Laboratory of Geomechanics and Geotechnical Engineering, Institute of Rock and Soil Mechanics, Chinese Academy of Sciences, Wuhan Hubei 430071, China; 2. University of Chinese Academy of Sciences, Beijing 100049, China; 3. Jiangsu Provincial Transportation Engineering Construction Bureau, Nanjing Jiangsu 210004, China; 4. School of Civil Engineering and Architecture, Anhui University of Science and Technology, Huainan Anhui 232001, China; 5. School of Civil Architecture and Environment, Hubei University of Technology, Wuhan Hubei 430068, China)

Abstract For reasonably determining the bottom resistance during sinking stage of super-sized caisson foundation, a method based on the data of the soil pressure on tread of foot blade is proposed. Based on the monitoring data during the sinking stage of the super-sized caisson foundation engineering of the main tower of

本文由 2019 年度交通运输行业重点科技项目(2019-MS1-011)基金资助。

作者简介:郭明伟(1981—),男,副研究员,中国科学院武汉岩土力学研究所,研究方向为岩土体稳定性分析。

Changtai Yangtze River Bridge, the bottom resistance of different zones within the bottom of the caisson foundation is calculated by the proposed method, and the distribution characteristics and variation of the bottom resistance are analyzed. At the same time, the scale factor λ of soil pressure on foot blade incline and soil pressure on tread of foot blade is studied. The analysis results of engineering practice show that in the process of caisson soil sampling from the internal area to the external area, the bottom resistance of inner bulkhead and inner partition walls decreases, while the bottom resistance of outer bulkhead and outer partition walls increases. The distribution characteristics and variation of the bottom resistance can actually reflect the global mechanical behavior of caisson foundation, which helps guide the safe sinking of the caisson foundation.

Keywords Foundation engineering; Changtai Yangtze River Bridge; caisson foundation; sinking stage; bottom resistance; soil pressure of foot blade.

1 引言

沉井作为深基础的一种主要形式,具有整体性强、承载力高、结构刚度大、占地面积小、抗震性能好等优点[1-2],被广泛应用于大型桥梁工程[3]。随着大型桥梁对基础承载力和沉降要求的不断提高,沉井向平面尺寸增大、下沉深度增加的方向发展[4],确保沉井平稳顺利下沉是沉井施工的关键[5]。大型沉井下沉控制方式不同于中小规模沉井,下沉过程中阻力分布特征与中小沉井存在差异[6],因此亟须加强对大型沉井下沉过程的研究。

通过井内取土,沉井利用自身重力和助沉措施克服浮力和土体阻力下沉[7],其中沉井端阻力是沉井下沉研究的关键问题。陈晓平等[8]以海口某大桥主墩沉井基础为研究对象,利用实测数据分析得到沉井刃脚位于不同土层的端阻力大小和分布规律;李宗哲等[9]分析了泰州大桥中塔沉井下沉过程的刃脚端承力监测数据,发现可借助端承力确定刃脚支承状态;穆保岗等[10]结合马鞍山大桥南锚碇监测数据,对比研究了沉井底阻力数值大小和分布规律分别与下沉深度的关系;钟俊辉[11]依托沪通长江大桥工程,计算了下沉过程中的沉井端部受力情况并与实测值进行对比;李孟豪等[12-13]以沪通大桥工程为背景完成沉井下沉模拟试验,分析得出沉井下沉过程中刃脚踏面和斜面应力的空间分布规律;周和祥等[14]分别通过离心模型试验对埋深不同的4组沉井进行了下沉模拟,分析得到了刃脚斜面土压力分布形式,发现在沉井下沉过程中,单位投影宽度刃脚斜面和踏面土阻力的比值基本不变。

已有的研究大多以中小型沉井为研究对象,对于大型、超大型沉井基础端阻力的研究较少。秦顺全等[15]指出“随着沉井平面尺度的不断增大,端阻力与井壁侧摩阻力相比逐渐成为控制因素”。由此可见,中小型沉井基础的端阻力分布特点(沉井下沉过程中,侧摩阻力起主导作用)无法反映大型、超大型沉井基础的端阻力分布规律。此外,刃脚斜面端阻力以及刃脚形状对端阻力影响的研究也鲜有报道。因此,结合大型沉井下沉过程,合理确定端阻力并研究取土过程中端阻力变化规律,对沉井取土下沉具有重要工程意义。

本文提出了基于沉井刃脚斜面与踏面土压力比例系数的端阻力计算方法,结合常泰长江大桥主塔超大沉井基础工程系统的监测数据,采用刃脚踏面土压力现场监测值合理确定沉井端阻力,研究沉井首次取土下沉阶段端阻力变化特征以及端阻力随典型取土工序的变化规律,为沉井取土方案设计和下沉预测分析提供技术指导。

2 端阻力计算方法

如果沉井下沉平稳、速度均匀、无突沉,那么可以将沉井下沉过程视为准静态过程。在此过程中,沉井受重力、浮力、端阻力和侧壁摩阻力等作用处于平衡状态。沉井端阻力由沉井刃脚处进入极限状态的土体提供。

土体极限承载力的计算方法主要有3种:滑移线法、极限分析法和极限平衡法[10]。滑移线法通过一系列几何与边界条件的假设,采用滑移线场理论,可以得到解析解,但是,取土过程中沉井基础刃脚区域土体形态复杂,滑移线法在工程计算中有较大的局限性。极限分析法基于变分原理,不适用于复杂边界和分层土体问题的求解,在分析实际工程问题时同样存疑。相对而言,极限平衡法理论简单、计算方便,在工程计算分析中得到了广泛应用[6]。

采用极限平衡法计算沉井端阻力时,端阻力等于与沉井端部所接触土体的投影面积(记为支承面积)和土体极限承载力的乘积之和:

$$R_b = \sum_{i=1}^{n}(p_i^u A_i) \tag{1}$$

式中:R_b——沉井端阻力;

p_i^u——沉井隔墙或井壁刃脚下各分区土体极限承载力;

A_i——对应分区土体支承面积;

n——隔墙或井壁下支承分区的总数。

2.1 计算土体极限承载力的传统方法

土体极限承载力有多种不同的计算方式,其中使用最为广泛的是太沙基计算公式[16]。其对应的理论模型假设在水平的条形基础上作用有垂直方向的荷载,不考虑基础两侧土体抗剪强度影响,忽略基础尺寸效应,因此推导得到的计算表示式为:

$$p_u = \frac{\gamma b}{2}N_\gamma + cN_c + qN_q \tag{2}$$

式中:p_u——土体极限承载力;

N_γ、N_c、N_q——地基承载力系数,仅取决于土体内摩擦角,可通过查表确定。

G. G. Meyerhof 等[17-18]推广了太沙基公式,通过引入基础形状修正系数、深度修正系数、荷载倾斜修正系数、倾斜地面修正系数和基底倾斜修正系数,使极限承载力计算公式可以适用于一般的情况,每项修正系数均有相应的计算公式。

沉井端部承载力计算有关规范[19]利用地基容许承载力来计算地基土体所能承受的最大荷载,例如《铁路桥涵地基和基础设计规范》(TB 10093—2017)中规定:

$$[\sigma] = \sigma_0 + k_1\gamma_1(b-2) + k_2\gamma_2(h-3) \tag{3}$$

式中:$[\sigma]$——地基容许承载力;

σ_0——地基基本承载力;

b、h——基础宽度和基础埋深;

γ_1——基础地面以下持力层天然重度;

γ_2——基础地面以上土层天然重度加权平均值;

k_1、k_2——宽度、深度修正系数,其中地基基本承载力和宽度、深度修正系数均可通过查表取值。

钟俊辉等[11,20]通过地基容许承载力乘以一个大于1的安全系数估算土体极限承载力。

此外,土体极限承载力还可以直接通过查表和工程经验进行取值。

2.2 支承面积的确定

沉井端部形状大体可分为两类:仅具有踏面的底梁类结构,见图1a);具有踏面和斜面的刃脚类结构[包含图1b)所示的单侧斜面刃脚类和图1c)所示的双侧斜面刃脚类]。底梁类结构的支承面积为踏面面积,刃脚类结构的支承面积在实际工程计算中则有不同的方法。计算端阻力时的一种方法(方法一)是仅考虑刃脚踏面区域的土体极限承载力,即支承面积仅考虑刃脚踏面面积,此时由于忽略了刃脚斜面上的土压力会造成沉井端阻力计算值偏小;另一种方法(方法二)是将刃脚斜面投影至刃脚踏面方向,支承面积采用踏面面积和斜面投影面积之和,此时又会过大考虑刃脚斜面土阻力,造成沉井端阻力计算值偏大。段良策和殷奇[5]推荐刃脚下土体极限承载力计算公式(方法三):

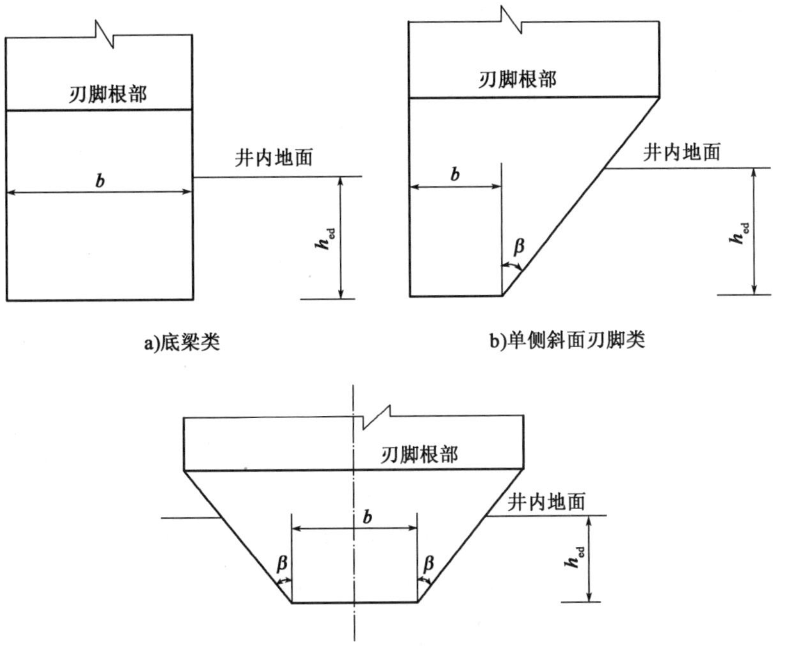

a)底梁类　b)单侧斜面刃脚类

c)双侧斜面刃脚类

图1　沉井端部形状示意图

$$R_b = U_0\left(c + \frac{w}{2}\right)p_u = Ap_u \tag{4}$$

式中：R_u——端阻力；

U_0——沉井外壁轴线周长；

c——刃脚踏面宽度；

w——刃脚斜面与井内土体接触面水平投影宽度；

A——刃脚支承面积；

p_u——刃脚踏面及斜面下土的支承力。

式(4)相当于计算支承面积时将斜面投影面积除以2而后与踏面面积相加。以上3种刃脚支承面积计算方法可用下式统一表示：

$$A = A_t + \lambda A_b \tag{5}$$

式中：A_t——刃脚踏面面积；

A_b——刃脚斜面的投影面积；

λ——比例系数。

上述3种计算方法相当于比例系数λ分别等于0、1、0.5的情况。

沉井平稳下沉过程中，端阻力为土体极限承载力与支承面积之积：

$$R_b = p_u(A_t + \lambda A_x \sin\beta) \tag{6}$$

还可表示为刃脚斜面端阻力与踏面端阻力之和：

$$R_b = p_t A_t p_x A_x \sin\beta \tag{7}$$

式中：A_x——刃脚斜面面积；

β——刃脚斜面与竖直方向的夹角（见图1）；

$A_x\sin\beta$——刃脚斜面的投影面积A_b；

p_t——刃脚踏面土压力，在沉井平稳下沉时等于p_u；

p_x——刃脚斜面土压力；

$p_xA_x\sin\beta$——刃脚斜面上土压力合力的竖直分量。

将式(6)和式(7)联立整理可得：

$$\lambda = \frac{p_x}{p_u} \tag{8}$$

由式(8)可知,λ 即为沉井刃脚斜面与踏面土压力的比例系数,简记为比例系数。

近年来,随着大型沉井基础工程建设案例的增加,工程经验表明,比例系数 λ 的取值与具体工程(如沉井基础尺寸、工程区域地质条件等)有关,一般为 0.3 ~0.4。

2.3 基于沉井刃脚踏面土压力的端阻力计算方法

如式(1)所示,为了较为合理地计算沉井端阻力,必须得到较为可靠的土体极限承载力 p_i^u 与对应的 A_i。已有的研究中,一般采用传统极限平衡法计算土体极限承载力。该方法基于土力学中浅基础模型得到土体极限承载力,而后进行深宽修正。传统的方法未能考虑沉井刃脚形状和沉井端部土体空间效应的影响,计算得到的极限承载力往往与实际存在较大偏差。

在计算支承面积时,如 2.2 节所述,一般依据工程经验预先给定比例系数 λ,具有较强的主观性。

针对以上不足之处,下文将给出基于沉井刃脚踏面土压力现场监测值的端阻力计算方法。通过土压力监测值确定土体极限承载力和比例系数,并由此计算得到端阻力,显然更符合工程实际。

沉井取土下沉这一准静态过程中沉井受力平衡,沉井端阻力、侧摩阻与浮力之和等于沉井重力:

$$G = R_b + R_f + N_w \tag{9}$$

式中:G——沉井重力;

R_f——沉井侧摩阻;

N_w——沉井浮力。

如果沉井包括 n 个区域,沉井端阻力 R 的表示式为:

$$R_b = \sum_{i=1}^{n}(p_i^u A_i) = \sum_{i=1}^{n}[p_i^u(A_i^t + \lambda_i A_i^b)] \tag{10}$$

式(9)和式(10)联立,整理可得:

$$G - R_f - N_w = \sum_{i=1}^{n}[p_i^u(A_i^t + \lambda_i A_i^b)] \tag{11}$$

大型沉井的端阻力大小直接影响沉井能否顺利下沉,因此,近年来大型沉井施工工程均在刃脚踏面或斜面上埋设土压力盒,监测刃脚处土体在下沉过程中的土压力值。实测刃脚土压力是沉井下沉过程刃脚踏面下土体的反力,相比于传统计算公式,无疑更准确地反映刃脚下土压力的实际情况。当刃脚位于水面以下且刃脚所在土层为透水层时,可以取有效刃脚土压力平均值作为单位面积土体极限承载力,有效土压力为刃脚土压力减去对应位置的静水压力。

依据土压力实测值,式(11)中 p_i^u 属于已知量,则未知量仅有比例系数 λ_i。当土压力监测数据的组数大于或等于沉井端部的分区数时,可以计算求得比例系数的大小。

如果沉井基础底部刃脚的形态保持一致(即各区域刃脚处斜面投影面积与踏面面积的比值接近且刃脚斜面角度大小大致相等),各分区刃脚处计算面积的比例系数 λ_i 可以认为是相同的,此时式(11)可简化为:

$$G - R_f - N_w = \sum_{i=1}^{n}[p_i^u \times (A_i^t + \lambda A_i^b)] \tag{12}$$

式(12)中左侧为沉井基础底部端阻力的总和,为已知量,由此可以求解得到比例系数 λ。在此基础上,可以进一步计算各分区(如外井壁、外侧墙、内井壁、内侧墙)的端阻力。

3 工程概况

3.1 常泰长江大桥超大型沉井基础

常泰长江大桥是如常高速公路和江苏省锡常泰都市圈城际铁路的控制性工程,南北跨江连接常州市和泰州市。其主航道桥是当前世界上跨度最大的斜拉桥,跨度达 1176m。桥梁公铁两用,集高速公路、普通公路和城际铁路三种交通运输方式于一体,3 种交通功能独立布置,上层为双向六车道一级高速公路,下层上游侧为城际铁路、下游侧为双向四车道一级普通公路,常泰长江大桥总体布置见图2。

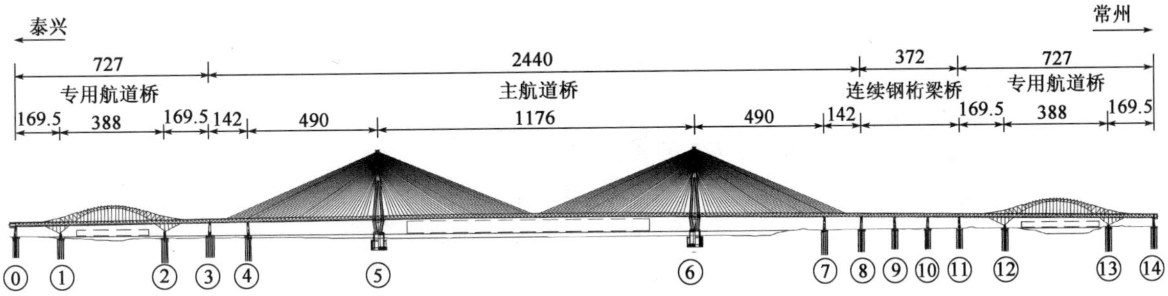

图2　常泰长江大桥总体布置(尺寸单位:m)

常泰长江大桥主塔沉井共分10节,均采用钢壳混凝土结构,总高度72m;基础平面为圆端形,立面形状呈台阶形,下阶长95m、宽57.8m、高43m、圆端半径28.9m,上阶高29m、平面尺寸在下阶的基础上内收9m,台阶式圆端基础构型可以有效降低沉井自重和水流冲刷效应[21];沉井外井壁、内井壁和隔墙厚度分别为1.8m、2.0m和1.4m,共布置36个井孔(内井孔和外井孔各18个,内井壁区域内部的井孔为内井孔,内井壁和外井壁区域之间的井孔为外井孔),单个井孔最大面积为117.3m²、最小面积为55.6m²。主塔沉井结构如图3所示。沉井平面可划分为外井壁、内井壁、外隔墙和内隔墙4个区域,区域划分见图4。

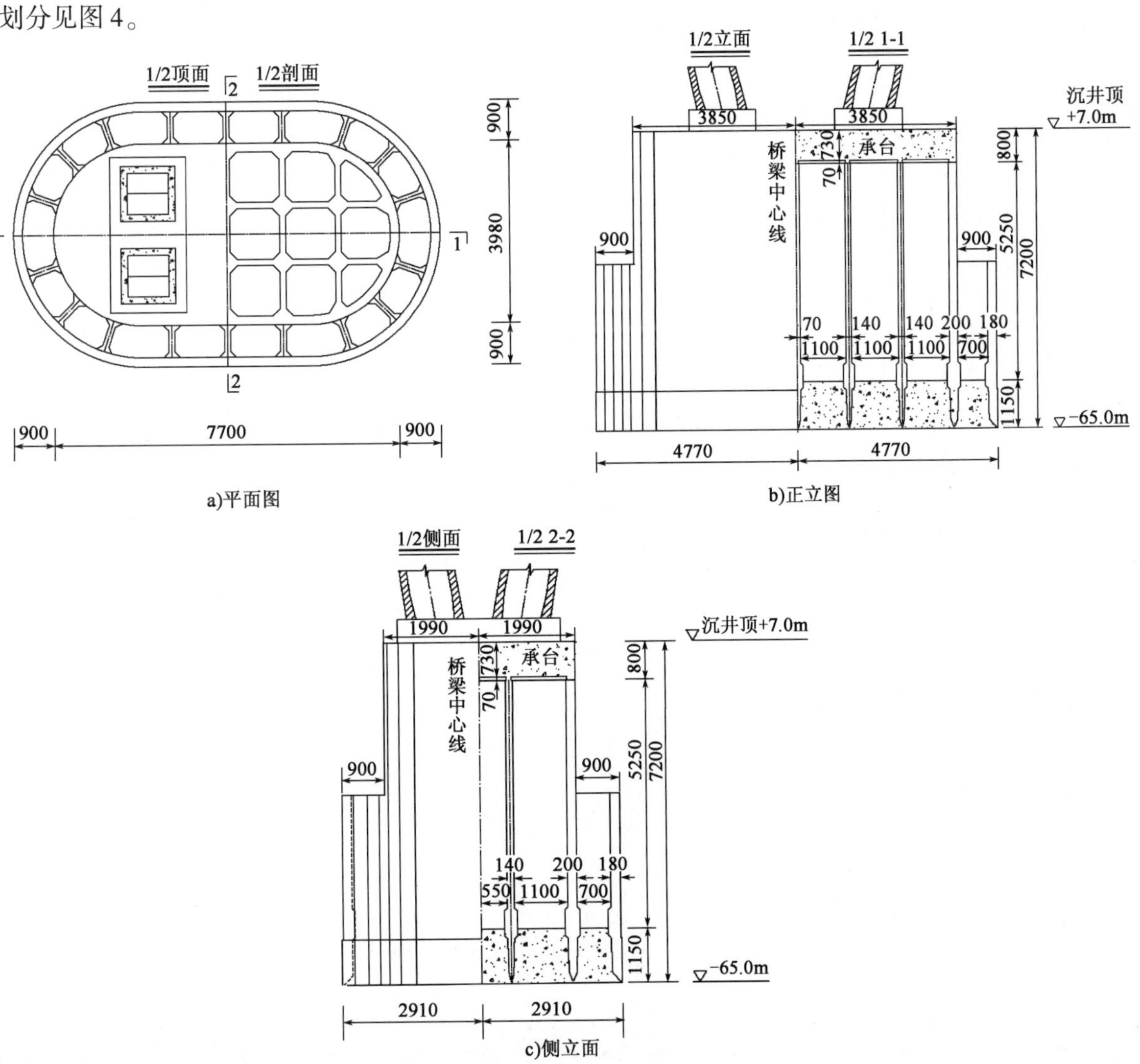

图3　主塔沉井结构图(尺寸单位:cm)

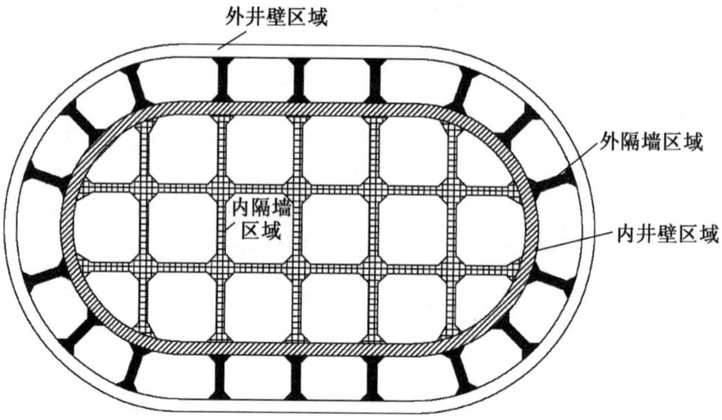

图4　沉井区域划分示意图

3.2　工程地质条件

沉井在岸上预制，浮运至目标位置，注水着床后分阶段进行钢壳接高、混凝土浇筑和取土下沉操作，下沉目标深度为 -65m；目标位置位于长江主航道桥河槽中，场地地层为第四系覆盖层，沉积厚度大于170m，各地层为粉质黏土层与不同密实程度砂层交错分布，沉井基础持力层为密实中细砂。结合地质勘察报告确定地质分层情况和各层土体参数，详见表1。沉井着床前对目标位置河床土体进行了预先开挖作业，开挖部分土体形成水下边坡，边坡形状和尺寸见图5。

土层及物理力学性能参数　　表1

序号	土　层	厚度(m)	重度(kN/m^3)	泊松比	黏聚力(kPa)	内摩擦角(°)	变形模量(MPa)
1	粉质黏土	4.6	19.4	0.35	28.274	11.100	8.413
2	松散粉砂	5.5	20.6	0.27	5.600	31.400	18.480
3	硬塑粉质黏土	3.1	20.0	0.32	41.334	20.937	4.707
4	稍密粉砂	1.9	20.6	0.28	6.515	35.428	8.101
5	软塑粉质黏土	6.5	19.0	0.34	37.920	18.060	3.763
6	中密粉砂	8.5	20.6	0.26	5.600	31.400	9.240
7	密实细砂	5.7	19.8	0.25	4.700	35.200	15.885
8	密实中砂	2.4	20.0	0.25	3.900	36.500	15.850

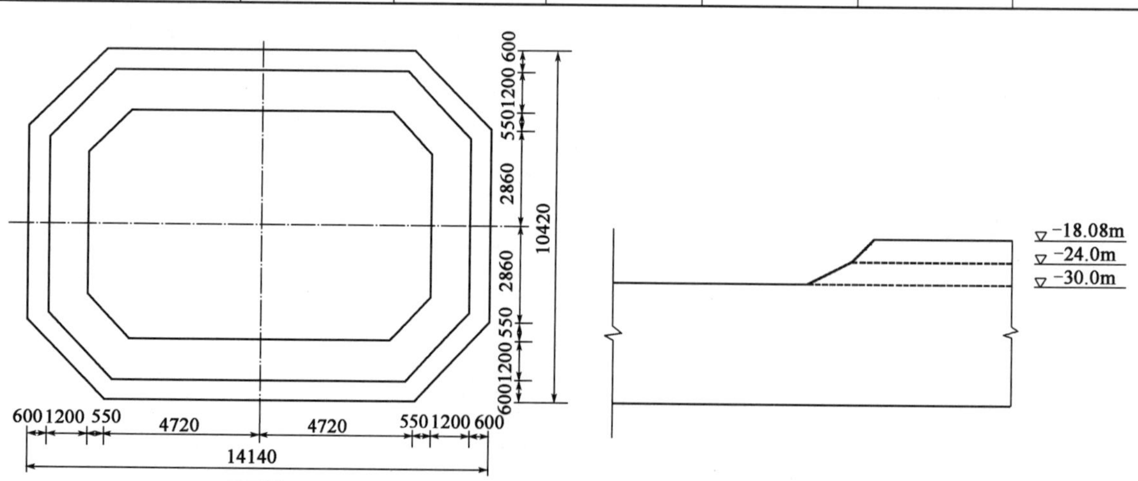

图5　水下边坡形状示意图(尺寸单位:cm)

3.3　土压力传感器布置

主塔沉井刃脚端部关键位置共布设119个土压力传感器(外井壁36个、内井壁28个、外隔墙18个、内隔墙37个)，通过刃脚土压力情况反映沉井端部受力特征。传感器均布置于刃脚踏面，其平面布置形式如图6所示,图中土压力传感器用实心圆点表示。

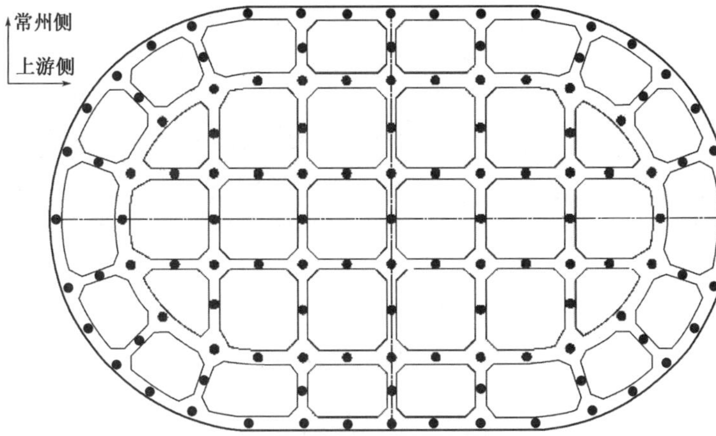

图6　传感器平面布置图

4　工程实例分析

4.1　首次取土情况

常泰长江大桥主塔沉井分区域取土,先取内井孔,后取外井孔;先取井孔内土体,然后破除盲区土体。取土分层进行。主塔沉井首次取土前泥面高程-30.8m,外井壁刃脚底高程-31.85m,沉井有效质量6.928万t,首次取土厚度为2.05m,取土后泥面高程为-32.85m。沉井首次取土工序见表2,图7为对应工序示意图,图中隐藏了沉井结构,图7a)中凹槽部分为沉井端部(外刃脚、内刃脚、外隔墙和内隔墙)的结构入土部分。

首次取土工序　　表2

取土工序	工序详情	工序时间(d)	总时间(d)
1	内圈18个井孔取土至-31.35m	7	7
2	内圈18个井孔和内隔墙下土体盲区取土至-31.85m	5	12
3	外井孔贴内井壁外侧2.0m范围内取土至-32.85m	9	21

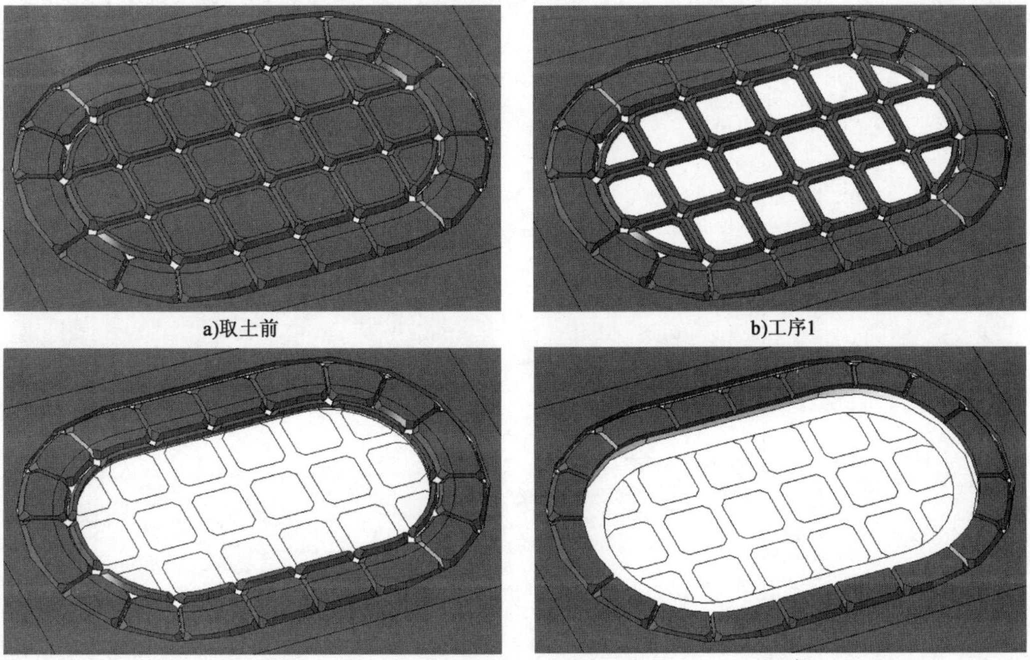

a)取土前　b)工序1　c)工序2　d)工序3

图7　首次取土工序示意图

4.2 工程实例计算结果与分析

1)刃脚土压力

常泰长江大桥主塔沉井刃脚踏面处布置的119个土压力传感器在首次取土过程中,90%以上工作状态良好。选取正常土压力值范围内的传感器数据,绘制沉井取土前和各工序完成时的刃脚土压力三维柱状图,见图8。对沉井不同区域刃脚土压力分别计算平均值,取土过程中各区域刃脚土压力平均值变化如图9所示。由图9可知:沉井首次取土前,由于外井壁刃脚入土深度大于其他刃脚,外井壁区域刃脚土压力值最大,为1.51MPa;隔墙区域(外隔墙和内隔墙)刃脚土压力约为1.00MPa;内井壁区域土压力值最小,为0.83MPa。

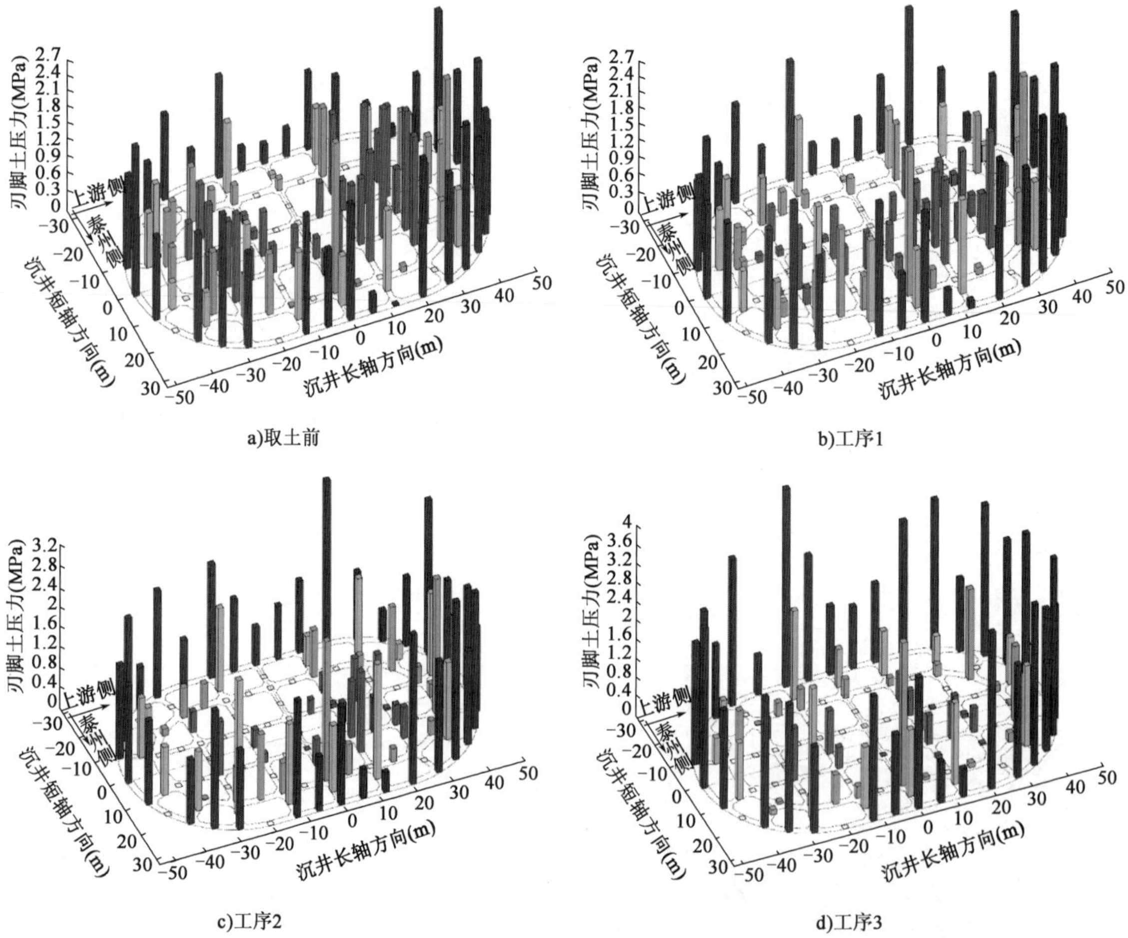

a)取土前　b)工序1　c)工序2　d)工序3

图8　各工序实测刃脚土压力三维柱状图

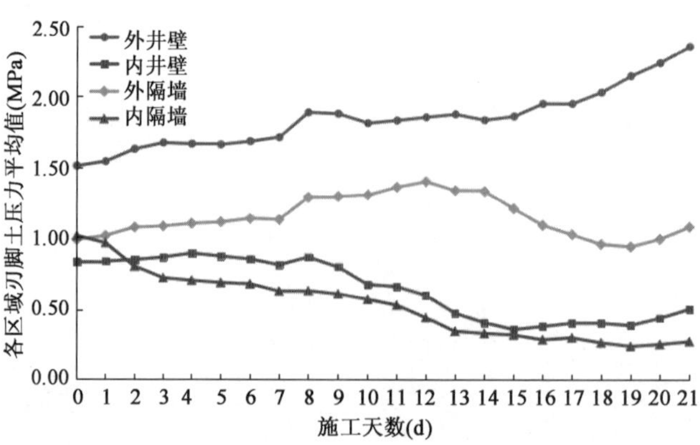

图9　各区域刃脚土压力平均值变化图

内井孔取土过程中(工序1),外井壁、外隔墙区域土压力值小幅增加,分别增大0.20MPa和0.14MPa,内井壁区域土压力值基本不变,内隔墙区域刃脚土压力值减小0.39MPa。内井孔区域取土对内隔墙刃脚土压力值的降低作用明显。在内井孔和内隔墙取土阶段(工序2),初期(即图9中第7~8d)外井壁、外隔墙和内井壁区域刃脚土压力都明显升高、内井壁区域土压力不变;随后取土过程中外井壁土压力小幅降低、外隔墙土压力略有增加,内井壁和内隔墙区域刃脚土压力显著降低,这是由于内井孔和内隔墙区域取土作业造成的。在外井孔和内井壁取土阶段(工序3),井孔取土和沉井下沉对刃脚土压力的共同作用较显著,外井壁区域不进行取土,土压力大幅升高至2.36MPa,内隔墙区域取土影响占主导作用,刃脚土压力降低至0.27MPa,外隔墙和内井壁区域2种影响共同作用,刃脚土压力值上下波动,最终外隔墙区域土压力值为1.08MPa、内井壁区域土压力值为0.50MPa。

从刃脚土压力随取土工序的变化趋势可看出:内井壁和内隔墙随着内井孔取土(工序1~2)其刃脚土压力逐渐降低,而外井壁和外隔墙的土压力则逐渐增大,内井壁和内隔墙的端部土压力逐渐转移至外井孔。而当在外井孔取土时(工序3),外隔墙的土压力明显降低,端部土压力更进一步向外井壁刃脚转移。

2)沉井端阻力

主塔沉井首次取土完成后,外井壁区域刃脚踏面下沉至-32.95m,刃脚沉入土体2.15m。外井壁区域刃脚高度为2.0m,至取土完成时入土深度仅略大于刃脚高度,因此在首次取土过程中可忽略沉井侧摩阻力。沉井基础总重量与浮力之差(有效重力)为已知量,即为式(12)左侧总的沉井端阻力。由每日沉井各区域刃脚土压力,计算求得相应的比例系数λ,然后由各区域支承面积和对应的刃脚土压力计算不同区域端阻力。取土过程中沉井各区域端阻力变化情况如图10所示。

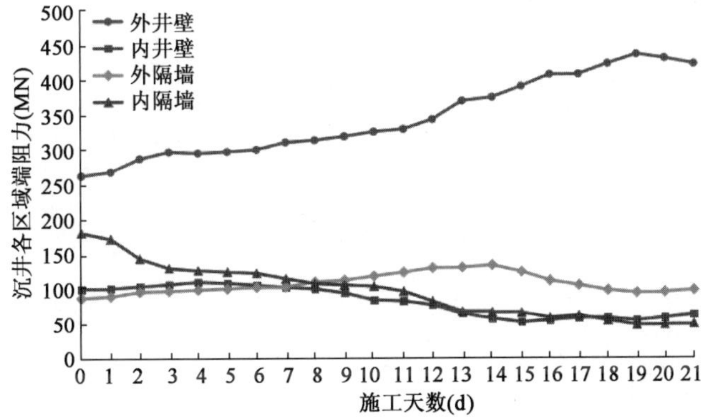

图10 各区域端阻力变化图

首次取土前,外井壁区域端阻力最大,为263MN;其次是内隔墙区域,为181MN;内井壁区域端阻力为101MN;外隔墙区域端阻力最小,为88MN。

内井孔取土阶段(工序1),内隔墙区域端阻力降低66MN,外隔墙和内井壁端阻力略有增加,外井壁区域端阻力增幅较大,增加48MN。内井孔和内隔墙盲区取土阶段(工序2),内隔墙区域端阻力降低33MN;内井壁端阻力降低26MN,端阻力降低部分转移至其他区域,外井壁端阻力增加32MN,外隔墙端阻力增加27MN。外井孔和内井壁盲区取土过程中(工序3),外井壁端阻力先大幅升高后略有降低,峰值达到435MN,外隔墙区域端阻力降低32MN,内井壁和内隔墙区域端阻力在60MN附近波动。

首次取土结束后,外井壁端阻力达422MN,外隔墙、内井壁和内隔墙区域端阻力分别为0.98MN、0.63MN和50MN,此时端阻力主要作用于外井壁刃脚区域。

从沉井端阻力随取土工序的变化时程曲线可知,内井壁和内隔墙的端阻力随着内井孔取土的进行(至取土工序2完成)逐渐降低,而外井壁和外隔墙的端阻力则逐渐增加,沉井端阻力由内井孔区域逐渐转移至外井孔区域;在外井孔进行取土阶段(取土工序3),外隔墙的端阻力下降,而外井壁的端阻力继续增加,沉井端阻力主要集中在外井壁区域。

3）比例系数 λ

图 11 反映了沉井首次取土过程中比例系数的变化情况，从图中可知：取土前，比例系数为 0.31；内井孔取土过程中（工序 1），比例系数基本保持不变。内井孔和内隔墙盲区取土阶段（工序 2），初始比例系数减小至 0.29，随取土继续进行，比例系数缓慢增大，取土完成时比例系数为 0.33。内井壁和外井孔取土过程中（工序 3），比例系数先增后减，峰值为 0.39，取土完成时，比例系数为 0.32。

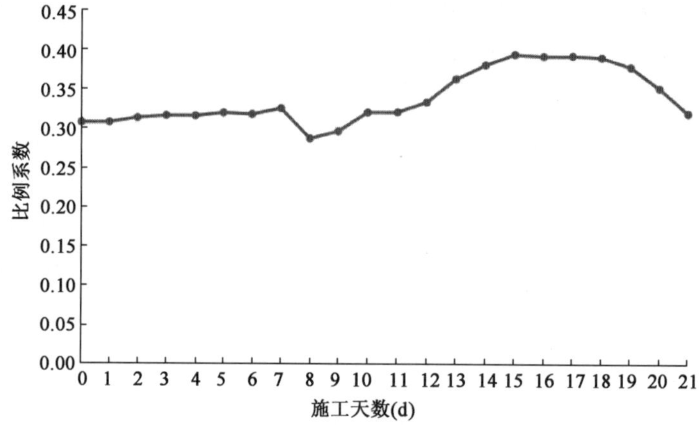

图 11　比例系数变化图

取土过程中比例系数最大值为 0.39，最小值为 0.29，整体平均值约为 0.34，变化过程平稳缓慢，因此，当同一土层取土时，如由于数据缺失等造成比例系数计算不便，可采用前期比例系数的平均值预测沉井下一步取土施工时的端阻力。

4）端阻力计算方法对比

常泰长江大桥沉井刃脚处的土压力传感器布设完备，采用传统端阻力计算方法时，可利用刃脚土压力平均值作为土体极限承载力，根据工程经验确定比例系数 λ 取值，从而确定沉井底部各区域的端阻力。根据经验比例系数 λ 取值 0.35（比例系数经验取值一般介于 0.3 ~ 0.4），计算得到的沉井各区域端阻力见图 12。将沉井各区域端阻力求和计算总端阻力，并与沉井总端阻力实际值进行对比，如图 13 所示。

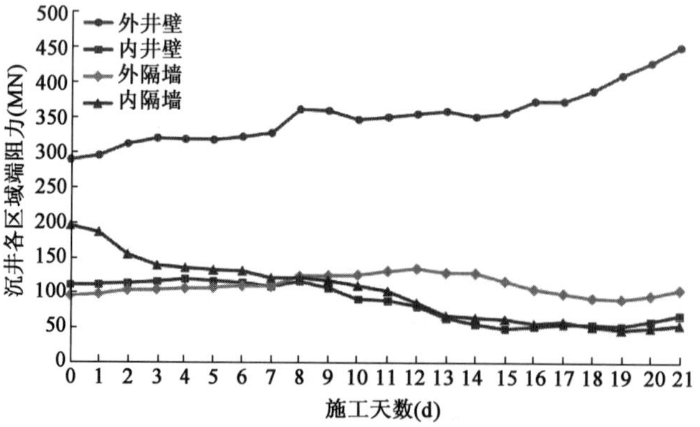

图 12　传统方法计算的各区域端阻力变化图

由图 13 可知，采用经验方法计算得到的沉井总端阻力上下波动明显，最大值为 721MN，最小值为 581MN，与端阻力实际值（632MN）的误差最大为 89MN，误差约为端阻力实际值 14.08%，而采用本文提出方法计算的总端阻力等于端阻力实际值。由此可知，采用传统方法计算沉井端阻力的误差较大，采用本文方法计算沉井各区域端阻力更合理，能更好地反映沉井端部各区域的受力状态，对于指导沉井取土下沉具有重要的实际意义。

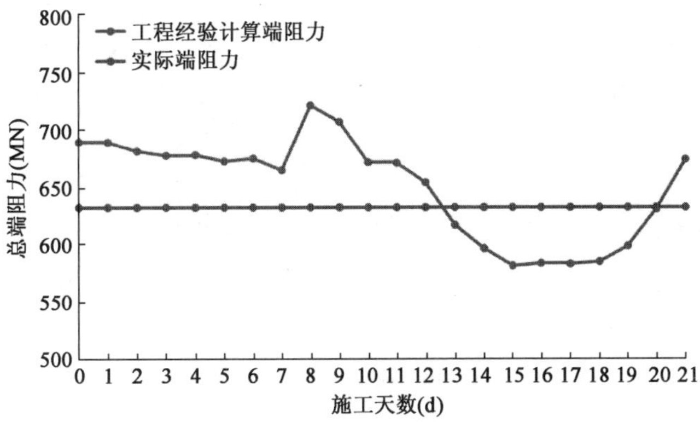

图13 沉井总端阻力变化图

5 结语

(1)针对沉井取土过程中端阻力计算过分依赖传统工程经验方法的弊端，基于沉井刃脚土压力现场监测值，提出了一种计算沉井端阻力的新方法，得到沉井底部各区域端阻力分布特征，揭示了取土过程中端阻力的变化规律，对指导沉井取土下沉具有重要的工程意义。

(2)取土过程中，沉井端阻力的变化规律为：内井孔取土阶段，内隔墙刃脚处土压力呈下降趋势，土压力由内井孔逐渐转移至外井孔；内井孔盲区取土阶段，内隔墙和内井壁刃脚土压力逐渐减小，外隔墙与外井壁刃脚土压力则继续增大；外井孔取土阶段，外隔墙刃脚土压力向外井壁区域转移，最终沉井端阻力主要集中在外井壁区域。

(3)工程实例分析表明：首次取土过程中传统方法确定的端阻力相对于实际值最大误差可达14%，相比于传统端阻力计算方法，本文计算得到的沉井端阻力准确反映下沉过程中沉井端部受力状态，可为沉井取土方案设计和下沉预测提供重要参考。

参考文献

[1] 张凤祥. 沉井沉箱设计、施工及实例[M]. 北京：中国建筑工业出版社，2010.

[2] 胡丰，邵国建. 基于库仑摩擦定律的沉井基础水平位移分析[J]. 岩石力学与工程学报，2014，33(增1)：3056-3061.

[3] 张凯. 超深大沉井下沉侧壁摩阻力大小及分布特性离心机试验研究[D]. 成都：西南交通大学，2019.

[4] 朱建民，龚维明，穆保岗，等. 超大型沉井首次接高受力及变形规律初探[J]. 岩土力学，2012，33(7)：2055-2060.

[5] 段良策，殷奇. 沉井设计与施工[M]. 上海：同济大学出版社，2006.

[6] 施洲，李思阳，杨仕力，等. 超大型沉井基础下沉中后期摩阻力特性及突沉机制研究[J]. 岩石力学与工程学报，2019，38(增2)：3894-3904.

[7] 张治成，邓燕羚，郑锋利，等. 深厚软土地区大型沉井突沉行为分析[J]. 地下空间与工程学报，2020，16(3)：933-943.

[8] 陈晓平，茜平一，张志勇. 沉井基础下沉阻力分布特征研究[J]. 岩土工程学报，2005(2)：148-152.

[9] 李宗哲，郑俊杰，付琼阁. 深水超大沉井下沉监测与分析[J]. 水运工程，2009，433(10)：78-84.

[10] 穆保岗，王岩，朱建民，等. 大型沉井实测下沉阻力分析[J]. 土木建筑与环境工程，2012，34(增1)：107-115.

[11] 钟俊辉. 超深大沉井下沉期间受力现场试验研究[D]. 成都：西南交通大学，2016.

[12] 李孟豪. 沉井下沉过程中刃脚承载力空间分布特性研究[D]. 成都:西南交通大学,2019.

[13] 蒋炳楠,马建林,李孟豪,等. 水中沉井下沉期间刃脚空间受力试验[J]. 岩土力学,2019,40(5):1693-1703.

[14] 周和祥,马建林,张凯,等. 沉井下沉阻力离心模型试验研究[J]. 岩土力学,2019,40(10):3969-3976.

[15] 秦顺全,谭国宏,陆勤丰,等. 超大沉井基础设计及下沉方法研究[J]. 桥梁建设,2020,50(5):1-9.

[16] 闫富有,时刚. 沉井下沉过程刃脚的极限土阻力分析[J]. 岩土力学,2013,34(增1):80-87.

[17] Meyerhof G G. The Ultimate Bearing Capacity of Foudations[J]. Geotechnique,1957,4(4):301-332.

[18] Hansen J B. A revised and extended formula for bearing capacity[R]. Copenhagen:Danish Geotechnical Institute,1970.

[19] 国家铁路局. 铁路桥涵地基和基础设计规范:TB 10093—2017[S]. 北京:中国铁道出版社,2017.

[20] 蒋炳楠. 沪通大桥超深大沉井下沉阻力及突沉现场监测研究[D]. 成都:西南交通大学,2016.

[21] 秦顺全,徐伟,陆勤丰,等. 常泰长江大桥主航道桥总体设计与方案构思[J]. 桥梁建设,2020,50(3):1-10.

常泰长江大桥施工阶段大型沉井基础沉降变形分析

郭明伟[1],马　欢[1,2],杨忠明[3],王　斌[4],董学超[1,5],王水林[1]

(1. 中国科学院武汉岩土力学研究所 岩土力学与工程国家重点实验室,湖北武汉　430071;
2. 安徽理工大学 土木建筑学院,安徽淮南　232001;
3. 江苏省交通工程建设局,江苏南京　210004;
4. 中南勘察基础工程有限公司,湖北武汉　430071;5. 中国科学院大学,北京　100049)

摘　要　随着我国大跨度桥梁工程建设中沉井基础的规模越来越大,大型沉井基础的整体沉降对高速铁路桥梁线形控制至关重要。以常泰长江大桥公铁两用大跨度斜拉桥主墩沉井基础为工程背景,详细分析了常泰长江大桥桥梁建设阶段沉井基础的整体沉降,并根据实际的沉井基础尺寸和地层分布,设计了对应的离心机模型试验,综合评估了该沉井基础在桥梁施工阶段的整体沉降变化特征。结果表明:在上部结构施工阶段,沉井整体变形可分为缓慢增长、急剧变形、趋于平稳3个阶段;当土体压缩模量依据实际受力状态取值时计算得到的整体沉降量与离心模型试验结果比较吻合;工程荷载施加完毕时,该沉井基础整体沉降量约为225mm。该研究成果对常泰长江大桥主墩沉井基础设计提供了重要参考,并对类似沉井基础工程具有重要的借鉴意义。

关键词　分层总和法;压缩模量;离心机模型试验;沉降量

Settlement Analysis of Large Sunk Well Foundation at Construction Stage of Changtai Yangtze River Bridge

GUO Ming-wei[1], MA Huan[1,2], YANG Zhong-ming[3]
Wang Bin[4], DONG Xue-chao[1,5], WANG Shui-lin[1]

(1. State Key Laboratory of Geotechnical Mechanics and Engineering, Institute of Rock and Soil Mechanics, Chinese Academy of Sciences, Wuhan Hubei 430071, China; 2. School of Civil Engineering and Architecture, Anhui University of Science and Technology, Huainan Anhui 232001, China;
3. Jiangsu Provincial Transportation Engineering Construction Bureau, Nanjing Jiangsu 210004, China;
4. Central South Exploration & Foundation Engineering Co., Ltd., Wuhan Hubei 430071, China;
5. University of Chinese Academy of Sciences, Beijing 100049, China)

Abstract　With the increasing size of caisson foundation in large bridge project in China, it is vital to the

---

本文由国家自然科学基金(No.51674239)、2019年度交通运输行业重点科技项目(2019-MS1-011)基金资助。
作者简介:郭明伟(1981—),男,副研究员,中国科学院武汉岩土力学研究所,研究方向为岩土体稳定性分析。

shape control of high-speed railway bridge for the overall settlement of large caisson foundation. Taking the caisson foundation of long-span and rail-cum-road Changtai Yangtze River Bridge as the engineering background, the overall settlement of the sinking well foundation during the Changtai Yangtze River Bridge construction stage was comprehensively evaluated based on the distribution of the stratum, the size of caisson foundation and the corresponding centrifuge model test. It can be seen that the overall settlement of caisson foundation can be divided into three stages: slow growth, sharp deformation and leveling off. Moreover, the overall settlement calculated by the layered sum method with actual compression modulus of the soil is in good agreement with that of the centrifugal model test and it is about 220mm for the overall settlement of caisson foundation once the construction stage is finished. This study provides an important reference for the design of caisson foundation of Changtai Yangtze River Bridge and has referential value to similar caisson foundation engineering.

Keywords Layered sum method; compression modulus; centrifuge model test; settlement.

1 引言

随着我国建设行业的快速发展,越来越多的桥梁构筑物采用超深超大基础[1],而大型深基础的沉降已成为建设中的关键问题,合理评估由施工荷载引起的大型深基坑沉降变形对重大工程建设极具研究价值。

采用规范推荐的分层总和法[2-3]计算地基沉降量时,压缩模量 E_s 是其中的关键参数,是指土体在完全侧限条件下,竖向附加应力 σ_z 与相应的应变增量 ε_z 之比,其大小反映了土体在单向压缩条件下抵抗压缩变形的能力[4-5]。在常规勘察报告中,压缩模量一般在土体处于 100 ~ 200 kPa 压力范围时进行取值,而压缩模量 E_s 不是一个常数,它随应力增大而增大[6],因此,采用常规 100 ~ 200 kPa 压力范围来确定 E_s 值对于超深超大基础明显是不合理的。在依托工程常泰长江大桥建设中,其沉井基础底部土层自重应力远大于 200 kPa,若仍采用常规 E_s 值进行沉降量计算,结果会明显偏大。目前,国内许多学者对土体的压缩模量取值开展了大量研究工作,其研究成果主要有:赵明志等[7]提供了在缺少 e-lg$p$ 曲线情况下获取土体 E_s 值的新方法;周翠英等[8]分析了压缩模量随荷载大小、时间变化的动态规律;黄雄等[9]给出了不同应力区间和不同应力路径下土的压缩模量变化规律;陈福江等[10]提出了与土层深度有关的天然状态下压缩模量计算公式。

离心机模型试验[11-13]是通过提高离心加速度来弥补由于模型缩尺而带来的应力损失,可以真实反映实际工程中土体的力学行为。离心机模型试验可用于分析诸多岩土工程问题,在地基沉降研究方面已得到广泛应用。已有的研究结果表明[14-18],离心机试验结果可有力指导工程实践,对实际工程建设具有重要的参考价值。

本文依托常泰长江大桥大跨度斜拉桥沉井基础施工工程,根据实际的地层分布,针对该沉井基础是否可以下沉穿过厚约 12m 软弱粉质黏土层的技术难题,设计了对应的离心机模型试验,获取与施工过程对应的沉降变形演化曲线,并与规范分层总和法得到的整体沉降量进行对比分析,综合评估该沉井基础的整体沉降变化特征。该研究成果对常泰长江大桥主墩沉井基础的设计提供重要参考,同时,也对类似沉井基础工程具有重要的借鉴意义。

2 工程简介

2.1 工程概述

常泰长江大桥连通常州市和泰州市,采用双塔双索面非对称布置公铁两用斜拉桥形式。桥梁上层为双向六车道高速公路,下层为城际铁路和双向四车道普通公路。主航道桥跨径 1176m,是目前世界上已建和在建桥梁中跨度最大的斜拉桥,总体布置如图 1 所示。

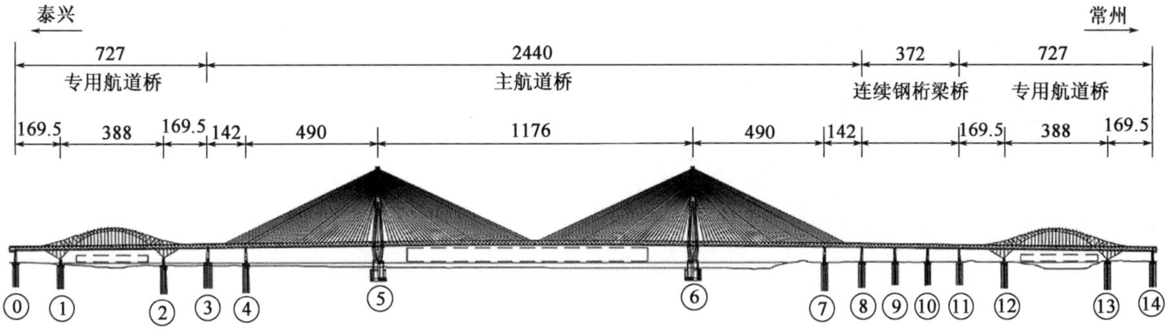

图1　常泰长江大桥总体布置(尺寸单位:m)

桥梁主墩基础所在位置为典型的深厚沉积土层,为满足上部桥跨结构巨大荷载的作用以及桥梁线形的严格要求,主塔基础拟采用大型沉井基础方案。常泰长江大桥主塔沉井基础采用圆端形平面形式。沉井底面横桥向长 95m、纵桥向宽 57.8m、圆端半径为 28.9m,顶面长 77m、宽 39.8m、圆端半径为 19.9m,沉井总高为 72m,从上到下全部采用钢壳混凝土形式,是世界上最大的水中钢沉井。

由桥梁主墩所在的地层分布(见图2)可知, -50m 以下分布有两层软弱粉质黏土层,即 -56 ~ -64m 厚约 8m 和 -72 ~ -84m 厚约 12m 的粉质黏土层。因此,在沉井基础设计阶段有 -65m 和 -85m 两种终沉位置方案需进行论证优化确定。可见,主墩沉井基础是否穿过 -72 ~ -84m 的软弱粉质黏土层是设计阶段的技术难题,这关系到沉井基础施工阶段的投资和建设周期。因此,需合理评估沉井基础终沉位置放在 -65m 时的沉降变形特征,为沉井基础的设计提供有力的技术支持。上部工程荷载主要施加时序见表1。

土层编号	土层名	土层厚度(m)	高程(m)	柱状图
			-18.08	
$②_{11}$	粉质黏土	2.6	-20.68	
$②_{1}$	粉质黏土	2.0	-22.68	
$②_{3}$	粉砂	5.5	-28.18	
$②_{1}$	粉质黏土	3.1	-31.28	
$②_{3}$	粉砂	1.9	-33.18	
$②_{11}$	粉质黏土	6.5	-39.68	
$②_{3}$	粉砂	8.5	-48.18	
$②_{4}$	细砂	5.7	-53.88	
$②_{5}$	中砂	2.4	-56.28	
$②_{11}$	粉质黏土	8.6	-64.88	
$②_{5}$	中砂	1.0	-65.88	
$②_{3}$	细砂	3.8	-69.68	
$②_{5}$	粗砂	2.5	-72.18	
$③_{1}$	粉质黏土	11.9	-84.08	
$③_{3}$	细砂	2.2	-86.28	
$③_{6}$	砾砂	1.3	-87.58	
$③_{1}$	粉质黏土	3.7	-91.28	
$③_{3}$	细砂	3.0	-94.28	
$③_{6}$	砾砂	2.4	-96.68	
$④_{4}$	粗砂	5.5	-102.18	
$④_{2}$	细砂	1.5	-103.68	
$④_{3}$	中砂	2.5	-106.18	
$④_{1}$	粉质黏土	0.6	-106.78	
$④_{5}$	砾砂	1.9	-108.68	
$④_{2}$	细砂	11.6	-120.68	
$④_{3}$	中砂	1.4	-121.68	

图2　沉井基础区域典型土层分布

主航道桥关键节点时序表　　表1

序　号	节　　点	时间(月)	工程荷载(kN)
1	下塔柱(含下横梁、塔座)	7	691385
2	中塔柱	8	1696699
3	上塔柱	10	1870007
4	主梁架设至最大悬臂	8	2452937
5	附属结构施工	3	2801186

2.2　工程地质概况

沉井基础区域岩土层为第四纪地层，覆盖层深厚，土层变化有序而复杂，主要为冲积、湖积相的黏性土、砂性土。区域土层上部 -40m 高程以上为软塑 ~ 硬塑状粉质黏土、稍密 ~ 中密状的粉细砂夹层；高程 -40 ~ -55m 间为连续均匀分布的中密粉细砂层；-55 ~ -65m 之间为约 10m 的软塑状粉质黏土，呈层状连续分布；下面为密实的薄层状中砂、细砂和粗砂；-72 ~ -84m 间连续分布一层 12m 软塑状($③_1$)粉质黏土，呈层状连续分布，具有一定的结构性，含水率和孔隙比都偏高，土层物理性质和力学特性差异性较大；-84 ~ -87.5m 间地层为密实细砂、砾砂；高程 -87.5 ~ -91m 间地层为软塑状($③_1$)粉质黏土。典型土层分布如图 2 所示。

3　沉降变形分析

3.1　土体压缩模量取值

土体压缩模量 E_s 是土体侧限压缩曲线 e-p 上某一应力段对应垂直应力增量 Δp 与垂直应变增量 $\Delta\varepsilon_z$ 的比值，即：

$$E_s = \frac{\Delta p}{\Delta \varepsilon_z} = \frac{p_{i+1} - p_i}{s_{i+1} - s_i} = \frac{(1 + e_0)}{a} \tag{1}$$

$$a = -\frac{\Delta e}{\Delta p} = -\frac{e_i - e_{i+1}}{p_{i+1} - p_i} = -\frac{(1 + e_0)(s_{i+1} - s_i)}{p_{i+1} - p_i} \tag{2}$$

式中：e_0——土的天然孔隙比；

a——压缩系数；

s_i、s_{i+1}——在 p_i 和 p_{i+1} 压力下固结稳定后的单位沉降量；

e_i、e_{i+1}——对应 p_i 和 p_{i+1} 压力下的孔隙比。

式(2)中负号表示孔隙比 e 随压应力的增大而减小。

根据依托工程沉井基础实际地层分布，采用式(1)计算得到的每层土压缩模量如表 2 所示。表中 $E_{s0.1-0.2}$ 对应为 100 ~ 200kPa 应力段的压缩模量值，E_s 则为土体实际应力段的压缩模量值。

压缩模量取值　　表2

层　号	土层名称	厚度(m)	$E_{s0.1-0.2}$(MPa)	E_s(MPa)
$③_3$	细砂	3.80	12.25	22.30
$③_5$	粗砂	2.50	13.35	32.25
$③_1$	粉质黏土	11.90	7.08	17.83
$③_3$	细砂	2.20	12.25	22.30
$③_6$	砾砂	1.30	16.50	49.76
$③_1$	粉质黏土	3.70	7.08	17.83
$③_3$	细砂	3.00	12.25	22.30

续上表

层　　号	土层名称	厚度(m)	$E_{s0.1-0.2}$(MPa)	E_s(MPa)
③$_6$	砾砂	2.40	16.50	49.76
④$_4$	粗砂	5.50	19.34	32.25
④$_2$	细砂	1.50	11.87	46.94
④$_3$	中砂	2.50	14.29	40.72
④$_1$	粉质黏土	0.60	7.35	25.69
④$_5$	砾砂	1.90	16.50	49.76
④$_2$	细砂	11.60	11.87	46.94
④$_3$	中砂	1.40	14.29	40.72

由表2可以看出，各个土层计算所得的压缩模量 E_s 明显大于常规压缩模量 $E_{s0.1-0.2}$ 值。这是因为沉井基底各土层在工程荷载作用下的竖向应力大于200kPa。

3.2 基础沉降计算

分层总和法是规范中推荐采用的地基沉降计算方法[19]，基本原理是假定基底压力为线性分布，用弹性理论计算基底中心点下附加应力，地基只发生单向沉降，即土处于侧限应力状态，将地基分层，分别计算基础中心点下地基中各个分层土的压缩变形量 S_i，地基的沉降量 S 等于 S_i 的总和。分层总和法计算表达式为：

$$S = m_s \sum_{i=1}^{n} \Delta S_i = m_s \sum_{i=1}^{n} \frac{\sigma_{z(0)}}{E_{si}} (z_i C_i - z_{i-1} C_{i-1}) \tag{3}$$

式中：m_s——沉降经验修正系数，按照地基压缩模量当量值 $\overline{E}$ 及沉井基底附加应力确定的经验系数值为0.2；

ΔS_i——第 i 层土的沉降量；

n——地基沉降计算深度范围内按压缩模量划分的土层数；

$\sigma_{z(0)}$——基础底面处的附加压应力(kPa)；

z_i、z_{i-1}——基底至第 i 层和第 $i-1$ 层底面的距离(m)；

E_{si}——第 i 层土压缩模量(kPa)；

C_i、C_{i-1}——平均附加应力系数。

依托工程主塔基础为沉井基础，依据沉井实际尺寸，计算得出下沉到设计深度后对基础底面土体产生的附加压应力 $\sigma_{z1}=68.22$kPa。沉井基础上部施加工程荷载时(表1)基础底面产生的附加压应力 σ_{z2} 可分别计算得出。因此，基础底面处附加压应力 $\sigma_{z(0)}=\sigma_{z1}+\sigma_{z2}$。

图3为不同压缩模量取值下采用分层总和法计算得到的荷载-沉降曲线。由图3可以看出，两种压缩模量下计算得到的沉降值随着工程荷载的增大而逐渐增大；工程荷载施加完毕时，采用 $E_{s0.1-0.2}$ 计算所得的整体沉降量为544.47mm，是压缩模量采用实际应力时计算所得的沉降量(224.65mm)的2.42倍，计算结果偏大。

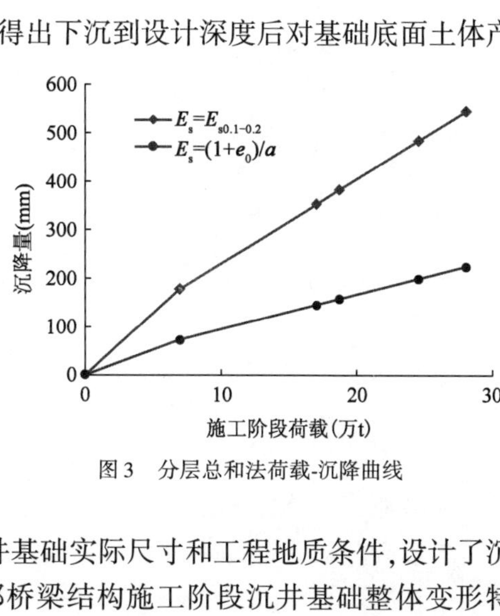

图3　分层总和法荷载-沉降曲线

4　离心机模型试验

为更好地评估该超大沉井基础的沉降变形趋势，根据沉井基础实际尺寸和工程地质条件，设计了沉井终沉位于－65 m时对应的离心机模型试验，深入研究上部桥梁结构施工阶段沉井基础整体变形特

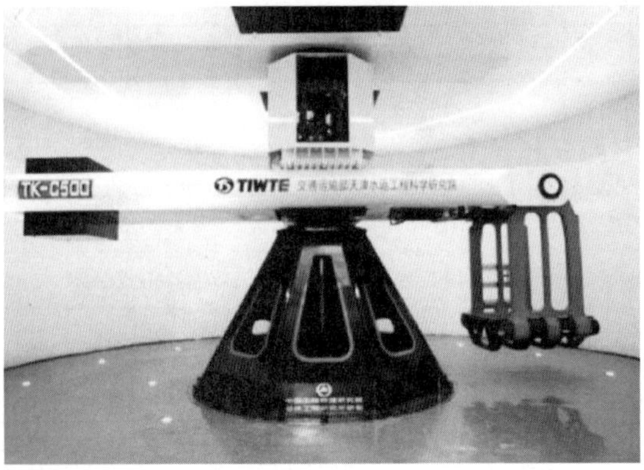

图4 TK-C500 型土工离心机实体图

征。图4所示为TK-C500型土工离心机实体图，最大加速度为250g（g为重力加速度），最大有效荷重为5t，旋转最大半径为5m，模型箱最大尺寸（长×宽×高）为1.2m×1.0m×1.2m。依托工程采用的大型沉井基础自身总重约50万t，施工期约21个月；上部桥梁总重约28万t，施工期约38个月。

4.1 试验模型

4.1.1 沉井基础模型

模型相似比主要是根据试验设计的目的、实际工程中结构物的尺寸以及模型箱的净空尺寸来综合确定。实际工程中沉井基础的外部尺寸（长×宽×高）为95m×57.8m×72m，模型箱的净空尺寸（长×宽×高）为1.2m×1.0m×1.2m。考虑到试验边界尺寸效应的影响，这里选取沉井基础对称的1/2进行离心模型试验，综合选取相似比$n=150$，即加载试验时离心机稳定运转时的加速度为150g。图5所示为沉井基础模型设计图，沉井基础模型的尺寸（长×宽×高）为317mm×385mm×480mm，采用6061合金铝为制作材料经铣削加工拼接而成，内部为空心结构，并按照相似比制作沉井模型。模型加工完毕后，根据相应设计要求粘贴测试应变片，连接测试电路，涂抹保护环氧树脂并做表面处理。贴有应变片的沉井模型见图6。

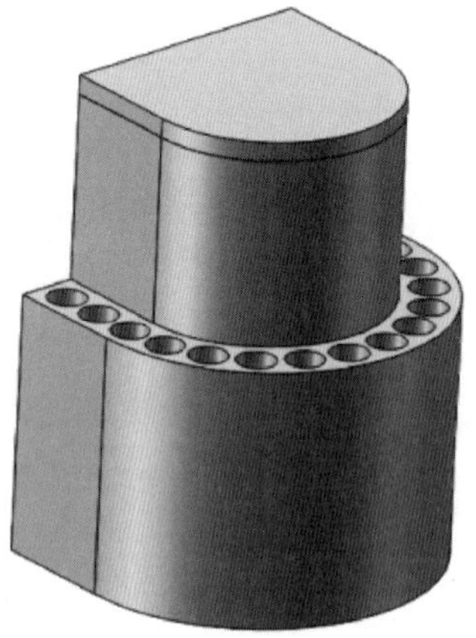

图5 沉井模型设计图

图6 贴有应变片的沉井模型

4.1.2 土体模型

经现场钻孔取样，分别对各层土进行室内土工试验，确定各层土的物理力学参数，并结合现场勘测资料确定模型试验用土和用砂相关参数，如表3所示。

试验用土、用砂参数 表3

土层类型	质量密度（g/cm³）	天然含水率（%）	内摩擦角（°）	黏聚力（kPa）
③$_1$粉质黏土	1.89	33.6	11.1	43.6
中砂细砂	1.98	25.6	36.8	—
粉质黏土	1.91	30.2	14.9	34.8
粗砂	1.97	12.8	42.1	—

模型地基土层制备之前，将排水设备放入模型箱底部，用于制模完成后进行饱和。为减少模型箱壁的边界效应对试验的影响，在模型箱内壁涂抹凡士林，以模拟半无限场地。地基土的制备采用砂雨法和振动击实法。

(1)砂雨法制模(砂层)

砂雨法制模与土层密实度和落砂高度有关。为保证模型土样的均匀性,试验前预先进行落距标定,之后将预先备好的砂样装入砂箱中,将砂箱吊起至指定初始高度,采用圆形落砂筛嘴进行分层洒砂,不断进行压实,控制相对密实度和层高,然后逐步调整砂雨器高度,保持标准落距。

(2)振动击实法(粉质黏土层)

振动击实法需要分层对土体进行击实,采用与现场相同的干密度作为制样的控制参数,制样过程中需要保证同层土、不同部位的击实次数相同,以保证同层土的参数一致。完成一层土的制备后,需将土的表面进行刮毛处理,以增加每层土的咬合度。

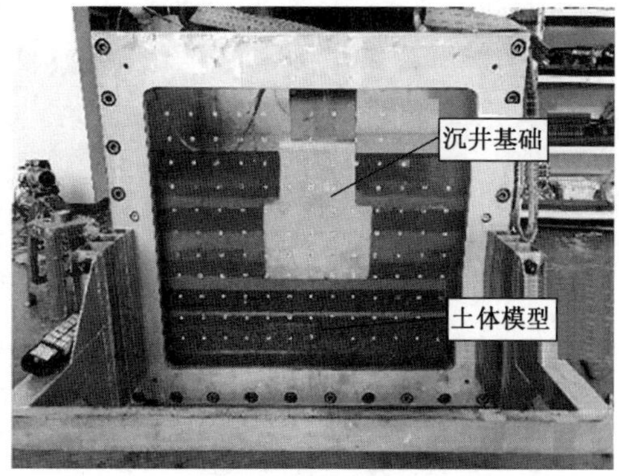

图7　模型制作完毕状态图

土体全部填筑完毕后,分2次从土体底面缓慢注入清水,使土体充分饱和。图7所示为模型制作完毕状态图。依据沉井基础底部土层的分布特征,按照铁路和公路相关规范[20]中地基沉降计算总深度应满足 $\Delta S_n \leqslant 0.025\sum_{i=1}^{n}\Delta S_i$ 的要求,综合确定本次试验考虑沉井基础底部以下 -62m 深度范围内的土层,包括沉井基础底部以下主要的软弱粉质黏土层。

4.2　测点布置

4.2.1　沉井基础的沉降监测

试验过程中,通过在沉井基础的承台表面上部布置激光位移器,获取沉井基础底部土体的沉降变化曲线,沉降监测点布置如图8所示。其中,1号和2号测点使用HG-C1100型激光传感器,量程为100mm ±35mm;3号和4号测点使用HG-C1200型激光传感器,量程为200mm ±80mm。

4.2.2　沉井基础底部土体的土压力监测

该沉井基础底部以下7m处分布一层厚约12m的粉质黏土层,由于该层土承载力是该沉井基础关注的一个问题,因此试验中土压力传感器布置在这层土的表面和中部区域。试验中使用量程为2MPa土压力传感器12个,分两层布置于沉井周边位置;使用量程3MPa的土压力传感器2个,布置于该土层的中部位置。土压力监测点布置如图9所示。

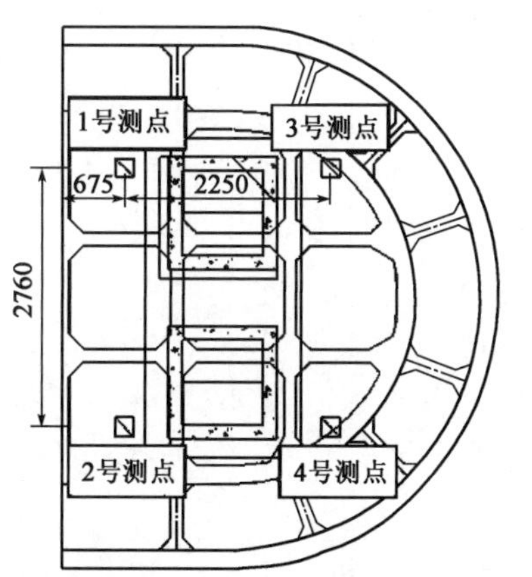

图8　沉降监测点布置图(尺寸单位:cm)

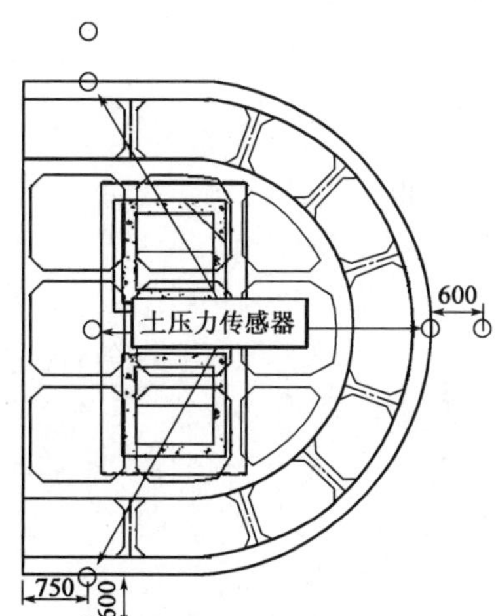

图9　土压力监测点布置图(尺寸单位:cm)

4.3　试验加载

4.3.1　试验加载方案

离心机模型试验加载装置系统主要由模型箱上部的框架、加载横梁、置于横梁上的加载机构和控制器组成。该加载系统可根据需要设置分级加载级数,并实现对高离心环境下模型的自动化加载。本次试验依据主航道桥梁关键节点工期表,经换算得到模型加载参数,并按分段荷载施加的方式进行模型试验的加载,设置每级荷载大小。荷载施加结束后,观察测力传感器读数的大小及位移情况,待读数稳定后,记录下稳定数值,再施加下一级荷载,以此类推,直到荷载施加完毕。

4.3.2 试验过程

(1)试验模型制作完成后,将模型箱吊入离心机吊篮并放置妥当,安装加载横梁及加载装置等相关附属配件,完成接线及传感器清零工作,准备启动离心机,开始试验。

(2)以 20*g* 为一级,分级加载至 150*g*,稳定运行 10min(相当于原型 156d),以还原土体的应力状态。观察各个位移传感器的读数变化,使趋于稳定之后开展加载试验。

(3)打开加载系统软件,导入加载数据,实施加载工况,期间在每个施工节点拍照,采集照片图像。

(4)当极限荷载加载完毕后,保存相应试验数据,停机将模型箱吊出,完成试验。

4.4 离心机试验结果分析

4.4.1 沉降监测结果

由离心机模型试验实时监测得到沉井基础在施工期的荷载-沉降曲线。由于上部结构施工对沉井基础的加载主要是竖向加载,4 个沉降监测点观测的沉降偏差非常小,因此,这里采用 4 个沉降监测点的平均值来代表沉井基础的整体沉降,如图 10 所示。图 10 中桥梁结构施工分为 5 个施工段,第 1 阶段为下塔柱施工,工程荷载约为 6.9×10^5kN,对应的基础沉降为 6.38mm,属于缓慢下沉阶段;第 2 阶段为中塔柱施工,荷载达到 16.9×10^5kN,对应的基础沉降为 58.26mm;第 3 阶段为上塔柱施工,荷载达到 18.7×10^5kN,对应的基础沉降为 110.75mm,沉井基础急剧下沉,是下沉速度最快的阶段;第 4 阶段为主梁施工,荷载达到 24.5×10^5kN,沉井基础下沉速度较上塔柱施工阶段有所缓慢,对应的基础沉降为 209.46mm;第 5 阶段是附属结构施工,荷载达到 28.01×10^5kN,沉井基础下沉速度基于平缓,对应的基础沉降为 226.25mm。可以看出,沉井整体沉降随着荷载的增加而逐渐增加,变化趋势大致可分为缓慢增大、急剧变形、趋于平稳 3 个变形阶段,其中上部荷载施工至中塔柱为缓慢增长阶段,中塔柱至主梁施工为急剧变形阶段,主梁至附属结构施工为趋于平稳阶段。

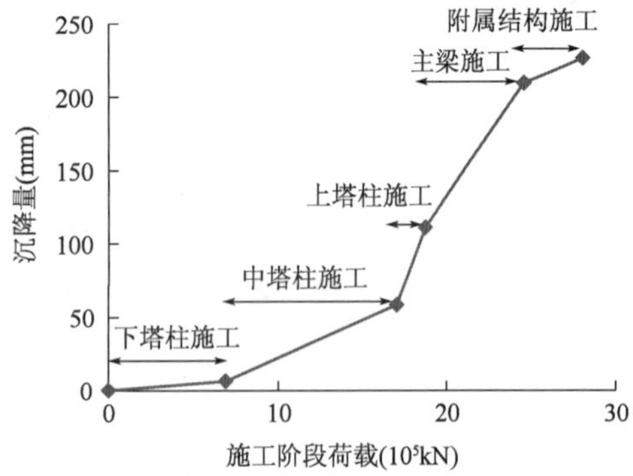

图 10 施工期关键节点的地基土体沉降变形

4.4.2 土压力监测结果

土压力监测结果如图 11 所示,图中试验值是离心机模型试验过程中的土压力监测值,计算值为在粉质黏土层中部位置依据实际地层深度计算得到的土压力值。沉井基础和土体的综合重度取为 20kN/m^3,这里计算值没有考虑沉井基础底部至黏土层应力扩散的影响。

从图 11 中可以看出,在施工期阶段,随着沉井基础上部工程荷载不断增加,黏土层中部位置测到的土压力也逐渐增大。沉井底部粉质黏土层计算值比试验监测值稍大,计算值随工程荷载增大基本为线性增加,在桥梁下塔柱施工阶段土压力试验值变化很小,而随着中塔柱施工完毕,土压力试验值基本呈线性增长趋势,与计算值变化规律一致。在施工阶段的沉降计算值比试验值偏大,可能是由于在计算中没有考虑沉井基础顶部荷载至沉井底部粉质黏土层中部位置的应力扩散影响,导致计算得到的土压力值偏大。

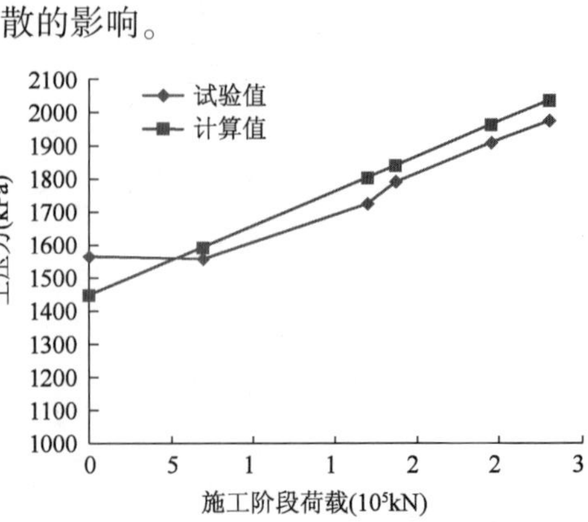

图 11 土压力监测结果

4.5 沉降对比分析

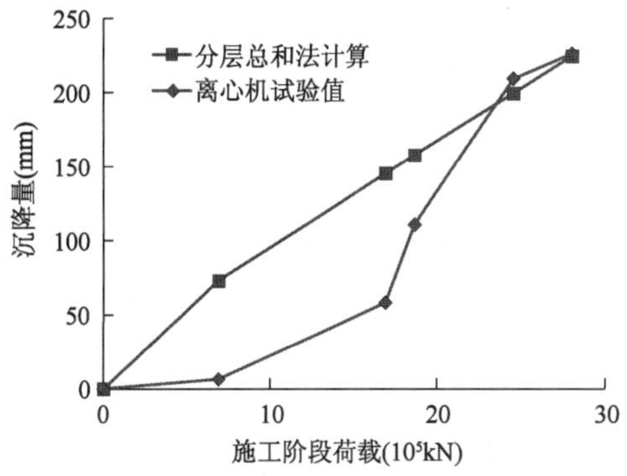

图12 施工阶段沉降变形曲线

图12所示为采用规范分层总和法和离心机模型试验分别对沉井基础在上部结构施工过程中的沉降变形曲线图。由图12可见,在施工荷载施加完毕时,两者得到的沉降量基本一致,约为225mm。采用分层总和法计算得到的沉降量随工程荷载的施加基本为线性增长。而离心机试验结果表明,沉井在上部结构施工阶段的沉降可分为缓慢增长、急剧变形、趋于平稳3个变形阶段,这主要是和沉井底部土体的剪切变形破坏特征有关。已有的研究表明[5-6]:对于砂土,松砂随着偏应力增大,砂土逐渐密实而出现应变硬化现象,而密砂则随着偏应力增大至峰值后出现应变软化现象,不管是松砂还是密砂,在高围压下都会出现剪缩现象。应变软化是一个不稳定的过程,是砂土颗粒进行位置重新排列平衡的过程,本质上是砂土颗粒之间的咬合由于应力的增加受到破坏的结果。对于黏土,其摩擦强度要比砂土复杂,除了由于相互移动和咬合作用所引起的摩擦强度外,黏土本身的黏聚力对摩擦强度影响也较大。黏聚力不仅与胶结物质的强度有关外,而且还会随着时间的推移而强化。离心模型试验使用的是重塑土而不是原状土,密度相同的重塑土与原状土的抗剪强度往往有较大差别,而且沉积年代越老的土,强度越高。

本工程沉井基础实际地层中,沉井底部以下7m为砂土层,随后12m为粉质黏土层。从试验变形曲线可看到,在中塔柱施工完毕之前,由于外荷载的施加沉井底部土体进一步密实并逐渐达到峰值强度,因此,沉井整体表现为缓慢增长的变形趋势;中塔柱至主梁施工阶段,土体随着偏应力增大则整体表现为应变软化的特征,因此,沉井整体表现为急剧变形特征;在附属结构施工过程中,局部土体重新进入新的平衡状态,从而在3.5×10^5kN的外部荷载下沉井表现为平稳变形趋势。

在工程荷载施加完毕时,采用分层总和法计算的沉降量为224.65mm,离心机模型试验得到的沉降量为226.25mm,两者得到的沉降量基本一致,可见,该主墩沉井基础在桥梁施工期的总沉降量约为225mm。

5 结语

(1)采用规范分层总和法和离心机模型试验对桥梁施工阶段超大沉井基础位于-65m时的沉降变形进行了研究,两者得到的总沉降值基本一致。预测该沉井基础在上部桥梁结构施工完毕时的沉降量约225mm,沉井终沉位于-65m能够满足沉井基础整体变形控制要求。

(2)采用规范分层总和法进行深部土体沉降分析时,土体压缩模量是其关键参数,若采用常规100~200 kPa应力段的压缩模量值,则计算得到的沉降值明显偏大。经离心机模型试验验证,土体压缩模量采用土体实际压力段计算地基沉降量比较合理。

(3)采用规范分层总和法得到的沉降变形随上部结构施工过程呈现线性增长的趋势,而离心机模型试验结果则表明,沉井在上部结构施工阶段的沉降分为缓慢增长、急剧变形、趋于平稳3个变形阶段。这主要与沉井底部土体的剪切变形破坏特征有关,在施工过程中,沉井底部土体对应经历了土体进一步密实阶段、应变软化阶段、重新平衡阶段的变化过程。

参考文献

[1] 谭国宏,肖海珠,杜勋,等.大跨度公铁合建斜拉桥主塔沉井基础沉降变形分析[J].岩土力学,2019,40(3):1113-1120.

[2] 国家铁路局.铁路桥涵地基和基础设计规范:TB 10093—2017[S].北京:中国铁道出版社,2017.

[3] 交通运输部. 公路桥涵地基与基础设计规范:JTG 3363—2019[S]. 北京:人民交通出版社股份有限公司,2020.

[4] 赵明华. 土力学与基础工程[M]. 4 版. 武汉:武汉理工大学出版社,2014.

[5] 卢廷浩. 土力学[M]. 北京:高等教育出版社,2014.

[6] 李广信. 高等土力学[M]. 北京:清华大学出版社,2018.

[7] 赵明志,罗强,蒋良潍,等. 基于标准压缩模量和液限推求地基土全压力段压缩模量的分析方法[J]. 岩土力学,2015,36(7):2073-2080,2004.

[8] 周翠英,林春秀,林鲁生,等. 外荷载作用下软土压缩模量的动态演化规律研究[J]. 岩土力学,2010,31(7):2040-2044.

[9] 黄雄,郭玉华,区少凤. 土的压缩模量随荷载的变化规律分析[J]. 水运工程,2013(7):95-99.

[10] 陈福江,马建林,朱林,等. 考虑压缩模量深度效应的深厚软土桩基沉降计算[J]. 岩土力学,2012,33(S2):167-172.

[11] 冯振,殷跃平. 我国土工离心模型试验技术发展综述[J]. 工程地质学报,2011,19(3):323-331.

[12] 包承纲. 我国岩土离心模拟技术的应用与发展[J]. 长江科学院院报,2013,30(11):55-66,71.

[13] W W NG CHARLES. The state-of-the-art centrifuge modelling of geotechnical problems at HKUST[J]. Journal of Zhejiang University- Science A(Applied Physics & Engineering),2014,15(1):1-21.

[14] 刘宏,张倬元,韩文喜. 用离心模型试验研究高填方地基沉降[J]. 西南交通大学学报,2003,38(3):323-326.

[15] 邹祖银,蒋关鲁,朱占元. 基于离心机模型试验的非饱和土地基沉降特征分析[J]. 防灾减灾工程学报,2014,34(1):67-72.

[16] 张崇磊,刘琪,李丞,等. 高速铁路强夯地基沉降的离心模型试验研究[J]. 铁道标准设计,2019,63(2):19-25.

[17] 刘守华,蔡正银,徐光明,等. 超深厚吹填粉细砂地基大型离心模型试验研究[J]. 岩土工程学报,2004,29(6):846-850.

[18] 张军辉,黄湘宁,郑健龙,等. 河池机场填石高填方土基工后沉降离心模型试验研究[J]. 岩土工程学报,2013,35(4):773-778.

[19] 住房和城乡建设部. 建筑地基基础设计规范:GB 50007—2011[S]. 北京:中国计划出版社,2012.

[20] 国家铁路局. 铁路桥涵地基和基础设计规范:TB 10093—2017[S]. 北京:中国铁道出版社,2017.

基于压缩试验曲线的 HSS 模型参数优化

董学超[1,2],王水林[1],郭明伟[1],马　欢[1]

(1. 中国科学院武汉岩土力学研究所 岩土力学与工程国家重点试验室,湖北武汉　430071;
2. 中国科学院大学,北京　100049)

摘　要　讨论了小应变土体硬化模型(HSS 模型)及其参数取值的一般方法。选取 8 组代表性土体(4 组不同孔隙比黏土和 4 种级配不同砂土)物理力学参数,采用 PLAXIS 3D 软件,对土体压缩过程进行了模拟,通过比较模拟曲线与压缩应力-应变试验曲线,对模型中固结试验参考切线模量 E_{oed}^{ref} 和与模量应力水平相关的幂指数 m 进行了优化。优化结果表明,压力 100~200kPa 段的压缩模量($E_{s1\text{-}2}$)可以作为固结试验参考切线模量 E_{oed}^{ref},参数 m 宜通过压缩应力-应变试验曲线进一步细化。

关键词　小应变土体硬化模型;PLAXIS 3D;压缩试验;参数优化

Parameters Optimization of HSS Model Based on Compression Test Curves

DONG Xue-chao[1,2], WANG Shui-lin[1], GUO Ming-wei[1], MA Huan[1]

(1. State Key Laboratory of Geomechanics and Geotechnical Engineering, Institute of Rock and Soil Mechanics, Chinese Academy of Sciences, Wuhan Hubei 430071, China;
2. University of Chinese Academy of Sciences, Beijing 100049, China)

Abstract　The HS-Small model (HSS model) and its general rules of determining material parameters are discussed. 8 sets of soil specimens (4 clayey soils with various void ratios and 4 sands with various granular compositions) and their parameters are selected. Compression tests of the soil specimens are modeled by means of finite element code PLAXIS 3D, and two basic parameters for soil stiffness, i. e., tangent stiffness for primary oedometer loading (E_{oed}^{ref}) and power for stress-level dependency of stiffness (m), are optimized after the comparison of curves by compression tests with those by numerical simulation. The study shows that modulus of compressibility ($E_{s1\text{-}2}$) between pressures 100kPa and 200kPa can substitute E_{oed}^{ref} and that power for stress-level dependency of stiffness (m) should be refined by compression test results.

Keywords　HSS model; PLAXIS 3D; compression tests; parameter optimization.

基金项目:政府间国际科技创新合作重点专项(2018YFE0100100)。

第一作者简介:董学超,男,1996 年生,硕士,主要从事岩土力学方面的研究工作。

通信作者:王水林,男,1965 年生,博士,研究员,主要从事岩土力学和边坡工程稳定性分析方面的研究工作。

1 引言

数值分析适用性强,能够模拟各类岩土体的力学过程,尤其适合分析规模较大、结构复杂、条件多样的工程问题并对工程行为进行预测[1],在岩土工程中得到了广泛应用。为保证数值计算结果的可靠性,需要选择合适的计算本构模型和模型参数。

土体硬化模型(Hardening Soil 模型,简写为 HS 模型)由 Schanz 等[2]提出,具有反映土体压硬性、剪胀性,区分加卸载刚度,同时考虑剪切硬化和压缩硬化等优点,能够很好地体现土体在三轴试验和固结试验中的力学特性,特别是土体刚度对应力路径的依赖性。Benz[3]于 2007 年在 HS 模型的基础上提出小应变土体硬化模型(HSS 模型)。HSS 模型完全继承了 HS 模型的优点,并且引入小应变参数,考虑了土体小应变刚度的非线性变化特征,适用于不同种类的土体,相对全面地反映土体的工程特性。近些年,不少工程问题[4-7]采用 HSS 模型进行计算分析,得到的计算结果与监测数据有较好的可比性。

HSS 模型参数多,对具体工程而言,全部参数由试验方法获得有时困难较大,通常通过以下三种途径[8]得到 HSS 模型参数:试验方法(室内试验和现场试验),根据工程经验赋值或由相似工程类比选取,利用监测数据进行反分析。试验方法通常成本较高、周期长,数据相对可靠;工程比选需要有类似工程进行参考;反分析方法更适合有监测数据(如应力、位移等)且监测量对反演参数敏感的情形。三种方法各有利弊,可以配合使用,取长补短。

土样压缩试验是工程中最为常见的试验之一,用来反映土体压缩特性,可以获取不同压力段的土体压缩模量及其相关力学参数。本文选取 8 组不同类型土体压缩曲线,结合 HSS 模型参数取值工程经验,利用 PLAXIS 3D 软件建立有限元模型,模拟土样压缩过程,得到对应的应力-应变曲线,并与试验曲线进行比较;分析 HSS 模型参数敏感性,以试验数据为参考,对敏感性较强的参数进行优化,以期通过压缩试验数据得到更符合研究土体力学特性的 HSS 模型参数。通过比较试验曲线与优化后的 HSS 模型参数对应的模拟曲线,说明本文基于压缩试验曲线的优化研究是有效的,可为 HSS 模型参数选取和应用提供指导。

2 HSS 模型参数选取方法

HSS 模型有 13 个参数,包括 7 个与刚度有关的参数,即三轴固结排水剪切试验的参考割线模量 E_{50}^{ref}、固结试验参考切线模量 $E_{\mathrm{oed}}^{\mathrm{ref}}$、三轴固结排水卸载-再加载试验参考模量 $E_{\mathrm{ur}}^{\mathrm{red}}$、与模量应力水平相关的幂指数 m、卸载再加载泊松比 v'_{ur}、参考应力 p^{ref}、正常固结条件下的侧压力系数 K_0^{nc};4 个与强度有关的参数,即有效黏聚力 c'、有效内摩擦角 φ'、剪胀角 ψ、破坏比 R_f;2 个小应变参数,即小应变阶段的参考剪切模量 G_0^{ref}、割线剪切模量 G_s 下降至 $0.722G_0^{\mathrm{ref}}$ 时对应的剪切应变 $\gamma_{0.7}$。除了 HSS 模型自身特有的两个小应变参数外,其余 11 个参数与 HS 模型参数完全相同。

通过系统的室内试验(如三维固结排水剪切试验、三轴固结排水卸载-再加载试验、固结试验)或原位试验(如静力触探、动力触探),并采用统计方法对大量试验数据进行分析,可以直接获取包括刚度参数(E_{50}^{ref}、$E_{\mathrm{oed}}^{\mathrm{ref}}$、$E_{\mathrm{ur}}^{\mathrm{ref}}$)在内的模型所需参数。但是,仅采用试验方法通常涉及时间和成本等问题。借助适量的试验数据,参考同类工程相关参数取值,并利用反分析方法,通过对某些监测结果(如沉降、应力等)进行反演优化,是一种行之有效的取得满足工程所需参数的方法。一些学者在该方面做了很好的尝试[9-11]。

文献[12]对土体试验和反分析计算得到的刚度参数进行了归纳总结,研究人员发现三个刚度参数与通常在地质勘察报告中提供的固结试验 100 ~ 200kPa 压缩模量 $E_{\mathrm{s1-2}}$ 具有一定关系,例如:王卫东等[13]利用室内试验方法测得上海地区典型土体的 HS 模型参数为:$E_{\mathrm{oed}}^{\mathrm{ref}} = (0.9 \sim 1.0)E_{\mathrm{s1-2}}$,$E_{50}^{\mathrm{ref}} = (0.9 \sim 1.3)E_{\mathrm{oed}}^{\mathrm{ref}}$,$E_{\mathrm{ur}}^{\mathrm{ref}} = (4.3 \sim 9.3)E_{50}^{\mathrm{ref}}$;李连祥等[10]对济南地区典型地层 HSS 模型参数进行位移反分析,得到所研究砂土地层 $E_{\mathrm{s1-2}}$: E_{50}^{ref}: $E_{\mathrm{oed}}^{\mathrm{ref}}$: $E_{\mathrm{ur}}^{\mathrm{ref}}$ 比值约为 1:1:1:8,砂土和卵石地层其比值约为 1:1:1:3.5 的结论。Brinkgreve[8]亦总结了 E_{oed} 与塑性指数、液限等土体物理指标之间的经验关系,可通过公式转换为 $E_{\mathrm{oed}}^{\mathrm{ref}}$[14]。在实际工程中,可以根据工程土体的所属地区、深度、种类和性质等,参照已有工程进行参

数比选。

Janbu[15]等研究发现，对于粉土和砂土，参数 m 一般可取为0.5，对于黏性土，m 因土体性质差异可取0.5～1.0；Benz[3]列出了部分土体HSS参数建议值，其中砂土 m 介于0.5～0.75，而黏性土 m 介于0.7～0.9；Brinkgreve[8]对多个工程的参数进行总结，发现 v'_{ur} 变化范围大致为0.1～0.25，为方便起见，在工程计算中，v'_{ur} 一般取PLAXIS软件默认值0.2；p^{ref} 均采用PLAXIS软件默认值，取为100kPa；K_0^{nc} 取值一般根据GAO D Z等[16]的研究成果，利用经验公式 $K_0^{nc}=1-\sin\varphi'$ 计算求得，也有学者[17]总结出不同土体 K_0^{nc} 的取值范围，可以参考采用。

强度参数 c'、φ' 通常通过室内试验获取；ψ 很难由试验测得准确数值[18]，通常采用Bolton[19]总结的经验公式计算：

$$\psi=\begin{cases}\varphi'-30 & (\varphi'\geqslant 30)\\ 0 & (\varphi'<30)\end{cases} \tag{1}$$

R_f 可由室内试验测得，国内学者[13,18,20]大量的试验研究表明，不同土体 R_f 取值多位于0.9附近，《PLAXIS材料手册》建议 R_f 取0.9.

小应变参数 G_0^{ref} 和 $\gamma_{0.7}$ 可通过土体动三轴试验测得，在没有条件开展土体动力试验的情况下，小应变参数通常根据经验赋值。Hardin等[21]总结了小应变初始剪切模量 G_0 及 $\gamma_{0.7}$ 的经验公式，其中 G_0 可以换算成 G_0^{ref}。根据研究人员[22-25]对小应变参数的试验和反算结果，Benz[3]建议 $\gamma_{0.7}$ 取 $(1\sim2)\times10^{-4}$，G_0^{ref} 取 $(1\sim2)E_{ur}^{ref}$。

3 压缩试验曲线对比

通过压缩试验得到的载荷与变形曲线(或对应的竖向应力-竖向应变曲线)不仅可以用来衡量土体压缩特性[26]，而且反映了土体的力学性质。通过压缩试验，可以获取土体的部分力学参数；反过来，用获取的力学参数与相应的本构关系，应该能描述对应的土体力学行为。

在PLAXIS 3D软件中，HSS模型考虑了土体刚度随应力变化而变化的特征，这一点与土体试验曲线形态是一致的。采用得到的HSS模型力学参数，通过PLAXIS 3D软件建立与试验条件完全相同(包括试样形状、尺寸、边界条件和加载过程等)的有限元模型，可以模拟土样压缩试验过程并得到相应的压缩变形曲线。

表1给出了某工程黏土层的物理力学参数，材料参数 c'、φ' 以及土体重度 γ 由试验获取，E_{oed}^{ref} 取值为100～200kPa对应压缩模量 E_{s1-2}；依据工程经验，E_{oed}^{ref}、E_{50}^{ref}、E_{ur}^{ref} 和 G_0^{ref} 之间的关系为 $E_{oed}^{ref}:E_{50}^{ref}:E_{ur}^{ref}:G_0^{ref}=1:1:5:5$；对于粉土和砂土，$m$ 取0.5，对于黏性土，m 取0.8；v'_{ur} 与 p^{ref} 取软件默认值：$v'_{ur}=0.2$，$p^{ref}=100$kPa；$K_0^{nc}=1-\sin\varphi'$；ψ 采用Bolton总结的经验公式(1)进行计算；R_f 取0.9；$\gamma_{0.7}=2\times10^{-4}$。

2号土样数值模拟计算参数 表1

材料参数	HSS 模型	M-C 模型
E_{oed}^{ref}(MPa)	6.47	—
E_{50}^{ref}(MPa)	6.47	—
E_{ur}^{ref}(MPa)	32.36	—
K_0^{nc}	0.65	—
c'(kPa)	51.3	51.3
φ'(°)	20.2	20.2
ψ(°)	0	0
G_0^{ref}(MPa)	32.36	—
γ(kN/m^3)	19.5	19.5
E(MPa)	—	19.42
ν	—	0.3

采用 HSS 模型模拟土体压缩过程,得到了表 1 中参数对应的土体应力-应变曲线(见图 1),为便于比较,图 1 中同时给出压缩试验曲线和采用摩尔-库仑模型(M-C 模型)进行数值模拟得到的应力-应变曲线。在采用 M-C 模型(服从摩尔-库仑屈服准则的理想弹塑性模型)时,变形模量 $E=3E_{s1-2}$。

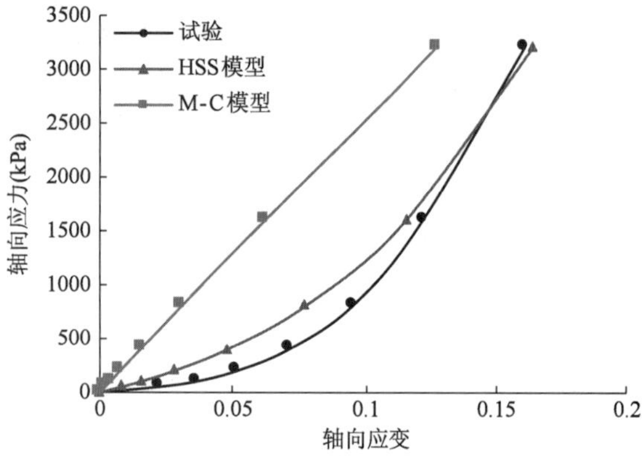

图 1　2 号土样数值模拟压缩应力-应变曲线与试验曲线

从图 1 可以看出,采用 HSS 土体材料模型对压缩试验进行数值模拟,得到的应力-应变曲线形状与试验曲线形状比较相似,随应力增加,应力-应变曲线斜率不断增加,曲线逐渐变陡,说明土体刚度随着压应力增加而不断增大。比较模拟曲线和压缩试验曲线可知,HSS 模型可以较好地反映土体的硬化特性。不同于 HSS 模型,M-C 模型对应的应力-应变曲线为直线,这是由于 M-C 模型中变形模量为定值,因而在进行数值模拟时,得到的压缩应力-应变曲线斜率保持不变。

在采用 M-C 模型对实际工程问题进行数值分析时,为考虑土体不同压力段压缩模量的不同,在计算分析过程中,可结合土体压应力状态调整土体压缩模量,在土体应力较小时选用较小的压缩模量,在土体应力较大时选用较大的压缩模量。例如,在采用 M-C 模型模拟土体硬化过程时,首先确定压缩试验曲线不同压力段对应的压缩模量,然后转换为变形模量,作为不同压应力段的计算输入参数。这种变形模量的调整有一定的主观性,而且在模拟土体硬化特性时相对烦琐。

如前所述,在岩土工程中,通过不同类型的物理力学试验和工程经验等方法获取土体力学参数,并采用合适的本构模型描述研究对象的力学行为。那么,利用获取的力学参数与相应的本构关系,模拟得到的土体应力-应变曲线与试验曲线比较接近的话,说明反映研究对象力学行为的参数与模型和实际情况比较吻合,在采用相应的参数与本构模型研究工程问题时,数值分析的可信度就比较高。

4　参数敏感性分析

表 1 中,γ、c'、φ'和 $E_{\mathrm{oed}}^{\mathrm{ref}}$通过试验得到,$E_{50}^{\mathrm{ref}}$、$E_{\mathrm{ur}}^{\mathrm{ref}}$、$G_0^{\mathrm{ref}}$和 m 依据工程经验取值(大量工程数据的总结),v'_{ur}、p^{ref}、R_{f}和 $\gamma_{0.7}$取软件默认值,ψ 和 K_0^{nc} 采用公式计算得到。这是确定 HSS 模型参数较为常见的方法。图 1 中与参数对应的模拟曲线虽然能描述土体的强化特性,但和试验曲线相比,也有一定的差别。

在部分参数的取值方面,根据不同类型的土体,可以进行优化。

以表 1 中参数作为基准参数,在这一基准上将单个参数依次增大或减小 20%,通过比较 HSS 模型得到的模拟曲线与压缩试验曲线,分析参数调整前后对应力-应变曲线的影响。

借助统计学中的均方根误差(RMSE)衡量模拟曲线与试验曲线之间的差异,RMSE 计算表示式如下:

$$\mathrm{RMSE}=\sqrt{\frac{1}{n}\sum_{i=1}^{n}w_i(y_i-\hat{y}_i)^2} \tag{2}$$

式中:n——从应力-应变曲线中选取 n 个关键点,压缩试验分别以轴向应力为 0kPa、50kPa、100kPa、200kPa、400kPa、800kPa、1600kPa 和 3200kPa 对应的 8 个点作为关键点,依次编号为 $i=1,2,3,\cdots,7,8$;

$\hat{y}_i$——初选参数应力-应变曲线关键点轴向应变值;

y_i——参数调整后关键点对应轴向应变值;

w_i——权重系数,取 1.0。

分析过程中根据 RMSE 大小确定参数敏感性。

注意在侧限压缩试验中,强度参数对应力-应变行为影响微乎其微,因此参数敏感性分析不考虑与强度相关的参数(如 c'、φ'、ψ 和 K_0^{nc}),$p^{\mathrm{ref}}=100\mathrm{kPa}$ 在 HSS 模型中为固定值。

基准参数与调整后的参数对应的 RMSE 如表 2 所示。

参数敏感性分析 表 2

参　数	参 数 值			RMSE	
	基准参数	增大 20%	减小 20%	增大 20%	减小 20%
E_{oed}^{ref}(MPa)	6.47	7.77	5.18	1.32×10^{-2}	1.98×10^{-2}
E_{50}^{ref}(MPa)	6.47	7.77	5.18	1.96×10^{-4}	2.29×10^{-4}
E_{ur}^{ref}(MPa)	32.36	38.83	25.89	1.09×10^{-4}	1.80×10^{-4}
m	0.8	0.96	0.64	1.18×10^{-2}	1.48×10^{-2}
v'_{ur}	0.2	0.24	0.16	9.40×10^{-5}	8.00×10^{-5}
$\gamma_{0.7}$	2×10^{-4}	2.4×10^{-4}	1.6×10^{-4}	7.61×10^{-5}	7.58×10^{-5}
G_0^{ref}(MPa)	32.36	38.83	25.89	2.37×10^{-4}	1.90×10^{-4}

表 2 敏感性分析表明，利用 HSS 模型模拟压缩试验时，单一参数分别增大、减小 20%，与 E_{oed}^{ref} 和 m 对应的 RMSE 较大，远远大于其他参数变化对应的 RMSE。与 E_{50}^{ref} 和 G_0^{ref} 对应的 RMSE 有所减小，其他参数的影响则更小。图 2 给出上述 4 个参数（E_{oed}^{ref}、m、E_{50}^{ref} 和 G_0^{ref}）分别变化对应的压缩曲线，很显然，对压缩试验曲线较为敏感的参数是 E_{oed}^{ref} 和 m，其他参数变化对压缩试验曲线的影响较小。

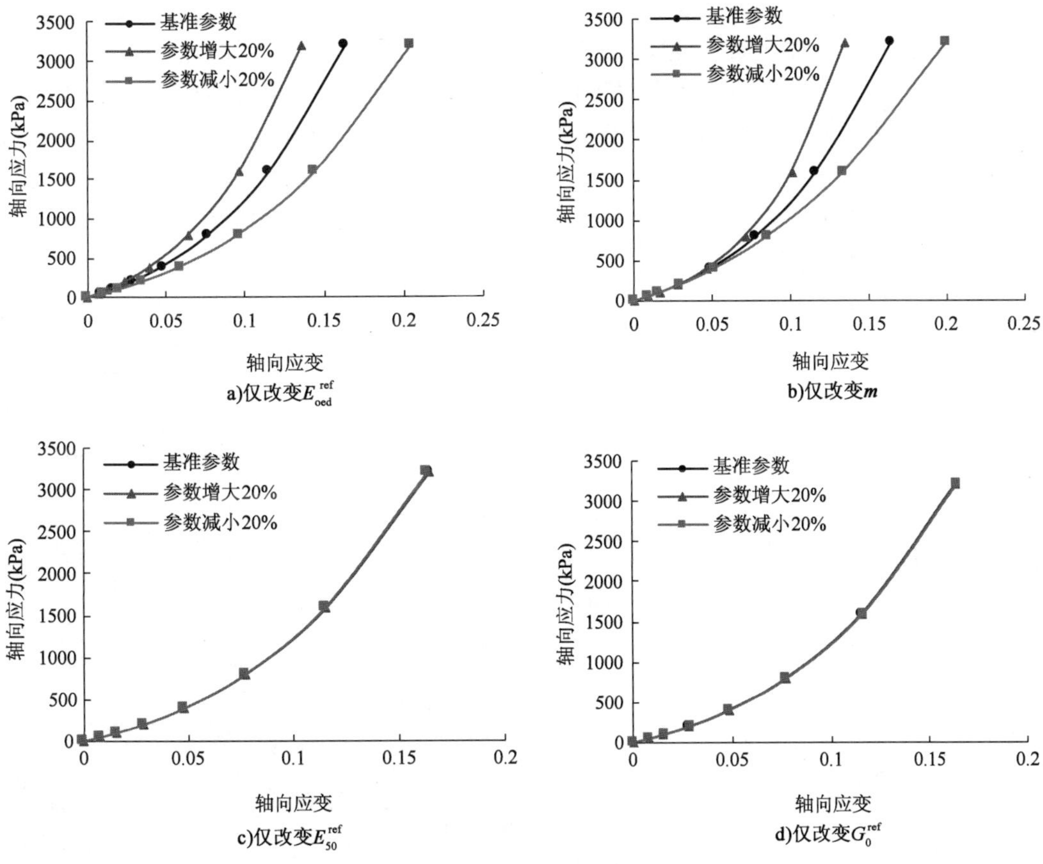

图 2 参数敏感性分析得到的压缩曲线

采用以上敏感性分析方法，对单一参数分别增大和减少 5%、10%、30%、50%、75%、100%（如果某参数增大或减少的比例过大，以至达到取值上下限，则该参数取值对应限值）。参数采取其他增减幅度进行敏感性分析所得结论与增大、减少 20% 时所得结论相同，即对于压缩试验曲线较为敏感的参数是 E_{oed}^{ref} 和 m，其他参数对压缩试验曲线的影响较小。

5 关键参数优化

对 HSS 模型部分材料参数进行的敏感性分析说明,E_{oed}^{ref}和 m 的变化会显著影响压缩应力-应变曲线,可以认为这两个参数是数值模拟压缩试验曲线的关键参数。本节依次对 E_{oed}^{ref}和 m 两个参数进行分析优化,使数值方法得到的模拟曲线与试验曲线更加接近,即使得参数取值与土体的力学行为更加吻合。

5.1 参数 E_{oed}^{ref}优化

E_{oed}^{ref}是压缩试验参考应力为 p^{ref}时的切线模量(p^{ref}一般取值为 100kPa),通过土样压缩试验得到。在此分别考虑 E_{oed}^{ref} 等于压力为 50 ~ 100kPa 对应压缩模量 $E_{s0.5-1}$、100 ~ 200kPa 对应压缩模量 E_{s1-2}、$(E_{s0.5-1}+E_{s1-2})/2$、压缩试验曲线(拟合曲线)轴向应力 100kPa 处切线斜率 E_{s1}这 4 种情况,通过分析比较,选取最优值。其中,$E_{s0.5-1}$与 E_{s1-2}直接由压缩试验数据计算,$(E_{s0.5-1}+E_{s1-2})/2$ 为前两者的均值。E_{s1}的计算如下:选取二次多项式函数拟合压缩试验曲线,函数表示式为 $p=a\varepsilon^2+b\varepsilon^2+c$,$p$ 表示轴向应力,ε 表示轴向应变,a、b、c 为待定系数,曲线拟合误差用判定系数 R^2 表示,二次函数在轴向应力为 100kPa 时的一阶导数即为 E_{s1}。

选择 8 组不同类型的土体,土样选择考虑了孔隙比具有明显差别的 4 组黏土和级配不同的 4 种砂土(即粉砂、细砂、中砂、粗砂),以使计算结果有一定的代表性,土样材料参数见表 3。根据其压缩试验结果拟合出试验曲线,以求得土体参数 E_{s1}。计算过程中发现,轴向应力为 1600kPa 和 3200kPa 两点对曲线拟合影响很大,拟合后曲线轴向应力 100kPa 对应轴向应变与试验结果差异显著,为提高轴向应力 100kPa 附近的曲线拟合精度,在曲线拟合时将轴向应力 1600kPa 和 3200kPa 对应的两点剔除。试验数据拟合系数以及拟合误差 R^2 见表 4,8 条曲线 R^2 均大于 0.995,二次曲线的拟合精度可以接受,通过拟合曲线求得的参数 E_{s1} 可以代表压缩试验曲线轴向应力为 100kPa 时的切线斜率。E_{s1}、$E_{s0.5-1}$、E_{s1-2}和 $(E_{s0.5-1}+E_{s1-2})/2$ 的取值如表 5 所示。

不同土样材料参数 表 3

序 号	土体类型	孔 隙 比	K_0^{nc}	c'(kPa)	φ'(°)	ψ(°)	γ(kN/m³)
1	黏土	0.67	0.68	30.3	18.8	0.0	20.2
2	黏土	0.77	0.65	51.3	20.2	0.0	19.5
3	黏土	0.97	0.72	43.5	16.3	0.0	18.6
4	黏土	0.86	0.70	40.1	17.5	0.0	19.3
5	中砂	0.45	0.34	7.6	41.1	11.1	21.3
6	粗砂	0.68	0.33	3.7	42.1	12.1	19.7
7	细砂	0.47	0.41	4.0	36.5	6.5	21.3
8	粉砂	0.53	0.46	5.9	32.7	2.7	20.9

试验数据拟合系数及拟合误差 表 4

序 号	土体类型	孔 隙 比	a	b	c	R^2
1	黏土	0.67	8.78×10^4	−273.3	12.34	0.9977
2	黏土	0.77	1.02×10^5	−1542	13.1	0.9970
3	黏土	0.97	8.37×10^4	2639	22.05	0.9976
4	黏土	0.86	9.97×10^4	−1082	17.22	0.9960
5	中砂	0.45	7.45×10^5	−2060	14.47	0.9973
6	粗砂	0.68	8.28×10^5	−1521	14.65	0.9977
7	细砂	0.47	3.19×10^5	1946	12.95	0.9981
8	粉砂	0.53	2.58×10^5	796.1	12.15	0.9981

不同土样 E_{oed}^{ref} 取值 表5

序号	土体类型	孔隙比	E_{oed}^{ref} 取值(MPa)				E_{s1} 与 E_{s1-2} 相差百分比(%)
			$E_{s0.5-1}$	E_{s1-2}	$(E_{s0.5-1}+E_{s1-2})/2$	E_{s1}	
1	黏土	0.67	3.95	5.82	4.88	5.55	4.50
2	黏土	0.77	3.50	6.47	4.99	6.16	4.84
3	黏土	0.97	3.96	6.01	4.98	5.75	4.33
4	黏土	0.86	3.46	5.66	4.56	5.85	3.34
5	中砂	0.45	10.26	15.39	12.82	16.10	4.60
6	粗砂	0.68	9.87	16.57	13.22	16.88	1.91
7	细砂	0.47	9.06	10.84	9.95	10.72	1.05
8	粉砂	0.53	8.09	9.45	8.77	9.55	1.07

以所选8组土体进行数值模拟计算，每一组土体的 E_{oed}^{ref} 有4种不同取值，基本材料参数见表3，其他HSS模型参数取值方法与第3节类似。参数 m 按照一般工程经验确定，对于粉土和砂土，$m=0.5$，对于黏性土，$m=0.8$。

通过数值模拟结果与试验曲线对比，最接近试验曲线的一组即为 E_{oed}^{ref} 的优化取值。用RMSE衡量数值模拟结果与试验结果的差异，不同 E_{oed}^{ref} 对应RMSE的计算结果如表6所示。

E_{oed}^{ref} 不同取值对应数值计算结果与试验结果的均方根误差 表6

序号	土体类型	孔隙比	E_{oed}^{ref} 取值			
			$E_{s0.5-1}$	E_{s1-2}	$(E_{s0.5-1}+E_{s1-2})/2$	E_{s1}
1	黏土	0.67	4.26×10^{-2}	8.55×10^{-3}	2.14×10^{-2}	1.13×10^{-2}
2	黏土	0.77	6.67×10^{-2}	8.54×10^{-3}	2.71×10^{-2}	1.09×10^{-2}
3	黏土	0.97	4.27×10^{-2}	3.66×10^{-3}	1.73×10^{-2}	5.19×10^{-3}
4	黏土	0.86	6.58×10^{-2}	1.42×10^{-2}	3.31×10^{-2}	1.19×10^{-2}
5	中砂	0.45	2.38×10^{-2}	6.39×10^{-3}	1.32×10^{-2}	4.80×10^{-3}
6	粗砂	0.68	2.67×10^{-2}	4.51×10^{-3}	1.27×10^{-2}	3.93×10^{-3}
7	细砂	0.47	2.57×10^{-2}	1.59×10^{-2}	2.04×10^{-2}	1.65×10^{-2}
8	粉砂	0.53	2.91×10^{-2}	1.93×10^{-2}	2.38×10^{-2}	1.87×10^{-2}

由表5可知，对所选8组土体，无论土体类型为黏土还是砂土，E_{s1} 与 E_{s1-2} 均比较接近，两者数值差异小于5%。由表6可知，E_{oed}^{ref} 的优化取值为 E_{s1} 或 E_{s1-2}：1、2、3号黏土和7号细砂 E_{oed}^{ref} 优化取值为 E_{s1-2}；4号黏土和5号中砂、6号粗砂、8号粉砂 E_{oed}^{ref} 优化取值为 E_{s1}。无论 E_{oed}^{ref} 取 E_{s1} 还是 E_{s1-2}，计算所得RMSE均小于0.02，且小于其他取值得到的RMSE，由此可见，E_{oed}^{ref} 取 E_{s1} 或 E_{s1-2} 时，模拟所得固结曲线更接近试验曲线。不同 E_{oed}^{ref} 对应的土样压缩试验曲线如图3所示，图中模拟曲线1、模拟曲线2、模拟曲线3和模拟曲线4分别代表土体 E_{oed}^{ref} 取 $E_{s0.5-1}$、E_{s1-2}、$(E_{s0.5-1}+E_{s1-2})/2$ 和 E_{s1} 进行数值模拟所得的压缩应力-应变曲线，各组土样 E_{oed}^{ref} 取 E_{s1} 和 E_{s1-2} 得到的压缩应力-应变曲线非常接近。由此可见，E_{s1} 或 E_{s1-2} 均可作为 E_{oed}^{ref} 的取值。在实际工程中，地质勘察报告直接给出了 E_{s1-2}，为应用方便起见，采用 E_{s1-2} 作为 E_{oed}^{ref} 的取值是可行的。

5.2 优化参数 m

前面对 E_{oed}^{ref} 进行了比选优化，当 E_{oed}^{ref} 等于 E_{s1} 或 E_{s1-2} 时，数值模拟结果与试验曲线的一致性最好，并且两者取值以及计算所得应力-应变曲线都很接近，在工程中，为方便起见，E_{oed}^{ref} 可直接取 E_{s1-2}。

在HSS模型中，参数 m 影响压缩应力-应变曲线的形态。5.1节确定了 E_{oed}^{ref} 的优化取值，本小节基

于此继续对 m 进行优化。在一般工程参数 m 经验取值(粉土和砂土:$m=0.5$,黏性土:$m=0.8$)的基础上,按照 ± 0.05 的增量调整 m 的取值,经过系统的数值分析,得到不同参数 m 对应的 RMSE,对于每组土体,给出与 RMSE 最小值相对应的 m 作为其最优值。各土层优化前后 m 取值和对应 RMSE 数值如表 7所示。

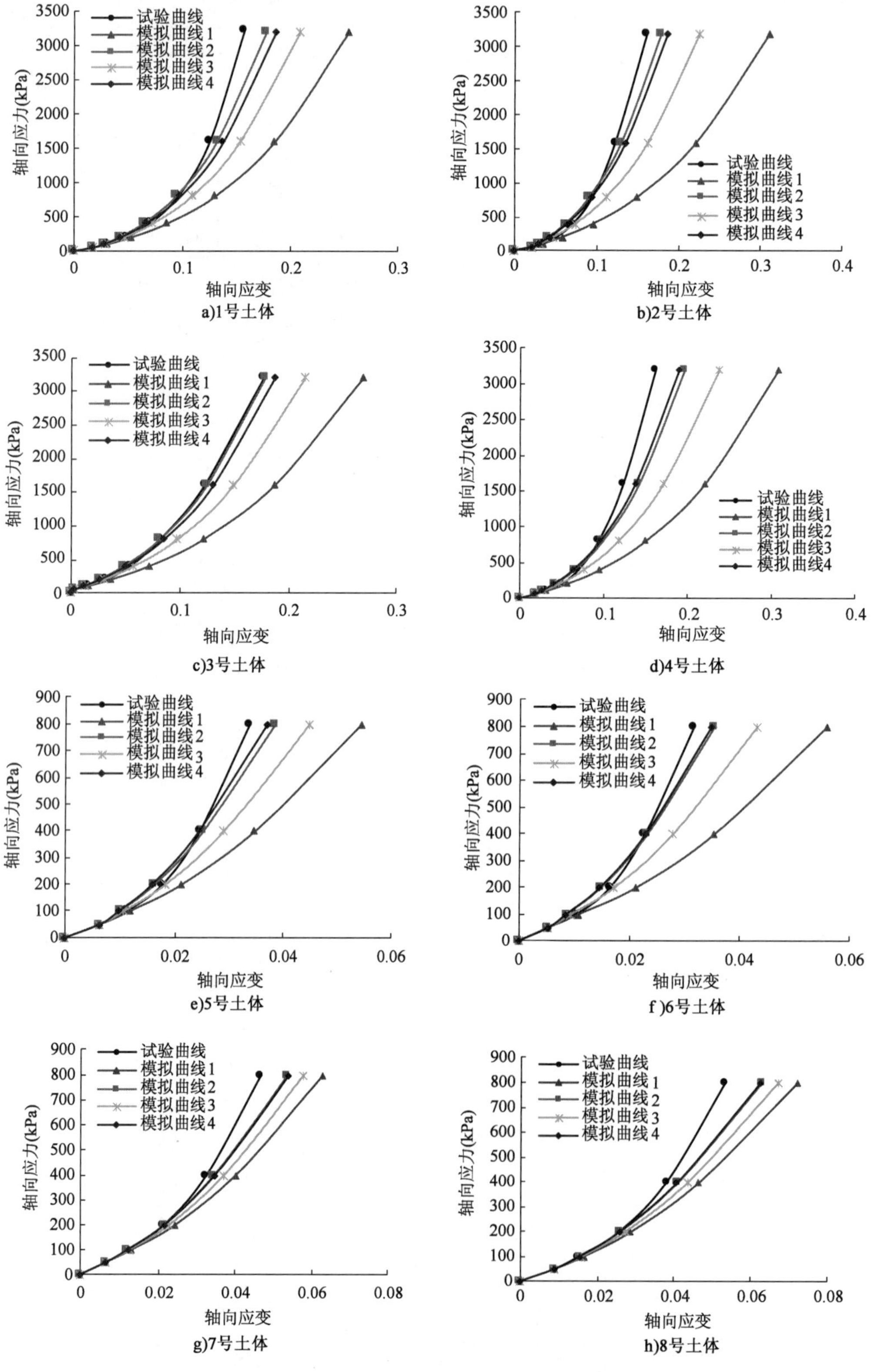

图3 不同土体、不同 E_{oed}^{ref} 取值对应的压缩试验曲线

优化前后 m 取值以及对应 RMSE 数值 表7

序号	土体类型	孔隙比	优化前		优化后	
			m	RMSE	m	RMSE
1	黏土	0.67	0.80	8.55×10^{-3}	0.90	4.64×10^{-3}
2	黏土	0.77	0.80	8.54×10^{-3}	0.85	6.58×10^{-3}
3	黏土	0.97	0.80	3.66×10^{-3}	0.80	3.66×10^{-3}
4	黏土	0.86	0.80	1.42×10^{-2}	0.95	4.83×10^{-3}
5	中砂	0.45	0.50	6.39×10^{-3}	0.60	1.25×10^{-3}
6	粗砂	0.68	0.50	4.51×10^{-3}	0.60	1.41×10^{-3}
7	细砂	0.47	0.50	1.59×10^{-2}	0.75	7.60×10^{-4}
8	粉砂	0.53	0.50	1.93×10^{-2}	0.75	1.17×10^{-3}

图4给出 m 优化前后的模拟曲线和对应的由试验数据绘制的曲线，由此可见，参数 m 优化后，模拟曲线与试验曲线更加吻合。

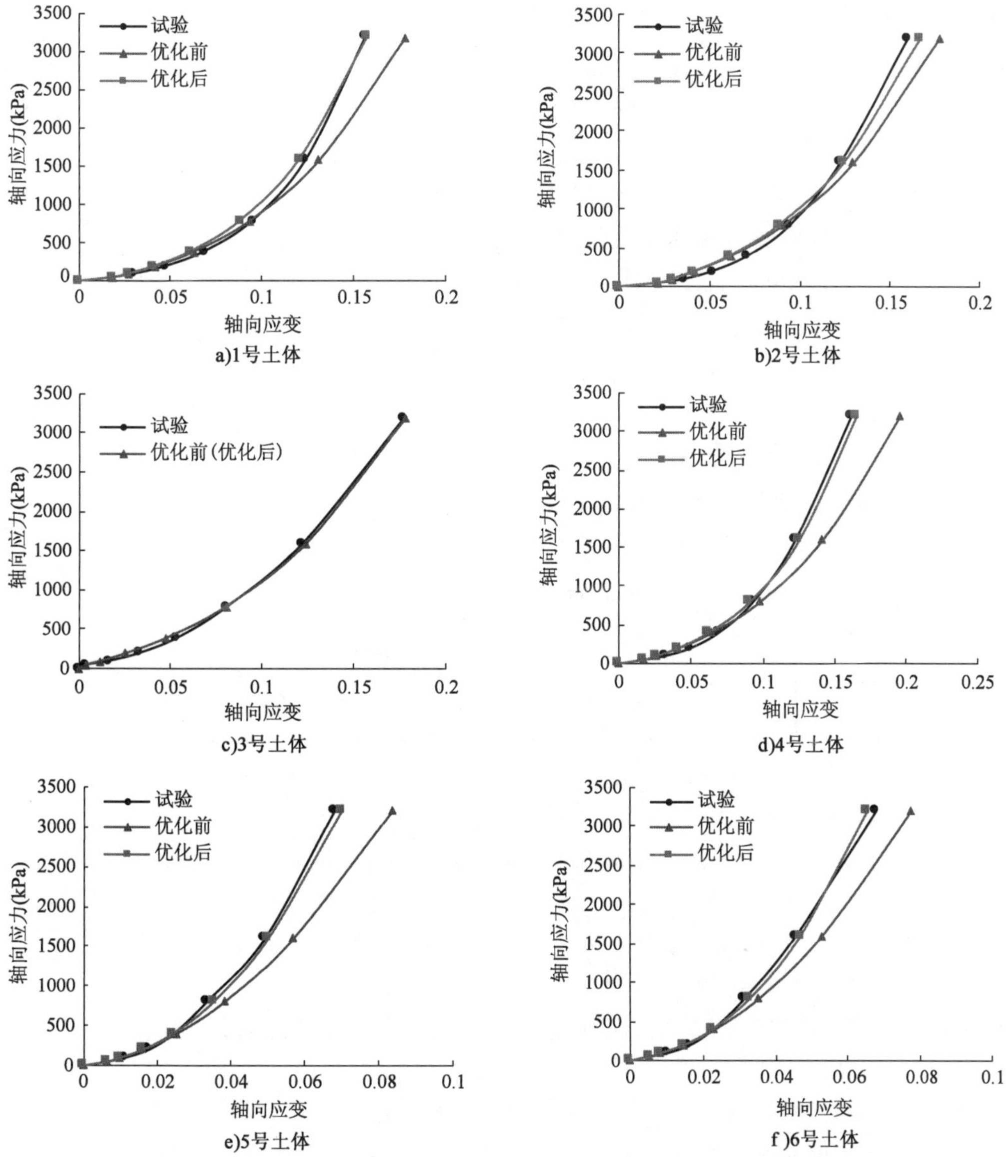

图 4

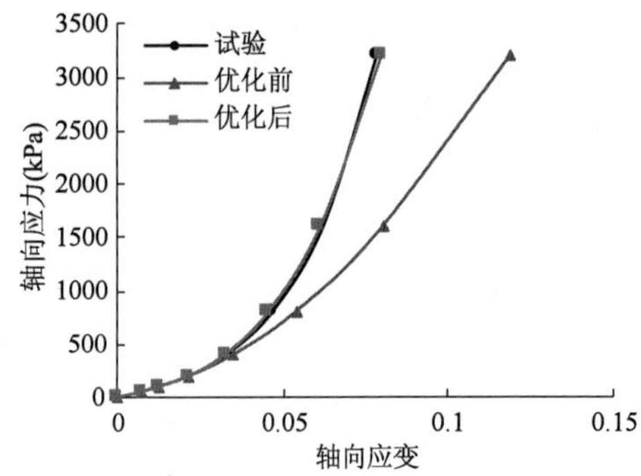

g)7号土体

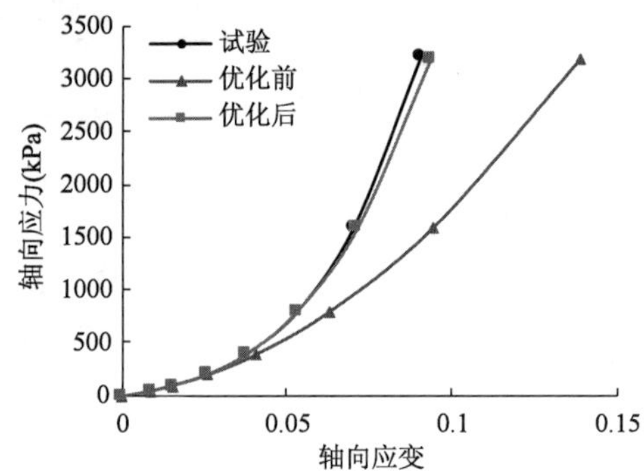

h)8号土体

图4　不同土体 m 优化前后模拟曲线与压缩试验曲线

总结优化后的 m 值发现:所选土样中砂土 m 介于0.6~0.75,黏土 m 介于0.8~0.95,总体而言,砂土的 m 值小于黏土。

6　结语

选择某工程中代表性土体(4组不同孔隙比黏土和4种级配不同砂土),采用HSS模型,对模型参数取值进行了分析。基于压缩应力-应变试验曲线,通过比较模拟曲线与试验曲线,对部分模型参数进行了优化,结论如下:

(1)影响土体压缩应力-应变曲线的相关参数敏感性分析表明,固结试验参考切线模量 E_{oed}^{ref} 和与模量应力水平相关的幂指数 m 对土体压缩行为的影响最大。

(2)以模拟得到的压缩应力-应变曲线和对应试验曲线的吻合度为标准,对 E_{oed}^{ref} 几种取值方法进行了比较,结果表明 E_{s1} 与 E_{s1-2} 非常接近,且 E_{oed}^{ref} 取值为 E_{s1} 或 E_{s1-2} 时模拟结果与试验曲线较为吻合。为方便起见,在HSS模型中,可以选择压缩模量 E_{s1-2} 作为固结试验参考切线模量 E_{oed}^{ref}。

(3)参数 m 直接影响压缩应力-应变曲线的形态,通过比较 m 不同取值对应的模拟曲线,优化了不同土体 m 的取值,是对已有研究成果给出 m 建议值的细化。在应用HSS模型分析相关工程问题时,为较好反映研究对象的变形特性,宜采用比选优化方法确定 m。

参考文献

[1] 蔡美峰, 何满潮, 刘东燕. 岩石力学与工程[M]. 2版. 北京:科学出版社, 2013.

[2] Schanz T, Vermeer P A, Bonnier P G. The hardening soil model: Formulation and verification[C]//In Beyond 2000 in computational geotechnics. Ten Years of PLAXIS International. Proceedings of the international symposium, Amsterdam, March 1999: 281-296.

[3] BENZ T. Small strain stiffness of soils and its numerical consequences[D]. Stuttgart: University of Stuttgart, 2006.

[4] 尹骥. 小应变硬化土模型在上海地区深基坑工程中的应用[J]. 岩土工程学报, 2010, 32(S1): 166-172.

[5] 姜晓婷, 路平, 郑刚, 等. 天津软土地区盾构掘进对上方建筑物影响分析[J]. 岩土力学, 2014, 35(增刊2): 535-542.

[6] 陈磊. 小应变本构模型在留有反压土的基坑开挖变形中的应用[D]. 天津:天津大学, 2014.

[7] 刘畅. 考虑土体不同强度与变形参数及基坑支护空间影响的基坑支护变形与内力研究[D]. 天津:天津大学, 2008.

[8] BRINKGREVE R B J. Selection of soil models and parameters for geotechnical engineering application [C]//Soil Constitutive Models Evaluation, Selection, and Calibration. Austin, 2005.

[9] 王卫东, 徐中华, 王建华. 上海地区深基坑周边地表变形性状实测统计分析[J]. 岩土工程学报, 2011, 33(11):1659-1666.

[10] 李连祥, 刘嘉典, 李克金, 等. 济南典型地层 HSS 参数选取及适用性研究[J]. 岩土力学, 2019, 40(10):4021-4029.

[11] 施有志, 阮建凑, 吴昌兴. 厦门地区典型地层 HS-small 模型小应变参数敏感性分析[J]. 科学技术与工程, 2017, 17(2):100-105.

[12] 时振兴. HSS 模型在基底为花岗岩残积土的基坑开挖分析中的应用[D]. 重庆:重庆大学,2017.

[13] 王卫东, 王浩然, 徐中华. 基坑开挖数值分析中土体硬化模型参数的试验研究[J]. 岩土力学, 2012, 33(8):2283-2290.

[14] BRINKGREVE R B J, BROERE W. PLAXIS material models manual[M]. Delft, 2006.

[15] JANBU J. Soil compressibility as determined by oedometer and triaxial tests[C]//Proceedings of the 3rd European Conference on Soil Mechanics and Foundation Engineering. Wiesbaden:[s.n.], 1963.

[16] GAO D Z, WEI D D, HU Z X. Geotechnical properties of Shanghai soils and engineering applications [M]//CHANEY RONALD C. Marine Geotechnology and Nearshore/offshore Structures. Philadelphia: ASTM, 1986.

[17] 黄绍铭, 高大钊. 软土地基与地下工程[M].2 版. 北京:中国建筑工业出版社, 2005.

[18] 周恩平. 考虑小应变的硬化土本构模型在基坑变形分析中的应用[D]. 哈尔滨:哈尔滨工业大学, 2010.

[19] BOLTON M D. The strength and dilatancy of sands[J]. Geotechnique, 1986, 36(1):65-78.

[20] 王卫东, 王浩然, 徐中华. 上海地区基坑开挖数值分析中土体 HS-Small 模型参数的研究[J]. 岩土力学, 2013, 34(6):1766-1774.

[21] HARDIN B O, BLACK W L. Closure to vibration modulus of normally consolidated clays[J]. Journal of the Soil Mechanics and Foundations Division, 1969, 95(SM6):1531-1537.

[22] 董峻豪. 济南万象新天项目地基处理综合应用研究[D]. 济南:山东大学, 2015.

[23] STOKOE K H, DARENDELI M B, GILBERT R B, et al. Development of a new family of normalized modulus reduction and material damping curves[C]//International workshop on Uncertainties in Nonlinear Soil Properties and Their Impact on Modeling Dynamic Soil Response. Berkeley:[s.n.], 2004.

[24] SEED H B, IDRISS I M. Soil moduli and damping factors for dynamic response analysis[R]. California:EERC, 1970.

[25] 梁发云, 贾亚杰, 丁钰津, 等. 上海地区软土 HSS 模型参数的试验研究[J]. 岩土工程学报, 2017, 39(2):269-278.

[26] 李广信. 高等土力学[M]. 北京:清华大学出版社, 2004.

深水桥梁台阶式沉井基础局部冲刷特性研究

闻云呈[1]，王晓航[1]，夏云峰[1]，赵泽亚[1]，成泽霖[1,2]

(1. 南京水利科学研究院，江苏南京　210029；
2. 河海大学港口海岸与近海工程学院，江苏南京　210098)

摘　要　为探究台阶式沉井基础附近局部冲刷的影响，建立三维水动力数学模型，计算分析恒定流下台阶式沉井基础附近水动力特征。基于数值模拟结果设计了8个有效试验工况进行物理模型试验，分别探究了台阶式沉井平台宽度、埋置深度以及挡墙高度对局部冲刷特性的影响并进行讨论。试验结果表明，台阶式沉井局部最大冲刷深度随平台截面宽度比增大逐步减小并趋于稳定；台阶式沉井局部最大冲刷深度随平台埋深比增大而逐步减小最终趋于稳定；台阶式沉井平台处设置较低挡墙对减小沉井周围局部冲刷最大深度有小幅的效果。

关键词　桥梁工程；台阶式沉井；局部冲刷形态；水槽试验

Study on Local Scour Characteristics of Stepped Open Caisson of Deep Water Foundations for Bridge

WEN Yun-cheng[1]，WANG Xiao-hang[1]，XIA Yun-feng[1]，ZHAO Ze-ya[1]，CHENG Ze-lin[1,2]

(1. Nanjing Hydraulic Research Institute, Nanjing Jiangsu 210029, China; 2. College of Harbour, Coastal and Offshore Engineering, Hohai University, Nanjing Jiangsu 210098, China)

Abstract　To investigate the effect of local scour near the stepped open caisson, a 3D hydrodynamic numerical model has been established to simulate and analyze the hydrodynamic characteristics of stepped open caisson with flow. 8 effective cases were carried out by physical experiment basing on the results of numerical simulation. The effects of the width, embedded depth and underwater retaining wall height of stepped open caisson platform on local scour were studied and discussed. The experiment results show that the maximum local scour depth of stepped caisson gradually decreases and tends to be stable with the increase of the ratio of platform section width. The maximum local scour depth of stepped caisson decreases gradually with the increase of platform buried depth ratio, and finally tends to be stable. Setting lower underwater retaining wall of stepped caisson has a small effect on reducing the maximum depth of local scour around open caisson. The results will also provide scientific support for the follow-up design of open caisson.

Keywords　Bridge engineering; stepped open caisson; local scour configuration; flume experiment.

本文由国家重点研发计划项目(2018YFB16004)；江苏水利科技项目(2020002,2020010)基金资助。

作者简介：闻云呈(1979—)，男，正高级工程师，南京水利科学研究院，研究方向为河口海岸泥沙。

1 引言

随着沿江沿海经济带的快速发展,跨江及跨海桥梁成为促进两岸或多区域活动必不可少的交通途径之一。近年来国内外沿海地区跨海桥梁的建设也逐渐成为一种趋势[1]。随着建桥技术的不断创新发展,为适应通航、防洪及环境保护等的需要,大型桥梁建设跨度不断增大,桥梁基础处所水深不断加大,其基础尺寸或桩基打入深度也产生明显变化。沉井基础由于其可埋置深度大、整体性强、稳定性好以及承载面积较大等优点,目前已广泛用作大型跨江跨海桥梁的基础[2-4]。目前在建的常泰过江通道已考虑上述优点并将台阶式沉井应用于主桥墩基础,建成后常泰长江大桥将成为世界上最大跨度的斜拉桥。

桥墩基础尤其是大型深水桥梁基础的建设势必引起其附近水流结构的改变,可能引起不同形式的冲刷而造成桥梁水毁等风险[5]。因此,对桥梁基础局部冲刷机理进行研究以及对桥梁基础进行预先的防护十分必要,尤其对于复杂水动力环境下的大型深水桥梁基础。目前桥墩局部冲刷主要研究方法包括现场观测[6]、物理模型试验[7-8]和数值模拟试验[9],模型试验和数值模拟相结合的研究方法也较为普遍[10-11]。

卢中一和高正荣[12]通过物理模型试验对大型沉井基础的冲刷防护进行研究。孔燕等[13]通过水槽模型试验研究上游输沙率变化对水中沉井基础局部冲刷的影响。杨程生等[14]通过水槽模型研究了施工期沉井附近水流流速分布特征以及下局部冲刷深度问题。孙明祥[15]针对波流作用下的大型沉井局部冲刷特性进行了研究。目前相关研究大多关注一般沉井结构条件下、不同水流环境下的沉井附近水动力特性及局部冲刷特性,针对台阶式新型结构的沉井研究较少,特别是对于不同台阶伸出长度、不同沉井顶面埋深条件下的最大冲刷深度和冲刷坑形态等研究较少。

常泰长江大桥位于长江下游扬中河段中下段,桥梁跨越录安洲左右汊及天星洲左汊出口夹槽,主航道桥两个主墩位于江中,沉井基础规模大。另外,工程河段河床沙细易动,落潮水流动力强,主墩处水深达到20m以上,沉井基础在施工期及运营期间周围易产生局部冲刷,直接影响桥梁工程结构安全。基于上述研究现状以及工程实际需求,以常泰长江大桥主墩沉井为研究对象,首先建立三维水动力数学模型,分析台阶式沉井在恒定流下的水动力特性,并以此为基础开展物理模型试验,研究台阶式沉井的平台宽度、平台埋深以及平台挡墙等对局部冲刷的影响,探究各类台阶式沉井的减冲效果。研究成果可为桥梁设计中沉井基础的选择、优化及冲刷防护提供相关技术支撑,也为类似工程提供经验与借鉴。

2 台阶式沉井水动力特性数值模拟

为研究深水台阶式沉井基础冲刷机理,建立三维水动力数值水槽模型,研究恒定流作用下台阶式沉井的三维水动力特性,更好地分析动床模型试验成果。数值水槽总长21.0m,即沉井前长7.0m,沉井后长14.0m;水槽宽7m,模型沉井高0.4m。台阶式原型尺寸:沉井顶面尺寸(横桥向×纵桥向)为77m×39.8m与沉井底面尺寸(横桥向×纵桥向)为95m×57.8m。按照1:70几何比尺缩放,其模型尺寸:上部为1.1m×0.57m×0.28m与下部为1.36m×0.83m×0.12m,具体模型如图1所示。按照1:70几何比尺缩放,模型水动力条件为水深$h = 0.27$m,流速$v = 0.30$m/s。基本控制方程为连续性方程与动量方程,湍流模型采用RNG k-ε湍流模型,相关参数设置见参考文献[16]。

a)正视图　　b)侧视图　　c)俯视图

图1 台阶式沉井模型三视图

恒定流下台阶式沉井基础附近不同水深处流速分布特性如图2所示。沉井附近不同水深处水流流速分布基本呈表层(0.2h)最大、中层(0.4h)次之以及底层(0.9h)最小的分布规律。当水流行至沉井处,沉井迎流面流速快速减小,在底层尤为明显,流速达极小值,说明涡旋主要在沉井头部的中下部发育。水流主要从沉井两侧绕流,流速快速增大,最大流速出现在沉井两侧,约为进口流速的1.6倍。同时在沉井后由于沉井的阻水作用,水流流速减小明显,且呈现强紊动特性。

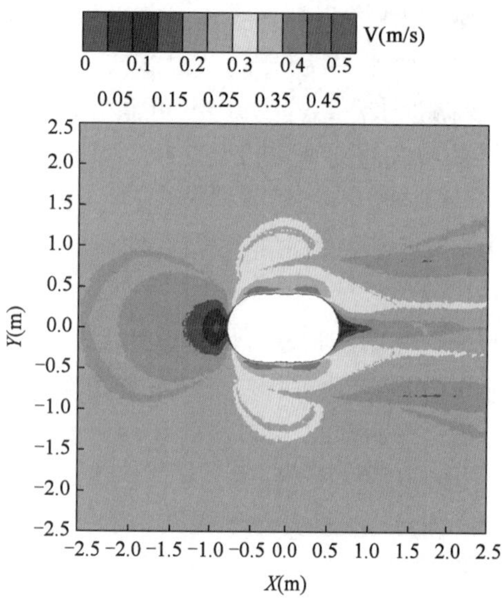

a)0.2***h***

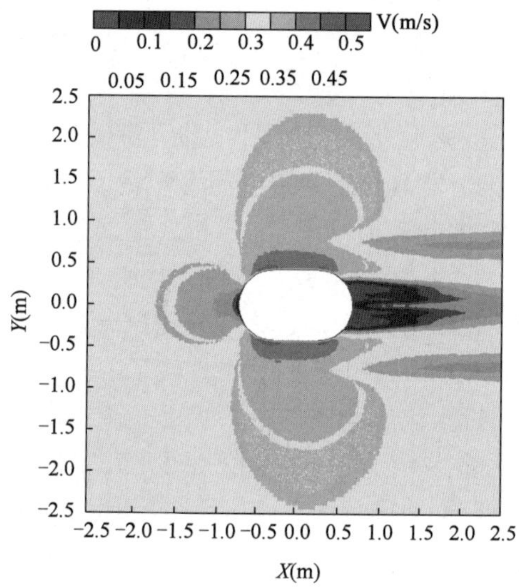

b)0.4***h***

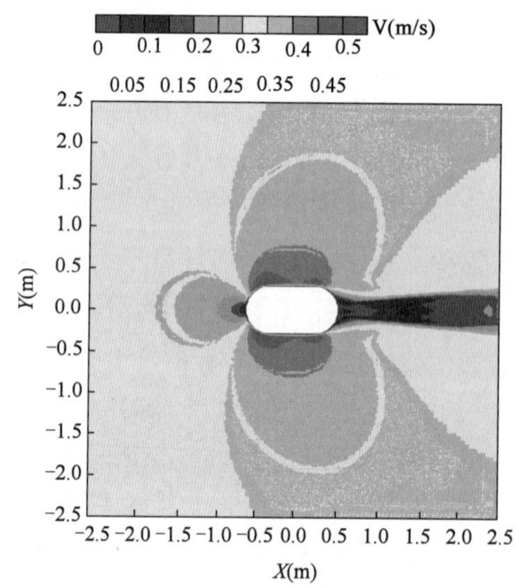

c)0.9***h***

图2　台阶式沉井底层流速分布

图3表示台阶式沉井中心纵向流速分布。当水流行至沉井处时开始出现下潜现象,同时部分阻挡水流在台阶平面集中过流,说明台阶式沉井中下部台阶对下潜水流有一定的阻挡作用,但台阶前也有部分水流下潜,该下潜水流将对下部台阶处床面造成一定的冲刷。因此,台阶式结构应关注对0.4h处以下的下潜水流的消杀作用,并且台阶的伸出宽度也可能会影响消杀水流的效果。图4表示台阶式沉井附近床面切应力分布,最大床面切应力分布在沉井两侧附近,从泥沙起动切应力角度分析可知,主要冲刷部位位于沉井两侧及其侧后方。

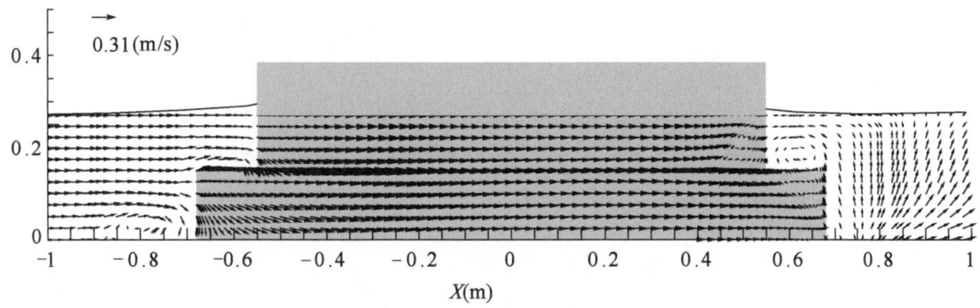

图3　台阶式沉井中心纵向流速分布

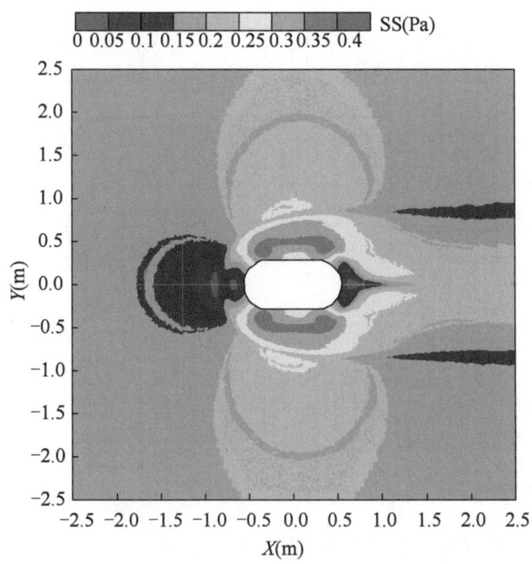

图4　台阶式沉井附近床面切应力分布

3　台阶式沉井局部冲刷物理模型设置

3.1　模型比尺及模型沙选取

为满足研究任务的要求,模型比尺不宜过小,同时考虑试验供水条件、模型沙选取等因素,确定符合相似条件的正态模型比尺为1:70,模型试验比尺见表1。

模型试验比尺　　表1

名　称	符　号	数　值	名　称	符　号	数　值
水平比尺	α_L	1:70	流速比尺	α_v	1:8.4
垂直比尺	α_H	1:70	水流运动时间比尺	α_{t1}	1:8.4
变率	η	1:1			

工程河段地质勘察结果表明,过江通道线位处河床地质主要由粉细砂组成,地层中部分区域存在黏土层,但总体厚度相对较薄、埋深较浅。对本河段进行主槽和沙滩上河床质沙样进行颗粒分析,其中值粒径范围在0.10~0.20mm,平均中值粒径 d_{50} = 0.15mm,原型沙粒径级配曲线见图5。根据以往研究经验,对于局部冲刷底沙模型来说,模型沙选取也不宜过细,过细泥沙易产生絮凝、局部悬扬等不利现象。因此,模型沙采用中值粒径为0.38mm的木粉。模型沙粒径级配见图5。

原型底沙在水深5~20m下起动流速为0.45~0.70m/s。模型流速比尺为1:8.4,根据相似条件要求模型沙起动流速为0.054~0.083m/s。通过模型沙起动流速试验得到,水深0.07~0.29m时模型沙的起动流速为0.06~0.09m/s,可见该种模型沙基本能满足泥沙起动相似要求。

此外,冲刷坑几何形态相似,还应满足模型沙与原型沙水下休止角相等。原型沙水下休止角按张红武天然沙公式(d = 0.061~9mm)计算[17]:

$$\varphi = 35.3d^{0.04} \tag{1}$$

模型沙按天津大学室内试验粒径与休止角关系式(d = 0.2 ~4.37mm)计算:

$$\varphi = 32.5 + 1.27d \tag{2}$$

计算得到原型沙休止角为 32.7°,模型沙中值粒径为 0.38mm,计算得到模型沙休止角为 32.98°,因此可以认为原型沙和模型沙水下休止角基本相似。

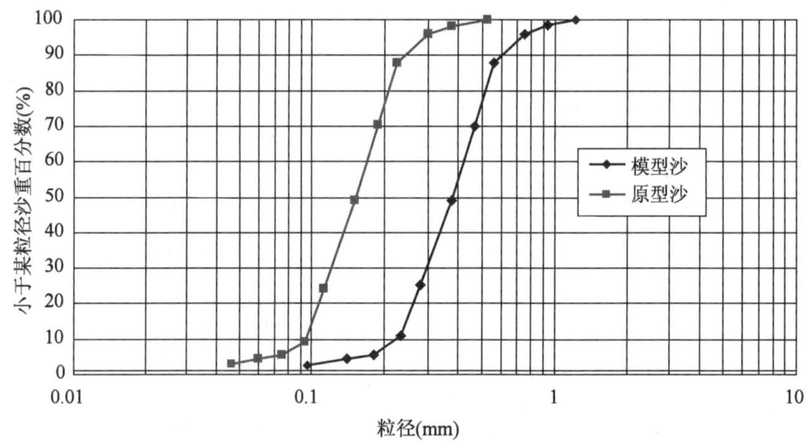

图 5 模型沙和原型沙粒径级配

3.2 模型布置

局部冲刷物理模型试验水槽宽约 7m,长约 35m,如图 6 所示。水槽上游采用变频器自动控制双向泵出水流量,下游通过推拉式尾门跟踪水位。试验回水槽设置溢流口,稳定模型内外水位差,控制双向泵出流稳定性。模型水位采用光栅式水位仪测量,精度可达 0.01mm。水下流速采用小威龙三维流速仪测量。动床地形采用超声地形仪和人工联合测量。

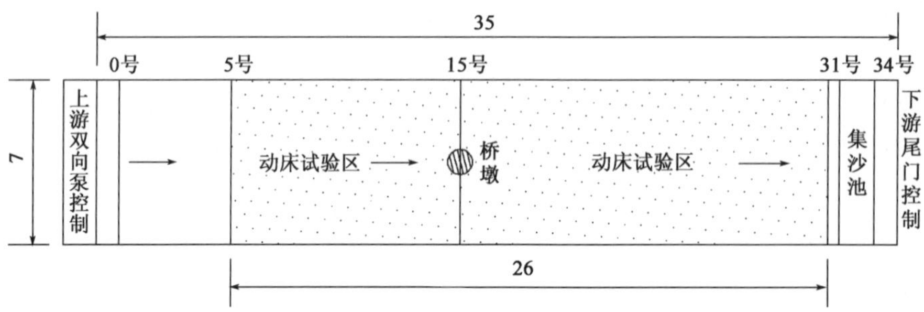

图 6 试验水槽布置示意图(尺寸单位:m)

3.3 试验方案

为了研究台阶式沉井平台宽度、平台埋深、平台挡墙等因素对沉井基础局部冲刷的影响,分别开展 8 个有效试验工况进行物理模型试验研究。其中,对比工况 1、5 和 6(均为无挡墙条件) ,平台截面宽度比 D/d 各不相同,主要研究平台自身宽度的变化对沉井基础附近局部冲刷效果的影响,如表 2 所示,当 D/d = 1 时,上下截面宽度相等,即无台阶沉井。对比工况 1、2、3 和 4(均为无挡墙条件) ,沉井平台埋置于床面下的深度比 s/h 各不相同,主要研究平台埋置深度的变化对沉井基础附近局部冲刷效果的影响,如表 2 所示。动床物理试验前平台布置如图 7 所示。对比工况 1(无挡墙) 、工况 7(较高挡墙,H_{dq}/h = 0.26) 和工况 8(较低挡墙,H_{dq}/h = 0.11) ,主要研究平台挡墙以及挡墙高度变化对沉井基础附近局部冲刷效果的影响,如表 2 所示。

沉井布置方案及各方案模型最大冲深　　表2

工况	水深(m)	流速(m/s)	沉井布置方案	模型最大冲深 H(m)	上截面 d (m)	下截面 D (m)	D/d
1	0.27	0.29	台阶式1,平台低于床面11.4cm	0.405	0.57	0.83	1.45
2	0.27	0.29	台阶式1,平台与床面齐平	0.436	0.57	0.83	1.45
3	0.27	0.29	台阶式1,平台低于床面22cm	0.370	0.57	0.83	1.45
4	0.27	0.29	台阶式1,平台低于床面16.2cm	0.375	0.57	0.83	1.45
5	0.27	0.29	无台阶大沉井	0.462	0.83	0.83	1.00
6	0.27	0.29	台阶式2,平台低于床面11.4cm	0.330	0.57	1.17	2.06
7	0.27	0.29	台阶式1,平台低于床面11.4cm,有挡墙7cm	0.397	0.57	0.83	1.45
8	0.27	0.29	台阶式1,平台低于床面11.4cm,有挡墙3cm	0.382	0.57	0.83	1.45

a)工况1平台低于床面11.4cm

b)工况2平台与床面齐平

图7 动床物理试验前平台布置图

4　台阶式沉井局部冲刷特性

4.1　平台宽度影响研究

通过单因素分析的方法,研究平台宽度的变化对局部冲刷的影响。台阶式沉井局部最大冲深比 H/h 与沉井平台下部大截面和上部小截面宽度比 D/d 的相关关系如图8所示。由图8可知,随着平台截面宽度比 D/d 的增大,沉井周围局部最大冲刷深度呈逐步减小的变化规律。当平台截面宽度比 D/d 分别为1、1.45、2.05时,模型最大冲刷深度 H 分别为0.462m、0.405m、0.330m。随着 D/d 的增大,相对冲刷深度不断减小,并逐步趋于稳定,且减幅效果逐步减弱,见表3,其中 H_0 为 $D_i/d_i = 1$ 时局部冲刷最大深度。通过率定拟合,得到二者的相关公式如下:

$$\frac{H}{h} = 1.71 \times \left(\frac{D}{d}\right)^{-0.46} \tag{3}$$

式中:H——沉井附近局部最大冲刷深度(m);

h——沉井处水深(m);

D——台阶式沉井下部大截面宽度(m);

d——台阶式沉井上部小截面宽度(m)。

公式中 D/d 适用范围为1.0~2.06。

平台宽度变化对减冲效果影响　　表3

上下截面比 D_i/d_i	1.00	1.40	1.70	2.00	3.00	4.00
减冲效果 H_i/H_0	1.00	0.86	0.78	0.73	0.60	0.53

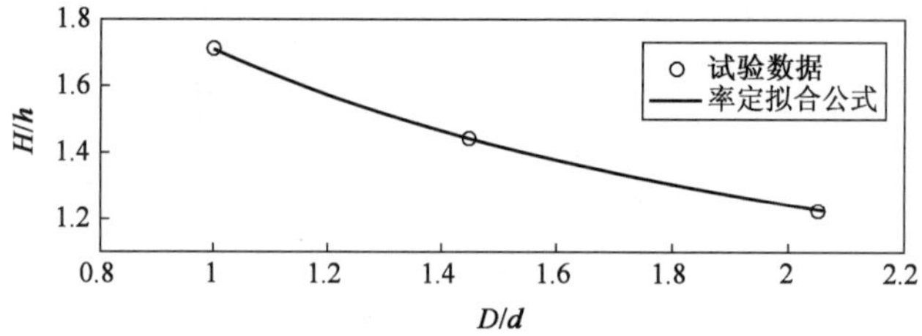

图8 台阶式沉井局部最大冲深比与沉井平台宽度比响应关系

4.2 平台埋深影响研究

通过单因素分析的方法,研究了平台埋置深度变化对局部冲刷的影响。台阶式沉井局部最大冲深比 H/h 与沉井平台埋置于床面下深度比 S/h 的相关关系如图9所示。由图9可知,随着平台埋深比 S/h 的增大,沉井周围局部最大冲刷深度呈逐步减小的变化规律,并逐步趋于稳定。平台埋深比变化对减冲效果影响如表4所示,其中,H_0 为 $S_i/h=0$ 时局部冲刷最大深度。由表4可见,目前试验工况条件下,考虑到施工条件限制,沉井平台埋置于床面以下0.6 h 处时附近减冲效果最为理想。通过率定拟合,得到沉井局部最大冲深比与平台埋深比二者的相关公式如下:

$$\frac{H}{h} = 0.23 \times \left(\frac{S}{h}\right)^2 - 0.47 \times \left(\frac{S}{h}\right) + 1.59 \tag{4}$$

式中:H——沉井附近局部最大冲深(m);

h——沉井处水深(m);

S——台阶式沉井平台埋置深度(m)。

公式中 S/h 适用范围为0~0.81。

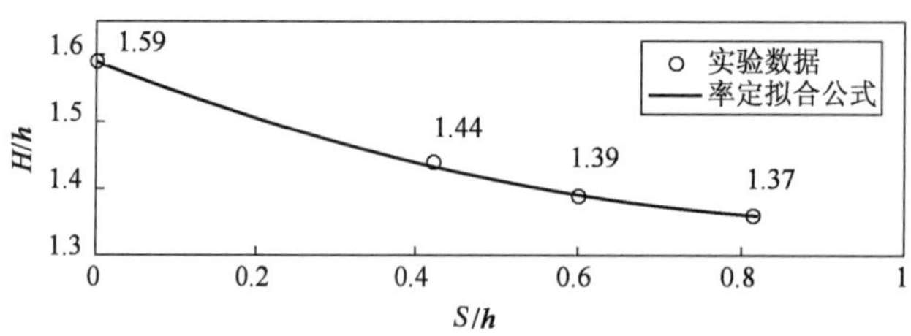

图9 台阶式沉井局部最大冲深比与平台深度比响应关系

平台埋深比变化对减冲效果影响 表4

埋深比 S_i/h	0.00	0.40	0.60	0.80	1.00
减冲效果 H_i/H_0	1.00	0.90	0.87	0.86	0.85

4.3 平台挡墙局部冲刷影响试验研究

工况1条件下沉井平台低于床面11.4cm,未设置挡墙,模型最大局部冲刷深度约为0.405m(换算为原型最大冲深约28.4m),原型冲刷等值线如图10所示。相对工况1,工况7在平台边缘处增设了0.07m的较高挡墙(相当于原型5m左右的挡墙,挡墙相对高度 $H_{dq}/h=0.26$),模型最大局部冲刷深度约为0.397m(换算为原型最大冲深约27.8m),图11表示工况7台阶式沉井基础试验后的局部冲刷形态,相对于工况1的无挡墙,设置较高挡墙情况下的减冲幅度约为2%。工况8在平台边缘处增设了0.03m的较低挡墙(相当于原型2m左右的挡墙,挡墙相对高度 $H_{dq}/h=0.11$),模型最大冲刷深度约为0.382m(换算为原型最大冲深约26.7m),相对于工况1的无挡墙,设置较低挡墙情况下的减冲幅度约为5%。

从局部最大冲刷深度来看,总体上有挡墙沉井局部冲刷深度略小于无挡墙沉井,较低挡墙减冲效果好于较高挡墙。试验数据分析表明,平台处设置较低挡墙对于改善沉井周围局部冲刷具有一定的效果。

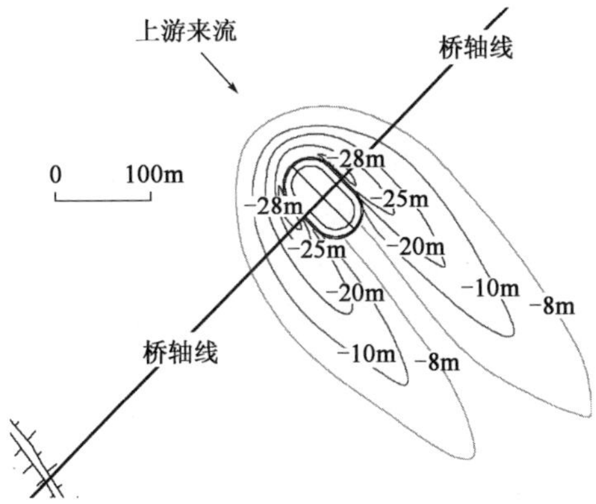

图10 工况1台阶式沉井局部冲刷等值线图

图11 工况7台阶式沉井基础试验后局部冲刷照片

5 结语

以深水跨江桥梁主墩台阶式沉井为研究对象，通过建立三维数学模型探究大型台阶式沉井的水动力特征，为物理模型试验提供指导。建立了几何比尺1∶70的正态水槽模型，通过模型试验重点研究不同平台宽度、平台埋深、平台有无挡墙等因素影响下台阶式沉井基础局部冲刷最大深度变化特征，为桥梁台阶式沉井工程设计提供相关技术支撑。主要结论如下：

（1）通过试验研究，率定拟合了台阶式沉井局部最大冲深比与平台宽度响应关系公式。研究表明，台阶式沉井平台宽度对下潜水流紊动有一定的抑制作用，有利于减缓沉井附近局部冲刷。随着平台截面宽度比 D/d 的增大，沉井周围局部最大冲刷深度呈逐步减小的变化规律，并逐步趋于稳定。

（2）通过试验研究，率定拟合了最大冲深比与平台埋深响应关系公式。研究表明，随着台阶式沉井平台埋深比 S/h 的增大，沉井周围局部最大冲刷深度呈逐步减小的变化规律，并逐步趋于稳定。

（3）台阶式沉井平台处设置较低挡墙对减小沉井周围局部冲刷最大深度有小幅的效果。由于挡墙存在正反两方面的效应，一方面是挡墙对下潜涡流有一定的抑制作用，引起近底紊动流速有所减小，另一方面是挡墙对行进水流有阻碍作用，进而会引起沉井附近近底平均流速和紊动流速增加，因此在沉井挡墙高度设置时需综合考虑两方面效应。

参考文献

[1] 梁发云，王琛，黄茂松，等．沉井基础局部冲刷形态的体型影响效应与动态演化[J]．中国公路学报，2016，29(9)：59-67.

[2] 陈策．特大型水中沉井基础局部冲刷模型试验研究[J]．公路，2010(12)：18-21.

[3] 郑锋利，谷志敏．温州瓯江北口大桥中塔沉井冲刷防护技术[J]．桥梁建设，2018，48(1)：106-111.

[4] 张贵忠，马晓贵．沪通长江大桥巨型沉井超深基底水下检测技术[J]．桥梁建设，2016，46(6)：7-12.

[5] Margheritini L, Martinelli L, Lamberti A, et al. Scour around monopile foundation for off-shore wind turbine in presence of steady and tidal currents [M]. Coastal Engineering 2006，2330-2342.

[6] Wang C, Yu X, LIANG F. A review of bridge scour：mechanism, estimation, monitoring and countermeasures [J]. Natural Hazards, 2017, 87：1881-1906.

[7] Porter K E, Simons R R, HARRIS J M. Laboratory investigation of scour development through a spring-neap tidal cycle [C] // Proceedings of the 7th International Conference on Scour and Erosion, 2014.

[8] 贠鹏，陈刚．台州湾大桥桥墩处局部冲刷试验研究[J]．华北水利水电大学学报（自然科学版），2017，38(3)：87-92.

[9] Keshtpoor M, Puleo J A, Shi F, et al. 3D numerical simulation of turbulence and sediment transport within a tidal inlet [J]. Coastal Engineering, 2015, 96(2):13-26.

[10] Liang F, Wang C, Yu X. Widths, types, and configurations: Influences on scour behaviors of bridge foundations in non-cohesive soils [J]. Marine Georesources & Geotechnology, 2019, 37(5):578-588.

[11] Wang C, Liang F, Yu X. Experimental and numerical investigation of sacrificial piles to diminish local scour around pile groups [J]. Natural Hazards, 2017, 85:1417-1435.

[12] 卢中一, 高正荣. 大型沉井基础的防冲护底试验研究[J]. 中国港湾建设, 2012(3):29-33.

[13] 孔燕, 杨程生, 高正荣, 等. 长江输沙率减小对下游桥墩冲刷影响试验研究——以泰州大桥为例[C]//第十九届中国海洋(岸)工程学术讨论会论文集(下), 2019:405-410.

[14] 杨程生, 周丰年, 高正荣. 沉井施工中水流流速分布及河床局部冲刷[C]//第十七届中国海洋(岸)工程学术讨论会论文集(下), 2015:360-366.

[15] 孙明祥. 波流作用下沉井局部冲刷特性研究[D]. 成都:西南交通大学, 2018.

[16] 闫杰超, 夏云峰, 张蔚, 等. 齿型构件混合堤正交丁坝水流力数值模拟[J]. 水运工程, 2017(4):1-7.

[17] 张红武, 汪家寅. 沙石及模型沙水下休止角试验研究[J]. 泥沙研究, 1989(3):90-96.

常泰长江大桥桥塔区列车行车安全分析

李小珍[1],李星星[1],尹东亚[2],刘德军[3]

(1. 西南交通大学,四川成都　610031;2. 江苏省交通工程建设局,江苏南京　210004;
3. 嘉兴学院 建筑工程学院, 浙江嘉兴　314001)

摘　要　为研究侧风作用下,列车在桥塔区域行车的安全性及舒适性,以常泰长江大桥为工程背景,通过风-车-桥耦合振动分析方法研究了 CRH2 列车考虑桥塔区风场变化的动力响应。研究表明:受桥塔遮蔽影响,头车和尾车的升力系数、阻力系数减小,中车的升力系数减小,阻力系数增大;风速不大于25m/s,车速不大于200km/h时,桥塔区行车的车辆轮重减载率要小于主梁区行车,当车速达到250km/h、风速达到20m/s时,轮重减载率增大22.5%;桥塔区内外车体倾覆系数均随着车速和风速增大而增大,当车速达到200km/h,桥塔区明显大于主梁区,当车速达到250km/h、风速达到30m/s时,轮重减载率增大36.1%;随着车速的增加,桥塔区风场变化对列车横向加速度影响明显增大;车体的竖向加速度在车速较高时表现出低风速下小于主梁区行车,高风速下大于主梁区行车的规律;是否考虑桥塔区影响对大桥上行车安全评价影响不大。

关键词　公铁两用桥;斜拉桥;桥塔区域;风-车-桥耦合振动;CFD数值模拟;动力响应;行车安全;有限元

Safety Analysis of Train Running in the Bridge Tower Area of Changtai Yangtze River Bridge

LI Xiao-zhen[1], LI Xing-xing[1], YIN Dong-ya[2], LIU De-jun[3]

(1. Department of Bridge Engineering, Southwest Jiaotong University, Chengdu Sichuan 610031, China;
2. Jiangsu Provincial Transportation Engineering Construction Bureau, Nanjing Jiangsu 210004, China;
3. College of Engineering & Architecture, Jiaxing University, Jiaxing Zhejiang 314001, China)

Abstract　In order to study the safety and comfort of trains running in the bridge tower area under crosswind, with Changtai Yangtze River Bridge as the engineering background, the dynamic response of CRH2 train considering wind field variation in bridge tower area was studied by wind-vehicle-bridge coupling vibration analysis method. The results show: under the influence of bridge tower shielding, the lift force coefficient and side force coefficient of the head vehicle and the tail vehicle decrease, while the lift force coefficient of the middle vehicle decreases and the side force coefficient increases. When the wind speed isnot

---

本文由国家自然科学基金项目(U1434205、51708465)基金资助。

作者简介:李小珍(1970—),男,教授,西南交通大学,研究方向为车桥耦合动力学。

more than 25m/s and the vehicle speed is not more than 200 km/h, the rate of wheel load reduction of vehicles traveling in the bridge tower area is less than that of the main beam area. When the vehicle speed reaches 250 km/h and the wind speed reaches 20 m/s, the rate of wheel load reduction increases by 22.5 %. The overturning coefficient of the car body inside and outside the bridge tower area increases with the increase of vehicle speed and wind speed. When the vehicle speed reaches 200 km/h, the bridge tower area is significantly larger than the main beam area. When the vehicle speed reaches 250 km/h and the wind speed reaches 30 m/s, the wheel load reduction rate increases by 36.1 %. With the increase of vehicle speed, the influence of wind field change in bridge tower area on the lateral acceleration of the train significantly increases. When the vehicle speed is high, the vertical acceleration of the vehicle body appears to be lower than that of the main beam area at low wind speeds, and greater than at high wind speeds. Whether the influence of the bridge tower area is considered has little effect on the evaluation of train running safety on the bridge.

Keywords Combined bridge; cable-stayed bridge; bridge tower area; coupling vibration of wind-train-bridge system; CFD numerical simulation; dynamic response; running safety; finite element.

1 引言

随着社会经济的快速发展,城市互联互通的需求不断增大,特大跨度桥梁的设计与建设逐渐增多,侧风中大桥的行车安全问题日益受到关注。受车道位置[1]、风屏障[2-4]、桥塔[5-6]、主梁结构形式、车辆自身运动[7]等的影响,车辆的气动参数会发生改变,从而影响车辆在风环境中的动力响应。A. Collina等[8]通过建立风-车-桥耦合模型,以快速谱分析法模拟了脉动风速场,并通过风洞试验测试了列车的气动参数,研究了京沪高速铁路两座长桥的列车行车安全。李永乐[9]、刘德军[10]和李小珍[11]则分别通过风洞试验测定车辆及主梁的气动参数,通过风车线桥分析方法研究了上海长江大桥、沪通长江大桥和五峰山长江大桥的行车安全。

由于桥塔对桥面与局部的遮挡作用,桥塔区车辆的气动参数发生变化,从而影响桥塔区列车的动力响应。Rocchi 等[12]针对桥塔区域行车做了风洞试验并结合数值模拟研究了侧风作用下货车通过桥塔尾流时的行车安全性。杨建新等[13]通过数值模拟,研究了圆环形桥塔区行车风环境,研究发现桥塔周围存在明显的风速增大区域。葛光辉等[14]利用快速谱分析方法模拟随机风场,研究了大跨度桥梁桥塔对列车通过时动力响应的影响。李小珍等[15]设计了一套移动列车风洞试验装置,测试了移动列车通过桥塔区气动参数的变化规律,并利用风车桥耦合振动模型分析了桥塔处气动参数突变对列车行车安全的影响。

特大跨度桥梁风致振动明显,其桥塔尺寸较大,遮风作用更加明显,采用风-车-桥耦合分析方法研究桥塔遮风作用下的车辆响应,对行车安全控制和事故预防是十分必要的。本文以常泰长江大桥为背景,采用 CFD 数值模拟及风车桥耦合振动分析方法,研究了桥塔区风场变化对列车动力响应的影响,为常泰长江大桥的设计提供一定的参考。

2 工程概况及有限元模型

常泰长江大桥为双塔双索面公铁两用双层斜拉桥[16],跨径布置为(142 +490 +1176 +490 +142) m,主梁桁高 15.5 m,桁宽 35 m[17],主梁横断面布置如图 1 所示。主塔采用“钢混”混合结构空间钻石形桥塔,顺桥向宽 42.4 m,单塔柱宽 11 m,主塔设计总高 340 m,上塔柱采用钢混组合结构,中、下塔柱采用钢筋混凝土结构[18],主塔结构如图 2 所示。

采用有限元方法建立桥梁空间模型,主梁及墩塔采用空间梁单元模拟;斜拉索采用杆单元模拟,计算中采用等效弹性模量法考虑斜拉索的垂度效应;支座采用约束主从节点自由度模拟;墩底基础刚度采用等效刚度法建立弹簧支承模拟,桥梁结构的阻尼比取 0.5 %。计算得到的桥梁典型振型及频率见表 1。

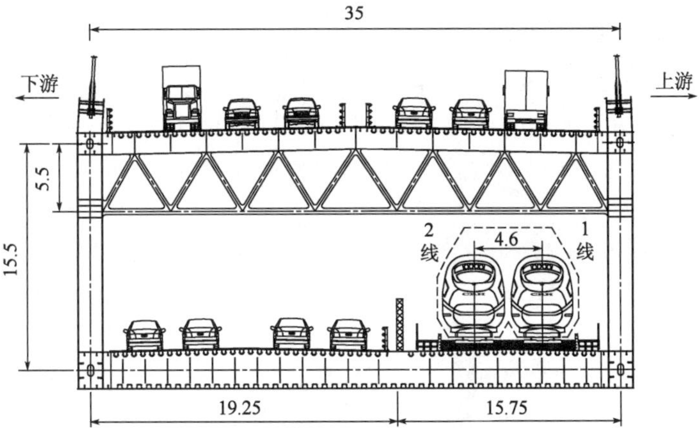

图 1　主梁横断面布置(尺寸单位:m)

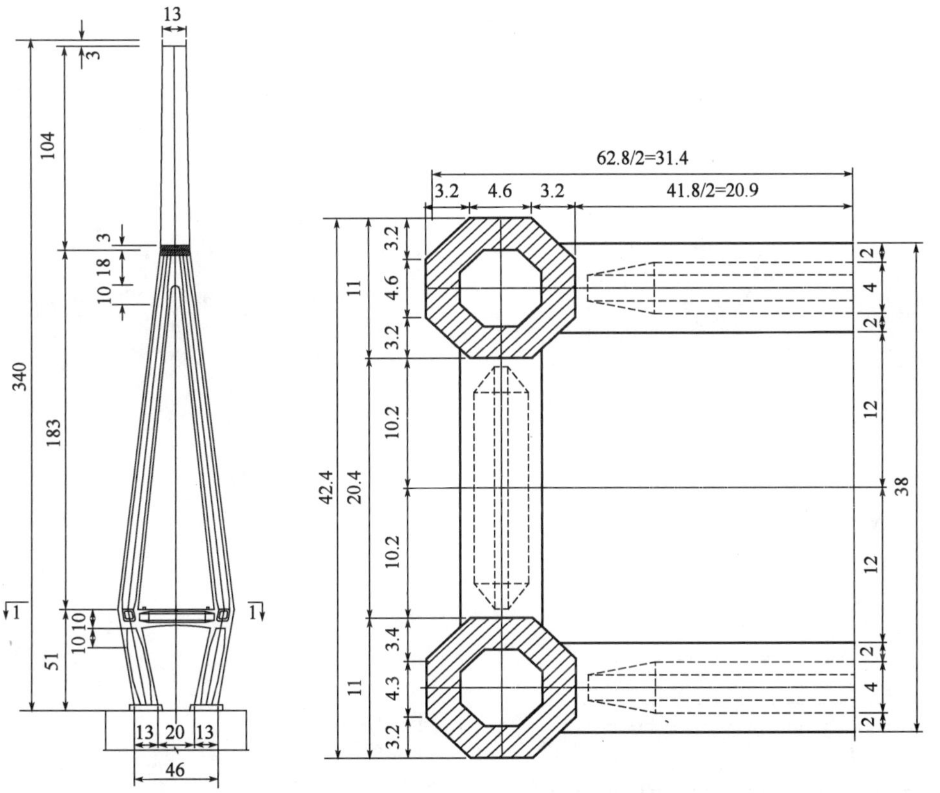

a)主塔立面　　b)混凝土塔柱1-1断面(1/2)

图 2　主塔结构(尺寸单位:m)

桥梁典型自振特性　　表 1

阶次	频率(Hz)	周期(s)	振 型 特 点
1	0.077	12.987	主梁正对称横弯
2	0.108	9.299	主梁纵飘
3	0.184	5.437	主梁正对称竖弯
4	0.214	4.673	主梁反对称横弯
5	0.240	4.167	主梁反对称竖弯
6	0.329	3.040	主梁正对称竖弯+扭转
12	0.533	1.876	主梁扭转
18	0.616	1.623	桥塔反对称侧偏

3 考虑桥塔遮风作用的数值模拟

本文利用 FLUENT 对桥塔区流场进行数值模拟，利用有限体积法进行控制方程的离散求解，网格划分采用的是结构化网格，采用 SIMPLEC 算法，对各求解方程使用二阶离散，湍流模型选用能够有效模拟复杂边界层分离流的 SST k-ω 模型。SST k-ω 模型能很好地预测近壁绕流和旋流，在近壁自由流中应用广泛且精度较高[19]。

桥塔模型根据桥塔区域的实际结构，对其细节进行简化，忽略桥面铺装、栏杆等。因来流风为横桥向，所以不考虑横联对流场的影响，桥塔保留与列车接近的部分，钢桁梁保留与桥塔接近的部分。

列车模型采用 CRH2 动车组模型，考虑到中间车段的横断面不变化，气动力的变化趋于稳定[20]，为简化模型，提高计算效率，采用由头车、中车、尾车组成的三车模型，同时列车模型也未考虑车窗、轮对、转向架、受电弓等局部构造对列车气动特性的影响，如图 3 所示。

流场区域的长、宽、高分别为 320m、150m、120m，计算域见图 4。因 CRH2 型动车组多为 8 节编组，在桥塔区运行时，中间车辆位于塔中区域的时间较长，故选取图 5 所示位置进行列车气动力的计算。计算取横风风速 30 m/s，求解得到的流场空气流速分布如图 6 所示，可见桥塔区域的空气流动较复杂，塔柱对其背后车辆有一定的遮风效应。列车的气动力系数如表 2 所示 。

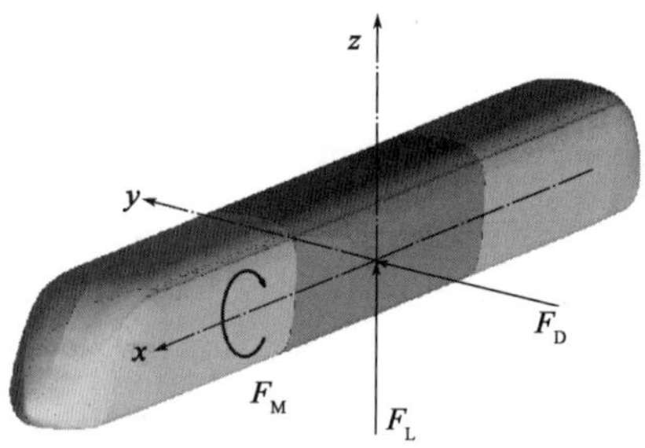

图 3 列车模型

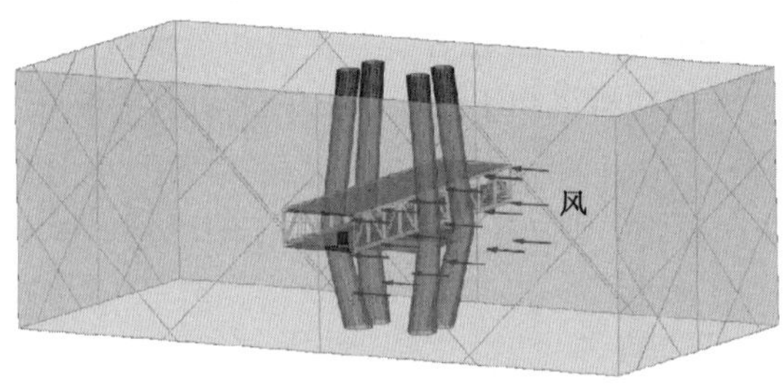

图 4 计算域示意图

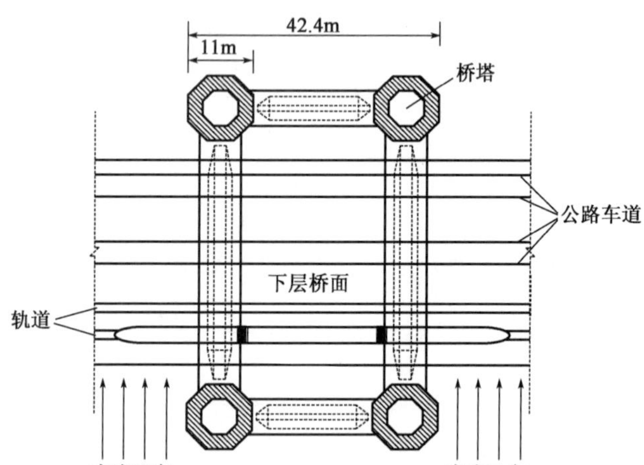

图 5 列车、桥塔与梁体的位置示意(尺寸单位:m)

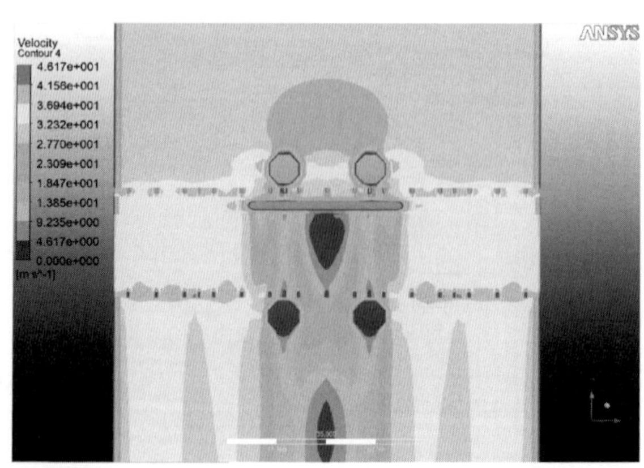

图 6 列车周围空气流速(单位:m/s)

列车的气动力系数 表 2

气动力系数		C_L	C_D	C_M
桥塔区域列车	头车	0.6115	0.5898	0.0796
	中车	0.5168	0.7115	0.0711
	尾车	0.6077	0.5805	0.0777

4 考虑桥塔影响的列车行车安全分析

4.1 风车桥耦合振动系统

风-车-桥系统是在轨道不平顺、随机脉动风场、轮对蛇形运动激励下的时变系统，列车、风荷载、轨道和桥梁结构通过轮-轨相互作用、桥-轨相互作用、风-桥相互作用和风-车相互作用形成一个耦合系统。

静风力分为升力、阻力和力矩，基于气动力系数的表达式如下：

$$F_{\mathrm{L}} = \frac{1}{2}\rho U^2 C_{\mathrm{L}}(\alpha) BL \tag{1}$$

$$F_{\mathrm{D}} = \frac{1}{2}\rho U^2 C_{\mathrm{D}}(\alpha) HL \tag{2}$$

$$F_{\mathrm{M}} = \frac{1}{2}\rho U^2 C_{\mathrm{M}}(\alpha) B^2 L \tag{3}$$

式中：ρ——空气密度；

U——来流风速；

$C_{\mathrm{L}}(\alpha)$、$C_{\mathrm{D}}(\alpha)$、$C_{\mathrm{M}}(\alpha)$——攻角为 α 时的桥梁、车辆气动力系数；

B、H、L——主梁和车辆截面的宽度、高度和节段长度。

车辆和桥梁在组合状态下的气动力系数在XNJD-1风洞通过试验测得，如图7所示。风攻角为0°时，气动力系数如表3所示。

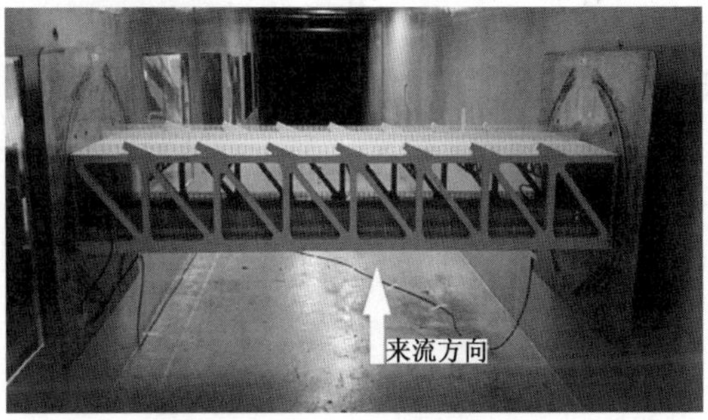

图7 主梁节段模型风洞试验

脉动风场的模拟采用谐波合成法，在横桥向、竖向的风速谱按《公路桥梁抗风设计规范》(JTG/T 3360-01—2018)选取，顺桥向风速谱采用沿高度变化的Simiu谱。移动列车的脉动风速时程通过插值得到。

列车模型采用具有二系悬挂的四轴 CRH2 车辆模型，由一个车体、两个构架和四对轮对组成。每个刚体均考虑横向、垂向、侧滚、摇头和点头 5 个自由度，刚体与刚体之间通过弹簧和阻尼器进行连接，每辆车共有 35 个自由度。CRH2 动车组编组为 6M + 2T，列车详细信息如表 4 所示。

桥梁和车辆气动力系数　表3

工况组合	铁路侧来流					公路侧来流	
	单线行车		双线行车			单线行车	
气动力系数	车辆(迎风侧)	桥梁	车辆1(迎风侧)	车辆2(背风侧)	桥梁	车辆(背风侧)	桥梁
C_{L}	0.7372	-0.1899	0.7995	0.2424	-0.2972	0.5230	0.0214
C_{D}	0.6758	0.8748	0.6636	-0.0228	0.9070	0.5986	0.8119
C_{M}	0.0756	-0.0103	0.0948	0.0653	-0.0334	-0.0308	-0.1464

列车详细信息　表4

	长度(m)	宽度(m)	高度(m)	轴距(m)	定距(m)	轮对质量(kg)	构架质量(kg)	车体质量(kg)
动车	26.00	3.38	3.70	2.50	17.5	2000	3200	39600
拖车	26.00	3.38	3.70	2.50	17.5	2100	2600	34100

轨道结构由有砟轨道，由钢轨、扣件、轨枕和道床组成，钢轨视为连续弹性离散点支承的无限长欧拉梁，考虑了横向、垂向和扭转自由度；轨枕视为刚体，考虑其横竖向平动以及绕线路方向转动；道床离散

为质量块,各个结构间通过线性弹簧和黏性阻尼连接[15]。

轨道不平顺是引起车辆垂向、横向及侧滚的重要原因,本文计算选用的是德国低干扰谱[21],全长3000m,不平顺测点间距0.5m,其最大波长为120m。

考虑横风荷载作用,建立桥梁、轨道和车辆的耦合振动系统。由于风-车-线-桥耦合振动系统难以用解析法求解,因此本文采用新型快速显式积分法求解列车和轨道子系统的运动,采用 Newmark-β 隐式积分法求解桥梁子系统的运动。

4.2　桥塔区行车的车辆响应分析

通过对比桥塔区 CFD 计算结果与主梁节段模型风洞试验结果可知,头车的升力系数、阻力系数减小,原因是桥塔对后方列车存在遮风效应;中车的升力系数减小,阻力系数增大,可见,桥塔区的风场变化对列车的气动力有一定影响,从而在风-车-桥耦合系统中对车辆的动力响应产生一定的影响。

本文将 CFD 仿真模拟得到的桥塔区域中车气动力系数及主梁节段模型风洞试验测得的车辆气动力系数输入风-车-线-桥耦合振动系统,利用桥梁动力分析软件 WTTBDAS V2.0 对列车车速150～250km/h、桥面平均横风风速 10～30m/s 等工况进行研究。

图 8 所示为不同车速和风速组合下主梁区和桥塔区行车时车体轮重减载率的值,从计算结果可以看出,车体的轮重减载率受到车速和风速两方面的影响,高风速、高车速组合下车辆的轮重减载率明显增大,风速不大于25m/s,车速不大于200km/h 时,桥塔区行车的车辆轮重减载率要小于主梁区行车,其中风速 15m/s、车速 150km/h 时减小最多,达到 27.3%,原因可能是列车的升力系数减小对列车减载侧车轮的轮轨垂向力影响较大。当车速达到 250km/h、风速 20m/s 时,桥塔区车体的轮重减载率明显增大,增幅达 22.5 %,原因可能是列车阻力系数增大导致列车所受横向风荷载增大,高速运行的列车对横向风荷载更敏感。图 9 为不同工况下车体的倾覆系数,可以看出,桥塔区内外车体倾覆系数均随着车速和风速增大而增大,当车速达到 200km/h,桥塔区明显大于主梁区,当车速达到 250km/h、风速达到30m/s 时,轮重减载率增大 36.1%,倾覆系数对车速的变化更敏感。

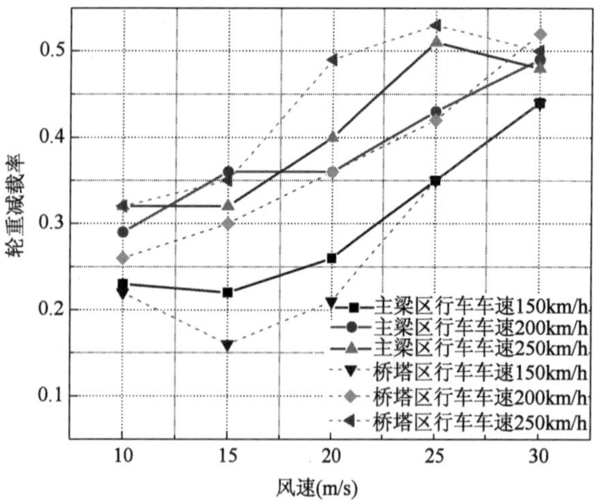

图 8　车体轮重减载率

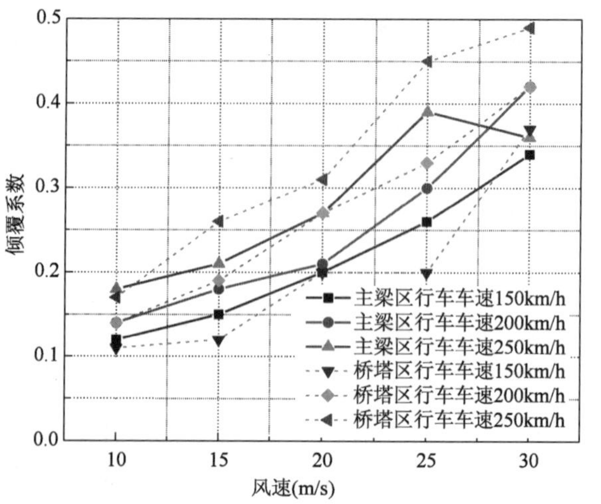

图 9　车体倾覆系数

图 10 为不同车速和风速组合下车体的横向加速度值,从计算结果可以看出,车体的横向加速度也受到车速和风速两方面的影响,会随着车速和风速的增大而增大,且列车以高车速运行时,随着风速的增大会产生突增,且车速越小,发生突增时的风速越小,这一规律不受桥塔附近风场变化的影响。在车速为 150km/h 时,各风速下桥塔区行车的车体横向加速度小于主梁区,可以看出,在低车速时,虽然桥塔区的列车受到的横向风阻力会有所增大,但列车升力减小会使得列车在横向运行更加平稳。随着车速的增加,桥塔区风场变化对列车横向加速度影响明显增大,车体横向加速度在风速 25m/s、车速250km/h时增大 25.6%,在风速 20m/s、车速 200km/h 时增大 21.4%。

图 11 为不同工况下车体的竖向加速度值，从计算结果可以看出，在车速为 150km/h 时，各风速下桥塔区行车的车体竖向加速度基本小于主梁区，这也是由于列车升力的减小导致的。当车速较高时，桥塔区车体的竖向加速度则表现出低风速下小于主梁区行车竖向加速度，高风速下大于主梁区行车的竖向加速度规律，这是因为高车速、高风速时，车体所受横向风阻力增大，车体振动增大。

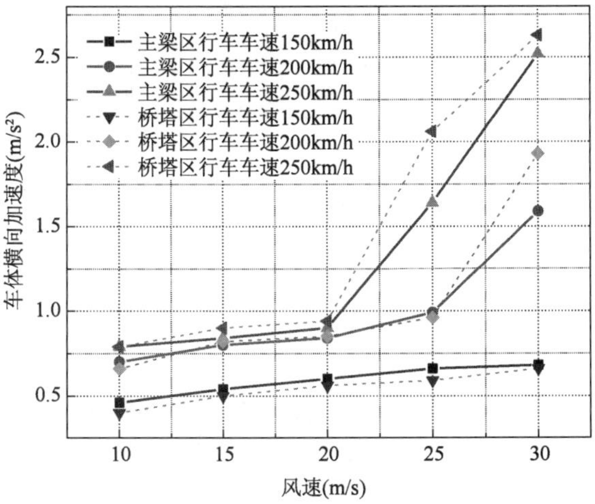

图 10　车体横向加速度

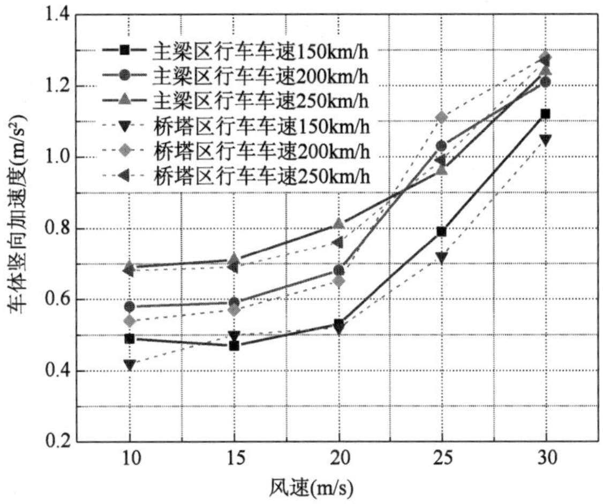

图 11　车体竖向加速度

4.3　桥塔区行车的车辆响应评价

车辆的脱轨系数、轮重减载率、倾覆系数等是列车行车的安全性评价指标，车体的横竖向加速度是列车行车的舒适性指标，《高速铁路设计规范》(TB 10621—2014)针对这些指标进行了规定，如表 5 所示。将不同计算工况下列车通过桥梁时的安全性和舒适性指标最大值进行汇总，如表 6 所示，可以看出，考虑桥塔区对列车的影响后，车辆的响应值虽然有所变化，但车辆的脱轨系数、倾覆系数、轮重减载率等安全性指标均未超过规范限值要求；车体的横向加速度受风速影响较大，但是，在高风速下，是否考虑桥塔影响的情况下车体横向加速度均超过规范限值要求；车体的竖向加速度则在是否考虑桥塔影响的情况下均未超过限值要求。

车辆响应评价标准　　表 5

车辆响应参数		限　值
行车安全性指标	脱轨系数	≤0.8
	轮重减载率	≤0.6
	倾覆系数	≤0.8
	轮重减载率	≤10 + P/3(P 为静轴重，kN)
行车舒适性指标	车体加速度	横向≤0.1g；竖向≤0.13g

车辆响应评价标准　　表 6

工　况	考虑桥塔	安全性			舒适性	
		脱轨系数	轮重减载率	倾覆系数	横向加速度	竖向加速度
风速 20m/s 车速 250km/h	是	0.72	0.40	0.27	0.99	0.81
		满足	满足	满足	满足	满足
	否	0.74	0.49	0.31	0.97	0.76
		满足	满足	满足	满足	满足
风速 25m/s 车速 250km/h	是	0.73	0.51	0.39	1.80	0.96
		满足	满足	满足	不满足	满足

续上表

工况	考虑桥塔	安全性			舒适性	
		脱轨系数	轮重减载率	倾覆系数	横向加速度	竖向加速度
风速 25m/s 车速 250km/h	否	0.75	0.53	0.45	2.12	0.99
		满足	满足	满足	不满足	满足
风速 30m/s 车速 200km/h	是	0.65	0.49	0.42	1.90	1.21
		满足	满足	满足	不满足	满足
	否	0.65	0.52	0.42	1.93	1.28
		满足	满足	满足	不满足	满足

5 结语

本文以常泰长江大桥为工程背景,将 CFD 数值模拟及风洞试验测试结果应用于风-车-桥系统耦合,对比分析了 CRH2 列车在空间型桥塔区域内外运行时的动力响应,得出如下结论。

(1)通过对桥塔区主梁及列车车辆进行 CFD 数值模拟,得到列车的气动力系数,对比主梁节段模型风洞试验结果可知,受桥塔遮蔽影响,头车和尾车的升力系数、阻力系数减小,中车的升力系数减小,阻力系数增大。

(2)考虑桥塔附近风场变化的影响,在低风速、低车速的工况下,车体的轮重减载率减小;当风速达到 30 m/s 或车速达到 250 km/h 时,桥塔区车体的轮重减载率明显增大;当车速达到 200 km/h,桥塔区列车倾覆系数明显大于主梁区,列车倾覆系数对车速的变化更敏感。

(3)车体的横向加速度在高车速时,随着风速的增大会突增,这一规律不受桥塔附近风场变化的影响;在低车速时,列车升力减小会使得列车在横向运行更加平稳;随着车速的增加,桥塔区风场变化对列车横向加速度影响明显增大。车体的竖向加速度在低车速时,各风速下桥塔区行车基本小于主梁区;当车速较高时,桥塔区车体的竖向加速度则表现出低风速下小于主梁区行车,高风速下大于主梁区行车的规律。

(4)考虑桥塔区对列车的影响,车辆的响应值虽然有所变化,但车辆的脱轨系数、倾覆系数、轮重减载率等安全性指标和车体的竖向加速度均未超过规范限值要求;车体的横向加速度在是否考虑桥塔影响时均会在高风速、高车速下超过限值要求,是否考虑桥塔区影响对大桥行车安全评价影响不大。

参考文献

[1] 李永乐, 胡朋, 张明金, 等. 侧向风作用下车-桥系统的气动特性——基于风洞试验的参数研究[J]. 西南交通大学学报, 2012,47(2):210-217.

[2] HRVOJE Kozmar, LORENZO Procino, ALESSANDRA Borsani, et al. Optimizing height and porosity of roadway wind barriers for viaducts and bridges[J]. Engineering Structures, 2014,81:49-61.

[3] Alonso-Esté ba nez, A, Del Coz Díaz, J. J, álvarez Rabanal, F. P, et al. Performance analysis of wind fence models when used for truck protection under crosswind through numerical modeling[J]. Journal of Wind Engineering & Industrial Aerodynamics, 2017, 168:20-31.

[4] HE Xuhui, FANG Dongxu, LI Huan, et al. Parameter optimization for improved aerodynamic performance of louver-type wind barrier for train-bridge system[J]. Journal of Central South University,2019,26(1):229-240.

[5] WANG Bin, XU Youlin. Safety analysis of a road vehicle passing by a bridge tower under crosswinds[J]. Journal of Wind Engineering & Industrial Aerodynamics,2015,137:25-36.

[6] SALATI L., SCHITO P., ROCCHI D., et al. Aerodynamic Study on a Heavy Truck Passing by a Bridge Pylon under Crosswinds Using CFD[J]. Journal of Bridge Engineering, 2018, 23(9): 04018065.1-04018065.14.

[7] LI Xiaozhen, WANG Ming, XIAO Jun, et al. Experimental study on aerodynamic characteristics of high-speed train on a truss bridge: A moving model test[J]. Journal of Wind Engineering & Industrial Aerodynamics, 2018, 179: 26-38.

[8] COLLINA A, LEO E, RESTA F, et al. Numerical-experimental methodology for runnability analysis and wind-bridge-vehicle interaction study[M]. Dordrecht: Springer Netherlands, 2006.

[9] 李永乐，朱佳琪，赵凯，等. 上海长江大桥风-轨道车辆-桥耦合振动及抗风行车准则研究[J]. 土木工程学报，2012, 45(9): 108-114.

[10] 刘德军，李小珍，马松华，等. 沪通长江大桥主航道桥风-车-轨-桥耦合振动研究[J]. 桥梁建设，2015, 45(6): 24-29.

[11] 李小珍，秦羽，刘德军. 侧风作用下五峰山长江大桥列车行车安全控制[J]. 铁道工程学报，2018, 35(7): 58-64.

[12] ROCCHI D, ROSA L, SABBIONI E, et al. A numerical-experimental methodology for simulating the aerodynamic forces acting on a moving vehicle passing through the wake of a bridge tower under cross wind[J]. Journal of Wind Engineering and Industrial Aerodynamics, 2012, 104-106: 256-265.

[13] 杨建新，吴蕊恒，倪志军，等. 圆环形桥塔区域行车风环境数值模拟[J]. 公路，2020, 65(7): 170-174.

[14] 葛光辉，张楠，周爽，等. 列车通过大跨度桥梁桥塔区域过程中的风-车-桥耦合动力分析[J]. 中国科学: 技术科学，2014, 44(7): 793-800.

[15] 李小珍，唐庆，吴金峰，等. 桥塔遮风效应对移动列车气动参数及行车安全的影响[J]. 中国公路学报，2019, 32(10): 191-199.

[16] 秦顺全，苑仁安，郑清刚，等. 超大跨度公铁两用斜拉桥结构体系研究[J]. 桥梁建设，2020, 50(4): 1-8.

[17] 胡骏，郑清刚，张文明. 常泰长江大桥风与温度荷载组合效应研究[J]. 桥梁建设，2020, 50(4): 42-47.

[18] 秦顺全，徐伟，陆勤丰，等. 常泰长江大桥主航道桥总体设计与方案构思[J]. 桥梁建设，2020, 50(3): 1-10.

[19] 郑史雄，袁达平，张向旭，等. 大跨桥梁桥塔遮风效应对列车气动参数的影响研究[J]. 桥梁建设，2016, 46(3): 63-68.

[20] 施成华，王昂，邓锷，等. 桥隧段风屏障对高速列车气动荷载及行车安全的影响[J]. 华南理工大学学报(自然科学版)，2020, 48(6): 58-68, 76.

[21] 张坤，段晓峰，韩峰，等. 轨道随机不平顺对高速铁路列车运行性能影响分析[J]. 铁道标准设计，2019, 63(4): 28-33.